歷史筆記

I

高華

歷史筆記

I

黃駿　編輯整理

OXFORD
UNIVERSITY PRESS

牛津大學出版社隸屬牛津大學，以環球出版為志業，
弘揚大學卓於研究、博於學術、篤於教育的優良傳統
Oxford 為牛津大學出版社於英國及特定國家的註冊商標

牛津大學出版社（中國）有限公司出版
香港九龍灣宏遠街 1 號一號九龍 39 樓

歷史筆記

I

高華 著

黃駿 編輯整理

ISBN: 978-988-245-474-3 兩卷

1 3 5 7 9 10 8 6 4 2

目　錄

第二編　斷裂與延續

編者的話

　　《歷史筆記》係先師高華教授的遺作。2011年有國內出版社主動表達出版先師文集的願望，先師為此着手整理文章，並決定將這部自選集命名為《歷史筆記》。然而不斷加重的病情迫使他不得不將此事懸置起來。先師身後師母劉韶洪命囑我繼續整理文章。現在牛津大學出版社出版的這部文集，就是在先師自選集的基礎上，再增添文章而成。出於對往生者意願的尊重，故本書仍以《歷史筆記》命名。

　　本書分二卷，收錄有先師的論文、講稿與訪談四十餘篇。

　　第一編「革命、內戰與民族主義」分述國共兩黨1949年前各自的歷史。作為內戰勝利方的中共是本章論述的重點，所選文章不僅反映其革命奪權歷程，還映射出1949年後政治實踐的某些雛形。

　　第二編「斷裂與延續」主要論及毛澤東時代，內容涵蓋了多個歷史事件。毛與林彪內爭堪稱毛時代最具戲劇化的事件。它固然以毛的獲勝告終，可「夕陽無限好，只是近黃昏」，個人崇拜神話的謝幕就此徐徐開啟。本章最後一篇文章就集中闡釋了先師對毛林之爭的見解。

　　第三編「文革研究」選用的《「從『大破』走到『大立』」：文革中的「新生事物」》係一篇未刊稿。先師生前承擔了香港中文大學中國文化研究所《中華人民共和國史》叢書第七卷的寫作任務。他已列出該卷寫作綱要，惜乎天不

假年，只完成了十餘萬字的文稿。我從這十餘萬字遺留文稿中整理出完整一章的內容，另附上先師的規劃與觀點與讀者分享，希望借此推動對波詭雲譎的文革史研究。

第四編「讀書有感」包含多篇書評，論及對象既有風雲人物，也有平頭百姓，既有追隨國民黨政權遷台的作家，也有大陸人所皆知的左翼文人。本章通過對他們回憶的評議展現出多角度的時代變遷與個體感受。

附錄部分主要收錄了數篇先師與媒體的訪談、人生述往以及他人筆下的先師印象記。

本書得以出版，要特別感謝先師的兩位好友章詒和女士與胡杰先生。章女士從胡先生處得知先師留有遺作後，主動向師母推薦了牛津大學出版社，並為《歷史筆記》的順利出版付出心力，因此這本書也是她與先師友誼的見證。牛津大學出版社的林道群總編輯為本書做出許多細緻工作，在此謹向林先生和幫助校對書稿的董明兄致以誠摯的謝意。

先師雖已遠去數年，可他的音容笑貌仍不時浮現在我的眼前，對我的耳提面命仿佛還在昨天，祝他在天國一切安好！

黃駿

2014年3月16日於南京

第一編

革命、內戰與民族主義

中國20世紀的革命、內戰與民族主義[1]

□問　■高華答

孫、蔣學習蘇聯建黨軍

□ 孫文和蔣介石先後在學習蘇聯的建黨建軍原則和黨軍黨國
問題上，都認為蘇聯是個學習的好榜樣，你覺得其中有什
麼必然性嗎？

■ 向蘇聯學習──「以俄為師」，這個思路是孫文定的。孫
對蘇聯革命的總結是，蘇聯最成功的經驗就是建立了黨
軍，這是一支由黨和黨的領袖完全控制的軍隊。我們中國
革命之所以不能成功，就是這方面毫無建樹。孫文自己沒
有去過蘇聯，他的這個思想是根據二手材料和當時西方的
報導提出的。更重要的是，1923年他派蔣介石去蘇聯考察
了三個月左右。這段歷史在美國學者陶涵(Jay Taylor)剛出
版的《大元帥：蔣介石與近代中國的奮鬥》中有所描述。
蔣親自去看了，對十月革命後的俄國有了自己的認識。他
基本認同孫的看法，就是以黨治國、以黨治軍，這主要是
從中國需要的角度出發。加上1924年黃埔軍校建立後，蘇
聯給了國民黨很大幫助。所以在學習蘇聯問題上，孫提出
了思想，而蔣接受並傳承了它。蔣介石以後雖然反共，但
「以黨治國」的路數並沒有改變。

1　原題〈高華談中國20世紀的革命、內戰與民族主義〉(2010年11月15
日)，上海書店出版社《私家歷史》2011年4月刊出。文字整理：黃煜。

□ 如果孫文只是為了建立一支親信部隊，他也可以學習美國。為什麼他和蔣介石都傾向於學習蘇聯？是不是蘇聯的意識形態更能對應其在中國的追求？

■ 孫、蔣都曾多次提到，想要擁有一支有主義、有思想的軍隊，因為他們認識到，這種軍隊是布爾什維克成功的最重要因素。當時中國軍隊大都是無主義、無思想的私家軍。至於他們為何沒有提出要建立美國式的國防軍，我印象中孫沒有專門論述過這個問題。也許他覺得中國和美國的差異太大，美國在南北戰爭後實際上是一個穩定和成型的社會，軍隊在社會中沒有特別顯著的作用。而十月革命則完全是靠軍隊，把布爾什維克的力量從莫斯科一直延伸到全國。一支有主義、有黨領導、有工農群眾參加的軍隊，從革命實用主義角度，給孫和蔣都留下了深刻印象。中國人過去都是「吃糧當兵」的想法，相比之下，俄國人能鼓動勞動大眾為了主義和思想自願去流血去打仗，這太了不起了，這也是為什麼1924年黃埔軍校建立以後就有了「黨軍」這個概念。

□ 孫、蔣學蘇聯的傾向是否也與蘇聯願意提供大量盧布和軍援，而歐美卻不願扶助有關呢？

■ 歐美對「孫大炮」不看好，他們是地道的現實主義者；蘇聯則是出於自己「東方戰線」的戰略考慮，選上了孫中山。第三國際建立後，它覺得俄國革命需要其他國家支持。而在1920年代初，從芬蘭、巴伐利亞到匈牙利，俄國支持的歐洲革命都失敗了，進攻波蘭也失敗了。此後列寧把目光轉向中國。他先要聯絡吳佩孚，因為後者有保護勞工的表現，後來發現這個人似乎不行，又轉向聯絡在廣東

一帶有明顯社會主義改革思想的陳炯明。最後，遠東共和國(蘇俄政府在俄國西伯利亞赤塔建立的一個被蘇俄控制的緩衝國)一個外交使團成員達林以記者身份去了廣州，發現國民黨在工人中影響很大，而共產黨當時還很弱。事實上，國民黨早於中共搞工人運動，馬超俊等幾個人是最早在廣州搞工會的。此後鮑羅廷被派往中國，擔任孫的首席政治顧問。鮑羅廷此人不僅革命意志堅定，而且有一種能力，這就是改變別人思想的能力，他的英語非常流利，可以和孫文流暢交談，並迅速地影響了孫，隨着孫中山向左轉，蘇聯的軍援等也都來了，所以1924年國民黨一大的很多事都是在蘇聯幫助下完成的，黃埔軍校也是在蘇聯人的幫助下建立起來的。

民族主義、憤青和毛主義

□ 當時強調批判國民性中的一團散沙，要求用民族主義、愛國主義意識形態把國民團結起來，這是中國特有的嗎？

■ 不是中國所獨有，歐洲十九世紀下半葉，在意大利、普魯士等都有民族主義建國運動的興起。中國十九世紀民族主義的興起，當然跟中國歷史、幾千年文明、近代以後受到帝國主義的欺辱，以及嚴復以後從歐洲傳來的「物競天擇，適者生存」這些理論有關。19世紀末20世紀初，西洋人對中國的觀察越來越多，他們中的許多人有「西方中心論」的傾向，對東方人、中國人充滿蔑視；但是中國人也因國門洞開，接觸到異邦文明而開始關注到自己的一些弱點。美國傳教士史密斯(即明思溥)在1894年出版的《中國

人的素質》一書中，說了不少有關中國人的弱點，諸如：怯弱、一盤散沙、言而無信、缺乏公共精神等等，魯迅就受過此人影響。敏感的魯迅旅日後又接觸到日本人對中國國民性弱點的看法，激發起他的對國人「哀其不幸，怒其不爭」，即國民性批判與改造的思想。早期的嚴復、郭嵩燾，以及出洋的使臣、留學生等，都很自然地產生了類似的看法。

自康梁以來，中國現代民族主義一代代傳承下來，成為一股巨大的社會潮流，這點和日本不同。日本在明治維新後形成的主流思想是「脫亞入歐」，這在中國是不能被接受的。李大釗就是一個強烈的民族主義者，他一直認為中國文明雖然需要改造，但西洋文明也未必可以救世。這個思想後來對毛澤東產生了影響。

毛是「五四」那一代人中少有的一個主張東西方文明需要同時改造，對於「五四」時那種全面倒向西方的潮流，毛沒有全部接受。他一方面批判中國傳統，另一方面說西洋文明未必盡是。我認為他這個思想可能多少受到梁啟超等人的影響。梁去過歐洲後寫下《歐遊心影錄》，說歐洲人還嗷嗷待哺地等待東方人來救。梁去歐洲是在一戰之後，第一次世界大戰對歐美一些知識分子刺激很大，科技文明的昌盛怎麼會導致人類的大規模殺戮？東方價值是不是更符合人性？再就是跟我們中國的傳統太深厚有關。

□ 這是否可以解釋為什麼孫文最初完全是美式的民主思想，可後來他認為中國有特殊的環境，要走獨特的發展道路，後來蔣介石也慢慢產生這樣的認識？

■ 孫文以後改組國民黨就是這種思想的反映，但他沒有完全

拒絕西方價值或發展模式，他提出的軍政、訓政、憲政的建國三步驟，最後還是要走到憲政階段。蔣介石則從沒有接受過自由主義的基本價值觀，有時嘴裏說幾句民主之類的話，那純粹是應付形勢。他是一位崇尚實力的軍事強人，具有強烈的權威性格，同時他也一直是一位大中國主義者和中國傳統文化的愛慕者。蔣日記就能體現這一點，他的日記記載了他每天的思考，包括對日本人的憤怒、對西洋人的批評、對國內重大事件的點評。1945年蔣在長江上看到縴夫背縴心痛不已，說戰後的中國一定要發展經濟，否則中國人太慘了。他對日本人更是恨到極點。1934年5月20日，他在一篇演講詞中控訴日本：「外國人是人，我們亦復是人，為什麼我們有飛機有海軍有陸軍而不能抵禦人家，而人家飛機可以隨便飛到中國領空內拋炸彈，他們的兵艦也可以隨便開到我們的領海和內河耀武揚威。陸軍要進佔我們什麼地方就進佔什麼地方，簡直不當作中國是一個國家，不當作中國人是一個人，所謂人為刀俎，我為魚肉，任憑人家予取予求，生殺予奪」。他還在日記中說過更激烈的反日的話，都很難引用。蔣並非不瞭解日本文化，他青年時期在日本呆過，通日文。但他強烈的民族主義就燃燒到這種程度。蔣介石也不喜歡西人，他認為俄國人對華是不懷好心，英國人是老奸巨猾，美國人也經常有意無意損害中國，所以他認為中國人還是要獨立自強，發揚我們的民族道德。

□ 你怎樣評價近幾十年來一浪高過一浪的民族主義？

■ 近十幾年來的民族主義當然與中國國力逐漸強大的新情況有一定聯繫，19世紀下半葉至20世紀初的民族主義更多是

以悲情和憤怒為特徵的。毛時代的民族主義既是本土的，又有國際視野，它將愛國主義與無產階級國際主義平行起來，也可以説是一種無產階級國際主義的變形，它強調的是中國要解放世界三分之二受苦受難的人民，有點像今天宣稱「全世界都羨慕我們」的朝鮮，但和朝鮮不同的是，中國那時是實打實地出錢、出力、出物資支持世界革命。1980年代以後，在某種程度上我們開始回歸世俗理性，或者用另一種説法，回歸到現代化的主流文明的軌道上了。於是GDP等開始被提出來，有時就得以國外的標準來評價。

1980到1990年間，中國社會基本上是面向西方的，當時社會形成一個共識，從中央領導到知識界到普通老百姓，全國上下都支持改革開放，都認可十年間發生的巨大變化。而1990年代以後興起的民族主義，跟國際環境的變化有密切關係。中國和西方的關係在某些問題上開始緊張，某些傳媒開始使用具有民族主義色彩的詞彙，多種因素作用下，於是國內的民族主義就被催生出來了。

□ 「民族主義」這個詞在當代是否有了貶義？

■ 不一定。這個詞在一些知識分子那裏帶有一定貶義，但在很多國家主義者特別是大學生看來，「民族主義」不是一個貶義詞。特別是許多年輕的大學生，他們沒有接受自由主義的價值觀，大概接受更多的還是主流看法或和主流比較接近的民族主義價值。

□ 這些大學生畢業後，在社會上遇到一些困難，會不會馬上又轉向另一個層面？

■ 那大概很容易變成傳統社會主義的擁躉。我最近在網上

看到一篇文章，是一位據稱北大學生的女孩子寫的，說她現在成了毛主義者。她覺得社會、自己的國家、世界都不好，窮人毫無地位和尊嚴，但一想到毛時代就淚流滿面。確實，眼下兩極分化是十分嚴重，無權無錢者看不到希望，對她來說現在的生活是處處碰壁，沒有激動人心的理想，而可以想像到的未來也不美好，不是做房奴就是車奴，所以未來沒有任何光亮。北大這位女學生的看法頗有代表性，她的看法源於我們的現實生活，許多年來，在鉅資投入的「主旋律」影視中，經過藝術加工的「紅色歲月」具有非凡的吸引力，幾乎具備一切真善美的原素，而且整個貫穿50–70年代，某些可稱為歷史教訓的時期，或被隱去、淡化，或者乾脆美化之，久而久之就成為許多人評判現實的一把尺子，於是兩極對應：一邊是「平等與無私」的50–70年代；另一邊是在當下現實生活中感同身受的「權力—市場原則」，這樣一對比下來，怎麼叫她不懷念50–70年代？所以說，只要存在嚴重的社會不公，或者改變的步伐與人們的期望值落差較大，人們就會留戀過去的年代。

□ 在「改善」的過程中，國家是不是應承擔更大的責任？

■ 你說得完全對。現在我們國家的國力是今非昔比了，50–80年代那種在財政上捉襟見肘的日子早就一去不復返了，完全可以稱得上是財力雄厚了。國家這些年來已拿出許多錢做改善民生的實事，現在還在繼續做，因為國家的責任就是為民眾提供更多、更好的公共產品和服務。在這一點上，我們還可以學學過去的「老大哥」俄羅斯，這個國家轉軌已快二十年，可是還保留了不少傳統社會主義時期的

社會福利，民眾都享受免費醫療，城市交通費用，水電取暖費用都很低廉。我們在傳統社會主義時期的社會福利只是面對城市人口，對數億農民，國家是顧不過來的。那個時期，國家底子薄，我們還要勒緊褲帶大力支持世界革命，對國內的老百姓照顧太少，現在國家有錢了，可以回過頭來補做。總之，應讓各階層民眾都看到希望，否則社會上的戾氣太重，對營造和諧社會的氛圍是非常不利的。

□ 對上世紀20、30年代的民族主義狂潮，並最終促成1949年建政，你怎麼看？

■ 19世紀中期以來，中國飽受外國列強的欺凌，當時的民族主義是有正當性的，中國民族主義主要是由外患引起的。事實上，中國在1928年已經開始逐漸改革，蔣介石和南京國民政府為此做了很多努力。雖然外界壓力那麼大，日本人還在不斷侵略，但是共產黨的力量當時都被迫轉移去了西部偏遠地區，國民黨方可以相對集中精力在中心地區搞經濟建設。1937年前，國內的經濟和交通等都有長足的發展，有記載說，當時的首都南京到處都在建設，很有些蒸蒸日上的景象，民族主義的高漲主要是由於日本的侵略而引起。

據張學良回憶，孫文在1925年臨終前曾見張學良，提醒東北青年一定要記住赤、白兩種帝國主義，他講的「白」，主要是日本，「赤」指的是蘇聯。「赤、白帝國主義」是20世紀20年代初「國家主義派」最先提出的，孫文居然在私底下也接受了這個概念，在大力聯俄的同時對俄國抱有警惕，這說明孫先生在政治上的老練。果然不出孫先生所料，十年後蘇聯把中東路賣給了日本和「滿洲國」，蘇聯

還把它的軍隊和影響力滲透到新疆，軍事佔領了外蒙古，1944年還把中國的唐努烏梁海的四萬多平方公里的土地強行割走，讓中國吃了不少悶虧。只是當年國人對蘇聯對華的兩面政策的本質認識不清，在一大堆意識形態話語下放鬆了警惕，這是我們的深刻教訓。蔣介石希望拉住蘇聯對付日本，但他對蘇聯在中國周邊的擴張行為一直保持警覺。1934年中國駐蘇公使館的外交官戈公振，他本人還是著名的報學研究者，是翻譯家戈寶權的叔叔。戈公振在給國內的報告裏彙報了他到蘇聯中亞地區考察時看到蘇聯正在加緊修築通向中蘇邊境伊犁的公路，戈還言及「歸化軍」的動向，並説留中亞東北軍中不少人思想激烈，「強鄰進逼隨時有為人工具之可能」。戈向南京中央建議，全力改善陝甘交通，早與新省恢復商務，「經濟上有聯繫，斯情感自能密切」，派教育專家和師範生入新服務，獎勵新省優秀子弟赴京滬求學，以啟民智等等。蔣閱讀後批示，最可注意者為二：俄人築路，俄擬遣送入新之義勇軍，而駐俄各館均無報告，非其知識不足，即辦事不敏，益感新邊各館改組之迫切。蔣電行政院長汪精衛：「戈報告均關重要，望妥為規劃實行。」

如果日本不是那麼窮兇極惡，中國的民族主義就不會形成那樣一種高漲的局面。1937年是一個分水嶺。此前中日交流還比較多，1928年後中國的左翼文化運動，在相當程度上也是受了日本左翼文化的影響。即使1931年「九·一八」事變後，一批國民黨在日進修的愛國軍官憤然回國，但還有不少人一直留到1937年抗日戰爭爆發後才回來，郭沫若就是這時回國的。

□ 德國和意大利通過國內民族主義高漲達到國力的迅速增強，這個現象是不是對國人當時的思潮有影響？

■ 蔣介石集團內部的少壯派，確實試圖從德國、意大利、蘇聯復興過程中獲取一種力量，蔣自己也曾對德國、蘇聯經驗表示欣賞。南京當時有個中統主辦的《前途》雜誌，就是主張向德、蘇學習的。德、蘇對中國的影響主要是在官方，對當時的新聞界也有較大的影響，在國民黨內部，許多人很重視德國工業化、軍事現代化的經驗。德國還為國民黨訓練了不少精銳軍隊，以後多數戰死在1937年的淞滬戰場。蘇聯的影響與中國20世紀30年代民族主義的關係更複雜一些，當時蔚然成風的左翼文化運動的主潮還不是民族主義，而是對中國當下現實的批判和對「蘇俄新世界」的憧憬，左翼高揚起民族主義的旗幟是在《八一宣言》傳到中國之後。

毛澤東佔據了道德、思想制高點

□ 王明是個什麼樣的人？除了他在留蘇人員中有一定地位外，為什麼他在整風時期被毛澤東選為重點打擊對象？

■ 第一，他是留蘇派的領袖，所謂「擒賊先擒王」；第二，他是留蘇派中有理論、能出書的人。留蘇派一般被認為都有理論，其實非也。留蘇派中有很多人可能會翻譯、會寫文章，但寫不出著作。第三，也是更重要的原因，整風前夕，其他留蘇派領袖都已紛紛繳械投降，而王明卻認為正在形成的風暴跟自己沒什麼關係。

在一定程度上這也有點道理，因為王明在莫斯科時，確實

對國內的事，比如博古在江西的一些措施，提出過批評，所以他覺得事不關己。起初毛是把博古提到前面批判的，沒有提王明。但到1941年的9、10月份，王明突然跳出來直接批評毛澤東在抗戰中的政策，不是談歷史問題，而是當下問題。

當時是季米特洛夫來了封電報，質問毛澤東：「你們準備怎麼對付日本人？」毛澤東拿這封電報給大家看，意思是討論一下。王明就開始提出意見，他說我們是不是對蔣介石的態度太左了一點。這就是公開地質疑、批評毛的新權威。到1938年中共六屆六中全會以後，毛就很少碰到這種情況，基本上他就是黨內第一號人物了。

□ 當時延安的一批有「五四」運動、蘇聯精神背景的人，為什麼會在那個過程中集體噤聲呢？

■ 我認為毛澤東佔據了幾個制高點。毛在理論上提出了幾個最重要的概念，這些概念解決了一些最重要的問題。比如他說新民主主義文化應該是民族的、科學的、大眾的三個方面。「民族」的是指整個中國的民族主義、愛國主義；「科學」的可以理解為對西方的、「五四」精神的概念接受；「大眾」的可以通向民粹的、平民主義的概念。三個方面，一網打盡。比如一個文化保守主義者，當他聽到中國共產黨是中國文化傳統的繼承人，要講中國文化、中國氣派，那大概會為之心動的。

「大眾」的，大眾主義是1930年代很流行的口號，那時還有過大眾文化的討論。這能滿足很多具有「五四」精神的、特別是中下層的左翼知識分子的思想追求，他們大多生活困窘，和丁玲那些人不同。在上海以前的弄堂裏，

就特別容易滋生憤怒的小左翼知識分子。除了思想上佔領「五四」以後中國最重要的命題——愛國主義、科學精神、平民主義(民粹主義)這三個道德制高點外，毛澤東還是個組織、宣傳的大家。共產黨就是靠宣傳、組織，把奔赴延安的年輕人變成一股重要的力量。所謂「組織」涉及方方面面，既有一般的批評與自我批評的黨組織，也有各種黨領導的群眾組織，還有其他特殊組織。

例如：「批評和自我批評」，當然這也是從蘇聯來的，以後中共黨人給它加了許多新內容，雖然我們今天的年輕一代對這個詞語可能已經失去感覺了。但在上世紀20-40年代，那是前所未有的新鮮事物。中國人過去都是一團和氣，從沒講過批評與自我批評。這種全新的人和人之間的交往方式，對青年人很有吸引力，這就是為什麼金岳霖老先生入黨後，只要一段時間沒過「組織生活」就不太開心。「組織」這個東西特別重要，它把來自五湖四海的人全部集中到一個網絡裏，把他們安排在各個環節，給他們歸屬感。

□ 佔據制高點是不是僅憑喊口號就能做到？

■ 中共喜歡喊口號，國民黨也喜歡喊口號，這是二十世紀的新現象，既要反帝反軍閥，喚起民眾，那不就得動員群眾嗎？當然，這也是從蘇聯學來的。蘇共中央原就有宣傳部，以後還疊床架屋地再設了一個「宣傳鼓動部」。清王朝搞預備立憲，做了許多實事，也沒見清庭發佈「口號大全」供全國臣民誦讀。國民黨在抗戰初有一個簡單有力的口號，叫做「抗戰建國」，這個口號當時非常深入人心，差不多老嫗皆知，但國民黨在「建國」方面做得太少，還

是給共產黨搶了風頭。毛在70年代和美國人說過，中國人喊口號，有時是放空炮，但在抗戰時期，除了少數面對國統區和外國人的統戰類或國際統戰類的口號外，中共在根據地還是把喊口號和做實事結合起來的。其實，中共是中國20世紀前半葉最能埋頭苦幹的政黨，腳踏實地，別人做不到的，他們做到了。還記得我在若干年前到山西、陝北去，車行經過黃土高原，俯看腳下的萬丈溝壑，遙想當年共產黨在這裏帶了一些大學生和中、小學生發動群眾，建立什麼一分區、二分區地委、各個縣委，一直深入到村子裏，把有獻身精神的年輕人派到基層做工作，在這其中意識形態起了很大的作用，一個是民族主義，一個是平民主義，再一個就是知識分子必須接受長期思想改造，三管齊下，一下子就把那些青年人鎮住了，繼而使他們心悅誠服，中間穿插開展整風審幹運動，讓他們「脫胎換骨」，等於是給那些青年打了一針長效藥。從此，「東方紅，太陽升」，領袖英明，群眾偉大，個人渺小等等那些概念就完全內化了。

□ 這個模式是學來的嗎？

■ 應該說是中共獨創的，甚至超越了蘇聯。蘇聯搞過「餘糧徵集制」，也搞過集體農莊，但都是用高壓手段強制農民的，都不及中國共產黨在革命勝利前給農民以好處，和農民如此緊密地結合在一起。經歷了抗戰，中共基本從蘇式變成了中式，實現了中共真正的起死回生。

就是抗戰時期，共產黨跟中國的農村開始結合。我指的並不是1930年代江西蘇區的結合，江西蘇區時期還是一般化的、表面性的結合，它雖然有社會改革的內容，但還沒

來得及推行。在嚴重的戰爭情況下，許多措施都是竭澤而漁。那時如果徵糧徵兵任務沒有完成，是要被當成反革命抓起來殺頭的，這一套在戰爭期間很有效。

而在抗戰時期，宣傳方面也出現了新文字(我說的不是漢字拉丁化，那是失敗的，我說的是漢語言的通俗化、口語化)、新文學，趙樹理寫的《小二黑結婚》令人耳目一新。中共開始從社會底層、從草根獲得了生命力。那個時候，不少外國人把中共看成是一個農民黨，甚至不少農民出身的黨員也認為中共是一個農民黨。這是1949年，甚至50年代中期前，很多黨員對黨的性質的「模糊認識」。只是這個「農民黨」的上層並不是一般意義上大字不識的農民，更不是驕奢淫逸的農民領袖。以毛澤東為首的領導層，是有理論，有想法，有戰略、策略、懂文化的精英。這樣一個領導層，將中共重新組裝以後，目標非常明確——要奪權。當然這是它一慣的目標，並不始於抗戰時期，這保證了它的成功。

此外，共產黨抓住了一個很重要的東西，就是平等主義。共產主義來到中國後，早期是共產無政府主義。清末學者劉師培就曾將共產主義解釋成一種平等理論，強調平等，而我們中國這個社會最大的問題就是不平等。從過去到現在都是如此。

□ 第三次內戰的成敗，跟中共的情報工作很有關係。除了向蘇聯學習的一套外，可能中國這片土壤上人與人之間的關係本來就比較厚道、不總是嚴防、警惕他人，也提供了空間。此外是不是組織工作也很關鍵？

■ 正如你說的，中國的人際關係很獨特，國民黨就是一個比

較鬆散的、世俗化的政黨，列寧主義色彩不太濃厚，只要稱兄道弟，混進去就很容易，經常是報紙上登個招生、招聘啟事，就接受一批人。而中共是高度嚴密的組織，特別是它情報部門的上層，進出非常嚴格、規範。事實上，這也是吸取了1930年代的失敗經驗。1937年前，除了錢壯飛那些個別例子外，中共的情報工作基本是不成功的。抗戰以後，中共將情報工作和統戰工作捆綁在一起，這才迅速打開局面。

□ 領袖的個人品質能夠多大程度上影響國家和民族？

■ 現在的歷史學比較「政治正確」的觀點是一般不強調個人品質對歷史進程所發生的作用，而是強調那些在意識、運動中更重要的方面，比如經濟的作用或是一個思潮的作用，如此這樣是有道理的；但是在另一方面，也不能過於機械論之，因為無數的歷史事實證明，歷史人物的個性特點是會對歷史的前進方向發生重要作用的。我們經常聽到一種說法，說是「機制」比「人」更重要，這話不錯，可是「機制」也是人創設的，在創設這些機制的背後，我們還是可以看到某些歷史人物各種複雜的人性考慮的，有的或許與「個人品質」無關，有的則不能排出這種關係。就以前蘇聯領導人斯大林為例，蘇聯30年代「大清洗」的發生固然有各種複雜的背景，但是設想當時的蘇聯領導人若是布哈林，這個被列寧稱為「全黨都愛戴的人」，他會搞「大清洗」嗎？或者我們暫且同意蘇聯30年代的歷史進程中存在一個「歷史的邏輯演進的規律」，即搞「大清洗」不可避免，可是布哈林會把「大清洗」搞得那麼極端嗎？我的答案都是否定的。最後，歷史人物的個性特點，經常

會體現在歷史進程中的某種突發性和偶然性上。而我們在考察歷史進程時，的確不能排除偶然性對歷史變遷的重大影響。

至於偶然性的背後，有沒有品質方面的因素？我認為它有一定影響，但起到更多作用的，是時局、國際環境、思潮、經濟變動、底層意願等因素。比如蔣介石，雖然他在日記裏脾氣火爆，經常辱罵別人，但現實中他的態度還是比較客氣的。再如毛澤東，到了晚年他比較率性而為，但在延安初期他受到各方面條件的制約，就不能隨心所欲。他後來曾回憶說自己曾違心捧過斯大林。

□ 共產黨和國民黨在行使集權時，為什麼有相當的不同？

■ 這跟國共兩黨的信條有關。毛澤東向來是無產階級專政的忠實信奉者，而且他是無產階級專政理論的進一步闡釋者和發揮者。蔣介石卻不是，他從來沒有闡釋過「資產階級專政」。無產階級專政，最重要的就是超越法律地、直接地訴諸暴力。列寧也講過，革命不是帶着白手套進行的。其實1949年前中國很多知識分子沒有讀過列寧的東西，而列寧是真正把馬克思理論現實化的人。所以知識分子光看《資本論》是不夠的，那只能變成經濟學家，完全不知道什麼是無產階級專政。毛澤東講過無產階級有兩把刀，一個列寧，一個斯大林，他是深知這個東西的，且一以貫之。

蔣介石是個矛盾的人物，一方面他曾是中國最高統治者，他在很多方面剛愎自用，甚至是暴力主義的。特別是在1930年代，放縱戴笠做了很多壞事，殺史量才、楊杏佛等。1949年以後在台灣也搞白色恐怖，殺了幾千人。另一

方面，他又是一個虔誠的基督徒，還是個道學家、宋明理學的信奉者。

□ 為什麼要學歷史？

■ 人們都說，學歷史可以鑒往知今，增進人類智慧，這都不錯。而在我看來，它就是一個私人愛好。中國人的歷史意識特別強，有些人就喜愛讀歷史書，我就是其中之一。

□ 請推薦一本最近在看的新書。

■ 最近在看台灣學者齊邦媛寫的《巨流河》，雖是個人回憶錄，我卻把它當作歷史書來讀。這本書展現了20世紀中國史的多重面像，特別是1950年代前的大陸部分，尤其震撼人心。該書有血有淚，感人至深，是良史，也是美文，更充溢着一股民族浩然正氣，其價值遠超過一般敍述同一時代的歷史書。

創建中國現代民族獨立國家

一、「五四」和「五卅」反帝愛國運動推動民族意識的增長

自19世紀末以來，中國面臨的民族危機空前加劇，帝國主義國家侵華給中國人帶來一波波的屈辱感，觸發了中國民族意識的增長。在強烈民族感情的基礎上，建立一個統一、富強、民主的現代獨立國家，也成為中國現代民族主義的最大訴求。

中國現代民族主義產生於孫中山領導的反清鬥爭。建立現代民族國家——已與傳統忠君愛國有本質的區別。現代民族主義的基本要素是：維護國家的領土完整、主權的獨立，對自我優秀價值、文化的認同，為強盛國家、革新本國不適應現代生活的制度和文化，向西方學習先進科技、制度。

在前現代社會的中國，傳統的「愛國」總是與「忠君」相聯繫，不存在任何現代意義上的民族主義。現代民族主義發軔於西方，其具體形態為在公民自主的基礎上建立民族國家(nation-state)。19世紀的維新派最早將民族主義觀念引入中國，經過幾十年的演變，至孫中山「民治、民有、民享」三民主義的提出，標誌着中國現代民族主義的理論已漸臻成熟。

中國民族主義的興起與外部的刺激密不可分。亞當‧斯密最早對中國文化做過悲觀性的評述，他認為中國文化已經

「停滯」。黑格爾的看法較有眼光，他說過，「中國在等待着，一旦出現主客觀的對峙，中國就會產生真正的變化。」一百多年來，正是在外力的壓力和作用下，中國內部的積極因素勃興，才開始了加快了建立現代民族國家的步伐。

中國現代民族主義也是面對西方的侵略和壓力，中國內部積極因素擴張的結果，無論是康有為梁啟超的立憲運動，還是孫中山、「五四」運動，無不從民族主義吸取資源。

近代中國的現代化是歷經了幾個重要的階段而展開的。這幾個重要階段構成了中國現代化的轉折年代。換言之，歷經這幾個轉折年代，中國的現代化一步步進入到更高的層次。150年來，大致有下列幾個階段：第一階段，在外力衝擊、刺激下，中國內部變革的因素急劇擴大，中國進入到器物層面的變化，即從「中華世界中心主義」，轉而向西洋學習先進科技，此即1860–1895年的洋務運動。第二階段，從器物層次的變革演進到制度變革層次。甲午戰敗標誌「洋務」破產，中國先進人士開始呼籲改革政治制度，「戊戌維新」「清末新政」「立憲運動」到中華民國的成立，在這個過程中，和平改良與暴力革命同時並存。第三階段，民國肇始，傳統勢力依然強大，又有先進分子發動思想革命，此即由政治制度改革的層次演進到「思想價值層面」的變革，此即新文化——「五四」運動，其基本訴求是：全面反傳統，全面接受西方價值，再造一個現代中國。

「五四」愛國運動是中國現代民族主義第一次高潮。1915年1月，日本政府向中國的袁世凱政府提出了「二十一條」。根據「二十一條」的規定，日本將控制中國的東北、內蒙、山東、東南沿海等地，甚至中國的內政也將被日本所

操縱。消息傳來，「國恥」的呼聲響遍全國。在中日談判期間，最先有組織的抗議行動為海外留學生所發動。2月，留日學生宣佈集體離開日本回國，而在美國的部分學生則成立國防會，強調國防的重要。國內表達愛國反日的一個重要舉措為抵制日貨。1915年3月18日上海率先開始抵制日貨，從此抵制外貨成為了中國民族主義的重要表達方式之一。

然而，歷史的吊詭之處就在於袁世凱政府一方面希望通過中日交涉，處理兩國間的衝突；而另一方面，袁世凱也希望借助民族主義，獲得中國人民對其政府的最大支持。因此在長達數月的談判中，袁世凱政府有意識地向北京的新聞界透露中日談判的內容，經過報界的傳播，全民性的愛國高潮興起，社會各界對袁政府的認知果然也大為加深。直至中日簽定「民四條約」，這一局面方大為改變。這種借外力強化自身合法性的政治策略也被以後的歷屆政府所採用，幾乎屢試不爽。

如果說1915年「二十一條」帶來了巨大的民族恥辱使得中國人「毋忘國恥」，那1919年「五四運動」的爆發則源於厚望落空後形成的巨大心理落差。1918年1月美國總統威爾遜在國會演說時，提出「十四條」，其中包括廢除秘密條約、公海航行自由、裁軍、尊重殖民地人民的公意等。「十四條」被普遍認為是弱小民族利益的護身符。在「公理戰勝強權」的歡呼聲中，1919年巴黎和會在凡爾賽召開。作為戰勝國的中國應有權收回被德國強佔的青島和膠洲灣，然而在和會上，上述土地不僅未被收回反被日本繼承。對中國而言，在現實國際政治的角逐中，理想化的「十四條」並未產生效力，失望與憤怒驅使新一代的知識分子在五月四日走上街

頭，於是引發了全國性的「五四運動」。以城市為中心，工商階層、勞工階層、知識階層等都被捲入，出現了全民性的愛國主義運動。

「五四」運動融合了愛國和民主兩個關鍵要素：「外抗強權，內除國賊」，和「健全的個人主義」的提出，推動了民族主義高漲，成為二十世紀先進的中國人追求變革的路標。

然而「五四運動」在表現其運動主旨的「外爭主權」方面卻過於籠統，沒有具體的訴求目標，而1924年的「廢約運動」則明確提出「廢除一切不平等條約」，在法律意義上實現中外之間平等的主題。在尋求廢約這一過程中爆發「五卅運動」則使得中國民族主義再掀高潮。

1925年5月30日，上海市民高呼「上海是中國人的上海！」、「取消一切不平等條約！」等口號舉行遊行。遊行隊伍途經南京路時，與英國巡捕發生衝突。英國巡捕槍殺遊行的群眾13人，逮捕50餘人，從而導致了「五卅運動」的爆發。運動爆發後，全國大中城市發生了以「罷工、罷課、罷市」為標誌的三罷運動和抵制外貨運動。在這過程中，原始資本主義的積累條件下勞工與外國僱主的矛盾也有激化的表現，並和反帝運動結合了起來。在廣州，抗議「五卅慘案」的遊行隊伍路經沙面租界區時，英租界內的軍警向遊行隊伍開槍射擊，造成52人被射殺的慘案。廣州沙面事件再次激發中國民族主義的高漲，其訴求也由先前政府與列強談判「廢約」，向以民眾廣泛參與反帝運動的激進方式轉變。

1925年的「五卅運動」具有兩重意義：一是引發對列強與不平等條約的全面抗爭。20年代中國民族主義的訴求具體體現為廢除中外不平等條約，1924年「廢約運動」即在全

國範圍內展開,第二年的「五卅運動」更激化了這一訴求,形成全國性的反帝浪潮。二是增強了對北洋政府的不滿。在與列強交涉中外條約時,北洋政府採用技術性的方式,通過修訂即將到期的不平等條約,達到廢除不平等條約的目的。但在民族主義全面高漲的20年代,這只會被視為是對列強的軟弱。與之相對映,南方廣州政府的革命「廢約」更易贏得民眾的支持,這兩重意義相互作用,進而引發出新的概念:即若要實現國家獨立,唯有先推翻列強與軍閥的統治。到了1926年,廣州政府明確提出「打倒列強除軍閥」,並以此為口號詔示全國,出師北伐。

二、國民黨與現代民族主義

1928年,國民黨形式上統一了中國。經過幾次短暫的上層權力鬥爭,蔣介石最終戰勝了國民黨內其他各政治派系,以中央政治委員會主席的身份指導、監督國民政府的運行。

標榜以三民主義為治國綱領的國民政府,在制定各項政策時,皆宣稱以實現「三民主義」的承諾為出發點,實行「民族主義」自然應是國民政府必須考慮的重大問題。

自1840年鴉片戰爭始,中國即喪失了獨立的關稅自主權,列強強加給中國的「值百抽五」關稅稅率嚴重阻礙了中國民族經濟的發展。隨着1928年北伐告成,列強相繼承認國民政府,國民政府於是正式提出重訂關稅條約。國民政府原想與各國集體談判解決新約問題,但遭到了拒絕。美國出於遏止日本在東亞急速擴張的考慮,率先與中國修訂新約,承認中國的關稅自主權。在做出重大的讓步後,中國方才與日

本簽定了關稅協定，至此中國基本實現了關稅自主。

收回關稅自主權是中國外交的一大勝利。在收回權利運動中，外國特許權從39項減至13項，一些小國治外法權被取消，實現了郵政國有。

在30年代日本侵略擴張咄咄逼人的情況下，僅靠縱橫捭闔的外交策略已不足於維護國家的主權，國民政府清楚地意識到了這一點，在全力剿共的同時，也在積極為隨時可能爆發的中日戰爭做戰前準備。

在「九一八」事變後一年，國民政府於1932年11月成立了國防設計委員會，它的首要目標為調查、研究國防經濟，籌劃經濟動員。1935年，國防設計委員會改組為資源委員會，其工作的重點是發展與國防聯繫緊密的重工業。為此專門制定了發展國防重工業的五年計劃。為了實現這一計劃，國民政府尋求外援。1936年2月，中德簽定了《中德信用借款合同》。根據合同規定，德國向中國提供軍火、兵工廠，中國則以鎢、銻、豬鬃等戰略物資作償付。在資源委員會的統籌下，五年計劃有序地進行，一批與國防有關的工礦企業在湖南、湖北、四川、江西相繼建成。只是由於抗日戰爭的爆發，五年計劃不得不夭折。

國民政府為抗日做了許多準備，特別在交通建設、國防建設方面都取得較大的成就。國民政府通過依靠國家力量，快速集中資源發展重工業，進而「發達國家資本」的工業化模式無疑在當時的條件下具有可行性和合理性，但在經濟上表現出這種開放姿態的同時，在政治、文化上卻保守主義盛行。

作為國民黨政治權威的蔣介石，一貫注重從中國傳統文化

中汲取與開發資源，以傳統價值為思想主幹，重建民族的信仰體系。1934年，蔣介石在南昌發動「新生活運動」。「新生活運動」是國民黨在全面抗戰爆發前追求「民族復興」重大行動，僅在五個月內，蔣介石先後發表了《新生活運動要義》、《新生活運動之中心準則》、《力行新生活》等數篇文章，並親自修訂了《新生活運動公約》、《新生活運動歌》，將運動推廣至國民政府實際控制下的各省區。

根據蔣介石的規劃，新生活運動以「禮義廉恥」為準則，要求個人生活的一切方面皆體現在這一原則。大力宣傳以「禮義廉恥」為符號的價值體系，雖在禁煙、禁賭等方面取得了一定的成效，但在其後也暗藏着不斷純化社會思想的政治意圖，而純化思想的過程也就是追求國民黨思想一元化的過程。

與統一思想相配合的是在「新生活運動」中推行軍事化，所謂「軍事化」，即指「重組織，尚團結，嚴紀律、守秩序，知振奮，保嚴肅」[1] 希望以軍事化特有的集中服從來打消個人的自我意識，使社會成員在迷失自我價值的基礎上認同國民黨的權威。

由於國民政府奉行以蔣介石為中心的新權威主義策略，在引入西方的科技、軍事知識的同時，還是以傳統方式拒絕進行任何重大的社會變革，國民黨所努力的「民族復興」的成效有限，離建立一個得到社會成員普遍認可的民族獨立國家的目標距離尚遠。

1　蔣介石：〈新運周年紀念告全國同胞書〉，載《中華民國史檔案資料彙編》第 5 輯第 1 編政治(5)，南京：江蘇古籍出版社 1994 年版，頁 774。

三、抗戰與全民愛國主義

1935年，日本侵華的步伐不斷加快，華北危機日益加深。救亡團體風起雲湧，中共的《八一宣言》傳到國內，其抗日主張得到社會各界的同情、重視和支持。面對日本大規模的侵華壓力，國民政府以「軍事演習」為名，調兵北上，在華北積極備戰。同時，蔣介石在外交上做出重大調整，在繼續爭取英、美外交支持之餘，開始謀求中蘇兩國關係的和解，以備中日戰爭一旦爆發時，中國能獲得蘇聯的支持。

1935年春，蔣介石派曾任自己侍從達六年之久的鄧文儀任駐蘇武官，負責溝通中蘇高層間的聯繫。為了改善中蘇關係，蔣介石不得不重新處理自己與中共的關係。他對此慎之又慎，並且決不允許其他人與中共有任何交往。1935年年底，國民政府與中共開始某種試探性的接觸，國共雙方此時的聯繫僅停在較低的層次上，蔣介石的這種調整純屬不得已而為之。他在與中共保持聯繫的同時，又力圖徹底削弱中共的實力。在蔣介石看來，惟有如此，方能減弱中共日後的發言權。因此，蔣介石對紅軍依然重兵圍剿，卻又不中斷雙方的聯繫。

經過近一年試探性接觸，國共兩黨的談判已進入了一個新階段：由雙方的高級代表陳立夫、潘漢年在上海進行直接會談，然而雙方距離相差太大，談判陷入僵局之中。蔣介石於是決心繼續對中共保持高壓政策。在處理完兩廣事件後，蔣介石於1936年10月攜其高級黨政軍官員飛抵西安。

蔣介石的督戰最終激化了他與張學良、楊虎城之間的矛盾，在數次勸諫無用後，1936年12月12日，張、楊發動兵諫，西安事變爆發。西安事變爆發後，在共產國際的干預

下，中共放棄了原先「公審蔣介石」的主張，而改為「逼蔣抗日」。經過蔣介石、張學良、中共三方數天的磋商，西安事變終獲和平解決，西安事變的和平解決為國共第二次合作奠定了基礎。

1937年抗日戰爭全面爆發。在抗戰初期，國共兩黨在某些戰役中如忻口戰役中，相互配合，取得了一定的成效。然而，兩黨長期的爭鬥又決定了國共兩黨間彼此缺乏足夠的信任。隨着中共敵後根據地的不斷擴大，中共軍事實力也有了顯著增長。對於中共實力的擴大，蔣介石深感不安。1939年1月，國民黨召開五屆五中全會，專門成立防共委員會，制定各種「防共」、「限共」政策，國共兩黨的衝突與磨擦迅速白熱化。

1941年1月初，皖南事變爆發，致使國共合作抗日的局面幾乎破裂。皖南事變加劇了國共之間的不信任，雖然其後不久中共又恢復與國民黨的談判，但雙方的猜忌與疑慮已很難化解。這種互不信任也預示了戰後國共和談的失敗，國共合作終將被兵戎相見所替代。

在國內政局發生重大變化的同時，國際形勢出現了有利於中國的變化。1941年12月7日，日本偷襲珍珠港，太平洋戰爭爆發。太平洋戰爭的爆發使得中國的重要性開始提升。1942年1月，中國與美、英、蘇等26國共同簽署了《聯合國家宣言》。與中國國際地位提升形成鮮明相對的是，原先中外間的條約使中國處於不平等的地位。隨着日軍在太平洋戰爭初期中的勝利，特別是英美在華利益最為集中的沿海地區已被日本佔領，英美此時在華的種種特權幾乎已沒有現實基礎，廢約已是刻不容緩。

1942年10月10日，美英政府發表聲明，表示願意就條約

問題舉行談判。經過談判，中美、中英於1943年1月簽署條約，宣佈廢除美、英在華的領事裁判權以及辛丑條約後所獲得的一切特權。以美英廢約為先導，中國先後與比利時、加拿大、荷蘭等國簽定條約，宣佈廢除其在華特權。

不平等條約的廢除，洗卻了中國百年來的外交屈辱，是國民政府所取得的重大成就，大大加強了國民政府的民族主義的正面形象。其後，中國參與了國際間針對德、意、日法西斯的重大會議。1943年11月，蔣介石與羅斯福、邱吉爾在開羅舉行中、美、英三國首腦會議，討論對日作戰問題。「開羅宣言」明確宣佈「日本所竊取中國之領土，例如滿洲、台灣、澎湖列島等，歸還中國」。開羅會議是中國第一次與世界大國平等對話，也進一步提升了中國的國際聲望。

1944年8至9月，美、英、蘇、中四國在美國舉行會議。在這次會議上，四國決定成立聯合國作為新的國際組織，代替一戰後成立的國聯。聯合國的主要職能由安全理事會承擔，而美、英、蘇、中四國為安理會的常任理事國，享有一票否決權。常任理事國的職務使中國的大國地位獲得了承認。二戰結束後，中國因而也成為世界「四強」之一。

然而，中國世界「四強」地位的獲得更多是美、英、蘇地緣政治的產物，世界「四強」之一僅僅是在心理上滿足了中國人的民族自豪感，而就自身而言，中國尚不具備成為「四強」的實力。在1945年的雅爾達會議上，美、蘇犧牲中國利益換取蘇聯對日作戰就是明證，1945年《中蘇友好同盟條約》幾乎完全恢復了帝俄在華的特權。而一年後的《中美友好通商航海條約》也嚴重損害了中國的經濟利益，這表明中國若想成為真正的現代民族獨立國家還有待時日。

三、「馬克思主義中國化」與革命民族主義

作為一個列寧式的革命政黨，意識形態的重要性對中共是不言而喻的。中共的指導思想是從俄國傳來的馬克思主義，即列寧—斯大林主義。然而，中國的情況與蘇俄畢竟大相徑庭：中國的產業工人人數不多，且大多分散在中心城市，以城市工人暴動的方式奪取政權幾乎不可能。有鑑於此，毛澤東在馬列的理論框架下，另闢途徑，尋求非蘇俄式的革命路徑，從而實現武裝奪權。

1927年秋，毛澤東領導中共武裝，最先展開與國民黨的軍事鬥爭。在毛澤東領導下的中共江西根據地，黨的基層組織多由出身農民的黨員組成。毛重視在農民中發展黨員與其長期從事農運有關，同時也是不得已而為之。在江西紅色根據地內，幾乎不存在任何馬列經典概念中的產業工人，從農民中發展黨員方是發展中共唯一現實可行的做法。

毛對農民問題的重視，恰恰回應了中國現代化進程中的一個重要主題，即中國的現代化不應是簡單地引入、模仿外來的思想、制度，只將着力點置於上層政治結構的制度創新，而忽視改革社會的下層結構。毛的成功之處就在於他重視社會底層，其發動農民進行土改，進而實現「農村包圍城市」的策略，恰恰是將中國歷史的傳延性與外來思想相調適乃至融合，將中國本土資源創造性進行了轉化，從而使農民成為中國共產革命最大的依託，因此中國共產革命雖在上海、廣州、長沙等中心城市受到嚴重挫敗，但仍可依靠在農村的根據地與國民黨展開長期的武裝鬥爭。

1933–1934年，中央紅軍在蔣介石的軍事圍剿中失利，被

迫撤離江西，進行長征。在長征途中，毛澤東重新獲得了對紅軍的軍事指揮權和領導權。1935–1937年，毛澤東致力於中共的發展，暫時無暇顧及「形而上」的理論問題。隨着第二次國共合作和抗日局面的到來，毛澤東加緊建構他對馬列理論的新解釋框架。這一時期所寫的《矛盾論》、《實踐論》集中代表了毛的馬列理論見解。

在1935年前，毛澤東僅被視為是中共黨內的軍事問題專家和農村問題專家，其理論貢獻尚未被中共黨內普遍認識。毛深知作為黨的最高領袖，不僅要在政治上成為黨的核心，還必須在精神上為追隨者提供理論指引。30年代初以王明、博古、張聞天等為代表的留蘇學生在黨內之所以能得勢，即為他們能用馬列主義對現實做出理論闡釋。兩相對比，更促使毛要在理論上有所建樹，創造出對馬列的新解釋；也惟有如此，方能徹底鞏固自己在黨內的領袖地位。毛在1938年中共六屆六中全會上，將自己思索已久的「馬克思主義中國化」的新理念和盤托出，並以此一舉奠定了黨內精神導師的地位。

毛氏所言的「馬克思主義中國化」，是指將馬列主義置於中國的特殊語境中，以一種靈活的政治現實主義的態度對其進行解釋、延伸與創新，將其靈活地與中國本土資源、蘇共組織架構相融合後所創造出的革命意識形態。毛澤東這一概念的提出，有助於中共擺脫蘇俄革命經驗的束縛，它的提出標誌着毛建構了自己的理論體系，從而邁出通向「君師合一」型領袖的關鍵一步。

1937年，中共以延安為中心再建紅色政權，經過數年經營，至40年代初，延安已成為了一個高度組織化的社會。在

這個高度組織化的社會中，中共的幹部居於中心地位。

中共幹部的來源主要有兩個：一個是經歷過1937年前與國民黨武裝鬥爭的「老幹部」，另一個是1937年後從各地投奔延安的知識青年。對中共而言，意識形態是其生存與發展的重要支柱，對新參加革命的知識青年自然要進行必要的意識形態培訓，而培訓的場所就是中共所創辦的各類學校。

為了培訓幹部，中共在延安創辦了大量學校，計有：馬列學院、中央黨校、陝北公學、中國女子大學、澤東青年幹部學校等。這類學校的職能不是簡單地傳授知識，而是對入學的幹部進行意識形態思想訓練。通過學習，讓他們能充分領會、掌握中共的各種理念與政策，並熟練地運用於現實鬥爭中。

思想訓練還有一個目的，即實現中共黨內的思想統一。中共意識形態以馬列主義為思想圭臬，故而從蘇聯學習返國的王明、博古等「理論家」能在黨內呼風喚雨，但隨着王明等人的錯誤被全黨逐步所認識，以及毛在中共黨內政治地位的上升，毛開始積極謀求用中國化的馬克思列寧主義徹底改造中共，將全黨的思想統一於「馬克思主義中國化」的大旗下。在延安整風運動中成立的各級學習委員會的職能之一，便是通過系統地指導廣大黨員學習毛澤東著作、講話，黨內文件等方式，在改造自我意識的基礎上統一思想，對於可能出現的異端思想，則一露苗頭，堅決給予反擊，凋謝在《野百合花》中的王實味就是一個鮮明的前車之鑒。

思想訓練另一個目的是將左翼知識分子、五四「愛國」與個性解放的關係理清。

1919年的「五四運動」是型塑中國現代知識分子的分水嶺。在「五四運動」前的「新文化運動」中，陳獨秀、胡

適、李大釗等中國現代知識分子在對中國傳統文化嚴厲批判的基礎上，大力宣揚個性解放與個人權利，力圖以個性意識的萌發衝擊中國傳統的家國觀念，進而全面顛覆中國傳統價值觀和與之一體的政治制度。但在「五四運動」運動前後，在愛國情緒高漲的情況下，知識界卻出現了重大分化。分化的關鍵點在於對中國社會轉型的路徑設計上。以胡適為代表的自由主義者仍堅持原先點滴改良社會的主張，希望通過對社會問題的逐個解決，最終實現社會的整體轉型；而在以李大釗為代表的馬克思主義信仰者看來，個性解放不足於解決中國的諸多問題，唯有通過徹底的、系統的社會綜合改造工程，才能畢其功於一役，一攬子解決個人、社會與國家的問題，而馬克思主義正提供了這樣一種為人類偉大的自我改造工程整體解決的方案。

長久以來，尋求一個根本解決的路徑正是中國部分激進知識分子所尋求的，而十月革命一聲炮響傳來的俄式馬克思主義恰恰勾勒出一條由現實至未來彼岸的康莊大道，即發動、組織社會底層的民眾，以暴力革命顛覆舊社會，並在此基礎上重建人間天堂。馬克思主義不僅在路徑設計上有巨大的吸引力，在終極目標上，共產主義也與中國傳統的「大同」圖景有同構之處。由此，馬克思主義成為了20年代後期興起的左翼知識分子的集體信仰。

在這項社會綜合改造工程中，「無產階級只有解放全人類，才能解放自己」已預示了個人價值將被置於集體利益之下。而當個人與集體發生衝突時，集體高於個人就成為不證自明的真理，這種集體至上的傾向又暗合了中國傳統哲學輕個人、重集體的價值觀。於是，「新文化運動」所追求的個

性解放、個人自由，在20年代後的建構民族新國家的進程中很自然發生了蛻變。

除了統一思想外，農民的組織化也是中共革命成功的重要經驗之一。1927年後，作為「現代農民革命戰爭」主體的農民，成為了中共武裝的主要來源。早在中共革命草創初期，毛澤東便有意識地將經過組織的農民組織納入中共體制框架內。毛認為只要把農民組織起來，對其進行必要的思想訓練，使他們掌握一些馬列的基本概念，即可啟發農民的覺悟，實現農民黨員思想的布爾什維克化。經過毛澤東的精心整合，原先處於分散狀態的社會底層被凝聚在中共的組織體系中，這樣，中共組織的生態構成發生了重大改變，農民黨員逐漸在中共黨內佔據壓倒性多數。「農民性」的色彩也因此日益彰顯。

1937–1947年的延安十年，中共實現了從俄式黨向中國黨的轉型。通過整風運動，毛的黨領袖地位不僅得到了鞏固，而且成為了中共黨內唯一的理論指導者。毛的思想、理論也上升至黨的意識形態。1945年的中共七大將「毛澤東思想」寫入中共黨章，與「馬列主義」並列為中共的指導思想。1949年後，中共將延安時期的革命經驗與蘇聯體制相糅合，創建了全新的國家形態。從這個角度而說，延安可以說是1949年後中國的母體，延安經驗對中共的意義自然不言而喻。

五、革命民族主義與中共的建國綱領

中國近代以來受帝國主義侵略壓迫的歷史決定了任何政治派別都不能迴避民族主義這一話題。中共自然也不例外，

但民族主義在中共話語體系中卻有着雙重性：一方面，中共革命所追求的目標之一就是建立現代民族國家，使中國擺脱外來侵略，這也是許多中共黨員信仰共產主義的動機之一；但另一方面，中共意識形態又決定了中共只是蘇共控制下的共產國際的一個支部。在蘇共眼中，推崇民族主義就意味着脱離共產國際的領導，嚴重者甚至還會被貼上「反蘇」的標籤。因而對中共而言，民族主義是一個極為敏感的字眼，直至30年代中後期開始，隨着日本侵華的加劇，中共才正式大規模地宣揚其革命民族主義。

中共所信奉的「革命民族主義」是將民族主義納入其意識形態的解釋體系中，具體而言，革命民族主義訴求的現實目標為反對日、美、英帝國主義以及他們支持的蔣介石政權，在現階段，就是抗日。

在革命民族主義的框架中，蘇聯的地位極為獨特。中共的信仰體系源自蘇聯，蘇聯在抗戰初期對中國的支持以及蘇共在中國共產革命期間給予中共的巨大幫助，這一切都決定中共對蘇聯有一種認同感。然而蘇聯在與中國的交往中，還有侵害中國民族利益的一面，對於這一點，中共多從「階級利益」的角度考慮，將政治現實主義置於比較重要的地位。

1945–1949年的國共內戰以中共的獲勝而告終。中共在軍事上的勝利使得中國重新統一在一個強有力的中央政府之下，結束了自晚清以來內亂不斷的局面，這大大滿足了中國民族主義的要求。中國民族主義的另一重大訴求，是建立一個現代中國。在美蘇對抗的戰後冷戰格局下，中共只能選擇依靠對中國共產革命長期抱有同情和支持的蘇聯。無論是從意識形態的相似性出發，或是現實主義的可能性出發，在中

共看來，現代國家的母版自然應是蘇聯，為了在意識形態上保持與蘇聯的一致，新中國不用「民族主義」的表達，而將「愛國主義」和「無產階級國際主義」平行起來，教育全國人民正確看待中國與蘇聯及其他社會主義國家的關係。1949年6月，毛澤東宣佈即將成立的新政權實行對蘇「一邊倒」的政策，這在事實預告了中國將全方位引入蘇聯體制，通過集體化道路，快速實現蘇式的現代化。政治制度可以不源於本土，可如果一味橫向移植，只會水土不服，淮橘為枳，而中國共產革命在與國民黨角逐中的最終獲勝，箇中原因之一在於毛澤東成功地實現了「馬克思主義中國化」。「對蘇一邊倒」作為建國初的一項國策是當時環境下的一種戰略性的安排，似乎和民族主義存在着某種矛盾，故而逃到台灣的蔣介石政權馬上將他的「反共復國」行動定義為「反共抗俄」，以突顯國民黨代表了中國民族主義。隨着國內經濟的恢復和中國外部環境的改善，1952年後中國不再提「一邊倒」，而是加強發展和亞非新獨立國家的友好關係，中國的獨立自主大國的形象就清晰化了。

六、中國融入世界

回顧近百年中國現代民族主義的演進的歷程，可以發現，在由前現代社會向現代社會的轉型中，由於西方列強的侵略，後發國家的民族利益與尊嚴受到嚴重踐踏，但現代化的因素也隨着同一過程被注入體內。

一百年來，對中國影響最大的三個國家是蘇俄、日本、美國，其中蘇聯的影響最大。蘇俄對中國的影響首先在於：十

月革命給中國送來蘇聯革命經驗，幫助國民黨改組和國民黨建軍，也給中共提供了意識形態基本框架，支持中共革命；50年代對中國社會主義工業化的經濟援助和國防援助。直至今日，中國政治制度的基本框架也是來自於蘇聯。日本對中國的影響基本是負面的：發動甲午戰爭，利用中國的戰爭賠款，奠定了日本現代化的財力基礎，完成了向世界強國的過渡。1931–1945年的侵華戰爭，極大地破壞中國的現代化。美國的影響較為複雜：1949年前，在思想文化科技領域培養了一批中國現代知識分子，幫助中國建立起現代教育制度。1950年，朝鮮戰爭爆發，迫使中國脫離世界體系20年。1979年後，中美建交，中國逐步進入世界體系和全球化的進程。

在硬體方面，中國現代化所受西方影響表現在：

1. 建立了新式軍隊；
2. 政黨制度；
3. 新式教育，新式法律制度；
4. 新式工業和科技。

中國現代化的制度、技術等廣泛方面，都是在西方的影響下產生和發展起來。無庸置疑，中國不能「全盤西化」，也不可能「全盤西化」；但在另一方面，中國的現代化肯定需要參照西方先進國家的經驗。顯而易見，民族性與現代性二者間存在着的矛盾，即一方面要堅持民族特性，另一方面又要匯入世界潮流，這兩者之間確實有着許多糾葛。如何調適二者間的關係，成為每個後發國家必須正視的問題。

民族主義與民主主義是一對雙胞胎，區別在於：民族主

義，強調集體認同和國家認同；民主主義，強調個人本位，個人權利，個人自由。從理論上講，當國家、民族面臨嚴重的危機時，國民應讓渡出自己的一部分個人權利，以服從於國家利益，支持國家戰勝危機，而國家的最終目的是保護個人自由。但是在近代以來，民族主義經常吞噬民主主義，這主要是由中國近代的政治和大的環境造成的。也和人們認識的誤區，統治階級的狹隘和自私有關。

一些有識之士很早就看到這兩者之間的聯繫性的問題，他們希望建成對國家、集體的認同；同時又促成國家保障、維護個人的權利。梁啟超在1900年流亡澳大利亞時，就對中國社會的某些嚴重弊端作出深刻的批評。

他說：「中國是一個奴隸的國家」，而西方每個人都有主權，即使孩子都「自治其事」，雖然梁啟超的看法有表面化的缺點，因為他沒看到澳大利亞的土著人在當時所受到的不平等的待遇，但澳大利亞在1900年後，確實開始實行社會福利政策。梁啟超的觀點其實就是「五四」的先聲，他比胡適、陳獨秀早了十幾年，把「國家，民族，個人權利」聯繫在了一起。

民族主義和民主主義的矛盾是中國現代化的一個基本困局，民族主義的要義是建立強大國家；民主主義的要義是保障個人自由。民族和民主都是中國人追求的基本價值，但民族主義的作用對中國進程的實際影響更為顯現。民族主義有它的限度問題，在限度之內，它是一股建設性的力量，它是被奴役、被壓迫的民族正當防衛的強大武器，但民族主義也有可能成為某些保守勢力煽惑人心的工具。

進入20世紀後，義和團式的盲目排外，以愚昧對抗文明

的方式已被中國主流意識完全拋棄，而「全盤西化」更多只是一種學理上的假設，不具實際可操作性，因為作為一個有着數千年燦爛文明的大國，中國絕無可能一刀斬斷與歷史相連的臍帶，簡單地模仿西方樣式，並不能真正實現中國的現代化。正如一位美國學者所言：「二十世紀中國政治史的一個『特色』是：『特色』本身事實上幾乎完全是在外來政治模式的基礎上產生。從議會主義到法西斯主義、再到共產主義，所有這些制度都具有『中國的』特色，但它們都不是真正起源於本土。」[2] 在中外聯繫日益緊密的情況下，中國融入世界畢竟已是不可抗拒的歷史潮流。

2　柯偉林(William C. Kirby)，《認識二十世紀中國》，香港：香港中文大學中國文化研究所《二十一世紀》2001 年 10 月號 第 115 頁。

近代中國社會轉型的歷史教訓[1]

19世紀中葉對中國來說是一個意義重大的轉折時期。當時，面臨着「五千年未有之變局」的古老中國步入了前所未有的、與傳統的農業社會迥異的、現代性逐漸增長的歷史發展階段。這條道路在中國充滿了深刻的矛盾和衝突，在這條道路上，中國既取得過巨大的成就，也一次次喪失了歷史賜予的難得機遇，長期在通往現代的旅途中蹣跚而行。中國變革的艱難無疑與前現代社會的歷史遺產有關，也與中國政治中樞的政策選擇密切相聯，同時它還受到錯綜複雜的國際環境的巨大影響。中國以迥別於其他國家的特有方式實行社會轉型，無論它的成功還是挫折都豐富了人類的經驗寶庫，為眾多的後發展國家提供了深刻的教訓和啟示。

一、中國社會轉型的政治、經濟和意識形態基礎

數十年來，一個長期在學術界爭論不休的問題是，如果沒有1840年開始的列強對中國的侵略，中國能否主動開始從前資本主義社會向資本主義社會過渡，從而完成從農業社會向現代工業社會轉變的過程。在這裏，我們嘗試性地提出自己的看法：中國所承襲的巨大的遺產中，包孕着可誘發現代社會的因素，這些積極因素在一定條件的作用下可刺激傳統

1　原載《戰略與管理》，1995 年第 4 期。

社會向現代社會的演變；但是，作為總體特徵的中國前現代社會的政治、經濟、社會結構卻存在着根本性的制度缺陷，它嚴重阻滯着傳統中可現代化因素的成長，如果沒有外來刺激，即使中國社會中存在着「資本主義萌芽」，也無法出現資本主義，中國仍將處於前現代狀態。

　　1840年在亞洲東南沿海與西方列強相通的東方大國中國是長期被西方思想家所欽羨的對象：一個以皇權為核心、職能分明的中央集權官僚政府在與外界隔絕的狀態下，統治着4.5億人口，在一千多萬平方公里的廣闊國土上有效地行使着治權；儒家學説中的道德主義和禮儀規範起着整合社會各個階層的特殊功能；美侖美奐的巍峨宮殿和精美絕倫的工藝珍品體現着中國人的豐富的創造力和想像力。雖然自然災害不時減少中國人口，但精耕細作的農業還是大體上維持了中國人的溫飽。總之，19世紀中葉之前的中國，儘管不時發生社會動盪和災荒，但它總是能自我調適，在經歷週期性的社會震盪後，重新恢復社會的穩定與繁榮。然而就是這樣一個被西方長期欽羨、長期保持強大和繁榮、充滿自豪與自尊的東方大國，在西方列強的炮艦侵略和隨之而來的價值觀念的衝擊下，卻不能再保持昔日的光榮並適時調整自己的政治、經濟、社會結構，重新彙集新的社會力量和自然資源，從而有效地融匯傳統與現代因素，以富有活力的轉換方式，在西方和近鄰日本的成功示範效應的影響下，邁入富強之途。其原因何在？

　　政治是傳統社會的決定因素。具有諷刺意味的是，中國前現代社會制度構成中最有現代因素的部分就是維繫中國社會穩定的支柱──中央集權官僚制，然而也就是它本身的結構性

的重大缺陷阻礙了中央集權官僚制向現代政府制度的轉換。

中國的中央官僚集權制具有一定的理性色彩。在皇帝之下，內閣、省、縣的垂直的行政系統有專門化和職能劃分的特點，按照法律和慣例有效地掌管國家行政事務，垂直的監察系統直接受命於皇帝，負責監督各級官吏，以保證政令的執行。不受階級和財產限制、在科舉制基礎上建立的官員升遷系統，體現了中國社會的流動性和開放性，對維繫中國官僚制度的穩定發揮了積極作用。在操作層面上，這樣的官僚制度，與依職能分層、各司其責的現代政府制度並不構成嚴重衝突。但是問題的關鍵在兩點：第一，中國的中央官僚集權制對基層的統治力量較弱，朝廷在縣以下的支柱是享有功名的鄉紳，中央權力並不能完全達到基層，徵稅及徵集勞役實際上依賴於鄉紳。處於家族、宗族網核心的鄉紳的行為往往嚴重破壞了中央集權官僚制的合理化因素，所以嚴格地說，中國傳統的中央集權官僚制只存在於縣以上的政府機構，縣以下的鄉村則處於高度分散的無組織狀態。顯然，這與現代社會所要求的、能夠全面協調社會力量處理公共事務的、完善的社會組織結構是相衝突的；第二，中國官僚集權是以儒家意識形態為基礎的，它以道德倫常為基本準繩，在義務與權利的關係上沒有明確的界定。儒家規範雖不排斥個人的成就取向，但人情取向更佔主要地位。中央官僚集權制的垂直系統固然保證了政令的通行，然而也帶來各級官吏不思進取、因循守舊的嚴重惰性。加之宗族、家族的因素與政治結構互為一體；為派系鬥爭提供了永恆的競技場。更為重要的是，儒家意識形態作為維護社會穩定的基石，它提供了對世界的全部解釋，成為不可逾越的治國安邦的基本原則。

它是建立在傳統的「中國為天下中心」的世界觀之上的，它的豐富性與普遍性，使中國統治者與士大夫相信儒家學說已窮盡世界一切真理。中國既是天下中心，並有着輝煌的無與倫比的歷史與成就，那麼中國之外的「夷務」就不在中國人關心的範圍之內，[2] 順理成章，也就對競爭不感興趣，沒有了變革的緊迫感。至於解決中國國內週期性的政治衰敗和政治動盪的良方更無需從「異域」尋覓，在包孕萬家的儒家學說的眾多派別中自有療救的方案。經過千餘年的儒化，這套由科舉制為外在體現的儒家意識形態已完全內化於中國人的心理深層，從而成為回應外部世界挑戰的巨大的心理障礙。這樣，在與外部世界交往時，中國就很難隨形勢而變化政策，而處處顯得遲鈍與僵硬。

中國前現代社會的經濟結構與政治結構一樣，同樣存在一定程度的可現代化因素。但是，這些積極因素同樣因經濟結構的制度性缺陷而被吞噬。歷史學家和社會科學家的研究表明，在中國的經濟生活中，具有私人契約關係的土地與勞動力交換的活動一直十分活躍。[3] 一般而言，政府對經濟的干預並不嚴重，官營工商業在國家經濟生活中也不佔主要地位，而個人則享有流動性的選擇職業的自由。然而，與這些可現代化因素相比，中國前現代社會經濟結構中的障礙性因素則更為強大。首先，19世紀中葉之際，中國是一個典型的農業社會，與微弱的商品關係相比，自然經濟佔決定性優勢。其次，中國人的商品經濟活動只限於一般的手工業品和農副產

2　　參見《東華續錄》，卷 47，第 15–17 頁；另見《同治朝籌辦夷務始末》卷 49，第 16 頁；蘇輿輯：《翼教叢編》卷 6，第 20–21 頁。

3　　參見傅衣凌：《明代前期徽州土地買賣契約中的通貨》，《社會科學戰線》，1980 年第 3 期。

品的簡單交換，幾乎不存在以大機械為動力的製造業與加工業。再次，可以在社會經濟活動中起調節作用的國家，幾乎不干預經濟行為，也缺乏外貿觀念，無法承擔起經濟起步所必須的資源徵集和建立經濟組織以及建立與外部世界經濟聯繫的責任，使得分散的商業力量無從集中。因此經濟結構中若干積極因素不能拓展出資本主義生產關係和擴大在新質的基礎上的生產規模；如果說在中國前現代社會的政治、經濟結構中尚存在若干合理的成份，那麼中國傳統的意識形態結構則基本發揮着阻滯向現代社會轉變的作用。中國的儒家學說是一套極其複雜的、探究有關人與宇宙、人與社會的關係的龐大的思想體系。根據近30年中國現代新儒家及西方中國學學者對儒家典籍的選擇，儒家學說中蘊含着某些與現代社會毫不衝突的可現代化因素。[4] 例如：對人之終極理想的追求，對違反人之終極追求的現存社會現象的反抗等等；更重要的是在孔孟、朱熹的思想中還有着對人之主體生命的高度敬意和對人之自由意志的肯定，這與西方近世推動過資本主義發展的新教精神有某種程度的相似。[5] 然而事實上，作為長期維繫中國社會穩定支柱的儒家學說在近代與西方文明相遇時，卻節節敗退，逐漸喪失了統合社會的功用。尤其發人深省的是，乍看起來似乎與現代民主政治並不矛盾的儒家民本思想，始終未能促成向尊重公民自由的現代民主制度的轉換。中國傳統的儒家學說與現代社會相脫節的根本原因在於它基本上是發揮着維繫等級森嚴的君主專制制度的作用，其

---

4   唐君毅：《中國文化之精神價值》，1984 年，第 553–557 頁，第 494–495 頁。

5   墨子刻(美)：《擺脫困境——新儒學與中國政治文化的演進》，江蘇人民出版社 1990 年版，第 114 頁。

現實導向具有強烈的權威主義色彩，直接排斥與現代契約關係相聯的個人主動精神與公民意識的培育和成長。

中國前現代社會的政治、經濟、意識形態結構，基本適應了當時中國社會的發展水平，構成了中國前現代社會的基礎。當1840年中國遭遇到前所未有的西方侵略和價值觀念的衝擊時，中國面臨着艱難的抉擇，這就是如何根據急劇變化的形勢，適時改革中國現存的社會結構，進行大規模的制度創新和觀念變革，重新彙集政治、經濟、思想文化的資源，使傳統因素與現代因素在衝突中走向新的融合，從而推動中國從前現代社會向現代社會轉變。然而當時的中國統治者與絕大部分士大夫卻被動地、消極地試圖以微小的、局部的政策調整來擺脫中國的危機，選擇的是盡量縮小變革規模的道路，結果使中國的轉變更充滿曲折和動盪，造成中國社會轉型進程的跌宕起伏。

二、重建政治共同體的困厄

根據衡量一個社會現代性的強弱的具體指標，即工業化、都市化、識字率、現代契約關係、社會流動性和政治制度化來分析1840年後的中國社會變遷，我們可以看到中國前現代社會的政治、經濟、意識形態結構在大約100年的時間內都發生了急劇的變化。

自1840–1911年，歷經72年的變遷，中國已從一個典型的傳統社會向具有現代色彩的新式民族國家過渡。自1911年中華民國創立至1949年中華人民共和國成立，這期間的急劇變動甚至更大。因社會轉型所引發的國內與國際矛盾的激烈衝

突，演化為各種政治力量的新的組合和分裂。與現代觀念散播的同時，新的經濟勢力和社會力量也急劇增長，而傳統的政治、經濟結構與觀念文化絕不妥協地對新生事物的激烈反抗，使得中國的變革波譎雲詭，一波三折。中國從傳統社會向現代社會轉變的第一階段大約歷經72年，中間經過幾個重要的歷史時期，其特徵是消極、被動地被納入與外部世界的聯繫之中。

第一時期：1840–1860年，面臨西方列強的軍事侵略，中國試圖在不變動原有制度的基礎上運用傳統政治、軍事、經濟資源進行全面抵抗，但反而遭受到更大恥辱與失敗。在大約20年的時間內，中國歷經西方列強強加的兩次鴉片戰爭，喪失了大片國土，被迫開放通商口岸，向列強提供片面最惠國待遇。在民族危機不斷加劇的險惡形勢下，清廷統治者不思變革，終於爆發了長達14年的聲勢浩大的太平天國農民起義，徹底暴露了中國傳統政治、經濟、文化結構的弊端及清廷統治者的麻木與愚昧。

第二時期：1860年左右–19世紀末，隨着西方軍事、經濟、文化和政治力量在中國的急劇增長。中國傳統社會發生了裂變，出現了試圖在保存中國傳統內核前提下的變革運動。這個時期的變革主體是受西方侵略刺激而圖謀改弦更張的清廷開明人士和與西方有聯繫的部分士大夫與新興商人。但由於清廷最高統治者抗拒進行制度性的重大創新，嚴重影響了中國轉變的規模和速度，在強大的西方壓力下，不僅未能恢復中國昔日的國威，走上富強之道，反而進一步走向衰落。

嚴格地說，中國的變革始於19世紀60年代。在西方的刺激和壓力下，清廷開始尋求變革，首先是在1860年創立處

理外交事務的總理各國事務衙門。繼之，由鎮壓太平天國起義而崛起的曾國藩、李鴻章、左宗棠等在「師夷之長技以制夷」思想的指導下進行了旨在尋求富強的洋務運動，開辦了一批現代軍工企業和民用企業，這是中國工業化的最早基地。稍後，一批與官府有密切聯繫的士紳轉而興辦有官府背景的民用企業，中國出現了新的社會力量：早期民族資本家和從農民轉化而來的近代工人。這樣，中國傳統的社會經濟結構發生了具有重大意義的變化。饒有興味的是，在鎮壓太平天國農民起義中崛起的湘、淮軍勢力是最早與西方接觸並表示願意進行一定程度的改革的社會力量，而中央政權則受到觀念、利益等的限制，對變革表現出很大的消極性，這樣就不可避免地逐漸喪失對國內的控制能力，導致地方勢力的急劇膨脹，這些地方勢力，在很大程度上又的確是湘、淮軍勢力的延續。這個時期的變革的中心內容是引進西方的軍、民用工業技術，即所謂「器物層次」上的變革。「中學為體，西學為用」即體現着調整但不動搖傳統這種指導性的變革思想，即被迫承認中國傳統不能解決器物層次的進步，儘管它仍是「中國中心論」的一種變種。由於中國傳統勢力的極其強大，企圖變革的、受到西方思想影響的士大夫階層試圖在「托古改制」的旗號下，悄悄進行一場融匯中國傳統與近代西方思想的制度變革，企圖從器物層次的變革向制度層次的變革邁出一步。然而這一步卻是至關重要的一步，有可能徹底動搖中國社會的舊有結構，中國守舊的統治者對此進行全面反抗，扼殺了這次變革，百日維新失敗的深遠意義，也許是變革推動者與扼殺者都未能充分預見的——中國試圖走日本道路的希望與機會就此徹底喪失了。

第三時期：大約從20世紀初到1911年清王朝崩潰、中華民國創立。戊戌變法在血泊中被扼殺並沒有使清王朝走向中興，相反中國向惡性方向急劇發展。義和團運動的徹底失敗使清廷的最後一點自尊和傲慢完全被卑怯、投降所替代，庚子協定極大地損害了中國的主權和經濟，從此中國真正陷入了萬劫不復的深淵。這時，清廷開始較有系統地革新制度，包括制定具有現代色彩的法律、獎勵工商、創建政府職能機構、鼓勵留學、制定憲政時間表、設立省級憲政諮議機構等。尤其具有重大意義的是，1905年清廷廢除科舉制度，轉向追求實用科技的現代教育制度，此舉徹底動搖了中國前現代社會政治結構的基礎。這些變革措施顯示，在經過近60年西方的嚴重衝擊後，中國統治者終於明白，即使為保持統治階級自身的既得利益，也必須進行政治改革。但是這些大規模的變革是在清廷統治已嚴重削弱的形勢下進行的，加之變革不可避免地帶來社會的動盪，因此清王朝的政治結構幾乎瀕於全面癱瘓。舊結構的衰微和大規模變革刺激了中國現代民族主義的勃興，接受了西方思想和日本經驗的海外中國留學生，以孫中山為核心成立了中國第一個具有完全意義的現代政黨——同盟會，成了推動中國現代化的主體。代表了新經濟關係及思想價值的社會組織——商會、科學社、各種學會、演講會等成了剛剛萌發的市民社會的中堅力量。新式學校、報館、譯書館如雨後春筍般地出現，近代國家觀念和以英、法經驗為依歸的民主主義思想以通商口岸為中心，把推動變革的意識逐漸散播於社會，形成一股要求徹底變革社會的強大思潮。作為這種思潮與新社會力量互動的合乎邏輯的發展，中國的變革終於走向制度的層次。1911年10月10日，

爆發了推翻清王朝的辛亥革命，創立了亞洲第一個以美國制度為樣板的共和國，即中華民國。

數千年帝制的崩潰和共和政體的建立，是中國進入了向現代轉變的第二階段，這個階段又可分為北洋政府統治和南京國民政府統治時期。兩個時期的任務是相同的，這就是建立新型民族國家，以保護經濟起飛，實現社會的全面變革，加速向現代社會的轉型。

中華民國的創立為大規模的制度變革創造了有利的條件，為中國的社會轉型開闢了新的前景。辛亥革命的巨大創新精神體現在政治、經濟、思想觀念各個領域。帝制的瓦解和王權的崩潰，極大地動搖了傳統社會生活的各個方面。民國初年國會的建立，現代政黨政治的初步展開，標誌着中國政治制度化的起步。新式教育和大眾傳播媒介的迅速發展，為中國人提供了激勵變革的新的世界觀。民國初年大批報刊創辦，一時全國報紙達500種，北京一地就有大小50多種報紙，就連地處偏僻的四川也有23家報紙。在20世紀初發展工業的基礎上，新式工業(以紡織、食品加工為主)有了迅速發展。袁世凱的北洋政府對發展工商業也表現出一定的興趣，頒佈了若干鼓勵實業的法規和條令，[6] 一時使企業界「耳目一新」。城市商業活動日趨活躍，並逐漸由沿海、沿江向內地滲透，一個新的全國市場開始形成。辛亥革命和中華民國的創立，是中國向現代社會轉變的重要一步。然而，中華民國的創立，只是為中國的最終現代化提供了某種可能性，中國現代化的展開有賴於國際和國內諸多條件的配合和對舊有結構的

6　《政府公報》1914 年 1 月 14 日，第 606 號；另見沈家五：《張謇農商總長任期經濟資料選輯》，南京大學出版社 1987 年版，第 140 頁。

徹底更新。問題的關鍵是，在舊結構的基礎上，能否建立起新結構？作為後發展國家，中國能否完成民族獨立和改造的雙重任務？正是在這些關鍵問題上中國遇到了新的挑戰，這包括中國所面臨的不利的國際秩序與在國內新形勢下改頭換面的傳統主義的全面反撲。

首先，中華民國的成立並沒有減輕中國所承受的西方的巨大壓力，也沒有改善中國的國際地位和增強中國的主權獨立。無庸置疑，中國是一個後發展國家，處於以歐美為核心的世界經濟圈的邊緣，已發展的西方列強與東方的日本在中國的擴張固然刺激了中國現代因素的增長，但同時對中國的轉變也構成了巨大的障礙。西方列強在中國攫取的一系列特權嚴重阻礙了中國現代化所必須的積累：協定關稅、租界內的治外法權、片面最惠國待遇、海關和郵政權利的控制、外國在華的駐軍和勢力範圍的存在等等，都嚴重損害了中國的主權和領土完整，破壞了推動現代化中樞的中國政府的權威。

第二，中國向現代社會的轉變是被動的。中國的悠久歷史和輝煌文化在中國人的心理上造成一種對西方文明既欣賞又排拒的矛盾心態，民族主義的振興要求發掘中國傳統中的愛國主義資源，激勵國人的愛國熱忱，保障國家的獨立與主權完整，而徹底進行社會改造又要求重新評判中國傳統，向西方可取之處學習。1840年以來中國先進分子長期處於兩難境地，他們一直試圖在傳統與現代之間找到調適點，但屢屢失敗，無從解決這個尖銳的時代矛盾。民國肇始，並不能改變這種困境。

第三，清王朝崩潰和繼之結束的袁世凱統治使中國大一統的中央集權制急速衰微，地方軍閥乘機崛起，國內政治出現

了長期動盪，嚴重地阻礙了現代發展所要求的集中與分權相調適的機制形成。這使國家的政治、經濟資源無法彙集。

第四，中華民國創立後，新的政治組織和社會組織紛紛建立，一定程度上適應了社會多元發展的需要。然而現代化的外裝並不能掩蓋沉重的傳統的全面影響，政府制度化程度低下，缺乏現代政治人物，社會自治組織發育不良，市場經濟受到傳統方式的嚴重束縛，都預示着中國社會轉型將面臨艱難曲折的道路。

這種進步與保守的衝突，又和中國與西方列強、日本帝國主義的民族矛盾複雜地交織在一起，不僅貫穿於北洋政府的整個統治時期；而且在1928年南京國民政府形式上「統一」全國後，以更尖銳、更激烈的方式表現出來，對中國社會的轉型帶來嚴重影響。

20年代以後，隨着外國經濟勢力對中國的進一步滲透和中國民族資本主義的發展，中國傳統的社會結構和文化價值體系加速了分化的過程，社會各階層的分裂和對抗也日趨激烈。在商品經濟的衝擊下，東南沿海沿江的傳統農業和手工業逐漸衰微，眾多農民由於受「外力壓迫」，兼之「受不良政治的影響，苛捐雜稅的勒索」，「土豪劣紳的剝奪」以及「水旱災荒的損失」，「已陷於破產之境」，[7] 紛紛湧入中心城市，破產農民加入了僱傭勞動隊伍，使得工農之間的聯繫逐漸擴大，相互影響加深，同時也加劇了城市的人口壓力，造成大量失業和無業遊民的激增。同一時期，西方國家為轉嫁震撼整個資本主義世界的經濟危機，加緊了向中國傾銷商

<hr>

7　參見孫科：《籌劃救濟農村的方法》，載《孫科文集》，台灣商務印書館，1970，第140頁。

品和輸出資本，對中國民族資本主義的發展構成了巨大的壓力，在外貨傾銷的打擊下，中國的民族工商業陷於困境，[8] 引發了一系列尖銳的社會問題，造成社會關係的長期緊張。中國傳統社會結構的分化在思想文化領域內，也表現得十分激烈。西方思想的衝擊和帝制的崩潰，打破了傳統社會原先在政治體制、經濟生活和精神價值領域及倫理規範之間的高度整合。「五四」以後，社會變遷逐漸在改變着人口結構，愈來愈多的人口向沿海都市和其他中心城市集中，社會分工加速，社會成員因所處生活環境的不同，文化趣味也開始產生分化，致使社會的文化價值日益趨於分殊和多元化。伴隨着現代教育機構的普遍設立，學生人數和自由職業者的急速增長，西方新思潮的競相引入，報刊的日益普及，一種有別於傳統價值觀的新型文化觀在都市逐漸形成，馬克思主義和自由主義作為文化上的新價值，由知識界、教育界通過言論、著述的渠道在社會擴散，並被眾多的知識分子所接受。新價值的競相產生，降低了知識分子和越來越多的社會成員對中國傳統價值的尊崇，同時也激化了新價值與固有價值及傳統結構的緊張衝突。[9] 國內政局的長期混亂，一方面為知識界創造新價值及新價值的傳播提供了適當的環境；另一方面，價值的分殊和多元發展又刺激了群體自我意識的覺醒，促使新的社會力量的成長和壯大。

傳統社會結構的分化過程集中反映在政治和思想文化領

8　汪敬虞：《第二次國內革命戰爭時期的中國民族工業》，《新建設》，1953年第 12 期。

9　參見胡適：《我們對於西洋近代文明的態度》，《現代評論》，第 4 卷，第83 期，1926 年 7 月 10 日。

域，從大革命時期廣泛的政治動員中壯大起來的社會運動和繼承「五四」時期自由主義資源，從學術專業基礎上產生和發展的自由知識分子以及民族資產階級，把愈來愈多的工農群體和其他社會群體帶到了社會的政治中心，要求維護民族獨立，實現社會公正，呼喚建立新的文化價值體系，重構政治共同體，以回應中國現代化的歷史趨勢。

傳統社會結構的持續分化和日益廣泛的社會群體躍入社會的政治中心對中國政治體系構成了強大的壓力，客觀上要求創立一種容納現代性與民族性，能夠處理不斷變化的社會問題，容納社會變遷過程中產生的新興力量的新的制度機制，用以協調、整合社會衝突。這種新制度結構和新價值信仰系統的創立，一方面有賴於有機地融匯現代性和民族性，另一方面，只有通過創造具體制度和新的價值信仰系統，才能具體落實現代性與民族性的統一，把現代性的一般取向和民族性的特殊取向結合起來。

在後發展國家向現代社會的轉型中，如何調運民族性與現代性是一個既牽涉到民族感情，又涉及社會利益的再分配的複雜問題，處理方法上的得失往往決定了社會變革的規模、範圍和整個國家的面貌。毋庸置疑，雖然最早從歐美國家展開的現代化已提供了實行現代化的某種示範，然而非西方國家完全可以從自己的文化背景出發，發展具有自己特徵的現代化的形式。民族主義和民族傳統是所有後發展國家向現代社會轉型的基礎，離開自己的文化背景和文化特徵，照搬西方國家的現代化模式，並不能真正使本民族復興。但是，任何民族特徵的社會發展模式又必須具有可與現代文明相通的現代化因素，只有把現代性因素融入本民族文化傳統，對傳

統進行革命性的轉換，刺激傳統中可現代化因素的增長，才可能為社會變革提供聯繫歷史與現實以及未來的源頭活水。然而如何在操作層面具體調適現代性與民族性的關係並不單純是一個學理問題，它固然與統治階級是否具有推動社會變遷的明確的意識有關，而且變遷本質上是社會的解構與重構的過程，直接牽涉到社會利益的再分配，因此佔據政治體系中心的統治階級與傳統社會勢力的關係及其政策取向，對社會轉型中的現代性與民族性的結合，必然產生決定性影響。

中國在向現代社會的轉型中所遭遇的嚴重挫折正是統治階級頑固維護統治集團利益，拒絕以現代眼光看待變化着的事物所必然導致的結果。統治階級的傳統取向使其無法有機融合現代性與民族性，故而不能為中國提供重建政治共同體所必需的新的制度結構，和能被社會各階層人民共同接受的新的價值信仰系統。

20年代以後，指導國民黨政治行為的基本思路是蔣介石的新權威主義的統治策略。蔣介石的新權威主義統治策略的基本特徵是：強調以蔣介石為核心，在中國建立具有中國傳統政治色彩，高度集權的新軍事強人的統治，以推行兼具歷史延續性與變革性的社會發展。對於中國這樣一個人口眾多、幅員遼闊、經濟落後的後發展國家，促進社會轉型的一個重要條件，就是對國家的人力與物力資源進行快速積聚。因此，確立權力中樞的權威，由國家對社會實行某種程度的控制性指導，有一定的合理性。但是，利用傳統建立權威以積累人力與物力資源，並不能真正推動國家的現代化，權力中樞的權威必須建立在社會變革的基礎上，只有建立富有活力的政治、經濟結構才能真正促進權威的確立，並有效積累社

會資源。反之，為了維護統治集團的私利，利用傳統抗拒變革，拒絕容納社會變遷中產生的新的社會力量，忽視社會變革的全面、協調的推進，就很難獲得社會成員對現有秩序的支持，執政黨和政府的權威既不能真正建立，社會的人力與物力資源也難以集中。

在蔣介石新權威主義統治策略指導下建立的國民黨的制度結構，保留了中國傳統政治的大量痕跡。首先，國民黨的政治制度功能分化緩慢，權力高度集中，一切權力最後集中到一個人手中。國民黨的政治體系完全排斥權力制衡關係，既不存在黨內制約，也不存在社會制約。第二，一黨專政的巨大封閉性排斥了帶有根本意義的社會變革，蔣氏集團以「中國國情」為由，拒絕在農村進行土地改革，拒絕為中產階級提供可以影響國家政策制定的參政渠道。為了維持既存的社會結構的穩定，蔣介石把一切要求改革的社會力量均視為是對自己權力的威脅，以「保衛民族傳統」為旗號，不惜訴諸武力一一消滅，選擇的是一種中國傳統式的統治方法，基本放棄了對社會各階層利益的衝突進行調節的和緩方式。國民黨的性質，決定了它不可能在政治上把被統治者有效地組織起來。因此，它的統治一直缺乏穩定的先決條件，其制度運轉的動力並非來自社會各階層對它的支持，而是完全依賴於軍事強權統治。事實證明，國民黨對於社會轉型的適應是失敗的，由於國民黨不能把社會變遷的新要求、新內容納入政治制度的框架，缺乏制度創新的能力，因此國民黨不能提供政治制度化的過程，各種群體的要求必然超出這個過程而用其他方式表達出來，逐步形成新的社會和政治中心，最終取代國民黨的統治。

政治上的保守主義和文化上的保守主義關係緊密，與國民黨不能創立新組織架構相適應，國民黨也不能為社會提供融合現代性與民族性的新的價值信仰系統。作為國民黨的新權威主義思想背景的新傳統主義，是一種由蔣介石所倡導，力圖在保守儒家文化的基礎上吸收若干西方文化因素，以支持國民黨政治實踐的意識形態。新傳統主義實質上是「中學為體，西學為用」論的翻版，國民黨的既定文化方針是，把肯定儒家思想作為維持社會秩序的重要手段，竭力以儒家文化作為社會的主流文化，對西方文化則排斥其思想和政治上的多元主義的內容，吸取科技、軍事、管理知識。一貫重視從中國傳統文化汲取資源的蔣介石，在三四十年代利用政權力量發動了新生活運動和新道統運動，試圖以儒家思想為主幹，將社會上各種正在滋長的分散的價值納入官方意識形態的框架，重建民族的新價值信仰系統，最終要求社會成員認同國民黨的政治象徵，服從或效忠國民黨政權。但是這種文化上的努力並不能使民族性與現代性真正得以融匯。作為後發展國家，把若干傳統的因素納入制度框架之中，本是題中應有之義，經過選擇和轉換的傳統因素，可為現代性因素提供賴以發育、成長的土壤；同時，體現了歷史繼承性的社會變革又可減輕社會轉型必然帶來的文化脫序和社會震盪。但對傳統的借助必須有一個質的規定的限度，一旦越過某種界限，大量傳統中的消極因素就可能對現代性因素構成阻滯，最終吞噬現代性因素。蔣介石的新傳統主義作為三四十年代中國民族危機和國內政局長期動盪在文化上的反映，它表達了統治階級和與傳統社會相聯繫的、要求維護固有價值的那些社會力量在文化上的意願，具有強烈的排斥現代性的取

向。被國民黨稱為民族傳統、民族精神集中體現的「禮義廉恥」、「四維八德」之類，完全排斥了現代文明的概念，不僅無法構成民族的新價值信仰系統，反而成了國民黨抵禦文化自主性發展的政治符號。當蔣介石用傳統眼光看待社會變遷時，也只能得出「今不如昔」、「道德淪喪」、「立國精神喪失」的結論。更為重要的是，新傳統主義對吸取現代文明所抱持的態度是極端保守的，國民黨不是把社會變遷看成是自覺的目標，積極予以促成，而是出於維持現狀的需要，歡迎接受現代文明中的物質部分，其着眼點完全基於強化傳統的政治和社會結構。

由於固守傳統，拒絕了全面的社會改革，新傳統主義融合民族性與現代性的努力必然遭到失敗，國民黨的官方意識形態就只能成為口號和說教，根本不能成為民族的精神凝聚中心。國民黨集權政治結構的僵硬、保守，決定了它難以整合社會轉型中產生的各種新興的社會力量；官方的意識形態也不能把社會變遷中產生的新價值納入其主要象徵，並植入制度框架；這樣，1928年後建立的政治制度就無法獲得全國各階層人民的認同，最終國民黨不能完成重建政治共同體的任務。獨立自主的，能被社會成員在政治上、文化上高度認同的現代民族國家始終未能建立，直到中華人民共和國成立，才標誌着中國現代民族國家的真正建成。

三、中國現代化的經驗與教訓

在前現代社會的基礎上，中國在與國際社會日益密切的聯繫中，逐漸從農業的傳統社會向工業的現代社會過渡，這種

過渡既有着與一般後發展國家相似的經歷，也有中國所獨有的特殊性。

　　中國轉變的特殊性受制於過渡過程中的轉換機制和轉換方式，它充分展現了中國邁向現代社會時所經歷的深刻的內在矛盾。中國轉變的複雜性集中表現在推動中國從前現代社會向現代社會過渡的最初階段的動力並非來自內部，而是來自外部。正是在外部壓力的刺激下產生了近代中國的民族主義。如前所述，中國在前現代社會中並無任何現代意義上的民族主義。中國傳統的愛國主義是一種與忠君思想聯繫在一起，維繫中國傳統政治結構的意識形態，它在歷史上雖然發揮過抵禦外族入侵的作用，但是在本質上，它與近代國家自主公民所孕育出的現代民族主義有着巨大差別。從傳統愛國主義向現代民族主義轉變的中介因素是社會變革，只有社會變革的新因素注入到傳統愛國主義中後，愛國主義的內涵才能由忠君、維繫帝國統治轉移到捍衛自主公民的主權國家的新角度，從而發揮出巨大的社會動員力量。一百多年來，追求統一、富強、民主的強大國家始終是中國人孜孜以求的理想，它與變革、改造傳統密切相聯，從而產生出一種與傳統愛國主義迥然有別的新內容。這個過程始於19世紀70年代以後的早期維新派，歷經康、梁、譚、嚴，到了孫中山才漸漸成熟。以「民有、民治、民享」為價值目標的孫中山三民主義克服了狹隘的種族論，標誌着現代民族主義最終形成。1919年的「五四運動」是中國人走向全面變革的里程碑，從此掀起了中國現代民族主義的巨瀾。1938年由毛澤東揭示的以「馬克思主義中國化」為價值追求的革命民族主義更成了未來新中國的基本原則，對動員廣大農民和各階層人民投身

反帝反封建鬥爭發揮了巨大作用。由於近代以來中國所面臨的嚴重的外部侵略和壓力，中國人被迫在追求民族解放與社會進步的變革中把國家統一置於首要地位，迫切要求建立能夠有效動員社會資源的強有力的政府，以此作為推動社會轉變的中樞。然而，為解決中國所面臨的緊迫問題，中國人只能有選擇地吸取外來觀念，形格勢禁，引入的外來觀念在與本土文化結合的過程中，不可避免會產生許多始料不及的變形現象。這以早期共產無政府主義和西方自由主義引入中所產生的變形最為嚴重。1908年，劉師培最早向國人引入了共產無政府主義思想，劉氏介紹的最大特點，是以中國傳統來附會外來學說，結果是中國傳統文化雖然與外來的共產無政府主義學說融匯了，但共產無政府主義學說的原義也就面目全非了。「五四」時期在中國大興的自由主義在引入中國的過程中也發生了嚴重的畸變，強調尊重、保護個人基本權利的自由主義在中國被解釋為實現富國強兵的有效工具，於是以個人為最後依歸的西方自由主義在大多數中國人眼中成為一種失去價值內涵的、屬於器物層次的操作工具，導致「民主工具說」、「自由工具說」長期盛行不衰。引致外來觀念變形的原因之一是中國知識分子深知中國變革的艱難，為了追求富國強兵，使外來觀念易於在中國生根，被迫修改原義。這種修正，使社會變革的速度與範圍受到嚴重限制，削弱了對中國傳統觀念的衝擊，使得中國傳統政治文化的內核受到的震動大為減弱。而更重要的原因則是統治階級出於維護既得利益而作的強制性政策規定，這對中國現代化進程造成了更大的消極影響。國族危亡的形勢，雖然會對現代化在各個領域展開的時序產生重大影響，但是，這種影響又不是

絕對的，因為統治者可以用不同方式對現代化進程加以引導和塑造，而這種引導和塑造在很大程度上取決於統治集團的政策取向。例如，1932–1937年，國民黨為了鞏固一黨統治，有意將抗日救亡與社會變革、個人解放完全對立起來，以「集中國力，抵禦外侮」為由發起的「民族復興運動」，就包含有貶低個人、蔑視個人的強烈的法西斯主義的傾向。[10] 抗戰期間，國民黨在「抗日至上」、「國家至上」的口號下，公然宣傳反民主的「一個黨，一個主義，一個領袖」的集權主義的理論和「中國傳統文化優越論」。其實，現代民族主義的最後依歸應為國家統一與人民自由幸福的有機統一，兩者互為依賴，缺一不可。尤其在中國這樣一個專制主義傳統根深蒂固的國度，如果人民基本權利受到輕視，則極易演變為獨裁專制國家，而這種獨裁國家並不能走向現代化。同樣，現代民族主義不僅包括對國土、主權的維護，而且它也包含對已革新的民族文化的認同，在民族危機的形勢下，民族文化尤其能發揮凝聚人民的作用。但是抗拒或限制變革的政治和社會力量的一個慣用方法，就是以保衛民族文化和民族傳統為號召，刺激、煽動狹隘、保守的民族主義情緒，以維持傳統的政治秩序和統治階級的既得利益，這就使得中國的變革往往夾纏許多無謂的糾葛，反復循環，不斷重演，極大地妨礙了現代化的全面展開。結果，在統治集團的有意識的誤導下，儘管新思潮競相引入，但除知識階層外，大眾心理的變化並不顯著，中國人傳統的強調差序格局的依賴型的權威人格並未改變。在政治、社會生活領域，人情關係、地

10　參見劉炳藜：《民族抗日戰》，載《前途》，第 1 卷第 4 號，1933 年 4 月，第 4–5 頁。

域、派系、權謀仍是具有強大生命力的因素，構成了政治行為與社會人際交往的普遍範式。作為推行現代化的主體的以強調人的自主性為特徵的人的觀念與行為的現代化的發展程度很低，嚴重阻滯了現代化的全面展開。這樣，如何在強大的國家權力與社會民主之間建立互動的協調關係，始終是一個巨大的難題。

造成中國變革曲折、艱難的另一重大原因是百年來的改革僅集中於上層結構，很少波及到下層社會，而農村傳統的社會結構根深蒂固，沒有受到重大衝擊。自19世紀中後葉以來，中國所發生的歷次改革，由於僅注重上層政治結構的制度創新，屢屢遭到失敗。這說明中國的社會轉型必須經過農村底層的徹底變革，然而即使1911年的辛亥革命也沒有對農村產生強烈影響，農村的自然經濟和半自然經濟以及廣大農業人口的生活方式沒有得到任何根本性的改變。追求中國現代化的無數志士仁人先是把變革的目標集中於中國傳統的政治和法律制度，以後又致力於改革傳統的思想和文化，但很少涉及如何改造以農業為本位的廣大的中國農村社會。他們不明白中國所需改革的不僅是上層的政治、法律、思想文化結構，更重要的是改革下層社會結構。佔據中國人口絕大多數的數億農民仍然生活在傳統的農業社會，和少數中心城市的逐步工商化，就構成了社會轉型的二重分裂局面。而對於中國這樣一個幅員遼闊、人口眾多的農業大國，少數沿海沿江城市的繁榮並不能從根本上改變中國社會的整個面貌。只有在中國廣闊的農村進行長期的、深刻的政治經濟和社會方式的大變動，以商品經濟打破傳統的小農經濟，才能真正建立起從農村到城市和從城市到農村的雙向變革渠道，從而推

動社會真正走向現代化。因此農村底層的重整，就成了決定中國變革最為艱巨而又重要的關鍵。

總結中國變革的經驗，可以初步得出以下結論：

(1)中國的變革與外部世界的挑戰密切相聯，中國以外的現代化模式對中國變革起着巨大的示範影響。19世紀以後，資本主義的世界化進程加強了全球經濟的相互依賴性，中國日益捲入與外部世界的廣泛聯繫中。伴隨侵略和壓力而來的外來觀念衝擊着中國社會，改變着中國人的觀念和行為，刺激了中國人的強烈的變革圖存意識和變革活動。外部世界的衝擊具有明顯的二元性質，一方面它嚴重地破壞了中國現代化的展開(以日本侵華破壞最劇)，另一方面新型的外部現代化成功模式又刺激了中國現代化因素的增長，在一定程度上外部世界的侵略、干預和影響，決定了中國變革的反應模式和中國現代化的規模與速度。

(2)合理地利用注入了變革因素的民族主義，為中國現代化提供了強大動力，為中國變革提供了最重要的條件。但狹隘的民族主義與現代化要求相背離，從而為中國現代化的全面展開製造了無窮的困難。執政者對外部世界的挑戰作出反應時，世界觀只是一個方面的因素，它固然嚴重影響了執政者對外部知識的鑒別能力，但維護既得利益則是最重要的因素。統治者只有在變革無礙其統治的前提下才能對變革作出有限的反應，因此在更多的情況下，統治者為了保存既得利益，慣於利用民族主義抗拒變革。

(3)近代以來在如何對待中國傳統的問題上所形成的佔壓倒優勢的「中學為體，西學為用」的思維和選擇方式，嚴重阻礙了中國變革的全面展開，使得中國文化的重建難以實

現，不能構成現代化的支持條件。雖然在西方世界的衝擊下，中國傳統的儒家社會在19世紀末已不可避免走向崩潰，然而在引入西方制度、觀念的過程中，由於「中學為體、西學為用」的思維和選擇方式的廣泛影響，儒家社會的基本內核仍保存了下來，致使產生了新形勢下儒家傳統社會的變形形式：儒家內核加現代化外裝。在這種社會形態中，傳統的中國農業社會結構仍然十分頑固，政治上的分權制衡與制度建設無從實現，市民社會和全面的市場經濟得以健康成長，排斥意見多元和思想自由的獨斷性的意識形態仍表現出極大的生命力，作為這一切的必然結果，傳統中國人的國民性無法得到根本改造。

中國從19世紀中葉走上變革之途，至20世紀上半葉，有幾次現代化的良好機遇。統一的中央權力機構為自下而上的變革提供了保障基礎，適時把握住這樣的機遇，把傳統的連續性和變革的突進性有機結合，進行結構性改革，社會變遷對社會帶來的衝擊將相對減小，社會也將在穩定與變革的互動狀態下，迅速發展。但是外部條件的險惡與內部條件的限制，破壞了這種和平改良的可能性，逼使中國的變革走出另一條途徑。然而中國現代化是一歷史趨勢，客觀要求中國人在不斷變化的形勢下為此目標作出新的選擇和探索。1949年國民黨政權的崩潰結束了兩大統一政權之間動盪的過渡期，新中國的成立又一次為中國現代化的展開提供了優越的條件，尤其新時期以來中國在新的基礎上，以新的思想與精神，置新聚集政治、經濟、社會資源，展開前所未有的、深刻的、全面的社會變革。

蔣介石民族主義觀之得失[1]

研究現代史上的中國民族主義問題，蔣是繞不開的。蔣所處的年代內憂外患，戰亂不已，蔣究竟以何種思想應對局勢，其成敗得失如何，頗值得研究。

一般對於民族主義的理解，無非包含以下兩條基本要義：

1. 對國家領土主權的維護。

2. 對民族傳統基本價值的堅持。

今天來議論蔣的民族主義，也以這兩條來做為評判的依據。

1. 蔣的思想資源以中國傳統為主。

2. 他的民族主義是防禦性的，涉及到政治、文化與種族。

在幾十年間，作為中國實際上的最高領導人，他以中國傳統思想為依靠，應對極其複雜的內外形勢，不管所處的二十世紀各種思潮學說如何花樣翻新，蔣自己堅定不移的信條就是《大學》中的三大綱領，八項條目：

蔣說：

大學這部書，將一切做人做事的道理，都包羅無遺，發揮盡致。所謂「大學之道，在明明德，在親民，在止於至善」，就是大學的三大綱領。所謂「格物、致知、誠意、正心、修身、齊家、治國、平天下」，就是大學的八項條目。由內在的道智之修養，到外發的事業之完成，為一貫

1　2009 年 7 月 20 日在香港理工大學「中歐論壇」上的發言。

不斷進取開展的過程，可說是本末兼賅，體用合一，修己治人，明體達用之道。[2]

他進而認為，大之救國救民，小之個人的道德提高，只要抓住這些就可以了。

蔣非常感歎：這麼好的思想，「中國不能用，所以中國國家如此衰弱，民族如此墮落，幾乎在世界中成了一個落伍者。」[3]

原先以為蔣就是說說而已，近年來蔣日記解密，始知蔣真是宋明儒學的信徒。他就說過，他從「八歲時讀大學中庸，九歲讀畢四子之書。在18歲的時候，大學中庸，不知道念過多少遍，但是並不知道其中道理的重要，甚至因為革命思想發達，以為這些陳腐的東西，完全無用。直到28歲的時候，聽到總理說大學中庸的重點，自己還不甚注意。到了38歲，自己一切閱歷經驗增加了，再拿這部書來研究，才覺得真是重要，差不多一切做人做事的實踐道理，統統在內。以後至少每年看一遍，愈看愈覺得其中有無限的道理，無窮的奧蘊。直到48歲⋯⋯自己深覺有得於心，可以自信」。[4]

可見，他除了是行動家，還是一位道學家！隨手翻翻稿本，這類言論不勝枚舉，1934年5月22日，蔣記：立國之本在於修身，建國之方在於由小而大，由近而遠也。

蔣畢竟是政治人物，不是學問家，他要解決面臨的問題。

2　(台)《先總統蔣公全集》，第一冊，(台北：中國文化大學出版部，1984年出版)，頁 85。

3　(台)《先總統蔣公全集》，第一冊，頁 665。

4　王覺源：《力行哲學引義》(台北：正中書局，1986 年版)，頁 132–133。

站在他的角度，中國在那個時代有兩大問題：

外患是日本；「內患」——蔣認為是共產黨。蔣開出的藥方還是：振興中國固有文化。

對日本：

1932年5月，蔣氏在一次講演中稱陽明心學為中國的立國精神。他說：「要知道日本所以致強的原因，不是得力於歐美的科學，而是得力於中國的哲學。他們日本自立國以來，舉國上下，普遍學我們中國的是什麼？就是中國的儒道，而儒道中最得力的，就是中國王陽明知行合一『致良知』的哲學。他們竊取『致良知』哲學的唾餘，便改造了衰弱萎靡的日本，統一了支離破碎的封建國家，竟成功了一個今日稱霸的民族。我們中國人自己忘了自己的立國精神，拋棄了自己固有最良的武器⋯⋯以後我們要復興中國，抵抗日本，完成革命⋯⋯就是要把復興中國，抵抗日本的緊要武器，拿住在我們手裏。」[5]

對中共：

> 我們今天對共產黨的鬥爭，乃是文化與思想的鬥爭，在文化上的基本政策，是恢復民族的精神，發揚人類固有的德性；在思想上，着重心性修養與公眾道德之協調一貫、良知良能的啟迪，與心、物、群、己關係的調和。其精義是「心物一體、知行一體，我們既不偏於唯物，也不偏於唯心，對事物的觀察，是物質與精神並重；對人生的理解，是思惟與存在合一」[6]。

5　(台)《先總統蔣公全集》，第一冊，頁 628–629。

6　(台)《先總統蔣公全集》，第二冊，頁 1894。

其成效究竟如何，要結合歷史事實來評價，先說外交方面。

蔣所處的時代，列強環伺中國，最主要的是面對日本侵華，蘇俄壓力，英美對華，也是各有企圖。蔣自知中國為弱國，青年時代在日本辦《軍聲》雜誌，提出對中國最大威脅的國家是日、俄、英，提出應特別關注：西藏、滿蒙。

1928年，「濟南慘案」，蔣採取「不抵抗主義」，「忍辱負重」；給他留下深重的恥辱；1931年，「攘外必先安內」，但時時受到日本巨大的壓力，蔣在安內攘外時期，壓抑不住強烈的反日愛國立場。

1934年5月20日，蔣在南昌飛機場就任航委會委員長的訓詞：

> 外國人是人，我們亦復是人，為什麼我們有飛機有海軍有陸軍而不能抵禦人家而人家飛機可以隨便飛到中國領空內拋炸彈，他們的兵艦也可以隨便開到我們的領海和內河耀武揚威。陸軍要進佔我們什麼地方就進佔什麼地方，簡直不當作中國是一個國家，不當作中國人是一個人，所謂人為刀俎，我為魚肉，任憑人家予取予求，生殺予奪。

蔣所說的欺負中國的外國，就是日本。1933年5月14日，蔣記曰：

> 聞古北口新門嶺死傷之大，為之魂驚魄悸，悲憤填膺，恨不能離贛北上，親赴前線，與共生死也。

他在給陳濟棠的電報中，提醒陳注意日本在華南的侵略和

挑釁。蔣說，日本「用高壓手段一舉逼我屈服。最低限度，必欲消除我全國反抗之氣焰。除陸續調兵增援，壓迫關內，企圖佔領黃河流域，扶植反國民黨之新政權，以資為傀儡外，全國中如武漢、廣東、福建為反日論之已達最高潮者，其隨時尋釁示威自在意中。」

1934年5月3日，為濟南慘案六周年，蔣在日記寫道：此日此時乃六年前余在濟南被倭寇壓迫包圍身受國恥之初也。今尚何如？可不自勉自強乎？又曰：當誓洗滌此恥。此恥一日不洗，則此心一日不能忘。

1934年5月19日，蔣見了一日本人，記曰：倭人之卑劣行動，令人無不生厭。西人稱，倭人男子皆有偵探特性，婦人皆帶妓女特性，至今益征其言不誣也。可見他對日本的憤恨有多麼強烈。

1934年10月，蔣提出：中小學教育，應在各中課程中激勵學生之民族意識。

1934年10月10日，蔣記下：身為統帥，而不能報復國仇，何以對此國慶日，何以對先烈與國父在天之靈也。

1934年10月15日，蔣在西安演講：

你看我們的祖先是何等的偉大，我們的歷史是何等的光榮。但是到了現在，內患，紛至沓來，國家已陷於危險存亡的境地。不僅不足與各國並駕齊驅而獨立生存於世界，並且連第三等的國家地位也做不到。而且要列在次殖民地的地位，隨時有被滅亡的可能，這是何等的恥辱，何等的悲痛。

對蘇聯：蔣對蘇在中國的擴張有抱有警惕心，但希望拉蘇牽制日本。

對蘇俄，蔣曾一度判斷失誤。1933年5月15日條，蘇俄對日，因五年計劃關係，有讓步意。惟出讓中東路，尚無實現可能。

給陳濟棠電云：倭寇乘歐美列強忙於對付德國，自救經濟之恐慌，蘇俄復忍辱逼戰，專心完成起第二個五年計劃，不能亦不敢干涉遠東問題之時機。

但是隨着蘇日為出售中東路加緊聯繫，蔣對蘇的態度有重要變化，在其日記中，把倭俄一提並論，常思量對倭俄策略。1943年，蘇侵新疆阿拉山口，蔣抗議，後蘇收斂在新疆的擴張，壓蔣在外蒙問題上讓步。

戰後蔣對蘇犯的一大錯誤，是為了表明對美友誼而拒絕訪蘇，而失去了與斯大林博弈的機會。

對英美：聯英美以制日，但也防英染指中國權益，蔣有時在內部還大罵英帝國主義。蔣在1951年罵英，他說，中國人所惡者乃英人在亞洲殖民，以不平等待黃人耳。他還說，英對中華民國國民革命的力量特別仇視。同時擔心美犧牲中國，私下對美有尖銳的批評，批美辱華，侵華權益。1951年7月26日，日記中記：美國以美援要脅，要蔣的軍、經做不合理的緊縮，「悲憤憂傷，竟至夜夢泣醒，此種污辱刺激實為近年來未有之現象。蔣並大罵美駐台顧問團欲謀台之軍、財統治權，是新殖民主義，有「控置黃種之狂妄野心」[7]。

總結起來：在遠東和亞洲，蔣完全不起主導作用或主要作

7　秦孝儀編撰：《總統蔣公大事長編初稿》，卷十，頁195、198、235、241。

用，對幾個大國，無能為力，受制於列強，只能因勢利導，盡量保衛中國的權宜。

對內部，蔣用「新傳統」整合中國。所謂「新傳統」，就是大量吸取傳統價值和原素，對三民主義進行新解釋，服務於現實的政治目標。

1. 以國民黨為中心，走軍政、訓政、憲政之建國三階段道路，其實質是維護國民黨一黨專政。蔣政權類似於凱末爾式的民族主義政權，但蔣在文化方面非常傳統，較凱末爾保守。蔣是軟弱的獨裁者，所以社會仍保有很大的自由空間，
2. 蔣也建立了新的行政、軍事和經濟管理機構，有其成功方面(在大陸時代，初步網羅技術官僚，在抗戰中動員民眾，舉國一致)，更有其失敗之處(任用親信和親戚，忽視社會基層改革，沒能建成有效率的廉潔政府等)。

蔣的悖論：

對軍閥，國民黨是新的，故勝之。

對共產黨，國民黨是舊的。國民黨意識形態在30年代被儒學化，蔣說的那一套，過於疏空，絕難對付共產黨，思想制高點被中共佔領。

對社會，只吸引了民族派知識分子，自由派游離在外，左派另有旗幟。

對普羅大眾，對社會底層，沒有關懷，沒有改革措施，就是空話。他在1934年10月說道：湖北匪區收復後，要辦集團農場，試行最新耕作及管理方法。可謂言不及義。

這裏還要講一講蔣的民族觀：

五族共和：此族，或為種族，也是民族，故：漢、滿、蒙、回、藏。1928年，政府文告：西藏民族；

堅持省治：綏遠，新疆，西康，青海；

不設省治的，歸蒙藏委員會，由行政院轄，籠絡上層人士，警惕英帝國主義，但力不能逮，對於邊疆地區，採安撫政策，盡量優容寬厚。

對小民族不關心，不尊重，蔣在日記罵龍雲是未開化的猓猓。

對新疆：

1943年前，國民政府力量不能進入新疆，但蔣也多有關懷。

1934年5月31日，電新省建設廳長：新省僻處西陲，頻經劫難，建設落後，民生凋敝，甚盼開闢交通，促進生產，實事求是，努力以赴。則以新疆蘊藏之富，固不難數年之間，蔚為殷阜耳，以增厚國力，充實邊疆。

1934年，中國駐蘇公使館戈公振在蘇中亞考察，給國內電報，彙報新蘇邊界蘇方境內趕修通往伊犁的道路，還言及歸化軍的動向，並說留中亞東北軍中不少思想激烈，「強鄰進逼隨時有為人工具之可能」。戈向中央建議，全力改善陝甘交通，早與新省恢復商務，「經濟上有聯繫，斯情感自能密切」，派教育專家和師範生入新服務，獎勵新省優秀子弟赴京滬求學，以啟民智等等。蔣閱讀後批示，最可注意者為二：俄人築路，俄擬遣送入新之義勇軍，而駐俄各館均無報告，非其知識不足，即辦事不敏，益感新邊各館改組之迫切。蔣電汪精衛，「戈報告均關重要，望妥為規劃實行」。

蘇德戰爭後，蔣開始考慮解決新疆問題：

1. 派吳忠信考察西北。
2. 1942年，派其兩子去大西北考察三個月，也是為解決新疆問題探路。
3. 本人考察西北，到了甘、新交界的地方，當時都沒有對外宣傳。

1943年盛世才歸順重慶後，中央軍入疆，把新疆從蘇聯勢力中解脫出來。

中央辦過訓練班訓練民族青年，也是籠絡上層的路線，對外蒙和西藏，蔣有所堅持，但也有判斷上的嚴重的失誤。

1934年5月6日，蔣在日記中曰：對滿蒙藏於此十年內為其自治試驗之期，如於此期間，果能自強自治，不為外族所侵佔壓迫，則准其完全自治。但其土地仍屬中華民國，而其人民意志則完全自由也，此略果能行乎？

自治的前提：不為外族侵佔壓迫，此應指外國帝國主義，蔣還致電何鍵，「請再代購左文襄全集，須大字木刻裝有木箱者」，乃是「為研究邊疆問題之資」。

在1945年8月20日的日記上，蔣介石是這麼寫的：「關於外蒙獨立與西藏自治二事，乃為我黨革命與我國盛衰最大問題之一，按照民族自決與民族主義原則，以及國際之現狀及利害種種而論，則當斷然允許外蒙之獨立、扶植西藏之自治。此一政策之轉變與決定，乃為存亡盛衰之樞機，余應獨負其責，功罪毀譽自當置之度外，在所不計也。」換言之，

蔣是基於孫中山的三民主義(民族自覺與民族主義)、國際現狀與利害(與美英同盟關係以及需要蘇俄出兵)等原因,做出「允許外蒙獨立與扶植西藏自治」之決定。

在蔣的觀念中,西藏自治就等於西藏獨立,因此,8月18日他告訴國府參政議員「對西藏亦要扶持其獨立」,使與會者「莫不現出驚駭之色」。那麼蔣是否真的支持西藏獨立呢?當天的日記蔣有清楚的說明,蔣寫道:「彼等實不知政治與革命為何物,余信西藏對余此一宣言之發表,今後不僅不受英人之教唆,而且不願再要求其獨立矣。此種心理之妙運,非智者不能明斷其蘊奧也。」但他還是對大感驚駭的參政議員「直道解慰,告其余對此一大問題之決斷與處置,於心甚安也」。

蔣介石還能夠心安,乃因當時西藏實際上是受英國所控制,國民政府縱使反對其獨立,亦無能改變現狀,且將反招西藏之反抗。相反地,倘贊成西藏獨立(自治),則或許西藏「今後不僅不受英人之教唆,而且不願再要求其獨立矣」。這是蔣的欲擒故縱之計,在當時的環境下或許是不得已的辦法,也是蔣的想當然。

小結

蔣是一個民族主義者,或受挫折的民族主義者,不僅是他個人的受挫,也是那年年代,中國在列強壓力下的受挫。蔣在維護國家利益方面,盡最大的努力,取得重大成就:

1. 1929年,改定新約。1943年,廢除列強對華不平等條

約，領導抗戰勝利。1945年，中國成為聯合國五大常任國。

2. 1943年，新疆回歸中央。蔣對盛有安排，為農林部長，派張治中宣慰新疆。

3. 收回台灣，在重慶，籠絡「半山」，為台灣回歸準備人材，如謝東閔、連震東、黃國書、黃朝琴、吳三連等。

4. 運用傳統價值於民族復興的動員，對知識分子較為尊重和禮遇，對馮友蘭，對馬一浮，對賀麟等，對胡適，對竺可幀。

不足的方面：

蔣受到他的出身、教育以及時代背景等限制，他的所作所為有比較濃厚的傳統色彩，他無力創造新敍述，尤其融合西方價值，創造新概念的能力薄弱。蔣很早就知道運用民族主義資源，以復興國家，但資源貧乏，說來說去就是：禮義廉恥，四維八德，用之於「剿共」，也用之於「新生活運動」，沒有注入時代性的新內容，甚至提出以傳統「六藝」(禮、樂、射、御、書、數)來治軍和整軍，表現出與時代脫節的嚴重弊病。

孫科的憲政理念及其限度

　　1928年國民黨形式上統一了全國後，作為國民黨上層集團一員的孫科，面對中國現代化的要求，提出了一系列旨在使國民黨擺脫政治困境，以適應現代化發展的革新主張。在國家政治體制問題上，孫科最早提出實施憲政的政治主張；在國民黨內，孫科強烈反對蔣介石的個人獨裁，呼籲實現國民黨的民主化；在經濟和民生問題上，孫科從鞏固國民黨統治基礎前提出發，強調用改良的方法盡速解決農村的土地問題。孫科的這些革新主張表現出一定的追求現代化的傾向。然而由於國民黨內以蔣介石為代表的阻滯革新的思想和勢力十分強大，兼之孫科思想的內在限制，孫科的革新努力最終遭到失敗。孫科的失敗從一個側面證明，1928年後在國民黨內佔統治地位的新傳統主義思想不能引導中國走向現代化。

孫科的憲政理念及其限度

(一)

　　走黨治國家的道路，這是包括孫科、蔣介石在內的國民黨上層集團1928年對於國家政治體制的一致選擇，這不僅是因為孫中山已為國家在進入憲政之前預定安排了一個由國民黨以集權的黨治形式管理國家的政治階段，更重要的是，國民黨上層集團認為，只有通過黨治，才能應付國民黨政權所面

臨的挑戰。孫科曾是「以黨治國」的積極擁護者，但是隨着國內外矛盾的急劇變化和黨治弊端的逐步暴露，孫科從一度對黨治深信不疑，轉而在國民黨內最先提出結束黨治、盡速實施憲政的主張；到了抗戰後期，又進而呼籲實現多黨制的民主制。孫科政治主張的變化，一方面反映了他試圖為已陷入困境的國民黨政權重新尋求政治出路，同時又表明孫科具有蔣介石迥異的迎合世界潮流的傾向。

對於黨治問題，孫科的思想曾經歷了一個變化過程。1928–1931年，孫科對於蔣介石以黨治確立國民黨政治權威的主張和措施雖然在個別之處有所保留，但總的說來給予了積極的支持。孫科希望通過黨治，「造成一個鞏固的政局」。[1]但是到了三十年代初，經過幾年強調權威的黨治實踐，孫科發現，國民黨並未能使黨國權威真正確立，在黨國體制下，國民黨所面臨的困難非但未能被解決，相反卻陷入了更為深重的危機。第一，以武力解決地方軍事勢力，雖有所進展，但終因戰事不斷，致使國家陷入長期的動盪之中；第二，與前一問題相聯繫，國家的動盪和國力衰落，促使日本侵華步伐加快，而對於日本侵略，國民黨束手無策，「沒有絲毫辦法」；[2]第三，單純依靠武力鎮壓中共，未能奏效，以前只有「幾千支槍」的江西紅軍，「現在已有了十萬」。[3]國民黨要壟斷政治權力，而事實證明國民黨又缺乏能力維持這種壟斷，黨治弊端暴露無疑。孫科認為，唯一能使國民黨擺脫困難的方法就是實行民主政治。

---

1 孫科：《倒蔣之理由與趨勢》，《中央導報》，第 3 期。

2 孫科：《三民主義的建設》，《孫科文集》，頁 25–26，台灣商務印館 1970 年版，(以下簡稱《文集》)。

3 孫科：《今後的黨務工作》，《中央導報》，第 12 期。

從1931年10月到1932年12月，孫科在不同的場合，提出結束訓政，「速開黨禁」，加快實施憲政的政治主張。孫科呼籲從速實施憲政，是基於以下一些現實問題的思考：

首先，孫科把實施憲政視為爭取抗日救國的一個重要條件。孫科認為，「今日最重要解決之問題，莫過於抗日救亡」，可是「要禦侮，先要集中力量，培養實力」，然而由於國民黨「政權不公開，言論不自由」，人民對國民黨黨治極度不滿，因此國力無法集中。孫科指出：「欲挽危亡」，國民黨必須「使政權日漸公開」，「使國民有參與國事，行使政權之權力」。[4]

他強調：只有「建立民主政治」，「於最短期間、結束訓政，籌備憲政之開始」，才能「團結國民、集中國力」[5]，「使全國人民之心思才力，咸能貢獻與國家之生存。」[6] 孫科說：「主張促成憲政，也就是禦侮的方法之一。」[7]

其次，孫科還把促成憲政看成是加強國民黨自我調節的一個重要手段。孫科深感「國難日深」，使國民黨前途「可勝栗懼」。孫科指出，「數年來之黨治⋯⋯效率低微，國民觸望既深，而本黨之信仰，亦不免漸致惰失。」[8] 因此人民「批評國民黨壟斷政權，這是不應責怪的」。[9] 孫科說：「以

4　孫科：《集中國力挽救危亡案》，《中國的前途》，頁210，重慶商務印館1942年版。

5　孫科：《擔任立法院長的使命與今後的希望》，《文集》，頁258。

6　孫科：《實行憲政之意義與國民應有之認識》，《文集》，頁256。

7　孫科：《擔任立法院長的使命與今後的希望》，《文集》，頁259

8　孫科：《集中國力挽救危亡案》，《中國的前途》，頁210，重慶商務印館1942年版。

9　孫科：《擔任立法院長的使命與今後的希望》，《文集》，頁260。

黨治國並非以黨專政來支配國家，使中華民族在黨的訓政下討生活，而是要實施憲政，使人民能夠運用直接民權，完成民主政治。」[10] 他進而強調，為了「挽回人心」，國民黨必須「進行政治黨務改革」，「恢復黨的民眾立場」，「切實履行本黨保障人民集會、結社、言論、出版、居住、信仰各種自由論綱，禁止一切非法干涉，濫行拘捕」，國民黨各級黨部「絕對不許干涉地方行政及人民組織或言論。」[11] 孫科指出：黨治之弊，使「國力無由集中，外侮不克抗禦」，唯一的「補救之法」就是促成憲政，[12] 否則「本黨難辭之咎」。[13]

　　與國民黨內反對實施憲政，認為結束黨治將危及國民黨統治的人相反，孫科對實施憲政後的國民黨前途表示樂觀。三十年代初，蔣介石迫於輿論壓力，不便在公開場合明確反對實施憲政的主張，但私下卻極不贊成孫科的看法，暗中表示「希望他與國民黨有較長時間來領導國家」。蔣的親信黃郛、楊永泰曾建議蔣介石採納孫科的主張，以減緩國民黨所面臨的全國各階層人民要求開放政治的巨大壓力，但遭到了蔣介石的「積極反對」。[14] 與蔣不同，孫科認為，實施憲政對國民黨不是危險而是提供了一個機會，[15] 因此對國民黨的前景

10　孫科：《在國民黨四屆一中全會上的閉幕詞》，《中國國民黨第四屆中執委會第一次會議記錄》，國民黨中央黨部檔案，二檔館藏。

11　孫科：《集中國力挽救危亡案》，《中國的前途》，頁 210；孫科：《抗日救國綱領草案》，上海《時事新報》，1932 年 4 月 24 日。

12　孫科：《實行憲政之意義與國民應有之認識》，《文集》，頁 257。

13　《集中國力挽救危亡案》，《中國的前途》，頁 211；孫科：《抗日救國綱領草案》，上海《時事新報》，1932 年 4 月 24 日。

14　鄧元忠(鄧文儀之子)：《新生活運動政治意義闡釋》，載《抗戰前十年國家建設史研討會文集》，頁 31；另見劉建群：《銀河憶往》，頁 233–34。

15　Lloyd E. Eastman, *The Abortive Revolution*, p. 164, Harvard University Press, 1974.

「可以不必顧慮」。他確信只要實施憲政，國民黨的政權必能受到全國人民的擁戴，國民黨的政權，「一定可以更加鞏固的。」[16]

三十年代初，孫科對於民主價值內容雖有涉及，但更多地是從準備抗日的需要來談民主憲政。孫科思想的這個傾向到了1937年有所變化，而到了抗戰後期，他則開始從價值層面和多黨制的角度，強調憲政對促進政治現代化的重要作用問題。

首先，孫科肯定了人之應有思想和言論自由是民主政治建成的思想基礎，主張政府應對各種思想以平等的寬容。孫科針對國民黨壓制言論自由的種種事實尖銳指出，「無言論自由的國家，一定要陷於失敗。」[17]孫科批評國民黨對「人民從事愛國活動，或發為政治言論者，動輒指涉嫌疑，目為反動」，要求國民黨對於「人民言動，應予涵容」。[18]他指出，除了有關國防軍事秘密外，「對於國內政治的主張、意見和批評……都應該可以公開發表」。[19]他指出，「無限度的新聞檢查是專制時代的愚民政策」，[20]「言論統治太嚴」，「這就是革命因素。」他呼籲國民黨迅速實行言論自由，「絕不能走向法西斯的覆轍」，[21]不要「製造新的革命」，「自尋苦吃！」[22]

16　孫科：《擔任立法院長的使命與今後的希望》，《文集》，頁261。

17　孫科：《怎樣促進民主》，《三民主義新中國》，頁52–53，重慶商務印館1942年版。

18　孫科：《請特赦政治犯案》，《中國國民黨第五屆中執委會第三次會議記錄》，國民黨中央黨部檔案，二檔館藏。

19　孫科：《說左右》，《三民主義新中國》，頁78。

20　孫科：《怎樣促進民主》，《三民主義新中國》，頁52–53，

21　孫科：《怎樣促進民主》，《三民主義新中國》，頁52–53，

22　孫科：《一得之見》，《三民主義新中國》，頁85–87，91。

第二，如果承認政府應尊重保護個人的思想和言論自由，那麼對謀求實現民主目標的政治參與活動，政府也應承認其有活動的自由。基於這個理念，孫科認為，民主的一個重要條件就是多黨制的確立。他提出，「一黨專政是不是民主」。孫科批評國民黨「政治沒有上軌道」，造成中國政治出現「幾種特殊現象」：(1)「一黨統治」，「國民黨在朝，不容在野黨存在」，中國之「政治、軍事領導權是握在一個強有力者，即蔣委員長之手」。(2)政府非由人民普選產生。(3)「共產黨未能獲得法律上的存在。」孫科指出，這些情況，有可能使中國「成為一個極權國家」。[23] 他表示希望「戰後中國政治將由幾個政黨來運用，如果國民黨能夠保持其真正革命傳統，在各政黨中仍然是一個最強大的政黨，共產黨將佔第二位，其他政治團體則聯合成為一個較小的第三黨。」[24]

孫科根據自己對歷史的觀察，從支持「以黨治國」轉變到呼籲民主政治的道路，為國民黨政權重新設計了一個擺脫困境，走向政治現代化的方案。但是對國民黨而言，它自身必須首先具備領導國家走向政治現代化的素質，無庸質疑，國民黨的現代化應是實現國家民主化的最重要條件。

(二)

1928年後，國民黨成為中國社會的重心，國民黨之成為執政黨，並非由選舉和議會中的黨派競爭中產生，即它不是一般西方型的「內在政黨」(inside party)，而是由某個政治人

23　孫科：《中國政治和經濟的前途》，《三民主義新中國》，頁 24–26。
24　孫科：《中國政治和經濟的前途》，《三民主義新中國》，頁 24–26。

物領導的政治運動擴大發展，通過暴力手段，以武力獲得政權的「外在政黨」(outside party)。[25] 對於這樣的革命型政黨，在取得政權後，要使黨符合現代化的要求，必須具備兩個條件：(1)黨的民主化問題，即黨的組織不是由少數人控制，廣大黨員必須有自由選擇黨的領袖並表達自己意見的自由。(2)對於黨外其他的黨派，應允許其存在並和執政黨競爭，只有在解決這兩個問題後，「外在政黨」才能逐漸向「內在政黨」過渡，黨的基礎才能不斷鞏固，並能相應促進國家政治民主化的進程。簡言之，國民黨在取得政權後，是走「革命黨」道路，抑或是「民主政黨」的道路；是強化「革命」色彩，還是實現向民主政黨的轉型，不僅決定了國民黨政權是否鞏固，也關係到中國民主政治的前途。

1928年的國民黨，黨的組織結構承接的仍是1924年國民黨改組後的形式。孫中山吸取蘇共建黨的經驗，確立國民黨的組織原則是實行「民主集權制」，與此同時，國民黨的意識形態解釋系統的框架也大致形成，1927年後，國民黨的所謂「革命」已成了專政的代名詞，實際控制了國民黨的蔣介石使「民主集權制」在實際運用中，完全集中於突出黨的領袖權威，蔣介石還加緊完善黨的意識形態系統，以防止其他政治力量接近權力中心。蔣介石的這種方針造成了兩種現象：第一，在蔣的個人獨裁下，由於缺乏黨內民主，國民黨黨內的各派間的鬥爭持續不絕；第二，官方意識形態的教化和僵化，使國家政治生活缺乏活力，由於阻滯思想多元化和

25　Maurice Duverger, *Politics Parties: Their Organiztion and Activity in the Modern State*, 轉引自胡佛：《論現代化與政治現代化》，載《現代化與民族主義》，頁 93，台灣中國論壇社 1980 年版。

壓制政治參與，國家長期陷於政治危機之中。

　　針對這兩種現象，孫科主張：在國民黨內應以分權制代替集權制，以選舉方式推舉黨的領導人，防止權威人物以個人權力控制黨；對於黨外其他政治力量，孫科傾向於在意識形態上持彈性方針，反對單純依靠武力來解決黨派問題，主張為取得對方信任，國民黨必須先行「改造心理和作風」。

　　孫科在近二十年的時間裏，對蔣介石的獨裁一向不滿。孫科與蔣介石的幾次衝突皆是由於孫科對蔣的獨裁「忍無可忍」，「望無可望」才爆發。[26] 在蔣介石個人獨裁地位不斷加強的形勢下，繼續維持和蔣的合作局面，使得孫科難以擺脫內心的矛盾和苦悶。[27] 1931年寧粵分裂，孫科對蔣介石多年的不滿如大壩洩洪，一時全部釋放出來，他發表了大量抨擊蔣介石獨裁的言論，痛斥蔣介石「以個人支配黨，使黨成為個人的工具」，把黨「改成獨裁的黨」，[28] 聲稱，在蔣介石的「獨裁統治」下，「中國國民黨已名存實亡」。[29]

　　抗戰後期孫科出於對國民黨前途的嚴重憂慮，再一次猛烈抨擊蔣介石的獨裁，要求實現國民黨的民主化，孫科批評國民黨從1923年後，「只是作到集權，卻忘掉了民主的意義和方法」，「不允許黨外人士批評我們，甚至不允許本黨同志的自我批評。」孫科要求健全黨的選舉制度，他批評道：「所謂選舉，不管是中央抑或是省部黨選舉」，「還不是由中央的代表選舉自己做代表嗎？」他指出，只要黨能民主

26　孫科：《倒蔣運動與中國革命的前途》，《中央導報》，第 1 期。

27　孫科：《在廣東省黨部紀念周的報告》，《廣州民國日報》1931 年 5 月 26 日。

28　孫科：《以民主集權制消滅獨裁》，《中央導報》，第 5 期。

29　孫科：《倒蔣運動與中國革命的前途》，《中央導報》，第 1 期。

化，國家民主化是可以實現的。為此，孫科呼籲國民黨立即改弦更張，「應該坦白地承認過去二十年來，黨的機構和作風實在是走錯了路」。[30]

孫科在對於其他政黨的關係上，這主要具體表現為對待中共的態度，從1928–1946年，雖歷經幾度變化，但和蔣介石相比，孫科還是表現得較有彈性，較為靈活。從1927年至三十年代初期，孫科雖持反共立場，但在程度上仍與國民黨保守派有異。在這之後，由於民族危機加深，孫科與中共的關係逐漸緩和。1932年4月，在《抗日救國綱領草案》中，孫科提出：「除現役軍人外，全國人民在不違反三民主義原則下，皆得自由組織政治團體，參加政治」，此已寓含對中共態度的變化。在黨化氛圍濃厚的三十年代，孫科在對有關三民主義的解釋上，也表現出某種程度的靈活性，這也為在實際政治層面逐漸調整與中共的關係做了準備。1934年，孫科提出對三民主義「一定要從主觀的感情的宣傳」，轉向「作客觀理智的研究」，即「取法中山先生探求真理的虛心態度，根據中國的實際情況，接受歐洲現代最近代化的思潮」，對三民主義「所包涵的各個問題切切實實下一番研究和補充工作」。既然要「接受」歐洲最現代化的思想，那麼馬克思主義就迴避不了，孫科稱讚「馬克思能發出前人所未見」，「給歐洲的社會主義者一個具體的實際行動方案」。[31]孫科在三十年代的政治環境下，不能也不願公開反對蔣介石的反共政策，但是他在意識形態上善於變通，在他力所能及的工作

30　孫科：《政治民主化，經濟計劃化》，《三民主義新中國》，頁 30。

31　孫科：《中山文化教育館季刊發刊詞》，《中山文化教育館季刊》創刊號，1934 年 1 月 1 日。

範圍內，曾庇護了一批左翼分子，曲折地反映了他對共產黨態度的變化，成為下一階段公開呼籲國共合作的前奏。

抗戰前夕，孫科對共產黨的態度發生重大轉變。他在1937年2月國民黨五屆二中全會上，與宋慶齡等聯名提案，呼籲恢復「三大政策」。抗戰前期，孫一度對中共懷有疑懼，並曾公開追隨蔣介石攻擊中共，但到了抗戰後期，當預感反共將危及國民黨政權前途時，孫科隨即改變態度，公開呼籲承認中共合法地位，反對再打內戰。

孫科深知，用武力不能「消滅」中共，「所謂剿共其實是沒有法子去做的，因為頭一件事未必有絕對勝利的把握」，所以，「再打內戰的時機已經過去了，再走回頭做這個工作是不可能的」。[32] 為此，孫科強調，對於中共，只能求「政治解決」，而政治解決的障礙即在於國民黨具有濃厚的「黨國特殊集團」的心理與作風。

孫科批評國民黨1928年後「自視為一特殊集團」，[33] 其宣傳與政治實踐嚴重脫節，使全黨「大失信於國人」。孫科指出，「大凡一個黨，或是政治上的一個勢力，一旦大權在手，如果不能保持民主的態度，自成了統治階級，便會成了革命的對象」。他提醒國民黨：「不要以為我們的黨有幾十年光榮的革命歷史……便應該永遠佔着執政黨的地位，永遠成為中國的統治階級」，孫科警告道：「這種獨尊專制的態度，是當今普天下的人民，不惜流血犧牲，以求其毀滅的。」[34]

抗戰後期，國民黨內一部分人士希望，通過國民黨的民主

32　孫科：《怎樣應付當前的困難問題》，《三民主義新中國》，頁 67–68。
33　孫科：《世界潮流和我們的作風》，《三民主義新中國》，頁 61。
34　孫科：《政治民主化，經濟計劃化》，《三民主義新中國》，頁 31。

化，在黨內形成一股民主力量，從而分割蔣介石的權力，乃至最後排斥蔣介石，把國民黨改造成民主的政黨。[35] 孫科有關國民黨民主化的主張，反映了這種寄希望於現有基礎上實行國民黨自我革新的思想傾向，它的提出，活躍了國民黨的政治過程，反映了孫科追求政治現代化的努力，對於孫科的這種政治態度，中共曾給予歡迎。董必武就曾指出，國民黨內要求實行民主，「其中肯講話而又能講話的要算孫科」。[36]

(三)

對於1928年後的國民黨，面對中國現代化的要求，是重視發展經濟，關心解決民生問題，抑或是僅強調維護現存社會結構的穩定，忽視經濟發展和解決民生問題的緊迫性，這對國民黨政權的前途必定會產生不同的結果。

在國民黨上層集團中，孫科是談論經濟和民生問題較多的人。從二十年代末起，孫科或撰文，或演講，不斷呼籲國民黨注重經濟建設，抓緊解決民生問題。孫科認為，這個問題能否解決，關係到國民黨能否與共產黨爭取群眾，能否鞏固國民黨政權的基礎。

二十年代末，孫科呼籲發展國家經濟，主張以經濟建設的成效來防止共產主義思想的傳播和中共革命的發展。孫科認為，北伐完成，統一實現，為「國家改造」提供了一個「千載一時的機會」。[37] 他強調，「如果革命而沒有建設，

35　參見甘祠森：《回憶三民主義同志會》，《近代史研究》，1982年第4期。

36　董必武：《大後方的一般概況》，載《抗日戰爭時期國民黨統治區情況資料》，頁181。

37　孫科：《三民主義的建設》，《孫科文集》，頁25-26。台灣商務印館1970年版，(以下簡稱《文集》)。

實在可說是完全失掉了革命的真意義。」和因鎮壓了共產黨而躊躇滿志的國民黨內大多數人相反，孫科認為共產黨和共產主義思想「斷非一味以消極的武力鎮壓就能撲滅下去。」[38]在孫看來，只有經濟建設才能「永塞」共產主義產生的「源泉」。為此，孫科提出要以積極的方法，「消除共產主義之根苗」。他大聲疾呼：國民黨必須利用剛獲取政權後的「千鈞一髮的時機」，「轉移目光」，「商量怎樣把三民主義新國家建設起來」。[39]此時，孫科雖然也談到平均地權問題，但由於共產黨武裝力量和農村革命剛剛興起，他對解決民生核心的平均地權問題尚無緊迫感，相比之下，孫科更把「實業計劃」，「發達國家資本」放在建設的首位。孫科聲稱：「本黨今後經濟建設第一件事，還是在乎建設國家資本。」[40]

三十年代初、中期，面對「社會動亂，社會危機的加速」，孫科關於先發展國家資本，後實行平均地權的主張發生了明顯的變化。農村經濟的破產和共產黨力量的壯大，促使孫科轉而把解決土地問題放到突出位置。孫科驚呼「國步艱危、民生凋弊」，「民國以來沒有如今之甚至！」[41]廣大農民由於「受不良政治的影響，苛捐雜稅的勒索」，土豪劣紳的剝奪以及「水旱災害荒的損失」，加上日本帝國主義侵略的「外力壓迫」，早已陷於破產之境。他指出，「農村經濟日益衰弱⋯⋯整個國民經濟根本動搖」，「所以整個國家，

38　孫科：《訓政與建設》，《再造旬刊》，第 24 期，1928 年 12 月 7 日。

39　孫科：《建設大綱草案及其說明》，《再造旬刊》，第 21 期，1928 年 10 月 7 日。

40　孫科：《三民主義的建設》，《文集》，頁 25–26。

41　孫科：《請迅速改革租佃制度，實行耕者有其田案》，《中國國民黨第五屆中執委會第二次會議記錄》，國民黨中央黨部檔案，二檔館藏。

竟陷入於震盪的狀態中」。[42] 孫科以東南沿江沿海一帶農村破產為例：由於「東南一帶自耕農、佃農……經濟生活最為困苦、社會地位最為低下」，遂使「抗租風潮層出不窮」，而究其原因，「不可不謂租佃制度之不振、佃農生活之過於慘苦而造成。」[43] 孫科驚呼，土地問題不解決，對國家「前途是不堪設想的。」孫科承認國民黨對於民生政策，「不管是從積極建設方面，或是消極治標方面均沒做到」，尤其對「平均地權」到「現在還沒有實施」；孫科說，為此國民黨「應該在總理遺像前請罪」。[44]

孫科在分析農村經濟破產的情況時，對共產黨力量在農村的發展極為恐懼。他認為共產黨之所以能壯大，「就是以暴動的手段，把土地從地主手中奪取過來，分給一般無以為生的農民」；「農民得到經濟上的利益，當然要參加他們的運動」。孫科聲稱，共產黨「攻城掠地」──「這完全是經濟的原因」。孫科鼓吹對付共產黨和紅軍「不能單靠軍事力量來徹底解決，要解決這個問題，必須用政治的方法，尤其是經濟的方法」。孫科強調，平均地權不實現，「非但革命不能成功，恐怕連現在努力所取得的結果，將來亦保不住」。[45] 此時，孫科已完全把「平均地權」放到了「發達資本主義國家」之前了。

孫科提出了他的解決土地問題的基本設想：

42　孫科：《籌劃救濟農村的辦法》，《文集》，頁 637–640。

43　孫科：《請迅速改革租佃制度，實行耕者有其田案》，《中國國民黨第五屆中執委會第二次會議記錄》，國民黨中央黨部檔案，二檔館藏。

44　孫科：《由亡國的路轉到救國的路》，《文集》，頁 30。

45　孫科：《由亡國的路轉到救國的路》，《文集》，頁 30。

1. 認為解決農村危機的方法在於「調正現有之租佃關係」。[46] 此時，孫科批評「地主侵取不當」，指出：「農民經濟之崩潰」最終原因，在於農民「無土地以資耕種」，「而地主坐享其成」。[47] 一方面，孫科承認農村大地主是反對平均地權的，「因為民生主義實行以後，他們壟斷土地的益權，便要受到打擊」，但又強調土地所有制問題「錯綜複雜、頗難分析」。雖然他本人一再呼籲要「迅速實現」耕者有其田，然而在他看來，對於地主的「侵取不當」，只要適當預予以「調正」即可使「人盡其力、地盡其利」、「投機者無所取巧，勞動者各有其地」，[48] 這實際上仍是紙上談兵，完全沒有進入到具體改革的實際操作層面。

2. 提出一系列改良主義方法，試圖緩和地主和農民的嚴重衝突，以穩定國民黨在廣大農村的統治。孫科迴避了地主土地所有制這個關鍵問題，提出一些具體的改良方案。孫科的解決方法包括：從速實行累進地價稅，向地主發行土地債券，由政府把從地主手中徵收的，轉讓給佃農，由農民分年攤派農產品，抵還所得土地的本息；政府組織土地金融機關，向農民發放耕地資金；成立各種類型的「農民產銷合作社」和「消費合作社」等等。孫科認為，如此「不難使農民恢復其最低限度自給的生活」。[49]

46　孫科：《請迅速改革租佃制度，實行耕者有其田案》，《中國國民黨第五屆中執委會第二次會議記錄》，國民黨中央黨部檔案，二檔館藏。

47　孫科：《籌劃救濟農村的辦法》，《文集》，頁 637–640。

48　孫科：《「土地政策述要」序》，《文集》，頁 1305。

49　孫科：《籌劃救濟農村的辦法》，《文集》，頁 637–640。

儘管孫科的這些主張出自維護國民黨統治的苦心，然而在三十年代根本得不到蔣介石的重視。1934年1月31日，孫科提議在全國經濟委員會內設立中央地政署，要求從美國棉麥借款款項下，撥出專款，用於土地法的實施。[50] 但是國民黨中央政治會議對孫科建議議而不決，不了了之。而在這不久，中央政治會議卻決定，給在江西進行「剿共」戰爭的蔣介石，提前撥棉麥借款一部分，作為「剿匪資本」經費。[51] 相比之下，孫科的改良主義主張降其格僅是「治標」的方法，因此，不可避免被束之高閣。孫科為加強國民黨統治基礎的一片「苦心」，只能再次落空。

時至抗戰後期，隨着國民黨腐敗日益加深，農村民變蜂起，孫科對農村的焦慮感更加強烈，他的態度也隨之更趨激進，孫科竟接過共產黨的口號，呼籲以打擊地主豪紳來解決農民土地問題，希望國民黨統治集團迅速採取革新措施，來緩和農村的尖銳的階級矛盾。

孫科認為，國民黨拖延實施平均地權和鄉村基層組織全部被土豪劣紳佔據，是危及國民黨統治，造成新的社會革命的最大因素。孫科分析道，國民黨基層政權的蛻化和土地問題難以解決是互為因果的，因為「縣以下基層組織都操縱在土豪劣紳手裏」，儘管他們「作威作福」、「對人民的生命財產是視同兒戲」，但國民黨卻把徵兵、徵糧授權他們辦理，「更增加了他們魚肉鄉民的機會」。孫科質問道：「為什麼拿這些土豪劣紳作基層的力量？」「為什麼還使土豪劣紳居

---

50 《中國國民黨黨中央執委會政治會議第391次會議記錄》，國民黨中央黨部檔案，二檔館藏。
51 同注 50。

其位剝削老百姓?」[52] 孫科斷言,目前存在「很大的危險」,
這就是「假使黨將來果代表地主階級和地方上的惡劣勢力,
我們的革命也要隨之變質,國家也要變質」,孫科提出對此
「要特別的警覺提防」。[53]

孫科對國民黨解決土地問題的保守態度極為不滿,他批評
國民黨對於土地問題的解決,「既沒有採取革命的方式,和
平方式又行不了,十多年真是一點辦法都沒有」。他指出,
由於國民黨在鄉村依靠大地主和土劣,使「壞人潛伏在政府
裏面為所欲為」,「土地問題一千年都沒有辦法解決,使依
靠行政院地政署來辦,再辦一百年也不行」。[54]

孫科掩飾不住對國民黨前途的焦慮,他慨歎土地問題無法
解決,「這真是不得了」,「這將會弄到農民暴動,會發生
新的社會革命!」他直言不諱道:「本黨成功與失敗的關鍵就
在於是否能和中共爭奪群眾的擁護。」國民黨「已給反對黨以
可乘之隙」,「國民黨愈不行,政治愈腐敗……就愈是他們宣
傳的機會」,國民黨「已不知不覺在替人家造機會」,「造什
麼機會?革命的機會,革誰的命?革我們自己的命!」[55]

那麼有何種方法來解救國民黨在農村的嚴懲危機呢?孫科
提出「解決土地問題,一定要靠老百姓才行」。可是他又清
楚,在「國民黨現在的作風下」,平均地權根本無從實行。
孫科呼籲革新基層政治力量,可是拿什麼新生力量去替代基
層的土劣呢?對此孫科也是一籌莫展,儘管他曾批評過三青

52　孫科:《一得之見》,《三民主義新中國》,頁 85–87,91。
53　孫科:《向民主憲政的大道前進》,《三民主義新中國》,頁 48、49。
54　孫科:《一得之見》,《三民主義新中國》,頁 85–87,91。
55　孫科:《一得之見》,《三民主義新中國》,頁 85–87,91。

團「類似蓋世太保」，但他還是提出派幾十萬三青團員「深入農村」，把土劣「換掉」，「鎮壓下去」。孫科認定「革命是不必的」，「因為政權還在我們手裏」，[56] 但是，在既有的基礎上又無法解決這些矛盾，孫科陷入了不可擺脫的困境。

（四）

　　1944年11月，孫科在《紐約時報》撰文，暢談他長期以來對在中國實現英美民主制度的理想。他寫道，中國要「實現孫逸仙博士的理想」，「必須先有賢明的政治領導，使中國及其人民邁向民主政治的目標前進」。孫科並十分具體地描繪了在「賢明的政治領導下」，中國未來的景象：「建立民主的代議制政府」，「掃除封建地主及富豪軍閥壓迫和剝削農民的行為，而鼓勵其將精神和資本從事於現代工業」，「改變廣大的農業人口使之成為中國未來工業的國內銷場」。[57] 這些話反映了1928年後孫科自居「賢明領導」，主張以漸進的方式促進國民黨革新以推動中國現代化的發展的思想特徵。然而，孫科的一系列有關憲政和革新的主張始終不被國民黨最高統治者蔣介石所重視和採納。1946年下半年，隨着國內政治環境的急劇變化，孫科從自己原來的立場全面後退，停止革新宣傳，轉而支持蔣介石的政策。這樣，孫科長期為之努力的推進憲政，革新國民黨的活動也就失去了全部意義，宣告徹底失敗。導致這樣的結果的原因是複雜的，它是由孫科所處政治地位的特殊性，他的思想的內在矛盾等諸因素與當時政治環境互為作用而促成的。

56　孫科：《一得之見》，《三民主義新中國》，頁 85–87，91。

57　孫科：《中國政治和經濟的前途》，《三民主義新中國》，頁 24–26。

筆者認為，考察孫科的憲政理念和他的革新活動的成效得失，必須對其在民國史上的特殊地位有所認識：

第一，孫科是中華民國開國總統、國民黨創始人孫中山唯一的兒子。國民黨奉孫中山為「國父」，孫科有「國父哲嗣」的特殊家世背景，使得孫科從政或發表政見，都比別人有較多的自由度和便利條件。

第二，孫科自青年時代起即投身孫中山領導的民主革命。儘管與其他人相比，他的革命歷史並不雄厚，但是孫科較早涉足政壇，南京國民政府成立後，孫科歷任要職，是國民黨統治集團重要成員之一。

第三，孫科青少年時代長期在美國接受教育，受美式自由、民主思想的浸潤較深，其思想、作風具有顯著的「西化」色彩。

上述三個方面的特點決定了孫科在民國政壇上的際遇和其所扮演角色的特殊性。

孫科的特殊身份使其始終處在民國政治的中心，國民黨內的各種政治力量、社會上的不同的政治派別，都希望得到孫科的支持，他長期是各方爭取的對象。

孫科雖較早參加革命，但他在政壇上的高位卻非個人努力所得，他從未有過基層工作的經驗，更無軍方的背景。雖位居顯赫，但政治與組織資源有限。因而，孫科在軍事性格突出的國民黨統治集團中，始終處於非主流的地位。

孫科是國民黨內自由派的代表，他的政治理念具有較為鮮明的自由主義色彩。他的舉止作派、行事風格也具有美式政客的特徵。1928年後，蔣介石佔據了國民黨的中心，蔣的統治方式具有較為濃厚的中國傳統政治的特徵，在這種環境

下，孫科的思想理念、美式作風，與國民黨的主流文化顯得格格不入。

由於孫科始終未能成為國民黨的重心，他在政治上的高位，在很大程度上是依靠孫中山先生的崇高聲譽而得到的，孫科雖然有政治上的抱負，但他的周圍只是鬆散的聚集着一批文職官僚，尤其在國民黨軍隊內沒有支持力量，這使孫科在和蔣介石的爭鬥時，缺乏有力的後盾。1927年後國家的統治權掌握在蔣介石手裏，他不和蔣合作，就不能發揮他在政治上的作用，為了不與蔣介石破裂又不能不作出一定的妥協。蔣介石深知孫科的弱點，對其採取一打一拉的策略。蔣介石一方面要借用孫科「總理之子」的金招牌，故對孫不時施以小惠加以拉攏；另一方面，又不滿孫之「離經叛道」，不斷指使手下向孫科施放冷箭。在危局重重時，蔣介石起用孫科，用以推卸責任，一旦度過難關，又將孫一腳踢開。更多的時候，只給孫科一個位尊而無權的空位，對其實行「冷凍」。1931年初和1948年年末–1949年春，孫科兩任行政院長，為時皆極短。最後一次，國民黨政權已是夕陽殘照，孫科扮演的已是皇陵看守的角色。於是，孫科被迫辭職出走。由於孫科政治性格的軟弱，他在和蔣介石的關係上，下野時是一種態度，被蔣介石拉攏時，又是另一種態度。這種政客作風使孫科在社會視聽上，一直印象不佳。孫科的動搖性和軟弱性，在與蔣介石衝突時表現尤為突出。

孫科的憲政理念和革新主張也有其內在的矛盾。

(1)孫科的民主思想具有明顯的不徹底性，由於較多地從形式層面理解民主的意義，導致歪曲民主政治的全面含義，從而形成了與國民黨主流思想的溝通之處。

孫科在理念上一向欣賞英美民主制度，但他又不認為中國一定要以西方政治體制的形式為樣板。孫科多次宣稱，民主主要是法律制度與選舉程序的完善，他尤為強調民主之所具有的手段功用。三十年代中期，孫科在主持起草《五五憲草》時，反復強調，一部憲法對於現代國家政治穩定的作用。從理論上講這並不錯，然而憲法的意義並非僅僅在於其具備完善的法律條文，憲法應以維護人權為前提，即在法律之後還應有一個更高的原則，正如海耶克所說，應具有「超於法律的信條」，表現為一種尊重人權的政治理想，所以憲法的價值並不僅僅在條文完備的形式方面。但是在孫科那兒，這一切均在考慮「中國國情」的託辭下，遭到嚴重的扭曲。孫科聲稱，中國只能從「中國國情」出發，「自出心裁」制定憲法。[58] 那麼什麼是中國「國情」呢？孫科說，國民黨的「政治背景和革命歷史」就是中國「國情」，[59] 結果根據這種中國「國情」制定的憲草，雖具法律形式，卻無民主內容，只是給黨治披上了法治的外衣，致使《五五憲草》「其極權趨勢實超過現代任何總統制之民主國家。」[60] 正如著名歷史學家郭廷以指出的，中國現代化所以不夠徹底，乃是中國人對西方文化的內容瞭解不多，認識不足，結果「西方文化的內容也就所剩無幾了」。值得注意的是，孫科並非不瞭解西方文化，只是他一意為維護國民黨利益而強調中國「國情」，恰在這點上，孫科與基於同樣目的也強調中國「國情」的蔣介石構成了共識。

58　孫科：《我們需要何種憲法》，《文集》，頁 263–264。

59　孫科：《憲草的精神》，《文集》，頁 269–274。

60　陳茹玄：《增訂本中國憲法史》，頁 232–233。

從現代化的要求看，對意識形態的頻頻強調，往往會扼殺民主之需要的思想多元化的發展。在訴諸意識形態的問題上，與蔣介石等相比，孫科確實較為靈活，但最終還是難以擺脫國民黨意識形態的桎梏。孫科相信惟有三民主義可作為社會的統宰思想，這種唯我獨尊的立場自然排斥其他思想，極易演變為政治上排斥異己的行動。

(2)國民黨內的新傳統主義主流思想的力量過於強大，構成了妨礙改革的巨大阻力，由於孫科缺乏廣泛的黨內和社會的支持，在新傳統主義的進逼下，只能步步退縮，無法在國民黨內形成對決策有影響力的壓力集團。

1928年後，國民黨內以蔣介石為代表，形成了一種保留了大量傳統痕跡，試圖在現代與傳統中尋求妥協的新傳統主義，蔣介石並不主張復古，但強調認同傳統，傾向於以傳統的方式建立社會政治和文化秩序，在統治方法上具有中國傳統政治的濃厚色彩。面對時代的壓力和現代化的要求，蔣介石可以贊同進行一定程度的改革(主要集中在管理、技術層次，如三十年代啟用一批受西方教育的專家主持經濟工作)，但更強調用確立國民黨權威的方法來維持既有秩序的穩定。1928年後，國民黨試圖在內外壓力的環境下建立一個新秩序，以權威的確立為國民黨的首要任務。蔣介石把中國傳統文化和孫中山作為整合社會的精神資源，強烈地排斥共產主義和西方自由主義思想。三十年代以後，面對國土的破碎，蔣介石更重視用傳統文化來彌補民族主義的缺損，在蔣介石、戴季陶、陳立夫等推動下，文化上的本土主義與政治上的保守主義互相補充，新傳統主義成為國民黨決策層的基本理念。1933年，孫科在制定憲草初稿時主觀上是希望確立某

些民主原則的，但遭到保守派的限制，戴季陶寫信給孫科，告誡要考慮中國「國情」，「立法不可作懸想」，[61]逼迫孫科在憲草中減少對總統權力的限制。在戴季陶等的壓力下，孫科只得步步退讓，草案每修改一次，總統的權力就擴大一步。與國民黨主流思想擁有廣泛的黨內基礎相比，孫科的基礎極為薄弱。「五四」以後，英美自由主義在中國雖然一直受到相當多的知識分子的擁護，但無法深入民間。隨着中國政治的劇烈變化，自由派知識分子分化十分明顯，其中大部分人投入激進的革命運動方面，而少量溫和的知識分子又難以形成一種超然於政治之外的具有獨立思想傾向的自治團體。因此，孫科無法從這些人處得到有力的支持。孫科在國民黨內本來就勢單力薄，在他身邊的一個政治圈子是基於利益追求、政見相似以及慕仰孫科顯赫的家世背景等因素結合起來的，一旦缺乏利益保障，其成員流向主流派勢在必然。更重要的是國家統治權已掌握在蔣介石手中，孫科既不可能重起爐灶，那他只有在獲知於蔣介石之後，才有可能實現其理想。為了不與蔣破裂，孫科不得不做出一定的妥協，這就使他政治態度遊移而善變，雖然談了許多政治理想，但在現實上卻更倚重於與蔣介石的關係。加之孫科既有西方色彩，又具有中國特色，兩者之中和產生的能量有限。諸種因素相互作用，所以孫科及其政治圈子在國民黨內註定難以形成對決策產生影響的壓力集團。

(3)孫科面臨一系列無法擺脫的矛盾，這些矛盾使孫科陷入困境，只得屈從於國民黨的主流勢力。

61　戴季陶：《為憲法事至孫院長書》(1934 年 3 月 7 日)，載胡春惠編：《民國憲政運動》，頁 747，台灣正中書局 1978 年版。

首先孫科無法解決民主政治所要求的擴大政治參與，和國民黨鼓吹民族危機加深應加強集權這兩者之間的矛盾。三十年代初，孫科開始進行積極的民主憲政的宣傳，然而此時日本侵華步伐日益加劇，國民黨內隨之興起一股模仿德意法西斯，以圖民族復興的極權主義運動，一批蔣介石的親信、學生在「復興民族」的旗號下，製造對蔣介石的個人崇拜，散佈「在中國實行民主還不成熟」的論調，[62] 與此相呼應，社會興論界也存在一股要求實行極權的思潮，部分知識分子贊同國民黨為加強權威而採取的措施，認為在內憂外患的環境下，強權政治或許是抵禦外來侵略的有效途徑。三十年代中期，關於中國是走民主或獨裁道路的討論即反映了一部分知識分子對實行民主政治的懷疑和困惑。這種以「復興民族」的面目出現的要求實現極權的社會興論，對孫科形成很大的壓力。面對這種打着民族主義旗號向民主主義的進攻，孫科無力抵禦。

孫科面臨的又一個困境是，民主政治實現所要求的穩定的社會環境與現代中國缺少這種環境的矛盾。孫科儘管一直醉心於英美式民主制度，但民主成長所要求的穩定的社會環境在中國三四十年代根本不存在。托克維爾說：「民主不能在風暴中產生」。四十年代後期，國共雙方衝突加劇，國統區政治經濟日益不堪，形格勢禁，在危機中，國民黨的權威性格更加明顯，孫科等只得噤口。在國民黨統治即將陷入總危機的狀況下，由於孫科與國民黨的深厚歷史淵源，其在感情上和國民黨已難解難分，他只能選擇與國民黨政權共沉浮的

62　Maria Hsia Chang, *The Chinese Blue Shirt Society*, pp.121–122, University of California Press, 1985.

道路，孫科的革新主張遂喪失全部功能，最終匯入國民黨主流思想。

孫科的失敗證明，新傳統主義不能引導中國走向現代化。1928年後，國民黨排斥了中共，試圖單獨領導中國現代化。國民黨以新傳統主義作為思想和政策導向，在維持現存的社會結構的前提下，雖然也作出了有限度的變革，但又竭力限制變革的範圍、規模、速度。國民黨不能正確處理權威與政治參與的關係；同時不能有效解決政治穩定與鄉村土地改革的關係，維持社會秩序的穩定，並非一味因循不變，滿足農村多數人對土地的要求，即可帶來政治穩定。本來政治中心權威之建立是現代化進行的一個必要的條件，但是，對權威的強調超出了一定的限度，就影響到對現代化其他條件的調適。「五四」以後，民主的要求並非是個別或局部的現象，但國民黨以種種藉口(諸如人民缺乏實行民主的心理準備等)拒絕迅速開放政治。儘管在社會各階層的壓力下，國民黨曾被迫許諾開放憲政，但是又盡量推延，對民主實是口惠而心不至。蔣介石自任肩負實行孫中山理想的歷史使命，自我聖化，又具強烈的軍事性格，將一切要求自由的力量均視為對自己的威脅，不惜訴諸武力，一一消滅，選擇的是一種類似極權主義的統治方法。實施極權在特定條件下只能是一權宜之計，況且國民黨完全缺乏實施極權所必須具備的機動性和高度效率。面對這樣的狀況，國民黨並不思轉變和自我改革，結果導致國內政治一直處於高度緊張狀態，客觀上促成了反對力量的成長。國民黨一直試圖借助民族主義的若干符號來鞏固自己的權力基礎。抗戰初期，全民擁戴國民政府，使國民黨的政治權威接近於形成。但權威即使形成，也很脆

弱，還需要進一步的革新措施來培植權威的基礎。國民黨對此不予努力，「一切因循守舊」，於是當民族主義的最初衝動沉寂後，國民黨制度上的保守與僵化很快就耗盡了民族主義的感情，造成人民普遍的心理受挫，引發了人民對國民黨的失望。實踐證明國民黨融合傳統與現代化的努力未能成功。由於國民黨喪失了自我改革的能力，無法作出適應現代生活所需的變通，國民黨在大陸的統治終至崩潰。

孫科在民國史上的際遇表明，在蔣介石佔主導地位下的國民黨上層集團中，國民黨內的自由派不能真正影響國民黨的決策。在國民黨內，蔣介石為代表的傳統主義佔壓倒優勢。一黨專政，領袖至上、崇拜武力成為國民黨的統治性格。孫科在國民黨內本來就勢單力薄，活動天地狹小，一直未能形成氣候。另外，孫科自由主義的高峰時期是美國對華影響較大的抗戰後期，此亦表明國民黨內的自由主義的非本土性。一旦美國出於自身需要調整方針，國民黨內的自由派馬上就陷入困境。

至於孫科本人原乃一讀書人，身上頗具某種書生氣質。其在民國政壇上叱咤風雲幾十年，風雲際會，扮演各種角色，也許是一場歷史的誤會。他的名聲很大，事功卻不顯著。作為一個政治人物，孫科的主張儘管未能實現，但他向我們展示了在從傳統向現代的轉變時期，在中國錯綜複雜的環境下，一個受過西方教育的國民黨上層人士在追求實現民主政治的目標上所能企及的高度。孫科有其政治抱負，有所追求和期待，但囿於環境、地位的制約，他有時能固守自己的觀點，有時又向現實妥協，然而這種矛盾在孫科那裏可以有機地結合在一起。孫科的思想常常一波三折，前後互異，這恰

是他的地位、性格與環境等因素互相作用的合乎邏輯的發展結果，這些表現使孫科具有現代政治人物若干特點：多變、不獨斷、不固執、意識形態色彩淡化、對事物持彈性態度。這種態度活躍了政治過程，向社會公眾展現了中國政治人物向來缺乏的一個側面，從而反映出過渡年代中國自由主義命運的某些基本特徵。

「肅AB團」事件的歷史考察[1]

距今69年前，一場大規模的革命恐怖浪潮席捲中共領導的江西蘇區。在一輪名曰「肅AB團」的大清洗中，幾千名紅軍官兵和根據地內的黨團員及普通群眾慘遭殺害[2]。幹此事的並非中共的死敵——蔣介石和國民黨，而是根據地的中共黨

1　原載香港中文大學《二十一世紀》1999年8月號，總第54期。

2　江西蘇區的「肅AB團」運動前後歷經兩個階段：第一階段，1930年「二·七」會議後至1931年1月；第二階段：1931年4月至1931年末。在第一階段「打AB團」的1930年10月至次年1月，毛澤東及其領導的紅一方面軍總前委在其中發揮了主導作用。據初步統計，在這一階段，僅紅一方面軍被殺官兵就達4500人，而至1930年10月，贛西南特委已消滅「AB團」分子1000餘人，這一數目尚不包括在這之後根據地內黨政機構被殺黨員的人數。主持江西蘇區「肅AB團」第二階段的是以任弼時為首的中央代表團和毛澤東領導的紅一方面軍總前委，被殺對象主要是參加富田事變的贛西南紅軍的幹部，以及贛西南地方政權的幹部，具體的死亡人數不詳。資料來源：一、毛澤東：〈給總前委的一封信〉(1930年12月20日)，載中國人民解放軍政治學院：《中共黨史教學參考資料》，第14冊(北京：中國人民解放軍政治學院，1985)，頁634；二、〈蕭克談中國蘇區初期的肅反運動〉，載中國革命博物館編：《黨史研究資料》，1982年第5期；三、〈江西蘇區中共省委工作總結報告〉(1932年5月)，載江西省檔案館、中共江西省委黨校黨史教研室編：《中央革命根據地史料選編》，上冊(南昌：江西人民出版社，1983)，頁477–478、480；四、〈贛西南會議記錄——關於組織問題〉，載《中央革命根據地史料選編》，上冊，頁631；五、廖蓋隆1981年9月23日說：「紅一方面軍當時在蘇區不過三、四萬人，前後兩次肅反，搞了六千多人，其中一半是殺掉了，就是說，十個紅軍中有一個被殺掉了，而且差不多都是幹部」。廖蓋隆在1980年12月10日又引用毛澤東的話：「毛主席說，我們殺了四千五百人，但我們保存了四萬紅軍。」引自中共中央黨史資料徵集委員會、中共中央黨史研究室編：《黨史資料通訊》(1981年合訂本)(北京：中共中央黨校出版社，1982)，頁89、144。

組織和由毛澤東親自指揮的紅一方面軍總前委，這段史實以後隨着毛澤東在中共黨內地位的上升被完全改寫。直至80–90年代，在撇開毛的個人責任的前提下，當年這場事件的大致輪廓才初步顯現，但仍有許多晦暗不明之處。本文所要研究的是：毛澤東為何要在紅軍和根據地內發起「打AB團」？毛為大清洗尋找的依據是什麼？大恐怖與建立新社會有什麼關係？為什麼毛在掌握中共實權後不再採用「打AB團」的方式解決黨內矛盾？

事件的起因：以暴力維護領導權威

毛澤東在中國共產革命運動中聲譽鵲起始於1927年國共分裂後，最先走上武裝反抗國民黨的道路，從此成為中共武裝革命的著名領導人。在這之前，毛雖是中共建黨元老之一，但是在1921–1927年，黨的聲光全被陳獨秀等所佔，儘管毛被公認為農運專家，然而還是屬於年輕一輩，對黨的決策不起任何主導作用。

國共分家，中共潛入地下，革命的中心地帶逐漸從城市轉向農村，黨的鬥爭形式、組織構成和黨的性格均發生了深刻變化。由於中共已從合法政黨轉變為秘密政黨，列寧主義黨的民主集中制已完全制度化，中共中央作為領導中國革命的司令部的權威也基本確立，由此中共開始了軍事共產革命階段。

進入軍事共產革命階段的主要標誌在於1927年後，中共破天荒地有了自己控制的地盤——紅色區域，從此中共可以在這些地域公開推行自己改造中國的革命政綱，這是中共自成立以來從未遭遇過的新情況，毛澤東就是在這樣的形

勢下嶄露頭角、聲名大振，使黨的聲光逐漸聚於其身。

毛澤東無疑為中共革命立下最大的功勳，他在江西農村的努力及其實踐為中共開闢了一條新路。但是在20年代末至30年代初，毛只是黨領導下的武裝同志，必須接受來自上海的中共中央的領導，在一段相當長的時期內，毛不僅不是黨的名正言順的領袖，甚至在江西蘇區，毛的個人權威也還未徹底鞏固。

毛澤東在中共黨內是靠熟悉農村和農民情況、善於領導軍事鬥爭起家的，然而中國現代革命戰爭與歷代農民戰爭有一個重大區別，即反抗國民黨的武裝革命是受共產黨直接領導的。黨為武裝革命提供了意識形態的義理系統，並擁有對這套義理系統的充分解釋權。黨還為武裝革命提供組織框架和幹部來源，黨不僅有建立革命武裝的發號施令權，也有任命幹部、調動幹部的組織指揮權。儘管毛在創建紅軍、開闢紅色根據地方面功勞蓋世，但他仍受到黨的制約。

1927–1929年，毛澤東在江西辛勤開拓，對受制於上海中央雖多有不滿，但基本上對中央持順從的態度。毛在理論方面雖不時有越軌之舉，但其言論大致均在中共中央意識形態的框架之內。毛在組織關係上，也未有明顯的越權行為。毛經常向上級黨委和中共中央書面彙報根據地的鬥爭情況。

中共中央是以頗為欣賞的態度看待毛澤東在江西創造的這番事業的。1928年中共在莫斯科召開六大，在毛未出席的情況下，將毛選入中央委員會。總的來說，上海中央對毛的活動，包括毛在江西紅軍中的領導地位是樂觀其成的，尤其在1929年發生的朱德與毛澤東的爭論中，中央表態明確支持毛，促成了毛在江西蘇區領導地位的確立。

1929年古田會議後，毛澤東在江西蘇區的權威已經初步形成，促成毛領導權威形成的兩個最重要條件都已具備：一、中共中央對毛的明確支持為毛的權威提供了法理基礎；二、毛的事功突出，在他的領導下，根據地地盤擴大，人口增加。一度與毛意見相左的朱德，因軍事失利，威望有所損失，毛的軍事成功則為毛的權威提供了事實基礎。作為毛領導權威的具體體現，1930年，毛擔任了紅一方面軍總政委和總前委書記，在統一的蘇區黨領導機構尚未建立的形勢下，毛所領導的紅一方面軍總前委成為江西蘇區最高領導機構。在戰爭環境下，軍隊是維繫蘇區存在的最重要的柱石，軍-黨-蘇維埃政權，已實現高度的一體化，毛於是成為江西根據地的最高領導，上海中央的指示只有通過毛才得以在蘇區貫徹。毛所具有的這種特殊地位，使其獲得了很大自由——毛從此擁有對中央指示的靈活解釋權，毛完全可以把自己的意見與中央的意見合而為一，以中央的名義強制推行。然而毛畢竟不是中共中央，在蘇區內部仍有部分紅軍和黨組織援引中共中央來消極對抗毛的新權威。

20年代末至30年代初是中共武裝革命的草創年代，一時豪雄四起，在反抗國民黨的大目標下，革命陣營內部的矛盾被暫時掩蓋。但根據地內，外來幹部與本地幹部的矛盾、留蘇幹部與國內幹部的矛盾、知識分子幹部與農民出身的幹部的矛盾仍然存在，使之可以凝聚的唯一力量來自於中共中央的權威，包括中央提供的意識形態義理系統的理論權威。只是此時的中共中央遠離鄉村，城市中央對根據地的領導必須通過毛澤東來體現，因此，毛個人的識見、智慧、人格因素和作風態度就顯得特別重要了。

毛是江西蘇區所有武裝同志中最具政治眼光、意志最為剛強的，且最善用兵打仗，但其人作風專斷，使許多軍中同志對其「敬而畏之」[3]。在1929年的朱、毛紛爭中，朱德因其為人寬厚、作風民主，得到紅四軍(紅一方面軍前身)多數幹部的同情和支持。1929年7月陳毅赴上海彙報請示中央對朱、毛紛爭的意見，中共中央明確表態支持毛。陳毅返贛後，親自請毛出山，朱德、陳毅為忠誠的共產黨員，一切服從中央，重新理順了與毛的關係，使紅四軍內部的分歧和矛盾得以化解。但是，毛與贛西南地方紅軍和黨組織的分歧卻因各種原因而尖銳化了。

正是在這種情況下，才發生了毛澤東「打AB團」的大清洗。這場事變的直接原因是，毛在江西蘇區的權威剛剛建立，卻遭到以李文林為首的贛西南地方紅軍和黨組織的挑戰，毛不能容忍在他鼻子底下有任何違抗自己權威與意志的有組織的反對力量，而不管這種反對力量是來自紅軍內部或是地方黨組織。為了維護自己在根據地的權威，毛一舉掙脫黨道德和黨倫理的約束，不惜採用極端手段鎮壓被他懷疑為異己力量的黨內同志。

毛澤東用流血的超常規手段解決黨內紛爭，究竟要達到什麼目標？一言以蔽之，毛要做江西蘇區的列寧，由於此時毛尚未成為中國黨的列寧，不具號令全黨的法理權威，他才不惜採用極端手段鎮壓黨內的反側。

3　龔楚：《龔楚將軍回憶錄》(香港：明報月刊社，1978)，頁 171、205–207、348、357。

鎮壓「反革命」，何愧之有

　　將大規模的恐怖施之於黨內和軍內，與黨道德和黨倫理存在巨大衝突，如何解決這個矛盾？毛澤東自有辦法。他聲稱：以李文林為首的贛西南黨和紅軍已被機會主義和富農路線所控制，為了挽救革命，必須對之進行徹底改造，這樣，毛的鎮壓就有了思想的旗幟。

　　李文林是知識分子出身的贛西南黨與紅軍的創始人之一，與毛澤東及紅四軍的關係一度十分密切。但是到了1930年初，經歷多次組合的江西地方紅軍和贛西南黨團機構在若干問題上與毛澤東產生了意見分歧，和毛澤東的關係也日趨緊張。

　　贛西南方面與毛澤東的分歧主要集中在兩個問題上：(1)土改政策問題。贛西南方面主張執行中共六大關於「沒收豪紳地主土地」的決定，反對毛澤東提出的「沒收一切土地」的主張。(2)軍隊及地方黨機構的歸屬及人員配置問題。

　　1929年11月底，毛澤東提出合併贛西、湘贛邊界兩特委，成立新的贛西特委，毛並決定將李文林領導的紅二、四團合併到彭德懷部另成立紅六軍。贛西南方面則認為此決定須經中共中央及中共江西省委批准才能生效。1930年1月，毛澤東任命紅四軍幹部劉士奇、曾山組成贛西特委作為領導贛西南等地的最高機構，但是卻受到贛西南方面的抵制。

　　為了解決與贛西南地方紅軍、黨團機構的矛盾，毛澤東於1930年2月6–9日，在贛西特委所在地吉安縣陂頭村召開了由紅四軍前委和贛西南方面負責人參加的聯席會議，江漢波也以中共江西省委巡視員身份參加會議，劉士奇等作為助手配合毛澤東組織了這次會議。

在「二‧七」會議上，兩個月前經中共中央批准恢復了對紅四軍領導權的毛澤東，在劉士奇、曾山的幫助下，發動了一場對贛西南地方紅軍和黨團機構負責人的激烈鬥爭，這場鬥爭為日後掀起「肅AB團」運動埋下了火種。

毛澤東等列舉的贛西南地方紅軍和黨團機構負責人的「嚴重政治錯誤」主要有兩項：(1)毛等批評贛西南負責人江漢波、李文林提出的僅「沒收豪紳地主土地」的主張，是「完全走向農村資產階級(富農)的路線」，指出「由此發展下去勢必根本取消工人階級爭取農民的策略，走上托拉茨基陳獨秀的道路，根本取消土地革命全部」。(2)毛等指責江漢波等用「非政治的瑣碎話，煽動同志反對正確路線的黨的領袖」[4]——這裏所提到的「黨的領袖」，是指毛澤東派任贛西特委書記的劉士奇。

由毛澤東主持的「二‧七」會議將贛西南方面的負責人扣上「富農分子」的帽子，宣佈開除江漢波的黨籍，李文林被調離出主力部隊，轉任地方工作。2月16日，由毛任書記的紅四軍總前委發出《前委通告第一號》，正式宣佈開展「肅清地主富農」的鬥爭，通告指出[5]：

> 贛西南黨內有一嚴重的危機，即地主富農充塞黨的各級地方指導機關，黨的政策完全是機會主義的政策，若不徹底肅清，不但不能執行黨的偉大的政治任務，而且革命根本要遭失敗。聯席會議號召黨內革命同志起來，打倒機會主義的政

4　〈前委開除江漢波黨籍決議〉(1930 年 4 月 4 日)，載《中央革命根據地史料選編》，上冊，頁 576–577。

5　〈前委通告第一號〉(1930 年 2 月 16 日)，載《中央革命根據地史料選編》，中冊，頁 173。

治領導，開除地主富農出黨，使黨迅速的布林塞維克化。

「打倒機會主義領導」在此前還是一個黨內鬥爭的概念，這個1927年「八‧七會議」前後始出現的概念，也只是宣佈改變陳獨秀的路線並中止其在中央的領導職務。在這之後，中共雖已愈益強調思想統一，但黨內還保留了若干大革命時期民主傳統的痕跡。依那時的黨道德和黨倫理，不同意見仍可在黨內爭論，中共中央或莫斯科共產國際總部則擁有最終裁判權，未聞有將持不同意見的黨內同志予以肉體消滅的事例，但是到了1930年，毛卻將「打倒機會主義領導」與肉體消滅結合起來。

將一個黨內鬥爭的概念轉變成一個對敵鬥爭的概念，這中間需要過渡和轉換，毛澤東輕而易舉就找到了這個中介環節。他宣佈，黨內機會主義領導本身就是地富反革命分子，從而將對敵鬥爭的口號——打倒國民黨、消滅地富反革命，與黨內鬥爭的概念「打倒機會主義領導」順利地銜接起來，一舉獲得了鎮壓的正當性，所謂鎮壓有據，消滅有理。1930年春，在蘇區內已流傳國民黨「AB團」進行滲透破壞，其組織已被陸續破獲的消息，根據地的對敵警惕氣氛空前高漲，在這樣的形勢下，毛完全可以用「鎮壓反革命」來要求紅軍和根據地的黨組織、蘇維埃政權全力支持和服從鎮壓「AB團」的政策。

1930年「二‧七」會議後，革命恐怖的氣氛在江西蘇區已逐漸形成。贛西南特委在書記劉士奇的領導下，遵照紅四軍前委《第一號通告》的精神，率先發動「肅AB團」的宣傳攻勢。6月25日，中共贛西南特委西路行委印發了《反改組派AB團宣傳大綱》，命令各級組織：

如發現群眾中有動搖表現不好的分子，應捉拿交蘇(維埃)政府究辦，凡出來生疏的經過赤色區域必須嚴格檢查，如有嫌疑應即拘捕交蘇維埃政府，赤色區域內的民眾流通應持所屬蘇維埃通行條子。

工農群眾只有階級之分，不要顧至親戚朋友關係，凡是來到自己家裏或發現其他地方有行動不對的人不論親戚朋友，應報告蘇維埃拿辦。

《大綱》同時號召「實行赤色清鄉」和「赤色恐怖」以「肅清紅旗下的奸細」：「現在各級蘇維埃應加緊肅清反革命的工作，捕殺豪紳地主反動富農分子以示警戒，但是殺人要有反動事實可證，嚴禁誤殺。」[6] 這份《大綱》雖然提到殺人要有證據，嚴禁誤殺，但是恐怖大門一經打開，事態很快就失去控制。

1930年7、8月間，「肅AB團」迅速從基層清洗轉移到上級機關。8月，李文林出任根據李立三攻打大城市命令而新成立的江西省行動委員會書記。在「打AB團」的積極性方面，李文林並不輸於前任特委書記劉士奇，甚至有過之而無不及。贛西南特委在1930年9月24日印發的《緊急通告第20號——動員黨員群眾徹底肅清AB團》文件中宣佈：「紅旗社列寧青年社，贛西南政府，都有AB團的小組……所有混入在黨團特委的贛西南政府的AB團分子全部破獲。並將各縣區的組織通通供報出來了。」

這份《緊急通告》還詳細規定了「肅AB團」的審訊方法和處決人犯的基本原則：「AB團非常陰險狡猾、奸詐強硬，

6　《中央革命根據地史料選編》，下冊，頁 634–635。

非用最殘酷拷打，決不肯招供出來，必須要用軟硬兼施的辦法，去繼續不斷的嚴形(刑)審問，忖度其說話的來源，找出線索，跟踪追問，主要的要使供出AB團組織，以期根本消滅。」

一經發現「AB團」分子，下一步就是槍斃。《緊急通告》要求[7]：

> 對於首領當然採取非常手段處決，但須注意，在群眾大會中由群眾斬殺。……富農小資產階級以上和流氓地痞的AB團殺無赦。……工農分子加入AB團有歷史地位，而能力較活動的殺無赦。

贛西南特委屬行「肅AB團」，到了10月，在贛西南三萬多共產黨員中已「開除的地主富農有一千多人」(「二·七」會議要求把「黨內代表富農分子不論其階級如何及過去工作如何，無情的堅決的開除出黨」)，消滅了一千多「AB團」[8]。贛西南蘇維埃政府工作人員的四分之一被打成「AB團」，也大多被殺[9]。

在贛西南特委大張旗鼓「肅AB團」時，毛因忙於主持軍中事務，並沒有直接插手地方的「打AB團」，進入10月後，毛的態度發生轉變。1930年10月14日，毛澤東在江西吉安縣城給中共中央寫了一封信，通報他對贛西南黨的狀況的看法及準備採取的措施。毛在這封信中繼續發展了他在「二·七」會議期間對贛西南黨團機構的基本觀點，指出：近來

7　《中央革命根據地史料選編》，下冊，頁646；648–649。

8　《中央革命根據地史料選編》，上冊，頁626、631。

9　《中央革命根據地史料選編》，下冊，頁110。

贛西南黨「呈一非常嚴重的危機，全黨完全是富農路線領導⋯⋯黨團兩特委機關、贛西南蘇維埃政府、紅軍學校發現大批AB團分子，各級指導機關，無論內外多數為AB團富農所充塞領導機關」。毛申明，為「挽救這一危機」，決定進行一場以「打AB團」為號召的肅反運動，以對贛西南的黨團機構「來一番根本改造」[10]。

毛澤東真的相信有如此多的「AB團」嗎？答案是似信非信。1927年後，為生存而奮鬥的中共，長期處在被封鎖和剿殺的極端殘酷的環境下，作為一種自衛反應，毛習慣對國民黨的反共行為給予嚴重的估計，在諸如國民黨向共產黨區域派遣破壞特務，國民黨利用「自首政策」脅迫中共人員充當特務等問題上，毛看得尤其嚴重。

在激烈的國共鬥爭中，毛已形成一種思維定式：即對於國民黨在共產黨區域的活動，寧可信其有，不可信其無。若從「警惕性」方面而言，中共高級領導人當中未有超過毛澤東者。在另一方面，連李文林等人也大打「AB團」，毛就更沒有理由不相信有大批「AB團」。

然而毛澤東又絕對是一個現實主義者，他十分清楚，蘇區不可能有如此多的「AB團」，既然恐怖閘門已開，正可順勢引導，將所有公開和潛在的反側一併鎮壓下去，毛作出了一個驚人之舉：在鎮壓李文林等贛西南領導人之前，率先在自己指揮的紅一方面軍(紅一、三軍團)進行大清洗，開展「打AB團」運動。

---

10 中共中央文獻研究室編：《毛澤東年譜(1893–1949)》，上卷(北京：中央文獻出版社、人民出版社，1993)，頁 319。另參見戴向青、羅惠蘭：《AB團與富田事變始末》(鄭州：河南人民出版社，1994)，頁 93。

1930年10月，毛率紅一方面軍攻佔吉安，旋又退出，毛並動員彭德懷在打下長沙後退出。毛的這些舉措引起部分紅軍指戰員不滿，軍中一時思想混亂。為了消除軍中的不穩定情緒，毛在率軍退出吉安後，於11月下旬至12月中旬在一方面軍迅速發動「快速整軍」——其主要內容就是在師、團、營、連、排成立肅反組織，捕殺軍中地富出身的黨員和牢騷不滿分子。在不到一個月的時間內，在四萬多紅軍中肅出4400餘名「AB團」分子[11]，其中有「幾十個總團長」(指「AB團」總團長)，這些人都遭處決。

　　紅一方面軍內部的「打AB團」極為慘烈，地富或知識分子出身的黨員、過去曾與毛意見相左的同志，人人自危，朝不保夕。黃克誠當時任紅三軍團第三師政委，該師組織科長、政務科長都被當作「AB團」被肅掉。宣傳科長何篤才在大革命時期加入共產黨，參加過南昌暴動，後隨朱德上井岡山。只因何篤才在古田會議前的朱、毛爭論中站在朱德一邊，從此便不被毛重用，不久即被調出紅一軍團，在黃克誠手下當個宣傳科長。何篤才與黃克誠交誼，「兩人在一起無所不談」。

　　何篤才認為，毛澤東這個人了不起，論本事，還沒有一個人能超過毛澤東，他的政治主張毫無疑問是最正確的。但毛的組織路線不對頭，「毛澤東過於信用順從自己的人，對持不同意見的人不能一視同仁，不及朱老總寬厚坦誠」。何篤才並舉例說，一些品質很壞的人就是因為會順從，受到毛的重用，被賦予很大的權力，幹壞了事情也不被追究[12]。果

11　同注2，毛澤東：〈總前委答辯的一封信〉

12　《黃克誠自述》(北京：人民出版社，1994)，頁100–101。

其不然，這位聰穎過人、毫無過錯的何篤才不久就被扣之以
「AB團」的惡名遭到殺害。

　　毛澤東既然對自己直接率領的紅一方面軍也大開殺戒，
那麼對一貫與自己唱反調的贛西南地方紅軍就更不會有絲毫
顧惜了。如前所述，李文林在「肅AB團」問題上態度十分堅
決，但是到了1930年10月，隨着「肅AB團」中暴露出的亂
打亂殺現象的日益嚴重，李文林的態度開始轉趨冷靜，10月
底，省行委發出通告，批評「肅AB團」鬥爭中存在的簡單化
錯誤，強調對工農群眾擴大自首範圍，對捉拿老同志更要小
心謹慎，如案情重大，則必須將人犯押往省行委肅反委員會
審理，解除了縣以下基層組織的處決權[13]。令人奇怪的是，當
李文林的肅反狂熱降溫時，毛澤東卻開始升溫了。

　　1930年11月，毛澤東的「根本改造」的利刃終於刺向中共
江西省行動委員會及其所轄的贛西南地方紅軍。此次行動更
因李文林等堅持執行李立三中央的路線，反對棄攻南昌的主
張而更加慘烈。

　　1930年5月，贛西南代表李文林赴上海參加由李立三主
持的全國蘇維埃區域代表會議，此次會議要求集中攻打大城
市，爭取一省、數省的首先勝利。李文林返回後，於8月上旬
主持召開了贛西南特委第二次全體委員會議，部署貫徹李立
三的精神。「二全會」不指名地指責了毛的一系列的觀點和
做法，撤銷了擁護毛的主張、被毛派至贛西南特委任書記的
劉士奇的職務，並建議上海中央開除其黨籍。這一切惹起毛

13　贛西行委：〈通告西字第 7 號〉(1930 年 10 月 21 日)，轉引自陳永發：〈中
　　共早期肅反的檢討——AB團案〉，《中央研究院近代史研究所集刊》，第
　　17 期，上冊(1988 年 6 月)，頁 203。

的極大憤怒，毛早已習慣以中央在江西蘇區最高代表行事，豈能容忍有人在自己眼皮下以擁護中央為名反對自己？[14] 此時毛尚不知「立三路線」這個詞語，於是認定「二全會」是「AB團取消派」的會議。

1930年10月，紅一方面軍攻下吉安，在國民黨地方當局的文件中發現了一張據稱是李文林的地主父親用真名簽字的便條[15]，雖然這張字條究竟內容如何已不得而知，然而將李文林與「AB團」聯繫在一起已經有了所謂證據。10月中旬和月底，李文林又在峽江會議和羅坊會議上公開反對毛提出的「誘敵深入」的軍事作戰方針，主張執行李立三有關攻打大城市的指示，與毛的衝突全面激化，由此毛認定李文林就是「AB團」首領。1930年底11月底，李文林在寧都縣黃陂被拘押[16]，緊接着一批與李文林有工作聯繫的人相繼被捕。毛澤東根據犯人被刑訊後的口供，於1930年12月3日寫信給改組後的江西省行委，認定段良弼(省行委常委，贛西南團特委書記)、李白芳(省行委秘書長)等為「AB團」分子，命令「捕捉李白芳等並嚴搜贛西南的反革命線索，給以全部撲滅」。毛在這封信中要求省行委接到此信後「務必會同李同志(即李韶九)立即執行撲滅反革命的任務，不可有絲毫的猶豫」，對「各縣

14　毛澤東：〈總前委答辯的一封信〉中強調「二全會議主要反對二七會議，開除劉士奇，就是反對二七會議，反對毛澤東。」

15　參見注3，龔楚書，頁353；但據1987年中共吉水縣黨史辦的調查報告稱，李文林的父親只是富裕中農，且早在1927年5月就病故。參閱〈關於李文林被錯殺情況的調查〉，載中共江西省黨史資料徵集委員會、中共江西省委黨史研究室：《江西黨史資料》，第1輯，頁326。

16　李文林在1930年11月底被總前委秘密逮捕，項英就任蘇區中央局書記獲釋放，於1931年2月被派往萬太河東肅反委員會工作。任弼時率領的中央代表團抵達後，推翻項英的決定，李文林於1931年7月再次被捕。1932年5月30日，李文林被冠於「AB團首犯」遭處決，至1987年尚未平反。

各區須大捉富農流氓動搖分子，並大批把他們殺戮。凡那些不捉不殺的區域，那個區域的黨與政府必是AB團，就可以把那地方的負責人捉了訊辦」[17]。

李韶九攜着毛澤東指示信於12月3日前往富田，5日毛又派兩位紅軍戰士將第二封指示信送給已出發的李韶九和省行委。毛在信中指示彼等要從已被捉人的線索中「找得更重要的人」，為了督促貫徹兩封信的指示，毛又派出總前委秘書長古柏趕往富田「協助肅反」。

12月7日下午，時任紅一方面軍總政治部秘書長兼肅反委員會主席的李韶九代表總前委，到達江西省蘇維埃政府所在地富田，向江西省蘇維埃政府負責人面交了毛澤東的指示信，隨即將省行委和紅二十軍八個主要領導人段良弼、李白芳、金萬邦、周冕、謝漢昌、馬銘等人予以逮捕。李韶九對這批同志施用了「打地雷公燒香火」等多種刑法，被打同志「皆體無完膚」、「手指折斷，滿身燒爛行動不得」。據當時資料記載，被害同志「哭聲震天，不絕於耳，殘酷嚴刑無所不用其極」。12月8日，李白芳、馬銘、周冕的妻子來看被拘押中的丈夫，也被當作「AB團」抓起來，被施以嚴刑，「用地雷公打手，香火燒身，燒陰戶，用小刀割乳」[18]。在慘酷的刑訊下，段良弼供出李文林、金萬邦、劉敵、周冕、馬銘等「是AB團首領，並供出紅軍學校有大批AB團」。對於這次刑訊逼供，蕭克將軍在1982年曾回憶道，「即便過了半個世紀，也不能不令人慘然一歎。我們這些『過來人』也覺不堪回首」[19]。

17　轉引自注 10，戴向青、羅惠蘭書，頁 98。

18　〈省行委緊急通告第 9 號〉(1930 年 12 月 15 日)，轉引自上書，頁 105。

19　見注 2，〈蕭克談中國蘇區初期的肅反運動〉。

12月7日至12日晚，在短短的五天時間裏，李韶九等坐鎮富田，厲行肅反，抓出「AB團」120多名，要犯幾十名，先後處決40餘人[20]，其中李韶九在未動身前往東固前親自佈置將25人處決。李韶九等的殘酷行動終於引發1930年12月12日震驚蘇區的「富田事變」。

富田事變的爆發，造成江西蘇區內部的嚴重危機，對毛澤東的聲譽損害極大，毛親自出馬，毫無愧怍，於1930年12月20日草寫〈總前委答辯的一封信〉為自己的行為辯解。在這封答辯信中，毛堅持「肅AB團」均是有根有據的。他說：紅軍中「AB團」要犯的口供「多方證明省行委內安了江西AB團省總團部，段良弼、李白芳、謝漢昌為其首要」。毛認定段良弼等為「AB團」首犯乃是證據確鑿，他說：「如果段、李、金、謝等，是忠實革命同志，縱令其一時受屈，總有洗冤的一天，為什麼要亂供，陷害其他的同志呢？別人還可以亂供，段、李、謝這樣負省行委及軍政治部主任重責的，為什麼可以呢？」[21]毛明知將段等定為「AB團」全靠刑訊逼供，卻對刑訊逼供無隻字批評，反而指責段等不能為革命一時受屈，而不能為革命受屈，就一定是心中有鬼。照毛的邏輯，只要段良弼等承認是「AB團」頭子，即可證明彼等是貨真價實的「AB團」——毛的這種邏輯和思維方式，成為日後極左的審幹肅反的常規思路，是逼供信屢禁不絕的最重要思想根源。在這樣的思路下，毛堅持「肅AB團」不僅無錯，反而是對革命的巨大貢獻。他說：「AB團已在紅軍中設置了AB

20　曾山：〈為「富田事變」宣言〉(1931年1月14日)，轉引自注10，戴向青、羅惠蘭書，頁105–106。

21　同注2，毛澤東：〈總前委答辯的一封信〉

團的總指揮、總司令、軍師團長、五次定期暴動，制好了暴動旗，設不嚴厲撲滅，恐紅軍早已不存在了。」毛聲稱富田事變將「叛逆的原形完全現出來了」，號召對事變進行堅決鎮壓。[22]

毛澤東理直氣壯乃是他認定自己就是紅軍和黨的象徵，毛就是根據地的中央，就是共產國際在中國的代表[23]，反毛即是「AB團」，所殺的皆是反革命，何愧之有！在毛的眼裏，只要目標崇高──撲滅「AB團」就是保衛革命，即使手段嚴厲一些，也無關緊要。在大恐怖中，總前委和毛的個人權威完全確立，毛就在大恐怖中成了江西蘇區的列寧！

革命恐怖與純化新社會

毛澤東放縱「打AB團」是否還有其他目的？換言之，毛是否另有企圖，即通過大恐怖來重建根據地的新社會？

從各方面資料分析，在20年代以後，毛澤東已成為馬克思主義階級鬥爭理論的忠實信奉者，毛領導開闢江西革命根據地本身就含有創建無產階級新社會的明顯目的，而創建這樣一個新社會的首要前提就是要將舊世界打個落花流水。依照這種思想邏輯，舊世界的代表和象徵──地主豪紳及其依附於他們的知識分子，就必然成為革命的對象，於是為工農打天下就和消滅地主豪紳反革命成為一體兩面的事情。

在毛澤東的領導下，1930年的贛南根據地有很大的發展，即將與閩西根據地連成一片，經過幾年的經營，新社會

22　同注 2，毛澤東：〈總前委答辯的一封信〉

23　1931 年，毛澤東與從蘇聯返國的無線電技術幹部涂作潮即如此說，參見涂作潮：〈我跟毛主席發的一次火〉，《百年潮》，1999 年第 5 期，頁 25–27。

的形貌已大致形成，其主要特徵是，根據地內絕大多數地主都已逃亡或被清洗，但是為數尚多的富農及地富出身的共產黨員仍在根據地內生活和工作。1930年後，新社會改造的主要目標集中在政治和社會生活中全力打擊殘餘的地富分子及其子弟，包括清洗黨內出身於地富家庭的知識分子黨員。

在「肅AB團」中，地富出身的黨員首當其衝，成為被消滅的對象，即表明這種鬥爭所具有的「純化」的性質。

在中共黨內，毛澤東長期以反教條、反極左而聞名，並由此獲得全黨的擁戴。

但是在30年代初，毛卻並非如此，在某些方面，毛的極左與共產國際不相上下，這尤其體現在對待富農的方針上。

1929年，共產國際開始推行「反富農」的新方針，隨即迅速傳至中國，毛澤東在蘇區積極貫徹並發展了共產國際這項「反富農」的方針。1930年6月，毛主持制訂了《富農問題決議案》，雖然強調了「抽多補少，抽肥減瘦」的分田原則，但是在對待富農的問題上，毛的態度與共產國際的有關方針並無任何差別，甚至更為激烈。毛猛烈抨擊富農，宣稱「富農的剝削比較地主更加殘酷」，「這個階級自始至終是反革命的」。毛甚至還將打擊的矛頭指向那些未出租土地、也不僱工的富裕中農，指稱他們是「第三種富農」，號召「堅決贊助群眾沒收他們的土地，廢除他們的債務」。更有甚者，毛居然發明了「富農共產黨員」的概念，把贊成中共六大「沒收豪紳地主土地」的同志，一律視為「黨內的富農成份」，要求將他們從黨內「洗刷出來」，「無條件地開除富農及一切富農路線的人出黨」[24]。

---

24 〈富農問題——1930年6月前委、閩西特委聯席會議決議〉，載《中央革

這樣看來，毛澤東決意發起「肅AB團」確實包含多重目的，鎮壓贛西南紅軍和黨組織不僅在於翦滅組織上的離心勢力，同時也是為了先行掃清黨內的障礙，以推行毛的改造社會的理想。在毛的世界裏，鎮壓是和「純化」互為聯繫的，其最後目標是建立一個由毛主宰的新天地。

毛澤東的這套思想邏輯究竟從何而來？就「純化」的層面而言，毛應受到馬克思主義階級鬥爭、暴力革命理論的影響，尤其受到俄國十月革命經驗的影響。1928年1月24日，毛親自為遂川縣工農兵政府成立大會書寫了這樣一幅對聯：「想當年，你剝削工農，好就好，利中生利；到今日，我宰殺土劣，怕不怕，刀上加刀。」[25] 若就清洗黨內反對力量的「鎮壓」層次而言，則無法找到毛受蘇聯經驗影響的直接證據，因為蘇共鎮壓黨內反對派的經驗此時正在形成之中。20年代末至30年代初，斯大林對托洛茨基的鬥爭還未發展到肉體消滅階段，斯大林發動大清洗還在以後幾年。

可以得出的判斷是，毛在黨內大搞清洗，基本上源於他在打江山中獲得的經驗與體會，在這方面，毛似乎更多的受到歷代農民造反經驗和《水滸》一類的影響，或者根本就是毛自我體悟的產物。這樣，毛就在國際共運中首次創造出了將對敵鬥爭方式用之於黨內的模式，從這個意義上來說，「肅AB團」具有原創性。

遵義會議後，毛澤東重新回到紅軍和黨的核心層，在新形勢下，黨內、軍內的矛盾仍然十分突出，然而毛改變了策

命根據地史料選編》，下冊，頁 398–99，400、402、404、410、413。

25　轉引自余伯流、夏道漢：《井岡山革命根據地研究》(南昌：江西人民出版社，1987)，頁 124。

略，他已不再運用「肅AB團」那樣極端的方式來解決黨內和根據地內部的矛盾。難道毛澤東已認識並改正了自己過去的錯誤嗎？實際情況可能並非如此簡單。確實，毛在1945年中共七大的講話中曾提到一句：「肅反，走了極痛苦的道路。反革命應當反對，黨沒成熟時，在這個問題上走了彎路，犯了錯誤」[26]，但毛從未就自己與「肅AB團」的關係問題作過詳細的解釋和「自我批評」，「肅AB團」不僅一直被肯定，富田事變也被作為「反革命暴動」的鐵案，長期不得平反。儘管如此，在毛掌權後，確實已不在黨內再搞「打AB團」一類的肉體消滅。

真正的原因乃是毛澤東已實際控制了中共中央，他已有了號令全黨的合法性，已不再需用極端手段來維護自己的領袖權威。1935年後，毛佔據了中共中央領導層的核心地位；1938年，毛又得到共產國際對他中共領袖地位的承認。隨着毛在黨內地位的加強，他的主張和意見也成為中共意識形態義理系統的重要組成部分，毛從而也獲得了黨的意識形態的法理性。現在，針對黨內的革命恐怖更多是以威懾的形式出現，而較少訴諸赤裸裸的暴力。在一般情況下，革命恐怖只是作為配合毛的政治教育的一種輔助手段。在以後的歲月裏，作為革命策略大師的毛澤東已能收放自如地掌握革命恐怖的機器，就像中藥師配製藥方一樣，知道如何根據現實需要來調配這兩方面的比重，在毛的操縱下，革命恐怖機器已具備了某種「智慧性」。1944年，毛果斷地宣佈中止延安和各根據地的搶救運動——那場運動曾經使根據地的許多老黨

26　參見中共中央黨史研究室一室：《〈中國共產黨歷史(上卷)〉若干問題說明》(北京：中共黨史出版社，1991)，頁121。

員誤以為又要再來一次「肅AB團」式的大清洗，但是他們錯了，毛無意也不願再重演當年的鬥爭，當毛的目標已基本實現後，針對黨內的革命恐怖機器立刻停止運轉。在劉少奇的支持和協助下，毛又掌握了一種新方法：通過在審幹——搶救運動中建立的制度機制，動用黨機構來洗刷共產黨內部，從而使黨永遠處在一個不斷被「純化」的持續狀態中。

如此看來，30年代初的「肅AB團」已成絕響。從延安時期開始，毛不斷重申「一個不殺，大部不捉」，可是毛終究難忘那如火如荼的「肅AB團」的緊張歲月，對當年的「肅AB團」，毛還是作出了他自己的「批判與繼承」——在黨內中止肉體消滅，同時保留、發揚群眾性肅反的革命傳統，從此鎮壓與「純化」又有了新的形式，並與黨機構的審幹肅反措施緊密地結合在一起，於是，搶救運動之後，又有「反右」、「文革」。

紅軍長征的歷史敍述是怎樣形成的？[1]

　　長征作為英雄史詩，在中國早已是家喻戶曉，人人皆知，但是有關紅軍長征的歷史敍述是怎樣形成的，卻少為人知。

　　什麼叫「歷史的敍述」？就是隨着人們對某一事件的認識的不斷提高，在不同的歷史時期，以新的觀察視角，對某一歷史事件反復進行追憶、回味、體會、發現，挖掘新的史實，再以不同的表達方式為載體，對之進行新的描繪和解釋，使有關史實的敍述不斷得到豐富和發展。

　　長征的敍述在中國共產主義革命的解釋體系中佔據了特別重要的地位，其作用之巨大和影響之廣泛，尤如「英雄創世紀」，如果沒有「長征」這一段，不僅是難以想像的，而且有關中國共產革命的敍述就褪色許多。「長征」成為一個骨架和橋樑，把1949年前中國革命的兩個歷史階段：瑞金時期和延安時期連結了起來，它對中國共產黨及其軍隊的意義，是不言而喻的。

一、號召回憶長征的最初目的

　　早在三十年代，長征就已中外聞名，蘇聯和共產國際知道它、宣傳它，英美世界也因斯諾的《紅星照耀中國》(中譯本名《西行漫記》)一書的廣為流行，對之也很熟悉。1950年

1　　原載《炎黃春秋》，2006 年第 10 期。

1月，出訪莫斯科的毛澤東特別指示，對外發佈任命張聞天擔任中國駐聯合國代表的新華社稿件，需標出張聞天參加過二萬五千里長征。

「長征」聞名天下，和它的成功有極大關係。當時，還有一個由巴西共產黨領袖普列士得斯參與領導的巴西農民的長征，也很有名，但他沒有成功，巴西共產黨沒有開創出新局面，以後更沒有奪得全國政權，人們就忘記了它。紅軍到達陝北後，困難重重，外有國民黨軍隊的圍剿，內部財力物力又極為短缺，陝北地瘠民貧，很難養活幾萬人軍隊和幹部，到了1936年的前幾個月，情況更加艱難，所幸共產國際來了建立廣泛抗日民族統一戰線的新方針，毛澤東、張聞天、周恩來等迅速調整政策，經過紅軍東征、西征和建立與張學良、楊虎誠的統一戰線，才緩解了陝北蘇區的危機，打開了新局面，一年後中共取得合法地位，第二次國共合作建立，中共的力量得到大發展，「長征」就此天下聞名。

現在我們知道，中央紅軍是因第五次反圍剿軍事失敗而被迫轉移的，最初的目標是和紅二、六軍團會合，以後毛在批判王明路線時稱之為：從冒險主義、保守主義，到逃跑主義，也就是說最初沒有「長征」的計劃，也沒有「長征」這個詞語。而國民黨從30年代一直到80年代，一直將中共的長征誣稱為「西竄」。

一直到1935年夏，紅一方面軍和紅四方面軍會師，才出現「西征」這個詞，這還是紅四方面軍先用的。與此同時，陳雲到達莫斯科，寫了介紹紅軍長征的文章，也用了「西征」這個詞，通過中共駐共產國際代表團在巴黎創辦的刊物，傳到了中國。

紅軍到達陝北後，1935年12月，毛澤東在報告中首先用「長征」一詞，他說：「長征是宣傳隊，是宣言書，是播種機，是以我們的勝利和敵人的失敗而結束」，從此，「長征」一詞進入史冊，也應了毛的一句名言：總是先有事實，後有概念。

　　1936年下半年，毛就開始號召寫紅軍長征的回憶，直接起因是很現實的，就是爭取外國人對紅軍的物質援助。本來，在長征結束後，黨的領導人就有計劃向參加長征的同志徵集有關個人日記等，但因1936年上半年東征等軍事緊張，此議就被耽擱下來。到了下半年，全國的形勢有新的發展，兩廣發起反蔣運動，周恩來等對張學良的統戰已見成效，陝北的局面出現轉機，1936年7月初，燕京大學美國講師、記者斯諾在上海中共地下組織和宋慶齡的聯絡和安排下前來陝北採訪，這是一個向外宣傳紅軍和爭取外部援助的極好機會，這樣，徵集長征史料的工作就被提上了議事日程。

　　8月5日，毛澤東和軍委總政治部主任楊尚昆聯署，向參加長征的同志發起徵稿：「現因進行國際宣傳，及在國內和國外進行大規模的募捐運動，需要出版《長征記》，所以特發起集體創作。各人就自己所經歷的戰鬥、行軍、地方及部隊工作，擇其精彩有趣的寫上若干片段。」「文字只求情通達意，不求鑽研深奧。寫上一段即是為紅軍作了募捐宣傳，為紅軍擴大了國際影響。」

　　經三個月的努力，到十月底共收到稿件200餘篇，約50萬字。恰著名左翼作家丁玲此時已到達陝北，她和另一個著名的左翼文化人，參加過長征的成仿吾，一起參加了文稿的編輯工作，而全部工作則由軍委總政治部宣傳部部長徐夢秋

負責，最後由徐夢秋統稿，並撰寫《關於編輯的經過》，至1937年2月22日完成，由朱德題寫書名，共收有回憶文章100篇、歌曲10首以及附錄等，是為《紅軍長征記》(又名《兩萬五千里》)。

斯諾著《紅星照耀着中國》的許多素材皆取之於這些稿件。1937年7月，安排並陪同斯諾進入陝北蘇區的董健吾，以化名在國內著名的時政文化雜誌《逸經》上發表的《兩萬五千里西行記》，成為在國統區發表的第一篇介紹紅軍長征的文章，其內容也是取之於這份書稿。

二、徐夢秋這個人

說起《紅軍長征記》這部最早的有關紅軍長征的歷史記錄文本，就不能不說到它的總編輯徐夢秋，他就是索爾茲伯里在《長征———前所未聞的故事》一書中多次提到的那個「紅色歷史學家」，可是他卻是一個悲劇性的人物。

徐夢秋是安徽人，於1923年在上海加入中國共產黨。1927年後被派往蘇聯學習，1930年回國進入江西蘇區，曾擔任紅一方面軍政治部主任和紅軍總政治部宣傳部長。徐夢秋在長征過雪山時凍壞雙腿，到延安後鋸掉，這在參加長征的領導同志中，特別是文職領導同志中是唯一的。眾所周知，年近六旬的徐特立和五十多歲的董必武、林伯渠、謝覺哉等「四老」，也沒有一個不是安全到達陝北(「五老」中的另一老吳玉章當時在中共駐共產國際代表團工作，沒有參加長征)。所以毛澤東和周恩來等領導同志對徐夢秋特別疼惜，很快就安排送其去蘇聯治腿。

徐夢秋的妻子李玉南，是四方面軍的紅軍幹部，1937年，組織上安排李玉南和徐夢秋結婚，之前，兩人互不認識。李玉南初不願意，後組織上對其進行勸說，要李玉南「為革命做更大貢獻」，才和徐夢秋結了婚，並隨丈夫一同去了新疆。到達迪化(今烏魯木齊)後，徐夢秋聽聞蘇聯正在進行大肅反，不少中國同志也被害，曾一度打消去蘇聯醫腿的念頭，留在了新疆，化名「孟一鳴」，擔任新疆教育廳副廳長、代廳長及新疆學院院長，和陳潭秋、毛澤民等一同工作。

1941年4月，李玉南陪同徐夢秋去蘇聯安裝假肢。後蘇聯方面因其傷重，又將其送往德國準備安裝假肢，行至邊境時蘇德戰爭爆發，1941年冬天，徐夢秋全家輾轉經哈薩克回國後滯留在迪化。1942年，盛世才反共，徐夢秋被捕，毛指示要重點營救徐，但徐已投降盛世才。

建國初，徐夢秋在重慶向政府自首，即被長期關押，政府給了李玉南一筆錢，讓她帶着三個孩子回到四川通江老家。李玉南同徐夢秋離婚，她告訴孩子們「父親是個壞人，要跟他劃清界限」。李玉南從此一直單身，其子徐維陶雖然成績優秀，但因其父的歷史問題「不能升入高中」，「文革」中，全家幾次躲進山裏，也不知道徐夢秋是何時去世的。李玉南說過一句話：「長征是自由的，從此就不自由了。」

三、最真實的長征記憶

《紅軍長征記》整理完畢後，一直未能正式發行，直到1942年11月20日才作為「黨內參考資料」，由總政治部付

印，並要求「接到本書的同志妥為保存，不得轉借他人，不准再行翻印。」

這本長征的回憶文本的文獻價值最高，因為它最真實、最質樸，是訖今為止，所有有關長征回憶的最初形態，它的主題是革命的英雄主義，沒有反映黨內鬥爭和「路線鬥爭」。

通常回憶錄都有一個缺陷，這就是寫作時因年代久遠，事主對當年發生的事件等已記憶模糊，但是這本書的寫作時間就在長征剛結束不久的1936年，作者都是長征的親歷者，又大多是年輕人，對剛過去的事記憶猶新。主編徐夢秋也是長征的親歷者，完整經歷紅一方面軍長征的全過程，協助他編輯的成仿吾也是長征親歷者，他們的編輯工作基本上是在文字技術性方面，就是刪除重複，文字精煉等。更為重要的是，這本回憶錄的作者在寫作時，思想上沒有受到條條框框的限制，不似後來的各種敘述已受到各種有形無形的寫作要求的影響。

這樣的敘述和編輯方針，即使在今天看，也是正確的。

1. 革命英雄主義和革命理想主義確實是長征的靈魂；

2. 「路線鬥爭」和黨內鬥爭也是事實，但是這本書的作者在長征中或他們寫作的1936年，他們中的大多數是黨和軍隊的中高級幹部，離核心層較遠，而這方面的內容又被控制在很小的範圍內，大多數紅軍幹部並不瞭解詳情；

3. 最重要的領導同志沒有參加寫作：毛澤東、張聞天、周恩來、朱德、博古、王稼祥、凱豐、鄧發、劉少奇、林彪、彭德懷、劉伯承、葉劍英、羅邁(李維漢)、聶榮臻、羅榮桓、楊尚昆、鄧小平、鄧穎超等；他們才是黨內鬥爭和路線鬥爭的參加者和目擊者，但他們知道「內外有別」，不會把

這方面內容向外界(國統區和外國)去展示,即如毛在1936年和斯諾談話時,也沒有去展現他和博古、張國燾等的分歧,而是盡量表達黨和軍隊的團結一致。

紅軍長征除了中央紅軍,還有二、四方面軍的長征,以及紅二十五軍的長征,為什麼在很長的時期裏,世人知道的多是中央紅軍的長征,而對其他紅軍長征的歷史卻很少瞭解呢?

其實道理並不複雜,中央、中央軍委是和中央紅軍一起行動的,在戰時狀態下,是幾塊牌子、一個「單位」,中央紅軍的領袖就是黨的領袖,上有共產國際的承認,又有最多的政治局委員,是中國革命的司令部,所謂「正宗」和「名正言順」,加之紅一方面軍中的知識分子較多,留俄生也多,寫史或寫傳,就很自然以紅一方面軍為中心了。

其次,中國工農紅軍的最重要力量之一的紅四方面軍,在長征中歷經艱難險阻,在徐向前等的指揮下,取得過許多重大戰績,但其將士多為不識字或識字少的貧苦農民出身,由於張國燾長期在鄂豫皖和川陝蘇區厲行極左的歧視知識分子的政策,識字者常是極左肅反的對象,故而四方面軍中的知識分子很少,識字不多的一般紅軍幹部更難在短期內寫出有關四方面軍長征的回憶文本。

更重要的是,張國燾在長征中「另立中央」的分裂行為,1937年春在延安被全面批判,其間一度出現擴大化的傾向,波及和傷害了許多原四方面軍的幹部,加之紅西路軍的失敗,使得原紅四方面軍的同志一時也沒有心緒來寫自己的長征經歷。隨之,有關紅軍長征途中一、四方面軍「草地分家」等重大事件,又被中央作了結論,成為認識和評價這些事件的有着巨大約束性的前提和標準,這樣,為了維護黨和

軍隊的高度團結和統一，紅四方面軍的歷史全貌和更複雜、更細緻的長征歷程，也就無從敍述了，中國工農紅軍長征的敍述就以紅一方面軍為主體了，這是由當時的客觀條件造成的。

四、外界是如何知道長征的？

1934年10月，中央紅軍離開中央蘇區，向西實行戰略轉移，中外報章都有報導，遠在莫斯科的王明就是從日本新聞社的報導才獲知紅軍突圍的消息的。

這個時候國人對中共和紅軍的認識受到國民黨或國內中產階級報章的很大的影響，國民黨方面曾組織新聞界人士去江西「共區」參觀，《大公報》等一些報章也派出了自己的記者單獨前往採訪，國民黨軍隊的長年軍事圍剿，戰爭的嚴重破壞和極左經濟和社會政策造成蘇區百業凋零，人民生活艱難，《大公報》、《逸經》雜誌等對此都有報導，使得國內中產階級和知識界對中共和紅軍畏之如虎。

這樣，對國統區的民眾宣傳紅軍長征就得面對這個現實，直接歌頌之，必定受到國民黨的新聞檢查而不能通過，只能轉換角度，以旁觀者的視角，向國人介紹長征。

1936年3月，已在莫斯科的陳雲，以「廉臣」的化名在巴黎的中共刊物《全民月刊》上發表一篇《隨軍西行見聞錄》長文，假託一名被紅軍俘虜的國民黨軍醫，細緻敍述了中共和紅軍的政治綱領，以及紅軍長征至四川階段大量生動的事例，文中以「赤軍」和「南京軍」分別指代「紅軍」和「白匪軍」，此文很快在莫斯科出版了單行本，和《救國時報》一樣，再通過巴黎至上海的海路，流傳到國內，成為最早向

世界和國內介紹和宣傳長征的重要文獻。而董健吾為了適應國統區的言論環境，甚至借用了國民黨誣稱長征的「西竄」一詞，卻絲毫沒有減低他那篇文章的重要價值。

這是中共和紅軍自己對長征的敘述，這在當時，外界是不知道內情的。沒多久，國內局勢發生重大轉變，國共在抗日的旗幟下，再度合作，國人通過《西行漫記》和范長江的《中國的西北角》，知道了更多有關長征的史實。

抗戰初期，大批左翼青年到達延安，許多是被紅軍長征的英雄事蹟吸引而來的，參加過長征的人，除了「紅小鬼」，都被這些後來者尊稱為「老幹部」，不少在白區坐過國民黨監獄，正接受組織審查的同志，更對自己缺少這一段長征經歷深感遺憾，從此，參加長征的同志有了很高的榮譽感和自豪感，而在這之前，到達陝北的同志彼此都是參加過長征的，沒覺得自己有什麼特別。長征的英雄事例也開始作為訓練幹部的思想教材，使得有關長征的敘述越來越豐富。

五、被刪去的長征日記

以後的有關長征的敘述就如歷史學家顧頡剛所說是「層累的堆積」。

隨着中國革命在1949年取得全面勝利，建國後，黨和政府從政治的高度開始了對紅軍長征事例廣泛的宣傳，通過建立紅軍紀念碑、紀念館、紅軍烈士陵園、戲劇、電影(《萬水千山》)、歌曲、舞蹈、美術、年畫、宣傳畫、連環畫，以及更重要的中小學教科書，使全國人民對長征史都有了一個比較清晰的概念，並深入人心，那就是：紅軍戰士為革命、為

抗日，衝破敵人封鎖線，飛奪瀘定橋，強渡大渡河，「爬雪山，過草地」，翻越夾金山，穿過六盤山，突破臘子口，奠基直羅鎮，勝利會師在陝北，奔向抗日最前線。筆者至今還記得小學時讀過的兩篇課文：陸定一的《老山界》和吳華奪少將的《我跟父親當紅軍》。

可是徐夢秋主編的《紅軍長征記》卻長期沒有公開出版。1954年中宣部黨史資料室將此書更名為《中國工農紅軍第一方面軍長征記》，在內部發行的《黨史資料》上分三期發表，仍然作為黨內參考資料。這一次的刊印，對1942年版的錯字做了校訂，並在「文字上略作修改」，其最重要的變化是刪除了何滌宙《遵義日記》、李月波《我失聯絡》、莫休《一天》等5篇。1955年，人民出版社出版了選本《中國工農紅軍第一方面軍長征記》，僅收入了1942年版的51篇，也沒有收入何滌宙《遵義日記》等5篇。

1954年被刪去的幾篇的主要的原因，是依着50年代宣傳工作者的思維邏輯，竟發現當年參加長征的紅軍幹部的某些敘述和已成典範的敘述程序有不吻合之處！

在人們的認知、記憶和印象中，參加長征的同志每天冒着槍林彈雨，食不裹腹，被迫吃草根、啃樹皮，而遵義會議則是決定紅軍和革命前途命運的一個劃時代的轉折，可是何滌宙的《遵義日記》，卻寫了幹部團(紅軍大學)的幾個紅軍幹部在1935年初紅軍進入遵義城後的十天裏，經常去飯店點菜吃飯，而店主因生意太好，炒辣雞的質量越做越差，作者還利用閒置時間，把組織分配的打土豪獲得的一件皮袍送去裁縫店改做皮衣，被貪小利的裁縫偷工剪料，生了一肚子的氣，反而對遵義會議沒一字的描寫。

可是這能成為刪去這篇文章的理由嗎？紅軍長征艱苦卓絕是事實，特別是過草地的那一段，紅軍戰士犧牲最多，在川西北藏區，也是紅軍糧食極度短缺的最艱苦的階段，但是長征途中，紅軍大部分時間是行進在漢區，一路革命宣傳，發動群眾，一路打土豪，補充給養；過貴州，暢飲茅台酒，進雲南，大啖宣威火腿，時時有勝利的喜悅。當年的紅軍將士絕大多數是二十幾歲的年輕人，全身充滿活力，洋溢着革命的樂觀主義。有記載說：「離敵人很近，或穿過堡壘線，則夜行軍很肅靜，不准點火把，不准照電筒，不准抽煙，不准談話。無敵情顧慮，則大扯亂談，甚至可以並肩而行，有時整連整隊半夜高歌，聲徹雲霄。在總政治部行列中，潘漢年、賈拓夫、鄧小平、陸定一、李一氓、李富春等同志竟然扯出個股份制的『牛皮公司』，專事經營古今中外的笑談、美談和奇聞逸事」。

何滌宙的《遵義日記》詳細寫到他在遵義的十天，既有去學校進行革命宣傳，又寫到紅軍幹部和遵義學生打籃球比賽，跳舞聯歡，處處真實可信。遵義是貴州省第二大城，也是紅軍長征中佔領的唯一的中等城市，為了給遵義人民留下美好的印象，張聞天特別要求紅軍戰士和幹部在進城前要穿上鞋子。何滌宙的文章雖然沒一字提到遵義會議，卻是十分自然的，因為作為一般的紅軍幹部，在當時完全不知中央上層的分歧和鬥爭，要深刻理解遵義會議的重大意義，還得在這之後。這就是1936年寫回憶錄的紅軍幹部的認識，也是我們今天的認識。可是在50年代，人們對長征的認知已逐漸程式化，刪去何滌宙的《遵義日記》，似乎也順理成章。

六、長征敍述的轉變

　　1957年，是中國人民解放軍建軍三十周年紀念，大型系列革命回憶錄《星火燎原》開始出版，許多參加過長征的老將軍紛紛發表了自己的長征回憶，寫作者包括原一、四、二方面軍和紅二十五軍等各個方面的老同志，基本格調是多側面反映長征的歷程，突出紅軍將士的革命大無畏精神和戰勝一切敵人的革命英雄主義的氣概。

　　從50年代後期到70年代，對長征的敍述逐漸從宣傳紅軍的革命英雄主義和艱苦卓絕的精神，向總結長征的歷史經驗、頌揚領袖的豐功偉績和黨內兩條路線鬥爭的方向轉移。1959年，劉伯承元帥發表《回顧長征》一文，成為建國後領導同志撰寫的第一篇有關長征回憶的重量級文章。到了60年代初，特別是在1963年之後，對長征的敍述在繼續過去的主題的同時，更加突出長征途中召開的遵義會議，強調毛領導長征的豐功偉績和黨內錯誤路線對革命造成的巨大損失，代表性作品有大型音樂舞蹈史詩《東方紅》和蕭華作詞的《長征組歌》。

　　在「文革」十年，長征敍述完全被納入到「兩條路線鬥爭」的框架，並演變到登峰造極的地步，成為鼓吹個人崇拜的工具和迫害老革命家的棍子，在「文革」的高潮中，竟出現了偽造歷史的毛和林彪並列在遵義會議的油畫。

　　「文革」後「撥亂反正」，對長征的敍述發生了重大的影響。1979年12月，斯諾的《西行漫記》在建國後第一次在國內公開出版。1986年，得到中央領導同志支持，美國記者索爾茲伯里的《長征：聞所未聞的故事》一書也正式出版，

廣為發行。這兩個美國人一前一後寫的這兩本有關長征的名著，提供了紅軍長征史的豐富細節和場景感。

以1981年12月問世的《彭德懷自述》，1984–1987年出版的徐向前元帥的回憶錄《歷史的回顧》為代表，一大批老同志出版了他們的個人回憶錄，較為全面、真實地反映了長征的真貌，把過去受一定歷史條件的限制而被遮蔽的歷史真相揭示了出來，而有關張聞天等老革命家的歷史文獻的出版及相關研究，又豐富了有關長征歷史的敘述。

例如：過去說中央紅軍「倉促轉移」是不完全確切的。1934年4月28日，中央蘇區的門戶廣昌失陷後，轉移已成唯一出路。6月25日，共產國際來電同意轉移，隨即成立了博古、李德、周恩來組成的「三人團」，着手物資準備，猛烈擴紅和加緊訓練幹部。1934年9月29日，張聞天發表《一切為了保衛蘇維埃》的文章，已就戰略轉移一事，向中央蘇區的幹部吹風。10月中旬，中央紅軍從南線出發，因周恩來，朱德、潘漢年、何長工等和廣東軍閥陳濟棠談判成功，彼此商定「互相借道」，對方讓出一條四十華里的通道，即第一道封鎖線，還有意留下一批彈藥和軍衣給紅軍，對這個當時的最高機密，廣大指戰員並不知曉(在過第一道封鎖線時，粵軍有部分前沿陣地還沒有接到「放路」的命令，曾和紅軍發生過激戰)。中央紅軍突破一、二、三道封鎖線都沒有打大仗，從而保存了實力，只是到了1934年的11月28日至12月1日，紅軍強渡湘江才遭到重大傷亡，長征出發時的8萬6千人只剩下3萬餘人，還有許多新兵和挑夫逃跑，但是主力部隊全都過江了。

又如，過去因受張國燾錯誤的牽連，對四方面軍長征中

的戰績很少提及，80年代後，出版了許多有關四方面軍的史料，肯定了四方面軍和西路軍同志對革命的巨大貢獻。在1938年春被秘密處決於迪化的原四方面軍高級幹部李特、黃超，在90年代也得到了平反。

40年代後，在長征的敍述中，正面代表只有毛澤東、朱德、周恩來等，遵義會議後的黨的總負責人張聞天則完全不見蹤影；在「文革」初期，正確路線由毛和林彪為代表；「九一三事件」後，只剩下毛一人；「文革」後恢復了歷史原貌，在毛之外，又補上了周恩來、朱德、張聞天等。對錯誤路線的代表：博古、李德、張國燾等，在90年代後期也給予了非臉譜化的描繪，肯定了博古等對革命的忠誠。

七、長征成為重大的精神資產

革命理想主義、黨和軍隊的高度統一，保證了長征的勝利，1935年9月12日，毛在俄界會議上說：只要保持數百幹部，幾千戰士，這就是很大的勝利。到達哈達鋪，紅三軍團只剩兩千多人，彭德懷在對原三軍團幹部戰士講話時流下了眼淚，此時由紅一方面軍和一、三軍團整編的陝甘支隊只有14000人，而到達吳起鎮時只剩下7200人。陝甘支隊到長征後期，沒打什麼大仗，逃兵較多，因為前三個月在川西北的藏區的生存條件極為惡劣，「見不到人」，「沒有土豪打」，一路擴紅進來的新兵，實在吃不了那份苦，到達漢區後，不少人不辭而別，有的人轉回老家，還有一些人就留下給老百姓做了上門女婿，而從江西走過來的紅軍幾乎沒有當逃兵的，一路長征過來，更沒有聽說過嘩變的事的發生。

長征從此成了「合法性」主要來源之一，成為重大精神資產。長征結束後，毛發話，凡不是黨員者，一律入黨。抗戰爆發後，老紅軍成為革命的種子，是黨和軍隊的精華，在他們的帶動下，革命力量大發展。長征幹部也是最受重用的，是建國後黨政軍領導幹部的主要來源，受到黨和國家的特別愛護，參加過長征被打成右派的，只有馮雪峰等極個別文職幹部。建國後黨和政府在生活待遇方面對長征幹部也有較多的照顧，都得到群眾的充分理解。「文革」期間，許多群眾對王洪文不滿，就是因為他沒吃過苦，是坐「直升機」上去的。1969年4月，毛在中共九大上還說：張聞天、博古、王稼祥是吃過苦的，和當時在國外的王明是不一樣的。

　　參加過長征，以後脫離中共，投降國民黨的只有張國燾等少數幾個人，原四方面軍第九軍軍長、紅軍大學政委何畏，出身貧苦，因對批判張國燾不滿，脫離了革命隊伍，投奔張國燾，以後又離開張氏，通過自學成為金陵大學農經系講師，1949年解放軍渡江前夕，何畏夫婦在鎮江長江邊投水而亡。原一方面軍幹部郭潛，又名郭華倫，與陳然在抗戰期間曾擔任中共南方工委重要的領導職務，1942年被捕叛變，成為國民黨特工，1949年跟隨國民黨逃往台灣，後為台灣國民黨軍情局副局長。原紅一方面軍幹部蔡孝乾，1949–1950年任中共台灣工委書記，被國民黨逮捕後叛變，也成為台灣軍情局高級特務。蔡孝乾於1970年12月在台灣還出版了一本有關他在中央蘇區和長征經歷的回憶錄，剔除這本書中的國民黨的「套話」，對紅軍長征的敍述還是較為客觀的，許多資料也是取自於《紅軍長征記》。

　　還有一些人，他們不是共產黨和紅軍，因特殊情況，和長

征中的紅軍結下一段關係。在長征中曾被紅六軍團在貴州抓獲的瑞士傳教士薄復禮，跟隨紅軍長征隊伍中走了18個月，以後被釋放回到他的出身地英國，他在回憶錄中寫道：中國紅軍那種令人驚異的熱情，對新世界的追求和希望，對自己信仰的執着是前所未聞的。他們的熱情是真誠的，令人驚奇的。他們相信自己所從事的革命是世界革命的一部分，他們正年輕，為了他們的事業正英勇奮鬥，充滿了青春的活力和革命的激情。蕭克將軍在給其回憶錄的中文本寫的序中說：「薄復禮先生是被我們關押過的，但他不念舊惡，這種胸懷和態度令人敬佩，這種人也值得交往」。薄復禮的對長征的記載，也從另一個角度豐富了有關長征的敍述。

最後，《紅軍長征記》在今年以《親歷長征——來自紅軍長征者的原始記錄》的書名，已由中央文獻出版社出版，1954年刪去的何滌宙《遵義日記》等5篇已全部補上，從這本珍貴的歷史記錄中，人們可以看到當年一群懷抱着理想和熱情的青年人，在一場史無前例的征程中，所經歷的既有希望和歡樂，也有悲傷和痛苦的戰鬥生活，在經過七十年後，我們終於可以回到原點，從那兒去體會一個真實和感人的長征。

毛澤東與1937年的劉少奇、洛甫之爭[1]

　　1937年春，擔任中共北方局書記的劉少奇兩次上書洛甫，就1927年後中共的一系列重大政策問題系統地提出了自己不同於中共中央既定結論的看法。劉的觀點引起毛澤東的共鳴，但當時作為中共中央總負責人的洛甫並不同意劉的意見，劉、洛因而在同年6月召開的中共白區工作會議上發生了激烈的爭論。這場爭論的實質是如何看待黨的十年政治路線的問題。在劉、洛爭論中，儘管毛澤東有其明顯的傾向性，但囿於特殊歷史條件的制約，毛只是有節制地表明了自己對劉少奇觀點的支持，而未全面闡述他本人對十年政治路線的總體看法。

一

　　1937年初，毛澤東、洛甫、周恩來、博古等通過對西安事變的處理，使中共的命運出現了決定性的轉折，國共之間長達10年的內戰實際已經結束，國內和平基本實現，中共終於爭取到了休養生息，發展壯大的寶貴時機。在與國民黨的交涉取得重大進展後，毛澤東開始從指導國共談判的具體事務性工作中脫身，而把主要精力轉移到黨內，試圖利用對日全面抗戰將要而未經發生的這一短暫的和平局面，加緊對中共

1　　原載《南京大學學報》1993 年第 4 期。

重大方針、政策的調整，並加強和發展自己在中共核心層中已獲得的相對優勢地位。對於毛澤東而言，抓緊每一有利時機，調整黨的方針政策及交替處理重大軍政和黨內外問題，是其在遵義會議參與中共最高決策後一貫使用的工作方法，唯因這次面臨的環境與以往全然不同，毛所希望調整的範圍又較過去有所擴大，故而形成了對1935年遵義會議後確立的毛澤東與洛甫政治結合的衝擊。

建立在反對由博古、李德等組成的原中共最高權力核心「三人團」基礎上的毛、洛政治結合，是在遵義會議上及其後形成並逐漸鞏固的。為了反對博古等人的「左」的領導，從1934年10月起，毛澤東加緊了與洛甫的聯絡，在毛的啟發和幫助下，洛甫和王稼祥這兩位中共六屆四中全會後產生的重要領導人相繼從原中央政策的擁護者轉變為批評者，成為毛要求改變中央領導的重要的支持力量。在遵義會議上，毛澤東鼓勵洛甫與博古、李德展開面對面的鬥爭，讓洛甫在會議上起了十分重要的作用，會議決定由洛甫起草決議，此舉使洛甫在黨的核心層內的作用明顯突出。1935年2月5日前後，中共中央政治局常委會決定洛甫取代博古在黨內負總的責任，至此洛甫成了事實上的中共中央總書記。把原「二十八個半布爾什維克」之一的洛甫安排為中共中央第一把手，是在當時的形勢和條件下，毛澤東所能作出的最佳安排。由於洛甫與莫斯科有較深的歷史淵源，且是中共一個較長時期內的主要領導人之一，此舉不僅可以減緩莫斯科對中共領導層變動可能產生的不安和疑慮，更可以向全黨，尤其是向那些與近幾年黨的方針、政策有較多牽涉的軍政幹部顯示黨的路線的連續性，從而盡量減少中央改組在黨內引起的

震動，加強黨在極端困苦條件下的團結和統一。在洛甫成為中共中央總負責人之後，1935年3月20日後不久，毛澤東也取代了周恩來在紅軍中的最高軍事指揮地位[2]。至此，毛澤東與洛甫，一個全力掌管軍事，一個集中精力於黨務，兩人開始了政治上的密切合作。

　　無疑，毛澤東屬於那種以自己的思想改變歷史進程的「以其道易天下者」[3]，「道」者，個人對中國社會改造所抱持的理想、抱負、志向也。作為一個從青年時代就矢志拯救國家與民族，並確立了對馬克思主義堅定信仰的革命者，毛澤東深刻地了悟自己所肩負的重大歷史使命，而當1927年毛澤東率領秋收起義隊伍上了井岡山後，他所選擇的道路就成了通往中國革命勝利的唯一正確的道路。因此，爭取革命勝利的理想與毛對革命的堅強領導事實上已融為一體，密不可分。換言之，毛的領導地位的確立和鞏固，毛的「決志行之」絕非是一般意義上的個人行為，而是關係到革命目標能否實現的重大問題。然而，欲在反動勢力極其強大的舊中國推行和領導革命，則必先有其憑藉，1935年毛的唯一憑藉就是中共及其領導的軍隊。遵義會議及其後陸續發生的中共核心層的人事變動，雖然使毛第一次在黨和軍隊的最高決策和指揮系統獲得了發言權和決定權，可是離執掌「最後決定權」的距離尚遠，毛雖置身於中共核心層內，但主要偏重於軍事領導。在黨面臨生死存亡的緊急關頭，毛主動放下黨內的意見分歧，有意避開對敏感政治問題的爭論，而將主要精力集中於對付

2　參見中共中央文獻研究室編：《周恩來年譜(1898–1949)》，第277頁，中央文獻出版社，人民出版社1990年版。

3　參見梁漱溟：《再憶初訪延安》，載《我的努力與反省》，第319頁，漓江出版社1987年版。

國民黨的軍事追擊，此既是毛的明智，也是形勢使然。

1935–1936年，面對國民黨軍隊的圍追堵截，中共及其軍隊的生存是壓倒一切的頭等問題，但對毛澤東而言，事實上卻存在兩條戰線。

第一條戰線是對付國民黨的外部戰線。不言而喻，「易天下」即是易國民黨統治之天下，當時直接威脅中共生存和發展的主要力量是國民黨。因此，如何回擊並戰勝國民黨，不僅是毛無時不刻所於思考的首要問題，也是凝聚全黨的最重要的政治信念和驅動力。

與第一條戰線相比，第二條戰線雖不那麼凸顯，卻同樣重要——這即是黨內鬥爭的戰線。勿庸置疑，欲易國民黨統治之天下，若不牢牢掌握中共及其軍隊，一切則無從談起；而易國民黨之天下，又必先改變凡不利於奪取國民黨政權的中共方針、政策、精神氣質等各個有形、無形方面。是故，第一條對外戰線與第二條對內戰線兩者之間又存在着密切的聯繫。

1935–1936年，毛澤東將其側重點主要放置於對付國民黨的第一條戰線，在毛的努力下，紅軍阻遏了國民黨對陝北的軍事進攻，使中共的生存環境獲得了明顯的改善。毛在軍事上的成功，加強了他在黨內和軍內原先就十分雄厚的政治基礎，使其在軍事上的影響迅速向政治和黨務領域延伸。

從主要擔負軍事領導責任，到一身兼負黨和軍隊的決策和指揮責任，毛澤東在黨和軍內發揮的作用日益突出，此既是戰時環境的產物，又與毛所佔據的特殊地位，他所擁有的獨特的政治資源有關；同時，它還是毛頑強努力的結果。

中共領導體制在戰時環境中發生的變化，對毛澤東順利

地將其任軍事指揮領域的權力延伸至黨的領域有着直接的影響。中共在江西瑞金時期，曾模仿蘇聯體制建立起以黨為核心的黨、軍隊、政府三套相對獨立的系統，但在長征前夕，為了適應戰略大轉移的戰時需要，黨和政府系統全部併入軍隊，而中共全部權力完全集中於「三人團」。遵義會議雖取消了「三人團」，而代之以新的最高領導核心，領導成員的組成雖發生了變化，高度集中的體制卻繼續保留。在緊張的戰時狀態下，軍隊與黨實際已溶入一體，由於黨存在於軍隊之中，當毛置身於領導軍隊的關鍵地位時，他也同時處於可以領導黨的有利位置。

毛澤東作為中共軍隊的主要締造者和中共最大一塊根據地——中央蘇區的開闢者，不僅在中央紅軍中擁有廣泛的幹部基礎和情感基礎，他還擁有極其雄厚的政治資源。毛曾親自參與建立中共，是僅存的幾個中共一大代表之一，其在黨內歷史之長，在軍中基礎之鞏固，除張國燾之外，1935–1936年的中共領導層中的任何人無法與其比肩，毛完全可以依靠其在黨內的資歷和地位，就黨的全局性的方針、政策和其他問題提出自己的主張，而不致擔心遭受越權的指控。

正是由於上述因素的合力作用，1935–1936年，毛澤東使自己在中共領導層中愈來愈處於最有實力、最具影響力的地位，毛和洛甫建立起密切的合作關係，毛、洛政治結合的最重要成果之一，就是聯合挫敗了張國燾「另立山頭」的分裂活動。在雙方合作共用的幾年裏，洛甫對毛十分尊重，在幾乎所有關於黨的重大問題的決策上都事先徵求毛的意見。有關黨的重要文件雖由洛甫和毛聯署的名義發出，但毛在其中起主導作用。

在大敵當前，全力指揮軍事的同時，毛對黨的全局性方面的工作始終保持着高度的關心。一方面，毛嚴格遵守共產國際的有關紀律，努力維持領導層的團結；另一方面，又不失時機，巧妙地運用自己的影響力，小心翼翼，有條不紊地對黨的領導結構進行局部的調整。

(1)在中央最高層，毛繼續維持同原「教條宗派分子」的合作，中共六屆四中全會、五中全會形成的政治局的格局保持不變(在正常情況下，改變政治局事先須經共產國際的批准)。然而從莫斯科返回的同志的具體工作大多只限於黨的宣傳系統，技術性的黨務工作系統和地方工作系統，「教條宗派集團」基本失去了對軍隊的影響力。與此同時，個別軍隊同志被吸收參加了政治局，而一批重要的軍事幹部經常列席政治局會議，逐漸形成了慣例。

(2)毛將原國家政治保衛局局長鄧發調作其他次要工作」[4]，將因進行長征而不復存在的國家政治保衛局易名為方面軍政治保衛局，並派自己在瑞金時期的秘書王首道擔任該局的領導，將這個關鍵組織直接隸屬於自己的管轄之下[5]。

(3)毛任命王首道負責剛剛恢復建制的中共中央秘書處，並同時領導中央軍委機要科、中央社會部機要科，將黨、軍

4　1935年9月下旬，鄧發改任由原中央機關，紅軍總政治部等機關組成的陝甘支隊第三縱隊政委，11月，紅一方面軍番號恢復後，鄧發主要負責紅軍的籌糧工作，1936年4月，被委以中共代表的身份派往蘇聯。參見《周恩來年譜(1898–1949)》，第293、306頁。

5　長征開始，國家政治保衛局除少數負責人隨首腦機關行動外，其他工作人員均被併入各軍團，國家政治保衛局只留下名義，工作許可權已大大縮小。1935年10月，王首道被任命為國家保衛局執行部部長，原執行部長李克農被調作聯絡西北軍和東北軍的統戰工作，該年年底，國家政治保衛局建制被正式取消，其工作由方面軍政治保衛局接替。

隊、秘密工作等全部機要通訊系統置於自己統一管理和嚴密監督下[6]。

(4)毛直接掌握與莫斯科的電訊交通，其他任何人不得插手[7]。

儘管毛在對黨的領導結構的局部調整中獲得長足進展，但是仍有一些棘手問題一時難以順利解決，其中最關鍵的問題即是毛被迫長期違心接受對過去黨的政治路線的評價。

「中共的政治路線是正確的」結論，這是橫亙在毛面前的一座難以逾越的高山。這不僅因為它來自於莫斯科，也因為它是遵義會議參加者所一致擁護、接受的正式結論，它同樣是毛澤東與洛甫政治結合的基礎[8]。在軍事壓力緊迫的1935年1月，毛為了長遠目標和出於現實的考慮，可以同意這個結論，但是到了1937年，一切都斗轉星移。

這個結論之所以必須推翻，是因為非此，便無從剝奪「教條宗派集團」政治合法性的基礎，更無法打破黨內已形成的濃厚的教條宗派氣氛，毛就難於順利地推行他改造黨的一系

6　1934年10月，紅軍長征前夕，中共中央秘書處，軍委秘書處均被裁撤，其遺留工作由中央軍委機要科承擔。1935年底中共中央遷到陝北瓦窰堡後，中共中央各部委及秘書機構漸次依復，原來僅有的機要機構——中央軍機要科一分為三，成立了中共中央秘書處機要科，中央軍委機要科和中央社會部機要科，上述三個重要機構統歸王首道領導。參見《中共秘書工作簡史(1921－1949)》，第186–187頁，遼寧人民出版社1992年版；另參見《王首道回記錄》，第197頁，解放出版社1988年版。

7　參見師哲：在《歷史巨人身邊——師哲回憶錄》，第203頁，中央文獻出版社1991年12月版。

8　洛甫在1943年整風期間寫的筆記中指出，「遵義會議沒有提出過去中央政治上的路線錯誤，而且反而肯定了它的正確……這在毛澤東同志當時只能如此做，不然我們的聯合會成為不可能。」參見《從福建事變到遵義會議》(1943年12月16日)，載中共中央文獻研究室編：《文獻和研究》1985年第1期，第13頁。

列設想，毛的新概念的地位也無從建立。然而推翻此結論存在很大的難度，除了共產國際這一外部障礙外，在國內最大的障礙就是洛甫。洛甫作為六屆四中全會後產生的重要領導人，與這條路線有着千絲萬縷的聯繫，斷言「黨的政治路線是錯誤的」，將直接打擊他和其他一大批領導幹部的威望，嚴重動搖他在黨內的地位和影響，因而必然遭到洛甫的強烈反對[9]。

1937年初，黨的發展、毛和洛甫的政治結合以及毛的思路皆處在一個十分微妙的變化過程中，國內時局已發生大的轉機，解決戰時狀態下無暇顧及的若干重大問題的機遇正在出現。與此同時，遵義會議後確立的毛主軍、洛甫管黨的格局早已發生變化，毛的地位已獲得明顯加強，洛甫已顯示他的作用主要體現在黨的理論和宣傳教育領域，毛與周恩來建立起融洽的合作關係，博古也安於自己在中共核心層中的新的角色[10]，張國燾在黨內鬥爭中的失敗已成定局。但是，毛仍不便在條件尚未完全成熟的情況下將自己對過去黨的路線的評價公開托出，這樣將使自己處於和洛甫及一大批黨的高級幹部發生正面衝突的境地，從而影響到黨的團結和個人威

9　事隔20多年後，毛澤東在談到有關糾正「王明路線」的歷史時，再次提及洛甫的思想轉變過程，毛說，「洛甫開始不承認錯誤路線，七大經過鬥爭，洛甫承認了路線錯誤」，參見毛澤東在中共八屆八中全會上的講話(1959年8月2日)，載《毛澤東論黨的歷史》，第46頁，其實，對於這一問題，洛甫早在延安整風開始不久，就有較深的認識，洛甫分析了遵義會議有關過去黨的政治路線的評價對自己的深刻影響，他說，「由於遵義會議肯定了過去中央政治路線的正確，因而使自己在長久時期內不能徹底瞭解自己的嚴重錯誤」，參見《文獻和研究》1985年第1期，第13頁。

10　博古(秦邦憲)在1935年2月之後仍繼續擔任中央政治局委員和書記處書記(中央政治局常委)職務，紅軍抵陝後，出任中華蘇維埃共和國西北辦事處主任，1936年12月後主要配合周恩來從事聯絡國民黨的統戰工作。

信。然而，在新的時空環境下，再繼續違心接受自己根本反對的意見，也實在勉強。就在這關鍵的時期，劉少奇及時站了出來，劉的出現打破了中共中樞層沉悶多時的僵局，並最終導致了毛、劉政治結合的確立。

二

促成毛、劉政治結合的契機是1937年2月20日、3月4日劉少奇就中共歷史問題向洛甫遞交了陳述自己綱領性意見的兩封各長達萬言的信。劉少奇在這兩封類似政治意見書的長信中，對中共中央多年來的路線、方針公開表示自己的懷疑，大膽地突破了共產國際和遵義會議關於「中共政治路線是正確的」結論，尖銳批評1927年之前及1927年以來，尤其是中共六屆四中全會以後的中共「左」的錯誤。

劉少奇的長信觸及了當時中共中央的幾個禁區：

(1)劉少奇認為大革命失敗的主要原因不僅是「右傾的陳獨秀主義」，而且還有「右傾機會主義之反面的錯誤——『左傾』錯誤」[11]，劉少奇以自己的親身經歷為例，猛烈抨擊了廣州、武漢時期工人及民眾運動中已達「駭人」地步的「左傾」狂熱[12]，劉的上述看法與共產國際和中共六大以來的歷次決議嚴重相違。

(2)劉少奇雖然沒有直接宣佈中共十年來執行的是一條錯誤的政治路線，但反復抨擊中共「十年來一貫地犯了『左

11　參見劉少奇：《關於過去白區工作給中央的一封信》(1937 年 3 月 4 日)，《中共中央文件選集》(1936–1938)，第 11 冊，第 802 頁。

12　參見劉少奇：《關於大革命歷史教訓中的一個問題》(1937 年 2 月 20 日)，載中國革命博物館黨史研究室編：《黨史研究資料》，1980 年第 5 期，第 3 頁。

傾』錯誤」，並且強調十年錯誤已形成「一種傳統」[13]，劉少奇特別集中抨擊中共十年白區工作的方針，用釜底抽薪的辦法全盤否定十年政治路線[14]。

(3)劉少奇要求在黨內公開討論黨的十年歷史[15]，並且詳細述說自己因堅持「正確」主張而遭「打擊」的經歷，把批評的矛頭直指中共六屆四中全會後的中共政治局，暗示中央有關領導人要為錯誤承擔責任，透露出要求改組中共中央領導機構的明顯意圖[16]。

劉少奇在1957年2月20日、3月4日給洛甫寫信之前是否徵詢過毛澤東的意見，或得到毛的鼓勵，至今雖無確切的史料證明，但根據現有資料分析，不能完全排除這種可能性。1935年12月29日，中共中央常委會會議派劉少奇為中共中央駐北方局代表[17]，1936年春，劉少奇偕其妻謝飛，從陝西臨潼乘火車前往北方局機關所在地天津，於1936年3月抵達，1937年初，劉少奇又隨北方局機關移往北平，至1937年4月返延安。這期間劉少奇雖並未返陝北[18]，但是1936年後，在北方局和陝北之間已建立了電台和信使聯繫，毛、劉通過電

---

13 劉少奇：《關於過去白區工作給中央的一封信》(1937年3月4日)，載《中共中央文件選集》(1936–1938)，第11冊，第805、806–817頁。

14 同注13。

15 同注13。

16 同注13。

17 參見《周恩來年譜(1898–1949)》，第297頁。

18 1937年3月4日，劉少奇致洛甫的信寫於北平，3月18日前劉仍在北平。周恩來在3月13日、3月18日於西安兩次致函劉少奇，並轉河北省委，要劉少奇等負起對留居平、津地區的東北軍的統戰工作，參見《周恩來年譜(1898–1949)》，第358–359頁。

台交換有關對全局性問題的看法，已具備基本條件[19]。

　　且不論毛澤東是否曾對劉少奇寫信的舉動表示過支持，劉少奇決定向洛甫陳述自己政治意見的動機，一方面是劉少奇多年來就不滿中共中央的一系列政策，另一方面與劉少奇在北方局工作期間遭遇到的黨內左傾分子的對新政策的強烈抵抗有關[20]。除此之外，還有另一個重要的原因，1937年的中共中央正處在調整政策的關頭，中共中央內還未真正形成某個人的絕對的政治權威。洛甫雖是黨的總負責人，但其權力有限，其他中共領導人大都是獨當一面；毛澤東儘管處於上升狀態，但當時也並非大家一致共認的唯一領袖[21]。因此給洛甫寫信，不僅不會遭遇到黨的歷史上屢屢發生的黨員因向中央陳述意見而被打成「反黨分子」的厄運，相反，卻有可能得到毛澤東的支持。劉少奇很清楚，在對黨的十年歷史

19　劉少奇前往天津就任中共中央北方局代表時握有與陝北聯絡的無線電密碼本。據當時曾作過劉少奇譯電員的郭明秋的回憶，她經手翻譯的劉少奇給陝北的電報，上款大都是洛甫(聞天)、恩來，「有時也直接發給毛主席」，署名則是胡服(胡服是劉少奇在黨內長期使用的化名)。由此可以判斷，1936–1937年毛與劉少奇是有直接聯繫的。參見郭明秋：《劉少奇同志在北方局》，載《懷念劉少奇同志》，第185頁，湖南人民出版社1980年版。

20　1936年3月，劉少奇以中共中央代表身份到達天津，不久又擔任了北方局書記，着力糾正北方局「左的關門主義」傾向。劉少奇領導的糾偏工作，除了思想糾偏之外，還包括對北方局領導機構的大幅改組，因而引起北方局內部的爭論。劉少奇上任後，任命彭真(在1928年彭真與劉同在天津的中共順直省委工作)取代柯慶施擔任北方局組織部長，任命陳伯達為宣傳部長。劉的這些措施激起柯慶施等一批原北方局領導人的不滿，劉在黨內刊物頻頻發表文章，不指名批評柯慶施等的「關門主義與冒險主義的錯誤」，從而埋下柯慶施與劉少奇長期不和的種子。

21　劉少奇在1937年3月4日給洛甫的信中隻字未提毛澤東，劉且寫道：「我國還沒有中國的斯大林，任何人想作斯大林，結果都劃(畫)虎不成。」參見《中共中央文件選集》(1936–1938)，第11冊，第817頁．由此可見，當時毛的權威並未得到包括劉少奇在內的中共領導人的一致承認。

的看法上，毛澤東與自己有很多共同的語言。

　　劉少奇的長信在中共中央核心層引起軒然大波。1937年3月23日、4月24日，中共中央政治局兩次開會都討論了白區工作問題。洛甫對劉少奇的意見極不以為然，一些同志隨聲附和，認為劉少奇對大革命失敗原因的分析是替陳獨秀洗涮，劉「反共產國際，反中共中央」，是陳獨秀的「應聲蟲」。還有人指責劉少奇受到了張國燾的影響。對於劉少奇有關八七會議後中共犯了十年「左」的錯誤的看法，中共中央政治局大多數成員也都認為言過其實。在一片責難劉少奇的聲音中，只有毛澤東一人站出來替劉少奇講話，稱「劉並沒有反對中央的野心」。毛沒有直接捲入具體問題上的爭論，而是竭力調和劉、洛之間的意見衝突。這樣，劉少奇雖然受到洛甫的嚴厲批評，但由於說了毛想說又不便公開說的話，引起毛澤東的共鳴。毛的態度鼓勵了劉少奇，使劉少奇敢於採取下一步重大行動，在1937年5–6月中共中央召開的白區工作會議上，向洛甫發起面對面的挑戰。

三

　　1937年5月17日–6月10日，中共中央在延安召開白區工作會議，這次會議由於劉少奇與洛甫的激烈爭論，其間曾一度中斷，後在毛澤東的有傾向的調和下，會議才得以繼續進行。

　　從1937年5月17日–5月25日，是白區工作會議的第一階段，會議圍繞劉少奇的《關於白區的黨和群眾工作》的報告展開了激烈的爭論。劉少奇報告的主要內容是重複3月4日

給洛甫信中的精神，着重批評十年來黨在白區工作指導中的「左」的傳統。劉的報告激起強烈反響，柯慶施指着劉少奇的鼻子罵他是「老右」[22]。許多代表反對劉少奇提出的「白區工作損失幾乎百分之百」的觀點，不同意劉對白區工作的總體評價，堅持認為黨的六屆四中全會後，白區工作的「總的路線是正確的」[23]。

由於會議上出現的緊張激烈的爭論，中央書記處宣佈會議暫停。1937年6月1–3日，中央政治局就白區工作會議討論中提出的一些基本問題召開會議，集中討論十年來的白區工作，毛澤東在關鍵時期助劉一臂之力。毛一反不久前迴避劉、洛爭論的態度，明確表示劉的報告「基本上是正確的」，稱讚劉在白區工作方面「有豐富的經驗」，說劉系統地指出了黨在過去時間在這個問題上所害過的病症，是一針見血的醫生[24]。在6月3日政治局會議上，毛又作了支持劉少奇

22　楊尚昆在1987年改定的《懷念少奇同志》一文中，雖未點出柯慶施名，但他所講的「那個頑固堅持『左』傾機會主義路線的人」明顯是指柯慶施。參見《緬懷劉少奇》，第5頁，中央文獻出版社1988年版。

23　出席白區工作會議的代表主要是北方局及所屬北平、天津、河北、河南、山東、綏遠等地黨組織的負責人及廣東代表約30人。彭真作為華北代表團團長，是主持會議的劉少奇的助手。華北代表團的代表有柯慶施、高文華(原河北省委書記，兼原北方局書記職能)、吳鎔、李呂、李雪略、黎玉、烏蘭夫等。據參加過這次會議，1936年5月被任命為中共山東省委書記的黎玉回憶，劉少奇的報告「對『左』的錯誤提得很急，提得也很高」。有關「白區損失百分之百」的説法「有點過頭」，因為參加會議的「北方黨組織的代表這麼多，就説明白區的損失不能説成百分之百」。黎玉的看法反映了當時參加會議的部分代表的觀點。參見黎玉：《抗戰前夕在延安召開的白區工作代表會議》，載《革命回憶錄》增刊(1)，第42–43頁；人民出版社1981年版，另參見陳紹略：《黨的白區工作會議述略》，載中共中央文獻研究室編：《文獻和研究》(1987年彙編本)，第295頁，檔案出版社1991年版。

24　毛澤東在中央政治局會議上的講話(1937年6月3日)，參見陳紹略：《黨的

的重要發言。毛避而不談十年政治路線問題，而是針對反對派集中批評劉少奇只講缺點，不講成績，首先談了中共「所取得的偉大成績」，在談論了黨的優秀傳統後，毛著重指出黨內「還存在着某種錯誤的傳統」，強調「這是不能否認與不應否認的事實」[25]，從而全面肯定了劉少奇的觀點，在劉、洛爭論中有力地支持了劉少奇。由於毛澤東在發言中迴避了容易引起分歧的有關過去白區工作指導方針是否犯了十年一貫的「左」的錯誤這個敏感問題，因此毛的意見得到包括洛甫在內的與會者的一致同意，並成為下一階段白區工作會議的主調。

1937年6月6日，白區工作會議繼續開會，會議進入第二階段。洛甫有意識地淡化毛澤東在6月1－3日講話的傾向性，抓住毛講話中對自己有利的內容，堅持自己的觀點。他根據自己理解的6月1–3日中央政治局會議的精神，代表中共中央在會上作了《白區黨目前的中心任務》的報告。洛甫強調「實踐中的某些錯誤是不可避免的」，中共在白區工作所犯的錯誤的性質不是政治路線錯誤，「不是由於什麼一定的政治路線或政治傾向」，「而是在領導鬥爭中有時犯了策略上的錯誤」。這種錯誤「不過是領導群眾策略與群眾工作方式中的某些部分錯誤，而不是整個領導的錯誤」，黨「堅持領導鬥爭的方針是完全正確的」[26]。洛甫堅決反駁劉少奇對

白區工作會議述略》，載《文獻和研究》(1987 年彙編本)，第 296–297 頁。

25　參見中共中央文獻研究室編：《劉少奇年譜(1898–1969)》，上卷，第 183 頁，中央文獻出版社，1996 年版；另參見程中原：《張聞天傳》，第 372 頁，當代中國出版社 1993 年版。

26　洛甫：《白區黨目前的中心任務》(1937 年 6 月 6 日在白區黨代表會議上報告之一部分)，載《中共中央文件選集》(1936–1938)第 11 冊，第 234、235、236、238、239、261、263 頁。

中共中央在白區工作中反對「合法主義」的批評，堅持認為「過去黨反對合法主義的鬥爭，仍然是對的」，強調指出，「過去一切非法鬥爭，是必要的與正確的，而且過去主要的鬥爭方式只能是非法的」。洛甫不無影射地批評劉少奇像俄國的普列漢諾夫一樣，「以每次革命鬥爭成敗的結果來判斷革命鬥爭的價值」，把失敗的鬥爭看成「無意義」或「謾罵一頓『盲動主義』完事」，指責劉少奇「看不到每一次革命群眾的革命鬥爭，就是結果失敗了，仍然有着他的巨大的意義」[27]。洛甫批評劉少奇把「關門主義」、「冒險主義」作為「鋼鞭」，全盤否定中共十年白區工作成就，強調指出，「每一鬥爭在勝利或失敗之後，必須詳細的研究其經驗與教訓，切不要拿簡單的空洞的帽子(如盲動主義、冒險主義、機會主義)去代替對於最具體問題的具體分析」。對黨內所存在的「各種不正確思想，應有確當的估計，不要誇大或縮小，或任意給同志們『戴大帽子』」[28]。洛甫的報告獲得參加白區工作會議代表的一致擁護，在暫時不利的形勢下，劉少奇被迫退卻。6月9日和10日，劉少奇在會議作結論報告。劉表示同意洛甫的報告；並且對自己的前一報告作了解釋和自我批評：「我在會上作的報告，着重是批評『左傾關門主義與冒險主義』，並不是否定過去的一切，因為主要是批評錯誤這一方面，沒有說到其他方面，並且對某些問題缺乏具體分析，有些地方說過火了」[29]。

27　同注 26。

28　同注 26。

29　參見陳紹略：《黨的白區工作會議述略》，《文獻和研究》(1987 年彙編本)，第 298 頁。

四

1937年全面抗戰爆發前夕，劉少奇、洛甫圍繞黨的十年歷史和白區工作評價問題展開的爭論並沒有獲得任何實質性的解決，劉少奇試圖通過檢討黨的歷史問題，改變對十年政治路線評價的目的暫時遭受了挫折。但是劉少奇、洛甫的爭論給中共帶來了深遠影響，它是延安整風運動的前奏和一次針對「教條宗派分子」的短促突擊，為以後毛澤東、劉少奇全面批判六屆四中全會政治路線，聯手打倒王明等製造了輿論。毛澤東從這次爭論中吸取了豐富的經驗，他終於體會到「教條宗派分子」在黨內的廣泛影響絕非一朝一夕經過一次會議就能清除。打倒「教條宗派集團」除了需要在理論上進行細緻深入的準備外；還要在組織上進行精心的準備。

劉少奇與洛甫爭論的另一結果是擴大了劉少奇在黨內的影響和知名度。劉少奇雖屬黨的老資格領導人之一，但因長期從事白區工作，在江西時期的兩年僅負責領導全國總工會執行局，較少參與重大軍政問題的決策，劉與當時重要的政治領導人周恩來、洛甫等的關係又較為疏遠，因而在一個時期內，劉少奇在黨和軍隊的影響力不大，與洛甫的爭論充分展現了劉少奇的思想深度和理論水平，使全黨，尤其是黨的高級幹部對劉少奇有了新的認識。

對於劉少奇與洛甫的爭論，毛澤東的態度既明確又微妙。初期，毛置身於爭論之外，但對劉少奇明顯表示同情，毛希望劉少奇的意見能被中央領導層所接受。後期，則擔心劉少奇承受不住洛甫和黨內的巨大壓力，於是，在6月1–3日的政治局會議上，發表了聲援劉論點的重要講話。但是當毛

看到劉的有關看法遭到普遍反對，遂決定從長計議。毛在這次論戰中發現了劉少奇的傑出才幹，首先是劉在白區工作方面的豐富經驗；其次，毛也看到了劉的理論能力，劉甚至能夠引人入勝地分析十年「左」的傳統和根源之一乃是「思想方法與哲學方法上的錯誤」，即「形式邏輯」對黨員思想方法的廣泛影響。劉宣佈「形式邏輯」是造成「許多錯誤的根源」，這給毛耳目一新的感覺。然而毛並沒有把自己的威望全部投放在對劉少奇的支持上，因為時機還不成熟。現在毛更願意做黨內爭論的最高仲裁者，既然僵局已經打破，矛盾的蓋子已被揭開，洛甫受到了強烈震動，自己的威信反而因對爭論所持的折衷調和態度而得到進一步的提高，因此下一步的目標就是團結洛甫。為了防止洛甫和將要回國的王明重新結合，加速「教條宗派政治組織上的分裂」，維持和加強與洛甫的合作，既有必要，又有可能。由於有了這些考慮，白區工作會議結束後，劉少奇並沒有立即被提拔進中共中央書記處(常委會)，而於7月28日被派到太原，繼續擔任已從北平遷至太原的中共中央北方局書記的職務。

劉少奇雖然暫時離開中共中央中樞，然而毛、劉政治結合卻因劉、洛爭論而正式形成了。毛、劉與毛、洛同是政治上的結合，但是兩種政治結合之間卻有顯著區別。

第一，毛、洛結合是戰時非常狀態下的臨時組合。1935年初，為了共同的政治目標，毛澤東和洛甫有意放棄昔日政治上的分歧走到一起；毛、劉結合也是一種政治結合，但在毛澤東與劉少奇之間不存在政治觀點上的分歧，正是對原圍繞此問題中共中央政治路線及其領導人的不滿，使毛與劉走到了一起。而早在1932年，毛、劉說就彼此交換過意見，並

達成了一致的看法。與毛、洛結合相比，毛、劉結合具有更深的思想基礎。[30]

第二，毛澤東與洛甫沒有很深的歷史淵源，但是毛、劉不僅有同鄉之誼，而且，早在1922年毛、劉就有工作上的密切聯繫。

第三，毛、洛結合是兩個地位相近的政治人物的平行結合，但1937年，劉少奇在黨內的地位和影響則遠遜於毛。因此毛、劉結合是一種以毛為核心，劉為輔助的政治結合，而非兩個地位相當人物的平行結合。

毛、劉結合的上述特點保證了毛以後在向「教條宗派分子」發起挑戰時可以得到劉少奇的全力支持。毛、劉的結合也預示毛與六屆四中全會後產生的政治領導人的兩年多的合作已接近尾聲。毛澤東在錯綜複雜的新形勢下，在領導全黨全軍對外的同時，將進一步加緊思想和組織上的準備，以隨時準備選擇最佳時機，向「教條宗派集團」發起新的攻擊，從而實現其改造全中國的政治理想。而這一切，不僅將決定中國共產黨的前途，而且將決定中國革命和中國人民的前途。

30　據1931年秋–1932年底與劉少奇同在上海從事秘密工作，一度與劉少奇夫婦同住的張瓊的回憶，劉少奇曾在1932年底就白區工作的策略問題寫信給毛澤東，批評中共中央的左傾錯誤，不久毛澤東給中共中央「寫來一封很長的回信」，表示贊成劉少奇提出的穩健主張。參見張瓊《劉少奇同志在上海革命活動片斷》，載《黨史資料叢刊》，1980年第2輯，第48、47頁，上海人民出版社1980年版。

在「道」與「勢」之間

——毛澤東為發動延安整風運動所作的準備[1]

　　在中共與中國現代歷史中，1942年春在中國共產黨內全面展開的整風運動是與毛澤東的名字緊密聯繫在一起的。毛在整風運動中，依據自己的理想全面改造了至那時為止的中共所有有形和無形的方面，不僅完成了黨的全盤毛澤東化的基礎工程，而且還建起一整套烙有毛澤東個人鮮明印記的中共新傳統——其一系列概念和範式在1949年後改變並決定了幾億中國人的思想和行為。然而人們較少注意的是，1942–1945年延安整風運動中所發生的一切，均是一段時期內中共黨內所發生變化的合乎邏輯的延伸，而這一切變化，完全是毛澤東根據其理想、憑藉其地位加以有力引導的結果。對於毛為發動整風而進行的持續且精心的準備，以往論者大多忽略，少數論著偶爾提及，也只是強調毛的思想演變的方面。筆者認為，具有強烈救世情懷的毛，和作為政治家的毛從來都是統一的。而本文所要論述的「準備」，也並非指毛早有計劃，有意要在某個特定時段發起這場運動，——「準備」是一個長期複雜的過程，它最初表現為1935–1937年間毛澤東運用其在中共領導層中獲得的相對優勢地位對中共政策及其領導機構作出的局部調整；這種局部調整在1938年後，迅速轉變為毛對中共政治路線、精神氣質及組織機構等方面所進

1　　原載中國社會科學季刊(香港)總第 5 期，1993 年 11 月。

行的一系列重大改變。毛澤東在這橫跨兩個階段、長約7年的漫長「準備」過程中，為實現其改造中共的理想，運用高超的政治智慧，突進迂迴於個人理想和各種利益衝突之間，取得了一個又一個階段性的成果，為最終發動延安整風運動，確立自己的新概念在黨的意識形態中的領導地位，建立並鞏固其在中共黨內的最高權威廓清了道路。筆者認為，毛為發動延安整風運動所進行的準備，集中展現了他的政治性格的多重側面，重新梳理這一歷史過程，將有助於世人加深對毛政治性格之複雜性的認識，同時，對重新審視延安整風運動這一重大現象也不無裨益。

一

毛澤東自為「以其道易天下者」[2]，「道」者，個人對改造中國社會和世界所持的理想抱負、志向也。那麼，30年代前期，毛所企盼實現的「道」，其具體內涵又特指哪些方面呢？作為一個已接受共產主義基本概念的中國人，致力於結束國家分裂混亂局面，創建一個以共產主義為價值符號的公平、正義的社會，這或許距毛當時所要實現的「道」不至相差太遠。然而，此「道」與彼時一般共產黨人之「道」並無多少差別。毛的「道」之特殊性，即此時的毛已開始萌發若干有別於莫斯科「正統」理論之片斷想法。毛基於多年在農村領導農民革命之體驗，已具體感受到在共產國際指揮下之中共中央諸多政策和實踐與中國社會環境之間存在嚴重

2　參見梁漱溟：〈再憶初訪延安〉，載《我的努力與反省》，漓江出版社 1987 年版，第 319 頁。

衝突，而由此衝突顯示出的中國社會環境對莫斯科理論之拒斥，將嚴重阻礙中共在中國社會扎根，斷送中共取國民黨天下而代之的大業宏圖。

對於胸懷濟世之志，如毛這樣的聰秀之人，「道」之產生並非太難，其乃源於對現實的直接感悟，只要將其略加提升，「道」即可了悟於心，困難者，實現其「道」必先有其憑藉，即所謂有道無恃；道乃虛空，有恃無道，其恃也忽。只有融「道」(思想、理念)，術(策略、方法)，勢(地位、權力)於一體，方可出現運動中的良性循環，並漸次向理想境界邁進。

如果說，1927年以前的毛對上述三者之有機關係尚無直接感觸，那麼到了1935年，在歷經開創紅色中央根據地的萬般辛苦和多年黨內鬥爭的沉浮後，毛對其間關係之體認就深鏤於心了。所幸天佑中共，毛澤東這個「本來很靈」，「但被扔到茅坑裏去，搞得很臭」的「菩薩」，在遵義又開始「香起來」[3]，並被大家撿了起來，原就素有「救小人」之志的毛，果然義不容辭，在遵義會議後立即就行動了起來。

極具現實感的毛澤東深知，在1935年，他實現其道的唯一憑藉就是中共及其領導的軍隊。然而，遵義會議及以後陸續發生的中共核心層的人事變動，只是使毛在中共最高決策和指揮系統第一次獲得了發言權和決定權，離執掌黨和軍隊的「最後決定權」的距離尚遠。毛雖置身於中共核心層，但僅側重於軍事領導，這種狀況雖非令毛滿意，但在當時，也只能如此。在中共面臨危急存亡的緊急關頭，毛選擇了「見

3　〈毛澤東接見佐佐木更三、黑田壽男等日本社會黨人士的談話〉(1964 年 7 月 10 日)，載《毛澤東論黨的歷史》，第 4 頁。

好就收」的方針，主動放下黨內分歧，將全副精力用於對外，此既是毛的明智，也是形勢使之然。

1935–1936年，面對國民黨的軍事追擊，中共及其軍隊的生存，是壓倒一切的頭等問題，但是對毛而言，事實上卻存在着並行的兩條戰線。

第一條戰線是對付國民黨的外部戰線。不言而喻，「易天下」即是縛國民黨之「蒼龍」。在中共未奪取政權之前，威脅中共生存和發展的主要力量只能是蔣介石政權。因此，如何回擊並打敗國民黨，不僅是毛須臾不能忘懷的首要問題，也是毛用以凝聚、駕馭和統一全黨的最重要的政治理念和驅動力量。

與第一條戰線相比，第二條戰線雖不那麼凸顯，卻同樣重要——這即是黨內鬥爭的戰線。顯而易見，欲易蔣介石政權之天下，若不牢牢掌握中共及其軍隊，則一切免談；而易國民黨之天下，又必先改變毛所認為的凡不利於奪取國民黨政權的中共方針、政策等各個方面，是故，第一條對外戰線與第二條對內戰線，兩者之間又存在着密切的聯繫。

1935–1936年，毛澤東將其側重點主要放在對付國民黨的第一條戰線，在毛的努力下，紅軍阻遏了國民黨對陝北的軍事進攻，使中共的生存環境獲得了明顯改善。毛在軍事上的成功，對其政治生涯有極重要的意義：在一個相當長的時期內，毛只是以擅長指揮軍事而著稱於中共黨內，人們看重毛，主要也因他深諳中國傳統兵法並將其靈活用於開創中共根據地和發展中共武裝[4]。毛在遵義會議上之所以復出，最

4　周恩來在 30 年代前期對毛澤東的評價主要也是側重肯定他的軍事領導才能。1932 年 10 月上旬，周恩來在寧都召開的蘇區中央局會議上發言，認

重要的原因也是中共軍事行動屢屢受挫，軍事指揮已捉襟見肘，黨和軍隊的前途萬分危殆，中共政治局一班人迫於無奈，請毛出山，試看毛能否使中共脫離險境。而在當時，黨的上層，從來也未將黨領袖之名義與毛的名字聯繫起來，更遑論想像毛登上軍事指揮崗位即再不下來，並將其在軍事指揮上的影響力迅速向政治和黨務領域延伸。

從主要擔負軍事領導責任到一身兼負黨和軍隊的決策以及指揮責任，毛澤東在黨和軍隊中發揮的作用日益突出，此既是中共領導體制在戰時環境下變化的產物，又與毛所佔據的特殊地位，他所擁有的獨特的政治資源有關。同時，這也是毛頑強努力的結果。

中共領導體制在戰時狀態下發生的變化，對毛澤東順利地將其在軍事指揮領域的權力延伸至黨的領域有着直接的影響。中共在江西瑞金時期，曾模仿蘇聯體制，建立起以黨為核心的黨、軍隊、政府三套相對獨立的系統，在這三個系統中，黨機關的權力至高無上。博古雖是一介書生，對軍事指揮完全外行，但他主持的中央政治局和書記處卻完全將軍事系統置於自己的領導之下。擔任軍事領導的周恩來、項英嚴格遵循共產黨紀律，在作出任何重大軍事部署前，均請示徵得博古的同意。李德發揮的作用雖然很大，但他並不參與政治決策，其對紅軍的軍事指揮往往也是首先向博古通報，並知會周恩來後，再發出作戰命令，儘管他的個人意見一般均是最後意見。長征前夕，戰況瞬息萬變，形勢極端危急，

為「澤東積年的經驗多偏於作戰，他的興趣亦在主持戰爭」，提議毛澤東留在前方，參與指揮戰爭，但被與會者所拒。參見中共中央文獻研究室編：《周恩來年譜(1898–1949)》，人民出版社 1990 年版，第 231 頁。

為了適應戰略大轉移的戰時需要，黨和政府系統全部併入軍隊，而中共全部權力完全集中於博古、李德、周恩來領導的「三人團」。遵義會議雖取消了「三人團」，但在1935年3月，又根據毛的提議，為便於「應付緊急軍事行動」，重組由周恩來、毛澤東、王稼祥組成的「新三人團」。然而，「新三人團」的體制卻不同於老「三人團」，代表黨的洛甫並不在「新三人團」之列。遵義會議原來決定，周恩來是代表黨在軍事上下最後決心者，毛澤東輔助周工作[5]，但到1935年春夏之交，周恩來與毛澤東調換了角色——周成了毛的輔助者！本來，王稼祥因傷重，很少參與決策，這樣毛成了事實上的中共最高軍事指揮者。毛與周角色的互換對毛有重大意義，在緊張的戰時狀態下，軍隊與黨實際已溶入一體，當毛置身於領導軍隊的關鍵地位時，事實上他已處於隨時可以領導黨的有利位置。

毛澤東作為中共軍隊的主要締造者和中共最大一塊根據地——中央蘇區的開闢者，在中央紅軍中擁有廣泛的幹部基礎。毛所擁有的與中共軍隊的這種特殊關係能夠確保毛即便在政治上失意之時，也可以對軍隊發揮一定的影響力。與絕大多數中共領導人不同，毛還是參與建黨的元老，他是碩果僅存的幾個中共一大代表之一，其在黨內歷史之長，在軍中基礎之深厚，除張國燾之外，1935–1936年中共領導層中的任何人都無法與其比肩。毛完全可以依靠其在黨內的資歷和地位，就黨的全局性的方針對策和其他非軍事性的問題提出自己的主張，而不致擔心遭到越權的指控。

5　參見陳雲：〈遵義政治局擴大會議傳達提綱(1935 年 2 月或 3 月)〉，載《遵義會議文獻》，人民出版社 1985 年版，第 42 頁。

正是基於上述因素的合力作用，毛澤東在1935–1936年使自己在中共領導層中愈來愈處於最有實力、最具影響力的地位。毛和洛甫建立起密切的政治合作關係，但洛甫只是一個弱勢的合作對象，其政治資源主要來自於莫斯科和他在1934–1935年在政治上對毛的支持。洛甫在軍內還無基礎，因而在毛、洛聯盟中，天平必然向毛的方面傾斜。從毛這方面看，毛、洛聯盟的最重要成果就是通過與洛甫的合作，聯合了暫時還佔據黨機關的「教條宗派分子」博古、凱豐等，運用黨的權威挫敗了當時毛的頭號對手——張國燾「另立山頭」的分裂活動。在毛、洛雙方合作共事的幾年裏，對毛個性已有瞭解的洛甫盡量避免與毛發生正面衝突，對毛的咄咄逼人和峭刻嘲諷一再忍讓[6]。洛甫之對毛奉命唯謹，主要是出於對共產黨事業的考慮，在另一方面也與其性格溫厚有關，但同時亦是因為他已為自己創造了毫無依託的虛弱地位，洛甫乃一「紅色教授」型領導人，置身於嚴酷的戰爭環境，只能唯毛馬首是瞻，儘管洛甫還堅持着最後一兩個陣地決不輕易放棄。

在大敵當前，全力指揮軍事的同時，毛對黨的大政方針和全局性方面的工作保持着高度的關心。一方面，毛不敢冒任何風險，謹慎地在莫斯科劃定的禁區前穿插迂迴，努力維持着中央領導層的穩定；另一方面，毛又不失時機，利用戰時狀態提供的組織機構變動頻仍的機會，巧妙地運用自己的影響力和特殊地位，有條不紊、小心翼翼地對黨的重要機構進行局部調整。

6　參見張國燾：《我的回憶》(第三冊)，現代史料編刊社 1981 年版，第 332頁。毛澤東對洛甫的輕蔑態度在 50 年代後期完全公開，其代表性的文字是1959 年 8 月 2 日《給張聞天的信》，直至 70 年代初，毛還不斷數落洛甫。

（1）在中央核心層，毛繼續保持同「教條宗派分子」的合作，至少在形式上，中共六屆四中全會、五中全會形成的政治局的格局保持不變(在正常情況下，大規模調整政治局需事先報經共產國際的批准)。但是，從莫斯科返國的幹部的具體工作，大多只限於黨的宣傳系統、技術性的黨務工作系統和地方工作系統，「教條宗派集團」基本失去了對軍隊的影響力，與此同時，個別軍隊領導被吸收參加了政治局，而一批重要的軍事幹部經常列席政治局會議則逐漸成了慣例。

（2）毛將與周恩來等關係密切、且和莫斯科有較深情感聯繫的原國家政治保衛局局長鄧發調作其他次要工作[7]，將原由政治局直接領導、因長征而不復存在的國家政治保衛局易名為方面軍政治保衛局，並派自己在江西瑞金時的秘書王首道擔任該局領導，將這個關鍵機構予以恢復，並劃歸於自己管轄之下[8]。

（3）毛任命王首道負責剛剛恢復建制的中共中央秘書處，並同時領導中央軍委機要科、中央社會部機要科，將黨、軍隊、秘密工作等全部機要通訊系統置於自己的統一管理和嚴密監督之下[9]。

7　1935 年 9 月下旬，鄧發改任由原中央機關和紅軍總政治部等機關組成的陝甘支隊第三縱隊政委；11 月，紅一方面軍番號恢復後，鄧發主要負責紅軍的籌糧工作；1936 年 4 月他被委以中央代表的身份派往蘇聯。參見《周恩來年譜(1898–1949)》，第 293、306 頁。

8　長征開始，國家政治保衛局少數負責人隨首腦機關行動外，其他工作人員均被併入各軍團，國家政治保衛局只留下名義，工作許可權已大大縮小。1935 年 10 月，王首道被任命為國家保衛局執行部部長，原執行部部長李克農被調作聯絡西北軍和東北軍的統戰工作。該年年底，國家政治保衛局建制被正式取消，其工作由方面軍政治保衛局接替。

9　1934 年 10 月，紅軍長征前夕，中共中央秘書處，軍委秘書處均被裁撤，其遺留工作由中央軍委機要科承擔。1935 年中共中央遷到陝北瓦窯堡

(4)毛深知掌握與莫斯科來往秘密電訊對其政治生涯的極端重要性，從1935年底開始，毛就直接控制與莫斯科的電訊交通，而不容其他任何領導人插手[10]，從而確保自己在訊息掌握、研判及利用上獲得任何人無法得到的優勢及便捷。

1936年底–1937年初，毛在求「勢」的過程中，熟練操用各種謀略，已將許多重大權力集中於其個人手中。然而毛的胸臆仍難以抒解——在以其道易中共路線方針方面，毛面臨着巨大的困難，在莫斯科和中共黨內的壓力下，他只能強忍內心的不滿，被迫長期違心接受對中共過去政治路線的評價。

「中共的政治路線是正確的」，這是隔亙在毛面前的一座難以逾越的高山，這不僅因為它來自莫斯科，也因為它是遵義會議參加者所一致擁護和接受的正式結論，它同樣是毛澤東與洛甫政治結合的基礎[11]。在軍事壓力緊迫和毛急於出山的1935年1月，他為了長遠目標和出於現實的考慮，可以同意這個結論，但是到了1937年，斗轉星移、時過境遷，再繼續維持這個結論，就愈發顯得強人所難了。

這個結論之所以要修正，是因為它關係到毛澤東能否實

後，中共中央各部及秘書機構漸次恢復，原來僅有的機要機構——中央軍委機要科一分為三，成立了中共中央秘書處機要科，中央軍委機要科，中央社會部機要科，上述三個重要機構統歸王首道領導。參見《中共秘書工作簡史(1921–1949)》，遼寧人民出版社1992年版，第186–187頁。另參見《王首道回憶錄》，解放軍出版社1988年版，第197頁。

10　參見張國燾：《我的回憶》(第三冊)，第345頁；另見師哲《在歷史巨人身邊——師哲回憶錄》，中央文獻出版社1991年12月版，第203頁。

11　洛甫在1943年整風期間的筆記中指出，「遵義會議沒有提出過去中央政治上的路線錯誤，而且反而肯定了它的正確……這在毛澤東同志當時只能如此做，不然我們的聯合會成為不可能。」參見〈從福建事變到遵義會議〉(1943年12月16日)，載中共中央文獻研究室編：《文獻和研究》1985年第1期，第13頁。

現其「道」，從而在政治前途上開闢一新的境界。不推翻此結論，便無從摧毀「教條宗派集團」的政治合法性基礎，更無法打破令毛感到壓抑的、瀰漫於中共黨內的濃厚的俄化氛圍，毛就難以順利地推行他改造黨的一系列設想，毛的新概念的地位更無從建立。

然而，推翻此結論存在很大的難度，除了共產國際這一外部障礙外，在國內最大的障礙就是毛的政治合作者洛甫。作為六屆四中全會後產生的中共領導人，洛甫幾乎本能地將自己政治前途與這個評價聯繫在一起，斷言「黨的政治路線是錯誤的」將直接打擊他和其他一大批領導幹部的威望，嚴重動搖目前洛甫在黨內的地位，因而必然遭到洛甫強烈的反對[12]。

1937年初，黨的發展、毛和洛甫的政治結合，以及毛的思路皆處在一個十分微妙的變化過程中，隨着國內和平局面的到來，國民黨軍事壓力的紓緩，解決戰時狀態下無暇顧及的若干重大問題的機遇正在出現。與此同時，遵義會議後確立的毛主軍、洛甫管黨的格局早已發生重大變化，洛甫顯示出他的作用僅限於黨的理論和宣傳教育領域，而毛與周恩來也建立起融洽默契的合作關係。現在毛已十分具體地感受到洛甫給他帶來的困窘，在新的時空環境下，繼續違心接受令

12　事隔 20 多年後，毛澤東在談到有關糾正「王明路線」的歷史時，再次提及洛甫的思想轉彎過程。毛說：「洛甫開始不承認路線錯誤，七大經過鬥爭，洛甫承認了路線錯誤」。參見毛澤東在中共八屆八中全會上的講話 (1959 年 8 月 2 日)，載《毛澤東論黨的歷史》，第 46 頁。其實，對於這一問題，洛甫早在延安整風開始不久，就有較深的認識。洛甫分析了遵義會議有關過去黨的政治路線的評價對自己的深刻影響，他說，由於遵義會議過去中央政治路線的正確，因而使自己「在長久時期內不能徹底瞭解自己嚴重錯誤」，參見《文獻和研究》1985 年第 1 期，第 13 頁。

其厭惡的對過去政治路線的評價將越發勉強，可毛又懼於在條件尚未達到之前，和盤托出自己的真實想法，從而將自己置於和洛甫及一批黨的高級幹部發生正面衝突的尷尬境地。就在這關鍵的時刻，1937年春夏之際，劉少奇站了出來，就黨的十年路線問題向洛甫發起挑戰。

一向未被史家注意的1937年的劉、洛之爭對中共歷史有着重大影響，這場爭論的實質是如何看待中共1927–1937年的政治路線及是否改組中共領導構成的問題。儘管毛澤東完全贊同劉的觀點，但囿於黨內的強烈反對和洛甫激烈的抵拒，毛只是有節制地表明了自己對劉少奇觀點的支持，而未全面闡述他個人對十年路線的總體看法。劉洛爭論雖以洛甫意見佔上風而告結束，但毛、洛聯盟從此正式解體，而毛、劉長達30年的政治結合的基礎卻因此次爭論而告奠定[13]。

二

對於30–40年代中共黨內的鬥爭，毛澤東所採取的一貫策略是決不打無把握之仗，當形勢對己有利時，主動出擊，能鬥則鬥；而當形勢晦暗不明時，則退避三舍，決不採取正面對抗的姿態，以避其鋒銳。1937年七七事變爆發，國內形勢急劇轉變，歷史遺留問題尚未解決，黨內又就與國民黨統一戰線的政策和八路軍軍事戰略方針問題發生了新的分歧，毛澤東陷入了1935年以來最嚴重的困境。

1937年8月下旬，在洛川會議上，毛提出的利用抗戰時機

13　關於劉少奇與洛甫爭論對中共的影響可參閱拙文〈毛澤東與1937年的洛甫之爭〉，載《南京大學學報》1993年第4期。

全力發展中共及其武裝、八路軍不採取與日軍正面對抗態勢而以遊擊戰為其主要作戰方式，將軍隊主要力量用於開闢敵後中共根據地等一系列主張遭到中央核心層部分成員冷遇，周恩來且帶頭對毛的主張表示異議[14]。這是遵義會議後，毛在中央核心層所遇到的第一次挫折，此次事件不僅標誌着毛的政治權威尚未完全確立，更預示與毛密切合作已3年的周恩來極有可能與將要回國的王明重新會合，從而嚴重動搖1935年後毛在中共核心層已獲得的政治優勢。這一事件對毛造成的另一衝擊是，由在黨和軍隊中享有崇高威望、且在軍內擁有較深幹部基礎的周恩來等提出的「運動遊擊戰」方針受到軍方領導人的一致擁護，毛面臨軍方與其疏離的現實危機[15]。

1937年11月底，王明身負莫斯科要求中央轉變方針的重大使命，以共產國際執委、書記處書記的身份飛返延安。王明返國，打破了1935年後逐漸形成的以毛為重心的中共政治格局，黨內關係立即開始了新一輪的轉折和重組。12月政治局會議的召開，實現了1931年後黨的政治局委員(國內部分

---

14 有關洛川會議上毛澤東與周恩來的意見分歧，可參閱《周恩來年譜(1898–1949)》，第 378 頁；張國燾：《我的回憶》(第三冊)，第 386–391 頁；另可參見《中國共產黨歷次重要會議集》(上)，上海人民出版社 1982 年版，第 202–203 頁。

15 毛澤東在 1937 年 8 月 1 日與洛甫聯署發給周恩來的電報中，首次提出紅軍(此時尚未完成改編)作戰方針應是「在整個戰略方針下執行獨立自主的分散作戰的遊擊戰爭。」8 月 5 日，毛部分修改了自己的觀點，在給周恩來的電報中提出了紅軍擔負的作戰任務中「獨立自主的遊擊戰爭。」但到了 8 月 18 日，毛、洛甫以中央書記處名義發出給朱德、周恩來等的《訓令》，正式提出「紅軍充任戰略的遊擊支隊，在總的戰略方針下，進行獨立自主的遊擊戰爭。」但是在周恩來的影響下，1937 年 10 月 8 日，華北軍分會(八路軍最高領導機構)明確規定以「運動遊擊戰」作為八路軍的戰略方針。參見《周恩來年譜(1898–1949)》，第 373–374、375、377；另參見《彭德懷自述》，第 223 頁。

與國外部分)的首次會合。從形式上看，政治局作為集體領導機構，其權威得到了恢復，軍方人員列席政治局會議的慣例宣告結束，一時黨權猛然上升。王明且以天子門生自居，口銜天啟，傳達斯大林要求中共全力加強與國民黨合作的新方針，受到周恩來等的一致擁戴。周且在1937年12月政治局會議上，不指名批評毛把獨立自主提得太高，而沒有實行抗日高於一切的原則[16]。

面對來自莫斯科的巨大壓力和政治局內的一致聲音，毛澤東雖然隱約其辭，但最終還是迫於無奈，只得取與大多數政治局委員相一致的立場，對王明的新方針隨聲附和，此亦所謂「言不必信，行不必果，惟義所在」[17]。毛甚至還能放下其極強的自尊心，少有的對王明吹捧幾句，將其譽為「從昆侖山下來的『神仙』」[18]。

1937年底毛在政治上遭受的挫折，主要是由於他的思路與斯大林及中共政治局絕大多數同事相衝突。在對抗戰與中共前途關係之認識上，毛的眼光確比周等看得更深遠，用毛的話說，即決不做賠本買賣。在毛看來，拿中共歷經千辛萬苦才保存下來的這一點血脈——不到三萬的紅軍去和日軍拼命，豈只是頭腦簡單，簡直是發政治熱昏症！可歎的是，大多數政治局同事被「愛國主義」沖昏了頭腦，竟忘記了一個最基本的道理：抗戰前途若不與「人民的勝利」相聯繫，那又與中共有何意義！中共難道還要重蹈大革命時期為國

16　《周恩來年譜(1898–1949)》，第 393 頁。

17　語見《孟子・離婁下》，毛在《「倫理學原理」批註》中引述了孟子此段論述，載《毛澤東早期文稿》，湖南出版社 1990 年版，第 222 頁。

18　參見曹仲彬、戴茂林：《王明傳》，吉林文史出版社 1991 年版，第 287 頁。

民黨作「苦力」，旋被國民黨打入血海之覆轍！

　　對於在中共最艱苦的歲月躲在莫斯科作寓公，如今又「挾天子以令諸侯」的王明，毛從心底排斥與厭惡。而從王明這方面看，卻頗有自知之明，王明知道自己在黨內基礎薄弱，倒也一貫注意與毛加強和改善關係。早在1934年，王明就對毛作出一系列親善舉動，在莫斯科主持出版了燙金的毛澤東講話集，又多次在共產國際大會的講台上盛讚毛澤東。1937年後，王明與毛意見相左，實緣於兩人背景、思路、處境及個性之懸隔太遠，卻非王明蓄意對抗毛。

　　王明返國對毛澤東造成的衝擊既深又遠。1937年12月後，在中共黨內事實上形成了毛、王共治的局面，毛的影響相對下降。繼1937年12月政治局會議後，在1938年2月底至3月1日召開的政治局會議上，由於得到周恩來等的支持，王明的意見又一次在政治局佔了上風。中共出現了兩個並行的中心，即由毛澤東、洛甫、劉少奇、康生、陳雲等組成的在延安的中央政治局，和以武漢長江局為中心的，由王明、周恩來、博古、凱豐組成的事實上的「第二政治局」。令毛尤其不安的是，華北八路軍領導人彭德懷竟主動向武漢長江局請示工作，而遠在皖南的另一政治局委員、新四軍政委——毛的政治老對手項英更是一切聽命於武漢長江局，毛幾乎喪失了對新四軍的影響力。

　　1937年末至1938年夏，這是毛在遵義出山後政治上最失意的時期。毛自稱，在這段時間「鬼都不上門」，此話可能言過其實，因為，毛始終牢牢控制着中央的保安、機要和組織部門，毛也不遺餘力地加強對華北八路軍的指導，但其政治影響相對減弱卻是事實。

雖然毛澤東在政治上遭到嚴重的挫折，但他並未就此甘休，「道法自然」了，在暫時處於孤立狀態的這大半年裏，毛所做的一切，都是為了以後的捲土重來。

1937年底至1938年夏，是毛韜晦養氣、以力逆境、以「道」造勢的重要階段，在王明、周恩來等正轟轟烈烈、頻頻爆光於國內和黨的政治舞台的日子裏，毛一則不動聲色、潛心觀察，隨時注意各項事態的發展；另則，他又進行各項準備，為挽回頹勢竭盡一切努力。

在毛的各項準備中，理論的準備佔據重要位置。毛深知「欲動天下者當動天下之心」[19]，若不建立起自己的有說服力的概念系統，便無法在新的形勢下使其同事折服。而要拿出這一套概念系統，又必須在莫斯科的功能表裏進行精心選擇，並加以自己的佐料，使其既有莫斯科可以接受之外觀，又有自己的靈魂。

此項工程難度甚大，非大手筆無以完成。1935年前，毛儘管已萌生種種想法，但多屬對當時黨政策之直觀反應。只是到了抗戰階段，當毛已研究了一批列寧、斯大林著作，毛的一套想法才在與其政治對手的較量中逐漸系統化和概念化。與王明等的分歧更刺激了毛理論思維的活躍，促使他創造出幾個極具攻擊力的概念術語。

(1)「階級投降主義」或「新陳獨秀主義」

針對洛川會議後中共黨內逐漸佔上風的主張全力與國民黨合作的主張，毛從列寧和中共歷史中尋找到依據，發明了此新語彙，將其贈與王明及其追隨者。

19　參見毛澤東：〈致黎錦熙信〉(1917 年 8 月 23 日)，載《毛澤東早期文稿》，湖南出版社 1990 年版，第 85 頁。

(2)「速勝論」

毛針對已被八路軍華北軍分會接受的「運動遊擊戰」方針、和王明、周恩來在武漢為配合國民黨而展開的「保衛大武漢」之種種活動，反復強調開展遊擊戰對發展中共和進行持久抗戰之極端重要意義，並將王明等的觀點概括為與「亡國論」相對應的「速勝論」。

毋庸諱言，毛決非一單純學院式觀念思想型人物，他首先是一個實踐家，其發明的說辭主要是針對其現實中的政治對手的。

新口號既已發明，但僅有「道」而無勢，則「道」之不行。於是，以術謀勢就成了1938年春夏之際支配毛之一切活動的興奮中心了。

(1)運用一切方法，全力爭取共產國際的支持。自1935年底莫斯科與中共電訊交通恢復後(初期電訊仍不穩定，1936年初即完全正常)，莫斯科就成了套在毛頭上揮之不去的金箍咒。儘管毛控制了與莫斯科的電訊，從而在訊息獲得及解釋方面贏得了比較充分的主動權，但當王明返國後，面對參與新方針制定的王明，使毛原已獲得的解釋上的自主權，頓時相形見絀。中共政治局的大多數同事，如久旱望雲霓般，將王明傳達的斯大林指示視為甘霖，而將毛的肺腑之言撇之一邊。若改變這一狀況，其重要途徑就是加強毛在莫斯科的影響力，對王明實行釜底抽薪。1938年蘇聯正處於「肅反」大風暴中，政治的發展瞬息萬變，王明的後台米夫已遭斯大林清洗，此事已為毛在莫斯科的活動提供了空間。1938年3月5日，任弼時被政治局派往莫斯科，向共產國際彙報自王明返國後中共執行新方針的工作。在任弼時向莫斯科提供的彙報

提綱中，主要反映的是中共政治局12月會議精神[20]，但也同時夾進毛有關加強在統一戰線中獨立性的意見。當這個折衷性的彙報提綱被共產國際通過後，毛在爭取莫斯科的支持中就已取得初步勝利。而當王稼祥與季米特洛夫會面並獲得季氏對毛支持之口信，則不啻為毛的巨大勝利了。季氏之口信在1938年的中共發揮效力之巨大，非局外人所能想像，它簡直就是一份莫斯科對毛之政治地位的承認書。至於王明，一旦遭莫斯科之冷遇，則完全喪失了政治上的迴旋餘地。1938年季米特洛夫對王明的輕慢有其複雜的原因，儘管季氏與王明私交甚篤，王明唯一的女兒在其返延安前即託付給季氏，但在1938年席捲全蘇聯的大恐怖之血風腥雨中，飽受寄人籬下之苦、且常遭斯大林之輕侮的季氏於驚恐中欽羨毛澤東之功業，盡在情理之中。季氏與斯大林畢竟非一人，從各方面資料看，斯大林對王明關懷備至幾十年可謂不變。1938年季氏搞的小聰明竟把斯大林也蒙混了過去。這也是毛以後念念不忘季米特洛夫的原因。

(2)積極引導軍隊領導人，促使軍方改變戰略方針。1937年洛川會議後，毛不斷急電彭德懷等，指示彼等盡量避免與日軍正面衝突，而將主要工作用於開闢根據地和群眾工作方面[21]。但當八路軍依運動遊擊戰方針配合國民黨軍取得平型關之役勝利後，毛也表示嘉許。在毛的耐心爭取下，1938年春

20　例如任弼時在向共產國際提供的報告大綱的說明和補充中指出，造成國共摩擦的原因之一，即是「我黨對國民黨轉變和兩黨合作長期性認識不充分，過份強調了獨立自主、民主與改善民生的要求。」載《中共中央抗日統一戰線文件選編》(下)檔案出版社 1986 年版，第 122 頁。

21　毛澤東的上述電報均載於《中共中央文件選集》，第 11 冊，中共中央黨校出版社 1990 年版。

夏，華北軍分會主動將運動遊擊戰的方針轉變為深入敵後，全力開闢中共根據地的遊擊戰方針，在發展中共武裝力量這一關鍵問題上，軍方與毛原就完全一致。自太原失守，日軍強敵壓境，國民黨軍隊撤退殆盡，中共軍隊失去友軍配合作戰的客觀環境時，八路軍事實上就採納了毛的戰略方針，當八路軍在不到一年內從不足3萬發展到30萬人後，軍隊將領業已主動信服於毛。

(3)加緊聯絡黨的高級幹部。在王明返國、新政治格局出現的形勢下，毛鑒貌辨色，小心謹慎地發展與在延安政治局委員的政治聯繫。1938年3月底，毛將劉少奇調回延安，劉成為毛在政治局中最親密的盟友，而劉領導的原北方局從此成了毛向長江局「鬥爭的根據地」[22]。毛同時還拉緊洛甫，不僅使洛甫在對國民黨之方針的意見上與自己完全一致，而且加速了洛甫與王明等的進一步分裂。對於和自己素無交往，且與王明長期共事的康生，毛也經過一段時間的認真考察，讓康生在延安的中央職工委員會坐了一陣冷板凳，在證實了康生對自己的忠實後，與康生建立起密切的關係。

1938年3–4月，毛聯合在延安的政治局委員與以王明、周恩來為首的長江局就中共向國民黨臨時全國代表大會發賀電事，展開了電報戰，雖然一時難分勝負，但毛卻在此次交鋒中，鞏固了與在延安政治局委員的團結，打破了王明在政治局曾一度擁有的完全支持。

(4)推遲召開中共七大。自1928年中共在莫斯科舉行六大後，由於環境極其險惡，中共遲遲未能召開七大。第二次國

22　1938年春，劉少奇多次向中共中央秘書處的王首道表示他個人及北方局對毛澤東的全力支持，參見《王首道回憶錄》，第212–213頁。

共合作實現後，中共成了合法政黨，1937年政治局會議決定在「最近時期內」召開七大，並成立了由毛和王明共同主持的中共七大準備委員會，1938年3月政治局會議再次重申近期召開七大的決定，洛甫並代表中共中央專門就此於3月10日起草了「告全黨同志書」。然而，毛決不願意在形勢對己不利的狀況下召開七大。洛甫已經擬就的「告全黨同志書」被束之高閣沒有發出。於是，1937年12月政治局會議通過的關於近期召開中共七大的決定被一再推遲。

由於毛在固守既有陣地的同時不斷出擊，其政治之優勢逐漸形成，毛的韜晦養氣終獲成功。1938年8月，王稼祥返國帶來了季米特洛夫支持毛為中共核心的口信，毛乘勢立即召開中共六中全會，就此出台一系列重要舉措：

(1)利用有利時機正式提出「馬克思主義的中國化」新概念，將其「道」在全黨和全國完全公開。毛明確表示，中國不僅從馬列主義，而且還要從中國文化傳統中吸取精神資源。毛的「馬克思主義的中國化」，就其犖犖大端而言，即在於他吸取、運用馬列階級鬥爭、暴力革命的思想和蘇共黨的組織結構形式，將其與中國歷史重大遺產——農民造反、「馬上打天下」的傳統融匯統一，使之轉化為由共產黨領導的、推翻國民黨統治的現代農民大革命。作為中共摹本的俄式革命理論及經驗，雖在毛將中國傳統遺產轉化為現代農民革命戰爭的過程中發揮了重要作用，但俄式理論及其經驗與毛的觀念和行動又常有不合之處。「馬克思主義的中國化」的口號為中國的共產主義運動注入了民族主義的活力和色彩，它不僅為毛所有的觀點提供了合理性的解釋，也給毛提供了自由活動的廣闊空間，它更有助於改變「中共乃外來觀

念之產物」這一在當時頗為流行的觀念，而大益於中共在中國社會的生根。在民族主義高漲的抗戰階段，毛抓住「中國化」的旗幟，立時使王明等陷於窘境而無以自拔。

(2)將剛剛獲得的政治優勢迅速落實到對中共權力結構的組織配置方面。1938年11月5–6日，毛借周恩來攜其給蔣介石親筆信趕赴武漢，王明、博古赴漢參加國民參政會而未能出席六中全會閉幕式之機會[23]，乘機對王明等的「階級投降主義」進行猛烈地抨擊，藉以沖淡和挽回其在《論新階段》政治報告中對王明等觀點的妥協。會議後又以武漢失守為理由，撤銷長江局，縮小其後繼機關南方局的許可權，繼而以「工作需要」之名，調王明回延安，將其置於自己密切的監護之下；復正式委任康生為中共社會部部長，使康生成為名副其實的中共的葉若夫兼貝利亞；繼之，再派劉少奇去中原，以箝制和着手分階段解決項英和新四軍問題；最後，大力扶植與留蘇派毫無淵源的高崗，將高崗樹為陝北黨和紅軍的旗幟，以鞏固中央後方。

中共六屆六中全會之召開，終使毛正式成為黨的領袖。會後，毛開始主持中央書記處日常工作(此時的書記處類似中央政治局常委會)。勢既造成，其威乃現，一度與王明密切合作的周恩來旋即離王而去。對於周恩來的翩然而歸，毛當然求之不得，周之傑出才幹和欲易國民黨天下之共同需要，使毛與周再次走到一起。

23　周恩來於中共六屆六中全會閉幕後的第二天，在作過統一戰線工作報告後就離開延安赴武漢，於10月4日面見蔣介石，轉交9月29日毛澤東致蔣親筆信件。毛在給蔣的信中，聲稱自己及國人對蔣之「盛德」「欽佩無既」，「無不崇仰」。1938年9月29日，毛澤東致蔣介石手稿影印件見《抗戰建國史研討會論文集》(下冊)，台北中央研究院近代史研究所編，1985年12月出版，第325頁。

三

從1935–1938年，經過4年的艱辛努力，其間雖有曲折和暫時的失意，毛畢竟在實現其政治理想的大道上一路凱歌行進，到了1938年底，毛已將中共軍權、黨權牢牢控制在自己手裏，然而，仍有一件事使毛如骨刺在喉，須臾不得安寧——這就是毛還未獲得中共意識形態的解釋權，中共理論和思想宣傳部門仍控制在留蘇派的手中。

解釋權——給詞語下定義的權力，這是人類最重要的權力之一。在共產黨內，解釋權則尤其重要，誰獲得對馬列經典的解釋權，誰就控制了黨的意識，換言之，即使擁有軍權和黨權，若無意識形態解釋權的支持，對黨和軍權的控制也難持久。解釋之重要，不純取決於詞語本身的內容及其意義，更在於詞語與現實的聯繫，以及詞語概念在社會生活中的作用。長期以來，在留蘇派的經營下，俄化概念在中共黨內早造成一特有的精神氣質和濃厚的親蘇氣氛，成為籠罩在黨之上、阻遏一切創新精神的沉重低氣壓，王明、洛甫等不僅憑藉這種氛圍扶搖直上，且沾沾自喜，儼然以聖杯看守人和護法大師自居，將一切獨創思想均視為旁門左道而必欲除之而後快。在一個相當長的時期裏，毛對此除了憤慨而毫無辦法，彼等出自莫斯科正宗嫡傳，在他們的眼中，自己的那一套豈只是離經叛道的「狹隘經驗主義」，簡直就是難登馬列之堂奧的「野路子」。

自尊心受到極大傷害的毛決意要發出自己的聲音，且一鳴必求一言九鼎之效，使其政治對手就此噤口。還在1910年，當毛還是湘鄉東山學堂學生時，他就借一首「詠蛙」詩而明其心志：

獨坐池塘如虎踞，

綠蔭樹下養精神。

春來我不先開口，

哪個蟲兒敢作聲！[24]

　　而在毛已初建其大業之後，他就更不能容忍中共黨內還存有的那種精神指導系統。素懷「傳教」之志，兼有辦事之才的毛，對自己及對手之特長均有極其清晰的了悟，他深知目前自己之優勢非在於此——馬列經典讀得畢竟比那些洋學生少；但毛又極具自信，他之基於對中國歷史及其文化傳統深刻洞悉和體認，而對馬列幾個重要概念的融匯，在其實際功用價值上遠勝於那些食洋不化的迂腐書生的紙上談兵。當然，毛作為「策略大師」，更知道如何區分在掌握實際權力與精神指導權力之間的輕重緩急關係。1935–1938年，毛既是順其自然，又是自覺促成，對洛甫領導黨的意識形態工作並不表示任何異議，毛的當務之急是將留蘇派從權力核心地帶引開，先鞏固軍權，進而奪取黨權。毛很清楚，一旦有了軍權和黨權，再獲取意識形態解釋權乃水到渠成。毛也要讓自己的政治對手徹底明白，究竟誰是真正的大英雄和大手筆。在毛看來，留蘇派「如秋潦無源，浮萍無根」，「其胸中茫然無有」，僅是憑藉莫斯科的栽培，先控制意識形態，繼而奪取了黨權和軍權。毛卻要反其道而行之，憑其個人的意志和智慧先掌握軍權和黨權，最後攻佔意識形態陣地。

　　1938年10月，當毛已先學了一批馬列著作和斯大林主義

24　參見陳晉：《毛澤東的文化性格》，中國青年出版社1991年版，第325頁。

的解釋課本——米丁、愛森堡的辯證唯物主義與歷史唯物主義教科書之後，毛在中共六屆六中全會講台上向全黨發出開展「學習運動」的號召。

學什麼？一言以蔽之，學習馬克思主義與中國實際相結合之產物：毛的新概念以及毛的態度和工作方法。可是當時既無「毛澤東思想」這一正式概念，又不便在斯大林遠距離觀察下直接鼓吹毛的新貢獻。況且，毛也難於將其內心的真實想法和盤托出，毛真正陷入到欲語又止的境地。

具有諷刺意味的是，「學習運動」之展開，竟使得六中全會之後頗感失落、壓抑、反被毛圈在延安中國女子大學和中央統戰部幾間窯洞裏度日子的王明有枯木逢春之感。王明似乎感到施展自己馬列才華的機會再次來臨，竟然四處報告，居然受到延安各機關、學校廣大青年知識分子的熱烈歡迎。

王明之風頭仍健，其實並無任何意外。六中全會之後，王明仍是書記處和政治局成員。更重要的是，毛在六中全會的政治報告《論新階段》包含了王明的大量政治觀點，毛為了向斯大林顯示其政治忠誠以及為了擴大中共在國內政治生活中的影響，通權達變，比王明更積極地主張加強與國民黨的統一戰線，毛甚至提出中共可以集體加入國民黨，並「將加入黨員之名單提交國民黨的領導機關」的正式建議。[25]（毛以後拒將《論新階段》收入《毛澤東選集》）。六中全會的政治決議案也是由王明代表政治局起草[26]，至於毛有關加強中共在統一戰線中獨立自主的觀點只是閃爍於政治報告中，與其

25　參見毛澤東：〈論新階段〉(1938 年 10 月 12 日–14 日)，載《中共中央文件選集》，第 11 冊，第 629 頁。

26　王明：《中共五十年》，現代史料編刊社 1980 年版，第 76 頁。

主旋律並不協調。六中全會後，王明只是感到在政治上的失勢，而無意識形態受挫之感。

　　毛對王明等的大出風頭一時也無可奈何，站在共產黨的角度，「學習運動」不學馬列又學什麼呢？於是毛澤東眼看着馬克思著作在延安一本本翻譯出版，大批青年知識分子如饑似渴研讀原典，只能更加反感那些控制黨的意識形態部門的「學閥」、「黨閥」對「學習運動」的別有用心的誤導。

　　其實，1938年後毛在中共意識形態所佔空間已大幅增進，掌管黨的理論和宣傳工作的洛甫主動給毛讓出了最重要的權力：據當時洛甫的副手吳黎平(即吳亮平)回憶，六中全會後，中央內部已有規定，凡在延安發表重要文章(《解放週刊》、《共產黨人》)一概須經毛事先審閱批准[27]，而毛的講話、文稿莫不刊登在黨刊之首要位置。

　　然而毛所要求意識形態部門的決不僅是這些，他的終極目標是改變中共氣質。他要實現對意識形態的全部佔領——包括控制和超越於控制之上的完全佔有。將毛文章放在頭版頭條，或使毛擁有審稿權，並不能立時改變中共黨內早已固定化的那種以俄為師的精神氣氛，毛所要打破的正是在他個人與由洛甫等營造的氣氛之間所存在的那種隔離狀態，這種隔離狀態與毛毫無親和性，卻能製造無數「又臭又長」充滿腐氣的「黨八股」，且使留蘇派從容操縱全黨的精神信仰系統。在這堵巨大的精神壁壘面前，毛氏新概念和新文體根本無從普及和推廣，更遑論取其地位而代之！

　　然而這一切之於歷經無數風浪的毛，又實在算不了什麼。

27　參見吳黎平：〈「論共產黨員的修養」出版的前前後後〉，載《懷念劉少奇同志》，湖南人民出版社1980年版，第291頁。

1938–1941年，毛為奪取意識形態解釋權，鞏固並擴大其在黨和軍隊內的基礎，開展了一系列新的活動。

　　首先，毛起用陳伯達和胡喬木作為自己的理論助手。陳的作用主要體現在他擅長用馬克思主義解釋中國古代哲學概念，這有助於毛將「馬克思主義中國化」的概念理論化和系統化[28]。至於胡，毛看重他走筆成章的文字表達能力和他領導上海左翼文化運動的經驗。

　　其次，為配合正在形成的以毛為中心的體制，由任弼時具體籌劃，將體現等級差序原則的大、中、小灶幹部待遇制度進一步明確化和固定化。此制度的作用，不僅在於它能夠在物質匱乏的條件下確保對黨的高級幹部的物資供應，更在於它可以在敏感的「價值」和「承認」問題上，直接打擊黨內小資產階級和知識分子——王明最熱烈的聽眾——自視清高的傲慢。

　　第三，毛親自主持加緊編纂「黨書」——黨的歷史文件集。毛在胡喬木的具體協助下，從1940年底開始，編輯《六大以來——黨內秘密文件》，為建立以毛為中心的中共新黨準備理論依據[29]。

　　在上述準備的基礎上，1940年12月25日，毛正式提出他隱藏在胸中多年的觀點，在以後以《論政策》之名發表的給黨內指示中，第一次宣佈，中共在蘇維埃運動後期犯了左傾

28　Raymond F. Wylie, *The Emergence of Maoism—Mao Tse-tung, Chen Po-ta and The search for Chinese Theory* 1935–1945, Starford University Press, 1980, p. 102–03, 104, 110–11.

29　毛澤東稱其主編的《六大以來》為「黨書」，他在1943年10月召開的政治局擴大會議上說，1941年6月編了黨書，許多同志解除武裝，故可能開九月會議(指1941年9月政治局擴大會議)，大家才承認錯誤。參見《黨的文獻》1990年第3期，第75頁。

機會主義錯誤，並提及其在十一個方面的表現。在這裏，毛放了一隻觀測氣球，他使用的是比較籠統、含混的「蘇維埃運動的後期」的概念，而沒有明確指明其時間段是從1931年中共六屆四中全會至1935年遵義會議召開之前；他用「左傾機會主義錯誤」來代替「左傾機會主義路線錯誤」的正式判斷。

毛之所以選擇在此時提出自己的觀點，是基於他對其政治對手內部分裂狀況之準確把握。毛十分清楚，在中共領導層頑強堅持對原政治路線評價的人，並不是王明，而是與毛長期合作共事、且在1940年仍與毛關係密切的洛甫。至於王明，已在1940年11月就提出中共在蘇維埃運動後期犯了嚴重錯誤的看法[30]。儘管王明只是重複其1933–1934年在莫斯科即曾表明的觀點，但王明在此時舊事重提，卻完全是為與在國內的原同事博古、洛甫撇清關係。對於王明、博古、洛甫等互相攻訐，競相推卸責任，毛看在眼裏，卻絲毫沒有表明他個人對王明的欣賞和支持，畢竟使毛感到威脅的是在國際共運中聲名遠揚的留蘇派之精神領袖王明，而非王明昔日之朋友、且早已在一系列重大問題上與自己站在一邊的洛甫。眼下形勢早已變化，王明正不時向毛示好，且將毛從「中國革命的偉大政治家和戰略家」升格為「偉大的理論家」[31]。只有洛甫一人還在頑強抵拒毛為修正歷史結論所作的努力，果然，洛甫對毛放出的氣球作出劇烈的反應，可是，教條宗派集團已四分五裂，勢單力孤的洛甫又怎能一人抵抗毛的進攻？

30　王明〈論馬列主義決定策略的幾個基本原則〉，原載延安《共產黨人》1940年第 12 期，引自《中國現代思想史資料簡編》，第 4 卷，浙江人民出版社1983 年版，第 488 頁。

31　王明：〈學習毛澤東〉，延安《新中華報》1940 年 5 月 7 日。

一旦觀測到留蘇派虛弱之所在，尤其是留蘇派的後台斯大林竟也毫無動作，毛迅速將陣地從黨的十年歷史問題轉移到當前。這次毛不再將王、洛分開，讓這些「理論大師」呈現原形。毛決定徹底摧毀王明等在黨內坐大的基礎──他們所擁有的馬克思主義理論家兼聖杯看守人的名號！

1941年5月19日，毛當着王明等的面，向王明發起新的一輪攻擊，在《改造我們的學習》的報告中，他要求徹底扭轉1938年後開展的學習運動方向，「廢止孤立地、靜止地研究馬克思列寧主義的方法」，而代之以學習當代最高綜合的馬列主義—斯大林的《聯共(布)黨史簡明教程》和中國化的馬克思主義！

在向王明發起的最新挑戰中，一組組最具隱喻性和挑戰性的新語彙被毛創造出來──「言必稱希臘」、「希臘和外國的故事」、「教條」、「留聲機」，儘管皆有其針對意涵，卻並不明確所指，這就更加容易在詞語與現實之間引發疑問和聯想，從而猛烈動搖王明等的老語彙的神聖地位，為毛通過改變詞語，奪取意識形態解釋權掃清障礙。

從1935年遵義會議後到1941年春，毛澤東在長達7年的時間裏，依據時局環境及政治發展所能提供的空間，為改變中共發展路向，取代王明等留蘇派而確立其對黨之絕對領導，進行了持續而細緻的準備。

毛澤東的「準備」是一個龐大的系統工程，包括了思想和輿論的準備，組織和人事力量配置方面的準備，軍隊和保安等強勢機構的準備，以及打通莫斯科的高級政治公關和掌握與「遠方」秘密電訊，對信息來源控制及再解釋方面的準備。

在極端複雜、瞬息萬變的動盪形勢下，毛將不容拂逆的個人意志和靈活、練達的策略手段緊密結合，使其「道」、「術」、「勢」三種資源水乳交融、互相貫通：「道」為根本，以「道」開路，先聲奪人；「術」為手段，以「術」課「勢」，「勢」乃形成；「勢」既獲得，以「勢」護「道」，「道」遂大行。

在「道」、「術」、「勢」互動回流的過程中，毛的政治智慧和駕馭複雜事物之才俱得以全面展現。毛將敢於突破常規、取而代之的雄心魄力與縝密、謹慎的組織、籌劃才能緊密結合，既抓住每一稍縱即逝之機遇。又憑藉其個人擁有之資源，每每創造有利於中共發展的時勢。毛在對實情的掌握及其政治對手心境的揣摩方面幾達化境，終在風雲際會中，通過不斷的縱向位移和橫向凝聚，在突進和迂迴之間積小勝為大勝，接連贏得階段性的重大戰績，在發展和壯大了中共實力的同時，又將自己的權力空間大大拓展：從先下手持兵符，繼而掌握黨權，復而爭奪意識形態解釋權，再圖實現意識形態解釋權之擴張，軍權和黨權之再鞏固，最後達到集領袖與導師於一身──「君師合一」之境界。

1941年春，實現毛澤東目標的日子已經迫近，毛已成為不可動搖的中共第一號領袖，現在毛不僅是軍事家、政治家，也開始成為黨的理論家。儘管毛澤東還未獲有中共總書記或黨主席的正式頭銜，王明等還端坐在政治局和書記處的主席台上，但是「堅冰已經打破」，包圍圈正在緊縮，一場徹底改造全黨──從組織結構到精神氣質，從語言到思維方式──的大風暴，延安整風運動已經來臨！

延安整風運動中的思想改造、制度創設與政治運作[1]

1942–1945年的延安整風運動，是中共歷史上進行的第一次全黨範圍內的大規模的政治運動，其中對廣大黨員幹部進行思想改造——即用毛澤東的理論和概念轉換黨員幹部的思想意識，是延安整風運動重要的一環。毛澤東領導的這場浩大思想改造工程迄今已五十多年，筆者認為，無論從毛澤東的個人創造力，抑或是從思想改造對日後中國人的廣泛影響而言，延安整風期間鍛造「新人」的經驗都是值得充分研究的。然而學界對有關這一課題的敍述，基本集中於全黨思想統一的政治意義方面，對整風運動中的政治操作層面及與思想改造的關係；制度創設對整風的有效推動，鍛造「新人」過程中的「思想」和「組織」因素的交互作用等，均極少涉及。本文的基本觀點是，在延安整風運動中由中央總學委領導、廣泛推行的「和風細雨」和「急風暴雨」的思想改造的路徑，作為整風運動政治操作的基本方式，對於整風運動目標的實現起了極為重要的作用。

一、從「思想」打開突破口

延安整風運動所要解決的問題極其繁重，難度也極高，它所涉及的既有政治層面的中央領導機構的改組問題；又有思

---

[1] 原載《領導者》總第 8 期，2006 年 2 月。

想層面的全黨思想轉換，確立中國黨的獨立自主地位和新的思想路線；以及培養「無產階級革命新人」等問題。然而，在彼時彼地，可供毛澤東活動的空間卻相對狹小，首先是來自莫斯科的壓力：儘管此時蘇德戰爭激烈，但是蘇聯及共產國際作為國際共產主義運動的總司令部，對中共仍然具有廣泛的影響，中國黨作為第三國際的一個支部，在尋求獨立自主道路時面臨着很大的壓力，這種壓力又分為實際的具體壓力和無形的精神壓力兩個方面：前者是擁有大功率電台的蘇聯在延安觀察組，他們隨時向莫斯科彙報在延安觀察到的有關中共的一切戰略情報；後者主要是中國黨內長期存在的盲目崇拜共產國際的濃厚精神氛圍；在這兩種壓力以外，黨內一部分同志中還存在着對開展整風、反教條主義「正當性」的疑慮和抵觸。

在1941年9-10月召開的中央政治局擴大會議上，毛澤東對1931-1934年黨的政治路線的批判，得到了中央領導層絕大多數成員的擁護，毛已獲得對王明等「教條宗派分子」的絕對優勢，但是，王明等在全黨，特別是在青年知識分子黨員中仍享有很高的威望，在全黨毫無思想準備的情況下，毛很難迅速將黨的核心層中的路線分歧向全黨公開。然而為了徹底摧毀「教條宗派」在黨內的基礎和影響，又必須在思想上和政治上「搞清路線是非」，既對事，也對人。只有將上層與中、下層的鬥爭全面展開，才能為全黨轉變思想、接受「教條宗派是機會主義路線的產物」這一命題掃清障礙。

從延安整風推動中共革命勝利之巨大成效看，毛的意圖是有充分正當性的，俄式革命概念若不經中國化的改造和轉換，事實證明，是難以在中國真正發揮作用的；而「無產階

級革命新人」又確保了中共幹部隊伍，在嚴酷的戰爭年代和建國後，實現了政治上和思想上的高度統一。只是在當時，中共作為共產國際的一個支部，既要清除黨內的盲目崇蘇的思想，又不能損傷中共和共產國際的關係，更要維護斯大林作為全世界無產階級革命導師的形象；還要考慮到全黨思想認識的現有水平，故而毛不能操之過急，他只能因勢利導，穩紮穩打，循序漸進。整風之初，毛暫時迴避了敏感的領導層班子改組的問題，選擇先從較為「形而上」的，也是所有問題之基礎的「思想」入手，從而使得從1942年開始的行動顯得頗為撲朔迷離。在一段時間裏，黨內上下並不都能完全理解毛發動整風運動的意圖，即確立中國黨的獨立自主地位，推倒和清除王明路線在全黨的影響，重建黨的思想路線和改組黨的最高領導機構。尤其不理解為什麼要在抗戰艱苦的年代，將各根據地的重要領導幹部調回延安？為什麼當各地的七大代表到達延安後，又推遲召開黨的第七次全國代表大會？以及為什麼要把延安中央機關和各根據地的許多日常的工作停下來，花費那麼多的時間和精力來進行黨的思想路線的學習和討論？

面對這種情況，毛不僅需要沉穩細緻，耐心等待一些同志的思想覺悟，更需要採用一些政治上的方法和步驟，包括創設各種制度，來落實他對黨的思想和組織重建的思考，而他在政治上所擁有的強大優勢則有力地保障了他的意圖的落實。

1942年，毛已實際掌握了中共黨內的一切重大權力，黨、軍隊、政治保衛機構，都在毛強而有力的領導之下。在經歷了長期的革命鬥爭，尤其在1935年遵義會議進入黨的領

導核心層後，毛的政治智慧已達到爐火純青的境界，他既有頑強的革命意志，又有敢於突破常規的膽略。毛是黨內最有原創性的思想家，即使他不是從莫斯科馬克思主義研究院走出來的「書院型」思想家，在進行複雜的革命鬥爭，在解決黨內矛盾，落實、貫徹他的革命策略思想方面，毛的所有思考都具有高度的現實政治性。與此同時，他的政治領導能力和領導風格又是極其強勢的，換言之，毛是一個傑出的思想家的同時，還是一個極其成熟的政治家，他擁有巨大的政治才幹，來實現他的政治理想。

1942年春，整風運動初興之時，其主要內容是號召全黨幹部學習中共中央指定閱讀的一系列文件。整風以學習文件先行，反映了毛澤東在開展黨內鬥爭的方法上所具有的獨創性，毛以「思想」為突破口，這既是全黨思想轉變的重心，也是扭轉黨的一切活動的前提。1942年2月1日，毛澤東在延安中央黨校開學典禮作動員全黨整風的報告——《整頓黨風、學風、文風》(收入《毛選》時易名為《整頓黨的作風》)，2月8日和9日，毛又在中央宣傳部幹部會議上兩次作《反對黨八股》的演說。在此之後，毛親自主持制定了幾個有關整風學習的中央決議，至1942年4月3日，復以中宣部的名義，發出《關於在延安討論中央決定及毛澤東同志整頓三風報告的決定》，向全黨正式提出開展「思想革命」的號召。

毛澤東在二月作的報告和他主持制定的有關動員整風的決定，都沒有直接點出王明、博古的名字，只是號召反對「主觀主義」和「教條主義」。一年前的1941年5月，毛澤東當着王明等人的面，在《改造我們的學習》的演講中，指斥教條主義者只是「言必稱希臘」的留聲機，控訴他們用教

條主義來毒害青年：「十七八歲的娃娃，教他們啃《資本論》，啃《反杜林論》」。[2] 現在毛又在演說中歷數中共黨內的蘇俄崇拜情結在思想宣傳形式上的八大罪惡，甚至將教條主義者等稱之為「連豬都不如的蠢貨」。毛說：

> 他們一不會耕田，二不會做工，三不會打仗，四不會辦事⋯⋯只要你認得了三五千字，學會了翻字典，手中又有一個什麼書，公家又給了你小米吃，你就可以搖頭晃腦的讀起來。書是不會走路的，也可以隨便把它打開或者關起。這是世界上最容易的事，這比大師傅煮飯容易得多，比他殺豬更容易。你要捉豬，豬會跑，殺它，它會叫，一本書擺在桌子上，既不會跑，又不會叫，隨你怎樣擺佈都可以。
>
> 那些將馬列主義當宗教教條看待的人，就是這種蒙昧無知的人。對於這種人，應該老實對他說，你的教條沒有什麼用處，說句不客氣的話，實在比屎還沒有用。我們看，狗屎可以肥田，人屎可以餵狗。教條呢，既不能肥田，又不能肥狗，有什麼用處呢？[3]

毛澤東親自登台作報告，矛頭直指「比屎還沒有用的教

2　毛澤東在 1941 年 5 月作的《改造我們的學習》報告中把教「十七、八歲的娃娃啃《資本論》、《反杜林論》」列為教條主義最惡劣的表現之一。毛的這句名言隨之在延安不脛而走。1949 年後，毛的這段話在收入《毛澤東選集》時被刪除。原文見邊區總學委編：《整頓三風二十二個文件》(延安：1942)，頁 4–5；另參見王惠德：《憶昔日》，載《延安馬列學院回憶錄》(北京：中國社會科學出版社，1991 年)，頁 79–81。

3　上述內容在收入《毛選》中已被刪去，題目也被改為《整頓黨的作風》，原文見《整頓三風二十二個文件》。

條」，表明他已決心全力發動整風運動，並以此詔示全黨，毛本人是整風運動的最高領導者。緊接着，2月21日，康生在延安八路軍大禮堂向延安2200餘幹部傳達毛澤東整頓三風的報告。在康生的傳達中，他尤其對什麼是「理論家」，什麼是「知識分子」，作了「深刻生動的說明」。他說，「目前所謂知識分子，實際上最無知識，工農分子反而有一點知識」。[4] 3月7日，康生又在同一地點向3000多幹部傳達毛的《反對黨八股》。4月18日，康生再在八路軍大禮堂向中直機關、軍委直屬機關幹部作長篇動員報告。通過這幾次大型報告會上，毛澤東的新概念，在延安3萬幹部中迅速傳播開來。

整風運動既是「一場馬克思主義的學習和教育運動」，那麼理所應當，負責全黨思想和宣傳工作的中央宣傳部將處於領導這場運動的中心地位。然而，由於歷史上中宣部長期受到教條主義的影響，它自身也有一個思想和工作方法轉變的問題，也需要在整風運動中進行整頓。1941年9月政治局會議的後期階段曾經決定成立以中宣部部長張聞天為首的教育委員會，負責改革全黨的幹部教育工作。但是張聞天在這次政治局會議後，實際上就離開了黨的核心層，這個「教育委員會」還沒開展工作就不復存在了。張聞天為了「不妨礙毛主席整風運動方針」，在1942年1月26日率領一個「延安農村工作調查團」去了陝北和晉西北農村，中宣部部長由政治局候補委員凱豐(何克全)代理。但是凱豐也是王明、博古教條宗派的主要成員，在歷史上犯過嚴重的教條主義的錯誤，也是這次運動所要觸及的對象。凱豐為了表示與過去的錯誤徹底決裂，親自在《解放日報》發表《如何打破教條主義的學習》

4　《解放日報》，1942 年 2 月 22 日。

的文章，他寫道：「過去我們的學習方法，受教條主義薰染太深，形式邏輯的思想方法習慣太多」，[5] 凱豐還聯繫實際，檢討了中宣部沒有把貫徹毛的整風報告作為目前宣傳工作中心任務的錯誤。[6] 對凱豐的進步，毛表示歡迎，在當年舉行的延安文藝座談會上，還讓凱豐做了會議的召集人，但為時不久，凱豐病倒，於是毛派了自己的秘書，既非中央委員，更非政治局委員的胡喬木前去「暫代」凱豐，[7] 用這種方式改組了中宣部。

毛澤東運用自己的政治優勢，突破中共歷史上在中宣部領導任用方面的常規(一般需中央委員或政治局委員才能擔任中宣部部長或代部長)，大膽引進黨內資歷較淺的年輕新銳，首先對黨的意識形態領導部門進行了新的人事佈局，對於黨中央機關報《解放日報》，毛也採取了和改組中宣部的類似辦法。1942年2月，毛將中央蘇區時期曾受博古打擊的老幹部陸定一派往該報。4月，《解放日報》改組，陸定一成為主編，雖然博古仍繼續擔任《解放日報》社和新華通訊社社長一職。

在1942年冬春之交的延安，廣大中下層幹部對眼下正在

5　《解放日報》，1942 年 6 月 11 日。

6　參見《中共中央關於延安整風的一組文件》，載《文獻和研究》，1984 年第 9 期。

7　凱豐在 1942 年上半年整風運動開展的初期十分活躍，他甚至是五月延安文藝座談會的主要組織者，但是毛不放手讓凱豐負責文藝界整風，而是親自掛帥，同時指派胡喬木協助自己主持文藝界的整風運動。6 月 2 日，毛在中央總學委成立會議上宣佈，「因凱豐同志工作很忙，改由康生負責中央總學委機關刊物《學習報》的編委工作。不久，胡喬木即奉毛澤東之命正式代理了凱豐的中宣部部長一職。參見胡喬木：《我所知道的田家英》，載董邊、譚德山、曾自編：《毛澤東和他的秘書田家英》(北京：中央文獻出版社，1989 年)，頁 121。

開展的整風運動的意義，理解得並不深刻，他們還以為這是類似1939–1940年學習運動的新一輪學習運動。延安各機關、學校在聽了康生作的傳達和動員報告後，紛紛成立了整風領導機構，基本停止了日常的業務工作。幹部們正興趣濃厚地按照上級的佈置，制定各人的學習計劃，日夜精讀指定的文件材料，一時間延安似乎又再現了前幾年的景象，成了一所研究馬列主義理論的大學校。

二、「和風細雨」：聽傳達報告和精讀文件

延安整風是在毛的親自領導下漸次展開的，可僅僅依靠毛一個人，還不能夠確保運動的全面、有序地進行，他還需要一些助手，也需要在既有的領導機構之外，成立某些新的臨時機構來領導運動。眾所周知，黨正式的領導機構是中央政治局和中央書記處，然而當時這兩個機構的組成人員都是在過去歷史的基礎上產生的，在整風開始後，政治局和書記處的絕大多數同志雖已表態支持毛有關整風的部署，但是，對於一些過去犯過嚴重路線錯誤的同志，認識和改進自己的錯誤需要一個過程，而且他們犯過路線錯誤的事實，也使得他們不適合再來領導運動，所以必須成立一個由毛親自領導的、新的一元化的機構來落實毛對整風學習的部署。1942年後，政治局和書記處開會的次數大為減少，周恩來、彭德懷等一些政治局委員也不在延安，在理論上屬於政治局領導，新成立的中央總學委就成了領導運動的最重要機構。中央總學委由毛任主任，康生任副主任，1942年底，「從沒犯過路線錯誤」的劉少奇從蘇北返回延安，1943年3月，中央領導機

構進行了重大改組，原來一些書記處成員的職務被停止，毛澤東成為政治局主席和書記處主席，劉少奇成為中共第二號人物，實現了以毛為核心，以劉少奇為第一助手的中央一元化領導體制。劉並擔任黨內秘密組織「中央反內奸鬥爭委員會」主任一職。隨後劉少奇也進入到中央總學委，排名在康生之前，毛、劉、康直接指導運動，表明了在整風運動中一個新的領導格局已經形成。

與斯大林以肉體消滅為主的黨內鬥爭模式相區別，毛澤東領導的整風強調以思想學習來推動思想和政治態度的轉變，和斯大林相比，毛更善於交替使用「教育」與「外力推動」兩種方法。毛澤東進行黨內鬥爭方法的多樣化，不僅說明毛的思想和政治水平的高超，主要乃是因為40年代毛的政治目標與斯大林完全不同。斯大林是在蘇共執政的條件下，為強化自己的領袖地位而施用專政力量，毛政治上的首要目標則是清除黨的領導層中的教條宗派力量，轉換全黨的俄化的精神氣質，確立毛澤東思想在全黨的指導地位，進而謀取抗戰勝利後取代國民黨，建立新民主主義的國家。在中共尚未在全國執政的條件下，為了達到這一目標，必須將黨內的思想鬥爭控制在一定範圍內，而主要依靠自己的路線、方針、乃至作風和風格來吸引和教育廣大黨員和群眾。其次，訴諸教育手段也是中國儒家傳統的基本範式，它具有易於被人接受的親和性。借用中國傳統的若干概念和方法，再融之以列寧主義的內容，基本可以達到轉換人的思想意識的目標，從而避免了單純使用強力手段可能給黨帶來的損害。正是基於這種考慮，發動全黨思想改造——學習毛的論述和經毛澤東審定編輯的有關文件，才成為整風初期的中心任務。

中共中共通令全黨在整風運動中必讀的文件通稱「二十二個文件」，但在1942年4月3日中宣部頒佈的《關於在延安討論中央決定及毛澤東同志整頓三風報告的決定》中，僅規定了十八個文件為必讀文件，在這十八個文件中只有2份是斯大林的作品。4月16日，中宣部又增添4份必讀文件，除1份為季米特洛夫的論述，其他3份均為斯大林、列寧的論述，這樣就正式形成了「二十二個文件」。

在「二十二個文件」中佔據最重要位置，被列入首篇和第二篇的是毛澤東的《整頓學風、黨風、文風》和《反對黨八股》。被列入第三篇的文件則是康生在延安兩次幹部大會上作的「關於反對主觀主義，宗派主義的報告」和「痛斥黨八股的報告」。

「二十二個文件」的重大意義在於，它以學習毛的論述為中心，結束了黨內長期存在的，脫離中國革命實際的，對馬克思列寧主義經典著作漫無邊際的泛泛學習，給全黨提供了一個學習和思考的範圍。現在主要是由毛，而不是由王明等人，對馬克思列寧主義作出權威性的解釋，從而把全黨的思想納入到毛所指明的方向。

康生作為中央總學委副主任，從整風之初就發揮着極其重要的作用。除了康生，在延安的其他幾個中央政治局委員以及彭真、陸定一、胡喬木等一些負責同志，也紛紛行動起來，或在《解放日報》發表闡釋性文章，或親赴中央黨校作學習「二十二個文件」的輔導報告。陳伯達、艾思奇、張如心、何思敬等理論家在《解放日報》上，不時推出長文或短論。一時間，密集的理論灌輸，猶如暴風驟雨，在延安傾盆

落下，就在這強大的宣傳攻勢下，延安幹部的思想改造過程已經開始。

如果與整風運動中後期大規模的審幹、肅奸、搶救鬥爭相比，整風運動發動之初的幹部學習文件的活動就稱得上是「和風細雨」，顯得比較輕鬆。其間，自毛澤東發表演說和康生傳達毛的報告後，延安的幹部們的思想十分活躍，出現了一段為時不長的「自由化」時期，但為時不久，以王實味《野百合花》為典型的「矛頭向上」的風向就被迅速扭轉。3月下旬，總學委緊急剎車，開始部署對王實味的「反擊」。中宣部「四三決定」更具體落實總學委的戰略意圖，明確強調廣大中下層幹部也和高級幹部一樣，同屬整風對象，[8] 並宣佈研究文件的時間為5個月。4月18日，康生在中共中央直屬機關和軍委直屬機關幹部大會上作學習「四三決定」的動員報告，在這次有2,000人參加的大會上，康生要求各機關成立學習分委員會，由該組織統一領導各單位的運動。[9] 4月20、21日，中共中央書記處秘書處和陝甘寧邊區系統分別召開文件學習動員大會，中央辦公廳秘書處主任王首道和負責領導邊區工作的任弼時作了和康生報告相類似的動員講話。[10] 於是學習「二十二個文件」的大規模活動在各單位迅速展開。

「二十二個文件」的學習包括三個階段：

8　參見《中共中央宣傳部關於在延安討論中央決定及毛澤東同志整頓三風報告的決定》(1942 年 4 月 3 日)，載《中共中央文件選集》(1941–1942)，第 13 冊，頁 364–365。

9　《延安整風運動紀事》(北京：求實出版社，1982 年)，頁 107、111–112。

10　同注 9。

(1)粗讀文件的階段

在這個階段中，要求將「二十二個文件」全部瀏覽一遍，讀後要做筆記，並進行初步討論。

(2)精讀文件的階段

在這個階段中，要求將所有文件分類反復精讀，達到「眼到」(精細研讀)、「心到」(深思熟慮，領會文件的實質和精神)、「手到」(寫讀書筆記)、「口到」(質疑、漫談、開討論會)。[11]

(3)考試階段

從1942年6月–8月，延安各單位的文件學習進入到考試階段。中央黨校在6月23日–7月4日舉行了第一次考試，所擬定的4個考題事先經毛澤東審閱和修改。[12] 考試題目是：(一)什麼是黨的學風中的教條主義？你所見到的最嚴重的表現是哪些？你自己在學習和工作中曾否犯過教條主義的錯誤？如果犯過，表現在哪些方面，已經改正了多少？(二)什麼是黨的學風中的經驗主義？你所見到的最嚴重的表現是哪些？你自己在學習和工作中曾否犯過經驗主義的錯誤？如果犯過，表現在哪些方面，已經改正了多少？(三)你聽了或讀了毛澤東同志《改造我們的學習》的報告和中央《關於延安幹部學校的決定》、《關於在職幹部教育的決定》以後，你對過去黨內的教育和學習反省的結果如何？有些什麼意見？你如何改造自己的學習或工作？(四)你接到中央《關於調查研究的決定》以

11　閱讀和研究文件的「四到」方法為王首道首先提出，參見：《延安整風運動紀事》，頁 111。

12　《黨校教育歷史概述(1927–1947)》(北京：中共中央黨校出版社，1992年)，頁 78、77。

後，怎樣根據它來檢查並改造或準備改造你的工作？[13] 中央黨校規定，在考試期間，學校關閉，除星期天以外，停止接待來訪。文化程度低不能執筆的學員，可以口授，由文化教員代為執筆。

在黨的歷史上，由黨的中央機關動用組織行政力量，安排大批幹部暫停日常工作進行如此大規模的文件學習，這是首次(以往中共黨員也有組織安排的政治學習，但為時一般較短，性質更與延安整風期間的文件學習完全不同)。中央總學委利用新成立的各級學習委員會，使這個新設組織成了各級黨組織的核心，借助於學習委員會高效、有力的組織措施，毛的有關整風、黨的建設等一系列新概念初步灌輸進廣大黨員的頭腦，為下一步的思想改造奠定了思想和心理方面的條件。

三、排隊摸底：動員寫反省筆記

毛澤東密切注視着延安幹部的「二十二個文件」的學習活動，尤其關心高級幹部和知識分子對文件學習的反應。為了及時掌握延安各級幹部的思想動態。1942年春夏之際，毛澤東作出決定，命令所有參加整風的幹部必須寫出具有自我批判性質的反省筆記，並且建立起抽閱幹部反省筆記的制度。

用檢查幹部筆記的方法，來瞭解幹部的「活思想」，這也是總學委的獨創。毛清楚地知道，整風運動所要批判的王明路線，其實完全來源於斯大林。毛的最大困難在於，他不可以公開批評斯大林和共產國際，相反必須對斯大林、共

13　《黨校教育歷史概述(1927–1947)》(北京：中共中央黨校出版社，1992年)，頁 78、77。

產國際持完全肯定的態度。毛暫時也不能用明確的語言直接批判王明、博古等，相反，毛必須維護黨的核心層的團結一致。在當時的情況下，毛只能用迂迴的語言來表達自己的真實想法，在黨的思想路線沒有實現轉變之際，如果匆忙把黨的核心層的矛盾公之於眾，有可能在黨內造成大的思想混亂。面對如此複雜的局面，毛澤東選擇了要求幹部寫反省筆記的方法，和建立抽閱反省筆記的制度。它的意義就在於：在把全黨的思想學習納入到毛所指明的方向後，以黨的嚴格紀律為約束，再通過每個黨員的自我反省，引導和督促全黨接受和內化毛的命題。

提倡幹部進行思想反省，並寫出帶有自我批評性質的反省筆記，對於延安的廣大幹部固然是一種「新生事物」，但是這還不至於超出他們的心理承受範圍。因為全黨對於「反省」一詞並不陌生，劉少奇更在1939年作的《論共產黨員的修養》報告中借孔子「吾日三省吾身」之說，號召共產黨員通過「內省」，加強「黨性鍛煉」。事實上，許多共產黨員已經按照劉少奇要求的那樣去做了，黨的元老吳玉章自述：他「恍然覺得我們現在的整風工作，就是中國古聖先賢所謂『克己復禮』、『正心誠意』的修養。」「所謂『誠其意者，毋自欺也』(《中庸》)，雖然舊思想是唯心的，但他的嚴於自己省察，行為不苟，是可寶貴的。」[14] 由於列寧主義的「新人」概念與中國哲學的「內省」、「修身」，並無明顯矛盾，因此對於廣大黨員，接受這種兼顧新舊，融合列寧主義與中國傳統的思想改造方法並不十分困難。

毛的方針已定，下一步的問題就是如何將文件學習與反省

---

14 《吳玉章文集》，上，(重慶：重慶出版社，1987年)，頁240。

思想加以結合並用來指導當下的運動。1942年3月9日，經毛澤東精心修改，由胡喬木撰寫的《教條和褲子》在《解放日報》正式發表。胡喬木在這篇社論中第一次提出「脫褲子，割尾巴」──要求每個黨員對照毛的講話，勇敢地解剖自己，與舊我告別。繼之，中宣部的「四三決定」進一步明確提出，參加整風的幹部「每人都要深思熟慮，反省自己的工作及思想」。4月18日，康生在中央直屬機關和軍委直屬機關聯合舉行的整風學習動員大會上重申必須「運用文件反省自己」，並具體指導寫反省筆記的方法：「內容要多寫自己閱讀(文件)後的心得，自己的反省」。康生並且首次宣佈：「學習委員會有權臨時調閱每個同志的筆記」。[15]

　　兩天後，毛澤東親自在中央學習組召開的高幹會議上，動員全黨自上而下「寫筆記」。毛澤東強調：黨員必須遵守黨的鐵的紀律，寫筆記就是「緊箍咒」，人人皆得執行：

> 中宣部那個決定上說要寫筆記，黨員有服從黨的決定的義務，決定規定要寫筆記，就得寫筆記。你說我不寫筆記，那可不行，身為黨員，鐵的紀律就非執行不可。孫行者頭上套的箍是金的，列寧論共產黨的紀律是鐵的，比孫行者的金箍還厲害，還硬，這是上了書的……我們的「緊箍咒」裏面有一句叫做「寫筆記」，我們大家都要寫，我也要寫一點……不管文化人也好，「武化人」也好，男人也好，女人也好，新幹部也好，老幹部也好，學校也好，機關也好，都要寫筆記。首先首長要寫，班長、小組長也要寫，一定要寫，還要檢查筆記……現在一些犯過錯誤的同

15　《延安整風運動紀事》，頁107、337、338、302。

志在寫筆記，這是很好的現象，犯了錯誤還要裝老太爺，那就不行。過去有功勞的也要寫筆記⋯⋯也許有人說，我功勞甚大，寫什麼筆記。那不行，功勞再大也得寫筆記。[16]

在4月20日中央學習組的會議上，毛澤東甚至引述康生兩天前在中直和軍屬機關動員大會上的講話。毛說：

康生同志在前天動員大會上講的批評與自我批評，批評是批評別人，自我批評是批評自己。批評是整個的，但自我批評就是說領導者對自己的批評是主要的。[17]

毛澤東甚至表示自己也要「寫一點」筆記，他說，「要反復研究自己的思想，自己的歷史，自己現在的工作，好好地反省一下」。[18] 在毛講話後，5月1日，整風試點單位——中央黨校在制定學習二十二個文件的計劃中作出硬性規定，參加整風學習的學員必須「聯繫反省個人思想及與本身有關工作」，明確宣佈中央黨校的各級領導機構均有權「隨時檢查筆記、記錄」。

經過約一個月的試點準備，到了1942年5月下旬，中央總學委認為，在全黨將學習二十二個文件轉入對照文件進行思想反省的時機已經成熟。5月23日，《解放日報》發表社論《一定要寫反省筆記》，至此，整風進入到思想反省的階

16　毛澤東：《關於整頓三風》(1942 年 4 月 20 日)，載《黨的文獻》，1992 年第 2 期。

17　同注 16。

18　同注 16。

段，調閱幹部反省筆記的制度隨之在各機關、學校迅速推廣開來。

從現象上看，動員幹部寫反省筆記和建立抽閱反省筆記的制度，在各級和各單位都進行得十分順利，然而總學委並沒有就此放鬆警覺，因為聯繫個人的思想與歷史進行自我反省決不同於一般的閱讀文件，許多幹部往往會避重就輕，不願進行徹底的自我批判。為了引導幹部作出比較深刻的自我批判，必須及時推出一些有代表性的反省典型，作為引導全黨進行反省的示範。1942年6月後，《解放日報》陸續刊登了一批反省文章，這些文章大致包括四種類型。

(1)犯有「經驗主義」錯誤的中央領導幹部的反省。

所謂「經驗主義」或「經驗主義者」，在當時的語境下，是指那些曾經在政治上支持過教條宗派，或雖未明確表示支持教條宗派，但曾一度在政治和思想上與毛的「正確路線」有出入，或與毛的意見相左，而與王明等有過合作關係的黨內高級領導同志。「經驗主義者」大多有較長的革命歷史，在黨內的基礎也較深厚，所以他們只是處在被批評的第二個層次。總學委對「經驗主義者」的策略是分化他們與王明、博古等教條宗派的關係，將他們爭取到毛的正確路線一邊。「經驗主義者」只要能公開承認自己的「錯誤」，總學委一般均會對他們表示熱烈的歡迎。中共元老王若飛的反省即提供了犯有經驗主義錯位的領導幹部自我反省的範例。

1942年6月27日，中共中央副秘書長王若飛在《解放日報》上發表「粗枝大葉自以為是的工作作風是黨性不純的第一個表現」的文章，王若飛在該文中以毛澤東的立論為依據，對照檢查自己：

是多少帶有陶淵明所說的某些氣質，「好讀書不求甚解」，「性嗜酒造飲輒醉」，這種粗疏狂放的作風，每每不能深思熟慮，謹慎其事處理問題，即令自己過去曾是時時緊張的埋頭工作，也常陷於沒有方向的事務主義，以致工作無形中受到很多損失。嚴格的說，這是缺少一個共產黨員對革命認真負責實事求是的態度。[19]

王若飛的上述反省，並沒有將批評的矛頭對準過去的錯誤路線，更沒有涉及對王明、博古等批判，王若飛寫道：

過去我對黨性的認識，只注重從組織方面去看，認為黨是有組織的整體、個人與黨的關係，是個人一切言行，應當無條件的服從黨組織的決定，只要自己埋頭為黨工作，不鬧名譽，不鬧地位，不出風頭，不把個人利益與黨的利益對立，便是黨性，並以此泰然自安。[20]

人們從這些話中可以看出，王若飛的反省保持了一個老革命家的尊嚴，他只是重點檢查自己「粗枝大葉自以為是」的工作方法，他在作「自我批評」時，甚至還以委婉的方式，實事求是的談到他對革命的忠誠，例如，「埋頭為黨工作，不鬧名譽，不鬧地位，不出風頭，不把個人利益與黨的利益對立」，如果從苛求的眼光看，王若飛的反省還沒達到「深刻」和「尖銳」的程度，但是仍然受到毛澤東的歡迎。王若

19　《解放日報》，1942 年 6 月 27 日。

20　同注 19。

飛屬黨的元老，因在1926–1927年擔任中共中央秘書長期間與陳獨秀關係密切，長期遭受莫斯科與黨內教條宗派的排擠，抗戰爆發後王若飛來到延安，擔任了重要的領導工作，對毛的態度十分尊重，現在又在報紙上公開進行自我反省，在政治上表示對毛的全力支持，對於這樣一位在黨內享有較高聲望的老同志的政治表態，總學委又如何可以求全責備？此時此地，毛澤東所要求於黨的中央領導層幹部的就是像王若飛這樣在政治上表明態度。更重要的是，王若飛身為中央領導幹部，帶頭響應毛的號召進行自我反省，對廣大幹部將產生重要的示範作用。

(2)犯有「教條主義」錯誤的高級文職幹部的反省。

對於一批有留蘇或留日、留歐美背景，在中宣部、中央研究院等文宣系統工作的黨的高級文職幹部來說，理解延安整風的真正意圖並不困難。當傳達了毛澤東的幾篇演說和《解放日報》的《教條和褲子》社論發表後，他們很快就知道了自己是這場運動的所要觸及的對象。擺在他們面前的道路只有一條：遵循黨的要求，徹底與過去告別，脫胎換骨，用毛的概念取代過去被他們視為神聖的俄式馬列的概念。然而這條思想轉換的道路並不平坦，首先，他們必須對自己的過去有一個新的認識，從過去的沾沾自喜，食洋不化、自以為是，轉變到眼睛向下，「夾起尾巴」，虛心做群眾的小學生；繼之他們又需從正確和錯誤路線的對比中，深入體會正確路線的偉大意義，從而完全、無保留地接受中國化馬克思列寧主義的正確領導，並且轉變過去的洋八股的宣傳方式，聯繫實際，學會用群眾喜聞樂見的通俗化的方式，積極投入到對毛澤東思想的宣傳工作中去。1942年8月23日，《解放日

報》發表的王思華的反省文章《二十年來我的教條主義》就堪稱是這類幹部自我反省的標本。

擔任中央研究院中國經濟研究室主任的王思華原是三十年代頗有名氣的左翼社會科學家，曾留學德國專攻馬克思主義政治經濟學。他充分領會了毛澤東發動整風的意圖，在他的反省文章中，對自己以往20年的理論研究活動採取了全盤否定的態度，王思華寫道：

> 我在大學和在外國留學時，所學和研究的，不是英國的亞當·斯密與李嘉圖，便是法國的魁奈和薩伊……所學的是外國的，自己在大學裏教的，自然也只能是這些外國的。這樣做，不但省勁，而且受學生的歡迎。因為在一般的大學生中，有一種反常的心理，對中國問題無興趣，他們一心嚮往的，就是他們從先生那裏學外國。學生的這種反常心理，先生這種投機取巧的態度，普遍的存在於中國大學生，這種輪回教育，不知害了多少青年！它是害了青年時代的我，而我又拿來害青年！[21]

王思華上述有關對中國現代教育制度弊端的批評，在某種程度上是符合歷史實際的。遺憾的是，王思華在談論這些問題時，對這個十分複雜的現象做了一個比較簡單化的處理，其實際效果只是為了給毛澤東的論斷提供了具有個性化的注解：

> 十三年前，當我接受了馬克思主義經濟學後，又把它「生

21　《解放日報》，1942 年 8 月 23 日。

吞活剝」地搬到中國來。⋯⋯在對待馬克思主義經濟學的態度上還是主觀主義的。在這種態度下，還是只想懂得希臘，不想懂得中國；⋯⋯把馬克思的一切東西當作千古不變，放之於四海皆準的教條了。[22]

緊接着，王思華使用了一系列否定性的詞句，對自己進行了在今天看來是「過了頭」的自我批判。他自陳，他教學生「啃《反杜林論》是為了迎合學生的好高騖遠的奇特心理」，[23] 到延安後，「在馬克思主義中國化的口號之下，不得不聯繫到中國」，但這僅是「以資裝飾門面」，自己仍「只想在《資本論》本身上來翻筋斗」。[24]

王思華痛責自己「誇誇其談」，「不老實，企圖取巧」，「只知背誦教條」，「向馬列主義開玩笑」。在對自己口誅筆伐的同時，王思華熱情稱頌毛澤東對發展馬列主義的貢獻。他表示，「為了徹底消滅『比屎還沒有用處』的教條」，「徹底打垮我這樣根深蒂固的不正確的思想方法」，自己已決定「到實際工作中去，不僅是到實際研究中去，而且是真正變為一個實際工作者」。[25]

王思華的反省開創了受過教條主義影響的高級文職幹部自我批判的樣式。范文瀾、王子野等的自我反省文章同屬於這一樣式。

延安中央研究院副院長、歷史學家范文瀾對前一階段中央

22　《解放日報》，1942 年 8 月 23 日。
23　同注 22。
24　同注 22。
25　同注 22。

研究院出現的以王實味為代表的自由化思潮嚴重氾濫的局面而深感痛心。范文瀾譴責自己「高唱民主，忽視集中，形成放任自流的『領導』」，聲稱這是「難以忘懷的一件痛苦經驗」，他對此「衷心抱疚」。[26]

中央政治研究室資料組和中央國際政策研究室成員王子野則專門檢討了自己「誇誇其談」的「不正派作風」，他痛陳自己往往僅憑「一知半解」，「憑着想當然」大發議論，現在回想起來，「實在荒唐之至」。[27]

在中央總學委發起的勸導反省的思想攻勢下，大批高級文職幹部紛紛自我批判，口誅筆伐「比屎還沒有用處」的教條本本，那些當年翻譯馬列著作的知識分子，首當其衝，成為被批判的對象。中央研究院國際問題研究室主任柯柏年是一個老黨員，早在二十年代末就是國內聞名的紅色社會科學家，曾翻譯《經濟學方法論》等多種馬克思主義理論著作，[28]但在整風之初，柯柏年並沒有在《解放日報》發表自我反省的文章，於是柯柏年被批評為「教條主義者」，罪名是曾翻譯過教條本本。此事給柯柏年很大的刺激，他發誓以後再不搞翻譯工作。1943年春，毛澤東根據已變化了的形勢(教條主義者已被搞臭，蘇聯對德國已取得優勢)，認為有必要恢復中共的馬列著作翻譯工作。可是當毛澤東徵求柯柏年意見時，柯柏年卻向毛堅決表示，今後再不搞翻譯了。[29]柯柏年以後轉入到周恩來領導的中共外事系統，改行做對外統戰工作，

---

26 《解放日報》，1942 年 6 月 1 日。

27 同注 26。

28 參見《生活全國總書目》(1935)(上海：上海生活書店編行，1935 年)，頁 72。

29 參見師哲：《在歷史的巨人身邊——師哲回憶錄》(北京：中央文獻出版社，1991 年)，頁 247。

再也沒回到中共馬列著作編譯部門。顯而易見，整風運動期間「反教條主義」在取得很大成績的同時，也出現了較為嚴重的偏差。及至1945年春，謝覺哉私下也感慨，「自從反教條，有人不講書本子了」。[30]

(3)具有「經驗主義」傾向的軍隊領導幹部的反省。

和黨的高級政治生活毫無牽涉的軍隊一般高級幹部，他們不是，也不可能是整風的重點批判的對象，然而整風既為全黨的運動，軍隊幹部也不能完全置身於外，他們同樣應在運動中「提高認識」。但是，對於來自不同軍隊系統的幹部，他們所需「提高」認識的內容並不一致。一般而言，原紅四方面軍的幹部有必要檢討自己在張國燾「另立中央」事件中的立場和態度，而原紅一方面軍中的幹部則需要重點檢查一下自己的工作方法與思想方法。現以曹里懷的反省為例：

曹里懷是毛澤東創建井岡山根據地時期的老部下，他的「自我檢討」重點反省了自己的四大缺點：(1)在日常工作中，解決和處理問題不細心，草率從事。(2)愛面子。(3)理論和知識的修養太差。(4)自己的經驗不能很好地整理。曹里懷認為自己是「主觀主義、經驗主義的傾向確是濃厚地存在着」。

值得一提的是，曹里懷的「自我檢討」中有一半的篇幅是歌頌毛澤東的內容，若將其和「教條主義者」嘴裏發出的讚美相比較，軍隊高級將領對毛的讚美則更加誠摯和熱烈。曹里懷將毛澤東與列寧並列，聲稱毛的著作是「活的馬列主義」：

[毛澤東的著作]告訴了我們提出問題，分析問題，解決問題的唯物辯證法的方法。這些著作，是完全從客觀的現實

30　《謝覺哉日記》(北京：人民出版社，1984年)下，頁791。

出發，而又向客觀實際獲得了證明的最正確，最科學，最革命的真理。[31]

曹里懷更進一步將歌頌毛澤東與譴責教條宗派結合起來，他寫道：

[毛澤東的]這種有高度布爾什維克原則性和極豐富的革命鬥爭經驗，豐富的革命內容的政策，不是主觀主義教條主義者所能辦得到的。[32]

(4)革命歷史雄厚的黨的元老的反省。

在四十年代的延安居住着幾個德高望重，受到全黨尊敬和愛戴的革命老人，他們分別是林伯渠、吳玉章、謝覺哉、徐特立。除了這四老，李六如、張曙時等儘管也年屆六十，但是依當時的習慣，他們尚不夠「革命元老」的資格。在「革命四老」中，只有林伯渠擔負邊區主席的實際工作，吳玉章等大多掛個虛銜，並不掌握具體部門的領導實權。整風運動初起，吳玉章等以自己的反省現身說法，為毛發動整風的「正當性」，為知識分子必須進行脫胎換骨改造的論斷，提供最具說服力的證明。吳玉章寫道：

中國舊時社會最壞的習慣，就是稍有聰明才智的人都變為知識分子而脫離生產，結果，小的變流氓，大的變政客，都為社會的毒害。而從事生產的廣大群眾則蠢蠢無知、任人魚肉。

31　《解放日報》，1942 年 7 月 13 日。
32　同注 31。

如果我們不自欺欺人，則我們這些小資產階級知識分子，對於國家民族盡了什麼責任呢？這樣來一個反省，恐怕不汗顏的沒有幾個。我自己一反省就覺得「才無一技之長，手無縛雞之力」，而還往往「誇誇其談」、「嘩眾取寵」黨八股的餘毒很深。這能免「欺世盜名」之誚嗎？我雖從事革命四十餘年，只有力求前進到底不懈這一點足以自信自慰，其他能力太缺乏了！[33]

吳玉章的反省頗真實地反映了當時在延安的一些革命老人的共同心態：李六如早年參加辛亥革命，是「五四」前後湖南教育界著名人物，毛澤東在青年時代即與其相識，二十年代李六如就加入了中共，當時已經55歲，任中央軍委主席辦公室秘書長。李六如對其老友謝覺哉說，「以前自以為不錯，自以為立場穩定，整風後才知自己政治水平低，『組織上入了黨，思想上未入黨』」。(此係毛澤東在整風中發明的名言)謝覺哉說，他對李六如所言「很有同感」[34] 謝覺哉不僅自我反省，還在《解放日報》化名發表《一得書》短評，向教條主義發起攻擊。謝覺哉指出，教條主義「如只放在案頭上擺樣，雖然比屎還沒有用，不能肥田，不能餵狗，但狗屎自享，於人無干。若拿了去對付革命，那就為害非淺，容易把革命弄壞」。[35]

33　吳玉章：《以思想革命來紀念抗戰五周年》(1942 年 7 月 7 日)，載《吳玉章文集》，上，頁 241。

34　《謝覺哉日記》，上，頁 456。

35　煥南(謝覺哉)：《感性與理性》，載《解放日報》，1942 年 8 月 10 日。

以上四種類型的幹部反省的樣本，為全黨展開思想反省提供了不同的參照系統。中央總學委利用報紙，大力推廣這些反省經驗，再結合於組織措施的落實，對延安幹部的心理造成了的劇烈的衝擊和震盪，尤其使有「教條主義」背景的幹部自慚形穢，無地自容。至此，毛澤東設計的思想改造工程的關鍵性步驟——清算過去的大門已經打開。下一步就是廣大黨員聯繫個人的實際，根據自己的具體情況，依照報上發表的反省樣本，寫出各自的反省檢查。

四、填「小廣播調查表」

1942年秋冬之交，延安各機關、學校正遵照中央總學委的部署，將學風和黨風的學習納入到幹部自我反省的方向，就在廣大幹部和黨員紛紛寫出個人反省筆記的時候，忽然間，運動的風向發生了新的變化，1942年12月6日，中央總學委發出《關於肅清延安「小廣播」的通知》，各單位又迅速開展了以肅清「小廣播」為中心的「反對自由主義」的鬥爭。

所謂「小廣播」，與「脫褲子、割尾巴」一樣，是四十年代初延安時期創造出的政治新詞彙。「小廣播」係指和黨的宣傳口徑等「大廣播」相對應的，在同志之間流傳的對黨的政治、人事關係的私下議論。被中央總學委列為「極端危害黨的大患」的「小廣播」有下列5種類型：

1. 洩露黨的政治、軍事、黨務、組織、經濟、教育、鋤奸、情報等秘密消息和行動。
2. 散佈與黨宣傳口徑不一致的對國外國內戰爭形勢的看法。例如，傳播對蘇德戰爭、中日戰爭的悲觀言論。

3. 有關對整風運動目的的懷疑和議論，「散佈整風是為了打擊某些人的讕言」。

4. 攻擊黨的領導，「對黨內同志任意污蔑，造謠中傷」。

5. 同情「托派反革命的人性論，蛻化論的宣傳」，「替反革命分子『廣播』反黨思想」。[36]

那麼，最有可能散佈這些反革命「小廣播」，「實際上變成了敵人義務的情報員」的又是哪些人呢？中央總學委的《通知》提示各學委會必須嚴密注意下列對象：

1. 在思想和組織上存在濃厚的自由主義，厭惡黨的原則、組織紀律和秘密工作制度的人。

2. 「講溫情私交，論友誼」的人。這些人敵我不分，「對『私交』可以無所不談」，「就是反黨的分子也可以作為他們的朋友」。但是，「對黨的組織可以欺騙隱瞞，甚至聽到反革命的言論，也可以不報告組織」。

3. 「喜歡溜門子」，「打聽個人的生活起居，加以評頭論足」的人。[37]

具有上述三種表現的人是運動的重點整肅對象，然而，中央總學委並不想把運動僅限於這三種人中間。因為在廣大普通黨員中，因歷史、職業、地域、個性等背景的相近，「講溫情私交，論友誼」的人比比皆是，而依照中央總學委的思路，凡具有這種特性的人，皆有成為敵人「義務的情報員」的可能性，所以《通知》明令：

36　《中央總學委會關於肅清延安『小廣播』的通知》，載中央檔案館編：《中共中央文件選集》(1941–1942)，第 13 冊，頁 468–470。

37　同注 36。

每個黨員深刻的反省自己與嚴正的批評別人，檢查自己和別人是否犯了「小廣播」的錯誤，曾洩露了一些什麼秘密，向外廣播了一些什麼消息，向黨隱瞞了一些什麼問題，聽到了一些什麼不利於黨的消息沒有向黨報告，對於這些問題每個黨員應向黨誠懇坦白的報告出來。[38]

如何坦白？中央總學委這一次又創造出新的辦法，要求每個幹部必須填寫「小廣播表」。中央總學委規定，各機關學校應根據《通知》的精神和各單位的具體情況，「制發『小廣播』調查表」並將其：

分發每個同志填寫，以調查本機關的工作人員向外廣播了一些什麼及由內外向本機關的工作人員廣播了一些什麼，這種調查材料，應加以整理研究，並向總學委報告。[39]

用組織命令的方式，動員並要求廣大黨員交代自己的言行，涉及面如此廣泛，這也反映了在戰時狀態下，總學委對加強共產黨員思想和行為一致性的高度重視，以及運用黨的「鐵的紀律」推動「思想改造」的強制性的一面。雖然在1942年12月前，延安的黨員和幹部已依照中央總學委的部署，普遍寫出反省筆記，但反省內容大多屬於思想認識方面的問題，如今更深入到個人的私生活領域。這是一個創造，在中共成立後黨的政治生活中尚屬頭一回。《通知》以「黨

38　《中央總學委會關於肅清延安『小廣播』的通知》，載中央檔案館編：《中共中央文件選集》(1941–1942)，第 13 冊，頁 468–470。

39　中央檔案館編：《中共中央文件選集》(1941–1942)，第 13 冊，頁 470。

的原則」、「黨的紀律」、「黨的團結」等意識形態詞語為依據，詳細闡釋了這項行動的必要性，但是，調查黨員私下的一般性的言行畢竟與要求黨員反省思想不是一回事，有少數黨員對其「正當性」產生了懷疑。其實調查黨員的私下言行和個人間的交往，對於共產黨員不應是題外之意，「生是黨的人，死是黨的鬼」，「黨的利益至高無上」，本來就是許多共產黨員的人生信念，為了崇高偉大的事業，還有什麼個人的私心雜念或隱私不能向黨公開？對於多數農民出身的黨員，這不是問題，對此舉有疑惑的主要是一些知識分子黨員。於是，針對少數黨員中出現的消極不滿情緒，中央總學委又適時提出了「反對自由主義」的口號。

1942年末，圍繞動員填「小廣播表」一事，各機關學校佈置反復學習毛澤東1937年所作的《反對自由主義》的報告。毛的這篇演講稿並不是論述思想史上的自由主義理論，而是闡述其理想中的共產黨員人生哲學的範式。在這篇演說中，毛對「自由主義」一詞作出新的解釋，把「自由主義」等同於中國傳統的人際交往的一般習慣。毛所要反對的「自由主義」，除了指政治思想上與黨的路線背離的言行，重點是指黨內的「一團和氣」，換言之，也就是在共產黨員中所存在的「講溫情私交，論友誼」的現象。現在，重新翻檢出毛澤東當年的報告，把「客觀上幫助敵人」的「自由主義」和眼下要肅清的「小廣播」串聯起來，為反對「小廣播」提供了理論上的依據。

在12月6日中央總學委反對「小廣播」通知下達後，延安宣傳媒介的反自由主義的宣傳攻勢緊緊跟上。1943年1月19日，陳伯達在《解放日報》發表《應用辯證法，反對自由主

義——在整風中紀念列寧逝世十九周年》，延安各機關學校除了動員每人填寫「小廣播調查表」外，還紛紛組織以反對自由主義為中心的「學習會」和「討論會」。

作為反「小廣播」鬥爭的試點單位，陝甘寧邊區師範學校學委會早在11月20日就佈置了反對自由主義的「大討論會」。大會歷時19天，經歷了三個階段：在第一個階段，由學校領導機關廣泛搜集「犯自由主義」的材料；在第二個階段，動員師生展開互相批評；在第三個階段，則將鬥爭重點轉移到「犯自由主義特別嚴重，錯誤思想特別頑固」的人和事件上。[40]

12月6日，就在中央總學委發出肅清「小廣播」通知的當天，中共中央材料室向每個工作人員發出考試試題，要求回答下列問題：

1. 到今天為止你對黨還有什麼隱瞞的事情沒有？還有什麼不滿意黨的地方沒有？

2. 你的自我批評精神如何？你對其他同志的批評還有不坦白的沒有？其他同志對你有什麼批評沒有？你的認識和態度如何？有無自由主義的毛病？自己還有什麼缺點需要揭發呢？[41]

上述試題與半年前中央黨校學風考試的內容已完全不同，這表明「整頓三風」的運動已在原來的基礎上加入了新的內容，運動進入到一個新的階段。

40　《延安整風運動紀事》，頁107、337、338、302。
41　同注40。

五、「急風暴雨」：審幹、反奸的迅速展開

整風運動以反對主觀主義開始，運動展開以後，延安幹部又相繼經歷了整頓學風和黨風的階段，但是現在卻要求黨員和幹部必須徹底交待個人一切言行和日常人際來往情況，並運用強有力的組織力量對所謂「串門子」、「愛打聽」的情況進行大規模的調查，這和原先的反「主觀主義」的主題已離開很遠，而更類似於政治保衛機關的調查檢舉手段。儘管1942年12月18日，中央總學委又部署開展反對「黨八股」的文風檢查，延安的報紙還在繼續宣傳整頓三風，然而事實上，原先以教育為重心的整風學習運動，現在已迅速向審幹、反奸運動的方向轉移。

將整風運動導入審幹、反奸軌道經歷了一個過程，為了順利地將運動重心轉移，從1942年春開始，中央總學委就作了長時間的醞釀和準備，而促發其工作重心轉移的導火線則是王實味的《野百合花》事件。

1941年9月，政治局擴大會議後，中共中央雖然已經成立了以康生為首的「黨與非黨幹部的審查委員會」，但在這之後的一段時間內，這個委員會似乎還未正式開展工作。1942年春，王實味的《野百合花》在《解放日報》的發表及其在知識分子引起的共鳴，引起毛澤東的高度重視和警惕，王實味文中所流露出對「平等主義」突出強調的思想，連同延安文化人身上所表現出的種種自由主義的「缺點」和「錯誤」，使毛感到自由主義、「人性論」已對整風的目標構成了巨大的干擾。本來毛澤東就對單方面運用「和風細雨」進行思想改造的局限性有着充分認識，「學習」、「說服」、

「教育」，在推動改造思想方面，固然起着重要的作用，但僅僅運用這「軟」的一面，還是遠遠不夠的，說到底，「掃帚不到，灰塵照例不會自己跑掉」。委派反特機關負責人康生作為總學委的唯一副主任(在劉少奇返回延安之前)和自己報告的傳達者，本身就蘊含着運動所具有的「硬」的性質一面。現在王實味等公開跳將出來，更使毛相信，欲統一全黨思想，必須使「教育」和「外力推動」的兩手並行不悖。從這時起，總學委就醞釀部署以王實味事件為突破口，在肅清王明等教條宗派的同時，一併消滅黨記憶體殘留的自由主義思想。

1942年4月，延安《解放日報》開始陸續發表批判王實味的文章，從現象上看，這個時期報上批王的言辭並不十分激烈，毛澤東甚至還兩次通過秘書胡喬木，向王實味轉達他個人希望王實味「改正錯誤立場」的意見。[42] 但在內部，領導層已決定對延安的自由化思潮採取強硬措施。

4月上旬，中央政治局召開會議，聽取中央社會部部長康生作有關國民黨方面對延安動態反應的彙報。康生在講話中沒有提及大後方對《野百合花》的反應，只舉出了中央青委的《輕騎隊》壁報已被敵人所利用。康生說：「國民黨特務稱讚《輕騎隊》為延安專制下的唯一呼聲。」[43] 康生提供的情報激起了與會者的強烈反應，其中有一位「中央領導同志」在發言中揭露延安「特務分子」的種種罪惡：「特務分子利用黨內自由主義乘機活動，在開展批評與自我批評及檢查工

42　參見李言：《對中央研究院整風運動的幾點體會》，載《延安中央研究院回憶錄》(北京：中國社會科學出版社、湖南人民出版社，1984年)，頁19。

43　參見王秀鑫：《延安「搶救運動」述評》，載《黨的文獻》，1990年第3期。王秀鑫為中共中央黨史研究室研究人員，在此文中，王秀鑫使用了未曾公開的毛澤東在1942年的講話。

作中，故意擴大黨內的缺點和錯誤，散佈思想毒素，反對各學校機關的領導，並寫文章、出壁報、進行小廣播，團結不堅定的黨員來反黨」。[44]

在會議上發言的這位「中共領導同志」究竟是誰？1942年4月在延安的中央政治局委員只有毛澤東、康生、任弼時、陳雲、王明、博古、朱德、凱豐、王稼祥、鄧發等10人，王明因病住進了醫院，早已不出席政治局會議。當時經常列席政治局會議，屬於「中央領導同志」之列的還有非中央委員的彭真、李富春、陸定一、胡喬木和晉綏聯軍司令員賀龍等人。這位「中央領導同志」的發言的意義在於，他不僅預設了中共黨內存在着「特務分子」的活動，並且具體描繪了「特務分子」的特徵和進行破壞活動的手段。

按這位「中央領導同志」的分析，黨內的「特務分子」一般具有三個基本特點：

1. 故意擴大黨內的缺點和錯誤。
2. 散佈思想毒素。
3. 反對各學校機關的領導。

「特務分子」反黨的活動方式主要有三種：

1. 寫文章。
2. 出壁報。
3. 進行「小廣播」。

從這位「中央領導同志」所描繪的「特務」圖譜看，早在1942年4月中旬，領導層中已有負責同志將表達批評性意見的黨內知識分子劃入了「特務」之列，王實味已命中註定，劫數難逃。

44　同注43。

就在這次會議上，在聽了康生的彙報和其他人的發言後，毛澤東講了話，他明確表示：

「在學習和檢查工作中，實行幹部鑒定，對幹部的思想與組織觀念，實行審查工作；在審查工作中，發現反革命分子，加以掃除，以鞏固組織」。[45]

這是迄今所發現的在整風運動期間毛澤東最早佈置審幹、肅奸的資料，時間是1942年4月中旬。

4月20日，毛澤東在中央學習組會議上作的報告中，猛烈抨擊自由主義，他將自由主義比喻作「諸子百家」，歷數了延安「思想龐雜，思想不統一，行動不統一」的種種表現：

> 這個人這樣想問題，那個人那樣想問題，這個人這樣看馬列主義，那個人那樣看馬列主義。一件事情，這個人說是黑的，那個人則說是白的，一人一說，十人十說，百人百說，各人有各人的說法。差不多在延安就是這樣，自由主義的思想相當濃厚。[46]

毛澤東表示，一定要在整風中「統一思想」，「統一行動」。為此，付出任何代價也在所不惜：「如果打起仗來，把延安失掉就要哇哇叫，雞飛狗跳。那時候，『諸子百家』就都會出來的，那就不得了，將來的光明也就很難到來，即使到來，也掌握不了它」。「總之，一定要搞，搞到哇哇叫也要搞，打得稀爛也要搞」。[47]

45　參見王秀鑫：《延安「搶救運動」述評》，載《黨的文獻》，1990 年第 3 期。

46　毛澤東：《關於整頓三風》(1942 年 4 月 20 日)，載《黨的文獻》，1992 年第 2 期。

47　同注 46。

在這次報告中，毛澤東明確地表明他要肅清黨內自由主義的決心，此時，他已將自由主義排在「主觀主義」之前，將其列為頭號清除對象。在宣佈人人必須「寫筆記」之後，毛又向與會的各機關學校的領導幹部部署了新的任務，要求從政治上對延安的黨員普遍進行一次「排隊」，毛指示：

> 要把幹部中的積極分子，平常分子，落後分子分開，對思想有問題的，黨性有問題的人要特別加以注意。[48]

毛澤東4月20日的報告，雖然沒有直接談及王實味和審幹問題，但是毛的講話已將反對自由主義思想的問題突現出來，所謂對有問題的人「要特別加以注意」，其實就是動員審幹、肅奸的代名詞。

毛澤東在4月中旬和4月20日的兩次內部談話已給審幹、肅奸開了放行的綠燈，康生及其領導的中央社會部立即行動起來。本來，該系統在中共與國民黨和日本帝國主義的複雜鬥爭中，一直發揮着重要的作用，尤其在「搜集材料」、「鑽研材料」方面，成績十分顯著。舉凡一切涉及敵方政治、軍事、經濟、文化、社會階級關係等方面的相關材料，都在反特機關關注的視野之下。例如，如何「一點一滴地從各個方面，各個角落，用各種方法去搜取」材料；如何「隨時留心，隨機應變，善於適應環境，善於和人接近，善於選擇對象，善於靈活運用調查項目，達到調查工作的目的」

48　同注46。

等。[49] 今天，在特殊的形勢下，這一整套對敵鬥爭經驗，被全部運用到黨內思想鬥爭和組織清理的領域。

1942年4月底5月初，康生在中央社會部宣佈：王實味的《野百合花》已於4月在香港的報紙上發表了。[50] 不久，康生正式宣稱，王實味是托派分子，也是復興社分子，是兼差特務。[51] 對王實味的這個政治判決究竟依據的是什麼，康生避而不談，但顯而易見，最重要的證據便是香港的報紙發表了王實味的《野百合花》。另一個證據便是王實味於1940年，向中共中央組織部提交了有關自己與托派分子歷史來往的書面材料。如果依據王實味自己撰寫的書面材料，推測王有托派嫌疑，雖然武斷，但仍有跡可尋，但是指稱王實味是「復興社分子」則純屬向壁虛構，完全是「不為材料所束縛」，濫用想像力的結果。耐人尋味的是，康生為何執意「選擇」王實味作「調查對象」，一心要將王實味製造成「特務」，而有意放過了同樣受到國民黨方面稱讚的《輕騎隊》？一個很重要的原因乃是，參加《輕騎隊》的幹部先後都隸屬陳雲同志領導下的中央青委，康生不得不有所顧忌；王實味則是張聞天的屬下，將王實味揪出來，足以令張聞天難堪，正可

49　匡亞明：《論調查研究工作的性質和作用》，載《解放日報》，1941年11月29日。匡亞明1926年加入中共，1929年曾被中共特科紅隊誤認為是叛徒而遭槍擊，子彈從口中射入，穿過脖頸險而未死，1941年任中央社會部(情報部)第四室(政治研究室)副主任。參見羅青長：《深切緬懷隱蔽戰線的老前輩匡亞明同志》、丁瑩如(匡亞明夫人)：《永遠的懷念》，載《匡亞明紀念文集》(南京：南京大學出版社，1997年)，頁10–11、97。另據師哲稱，匡亞明此時雖是康生的政治秘書，卻不被康生信任，康生不允許匡亞明接觸重要文件。參見《峰與谷——師哲回憶錄》(北京：紅旗出版社，1992年)，頁216–217。

50　宋金壽：《關於王實味問題》，載《黨史通訊》，1984年第8期。

51　同注50。

說明主觀主義與自由主義乃一脈相承，是禍害革命的一對毒瘤！第二個原因則因為王實味的自由主義思想更典型，更嚴重，更符合「特務」的標準！

有了康生對王實味的政治結論，正式給王實味戴上「特務」帽子就只是時間和手續問題了。1942年6月11日，在康生的指導下，中央研究院負責人羅邁在批判王實味的鬥爭暫告結束之際，公開宣佈王實味是一個托派分子。[52]

中央總學委對中央社會部將對敵鬥爭的經驗運用於黨內，和中央研究院配合作戰，挖出王實味的戰績給予充分的肯定，6月19日，毛在一次會議上還對如何擴大審幹、肅奸的戰果作了進一步的指導，毛說：

> 現在的學習運動，已在中央研究院發現了王實味的托派問題，他是有組織地進行托派活動，他談過話的人有20多個。中直、軍委、邊區機關幹部中知識分子有一半以上，我們要發現壞蛋，拯救好人。要發現壞人，即托派、國特、日特三種壞人。……各機關都要冷靜觀察，此項工作應有計劃的佈置。[53]

在上述這段話中，毛澤東不僅首次將原先不太明確的「特務」範疇加以豐富和補充，而且還明確劃定了審幹、肅奸的工作重點和目標：

1. 與「問題人物」來往密切的人是審幹的重點對象。
2. 「壞蛋」主要集中在知識分子中。

52　李維漢：《回憶與研究》，下冊，頁492。
53　參見王秀鑫：《延安「搶救運動」述評》，載《黨的文獻》，1990年第3期。

3. 「好人」也有被「壞蛋」拉過去的可能，因此需要通過審幹加以「拯救」。

4. 審幹、肅奸工作應秘密進行，以免打草驚蛇。

中央社會部積極貫徹毛澤東6月19日講話的精神，將「調查研究」的重點集中於王實味的社會關係和知識分子之中，果不其然，又再次發現「敵情」：1942年7–8月，中央政治研究室揪出了成全(陳傳綱)、王里(王汝琪)；9–10月，中央研究院又開展了對潘芳(潘蕙田)、宗錚(郭箴一)的批判鬥爭。以上4人為兩對夫妻(潘芳為中央研究院俄文研究室副主任，其妻宗錚，原名郭箴一；成全是中央政治研究室工作人員，其妻王里在中央婦委工作)，他們或因與王實味比鄰而居，平時有些私人來往；或在歷史上曾與王實味相識；或因與王實味在思想上存有共鳴，[54] 最後無一倖免，全被網入「王實味五人反黨集團」。[55]

一波未平，一波又起。就在宣佈揭露出「王實味五人反黨集團」的同時，中央黨校也傳出揪出了「黨校的王實味」——李國華和吳奚如的消息。李國華曾任延安馬列學院黨總支常委，是曾經留蘇，與王明在莫斯科有工作聯繫的長征幹部；吳奚如原名吳習儒，大革命時期曾任葉挺團的連黨代表，1933年到上海參加「左聯」，1934年冬轉入中央「特科」，1938年，吳奚如受中共長江局負責人王明、周恩來的派遣，隨同葉劍英在南岳軍事訓練班為國民黨軍官講授游擊戰，以後又擔任中共駐桂林辦事處負責人，後轉入新四軍，

---

54 成全於1942年2月曾給任弼時上書，提議不僅要整頓三風，而且要「整頓人風」，「信的內容同王實味的《野百合花》中內容類似」。

55 宋金壽：《關於王實味問題》，載《黨史通訊》，1984年第8期。

皖南事變中被俘，後逃脫來延安，他還是1940年成立的延安黃埔同學會的負責人，現在竟被宣佈為國民黨特務。消息傳來，在不大的延安城激起了強烈的震動，驚悚、戒懼的空氣迅速瀰漫開來。

4月秘密部署的地下審幹活動，到了9月，就已獲得很大進展，陸續破獲的「特務案」為總學委的論斷提供了「有力」的證據——黨內暗藏有托派、國特和日特，而自由主義則是產生敵人的土壤。此一形勢促使總學委調整整風戰略，將整風的重點加速轉移到審幹、肅奸的軌道。

1942年10月19日，毛澤東在西北局高幹會議開幕詞中再次突出強調審幹、反特的問題，將原先秘密進行的審幹擴大至半公開的狀態。毛向與會者發出號召：

> 我們各個機關學校，要好好注意清查王實味之類的分子，要客觀的、精細的、長期的去清查。[56]

毛澤東嚴厲批評各級領導思想麻痺，鬥志鬆懈，喪失了階級的警覺性，他抨擊道：

> 過去我們對這些是採取不看不查的自由主義！[57]

11月21日和23日，毛澤東花了兩個整天時間在西北局高幹會議上作《關於斯大林論布爾什維克化十二條》的長篇報

---

56 參見王秀鑫：《延安「搶救運動」述評》，載《黨的文獻》，1990年第4期；另參見《延安整風運動紀事》，頁298。

57 同注56。

告，毛在報告中嚴厲抨擊他所稱之為當前存在的兩種錯誤偏向——「鬧獨立性和自由主義的偏向」，毛明確提出，黨內有「一部分反革命奸細、托派分子，以黨員為招牌」進行反黨活動，他說，「吳奚如就是這樣一個人」。[58]他並且正式宣佈：

> 整風不僅要弄清無產階級與非無產階級思想(半條心)，而且更要弄清革命與反革命(兩條心)，要注意反特鬥爭。[59]

毛澤東對整風目的的新解釋，標誌着從1942年4月開始的，原先交叉進行的兩條戰線的鬥爭——公開戰線是以學習文件為中心的「整頓三風」運動，隱蔽戰線是秘密進行的審幹、反奸試點活動——終於匯合為洶湧的審幹、反奸洪流。

整風既以「弄清」黨員是否是「半條心」、「兩條心」為目標，毛澤東提出的這個主張固然不會遭到黨內領導層和一般領導幹部的反對，但是如何「弄清」，即運用什麼手段對廣大幹部進行清查，卻是一個有待解決的棘手難題。自從總學委秘密部署開展審幹、反特鬥爭後，也只是由中央機關部選擇幾個重點單位作了小範圍的試點，絕大多數機關和學校對於如何進行審幹、反特仍然是一知半解。因此當務之急是提高各單位領導的「肅反意識」。

1942年12月6日，就在中央總學委發出肅清小廣播通知的當天，康生以領導整風的中央總學委副主任和領導審幹反特的首腦機關——中央社會部部長的雙重身份，在西北局高幹

---

58 毛澤東：《布爾什維克化的十二條》(1942 年 11 月 21 日)，載《毛澤東論黨的歷史》，頁 116–117。

59 參見王秀鑫：《延安「搶救運動」述評》，載《黨的文獻》，1990 年第 4 期；另參見《延安整風運動紀事》，頁 298。

會議上作有關審幹肅奸的動員和情況介紹的報告。康生首先描繪了一幅特務猖狂活動的恐怖畫面：敵人已經大量滲入延安和邊區，潛伏在各機關、學校，猶以經濟和文化單位的敵情最為嚴重，以致一年來，各種破壞和陰謀活動層出不窮。緊接着康生嚴厲譴責「反革命的麻木不仁態度和自由主義傾向」，警告領導幹部，敵人可能就隱藏在身邊，必須提高警惕，不得姑息養奸。[60]

　　1943年1月4日，審幹試點單位──中央黨校的一位負責同志，繼康生之後也前往西北局高幹會議作反奸肅反報告。他在會上結合黨校破獲的「吳奚如特務案」，詳細「介紹如何與反革命鬥爭的實際經驗，給到會幹部以鋤奸工作具體方法的啟示」。[61]

　　康生和中央黨校負責同志的報告給毛澤東有關「弄清」「半條心」和「兩條心」，作了形象化的解釋，為將審幹、肅奸推向全黨起了重要的作用。中共西北局書記高崗也積極回應毛澤東的號召，在1943年1月13、14日所作的西北局高幹會議的總結中，正式將「反奸」列為西北局當前的首要任務之一，高崗鼓動各級幹部「要從深入整風學習、檢查工作、審查幹部中，清查暗害分子」，同時指示各級領導務必「自己抓緊對於本部門的審查和防奸的領導」，不得單純依賴邊區保安處與組織部，「所有幹部都必須學會如何與反革命分子鬥爭的辦法」。[62] 最後，西北局高幹會議作出了決定，實行

60　華世俊、胡育民：《延安整風始末》(上海：上海人民出版社，1985年)，頁66；另參見陳永發：《延安的陰影》(台北：中央研究院近代史研究所，1990年)，頁60。

61　《延安整風運動紀事》，頁346；另參見《謝覺哉日記》，上，頁377。

62　參見陳永發：《延安的陰影》，頁60。

黨員重新登記，並劃出了清洗人數的比例，將佔黨員總數中的10%，包括奸細在內的壞黨員清除出黨。[63]

於是，原先以打擊黨內自由主義思想與可疑分子為主要目標的秘密審幹、反特鬥爭，已經發展到普遍清查黨員的審幹——肅奸運動，鬥爭的範圍也從原先的重點人群擴大到延安的所有黨員幹部，而動員黨員幹部填寫「小廣播調查表」就成了全面審幹肅奸的前奏曲和突破口。

六、交代個人歷史

1942年12月6日，以康生在西北局高幹會議上作肅奸報告和中央總學委發出肅清「小廣播」的通知為標誌，整風運動已過渡到審幹、肅奸階段。初期，審幹仍在地下秘密進行，由中央社會部、邊區保安處與各機關學校首長負責對可疑人員進行「背靠背」的偵察，在公開的場合，則仍以整風為號召。整風進入到整頓文風(反對黨八股)的階段，在許多單位，甚至一邊佈置幹部填寫「小廣播調查表」，一邊還在動員幹部檢查各人身上表現出的「黨八股餘毒」。但是，進入1943年後，反對黨八股的學習檢查活動很快就告結束，審幹、肅奸的主題頓時突現出來。中央反奸委就是在整風進入到審幹和反奸階段後成立的一個內部領導機構，它和中央總學委的工作有交叉性，由劉少奇任主任，康生、高崗等組成。隨着審幹的節奏加快，中央總學委繼動員填小廣播調查表後，又發動了坦白運動，指令每個黨員和幹部以書面的形式詳細交代個人歷史。

---

63 《延安整風運動紀事》，頁 302。

1943年6月6日，毛澤東給在太行的彭德懷發出一份電報，具體介紹延安開展運動的經驗、方法和步驟：

1. 關於寫反省筆記的問題。毛要求彭組織幹部對照季米特洛夫的四條幹部標準進行反省，讓「各人」都寫一次反省筆記。
2. 關於寫思想自傳的問題。毛指示，「可三番五次地寫，以寫好為度。」
3. 關於發動坦白運動及動員填「小廣播表」。毛要求彭德懷：「發動填『小廣播』表格及社會關係表，在這兩個表上叫各人將平日所作一切帶政治性而不應洩露的『小廣播』及本人歷史上各種社會關係統統填上去。」
4. 關於審幹。毛指示，上述一切都搞完後，「才實行審查幹部」(主要是清查內奸)。毛告訴彭德懷，這些工作做好，「就算是了不起的成績，我黨百年大計即已奠定」。[64]

毛澤東的這份電報的表明，他是把調查幹部的個人歷史、審幹，提高到一個過去從未達到的高度，即「奠定黨的百年大計」的高度來認識的。然而根據中共的組織原則，凡申請入黨的人員，在入黨之前都須向黨的組織交上自己的詳細的履歷以供審查，非黨人士也得經過這道審查手續，方可在中共根據地的經濟、教育、文化等部門工作。在1940年由陳雲主持的延安審幹中，延安的黨員幹部都已向黨組織再次交代

64　見毛澤東1943年6月6日致彭德懷電，載《文獻和研究》，1984年第8期。

了個人歷史，因此，僅就黨員幹部向組織提供自己的書面履歷而言，並沒有多少新意，也談不上是什麼新創造。

但是此時此地重提此事卻是別有一番深意的。這是總學委為了深化審幹，從思想上和組織上鞏固黨而採取的一項重大行動。

首先，黨員提供的個人歷史材料可以立即用於審幹鬥爭，通過分析個人交代的歷史材料，有關部門和各機關學校的首長，能夠迅速排查出可疑分子。

第二，從長久的戰略性眼光看，此舉有利於在每一個黨員心目中確立毛澤東思想的絕對權威。整風之初，胡喬木提出「脫褲子，割尾巴」的口號，但在當時，其針對的對象主要是王明、博古等「教條主義者」和一批有留蘇背景的知識分子，廣大中下層黨員普遍認為與己無關。隨着形勢的變化，總學委意識到可以將「脫褲子，割尾巴」的內涵豐富化，使「脫褲子，割尾巴」的對象從「教條主義大師」擴大到每一個黨員，讓全黨上下都「脫褲子，割尾巴」。要求黨員將自己的歷史事無巨細全盤向黨交代，同時「將一切對不起黨的事告訴黨」，就是「脫褲子，割尾巴」的具體化。在這個過程中，一方面是黨員不斷的透明化和純化，另一方面黨的領袖作為黨員良知和黨的道德的最高體現，已在黨員的精神世界中牢牢佔據主宰地位。

正因為總學委對幹部交代個人歷史一事極為重視，並寄以很高的期望，各單位在1943年審幹的過程中，都對幹部交代個人歷史作了極其詳細、嚴格的規定，所要求的範圍幾乎涉及個人歷史與現實的一切方面。

按照黨的組織部門的要求，幹部交代個人歷史的形式主要

有兩種：(1)填寫幹部履歷表。(2)書寫詳細的個人自傳。在這兩種形式中，以個人自傳為重點。

一份合乎要求的個人自傳由五個方面的內容組成：

1. 個人的一般概況。包括年齡、出身、專業特長和配偶姓名，政治面貌等。

2. 個人的學歷，參加革命前的經歷，參加革命後的經歷及受獎懲情況。這一部分為自傳的核心部分。傳主必須按年月敘述，不得有任何省略，並且需要提供每段時期的證明人及證明人的工作單位。

3. 家庭狀況和社會關係。傳主必須詳細交代自己的階級出身，家庭經濟收入狀況，家庭成員的姓名、職業、政治態度以及自己與家庭成員的關係。傳主也必須交代自己與一般同學、老師、同事的關係，他們的姓名、職業、社會地位和政治面貌。

4. 個人對革命的認識以及思想變化情況。在這一部分中，傳主必須詳細交代自己參加革命的動機，以及對當時國內外事件的看法。尤其需要提供入黨時的詳細情況：由誰在何時何地介紹入黨，是否履行過審批手續。更要提供是否曾經被俘、被捕及受傷脫隊的詳情，傳主必須交代事情的原因及所有細節，以及各項事件的旁證人。

5. 黨性檢查。傳主必須根據整風文件的精神，詳細反省個人參加革命後的一切言論，工作表現及工作作風，對上下級的態度等各方面的表現。

按照黨的組織和幹部管理部門的一般常規看，一份包含了上述五個方面的個人自傳應該算是合格的了。因為無論從調查項目的細密程度，或是涉及幹部歷史背景的廣泛和深入的程度看，這樣的歷史交代材料都足以使組織上對幹部個人情況有一個完全、徹底的瞭解。然而，事情並非如此簡單，毛澤東對幹部交代歷史還有更高的要求，他提出此類材料「可三番五次地寫，以寫好為度」。

　　組織部門對幹部自傳的撰寫已有嚴格要求，事實上已到了事無巨細、極為全面的程度，為何毛澤東還不放心？他的「寫好」的標準又是什麼？

　　根據現有的資料分析，毛澤東要求幹部「三番五次」寫自傳至少基於兩個原因：

　　(1)通過「三番五次」的寫自傳，有助於徹底摧毀黨員的「資產階級、小資產階級的意識」。所謂「寫好為度」，其實並沒有一個明確的標準，無非是要求個人交代得更細緻、更廣泛、更深入。問題的關鍵是，幹部在「三番五次」寫自傳的過程中，必然進一步否定自我，而對黨的領袖和各級領導愈加崇仰，因為最後判斷是否「寫好」，除了要看是否符合整風文件的要求，主要取決於各機關、學校的首長態度。

　　(2)在幹部提交的不同版本的自傳材料中，發現漏洞和自相矛盾之處，再結合個人的現實表現，對照傳主的反省筆記、「小廣播調查表」和多次填寫的履歷表，在多種材料中，進行排比、分析，從中確定「可疑分子」。

　　如此看來，幹部交代歷史一事的意義可謂大也。一方面，它可以用毛澤東的新概念來鍛煉幹部，考察和提高幹部的黨性覺悟，使黨組織持久、全面、徹底地掌握幹部的一切；在另

一方面，它又可以借此發現敵人。作為審幹的一個中心環節，幹部交代個人歷史，終於成了錘煉「新人」成長的鐵砧。

七、「脫褲子，割尾巴」

從寫反省筆記，到填寫「小廣播調查表」，再到「三番五次」寫個人歷史自傳，延安的黨員幹部所面臨的新情況一個接一個，對於總學委推出的這一系列舉措，不僅1937年後入黨的新黨員完全陌生，即使是老黨員和老幹部一時也茫然不知所措：因為總學委的這一套畢竟與過去中央蘇區時期的審幹肅反方式大不相同。

毛澤東的「新」就在於融理論教育和強力震懾於一爐，配之以有力的組織措施，給廣大黨員，尤其是知識分子黨員製造了一座強大的壓力場，使其在反復震盪中蛻盡「舊我」，換上一顆全新的靈魂。

對於毛澤東的這套思想改造方法，謝覺哉有十分生動貼切的解釋，他援引王陽明臨死前說的「此心光光地」一段話，要求共產黨員遵照毛澤東的教導，把心中的一切雜念，連根除掉。[65] 謝覺哉説，改造自己，就是「把自己完全變個樣」，他寫道，如此過程，「好比生肉煮成熟肉」：「『五個月』學習是緊火煮；『長時期思想上教育與行動上實踐』(四三決定)是慢火蒸。……煮過了，並不就算『熟』，還得長時期的熬煉，一直到要『而今而後，吾知勉夫！』」

謝覺哉用一首詩形象地描述了如何脫胎換骨的要訣：

65　煥南(謝覺哉)：《此心光光地》，載《解放日報》，1942 年 7 月 3 日。

緊火煮來慢火蒸，煮蒸都要工夫深。

不要揑着避火訣，學孫悟空上蒸籠。

西餐牛排也不好，外面焦了內夾生，

煮是暫兮蒸要久，純青爐火十二分。[66]

又是「蒸」，又是「煮」，知識分子黨員猶如進了一座思想高壓爐。

壓力之一，是來自個人內心的自我壓力。經過對「二十二個文件」的逐字逐句的精讀，和反復對照檢查，個人原來的小資產階級的自我意識開始分裂。隨着「發掘本心」的逐步深入，學習者普遍對自己的缺點錯誤產生了羞愧意識，出身剝削階級家庭的知識分子黨員更自慚形穢，認為自己確實如毛澤東所言，除了讀了一些如同「狗屎」般無用的書之外，對共產黨和人民的價值無多，尤其嚴重的是，剝削階級的家庭背景，甚至還會使自己在革命的關鍵時刻動搖革命立場，在客觀上危害革命！這樣的自我壓力有如大山般沉重，使許多知識分子黨員原有的沾沾自喜、驕傲自滿等不良習氣一掃而空。

壓力之二，是來自集體的壓力。組織上要求黨員在批評自己的同時還需揭發、批判、幫助別人，因此每個人都必須接受來自其他同志的揭發、批判、幫助，而這些都是以集體和組織說明、關心同志的形式出現的。隴東駐軍「大渡」部隊政治處甚至發動了「小冊子運動」，鼓勵每人準備一個小本子，封面上寫着「請為幫助同志而提上意見吧」，讓持本者挨門挨戶徵求意見。[67] 中央黨校一學員先後徵求了所在支部30

66　煥南(謝覺哉)：載《解放日報》，1942 年 6 月 23 日。

67　抗戰期間駐陝甘寧邊區八路軍各部隊皆有代號，如「團結」部，「澳洲」部

多人對他的意見。[68] 集體的幫助形式也有兩種，一種是「動之於情，曉之以理」的訴諸革命感情的方式，另一種為「猛喝一聲」：「同志，你走錯了路！」的嚴格要求的方式，在更多的情況下，兩種方式交替使用。一般而言，領導同志和整風小組的骨幹分子會親自登門，苦口婆心地啟發、引導當事者反省自己的思想和歷史問題，其態度之熱情、誠懇，往往使當事者為之感動，於是將自己對組織長期隱瞞的歷史上的「污點」問題和「個人主義的壞思想」和盤托出。如果當事者拒絕深刻反省，基於「治病救人」的目的，組織上會採取下一步行動，佈置小組批評會，讓所有的同志，包括與當事者有同鄉、同學關係的人，對犯錯誤或有過錯的同志展開面對面的揭發和「同志式的鬥爭」。首先「幫助」該同志端正態度，繼而批評他的「錯誤言行」，使他有觸動，願悔改，最後徹底「向無產階級繳械投降」。

在自我壓力與集體壓力的雙重合力下，個人的靈魂受到強烈的震撼和撞擊，猶如歷經一次漫長的心理深度蛻變的過程。在整風審幹期間，幹部們普遍食不甘味，夜不能寐。許多人因思慮過度，「頭痛、失眠、減少飯量，面色發黃」，以至「舊病復發」。[69] 更有個別人因神傷氣虛，心情極度焦慮、緊張，以致「午睡遺精」。[70] 為了使自己的反省獲得組織的首肯，絕大多數幹部都竭盡全力，反復撰寫有關材料，

等。參見《延安整風運動紀事》，頁 352。

68　《延安中央黨校的整風學習》(北京：中共中央黨校出版社，1988 年)，第 1 集，頁 101。

69　〈中央黨校二部學風學習總結〉(1944 年 9 月 17 日)，載《延安中央黨校的整風學習》，第 2 集，(北京：中共中央黨校出版社，1989 年)，頁 278–279。

70　同注 69。

惟恐對自己的挖掘、批判不夠深入而難於過關。中央黨校有個學員檢討自己的「小廣播」，竟寫出800多條交組織上審查。[71] 中央黨校二部學員的反省材料一般都「修改了三五遍」，有的學員的材料「修改了8次才完成」，少數人甚至「修改了13遍」。[72] 與工農幹部相比，知識分子幹部所承受的精神壓力更大，中央黨校三部學員劉白羽自陳，「在那些難熬的日日夜夜裏」，他「惶恐不安，徹夜難眠」，「產生過種種幻滅之感」，後來在黨校三部副主任張如心的具體指導下，竟寫下「數十萬字之多」的自傳資料。劉白羽回憶道：

> 我受到審幹運動的衝擊，才從孤懸萬丈高空，落到真正平實的地面。在這個基礎上，使我受益最深切，真正從精神領域進行一場自我革命的，是用整風文件精神對照重新寫自傳，這是使知識分子客觀地認識世界，對症下藥很好的方法。當時張如心同志是黨校三部的副主任，由他負責對我進行了審查。我詳詳細細從誕生之日起一點一點嚴格剖析自己，對自己進行再認識。我寫了一稿，自以為不錯，誰知張如心同志看了卻不以為然，一方面嚴正地指出不正確之處，一方面推心置腹耐心交談，於是我又從頭到尾寫了第二稿，還是不能通過，最後寫了第三遍稿，張如心同志才點頭認可。[73]

71　《延安中央黨校的整風學習》，第2集，頁140。

72　〈中央黨校二部學風學習總結〉(1944年9月17日)，載《延安中央黨校的整風學習》，第2集，(北京：中共中央黨校出版社，1989年)，頁278–279。

73　劉白羽：《我的人生轉捩點》，載《延安中央黨校的整風學習》，第1集，頁134–136。

劉白羽的回憶為我們提供了一幅思想改造深度進行的逼真畫面，儘管他沒有說明為什麼他的兩稿自傳都沒被通過的原因，也沒有具體描述張如心是如何指導他拋棄「舊我」的，但我們仍可以從上述文字中窺見當年審幹嚴厲之一斑。問題是，如此酷烈的靈魂搏殺，能否產生總學委所預期的效果，答案是肯定的。據劉白羽稱，他就是經由審幹的洗禮，「在黨的熱切關懷，強大威力推動之下」，才猶如一隻小船，「終於漂向真理的彼岸」。[74]

和劉白羽的情況相類似，丁玲也經歷了這種思想轉變的過程。丁玲在整風運動中一度是文抗機關整風領導小組的組長，也曾寫下兩本學習心得：一本名為《脫胎換骨》，另一本叫《革面洗心》。1950年，丁玲曾含蓄地描述了當年她的那段心路歷程：

> 在陝北我曾經歷過很多的自我戰鬥的痛苦，我在這裏開始
> 來認識自己，正視自己，糾正自己，改造自己。……我
> 在這裏又曾獲得了許多愉快……我完全是從無知到有些明
> 白，從感情衝動到沉靜，從不穩到安定，從脆弱到剛強，
> 從沉重到輕鬆……走過來這一條路，是不容易的……凡走
> 過同樣道路的人是懂得這條道路的崎嶇和平坦的……。[75]

不言而喻，不管是劉白羽，還是丁玲，要想到達「真理的彼岸」，都是「不容易的」，其前題就是「將一切對不住黨

74　同注 73。

75　丁玲的這兩本整風筆記以後佚失，參見陳明：《丁玲在延安——她不是主張暴露黑暗派的代表人物》，載《新文學史料》，1993 年第 2 期，頁 35–36。

的事通通講出來」，向黨獻上一顆赤誠的心，最後徹底埋葬
「舊我」，走向新生。

八. 結語

延安整風運動的內在運作機制是什麼？中央總學委等機構
在實現整風目標方面起了什麼作用？「和風洗雨」和「急風
暴雨」各自的功能又是什麼？這兩種運作方式對於整風運動
政治目標的實現又有何種意義？這都是筆者在撰寫這篇文字
時縈繞於胸的問題。

筆者認為，在延安整風運動中建立的中央總學委等機構
對整風運動目標的完成起了關鍵的作用，正是通過它們高效
的繁重細密的工作，才把毛的部署加以了貫徹落實。中央總
學委和中央反奸委作為領導整風、審幹、反奸運動的臨時機
構，到了1944年，隨着整風運動目標的基本實現，新的領導
集體的輪廓已經清晰(毛澤東、劉少奇、周恩來、朱德、任弼
時)，就停止了工作了。中央總學委和中央反奸委的建制，
在歷史上不是唯一的，在建國後五十年代的「審幹」和「肅
反運動」中，具體領導運動的組織就是由公安部和中宣部為
主成立的「肅反十人小組」，以後各級黨委都有常設的「肅
反辦公室」。這些機構的性質類似於四十年代的「中央反奸
委」。而文革初期建立的「中央文革小組」則和「中央總學
委」有很大的相似性：

1. 都是在黨進行重大重組之際進行的一項制度創設；
2. 都是由當時受到毛信任的領導幹部擔任負責工作，並
　　直接向毛負責；

3. 都是在成立之初是中央領導機構下的一個工作機構，以後功能擴大，實際上取代了中央日常的領導機構；

4. 都是在重組過程中，該組織本身也同時發生變化的，也都是在運動目標達成，建立了黨的新的領導體制後而消失於無形的。

整風運動期間，在中央總學委領導下廣泛實行的「和風細雨」和「急風暴雨」的政治運作路徑，是毛在非常特殊的形勢下，面對一系列複雜的矛盾，創造出的一套行之有效的成功方法，實際上已構成了在漫長的毛時代，以毛為首的政治領導中心處理黨內外矛盾的一種基本範式。

毛澤東在歷時幾年的整風運動中，充分發揮他所掌握的政治優勢資源，一方面在中央領導層開展思想或路線鬥爭，另一方面又不失時機地運用「和風細雨」和「急風暴雨」的兩種方式，領導進行了一場全黨思想上的除舊佈新的工程。

整風運動中創造出的「和風細雨」和「急風暴雨」顯示了毛的政治運作兩個層面的互動聯繫和它們之間的張力，它又和毛的革命政治的兩個層面，即毛革命的崇高的理想性層面和革命現實政治的運作層面，這兩者之間所存在着的互為關聯的緊密關係。毛的革命政治有其兩翼：以革命的終極理想作為革命的精神動力；用強有力的政治手段來落實革命理想。毛的革命的崇高的理想給共產黨員提供了革命和人生的全部價值和意義，成為共產黨員革命奮鬥，不懼犧牲，前赴後繼的巨大動力來源，更是共產黨的安身立命之本。可是如果當革命進行到某些特別階段，例如，在戰時狀態下因對敵情過度估計而對黨內同志使用了非正規性的政治手段，致使有可能損害到革命的「正當性」的時候，毛的革命的崇高理

想層面就發揮出強有力的解釋功能，被委屈的同志就可從革命理想的崇高性那裏獲得對非正規性的政治手段運用之「正當性」的解釋。上述兩者之間的互補性的關係，就真實體現在整風運動的「和風細雨」和「急風暴雨」的兩個階段。

「和風細雨」的學習文件，小組討論，幫助延安的共產黨員初步接受毛的新概念，可是思想上的除舊佈新、立場、觀點、思想方法的轉變，並不是單純學習文件就能解決的。正確思想之確立還需要經歷批判「對立面」才能實現，王實味的意義就在於他起到一個公眾性對立面象徵人物的作用。批判王實味，更重要的還在於清除每個共產黨員頭腦中的王實味思想。要實現革命者在思想、情感、生活方式等所有方面徹底無產階級化，必須經歷黨組織全面深入的考察和更嚴峻的革命考驗，於是整風進入到「急風暴雨」的階段，這就是運用強大的政治手段動員個人詳盡交代歷史、填寫「小廣播表」、開展審幹，反奸、「搶救」，前所未有的把革命政治深入到共產黨員的思想領域和個人生活空間。

在「急風暴雨」階段，大量的「非正規的方式」被普遍採用，一段時間內，許多共產黨員對運動的「正當性」產生了疑惑，這時毛的革命的崇高理想層面就發揮出解釋「正當性」的作用：為了革命的勝利，為了粉碎國民黨對邊區的特務破壞活動，組織上對黨員進行嚴格的審查是必須的，就是使用了「過火」的方法，其出發點也是好的，個人受些委屈不算什麼，只要黨純潔了，黨鞏固了，個人蒙受再大的委屈都值得。政治手段的非正規性，由革命理想的崇高性給予解釋，而崇高的革命理想又需要通過強有力的政治方式來加以落實，這兩種方式的交替使用，最終使毛的革命政治運作

中的兩個層面實現了良性的對流和互補，促成了整風目標的完全實現，不僅完全確立了毛在全黨的領袖地位，產生了一個以毛為核心的堅強有力的新中央領導集體，更重要的是，毛還將自己的理論、概念——毛澤東思想深植於全體黨員的意識之中。從此，全黨的精神氣質發生了深刻的轉變，在思想上和組織上實現了徹底的革命化或無產階級化——全盤毛澤東化，一種全新的人——具有無產階級精神氣質的「新人」，開始出現在延安和各革命根據地。延安和各根據地的絕大多數共產黨員已徹底地「脫胎換骨」，從而具有了「革命聖者至善人格」的「新人」的特質，它的最重要的特徵是集戰鬥精神和忠誠於一體。他們中的絕大多數人確實已牢牢記住了毛澤東的一系列重要概念，並學會用這套概念來觀察世界和指導個人的言行，具有高度的政治覺悟，強烈的戰鬥精神和嚴格的組織紀律性，在任何情況下，都會忠實執行領袖、組織、上級的命令和指示。

從此，毛就是黨，黨就是毛，「聽毛主席的話，跟共產黨走」，成為延安共產黨員最重要的革命信念。經過整風運動的鍛煉，他們已實現了思想上的純潔性、一致性和行動上的組織性、紀律性的高度統一，「毛主席指向哪裏，我們就衝到哪裏」，毛成為革命理想，革命道德，革命勝利的人格化身。這種情況決定性的影響到1949年後的中國的政治、經濟和思想文化的發展，其正面作用是在新中國建立後促成了民族獨立國家地位的新確立，推動了人民大眾對社會主義新國家的政治認同等等。但是，隨着毛在探索中國社會主義道路上陷入空想的迷霧，戰爭年代某些特定條件下形成的經驗被神聖化，且被不斷複製並被推向極端，從而給國家的發展帶

來嚴重的消極影響，考其淵源，則無不和對延安整風運動的理解有關。但這已不屬於本文所要論述的範圍了。

中共從「五四」教育遺產中吸取了什麼
——延安教育的價值及其局限[1]

延安時期是中國共產黨在民主革命階段教育方針及理念基本形成的時期，本文所稱的「延安教育」特指抗戰階段中共在以延安為中心的抗日革命根據地內所推行的教育方針及其實踐。延安時期產生的有關教育的一系列概念和措施，在一定的程度上決定了新中國教育的性質和面貌，並由此影響了幾代人的思維、知識結構和行為方式。

然而，延安教育又是在「五四」教育的大背景、大環境下產生的，同樣受到「五四」教育多方面的影響。對於這方面的情況，以往論者較少關注，本文試圖探討以下幾個關鍵問題：中共從「五四」教育遺產中選擇了什麼？延安時期革命意識形態在選擇「五四」遺產中起了什麼樣的作用？延安創造的新教育的性質是什麼？延安教育有哪些價值和局限？

一、延安時期中共對「五四」教育遺產的態度

1937年國共合作實現，中國共產黨成為合法政黨，並陸續開闢了幾大塊比較固定的戰略根據地，在新的形勢下，黨在陝甘寧邊區和其他根據地開始大規模興辦教育，因而立即面臨着對過往教育方針的調整問題。

---

1   本文為「五四與中國現代教育」(香港)會議論文，香港中華書局 2000 年出版。

從階級論的角度出發，中國共產黨在抗戰前的一個比較長的歷史時期內，對「五四」教育遺產持批判和否定的態度。30年代初，中共早期教育理論家楊賢江、錢亦石首次運用馬克思主義分析教育的性質和作用，他們認為，教育屬上層建築，在階級社會，「教育權跟着所有權走」，「教育成為支配階級的工具」，從而主張無產階級必須奪回教育的領導權，讓教育成為「被支配階級」進行階級鬥爭的工具[2]。

基於這種認識，左翼理論家不僅認定「五四」後佔主導地位的新教育是親帝國主義的資產階級的教育，甚至把平民教育、生活教育、職業教育也一概視為是資產階級改良主義教育主張，一併加以否定。

在排拒了「五四」新教育後，中共從蘇俄接受和引進了馬克思主義的教育思想及其制度。在1927–1937年的十年間，黨在江西中央蘇區和其他蘇區，參照蘇俄經驗，相繼建立起蘇區的共產主義教育制度，其基本方針是教育為革命戰爭服務，教育面對工農勞苦大眾，教育與勞動相結合。為了落實這個教育方針，中央蘇區在1933年成立了教育人民委員部，由瞿秋白、徐特立分任正、副部長，各基層政權機構也都設立了主管教育的機構，儘管處於緊張的戰爭環境下，中央蘇區和其他蘇區還是開始了大規模的共產主義教育的實驗活動。

瑞金時代所興辦的教育是和「五四」教育性質完全不同的另一類教育。黨從現實政治鬥爭和革命動員的需要出發，首次在中國將教育分成三種類型：第一類為提高幹部政治和軍事、業務素質的幹部教育系統；第二類為培養青少年而建立

2　楊賢江：〈新教育大綱〉，《楊賢江教育文集》(北京：教育科學出版社，1982)，頁 418–420。

的傳授政治和文化知識的普通學校教育系統；第三類為針對廣大勞苦群眾而開展政治動員和掃除文盲的社會教育系統。在1931年11月中華蘇維埃共和國臨時中央政府成立後，這三類教育都得到長足的發展。在幹部教育系統，建立了馬克思共產主義學校，國立沈澤民蘇維埃大學，郝西詩紅軍大學(郝西詩為蘇聯駐廣州副領事，因被指控參加了廣州暴動而被國民黨政府殺害)，以及其他各類軍政幹部學校和訓練班；在普通教育系統，有列寧高級師範學校和各縣、區、鄉、村近萬個列寧小學；在社會教育系統，從中央到蘇區各省、縣、區、鄉都建立了掃除文盲的組織機構，在中央一級成立「消滅文盲協會臨時中央幹事總會」，各縣、區、鄉則普遍建立「消滅文盲協會」，在農村中廣泛開辦了夜校，半日學校和識字班。

瑞金時代中央蘇區和其他蘇區的教育完全體現了共產黨的階級論教育觀的基本特色。黨和蘇維埃政權首先將教育定性為進行階級鬥爭和政治動員的手段，堅決拒絕「五四」後興起的「教育獨立」的思想，同時也否定學校作為傳授知識單位而單獨存在的觀點。主張學校不是簡單傳授知識的讀書機關，而要成為黨和蘇維埃政權的宣傳者[3]，「教育工作應該為戰爭與進行廣泛的馬克思共產主義教育服務的觀點出發，教育為着戰爭……用教育工作幫助戰爭的動員」，為此，黨和蘇維埃政權要求一切教材要帶政治鼓動性[4]，以此「去提高廣

3　〈湘贛省蘇維埃政府訓令撫字第十九號〉(1933 年 1 月 26 日於永新城)，中央教育科學研究所：《老解放區教育資料》(一)(北京：教育科學出版社，1981)，頁 95。

4　〈鄂贛省工農兵蘇維埃第一次代表大會文化問題決議案〉(1931 年 9 月 23 日)，中央教育科學研究所：《老解放區教育資料》(一)，頁 103、101。

大工人與勞動群眾的階級覺悟」[5]。在教育對象方面，也摒棄了「五四」教育的全民性的內容，強調教育主要面對廣大的勞苦大眾，規定實行工農階級教育優先的政策，地富子弟雖可進入小學學習，但嚴格禁止廠主、地主、富農子弟升入初中[6]。從階級論教育觀出發，各級蘇維埃政權對教師也有特別的政治要求，禁止農村中原有的私塾先生從事教書工作[7]，乃是因為「學究學生」無法在新形勢下扮演政治宣傳者和鼓動者的角色。

瑞金時代教育方針及其實踐的最顯著特色是它的階級性和群眾性，這為延安教育打下了底色，在整個蘇區的教育工作中，無論是幹部教育，還是學校教育和社會教育，無處不滲透着強烈的政治色彩。1933年6月，中華蘇維埃共和國中央教育人民委員部頒發《識字班工作》訓令，動員廣泛展開蘇區掃盲工作，湘贛省蘇維埃政府文化部隨即擬定統一生字，要求在3個月迅速推行突擊掃盲任務。在所頒佈的3級生字表中，兼顧了政治教育與生活實用原則：第一級生詞共27句，均為日常生活和勞動用語；第二級生詞30句，計有政治詞彙19句，第三級生詞29句，政治詞彙達到14句，在總數86句生詞中，政治宣傳詞語竟有33句[8]，佔總語彙比重的約40%。中共重視群眾教育獲得了很大的成果，據毛澤東在1934年1月中華蘇維埃共和國第二次代表大會所作報告稱，在中央蘇區

5　同注4。

6　〈鄂贛省工農兵蘇維埃第一次代表大會文化問題決議案〉(1931年9月23日)，中央教育科學研究所：《老解放區教育資料》(一)，頁103、101。

7　同注6。

8　〈湘贛省蘇文化部關於識字運動的又一指示〉，中央教育科學研究所：《老解放區教育資料》(一)，頁278–279。

內的江西、福建、粵贛三省中共有補習夜校6,462所，學生94,517人，有識字組32,388組，組員15萬3千餘人，婦女中的文盲數目得到減少，參加興國縣夜校學習的婦女佔了總學習人數的69%，而興國縣識字組的婦女比例高達60%[9]。

十分明顯，若從大的背景觀察，瑞金時代所推行的教育方針與實踐是與「五四」教育的總體精神存在着明顯的差異的，但是若仔細辨別，在瑞金時代黨的教育理念與實踐的背後，仍然潛藏着一條與「五四」教育溝通的渠道。在中央蘇區的社會教育系統，許多措施與「五四」後興起的平民教育、職業教育思潮並無根本矛盾。

1937年全面抗戰爆發後，黨在瑞金時代教育經驗的基礎上，根據新需要對原有的教育方針進行了修改補充，逐步形成了新的教育方針，這就是：教育為抗日戰爭服務，教育與生產勞動相結合。

從字面表述上看，延安時期教育方針與瑞金時代並無大的區別，黨仍然強調教育的政治鼓動功能，和教育為生產勞動服務的功能，但是，這個口號在實際貫徹中已出現了相當的彈性，顯示了中共教育方針已發生了若干重要的變化。

延安時期各抗日根據地教育的內容有了新的擴大，在堅持階級論教育觀的同時，國防教育、愛國主義教育的比重大幅度增加，由此與國內主流教育的思潮發生了聯繫。

在教育對象方面，雖然繼續強調教育為工農大眾服務，但已宣佈地主、富農子弟也可入學的新政策。

9　毛澤東：〈中華蘇維埃共和國中央執行委員會與人民委員會對第二次全國蘇維埃代表大會的報告〉，中央教育科學研究所：《老解放區育資料》（一），頁18–19。

對於教師的政治思想和階級成份的要求也出現了鬆動，陝甘寧邊區政府宣佈只要擁護中共政策，私塾先生仍可繼續教學，各根據地也不像瑞金時代那樣，強令關閉一切私塾、舊學，而是允許予以保留。

上述這些變化顯示了抗戰時期中共對「五四」教育遺產採取了新的態度。延安教育雖然繼承了瑞金時代的傳統，繼續堅持「教育隨所有權走」的馬克思主義教育觀，但對「五四」教育遺產中的平民教育，勞動教育和職業教育的思潮採取了歡迎和接納的態度，換言之，到了延安時期，黨對「五四」教育遺產終於有了明確的選擇。

抗戰階段，各抗日根據地所面臨的環境對選擇「五四」教育遺產有重要影響。中共摒棄「五四」教育中的精英主義內容，除了有其意識形態的考慮外，還因陝甘寧邊區和其他根據地基本不具備創辦正規教育的條件。據邊區主席林伯渠1939年1月的報告，在1936年以前邊區150萬人口中識字人數僅佔全體人員1%，某些縣，如華池縣，識字率僅佔兩百分之一。全邊區只有120個小學。中學生屈指可數，社會教育則絕無僅有[10]。除此之外，邊區物質條件極其落後，嚴重缺乏師資，也給發展邊區教育事業帶來極大的困難。經過幾年的文教建設，邊區教育有了較大的進步。1937年建立了魯迅師範，1938年又建立了邊區師範，至1941年全邊區共有中等師範7所，小學也發展到1941年的1,341所，共有43,625名學生，邊區還興辦了5,843個識字組，吸收39,983人掃盲，使文

10　林伯渠：〈陝甘寧邊區政府對邊區第一屆參議會的工作報告〉(1939年1月)，中央教育科學研究所：《老解放區教育資料》(二)，上(北京：教育科學出版社，1986)，頁4。

盲比率下降至總人口的93–95%[11]。儘管邊區教育已有進步，但總體落後的狀況並沒有得到根本的改變，如此情況根本不允許陝甘寧邊區和各根據地脫離現實去和國統區的正規教育接軌，只能轉而尋求在現有基礎上對教育狀況進行逐步的改善。正是基於這種現實，「五四」教育中的平民教育、勞動教育的價值和意義才顯現了出來，那個時候在人們的眼中，這類教育思潮雖有缺點，但略加改造和轉換，還是可以為邊區教育服務的。

中共從邊區文化落後，文盲眾多，師資力量缺乏的實際出發，全面否定國統區佔主導地位的新教育，卻又歡迎、接納平民教育、職業教育的思潮，是與其一貫的階級論教育觀相符合的。由此，黨在延安階段的教育就保持了意識形態的一貫性和連續性，儘管大的環境已改變，階級論的教育觀的實質卻未發生真正的變化。

二、意識形態對選擇「五四」教育遺產的支配作用

黨的意識形態在抗戰期間發生重大變化，反映在教育理論方面，即從工農性質共產主義教育轉變為新民主主義的教育。所謂新民主主義教育，即中共領導的以反帝反封建為目標的，為革命戰爭服務，強調與生產勞動結合的教育，與中央蘇區時代所奉行的共產主義教育相比較，新民主主義教育已被賦予了較多的中國民族特色。

1942年4月17日，中共中央機關報《解放日報》發表署名

11　林伯渠：〈陝甘寧邊區政府對邊區第二屆參議會的工作報告〉(1941 年 11 月)，中央教育科學研究所：《老解放區教育資料》(二)上，頁 19。

〈反對教育工作中的急性病〉的社論，這篇社論在強調黨領導的教育應堅持正確的「立場」的同時，也提出應從古往今來優良遺產學習的問題，社論明確表示：「古今中外的一切合於科學的，有益於大眾解放事業的，鼓勵人類向上發展的事業、道理、善行與美德，都將為我們所吸取與發揚」。社論認為，共產黨員既要「站穩立場」，又要「不囿成見」，這樣就可以「隨時隨地地都努力去發見並採集有利於革命事業的財寶」[12]。

可是，「有利於革命事業的財寶」究竟有哪些，《解放日報》社論並未具體指明。遠在江蘇蘇中抗日根據地的革命教育工作者吳天石回答了這個問題，他說：「舊教育中也有不違背民族利益的進步因素，這是我們祖先留給我們的寶貴遺產，我們有從舊教育倉庫中發掘出來加以接收、改造的責任，這就叫做批判的接受舊教育」[13]。

從上述言論看，黨的新民主主義的教育與以往的共產主義教育在解釋方面已不完全相同，但是在新民主主義教育的旗幟下，階級教育、共產主義教育仍然是延安教育的基本精神，儘管已宣佈現階段黨的政治目標是建立新民主主義的新中國，然而黨堅持認為思想、意識形態是可以超前的，即在新民主主義的階段，仍應用共產主義精神教育人民，所以在調整教育方針和具體政策的同時，階級論的教育觀事實上並沒發生實質改變。

階級論教育觀的體現之一是繼續強調教育的政治功用方

12　〈反對教育工作中的急性病〉，《解放日報》，延安，1942 年 4 月 17 日。

13　吳天石：〈蘇中四分區的教育改進會〉(1943 年 12 月)，《老解放區教育工作回憶錄》(上海：上海教育出版社，1979)，頁 3。

面。延安時期出版的大批教育論述反復宣傳教育與政治的密不可分,從教育依屬政治、服務政治的觀點出發,中共認為,在邊區和其他抗日根據地,必須將幹部教育放在教育的第一重要位置,社會教育放在第二位,普通教育(國民教育)放在第三位[14]。這種依政治需要將教育對象劃分等級的做法與瑞金時代如出一轍,體現了黨所領導的教育一貫堅持的階級第一的政治立場。

階級論教育觀的另一體現是在邊區的教育內容上,延安教育完全依照革命意識形態的要求,將政治教育、政治動員放在突出地位。在三種類型的教育中都體現這一原則,以加強受教育者對黨的路線、方針、政策的認識,並進而改變受教育者的思想意識。

延安教育唯一可與「五四」教育接軌的仍是在陝甘寧邊區和其他根據地普遍推行的社會教育。在邊區政府各級機構的大力支持和幫助下,開展了普遍持久的冬學活動、識字活動,據不完全統計:1942年後,識字、教育活動的規模進一步擴大,參加識字班、夜校和半日學校的農民有34,000餘人[15]。抗日民主政權熱心大眾教育,完全出之於革命意識形態的內在要求,從瑞金時代面向勞苦大眾的教育,發展到延安時期群眾路線下的普遍的群眾性的掃盲活動,不僅保持了階級論教育觀的一貫性,也體現了黨對「五四」平民教育思想、勞動教育思想新的開放、接納的姿態。

在延安時期,黨和邊區政府還積極推行了一場體現其激進

14 〈陝甘寧邊區教育廳指示各縣關於 1943 年教育工作中的幾個問題〉(1943 年 2 月 14 日),中央教育科學研究所:《老解放區教育資料》(二)上,頁 91。

15 李鼎銘:〈文教工作的方向〉(1944 年 12 月 6 日),中央教育科學研究所:《老解放區教育資料》(二),上,頁 45、44。

社會改革理想的新文字運動。早在20年代末，著名共產黨人和教育家吳玉章就開始在蘇聯遠東地區進行了試行新文字的試驗。吳玉章等認為，為了徹底改造中國舊傳統，特別是為了解決中國普通百姓學習中國漢字的困難，應用拉丁化新文字取代漢字，從而解放廣大勞苦人民，使人民獲得文化和知識上的翻身。1939年吳玉章返回延安後，得到中共中央的支持，隨後在邊區和華北根據地全力開展了新文字運動。

中國共產黨推行新文字運動是其一貫的主張徹底改造舊中國和重視大眾教育傳統的自然反應。黨和邊區各級政府花費了大量的人力和物力進行這場史無前例的試驗。1940年，邊區政府開始在群眾性的冬學活動中試教新文字。1941年，明令在初小一年試教新文字，隨後在邊區7個縣市興辦新文字冬學。同年，邊區政府正式承認新文字的合法地位，規定新文字書寫的契約文件，與漢字同樣具有法律效用[16]。為了培養新文字教員，延安開辦了新文字幹部學校，出版了「新文字報」。

1942年，邊區政府還規定，各地有新文字教員者，應一律教新文字，不得新文字、漢字混合去教[17]。延安的新文字運動對黨領導的其他根據地也產生了影響，冀中根據地從1940年開展新文字運動，饒陽縣還創辦了新文字書店，在冀中地區的饒陽、安平、深北、定南先後舉行過新文字訓練班[18]。

1942年，延安教育又經歷了一場深刻的轉變。中共中央

---

16 林伯渠：〈陝甘寧邊區政府對邊區第二屆參議會的工作報告〉(1941 年 11 月)，中央教育科學研究所：《老解放區教育資料》(二)上，頁 19。

17 〈本年教育中心工作〉，《解放日報》，延安，1942 年 1 月 5 日。

18 亦敏：〈冀中教育建設概況〉，中央教育科學研究所：《老解放區教育資料》(二)，上，頁 159。

號召在教育領域必須「打破舊的一套」[19]，全面清理教條主義對黨領導的教育工作的影響。伴隨着這年春開始的整風運動，延安理論界、教育界開始全力肅清教育領域的「教條主義」、「主觀主義」的影響，最終完全形成了「毛澤東主義旗幟下的新民主主義教育」[20]。

在中共黨內，意識形態宣傳，包括教育工作，自三十年代初就一直掌握在左傾教條主義者手裏，博古等全面貫徹了全盤俄化的路線，在中央蘇區模仿蘇聯教育的模式，建立了中共的教育理論及其制度。瞿秋白、徐特立等雖然並非教條主義者，但他們在政策制定方面並不起任何重要作用，這種由左傾教條宗派控制意識形態的格局在遵義會議後的一個相當長時期內並沒發生變化。抗戰爆發後，在張聞天的領導下，沿着瑞金時代階級論教育路線的慣性，在陝甘寧邊區和其他根據地大規模興辦教育，由於抗戰階段中共的局面已大大改善，尤其在邊區已獲得相對和平的環境，因此張聞天主張現階段的教育應向正規化過渡，在繼續突出政治思想訓練的同時，也要加強文化知識的系統學習。在這種指導思想的影響下，邊區在1938年後將一些分散的學校合併，成立了一批完全小學，除此之外，也創建了幾個中等師範學校。然而，這些努力以後都被指責犯了「教條主義」和「主觀主義」的錯誤。

1941年9月後，延安開始系統檢討幾年的延安教育的經驗和教訓，《解放日報》批評邊區教育對於實際鬥爭「幾乎麻

19　〈打破舊的一套〉，《解放日報》，延安，1941年9月11日。

20　劉季平：〈論抗日民主立場學用一致精神〉(1944年8月)，中央教育科學研究所：《老解放區教育資料》(二)，上，頁56、71。

木到沒有感覺」[21]，認為邊區的受教育者已被完全荒廢了，已被錯誤地教育成為「大時代的廢物」[22]。邊區政府領導人李維漢抨擊邊區教育自1939年後因「學與用脫節」已陷入「沉悶與軟弱無力」[23]。在這以後，邊區通過各種政治學習和1943年召開的整學會議，全面清理「教條主義」在教育工作方面的影響，最終形成延安教育的幾個重要傾向：(1)十分強調教育的實際功用性，反對「片面追求」教育的正規化和知識傳授的系統性，主張「幹中學」，對降低學校教育的作用估計不足；(2)從政治、軍事鬥爭的需要出發，反對單純重視兒童教育；(3)站在階級論教育觀的立場，將人的自由發展、興趣、個性、天才等一概視之為舊教育予以全面否定。至此，延安教育已被完全改造。

三、延安教育的價值和局限

延安教育是黨領導的戰時狀態下的革命大眾主義的動員教育，這種教育是一種強化意識形態灌輸的教育，具有鮮明的階級性和政治鼓動性，它以革命政黨的世界觀和路線、方針、政策為教育的宗旨和依歸，突出教育的政治思想訓練，和基本生活和生產技能學習的實際功能。延安教育又與中國共產黨黨內的思想鬥爭相依相隨：經過整風運動、延安教育排除了另一種階級論教育觀——蘇聯教育模式的影響，從而

21　〈打破舊的一套〉，《解放日報》，延安，1941年9月11日。

22　〈論普通教育中的學制與課程〉，《解放日報》，延安，1944年5月27日。

23　羅邁(李維漢)：〈開展大規模的群眾文教運動〉(1944年11月15日)，中央教育科學研究所：《老解放區教育資料》(二)，上，頁34。

形成了烙有毛澤東印記的具有中國革命特徵的階級論教育觀。這兩種教育觀在本質上並無明顯區別，但是，蘇聯教育模式在強調政治第一的前提下，比較重視學校的正規化和知識傳授的系統性；而延安的階級論教育觀因受到戰爭環境的影響，更注重政治和生產技能訓練的實用性，從而更加排斥傳統教育的形式和內容。

延安教育又是中國革命戰爭環境的產物，教育的目的是為了政治動員、教育內容也受制於為革命戰爭和為生產服務，表現為教育內容的簡單化和學制的靈活性，為戰爭和生產服務成為延安教育的基本精神。

延安教育也是大眾主義的。面對工農大眾的教育是黨的階級論教育觀的主體部分，也與「五四」的平民教育相契合。在群眾路線的口號下，延安及其他根據地的一切教育措施都以普及為主，大眾生活可以成為教育的內容，大眾也是教育的主體(廣請老農作教師，以替代「那些對戰爭和生產勞動無知識也無興趣的教師」[24])，教育形式更是採取大眾化的形式。延安時期普遍創辦的冬學、夜校、識字班、民辦小學，以後成為黨領導的社會辦學的基本模式。

經過改造的延安教育實現了毛澤東對教育的要求，以階級論為中心的教育起到了統一幹部思想，統一群眾思想的作用。廣大黨員和幹部經過不同形式的幹部學校學習或在職學習，已經充分掌握了黨的路線、方針和政策，在教育界更是完全確立了階級論教育觀的指導地位，從而在幾個基本問題上達到了思想的高度一致：

1. 教育應為無產階級政治服務，為現實的革命鬥爭服務。

24　〈根據地普通教育的改革問題〉，《解放日報》，延安，1944 年 4 月 7 日。

2. 知識分子應該長期改造思想，必須徹底批判「教師是自由職業」、「教師清高」的舊觀念。

3. 舊教育必須徹底改造，必須堅決反對盲目追求正規化的錯誤。

4. 黨應該領導教育。

經過不斷的思想改造，邊區和其他根據地的教師也都從「自由職業者」轉變為「毛主席的教育戰士」。

從實際效果看，延安教育取得了巨大的成就，黨在邊區和其他根據地培養了一大批適合其現實需要的人才，邊區人民的文化和衛生水平也有一定的提高，農民生活得到相應的改善。

然而延安教育也存在那個時代不可避免的局限性，在階級論教育觀的貫徹和實踐中，「五四」教育以人為本的人道主義精神遭到過份打擊，在教育思想、教學內容、學制和學校管理方面均有所體現，從而有損教育的全面性。即使是社會教育，也始終強調突出政治，蘇中根據地的冬學教育就明確規定「明理第一，識字第二」，即將政治教育放在首要地位[25]。在這種思路的影響下，有時會因突出政治思想的訓練而衝擊和取代其他知識和技能的學習。

在戰時環境下，一味追求正規化和知識傳授的系統性固然會產生偏差，但若走向另一極端，一切僅從眼前需要出發，也會造成教育的短視和片面性。延安時期將普通教育列為教育等級上的第三層地位。明確宣佈，在目前根據地，不發生升學問題，甚至將普教的出路歸結為培養不從事生產的「二

25　張正嶼：〈蘇中抗日根據地冬學回憶〉，載《老解放區教育工作回憶錄》，頁97。

流子」，正面鼓吹教育只限於培養「能讀會算」，「認識路條」即可，所謂「能寫會算即畢業」[26]。這種「需要第一」的教育在當時情況下或許適應現實鬥爭和生產的需要，但作為一種革命教育的經驗，以後被加以神聖化，則對未來的教育帶來不良影響。

延安教育忽視受教育者興趣、個性、天才的發展和培養，在今天看來，也是失之偏頗的。由於認定辦教育的根本目的「是為了社會鬥爭，生產鬥爭的實際需要」，進而認為教育注重興趣、個性等是「失去了分寸」，從這個觀點引申下來，一些教育工作領導者反對將兒童教育放在重要地位，其理由是重視兒童教育是歐美和「中國封建的辦法」[27]，而且批評重視兒童教育「完全是本末倒置的現象」，即認為兒童年齡太小，不能馬上參加社會和生產鬥爭，不如幹部教育那樣，可以馬上「立竿見影」[28]。這種過份急功近利的思想及其措施，事實上是有礙於邊區教育的全面發展和青少年的長期成長。

延安教育十分強調「學用結合」、「學中學」、「幹中學」，在實際操作中又經常流於只重視生產勞動而忽視系統知識的傳授。在那幾年，「百年樹人」、「培養建國人才」的觀點，被斥之為「空洞」[29]，講授自然科學諸如太陽系、人

26　李鼎銘：〈文教工作的方向〉(1944 年 12 月 6 日)，中央教育科學研究所：《老解放區教育資料》(二)，上，頁 45、44。

27　〈論普通教育中的學制與課程〉，《解放日報》，延安，1944 年 5 月 27 日。

28　同注 27。

29　〈中共冀魯豫分局關於普通教育改革的指示〉(1944 年 10 月 27 日)，中央教育科學研究所：《老解放區教育資料》(二)，上，頁 103。

的神經系統被批評為教條主義[30]。延安對國統區的教育也進行了嚴厲的批判，指責大後方的「別有用心的教育家」鼓勵青年埋頭在物理、化學、教育等等書庫裏[31]。這種風氣一開，在一段時期內，學校教育幾乎被完全否定，據有關資料披露，1943年下半年延安的普教系統的知識學習已經完全終止，而轉變為參加生產勞動，這就從教育與勞動相結合走向了取消學校教育的地步。

延安時期黨對從事教育的知識分子採取了「團結」、「教育」、「改造」的方針，吸引了一大批知識分子參加教育工作，在嚴重缺乏師資的邊區和其他根據地，這些教師為發展教育做出了重大的貢獻。但是，那時的流行觀點認為，這些教師舊的教條知識多，解決新問題的實際知識少[32]，因此對知識分子「教育、改造」有餘，重視、團結不夠，不少知識分子在「搶救運動」中遭受嚴重打擊，阻礙了他們工作積極性的發揮，並且給許多人的心靈帶來很大的傷害，這對以後新中國教育的發展也有負面影響。

近代以來教育改革與國家現代化緊密聯繫，「五四」時代，一批先賢先哲為中國的教育現代化作了很大努力，使中國教育面貌發生重大改變，對國家的進步起了促進作用，教育自身也得到了豐富和發展。中共致力於社會改造，堅持走一條獨特的革命道路，從瑞金時代的照搬蘇聯，到延安時期的新民主主義教育，逐漸探索出一套有中國特色的革命教育

30　周而復：〈人民文化的時代〉，中央教育科學研究所：《老解放區教育資料》(二)，上，頁141–142。

31　〈提倡自然科學〉，《解放日報》，延安，1941年6月12日。

32　劉季平：〈論抗日民主立場學用一致精神〉(1944年8月)，中央教育科學研究所：《老解放區教育資料》(二)，上，頁56、71。

理論，在這個理論中，中共對「五四」教育遺產作了重大選擇，對其有利於革命的一面作了繼承、改造和轉換，同時也拋棄了很重要的內容。延安教育是一種大規模的教育改造的實驗，取得一定的成效，但亦有負面性，這就是教育的泛政治化和極端功利化，這些都對1949年後的教育產生了複雜的影響。然而，延安教育又是二十世紀中國教育遺產的重要部分，它留給人們豐富的啟示，給中國教育未來的變革提供了某些重要經驗。

民族主義乎？國際主義乎？[1]

　　1948年6月，斯大林與鐵托鬧翻。以蘇共為首的共產黨工人黨情報局指控鐵托為民族主義者，孟什維克和反蘇分子，宣佈將南斯拉夫共產黨開除出情報局。東歐各國紛紛跟上，齊聲譴責南斯拉夫和鐵托，不久也紛紛挖出本國領導集團中的「鐵托分子」，大多都被推上了斷頭台，個別「鐵托分子」如波共的哥穆爾卡則被打入黑牢。遠在東方的中共，雖沒有跟着莫斯科的指揮棒，在中共黨內大挖「鐵托分子」，但也對斯大林作出了回應。

　　1948年11月7日，中共第二號人物劉少奇在《人民日報》發表《論國際主義與民族主義》一文，表示完全同意共產黨工人黨情報局對南斯拉夫的譴責，劉少奇重申，中共忠於無產階級國際主義，擁護斯大林領導的蘇共和偉大的蘇聯。

　　劉少奇的這番話並非只是一種作給斯大林看的政治性的表態，而是實實在在見諸於具體行動的。1948年，新華社派往考察東歐各「新民主主義國家」的記者，本來正準備從布拉格前往貝爾格勒採訪，在情報局決定頒佈後，馬上取消了訪問計劃。而早在1947年11月1日，在駐旅大的蘇聯軍政當局的強烈要求下，中共在東北的領導機關將中共旅大地委第二書記、關東行政公署副主席劉順元、旅大總工會主席唐韻超等幾位領導幹部調離出旅大，公開的理由雖然沒有正式宣佈，

1　　原載《百年》，1999 年 7 月號，總第四期。

但彼等犯了「反蘇」錯誤，則是大家心照不宣的。

這些行動初看起來很有些費解，中共並非共產黨工人黨情報局成員，也與南共素無來往，談不上對鐵托有什麼深仇大恨；毛澤東甚至還從不同渠道對鐵托領導的南共革命略知一二，「鐵托是靠自己的武裝打下南斯拉夫的」，這就是當時毛澤東對鐵托與南共的基本判斷，毛雖然對斯大林與鐵托衝突的內情不甚清楚，但他對鐵托領導的南共抱有同情，卻是事實。既如此，劉少奇又為何急於在蘇南衝突中匆忙表態？中共又為何不聲不響地將被蘇聯人指稱為「反蘇分子」的自己的幹部調離出原來的工作崗位？

劉少奇的文章當然代表毛，此時毛向斯大林作出這番舉動就是要向莫斯科傳遞一個明確的信息：中共忠實於無產階級國際主義，中共堅決與民族主義劃清界限，而在那個時代，忠實無產階級國際主義就是忠實於蘇聯和斯大林的代名詞。

毛的這番舉動是符合現實政治邏輯的，卻與其思想邏輯並不一致，因為就在這前幾年，毛在延安領導開展了一場以肅清斯大林在中共代理人為目標的思想和組織重建的工程。在那幾年，毛並不那麼在乎斯大林，也不看其眼色，硬是在全黨刷清了積存多年的蘇聯崇拜情結，並把黨內的「國際主義」代表人物趕下了台。但是，1948年的情況已大不同於1942–1945年，現在中共正急需爭取蘇聯的支持，尤其在東北。

和王明等人相比，毛是可以將感情與理智完全分開的人，這一點並不像他在1959年盧山和彭德懷等人談話時所稱的那樣，他是感情與理智相統一者。正因為毛有這種政治風格，以至外界在頗長的一段時間裏，對毛有些迷惑不解，甚至還誤以為毛是蘇聯在中國的「代理人」。

就在莫斯科宣佈開除南斯拉夫的時候，中國的第三大黨——民主同盟的領袖張瀾老先生竟然也對此作出了反應。張瀾在接受西方記者訪談時表示，希望毛澤東也做鐵托。張瀾還請即將前往解放區的馬寅初代轉毛幾句話：共產主義外，還要加一點民族主義，「共」字上必須有一個「中」，才能名副其實地成為「中共」。

美國人呢？他們當然對毛的複雜性知道一些，但在1948年冷戰的大格局下，美國人還是情不自禁將毛劃到了蘇聯陣營一邊，深諳中國文化的美國司徒雷登大使竟也告誡民盟的羅隆基和葉篤義說，中共是國際主義，你們應保留中國的愛國主義。

從以後的事實看，毛澤東對張瀾老先生的拳拳愛國心還是領情的，毛並沒有因張瀾說的這番話就將其打成「反蘇分子」，相反，一直對張瀾禮遇有加。對於司徒雷登，毛就沒有那麼客氣了，毛不僅寫了著名的《別了，司徒雷登》，還旗幟鮮明地宣佈新中國就是要實行對蘇聯「一邊倒」的國策。司徒雷登雖然在華幾十年，還長期擔任燕京大學校長，卻不能真正明白毛——毛畢竟不是王明，不是那麼容易一眼就能看得清楚的。

一直被蘇聯人稱為是「國際主義者」的王明等人在對蘇聯的態度上，始終是感情與理智相統一者，說的做的倒是完全一致。

在三十年代初期的中央蘇區，確實是全面、真誠地貫徹了全盤俄化的路線，蘇區有列寧師範、列寧小學，各單位還辟有宣傳鼓動欄——列寧角；在黨的教育系統，有馬克思共產主義學校；在紅軍系統有少共國際師和郝西詩紅軍大學(郝西

詩為參加廣州暴動而犧牲的蘇聯駐穗副領事)；在文化系統，有蘇維埃劇團，即藍衫劇團(十月革命後蘇聯工人業餘劇團)；在肅反系統，有國家政治保衛局；在青年系統，不僅有共青團，還有「皮安尼爾」——少年先鋒隊，凡年滿16至19歲的紅色青少年，皆可申請加入「皮安尼爾」。黨的政治局候補委員凱豐代表黨領導蘇區的青少年工作，從共青團到「皮安尼爾」，再到共產兒童團。中央蘇區還經常召開群眾大會，有時紀念李卜克內西和盧森堡，有時紀念蘇聯紅軍節，凡開大會皆要成立主席團，甚至「皮安尼爾」開會，也要花不少時間選出會議主席團。在重要會議上，被選入主席團的經常還有外國同志：斯大林、莫洛托夫、片山潛、台爾曼、高爾基。那是一個國際主義旗幟高高飄揚的年代，從紅色的莫斯科到紅色的瑞金，真好似一根紅線連接着，中央蘇區的話語系統和制度框架與莫斯科沒有什麼太大的區別，在偏僻貧困的贛南和閩西，似乎是又一個蘇式社會的翻版。

毛澤東受不了這些，毛要馬克思主義中國化。在那以後的七、八年中，毛悄悄地且又是有條不紊地對中央蘇區那一套話語系統和制度框架進行了轉換。當然舊的一套退出歷史舞台需要一個過程，1939年延安舉行了中國女子大學隆重的開學典禮，校長王明還是抑止不住要宣洩他滿頭腦的蘇俄崇拜的情愫。大會會場正中雖高懸毛澤東的畫像，卻又模仿蘇聯，在毛像的左右掛起了王明、朱德、周恩來、博古、劉少奇等所有政治局和政治局候補委員的畫像。王明身為女大校長，總忘不了國際共運那些女革命家，於是校門兩邊的牆上又懸掛起蔡特金、伊巴露麗、克魯普斯卡婭的肖像……一時間，似乎又有些瑞金時代的氣氛了。

但是，時光畢竟不會倒轉。當毛有力量以後，他就絕不願聽到什麼「皮安尼爾」。馬克思共產主義學校早已改名為中央黨校，不久，延安的馬列學院易名為中央研究院，再早一些，國家政治保衛局這個完全俄化的名稱，也被改為中央社會部和邊區保安處，甚至延安的托兒所也名之為「洛杉磯托兒所」，卻不叫「莫斯科托兒所」，至於「皮安尼爾」，則早已不復存在，邊區有的只是兒童團。然而，毛澤東對洋名詞也並非一概排斥，例如，毛就在相當長的時期內，保留了「布爾什維克」這個詞語。一來這個詞流傳甚廣，早已深入人心；二來這個詞也並非王明一人就能壟斷，毛澤東也可以使用，於是，這個詞的壽命比較長些，差不多到了50年代中期，才逐漸退出流行政治語彙，與此相聯繫，「布禮」(布爾什維克的敬禮)也讓位給了「革命的敬禮」。(記得20年前，王蒙曾寫有一篇名曰〈布禮〉的小說，相信王蒙對這個詞的演變史亦有相當的瞭解。)

1942年後，毛澤東已完全獲得了意識形態解釋權，就在蘇聯駐延安觀察員的眼皮底下，毛與劉少奇聯手，將「孟什維克」的帽子給王明等戴上，黨內一些原「國際主義者」也紛紛與王明劃清界限，站到了毛澤東一邊。在這個階段，毛表現出大無畏的精神，即使他的好朋友，前共產國際總書記季米特洛夫給毛發來密電，告誡、提醒他，康生不是好人，毛仍然照樣信任、重用康生。

然而毛畢竟是毛，他心裏清楚得很，只要斯大林不干預中共黨內的事務，無論從哪個角度看，中共都應與莫斯科搞好關係，於是，毛人前人後都對斯大林表現出充分的尊重，毛甚至給壞人王明也選好了婆家，宣佈王明的後台是斯大林

的敵人布哈林！在那個年代，全黨上下，除了個別人，誰都不知道毛對斯大林的真實想法，毛更不用直接的語言將他內心的想法表達出來，公開的話仍是「聯共黨史是共產主義的百科全書」一類。被毛唾棄的王明只能滿含委屈，在延安冷清的窰洞裏，遙望着莫斯科克林姆林宮的紅星，獨自吟唱着《莫斯科頌》。

1945年抗戰勝利後，毛才真正與蘇聯打起了交道，地點就在東北。毛十分明白，以中共當時的實力，要想佔住東北，並進而取得更大的發展，必須得到已進入東北的蘇聯紅軍的理解和支持。對於這一點，毛從未含糊過，雖然他多年來一再告誡全黨，一切應該自力更生，但毛實在是希望得到蘇聯的支持，即使蘇聯在很長時間內對中共並無具體援助，毛仍不怨不惱，並不時向蘇聯表示一下善意。1941年4月蘇日簽訂中立條約，延安表示予以理解。1941年後，延安派往東北、華北的地下工作人員間或也與蘇軍情報組合作。澆灌多時，終有花開一日。1945年8月，蘇軍攻入東北，客觀上為中共在東北的發展提供了機會，正是因為有這樣一個機會，八路軍才能馬不停蹄搶先進入東北，佔領了各戰略要點。

斯大林雖然對毛澤東在延安搞的一套多有不滿，但中共畢竟是一家人，蘇聯紅軍打進東北後，當然要找八路軍。1945年9月，蘇聯紅軍大校駕機飛往延安，主動與中共方面聯絡，以後又對開進東北的八路軍多方照顧，但是蘇聯受到中蘇條約的限制，在美國和國民黨的壓力下，最後還是逼迫中共軍政機關退出瀋陽等大城市，八路軍不少領導幹部雖然不高興，卻也毫無辦法，於是一直退到哈爾濱，隔着松花江，與國民黨軍對峙着，但是毛心裏明白，八路軍佔着哈爾濱，事

實上仍是沾了蘇聯的光，因為得到美國支持的國民黨軍隊再往前開，就要鑽到蘇聯的鼻子底下了，而斯大林是不樂意看到這種情況的。

蘇軍自以為有恩於中共，傲慢無禮，在與中共同志交往中，無時不流露一副大國主義的派頭，其士兵在東北，軍紀敗壞，胡作非為，激起百姓強烈不滿，蘇軍且把大批工業設施當作戰利品搬遷至蘇聯，國民黨利用此事，掀起1946年3月反蘇大遊行，也乘機攻擊中共，在這種形勢下，毛別無選擇，只能反擊國民黨「反蘇反共」。

毛大事小事都絕不會糊塗，1945年「8.15」後，進入東北的八路軍高級幹部盧冬生被蘇軍士兵無辜槍殺，毛只當不知道，但是有人卻沉不住氣了。東北漢子蕭軍雖非黨員，卻也是從延安來的老幹部，黨出資讓他在哈爾濱辦了一份《文化報》，蕭軍在《文化報》上熱情宣傳黨的政策，即便對當時引起東北人民普遍反感的蘇軍軍紀敗壞問題也總是委婉地予以解釋。但蕭軍確實不贊成「無條件地擁護蘇聯」，他試圖把俄國人分成兩類，即「真正的蘇聯人民」和犯有罪惡行為的俄國人，於是蘇聯人不高興了，東北局宣傳部副部長劉芝明迅速組織對蕭軍的大批判。1948年11月2日，《文化報》終於被迫停刊。蕭軍也被打發到煤礦辦俱樂部去了。

劉芝明的頂頭上司，東北局宣傳部長是在中共七大上落選的前政治局候補委員凱豐，他的上司則是七大政治局委員高崗，林彪率四野南下後，高崗成了名副其實的東北王，但此人卻非一貫的親蘇分子，高崗是土生土長的共產黨，沒有留蘇經歷，早在延安時期就在毛與王明之間作了選擇，從而深受毛的信任和重用。但套用一句老話，「人是會變的」，現

在高崗親眼見到蘇聯的實力，也就對蘇聯加深了感情。

王明說，高崗在東北，受到凱豐的影響，成了積極主張對蘇友好的「國際主義者」，此說沒有提供具體事實作依據，只能留待日後再作詳考。總之，高崗不允許在東北有任何對蘇聯「不友好」的言論和行為。

其實高崗對待「反蘇」言論的態度與毛及東北局其他領導人並無大的衝突，高崗錯就錯在與蘇聯人打得太火熱，且四處張貼「高主席」的肖像，甚至以自己的名義給斯大林發電報，高崗似乎有些忘了，他是毛委任的中共東北局第一書記，而不是斯大林派任的「新關東總督」。

儘管高崗對蘇聯的態度熱情友好，但是在中共掌舵的畢竟是毛而非王明，因此，在處理「反蘇」一類問題時，還是十分講究內外有別：東北局公開批判了蕭軍(1948年7月，蕭軍提出入黨申請，得到東北局和中共中央的批准，但緊接着《文化報》事件發生，蕭軍的黨籍也就徹底告吹了)。但是對被旅大蘇軍當局驅趕出來的劉順元卻只是調離東北，另行分配工作，並沒有在黨內，更沒有在社會上大張旗鼓開展對劉順元的批判。與劉順元一起被迫離開旅大的原中共旅大地委五人常委中的三人，也只是被調離工作而已，暫時還未受到黨紀處分。

有意思的是，被蘇聯人視為「反蘇分子」的康生此時也成了中蘇友好的捍衛者。蘇聯人對康生知之甚詳，此公在1933–1937年旅居莫斯科時，也位居「國際主義者」之列，但返回延安後，逐漸與莫斯科離心離德，尤其在整風運動中大整王明等「國際主義者」，搞得王明等叫苦連天，蘇聯駐延安觀察員把這一切都密報回國，莫斯科對康生恨之入骨，

無奈康生屬毛營，莫斯科手再長，也伸不到延安，對康生竟也毫無辦法。幾年後形勢大變，毛審時度勢，在需蘇聯支持的時候，康生已不適合再出頭露面，康生識趣，主動提出要下鄉搞土改，於是先在晉西北，後在膠東搞了一場極左的土改。1949年，康生成為中共山東分局第一書記，但毛卻有意讓康生這個老政治局委員受中央委員、華東局書記饒漱石的全面節制，搞得康生長吁短歎，極不舒坦。

康生雖然很不得志，但在山東卻仍然是說一不二的人物。1948年春，劉順元被調入山東，先被任命為中共華東局宣傳部長，繼之又被委之為中共濟南特別市市委書記，康生初對劉順元頗為客氣，甚至還在會議上表揚劉順元敢於在旅大頂蘇聯人，很有骨氣。但是，到了1948年11月，劉少奇的文章發表之後，康生對劉順元的態度馬上轉變了，不僅處處打擊劉順元，還在背後罵劉順元是「反蘇分子」。1949年10月，蘇聯名作家法捷耶夫、西蒙諾夫率代表團訪問中國，此是中華人民共和國建國後訪華的第一個蘇聯大型代表團，劉少奇親自佈置有關參觀訪問日程和所有細節，議程中法捷耶夫、西蒙諾夫代表團要訪問濟南，北京命令，劉順元必須迴避，並需寫出書面檢討，交蘇聯代表團帶回莫斯科。康生得知北京信息後，馬上開會，以「反蘇」罪名，宣佈撤銷劉順元的濟南市委書記的職務。

然而頗為蹊蹺的是，正在熱情準備迎接蘇聯代表團的康生，在代表團抵達濟南和在濟南逗留期間，竟忽然「生病」了，顯然，不管康生如何使出全身解數，向蘇聯人大獻殷勤，也是白搭，因為毛知道，在斯大林的賬本上，康生早已是一名「臭名昭著的反蘇分子」。不管他給斯大林大元帥送

的象牙雕多麼精美(康生請代表團轉送給斯大林的象牙雕，「裝有一直徑10公分許的玲瓏象牙花球，該球自表至裏共雕透20層，每層均能轉動，每層均雕有異常細緻的花眼」)，在斯大林的眼裏，康生還是一個可疑人物！接下來的情況是，在建國初「斯大林─毛澤東」的一片歡呼聲中，「國際共運的老戰士」康生「下崗」了，康生只能蜷在青島的海濱別墅和北京醫院裏吟詩作畫，苦捱日子。

就黨內地位而言，劉順元不可與康生相比，康生雖被暫時打入冷宮，但他的政治局委員的頭銜仍然保留，劉順元則需要為中國革命的最高利益作出個人犧牲。

1949年12月下旬，劉順元奉命進京聽取中央領導人的指示，劉少奇在中南海接見了他，對他講了一番「加強中蘇友好」的道理，劉少奇說：搞好中蘇關係，是我國目前的最大利益所在，是頭等的政治問題，所以我找你來，不是勸說你，而是命令你，從搞好中蘇兩大黨，兩大國關係的高度，認真地寫一份檢查。聽了劉少奇的話，劉順元已完全清楚，「為了照顧與蘇聯的關係，我以後不能再受黨重用了」。劉順元在1950年1月2日給中共中央的書面檢查中寫道，「中央命令自己寫檢討，這表明了中央的高度原則性和嚴肅性⋯⋯是從中蘇兩大黨，兩大民族的團結問題已經成為頭等的政治問題，而又有帝國主義與鐵托分子的反蘇運動可作為前車之鑒的情況下產生的」。

就在劉少奇與劉順元談話的那些天，斯大林在克里姆林宮也和應邀訪蘇的毛澤東見了面，斯大林問毛是否知道在東北有黃逸峰這個人，並說，此人連蘇聯人也瞧不起。毛初聽斯大林提到黃逸峰，頭腦中一片茫然，不知此人乃何方神聖，

竟然驚動了斯大林。事後，周恩來向毛細細道來，才知此君乃中長鐵路總局中方副局長，因對蘇方個別人員大國主義行為不滿，被蘇聯人在斯大林處告了刁狀，於是，毛記得了黃逸峰的名字，但並沒對黃怎麼樣。黃逸峰隨東北鐵道縱隊進關，隨即奉命接管華東鐵路，成為建國後第一任上海鐵路局局長兼黨委書記，以後，劉少奇還是和黃逸峰談了話，批評他看問題「太簡單，太天真了」，然而劉順元的境況一時卻比黃逸峰差得多。

劉順元檢討交出，組織處理的決定也出來了，劉順元被連降三級，在華東軍政委員會財經委員會下屬的規劃局任副局長。劉順元在大連的老搭檔唐韻超更是霉運不斷。當年他與劉順元一同被蘇聯人從旅大驅趕出來，到了1948年被調任東北行政委員會勞動總局局長，一直在「高主席」的統治下，1951年11月，東北局宣佈開除唐韻超的黨籍，罪狀之一是「1946年任大連總工會主席時期，經常散佈對蘇聯不滿的言論，曾因此引起蘇聯同志對他政治上的懷疑，而提議把他調離大連」。

在劉順元被貶謫的幾年，黨內已不再有任何人敢發表「反蘇」言論，黨外卻還有人不知利害，仍在那嘀嘀咕咕，1951年，劉王立明居然在民盟內部的會議上批評起蘇軍當年在東北的行為，遭到嚴厲批判當是在意料之中的。

1953年斯大林終於死了，在全國上下經歷了失去「偉大導師」的哀痛之後，劉少奇想起了劉順元，1954年劉順元復出，被任命為中共江蘇省委常務書記。一年後，1949年易名為馬列學院的原中共中央黨校改名為中共中央直屬高級黨校。在江蘇，性格耿直的劉順元還是難改脾性，經常直言無

忌，不時驚動中南海，但總算得到幾年平安。黃逸峰此時卻沒有劉順元多麼幸運了，1953年初，黃逸峰在三反運動中以犯了「壓制批評」、「強迫命令」的錯誤被華東局開除黨籍，但是幾年前斯大林向毛提到的那幾句話卻無意中幫了黃逸峰的忙。1954年、1956年，毛澤東幾次提到「可以允許人家改正錯誤，譬如黃逸峰」。1956年12月，黃逸峰被批准重新入黨，以後他一直蹲在上海經濟研究所，終於成了一名中國近代經濟史研究專家。唐韻超呢？他先被抓入監獄，出獄後在社會底層勞動了20多年，一直到「文革」後當年老戰友劉順元復出，轉任中紀委副書記，在劉順元的鼎力相助下，唐韻超才在80年代初獲得平反。

民族主義？國際主義？似乎都談不上，政治是最現實不過，還是那句話：一切從需要出發。

1999年4月10日

國民黨在軍事上的失敗[1]

□問　■高華答

□ 國民黨的失敗是一個大題目。政權能出自槍桿子，也能失自槍桿子吧。

■ 那是啊，在東方許多國家是這樣的，政權更迭是由槍桿子決定的，當然在槍桿子的後面有政治等因素。關於國民黨在大陸的失敗原因，最流行的答案是：國民黨的失敗乃是「歷史的合力作用」，既是政治的，又是軍事的，也有文化、思想的，以及教育等等因素，多種因素交互作用，導致國民黨在大陸統治的覆亡。如此說法，是非常全面的，確實每個方面都能找到許多證據，但在我看，最重要的原因還是軍事，如果樸素地還原到基本史實，軍事失敗乃是最重要的失敗，其他原因都是從這裏衍生出來的，說到底還是軍事第一。

1949年3月5日，毛澤東在西柏坡舉行的中共七屆二中全會上說：所謂人民共和國就是人民解放軍，蔣介石的亡國，就是亡了軍隊。

□ 抗戰後，國民黨的軍事實力至少在賬面是佔很大優勢的吧。

■ 抗戰勝利後，很少人想過國民黨政權有可能被中共打敗的問題。從實力對比上講，雙方懸殊很大，國民黨佔絕對優勢。1945年底，國軍數量有450萬，遠超過共產黨；共軍

1　原題《高華談國民黨在軍事上的失敗》，載《上海書評》，2009 年 9 月 13 日第 15 期，上海書店出版社 2010 年 7 月出版。

只有127萬。在武器裝備方面，國民黨軍多為美式，又接收日本和偽軍武器，明顯優於中共。據航委會主任周至柔報告，國軍有可起飛的飛機344架，完全掌握制空權，並有海軍船艦240多艘。在獲得外援方面，蘇聯在東北雖然也給共產黨不少援助，但總量上少於美國對蔣的援助。由於國共力量對比懸殊較大，蔣介石輕視共產黨的思想非常嚴重。1945年9月23日，蔣說：「長江以南各重要都市接受投降大體完畢，隴海路亦已接收過半，共匪禍患已除其半矣」，而實際上中共力量集中在長江以北，實力俱在。國民黨中宣傳部長彭學沛說，共軍只是「毫無訓練的老百姓」，1946年5月，四平戰役國民黨獲勝後，蔣更不把共軍放在眼裏，他對其內部人員說「中共除一部分外，本屬烏合之眾，經此次打擊，勢必瓦解無疑」，「共果不就範，一年期可削平之」。6月17日，蔣還說，「共產黨的戰術和江西時代一樣，並無多少進步……他們在東北雖然得了不少日本的武器，但並不知道運用。」「我們有空軍，有海軍，而且有重武器和特種兵」，「如果配合的好，運用靈活……就一定能速戰速決，把奸匪消滅」。

連毛澤東也沒想到中共會快速戰勝國民黨，毛雖在1944年12月說過，「這次抗戰，我們一定要把中國拿下來」。可在當時，那只是一種心裏願望的表達，還看不出有實現的可能性。幾年以後，毛澤東提出要敢於勝利，敢於打敗蔣介石的問題，換言之，就是到那個時候，許多中共黨員也沒想到果真能打敗國民黨。

國民黨歷史上的幾次成功是有特殊背景的：1934年逼迫紅軍向西突圍，那是因為國軍佔了絕對優勢，現在看，即

便當時中央紅軍由毛澤東領軍，若國內形勢不發生變化，中共處境也不會有根本的改變。抗戰期間國軍打日本也可以，那是因為民族主義激發了國軍的抗日鬥志。1946年春，國民黨在東北打中共也行，那時國民黨挾抗戰勝利之勢，加之由善戰之白崇禧督兵，致使林彪敗退四平街，一直退到哈爾濱。但是1947年後，國民黨打中共就不行了，蔣所面臨的內外矛盾進一步加劇，這一年確如金沖及所說，中國發生了歷史性的轉折，國民黨從強者變成弱者，只是當時絕大多數中國人不知道。

□ 國民黨恐怕是過於輕敵了。

■ 現在看，國民黨在1945–1946年的驕傲是沒有道理的，是虛火上升。經八年抗戰，共產黨生聚教訓，實力早已今非昔比。國民黨雖然知道這一點，但抗戰以後雙方畢竟沒有大規模交手，而國民黨在1934年江西剿共成功的經驗又嚴重誤導了國民黨軍中的高、中級將領，使之嚴重輕敵，從蔣到宋子文，再到國民黨中宣部部長，再到領兵的國民黨將領，多把共軍看成是「烏合之眾」。

的確，抗戰期間八路軍的作戰方式多為游擊戰，不少高級將領連運動戰都不會打了。但為適應和國民黨的決戰，解放軍在戰法上實現了迅速轉變，萬毅回憶說，當他在1946年初開始和國民黨中央軍作戰時，他還弄不清楚這運動戰應當怎麼打，更不曾和裝備好、作戰能力強的敵人打過仗。在東北打了幾仗後，很快提高，迅速掌握了大兵團、正規化、攻堅戰的戰法。在戰略上，解放軍無所謂一城一地的得失，大踏步前進，大踏步後退，根本不在乎因丟失地盤國際輿論會有什麼看法。

而經過土改，解放軍兵源充足，又接收一些投誠的偽軍，擴充了兵力。黃克誠也說，幾個月時間，開往東北的十萬部隊就擴大為三十餘萬，其中許多為前偽軍。共產黨在用人之際，沒有教條主義，只要有用，都吸收，以後再清理。在組織上，中共黨、政、軍完全軍事化，輕裝上陣，軍隊不需發工資，只要吃飯穿衣就可。蔣介石則與此相反，要支付巨額軍餉，他在1949年4月30日的日記上寫道：「軍餉發給現銀導致金融枯竭」。蔣的親信曾任江西省省主席的王陵基說，他的很大任務就是徵糧送東北內戰戰場，不問豐歉，都徵到九成以上，由於徵糧任務重，江西省田糧處處長被他逼得在吉安跳水。國民黨短期內又不能打贏，從而帶動經濟出現嚴重危機，造成通貨膨脹，導致物價狂漲，蔣卻不在意，以為只是暫時現象。

共產黨幹部沒有私產，這點尤其重要，蔣介石在1949年6月8日寫的日記有一段為「以敵人之長處為借鑒」，列數中共優點七項，將「幹部不准有私產」列為中共優點第一條。

□ 既然已經打仗了，國民黨的動員能力怎麼樣？

■ 老百姓是不願打仗的，內戰得不到民眾支持，國民黨也缺乏強大的動員能力，始終沒能建立舉國一致的軍事動員體制，「總體戰」只是一句口號，甚至連口號都稱不上。老百姓不知道為什麼要打內戰，國民黨也沒有辦法讓人民接受它對「戡亂」的解釋。雖然國民黨政府宣佈全國進入「戡亂」時期，上海、南京、北京、武漢、廣州等大城市，仍一如往常，國人完全沒有進入非常時期的感覺。1949年8月24日，蔣介石飛重慶指揮，其時重慶已非常危急，隨行蔣的機要秘書周宏濤發現當地百姓「表面上看

來作息正常」，和陪都時代「沒有多大改變」。蔣介石在1951年也承認：我們當時的確沒有動員。

□ 蔣介石個人軍事才能與毛澤東的差距也是失敗的一大原因吧。

■ 說起來蔣介石是靠軍事起家，打了幾十年的仗，但是他沒有形成概念的軍事思想，而毛澤東有「十大軍事原則」。雖然有時蔣的大眼光是正確的，只是明明自己意見是對的，當遇到反對，蔣卻不能堅持。1948年2月，蔣多次要衛立煌撤主力至錦州，衛不聽，蔣也就聽之任之。蔣要傅作義撤軍南下，傅作義不捨離開察、綏老地盤，說出的理由是：堅守華北是全局，退守江南是偏安，蔣就同意了。

更重要的是，蔣介石的軍事戰略方針有重大缺陷，套在他脖子上的致命的繩索是他的以「保城守地」為中心的軍事戰略方針。蔣介石非常在乎一城一地的得失及國際觀感，1947年後，他進一步明確以爭城奪地及確保城鎮和土地為作戰目標，這些在他看來，是理所應當的，國民政府既為執政當局，就要承擔所謂「守土保民」的責任。可是，國民黨軍隊要守護的攤子太大，為反擊國民黨在東北的進攻，中共軍隊在關內四面開花，使得國民黨軍窮於對付，兵力不敷使用，被解放軍各個消滅；蔣介石為此深為憂慮，他感歎「防不勝防，此剿彼竄，頗難為計」，國民黨於是就「抓壯丁」，又造成民怨沸騰。

蔣對國民黨軍隊的指揮也有嚴重的問題，非常僵硬呆板，蔣一向喜越級直接指揮，在蔣身邊負責作戰事務的國防部三廳廳長郭汝瑰幾十年後寫道：由於當時通信不發達，戰場情況千變萬化，蔣雖是根據前方的報告作指示，下達命

令，可是命令下來，情況已經變化，而軍師長因怕受軍法審判，有時明知蔣的指令有錯也執行。而白崇禧當時就批評道：蔣「遠離前方，情報不確，判斷往往錯誤」，認為國民黨軍隊的失利為蔣軍事干預的結果。何應欽則批評部隊用人，團長以上皆由蔣親自決定，完全不經國防部評判會議審定，故而造成軍事失利。

對於白等的上述意見，蔣完全拒絕。1948年8月7日，蔣在日記中加以辯駁：「近日何、白之言行態度，謂一切軍事失利由於余直接指揮部隊所致，而歸咎於余一人，試問余曾否以正式命令指揮某一部隊作戰，惟因前方將領徑電請示，余身為統帥不得不批露督導責任。」蔣並責斥何應欽與白互相唱和：「不知負責，不知立信，而反於此時局勢嚴重，人心彷徨之際，意作是想，是誠萬料所不及者。」

□ 蔣介石好歹也是日本士官學校的正牌畢業生吧。

■ 蔣介石的軍事教條主義非常嚴重。內戰初，他把勝利的「寶」壓在「速戰速決」，還細定了戰術守則：「在共軍主力未潰之前，各路行軍縱隊仍應嚴守戰術原則，每縱隊應以一旅兵力為基準，每日行程以二十公里為度，至多不得超過二十五公里，其行軍序列亦應照舊日戰術分尖兵、前兵、前衛、與本隊及後衛、側衛等部署」。這樣的指令固然稱得上是細膩、嚴整，猶如舊時普魯士、日本士官學校的戰役學教程，怎麼能應付瞬息萬變的戰場形勢？蔣還有一些很具體的戰術指導，諸如：「口袋戰術」，「反口袋戰術」，「堅壁清野」，「主動出擊」，「防中有攻」，「攻中有防」等等，皆為永無錯誤的教科書式的語言，毫無創意，機械搬用之，怎麼能追上身手敏捷、不拘

固定戰法的解放軍？同時使得前線指揮官不能隨機應變，當機立斷。相比之下，林彪則是從戰場上總結出戰術原則，張正隆的新作《槍桿子：1949》中提到，林彪的六個戰術原則：一點兩面，三三制，四快一慢等，一有機會就講，不僅師團幹部會用，連許多老兵都懂、會用。

□ 在用人上，蔣介石也未見高明之處吧。

■ 在東北：蔣介石臨陣換將，先杜聿明，繼陳誠，再衛立煌等，都無堪重用。在淮海，蔣仍然沒有章法，他重用的幾個人都不行，這是關鍵到黨國生死存亡之戰，但是整個國統區日常生活照樣運轉，不受影響。毛也在東北換將，但都是為了減少矛盾，以求高度統一，林彪等與彭真在一些重大問題上有矛盾，1947年6月16日，毛任命林彪為東北最高軍政首長，把彭真調回西柏坡。在東北的政治局委員、中央委員都歸林彪節制。

蔣介石很少有像林彪、彭德懷、劉伯承、粟裕這樣的統帥型的將領，1948年3月25日，蔣在日記中寫道：「甚歎今日求一李鴻章、胡林翼、駱秉章之流而不可得也」。

蔣之用人，一看派系，二看服從和人身依附，白崇禧為國民黨軍中少見的統帥型的將領，因不是蔣的人馬，聰明才智不能得以發揮。蔣重用胡宗南幾十年，而此人只是一個師長的才能和氣局，卻被蔣當作統帥用。1943年，陳立夫去西安勸他突襲延安，「建不世之功」，他未敢。當然，胡宗南即便敢偷襲延安，也無濟於事，因為他身邊的熊向暉肯定會提前把消息就密報給延安。

□ 可與共產黨相比，國民黨高級將領的履歷要輝煌多了。

■ 毛在建國後多次說過類似的話：「老粗出人物。我們軍區

司令百分之九十都是老粗，行伍出身」。「我們人民解放軍的元帥，將軍中間，只有林彪、劉伯承等有數的幾個人是軍事學校中出來的……不是黃埔軍校的洋包子打敗了土包子，是土包子打敗了洋包子。」毛自問道：「許世友念過幾天書？……韓先楚、陳錫聯也沒有念過書……劉亞樓也是念過高小。」他說：「結論是老粗打敗黃埔生。」應該說，毛說的這番話是事實：在國民黨軍內，特別是中央軍內的中高級指揮官，大多是有文化的。例如，張靈甫就是北大歷史系畢業生，是抗日名將，以後卻輸於中共之手，不僅僅是他，一大批國民黨的黃埔生，陸軍大學畢業生，也都敗於中共之手。

相比之下，中共將領大多文化低，多為貧苦農民出身，知識分子擔任高級軍事將領的極少，即便有幾個，也多為參謀人員，很少被賦於帶兵打仗任務。而國民黨高級將領都通文墨，中低級軍官大多也有文化，許多人還是「十萬青年十萬兵」時，投筆從戎，怎麼會被沒文化的「老粗」打敗？共產黨確實是創造了一項奇跡。

□ 這與國民黨的派系鬥爭有關吧，蔣介石就聽之任之麼？

■ 蔣介石在大陸時期，從沒有實現真正統一，特別在軍隊方面的統一，不同軍系間存在着尖銳的矛盾，在局勢危急時，內部衝突更加劇烈。蔣介石一向私心自用，嫡系與非嫡系，劃得很清楚，他在1945年3月25的日記中以蔑視的態度大罵出身彝族的龍雲：「龍雲之驕橫不道，殊非想像所能及，玀玀終身為玀玀，夜郎自大為意中事，無足為奇。」在蔣系內部也矛盾重重，戰場上的擁兵自重，見死不救，已是常態。用陳城的話說，叫做：「貪婪怯懦，

毫無生氣」(陳誠語)，打起仗來，只顧保存實力，互相推諉，見死不救，臨到緊急關頭，往往丟下部隊、臨陣逃遁。1948年7月，第五軍軍長邱清泉看着第75師師長沈澄華被共軍包圍也不救，致其被共軍消滅，使蔣大為憤怒，他在日記中寫道：「此全由於邱清泉違令不進之所致。中原戰局從此萬分嚴重，將領自私自保，不能團結互助，而又怕戰，毫無出擊精神，至此能不歎軍事前途之慘暗淡乎？」邱為蔣的嫡系，就是見死不救，事後也沒事，到了淮海戰役時邱又故伎重演，黃伯韜兵團被共軍包圍，向他求援，邱居然按兵不動，連參謀總長顧祝同親飛徐州，請他出兵也被拒。

對於國軍的失敗，蔣介石一直不解，他說，從武器裝備到後勤補給，國軍樣樣在先，怎麼還是「不能迅速把匪軍消滅」，「匪軍何以能用劣質裝備而已，毫無現代訓練的部隊來擊敗我們整師整旅的兵力？」蔣不找自己的原因，把責任往下推，只能罵下屬。但是怎麼罵，還是不同的：蔣的嫡系打敗仗，蔣也罵，但和罵李、白是不一樣的。杜聿明和邱清泉兵敗淮海、杜被俘，邱自殺，蔣在1949年1月10日，即邱清泉自殺當日寫道：「而杜聿明、邱清泉二將領雖作戰失敗，但其始終聽命，奮鬥到底，實不愧為革命軍人。」

國民黨「軍統」頭目毛人鳳總結遼瀋戰役國民黨軍失敗原因就提到：高級軍政長官擅離職守。當「匪軍」未及抵瀋陽時，衛總司令(即衛立煌)即於十月三十日飛離瀋陽，未服從上級指示作有計劃部署，部隊因無人指揮軍心動搖。自行潰散。又瀋陽警備司令胡家驥、市長董文琦、遼寧主席王鐵漢等高級將領，身負防守重任，亦竟於三十日棄職

離去，激起軍民怨恨，相率搶劫，全市混亂激起民變。」
此等情況在解放軍渡江後更加嚴重，蔣介石憤然道：「無論上海、廈門、廣州，每一次撤退，高級將領總是先部下而退，置部下的生死存亡而不顧」。所以説，國軍既非「黨軍」，更非「國軍」，而是將領們擁兵自重的「私軍」，這樣的軍隊怎麼不敗？

□ 國民黨軍中的政工部門不起作用嗎？

■ 國軍中雖有政工部門，但有名無實，不起作用，只是主官下的一個幕僚機構，基本職能在人事銓敍等業務方面，不管思想動態，特別是行憲後學美軍，政工人員無地位，無權威。軍隊內部無凝聚力，據王鼎鈞回憶，國軍官兵談論國軍失敗，像是談別人的事，都幸災樂禍，可見軍中紀律之鬆弛已到了何等地步，最後大家都被解放軍打敗或當俘虜。到了大失敗的1949年10月，蔣介石大聲疾呼：「官兵一致，生活一致」，「實行軍民合一，真正做到軍隊是人民的軍隊，武力為人民的武力」，但為時已晚矣。

□ 您提到了熊向暉，國民黨在情報和保密方面的失敗看起來一點也不亞於戰場。

■ 在40年代後期內戰環境下，國民黨的情報失敗在很大程度上決定了雙方在戰場上的勝負。1988年，楊尚昆在紀念李克農的一篇文章中説：「為配合解放戰爭在全國的勝利，我情工人員深入到國民黨的機密決策指導機關內，及時準確得供給了黨中央和軍委及各地區戰略性和動向性的重要軍事情報，為黨中央和毛主席研究戰局，制定解放戰爭的戰略方針提供了主要依據，使我軍在解放戰爭中對敵人的主要情況瞭若指掌，始終掌握了戰爭的主動權。」

然而多數論者沒有注意到，或不瞭解，這就是在抗戰前國民黨反共的大環境下，處於「非法」狀態的中共無法向國民黨黨政軍系統大規模滲透，錢壯飛等是個別的事例，在此之後，就很少有類似成功的事例了。

相反，抗戰前，國民黨對中共領導機關的滲透和破壞卻是非常成功的，到了1933年初，中共中央幾乎完全不能在上海立腳，只能轉移到中央蘇區，依靠軍隊的保護才能生存。在1933-1934年，中共中央留在上海的機構——上海中央局又被國民黨大破壞，兩任中央局書記被捕後都叛變。據「中統」要員萬亞剛自述，抗戰以前，「中統」在中共內部，上至中央，下至省委機關都有內線「佈置」，對中共的動態瞭若指掌。

中共情報工作獲得全面轉機是在1937年抗戰爆發後，由於國共合作，實現了中共合法化，從而給中共的情報工作提供了非常廣闊的空間，用蔣的話說，中共從此獲得了「滲透、潛伏、發展蔓延的大好機會。」1938-1939年，就成為中共大滲透的時期，由周恩來、董必武、鄧穎超、葉劍英等操盤和佈局，將張露萍、熊向暉、王超北、沈安娜等一批情報人員，打入到國民黨黨政軍系統，長期潛伏。

中共還對一些意欲回頭的原脫黨人員和前「轉變」人員進行思想和感情感化，讓他們重新回爐為中共做情報工作，但是一般不給黨員名份。1943年延安指示中共西安情報處：「為了要開展情報工作，必須大膽放手地吸收各種各界人員，這是我們的既定方針。你處工作幹部中，無論曾脫離過黨或自首叛變過黨，或是特務，只要他願意為我黨工作，均可使用」。

□ 為什麼1938年後，有許多人為中共做事呢，顯然不是為了名利。

■ 中共有抗日的形象，平型關之戰影響巨大，很多人敬慕八路軍；中共有廉潔和奮鬥形象，而國民黨有濃厚官僚氣，抗戰中期後迅速腐敗，很多人轉而欣慕中共；中共有民主形象，特別是新民主主義一改蘇俄式的色彩，國民黨一個主義，一個黨，一個領袖，引起許多人的反感，中共反而有強大吸引力；中共有平民形象，在根據地實施了一些社會改革，滿足了社會上普遍存在的同情、關懷底層普羅的民粹情緒；原投降叛變的中共人員，只是因怕死而叛變，腦中的中共思想卻很難清除，加之在國民黨內不受重用，他們對過去行為產生歉疚感，轉而想為黨做貢獻以贖前錯。

□ 據說就連蔣介石身邊都是諜影重重。

■ 據長期擔任蔣介石醫官的熊丸在其口述歷史透露：「我記得那時總統在黃埔路官邸設地圖室，地圖室三巨頭是總統、周菊村與劉斐(為章)，三人在南京指揮徐蚌會戰。但劉為章本身正是個中共特工，以致我方作戰命令共方完全知曉，自然我軍每戰必敗。那時大家都覺得奇怪，為什麼蔣先生下的命令共方都知道......後來大家都認為劉為章十分可疑，蔣先生卻都聽不進去，也沒人敢直接告訴蔣先生，故直到最後證實這點時，蔣先生連想都沒想到。」

劉斐建國後擔任全國政協副主席，據郭汝瑰說，情報人員多為單線聯繫，他本和劉斐關係很壞，只要劉有建議，他必反對，後黨組織派人帶話給他，叫他注意搞好和劉的關係，不要被敵利用，他才意識到劉也是在為共產黨工作。

正是因為有劉斐、郭汝瑰等潛伏在國民黨核心部門，為中

共提供了重要的情報，至於長期潛伏在國民黨軍中的何基灃、張克俠、廖運周等，都是帶兵的重要將領，他們和解放軍裏應外合，一到關鍵時刻，或陣前起義，或誘國軍進入共軍包圍圈，蔣怎能不敗？

□ 遷台之後，蔣介石對國民黨的失敗有什麼反思麼？

■ 民國將亡，人心已散，大勢已去，蔣最恨誰呢？不是恨毛澤東，而是一恨美國，二恨桂李。蔣責美袖手旁觀，不救他。1949年1月31日，他在日記中寫道：此次革命剿匪之失敗並非失敗於共匪而是失敗於俄史(斯大林)，亦非失敗於俄史而是失敗於美馬(馬歇爾)，「美必後悔莫及而馬歇爾須負全責」。

蔣自欺欺人地認為，如果他不是被逼下野，中共就不會獲勝，他在1949年5月的《上月反省》中大罵：「桂李投機取巧爭權奪利寡廉鮮恥忘恩負義」，1948年9月25日，他在日記中寫道：「戰局逆轉，情勢不利之際，一般高級將領往往乘機爭取，挾匪要脅，如華中剿匪總司令白崇禧者，每月要求武漢市私籌一千萬金元，由某個人支配應用，不令中央知雲也。時局稍變則叵測之徒即起異心。」

蔣介石在台北草山的革命實踐研究院曾總結出國民黨軍隊的失敗的原因：「我們此次失敗，並不是被共匪打倒的，實際上是我們自己打倒了自己。」因為我們的軍隊是「無主義、無紀律、無組織、無訓練、無靈魂、無根底的軍隊」，我們的軍人是「無信仰、無廉恥、無責任、無知識、無生命、無氣節的軍人」。

1949年的最後一天，蔣在日記自省：「一年悲劇與慘狀實不忍反省亦不敢回顧」。而最令蔣感到苦痛且悔之已晚

者，乃是「軍隊為作戰而消滅者十之二，為投機而降服者十之二，為避戰圖逃而滅亡者十之五，其他運來台灣及各島整訓存留者不過十之一而已。」

□ 作為領袖，蔣介石對國民黨的失敗還是應負主要責任吧。

■ 蔣在1949年10月16日「革命實踐研究院」開學典禮上的講詞中明確說道：「失敗的原因很多，而主要的原因是由於我們軍事的崩潰」。蔣的分析是正確的，但對他個人的責任有所迴避，他是黨國的重心，以一人領黨、國、軍，對軍事失敗負有最大的責任。就軍事而言，除了前面所講各種原因外，還有幾個重要原因也應提及，這就是仗打不好，背後還有政治等各方面的因素所致，例如：在其政治和經濟、社會政策方面：國民黨體制僵化，在大陸時代，蔣介石一直未能建立有效率的軍政機構，用余英時的話說，蔣介石是「無效獨裁」。更重要的是，幾十年來，國民黨對改善民生福利做得太少，使其得不到底層民眾的支持。從蔣介石的日記看，他是知道並同情底層民眾痛苦的，他在1943年4月11日的日記中寫道：

公務員生活窮困萬狀，妻室以產有無錢多謀墮胎者，有醫藥無費，病貧益深者。華僑在粵有鬻子女過活者，河南災區，餓殍在道，犬獸食屍，其慘狀更不忍聞。

同年8月27日的日記中寫道：

川民最痛苦而其工作最殘忍者二事，即背長纖上灘與提大錘鑿石，令人目睹耳聞，悲傷難忍，如何而使我同胞永免

此難，其惟改革社會，發展工業，以提高勞工生活，保護勞工健康而已，戰後急務莫過於此也。

但是，因各種原因，蔣介石並沒有將其想法和對底層民眾的關心附諸於具體有效的社會改良的行動，1949年2月1日，蔣介市在故鄉溪口又寫道：

為政20年對於社會改造與民眾福利着手太少，而黨政軍事教育人員，更未注意三民主義之實行，今後對於一切教育，皆應以民生為基礎。亡羊補牢未始已晚也。

1949年10月19日，蔣介石在日記中寫道：

今後整軍要着重解決為誰而戰的問題，他說「要為實行三民主義……提高人民生活，減租減息、反對剝削、反對專制壓迫……而戰，為平均地權、耕者有其田，實現民生主義而戰。」蔣介石有此省悟，只能說對穩定台灣有益，但就大陸而言，歷史已不復給他實踐之機會。

蔣是過渡年代人物，他的主要活動年代在二十世紀，這使他的言與行都有了若干現代色彩，然而他卻保留了大量宋明儒修身齊家的傳統思想。到了二戰後，他仍堅持把西洋「科學方法」與中國的傳統思想結合起來，甚至「不合時宜」地，或「對牛彈琴」般要求他那些世俗化的文武官員「必須皆有哲學與修養基礎，能以聖賢自期，而以英雄之魄力以實現聖賢之宗旨」。他教育他的部下，他說軍事教

育應以「六藝」(禮、樂、射、御、書、數)為中心,這句話,他從黃埔軍校,一直講到重慶,再講到大失敗之後的台北。由是觀之,在尚力又尚智謀的現實世界,蔣之落伍甚矣。蔣的軍事學「六藝」本無錯誤,但怎麼可抵抗或消解解放軍的「翻身打老蔣」、「訴苦」?

從日記中看,蔣在1949年雪崩般的大失敗的環境下,已盡了他個人的最大的努力。他對自己要求甚嚴,將修身與政治行動融為一體,在極端困難的境地,自我激勵,奔波各地,督促部下,部署那些毫無希望的救黨救國的行動,也就是他所說的,「知其不可為而為之,對我更是如此」,應該說,他心目中的「保國保民」的信念也是真誠的,然而,他所有的努力和犧牲皆為徒勞,大陸江山易手,蔣不得不退避台島。

第二編

斷裂與延續

如何認識毛澤東時代？[1]

1、毛時代概念的界定

「毛時代」是一個有時間大致限定的概念。中外都承認在中國確實存在這樣一個時代，即由毛和毛的思想主宰、支配和型塑社會面貌的時代，它的時間階段：1949–1976年，有些學者認為還可延伸到1978年中共十一屆三中全會以前，因為1976–1978年在總的格局方面還是延續毛時代最重要的特徵的。

把1949年看成「毛時代」的起點是合乎歷史邏輯的，大概因從那時起，我們的社會和人們的生活就發生了意義深遠的變化，而這種變化之廣泛和劇烈，把「毛時代」和之前、之後的時代區別開來。但是，在「毛時代」和「過去」及「現在」之間並沒有一道不可逾越的鴻溝，歷史的長時段因素還在對歷史的進程發揮着深刻的影響。我們所處的當下，是從「毛時代」而來的，以往的結構、制度、思想、風俗、文化情趣並沒有在一夜之間消失，它們和八十年代後出現的新因素相依相隨，構成了當下複雜斑斕的畫面。距今不遠的那些「毛時代」的日子，它的有形和無形的留存在當下仍然發揮着重大的影響，它們和今天有着「同時代性」。

但是能否稱把1949–1976的革命美術稱之為「毛時代的

1　原載《文藝研究》，2005 年第 9 期。

美術(1942–1976)」？我個人認為是有問題的，很顯然，在1942–1949年，在毛的延安文藝講話後，毛對中國的文學藝術，包括對美術的影響越來越大，但是畢竟主要集中在共產黨地區，直到1949年，毛的思想及在此基礎上形成的制度才成為全國的中心思想及其制度。如果用「毛澤東革命美術(1942–1976)，那是完全可以成立的。

2、我理解的毛時代的基本特徵

毛時代一個最重要的特徵就是在冷戰格局下，新國家、新制度的創立，由此開始了一個新的歷史進程，中國出現了新的面貌：民族獨立國家地位的新確立，工業化的展開，全社會的高度組織化，普通民眾對國家政治生活的廣泛參與，全社會共同意識、共同價值觀的建立等等。

新國家、新制度、新社會是中國共產革命勝利的產物，促成革命的成功因素在當代史上繼續發揮重大的影響，成為建國、治國的「依賴路徑」，有力地型塑着50年代社會的面貌：

眾所周知，中國共產革命的成功是中共長期領導武裝鬥爭勝利的結果，而這又反映了二十世紀中國政治和社會變革的一個基本特點，這就是為了抵禦外來列強的侵略和改變國內的積貧積弱，中國重要的政治力量，都把運用軍事手段實現政治目標，擺在頭等重要的地位。從建國初開始，社會的組織化加速進行，在全社會的範圍內，軍事性的風格和精神氣質也逐漸濃厚，大大改變了世紀初以來，由受列強侵略而造成的民氣低落、精神低迷的狀態。五十年代，國家進入到

建設時期，從蘇聯引進的蘇式經濟管理體制在第一個五年計劃期間幫助中國建立起初步工業化的基礎，中國的計劃管理模式事實上已具有「理性計劃經濟」的特徵，但是本土過去革命時代的經驗仍然發揮着重要的作用。1957年後，軍事化或類軍事化的思維和管理方法在經濟建設和社會管理中全面復活，在大躍進和人民公社化運動達到高潮。烏托邦主義配之以高度的組織化和軍事化的政治措施、軍事性格，用行政命令解決一切問題的慣性，給國民經濟和人民生活造成巨大的破壞。60年代初，軍事化動員模式在工業管理領域一度後退，但很快又捲土重來，並向其他領域全面滲透。受到意識形態全面支持的集中劃一的思維和方法成為這一時期政治文化的顯著特點，以至「唯軍事至上」在「文革」初期達到巔峰。在戰爭年代運用高度集中統一的軍事化方法達成革命目標是順理成章的，在從軍事時期到和平時期的過渡階段，繼續沿用軍事化方法和手段進行快速動員，也是可以理解的。中國歷史的經驗證明，大凡政權更替，勝利者建立新秩序，必然伴隨一場暴風驟雨般的摧枯拉朽的過程。但在進入長期和平建設階段後，遲遲未能建立起以法律為中心、體現共性和個性相協調的現代經濟和社會管理體制，培育現代公民文化就缺少了基石，這必然給國家、社會和人民的精神和物質生活帶來消極影響。

1949年，在農村進行了22年武裝鬥爭的革命者進入到城市，他們面臨的一個新課題就是如何和城市融合，與知識分子結合，這是在執政的條件下建設國家，發展教育、科學、文化的關鍵。但如陸定一同志所說的，解決這個課題對於黨和知識分子來說，都是有困難的，因為以農民為主體的黨的

幹部並不熟悉城市，而知識分子對革命也不瞭解。[2] 在中共奪取政權的過程中，農民是當之無愧的革命的主力軍，被廣泛動員的農民不僅構成了革命軍隊的主體，而且在建國初黨的隊伍中佔了的絕大的比重。到1949年中共七屆二中全會召開時，中共黨員組成中，工人成份所佔比重仍極小，以工人黨員最多的東三省為例，在90萬產業工人中，黨員只有16508人，佔工人的1.8%，到1949年12月，農民黨員340萬1千人，佔黨員比重75.8%；文盲共309萬6千人，佔全黨黨員比重的69%。[3] 在這樣的背景下，農民的狹隘性和保守性被遮蓋了，而只是被限定在「小生產自發性」上面，這就造成一種吊詭的現象：一方面，是壁壘分明的城鄉二元結構；另一方面，在政治和思想領域，農民思維、農民習氣又受到高度推崇，被賦予了純正的無產階級革命特質，而與城市相聯繫的知識分子等階層則因其出身和所受的教育被認定是舊階級、舊思想的載體，被無休止地要求純化思想，在這種思路下，新老知識分子都受到不應有的批判和排斥，其作用在長時期內難以正常發揮。

毛澤東的領導是中國革命取得勝利的關鍵因素，革命的勝利使毛獲得極高的威望，毛成為了革命象徵和革命道德的最高體現，其權威具有不受制約的至高無上性，在這種狀況下，領袖的自律和智慧成為政策糾錯的唯一條件。遺憾的是，50年代中後期後，一方面是毛的專斷性急劇發展；另一方面，他又高度自信，堅信自己已充分掌握了社會主義社會

2　《陸定一文集》，北京：人民出版社，1992年，頁822。

3　趙暉：《中國共產黨組織史綱要》，安徽人民出版社，1987年，頁236、243。

的基本規律，於是，在他的不可違逆的意志和昂揚的理想主義精神氣質面前，任何形式的政策糾錯機制都無從建立。

列寧說，靠廣大工農的熱情、衝擊和英勇精神，可以解決革命的政治任務和軍事任務，「但這個優點現在已經成為我們的最危險的缺點了。我們總是向後看，以為這同樣可以解決經濟任務。但錯誤也正在這裏，因為情況改變了⋯⋯不能企圖用昨天的辦法來解決今天的任務。」[4] 1949年革命的勝利既是革命的到達點，也是建設的出發點，革命成功後，革命者所面臨的環境和任務都變了，經濟建設為第一要務，為此需要對過去的傳統進行轉換。和平時期的經濟社會管理方式和戰時狀態下組織形式有着巨大的差異，需要有新思路和新方法，科層制雖然存有種種弊端，但至少可保障經濟和社會生活不受空想烏托邦的破壞。空想烏托邦主義的表現形式之一就是決策過程中的隨意性和浪漫主義，在追求理想主義的美好未來時，過去熟悉的記憶和經驗不斷被喚醒和複製，於是，迷信過去的傳統，延續過往的傳統，就成為應對現實和未來的不二法門，如此就很難在治國理念和組織形式上向現代公共管理轉變。歷史的辯證法就是如此，促成成功的因素在新的時空條件下有可能成為障礙性的因素，而這種轉化的遲滯一定會給國家的發展和人民的生活帶來消極的影響。由於歷史條件的限制和人的認識水平的限制，「馬上得天下」遲遲沒有很快的轉化成為「下馬治天下」，這個轉變是到鄧小平手上才完成的。

4　《列寧全集》，第 33 卷，北京：人民出版社，1965，頁 145。

3、如何評價毛時代？

　　這是一個爭議很大的問題：近年來思想界的爭論頗為活躍，一些學者高度評價50年代毛澤東的社會主義實踐，在他們的視野內，大躍進、人民公社乃至「文化大革命」皆有其重大的正面價值。[5] 而另有一些學者認為，改革開放前的中國是一種全控主義的結構和體制。[6] 我認為對這個歷史階段的研究，應充分考慮國際冷戰格局對中國的影響，從中國的歷史背景和從中國共產革命的歷史背景出發，着眼於考察「新制度與新國家的創立及民眾對此的參與、反映和互動」，同時，也應注意考察在歷史發生重大變革的過程中「歷史的延續性」的命題在毛時代的表現和作用的問題。

　　這次「毛時代美術」的研討會從廣州出發，再到延安，這兩個城市，一個是「革命的策源地」，一個是「革命的聖地」，無形中暗合了一個有意思的現象，即二十世紀中國革命的不同類型及其異同點的問題。

　　觀察毛時代，離不開十九世紀後半葉以來的中國的大背景，這一百年的中國的基本主題就是爭取民族獨立和進行深刻的社會改造。這兩大主題在二十世紀有不同的回應路徑，簡言之，一條就是中國共產主義革命，這是激進的面向社會底層的社會改造路徑；另一條就是國民黨的「國民革命」，這是主要面向社會中間階層的漸進改造的路徑，兩者都是為

5　參見韓德強：《50 年，30 年和 20 年》載士伯諮詢網；崔之元：《鞍鋼憲法與後福特主義》，載《讀書》，1996 年第 3 期；高默波：《書寫歷史：高家村》，載《讀書》，2001 年，第 1 期。

6　蕭功秦：《與政治浪漫主義告別》，武漢：湖北教育出版社，2001，頁 68–69。

了追求建立一個現代民族獨立國家。以往我們多關注這兩種革命的差異性方面，從而形成一個斷裂性的視角，其實還可以相容有另一個視角，這就是「延續性的視角」。

「延續性」的主題：[7]

1. 都在追求「現代化」，並試圖把「民族性」融入現代化；

2. 都着力加強與外部世界的聯繫；

3. 都在謀求一種最好的治理中國的制度形式；

4. 都期盼出現一個能帶領民眾使民族復興的「英雄」；

5. 都在做動員組織民眾的工作，在這個過程中，都極為重視加強社會的軍事化；

6. 都重視意識形態敍述，希望整合社會意識。

7. 如果我們能夠追問，考察這些「延續性」的命題，使之成為一個和「斷裂性」命題相對應的視角，再來探究這個命題和毛時代社會變動的關係，或許我們在觀察毛時代時就會有一種歷史的縱深感，從而看到一些過去被我們所遮蔽的一些重大的現象。

歷史是否可以重構？有一種觀點認為，歷史是敍述者建構起來的。這話有一定的道理。但我相信，過往歷史的物質和精神遺存是客觀存在的，不管研究者用何種視角和態度敍述它們，基本的歷史事實是無法改變的。

強調普通民眾的生活經驗與感受對我們認識過往歷史的重要性也許不是多餘的，我認為觀察當代史應該高度重視普通

7　美國柯偉林教授在《認識二十世紀中國》一文中將「疆域統一」，「統治中國」，「工業化」等視為 20 世紀中國的基本趨勢。載香港中文大學中國文化研究所《二十一世紀》2001 年 10 月號。

人的敘述，而這個方面是我們的研究者所忽略的。當然對那個時代，不同的人有不同的記憶和感受，也許永遠不會有統一的看法，正是在這種差異中，我們可以觀察到歷史的複雜性，費爾巴哈說過：「經常受到世界史浪潮衝擊的，往往是那些最普通的人，而絕不是那些高官顯爵，因為他們高高在上，太顯赫了。」[8] 人民的生活，人民的生存狀態，應永遠在我們研究者的關懷的視野之內。也許這樣，我們才可能對過往的歷史，比過去有一個新的角度，有一個更全面的認識，因為他們組成我們社會的最大多數，他們所處的地位、環境更能使我們瞭解到歷史的多重面相。

8　轉引自蕭功秦：《知識分子與觀念人》，天津：天津人民出版社，2002，
　　序言頁 1。

在革命詞語的高地上[1]

一、從俄式革命話語到毛澤東的革命話語

　　在今人的一些文章裏或影視作品中，經常把20世紀50、60年代稱之為「火紅的年代」或者是「激情燃燒的歲月」。那個時代的特徵之一，就是我們的社會和生活，是由一系列宏大的革命話語組成的，我們生活在一個紅色詞語的海洋裏，為它激動、受它指引，也因它而困惑和痛苦。詞語即敍述，革命的詞語或革命的話語就是對於革命的敍述和表達。列寧有名言：「沒有革命的理論便沒有革命的行動」，早在20年代初，中國的共產主義者在共產國際的指導下，就開始建構自己的革命話語，也就是建立起一整套對中國的過去、現在和將來的解釋。但是在1927年大革命失敗以前，中國無產階級革命話語的「階級」特徵和「民族」特徵都還未充分呈現，究其原因，是在大革命時期，中共與國民黨共用「打倒列強、除軍閥」等一套革命話語，雖已包含反帝民族主義的內容，但是中國無產階級革命者還沒有自己原創性的、體現「中國」民族特徵的、有關中國和中國革命的敍述。在這一階段，中共的革命話語也未和黨的領袖的名字相聯繫，換言之，陳獨秀等並非是革命話語的原創者，中共的革命話語基本上來源於俄式共產主義。即便到了1927年國共分裂後，

1　原載《社會科學論壇》，2006 年第 8 期。

「階級」的主題雖已全面凸顯，但在一個較長的時期裏，中共革命話語還沒有產生自己的「民族」特徵，中國無產階級的有關革命的敍述，尤其是建制架構等方面，都具有濃厚的俄式色彩。

1931–1934年，在江西瑞金「中華蘇維埃共和國」時期，博古等「百分之百的布爾什維克」全面、系統地貫徹了全盤俄化的路線，已初步建構起具有俄式共產主義色彩的話語系統，這就是照抄照搬蘇聯經驗，「言必稱弗拉基米爾‧列寧和約瑟夫‧斯大林」，既有內容，更有形式：

在黨的建設和政權的建制方面：有「蘇維埃」、「人民委員會」、「卡爾‧馬克思高級黨校」；

在革命軍隊和群眾武裝建制方面：有「少共國際師」、「赤衛隊」、「郝西詩紅軍大學(郝西詩為參加廣州暴動而犧牲的蘇聯駐穗副領事)」；

在肅反系統，有國家政治保衛局；

在青少年組織方面：不僅有共青團，還有「皮安尼爾」——少年先鋒隊，凡年滿16至19歲的紅色青少年，皆可申請加入「皮安尼爾」，黨的政治局候補委員凱豐代表黨領導蘇區的青少年工作；

在文化教育和群眾教育系統：有列寧師範、列寧小學，各單位還闢有宣傳鼓動欄——列寧角；還有「高爾基戲劇學校」，蘇維埃劇團，即藍衫劇團(十月革命後蘇聯工人業餘劇團)；

在群眾組織方面：有「反帝大同盟」；

中央蘇區經常召開群眾大會，有時紀念李卜克內西和盧森堡，有時紀念蘇聯紅軍節，凡開大會皆要成立主席團，甚至

「皮安尼爾」開會，也要花不少時間選出會議主席團。在重要會議上，被選入主席團的經常還有外國同志：蘇聯領袖斯大林和莫洛托夫、革命文豪高爾基、日共領袖片山潛、德共領袖台爾曼等。那是一個國際主義旗幟高高飄揚的年代，從紅色的莫斯科到紅色的瑞金，好似一根紅線連接着，中央蘇區的話語系統和制度框架與莫斯科沒有太大的區別，在偏僻貧困的贛南和閩西，似乎是又一個蘇式社會的翻版。

但是俄式共產主義的話語環境在1934年陷入困境：

第一，紅軍陷入嚴重的生存危機，在蔣介石軍隊的圍剿下，中央蘇區已不能維持，革命話語賴以生存的基本環境即將消失。

第二，博古等「國際派」作為俄式話語的闡釋者在解釋、敘述他們的經驗時已捉襟見肘。

1935年遵義會議後，毛澤東重新回到領導中央紅軍的關鍵崗位，以後又逐漸領導了黨，「西安事變」和平解決後，第二次國共合作的實現，使黨和紅軍已在陝北完全立足，晉察冀等幾個大戰略根據地在敵後也相繼開闢，革命話語已經得到了一個比較穩定的地理空間，可以依賴根據地試驗、推廣和傳播。

在中國革命的土壤中崛起的毛澤東立志要使「馬克思主義中國化」，在那以後的七八年中，他悄悄地且又是有條不紊地對中央蘇區那一套話語系統和制度框架進行了轉換。然而舊的一套退出歷史舞台還需要一個過程，1939年延安舉行了中國女子大學的隆重的開學典禮，校長王明還是抑止不住要宣洩他滿頭腦的蘇俄崇拜的情緒。大會會場正中雖高懸毛澤東的畫像，卻又模仿蘇聯，在毛像的左右掛起了王明、朱

德、周恩來、博古、劉少奇等所有政治局和政治局候補委員的畫像。王明身為女大校長，總忘不了國際共運那些女革命家，於是校門兩邊的牆上又懸掛起蔡特金、伊巴露麗、克魯普斯卡婭的肖像⋯⋯一時間，似乎又有些瑞金時代的氣氛了。

但是，時光畢竟不會倒轉。此時，「馬克思共產主義學校」早已改名為中央黨校。不久，延安的馬列學院也易名為「中央研究院」。再早一些，「國家政治保衞局」這個完全俄化的名稱，也被改為中央社會部和邊區保安處，甚至延安的托兒所也名之為「洛杉磯托兒所」，卻不叫「莫斯科托兒所」。至於「皮安尼爾」，則早已不復存在，邊區有的只是兒童團。然而，毛澤東對洋名詞也並非一概排斥，例如，在相當長的時期內，中共黨內就保留了「布爾什維克」這個詞語，一來這個詞流傳甚廣，早已深入人心；二來這個詞也並非王明一人就能壟斷，其他人也可以使用，在整風運動中，毛就作過《布爾什維克十二條》的著名演講。差不多到了50年代中期，這個詞語才逐漸退出流行政治語彙，與此相聯繫，「布禮」(布爾什維克的敬禮)，這個共產黨員之間的稱呼終於被「革命的敬禮」所取代。

在延安時期，毛創造了一個新的宏大的革命話語系統，它的最重要的特點就是將民族主義、愛國主義和共產主義結合了起來。根據傳統的馬克思主義，「工人無祖國」，國家的概念以及愛國主義不僅不重要，而且不利於世界無產者的團結。在20世紀初，馬克思主義者往往不是愛國主義者，而是具有十分國際性的世界觀。而在中國，馬克思主義在「五四」時代就被看成是救亡圖存的一個武器，毛澤東發展和強化了這一傳統，1938年更具體提出馬克思主義

在一切方面的中國化、中國氣派的重大命題。

　　毛還建立起以階級論為核心，以「群眾路線」為主要內容的平民主義敘述，對中國農民階級重下新定義。俄式解釋雖然早就提出中國革命的關鍵是要解決土地問題，也提出農民是無產階級的「同盟軍」，但是在江西時期，「鞋子」和「腳」卻不對稱。蘇區並沒有現代意義的產業工人階級，卻有各類「工會」，於是，只能以強化意識形態來暫時緩解「鞋子」和「腳」的「不對稱」的窘境，而在敘述上仍沒給農民階級「正名」，還是用「國際主義」、「皮安尼爾」、「少共國際師」等來提升農民的「無產階級」和「國際主義」的意識。

　　抗戰初期，陝甘寧邊區的經濟和社會狀況比江西蘇區更加落後，邊區和多數根據地基本沒有現代工業，沒有工人階級，只有不識字的農民。1937年，邊區的小學校只有120所，識字人群佔人口的百分之一，華池縣為二百分之一[2]，婦女基本不識字，纏足現象非常嚴重。在延安時期，在沿用江西蘇維埃敘述時「暗渡陳倉」，繼續保留「鞋子」（「工會」），但已開始在革命敘述中突顯農民的作用，農民的「勇敢」和「忠誠」被認為是體現了「樸素的階級感情」，受到高度推崇，被賦予了純正的無產階級革命特質。毛稱頌農民是中國革命的主力軍，高度褒揚中國農民的革命性，不僅是對俄式解釋及江西蘇區經驗的進一步的發展，也是面對中國革命的實際，對現實狀況的一種承認和強化，因為在「蘇維埃十

2　　林伯渠：《陝甘寧邊區政府對邊區第一屆參議會的工作報告》(1939 年 1 月)，中央教育科學研究所：《老解放區教育資料》(二)，上，第 4 頁，教育科學出版社 1986 版。

年」(1928–1937)，黨和革命軍隊的主體就已是被廣泛動員的農民，抗戰以後，軍隊和黨得到巨大發展，其主體仍然是受過初步政治訓練的農民。

毛的有關知識分子的新敍述發展了馬克思、列寧、斯大林的相關論述。馬克思認為，「革命階級」用革命和民主的方法解放社會，在這種革命中，知識分子的角色是有意義的。列寧比馬克思對知識分子有更多的論述，他雖然對革命知識分子的作用有所肯定，但對知識分子和舊階級的關係、知識分子的階級屬性等則給予了更多的分析和批判。斯大林則第一次發明了「資產階級知識分子」的概念。毛認為，共產黨、無產階級(工人和農民)是革命的領導核心，知識分子對於革命很重要，但絕大多數知識分子只有書本知識，因而也是最無知識的，所以需要進行長期的思想改造。毛以後對國共鬥爭是這樣解釋的，他說：是共產黨的農民打敗了國民黨的知識分子。

毛的新話語改變了中國知識分子的傳統角色和自我認知，中國傳統讀書人的自我定位是相信自己是社會的中心。毛也改變了「五四」以來的知識分子的自我體認，「五四」知識分子認為自己肩負了「啟蒙」民眾和社會批評的責任，毛教育他們，真正應該接受「教育」和「啟蒙」的正是知識分子自己，工農則是知識分子的「老師」，正確的立場和態度應是「和工農相結合」，實現「工農化」、「大眾化」，而不是「化大眾」。毛將知識分子引以為重要的對社會的批評，轉變為要求知識分子進行「自我批評」。

毛通過對「知識」、「理論」、「人性」、「個人與集體」等概念重新下了定義，建立起毛的新文化的基本架構。

他說，不能對實踐有用的理論就是狗屎，甚至還不如狗屎，因為狗屎還可以肥田[3]。在對個人與集體的關係上，毛強調個人必須服從集體，知識分子應服從革命。毛的革命文化突出強調個人對革命、對黨的責任，他甚至規定了革命文學的寫作原則，並使之成為法定的革命文化的最高創作原則(關於形式與內容、政治標準與藝術標準、普及與提高、歌頌光明與暴露黑暗等等)。「五四」帶來知識分子自我意識的覺醒和對傳統話語的重新定義，其動力是西方文化的影響和本土現實環境的刺激，出現了流行的「五四」話語：人性、人道、個性解放、民主、科學等。在「左翼十年」(1928–1937)，受時局環境的強大影響，知識分子的思想分化進一步加速，知識分子的文化批判已和社會批判結合在一起，被高度政治化了，徹底的政治化發生在1940年代的延安。

毛的革命話語既源於列寧，又是他的獨創，他對文藝的政治功能的強調，較之普列漢諾夫、列寧、「拉普」、瞿秋白更加突出。列寧善於利用給詞語下定義達到革命的目的，列寧給「社會主義者」、「革命者」、「民族」重下定義，稱自己的黨派為「布爾什維克」，雖然列寧一派當時並沒有得到多數社會主義者的擁護，但是「多數派」這個話語的使用造成了強大的社會影響。毛繼承了列寧的風格，又有自己的特色，毛的革命話語氣勢磅礴，通俗易懂，極具鼓動性：「革命是不可戰勝的」，「代表四萬萬五千萬人民」，「光

3　上述內容在收入《毛澤東選集》時已被刪去，原文見邊區總學委編：《整頓三風二十二個文件》，第4–5頁，1942年延安印行；另參見王惠德：《憶昔日》，載《延安馬列學院回憶錄》，第79–81頁，中國社會科學出版社1991年版。

明與黑暗的鬥爭」，「馬克思主義的道理千頭萬緒，歸根到底就是一句話：造反有理」，「我們的事業是正義的，正義的事業是不可戰勝的」等等。

毛經過與王明等的鬥爭，取得了對詞語下定義的權力，逐漸形成了一種具有他個人鮮明特色，也是比較固定的思維和表達方式，通過整風運動，基本掃清了俄式話語對黨的影響，從而完全奠定了他的「革命話語」的領導地位。

毛澤東抓住兩面旗幟，反帝反侵略，開展底層革命：第一面旗幟是民族主義、愛國主義 (抗日)；第二面旗幟是以平民主義 (共產黨是窮人的黨)，爭取底層民眾，特別是廣大農民的支持，抓住了大多數；又以民主主義、反對蔣介石的獨裁，爭取到國內知識階層的同情和支持。

無所不包的新解釋體系，為革命黨人提供了意義和價值，佔據了近代中國的道德至高點。

二、延安：一個革命的符號地帶

1937-1938年，國內政治較為開明，國民黨也抗戰，可是為什麼許多青年人投奔延安？那些從山南海北奔赴延安的青年相信，延安不僅抗戰，在那裏還擺脫了政治壓迫和經濟上的不平等，他們去延安是為了「幹革命」，去尋求生活的真正的意義。無所不包的新解釋體系，為革命黨人提供了意義和價值，佔據了近代中國的道德至高點。

30年代的中共左翼文化已在相當的程度上佔據了國統區的意識空間，從生活書店1935年的《出版總書目》中可以看到，這一年全國各出版社出版的有關社會主義的論著是32

本，有關辯證唯物主義的論著是23本，歷史唯物主義的論著23本，有關計劃經濟和蘇聯第一個五年計劃的論著19本，而有關國民黨歷史的出版物是8本，三民主義的出版物只有13本[4]。這類書在上世紀30、40年代，主要還是依靠像葉青這樣過去的共產黨員來寫。葉青的論著非常教條，也不通俗，影響力很有限。由此可以得出結論，以上海為中心的中國左翼文化已成為世界性的「紅色的三十年代」在東方的突出現象，就在國民黨統治的中心區域：上海、北京等大城市，左翼話語已改變了一部分知識青年的意識。在許多左翼文化人看來，在國統區的生活不是生活，那種生活壓抑、庸俗、空虛、無聊、瑣碎，在他們的心目中，只有在延安的生活才是有價值、有意義的生活。

蒲魯東在1848年指出：「讓我們革命！在人們的生活中，只有一件事是好的，有實際意義的，那就是革命。」

加繆也說過：「毫無疑問，美麗不能創造革命，然而總有一天，革命將需要美麗。」

和世俗化的、貧富對立的武漢、重慶、西安相比，延安提供了一個革命烏托邦的迷人的魅力，那兒有革命、激情、青春、戰鬥，還有集體主義、理想主義、斯巴達式的律己主義。延安就是這樣一個近在眼前、觸手可及的「太陽城」。在這個「中國的西北角」，人與人的關係建立在以革命為中心的平等的基礎上，許多青年相信，美麗包含革命的一切美好和正義的方面(陳學昭)，而「我們的革命隊伍」就是一個革命同志愛的共同體。

30年代末40年代初的延安，是一個典型的革命社會，也

4　平心編：《全國總書目》，上海生活書店 1935 年印行。

是一個高度意識形態化，充滿着意識形態符號的地理空間。在那些奔赴延安的左翼青年的心目中，延安的那些自然景觀，都會被賦予一種豐富的意象，寶塔山、延河水、農民戴的白羊肚的那個毛巾、秧歌、紡車，都被賦予了一種思想的含義，從而成為某種鼓動性的符號。延安的中心話語就是革命，抗戰被包容於革命之中，革命成為延安和其他根據地的最重要的靈魂。特別是在延安和其他革命根據地所奉行的軍事共產主義體制，對當時的革命者有着巨大的意義。具有平等意味的共產生活方式，是和大後方的和重慶的那種世俗化的生活方式完全對立，軍事共產主義體制對金錢物質的排拒，使它具有巨大的政治上的動員作用和精神上的感召和凝聚能力。

1937年到1940年，在延安和其他根據地是思想領域的一個過渡時期，是從江西時期到典範性的延安時期的過渡。在這個時期，在延安的思想空間裏存在着一種多樣性，一個是「五四」的話語，包括「五四」以後的啟蒙主義、平民主義的敍述，它還在流傳。第二種話語是俄式馬克思主義話語，從江西時期延續下來的那個布爾什維克等等。第三個就是毛澤東的強勢的新話語已經登場，這就是「馬克思主義的中國化」。話語有三種，甚至更多一點的話語在那兒重合，有討論、有爭辯，或者說在革命的框架下存在着一種多樣性，出現了一種生動活潑的氣氛，主題就是革命、抗戰和共產主義。人們在這兒學習和工作，期待着未來，期待着一個新的理想社會。

在延安的知識分子中，甚至有一種非常國際化的視野和世界觀。在遠離歐洲的延安小城，成千上萬的青年人在關心着

西班牙保衛共和的戰鬥，中共駐莫斯科代表團組織的幾十位中國同志甚至參加了保衛西班牙共和國的「國際縱隊」。在那個年代，延安的各類學校的學生都傳唱着「保衛黃河」和「延安頌」，李伯釗、陸定一、凱豐都會寫歌詞，三個人都有留俄的經歷，《黃河大合唱》吸取了西洋頌歌的原素和形式，表達出一種磅礴的崇高感、遠景感，和對新文明的憧憬感，極大地鼓舞着延安的知識分子。

從根據地的幹部學校，從各種報刊宣傳品，傳播着一種革命的新話語，大家說着同一種語言，有着大致相同的價值觀，在自己的話語範圍內，是同志，是戰友，就像毛澤東所說的：「我們都是來自五湖四海，為着一個共同的目標走到一起來了」，在同一話語中，人們互相激勵，互相溫暖。

延安知識分子渴望成為以革命為唯一志業的「有機化知識分子」（「組織化的知識分子」），這使得他們成為毛的話語的最熱烈的聽眾。五四遺產的一部分：愛國主義、平民主義、勞工神聖、社會改造，運用文藝改造社會，改造人性和民族性等等，與毛的新話語有着精神上的密切的聯繫性，革命、改造、鬥爭、愛國主義，這些都和延安知識分子相一致。

但是，延安知識分子和毛的新話語也有不相容的一面：五四遺產的另一部分：自由主義、「健全的個人主義」、社會批評、知識分子的「啟蒙」作用又與革命的「一元化」的要求存在着矛盾。一些延安知識分子以革命的道德化的理想來批評現實中的不完美現象，於是有了丁玲的《在醫院中》、《三八節有感》和王實味的《野百合花》。

三、新話語的「中心」和「隙縫」

　　直到1942年後，典範性的延安文化才出現，在此前多年「有破有立」的基礎上，毛的革命話語通過對黨的歷史的重新敍述，通過「講故事」的形式，最終建立了起來。

　　第一個層面：重新編輯黨的歷史文獻，形成「兩條路線」——正確路線和錯誤路線的場域，啟發高級領導人聯繫個人的歷史，帶頭反省，再使革命向下層深入，使全黨接受毛的新解釋；

　　第二個層面：毛帶頭講「故事」——毛敍述了黨的歷史上「欽差大臣」、「洋八股」、「本本主義」等危害革命的大量事例，再引導其他領導人講自己的「故事」，進而引導延安的每一個黨員講自己的「故事」，並將他們的個別經驗轉化為一個集體的經驗，這就是中國革命必須建立自己的「主體性」，「把馬克思主義和中國革命的實際相結合」。

　　在這個過程中，延安的幹部認真學習文件(「整頓三風」、「布爾什維克十二條」，「四三決定」、「論共產黨員的修養」、「怎樣做一個共產黨員」等《二十二個文件》)，寫讀書筆記和反省筆記，開展「批評與自我批評」，「脫褲子，割尾巴」；其間又貫穿改造文風、反對「黨八股」，用群眾語言、農民的語言，取代俄式教科書語言和「五四」後流行的「學生腔」。

　　思想學習加速了延安知識分子對新的革命話語的內化，隨着革命的不斷前進，根據地的「一元化」新結構已初具規模，革命隊伍中的「差序、禮儀和規範」，本來就是思想轉化為制度過程中的必要的建構，但在另一方面，它又衝擊到

革命的核心價值「公平」，王實味的表達及所引起的強烈反應，在無意中建構起知識分子和革命體制關係的一種經典性的敘述。針對王實味事件，「立場、觀點和方法」問題的提出，使階級出身的問題進一步突顯出來，階級出身作為衡量思想純化的尺規，也就基本固定化了。根據地的思想教育和思想鬥爭的重點對象也轉移到對已入黨或未入黨的知識分子的思想改造和對他們的組織審查。這也和江西時期的經驗有着延續性，只是在1934年長征以前，中央蘇區和其他蘇區沒有大群的外來知識分子，在蘇區展開的多是以「反托派」、「反右傾」為名目進行的黨內鬥爭或對敵鬥爭，對象既有黨內的知識分子，但更多的是紅軍指戰員。

經過延安整風，知識分子獲得了新的身份認同：一方面，他們是革命者，是戰士，是新話語的宣傳者，在革命的隊伍中，他們擔負着鼓動群眾的重要的責任；另一方面，他們又是帶有舊階級和舊意識的烙印、思想需要不斷改造的群體。他們中的絕大多數人心悅誠服地接受了自己的這種新身份，並從中獲得了歸屬感。

毛的話語把「我們」和「他們」區別了開來，凝聚了革命力量。新話語在各革命根據地得到流行和普及，在文藝方面，出現了新表達的載體，改良後的新秧歌、信天遊、木刻、版畫、年畫，將革命和鬥爭的主題凸現出來，生動詮釋着毛的新概念。新話語也在國統區傳播，革命文藝戰士何其芳、劉白羽於1945年初赴重慶，在大後方闡釋新話語，擴大了這一革命話語的影響。

伴隨毛澤東的革命話語的普及、流行，中國共產主義革命在1949年取得完全勝利，毛的革命話語也從延安的權威話

語成了新中國的權威話語，作為一種全新的整體性的論述，它在那個年代具有巨大的解釋力和説服力。新中國成立後，延安知識分子成了全國宣傳、文化、教育領域的領導者，他們在「教育、改造」原國統區的「舊知識分子」方面，取得了很大的成效。通過他們的努力，一大批「舊知識分子」紛紛與過去的知識體系決裂，費孝通説：知識分子接受了，認為過去的一套完全無用了，都不行了。馮友蘭、金岳霖等人也都這樣，覺得思想非變不可了。而且認為是原罪論(sin)，「這個是歷史給我們的，我們逃不出去的，非得把它承擔下來」。「是知識體系不行了，歷史不是我們的了」，這個覆蓋面很大，潘光旦也是這樣，認為自己也不行的。「我們是文化投降，我們代表這個知識分子階層自己投降了。而且不是一個人的意識，也是真心誠意的」。

儘管整體性論述的「覆蓋面」極為廣大，但是，五四話語在毛的新話語成為中心話語後，並沒有徹底消失，而是潛隱在新話語的邊緣。由於在新話語和五四話語間有一種「重疊」，在某些特定環境下，整體性的敍述也會出現一道「隙縫」，反對迷信、解放思想、人民民主、「實事求是」、雙百方針、關心群眾生活，都可以被給予新的解讀，形成了與五四話語的「對接」，故而在1956–1957年才有可能出現如黃秋耘的「不要在人民的痛苦面前閉上眼睛」等一批針砭時弊的雜文。

在1956年為時很短的幾個月的時間裏，受到蘇共二十大的刺激，中國也開始了對中國式社會主義道路的探索，然而，波匈事件的發生，卻在中國造成極其嚴重的後果，強大的僵硬思維迅速將創新的思想火花撲滅，剛剛開始的對新發

展、新路徑的探索在轉了一個彎後不但沒有回到原地，卻朝向一個更極端的方向急速滑去。1957年夏到1958年，一些從根據地來的知識分子被他們的同志，也是當年的延安知識分子打成了「右派」，他們努力説服自己，強迫接受自己是「人民的敵人」的現實，希望在艱苦的勞動中得以「脱胎換骨」，重新回到革命的行列。可是若干年後，延安知識分子又被更激進的後來者——50年代後期和60年代初期竄紅的極左派「理論家」加以「規訓和懲戒」。「文革」前夕，周揚等延安知識分子和原國統區的「舊知識分子」被「一網打盡」，於是，他們中的許多人想起了王實味，對「規訓和懲戒」提出質疑和反思，王實味也成了持續性的集體記憶的符號，一些昔日的延安知識分子，如顧準等人，終於又回到了五四，走到了自由主義。

考察20世紀中國的革命話語，離不開19世紀後半葉以來的中國的大背景，這100多年的中國的基本主題就是爭取民族獨立和進行深刻的社會改造。這兩大主題在20世紀有不同的回應方式，簡言之，一條就是中國共產主義革命，這是激進的面向社會底層的社會改造路徑；另一條就是國民黨的「國民革命」，這是主要面向社會中間階層的漸進改造的路徑，其間的差異巨大，但兩者都是為了追求建立一個現代民族獨立國家：

1. 都在追求「現代化」，並試圖把「民族性」融入現代化；
2. 都着力加強中國與外部世界的聯繫；
3. 都在謀求一種「最好的」治理中國的制度或管理形

式，傳統的思想及制度資源與外來因素融為一體，都
被運用其中；

4. 都重視意識形態敍述，希望以此整合社會意識，渴求
出現一個能帶領民眾使民族走向復興的「英雄」，為
達到此目標，在歷史素材和人民期盼的基礎上，積極
建構「英雄創世紀」的社會記憶工程；

5. 都在做動員組織民眾的工作，在這個過程中，社會的
軍事化趨勢不斷增強等等。

　　為了追求一個現代中國，一百多年來，無數的中國人為
之努力、奮鬥、犧牲，他們給後人留下極為寶貴的經驗和教
訓。毛澤東在革命戰爭年代，在過去革命話語的基礎上創造
了一種新文化，它改變了中國，也持續性地影響着我們。

　　今天的環境變了，人們需要探索新的思路。二十世紀波瀾
起伏的中國革命和社會改造運動已進入歷史，新技術革命和
「全球化」的浪潮每天都在改變着中國和世界，或許還是用
的上80年代的一句老話，這就是在21世紀的當下，我們該如
何面對過去？又如何面對未來？

敍事視角的多樣性與當代史研究
—— 以 50 年代歷史研究為例[1]

一

改革開放以來，我國的歷史學有很大的變化與發展，在中國近現代史研究領域，產生了一系列重要的論述，對我們認識過去、吸取歷史的經驗，推動近現代史的研究都產生了積極的作用。檢視近二十年有關近現代史的敍述，不難發現它們大致分屬於兩種不同的類型：革命敍事和現代化敍事，上述兩種敍事方式佔據了近二十年近現代史敍事的主流地位。

所謂「革命敍事」產生於20至40年代，即左翼革命主義的史學，瞿秋白、張聞天、何干之等一批「有機化」或「組織化」的新知識分子，從蘇聯和日本左翼新理論中引入一系列概念和範疇，建構了左翼革命力量對中國的現實，過去，和未來的認識和解釋的體系，其主要命題是論證中國近代革命的合理性和必然性，「帝國主義侵略」、「封建主義壓迫」、「階級戰爭」、「革命」、「人民群眾」、「工農專政」、「經濟的決定因素」等成為這種敍事的基本主題。[2]

所謂「現代化敍事」最初產生於西方，八十年代初被介紹

1　原載《南京大學學報》，2003 年第 3 期，總第 40 卷。

2　張聞天：《中國現代革命運動史》(重印本)北京：中國人民大學出版社，1987。何干之：《中國近代革命史》北京：高等教育出版社，1957。華崗：《中國大革命史》(北京：文史資料出版社，1982)。

到中國。其主題是論證一百多年來中國現代化進程的經驗和教訓，傳統與現代、社會變遷、經濟增長因素、制度創新與政治參與、公共空間和市民社會等成為觀察，認識現代化問題的框架。[3] 這兩種敘事方式都從各自的角度對百年來的中國歷史作出了概括和分析，在相當的程度上反映了歷史進程的實質。

「革命敘事」在中國歷史的研究中第一次引入了蘇聯革命理論的基本概念，既強調經濟在社會發展中的決定性作用，又強調變革生產關係，推翻舊有秩序的極端重要性；同時強調中國作為半殖民地國家被迫捲入世界資本主義體系的痛苦記憶，把中國近代看作是帝國主義侵略、壓迫中國，中國人民抵禦西方侵略、擴張的反抗過程。在這個敘事框架中，突出彰顯了反帝，底層造反，革命組織，革命領袖人物的思想和領導對推動歷史前進的重大作用。

「現代化敘事」是敘事方式的全面轉換，它將中國近代以來的歷史置放於一個與世界緊密聯繫的視野下來認識，而這反映了一百多年來歷史的一個重要的特徵，即中國是在深受外國影響的背景下，展開現代化進程的。「現代化敘事」也把100多年來的中國歷史置放於社會變遷的大過程中，通過對現代化動力、範圍、速度、現代化的主體與客體等的研究來展現中國現代化進程中的各層面相。這種從八十年代引入的敘事方式對現時中國的改革與開放有直接的啟示作用。

然而這兩種敘事方式都各有其不足：在「現代化敘事」中，中國內部的因素經常會被不經意地忽略，現代化是一個世界性的歷史過程，具有普適性；但中國作為世界上人口最

3　許紀霖、陳達凱：《中國現代化史》，上海三聯書店，1995。

多、歷史悠久的東方大國更有其特殊性，從西方社會發展的經驗中產生的某些概念，不一定能涵蓋和解釋中國社會的複雜性。

與「現代化敘事」相比較，「革命敘事」對我國歷史學的影響更大，在長達幾十年中，它是佔絕對支配地位的主流敘述，至今仍有廣泛的影響。「革命敘事」產生於革命鬥爭的年代，具有強烈的思想政治動員色彩，在革命勝利之後，如何將這種高度意識形態化的敘述和深厚的學術性加以有機融合，是一個新的緊迫的課題，勿庸置疑，史學界在「融合」方面曾取得重要的成就，但遺憾的是，從50年代中後期開始，「革命敘事」就逐漸走向僵化和教條主義。在中國近現代史，特別是中共黨史研究中，形成了某種根深蒂固的傳統，阻滯了學術性研究的展開和深入。

「革命敘事」逐漸教條化是和它過份追求「宏大敘述」而緊密聯繫的。反映在傳統的中國近現代史和黨史研究領域，「宏大敘述」的基本特點是：

1. 預設立場，無限制地擴張歷史學的宣傳、教化功能。以權威論述或權威文件為指導，有選擇性地剪裁史料，來論證某種權威性論述，對複雜的歷史進程做簡化的「必然性」的解釋，遮蔽了許多豐富鮮活的歷史層面。而事實是，歷史進程有它的多重面相，歷史學家應給歷史的偶然性留下空間。

2. 在敘述方式上，頻繁性地使用某種不言自明或無法證明的集合性語彙。

3. 在語言運用上，過份訴諸感情，具有某種居高臨下，訓導式的語言風格。

如果對「宏大敍述」作出一些結構性的調整，「革命敍事」仍有其重要意義，它表達了左翼革命主義的世界觀，為人們認識這個紛繁而多元的世界及其來源，提供了一個不可取代的視角；增強「現代化敍事」的本土性，也會有助於發現中國經驗的豐富性和複雜性。所以這兩種敍述方式是可以互相補充的，並不存在誰是誰非的選擇的問題。開放的、相容並蓄的態度可以把不同的認識框架置放在一個平台上，為敍述者提供更廣闊的選擇空間。在這個開放性的平台上，一種中立、客觀的歷史觀，即「灰色的歷史觀」，以及與此相聯繫的「新實證主義」的歷史研究方法，或許能夠成為人們認識，分析歷史現象的新的工具。

黑格爾稱，歷史是「灰色的記憶」。即如有的史家所論述的：人類生活，人的性格和思想，人們的社會活動，任何時候都不可能那麼單純……那樣容易地被轉換成這種或那種簡單抽象的角色符號和概念化身。[4]「『灰色歷史觀』反對在歷史分析時時『忘記』那些互相衝突的資料和觀點」，在對重大現象研究中故意迴避事實，只進行概念的推理和演繹；「灰色的歷史觀」強調吸取其他社會學科的資源，同時注意運用的範圍和界限，防止濫用社會科學方法，以至過度解釋，深文周納，而主張研究者在運用社會科學概念時不露痕跡，「滋物細無聲」。所謂「新實證主義」的研究方法，就是避免「宏大敍述」對研究的支配，克服在資料選擇上的價值判斷，重視對各種史料——包括內容上互相衝突的史

4　姚大力：〈歷史學失去了魅力了嗎〉，《學說中國》，南昌：江西教育出版社，1999，頁 191、195、196。

料——的收集、鑒別和廣泛地運用。[5]「新實證主義」也強調對歷史細部環節的注意，宏觀敘述在任何情況下都是需要的，但更應通過細部研究來反映事物的特性。注重從事實出發而不是概念先行，運用各種分析框架又不固步自封，強調總體把握也重視歷史的細節和差異，顯而易見，這些對於研究中國近現代史，尤其是當代史都是極為重要的。

二

　　所謂「當代中國史」是指1949年以後的中國歷史。1949年後中共成為執政黨，故而「當代中國史研究」要探討在中國共產黨主導下的中國社會的各個方面。誠然，1949年後，由中央體現的黨與國家是社會的主導方面，但是主導方面並不就是一切，還有被主導的方面，也應是當代中國史的研究對象——1949年後中國的地方，基層，社會，人民生活，理所當然也應在研究的視野之內。

　　「當代中國史」與「中華人民共和國史」有明顯的區別：「國史」以政治為主線，在研究對象方面，側重於上層政治和政策的演變；「當代中國史」的研究範圍較為寬廣，對社會的主導方面和被主導方面都持一視同仁的態度，不僅關注全局性的決策及其運作，也注重地方對決策的反映，更注重考察上層和下層的互動關係。在研究方法上，當代史強調對基層和社會進行實證性的研究，故而重視吸取社會科學多種學科的資源。

　　研究當代史有若干困難。以中國傳統而言，當代人不修

<hr>

5　同注4。

當代史是一個約定俗成的習慣。從大的方面講，這是中國歷史上的文化專制主義的深厚影響；在另一個方面講，當代人研究當代歷史確實存在着資料開放不足、研究者的主觀價值判斷是否節制、利益關係的牽制等諸多因素的局限。然而1840年後，「當代人不修當代史」的傳統被打破，魏源等首開先河，研究本朝史。民國以後，社會自由度大大提高，李劍農的名著《辛亥後三十年中國政治史》，即是當代人修當代史的典範。

1949年中華人民共和國成立後，在相當長的時間內，修當代史提不上議事日程。這主要的原因是，我們的社會已有一個高度統一的新意識形態，已經提供了對歷史、現實和未來的全部解釋，形成了對全體社會成員，包括對歷史研究者的統一的認識和敍述的要求。這種統一性的認識和敍述規範以「大敍述」、「大概念」為基本框架，在其指導下，再輔之以簡明化的材料，以凸顯「歷史的鐵的邏輯演進規律」，其特點是高屋建瓴，以點帶面；不足之處在於：易忽略差異性和歷史面相的多重性。當然，對某些正在發生和不久前發生的事實，人們的認識需要一個沉澱的過程而不宜過早定論，也是其中的一個原因。

1978年中共十一屆三中全會後，鄧小平領導改革開放，中國的經濟和社會生活等都發生了巨大的變化，在「大敍述」、「大概念」繼續佔據主導地位的同時，更具多元性的新敍述概念從兩個方面被發掘、引入到歷史學研究領域，這就是中斷數十年的中國史學中的私人著述傳統，以及強調作者自主性的西方歷史學理論。隨着新敍述概念越來越被人們接受，故而當代人寫當代史已成為可能。另一個更重要的積極變化是，黨和國家為了總結建國後的歷史經驗，進一步配

合和推動改革開放，一些檔案館陸續向社會開放，官方機構在80年代以來也相繼整理出版了許多當代史的重要文獻，從而為研究當代史提供了基本條件。由於建國後的歷史全面、深切地影響到億萬百姓的生活和命運，社會各界對探討當代史的一些問題一直抱有濃厚的興趣，坊間也出現了大量有關1949年後的各類出版物，外國相關研究也被逐步介紹到中國。

總之，社會有需要，也具備了研究的初步條件，故而當代人可以研究當代歷史。這種研究雖然存在着某些客觀限制，但也有諸多便利條件，例如距今時代較近，研究者對研究對象可保持較鮮活的個人感受；在資料搜集方面，也因距今不遠而較為方便。

對50年代歷史的研究在當代史研究中有着特殊的意義。首先，50年代是當代史的開端。研究當代史從五十年代起步，不僅是研究時序展開的需要，更重要的是從五十年代初開始或從更久遠處啟動的一切，仍在以不同的方式影響我們當下的社會和我們每個人的生活。馬克·布洛赫認為：理解活生生現實的能力是歷史學家最基本的素質。[6] 50年代為今日之基礎，影響既深且遠，今日之結構，框架，均奠定於此時期。以往在國內的學科分類譜系中，將這一時段的研究劃歸於政治學範疇，時光已進入到21世紀，50年代的歷史應屬於歷史學範疇了。其次，把研究範圍置放在50年代和60年代初，還是因為自那以後的年代距今天較近，某些事情還在發展中，人們認識它，不僅需要更多的，今天仍沒公佈的歷史資料，還需要一個認識沉澱的階段，即研究者主觀感情因素的冷

6　馬克·布洛赫：《歷史學家的技藝》，上海：上海社會科學院出版社，1992，頁 36。

卻，而50年代，已慢慢隱身於歷史厚重的帷幕之中，成為漸離漸遠的過去。

應該如何研究50年代這個距今不甚遙遠而影像又相對模糊的歷史時期？長久以來，對50年代至60年代初歷史的研究，在「革命敍事」的視野下，就是「凱歌行進」、「艱苦探索」、「挫折調整」；而「現代化敍事」則將這十多年豐富、複雜的歷史簡化為「社會主義工業化」進程。在這兩種敍事的視野下，我們有時就難以看到歷史的全貌，對那個時代無法獲得生動、具體的影像。

站在21世紀的歷史門檻，回顧和研究50年代的歷史進程，在充分肯定新國家取得偉大成就的同時，還應看到50年代的多重面相：大環境的巨變確實對中國人的思想和生活方式產生重大影響，但有沒有不同與主流的潛層意識？即年鑒學派代表人物馬克‧布洛赫所說的歷史進程中的潛因素和隱蔽的趨向；[7] 民眾的信仰和生活方式是怎樣變化的？改變到什麼程度？宣傳對民眾精神生活的塑造，是否全為國家強制行為？塑造或建構之所以有效，與知識分子有無聯繫？如果說，新知識分子參與了塑造，老知識分子是否就置身於外？事實是不同類型的知識分子都參與了新敍述的建構，這在近年問世的宋雲彬日記《紅塵冷眼》中得到了印證。宋雲彬是著名的民主人士，1949年他給柳亞子寫信，以老朋友身份批評柳亞子不顧場合，亂發牢騷，擔心柳的言論被美國或蔣介石所利用，作為攻擊中共的口實。宋雲彬對新秩序，新變化衷心擁護，但也保持個人看法。1949年5月，他在《人民日報》發表文章，歌頌「知識分子與工農結合」，卻在日記

7　馬克‧布洛赫：《歷史學家的技藝》，頁11。

中自貶其文為「八股」。他一方面欽佩周恩來，又在日記中委婉批評領導同志把民主人士看作五年紀小學生，動輒做大報告五六個小時。宋又批評所謂「學習討論會」，實際是黨八股訓話會。某次一重要領導同志作報告，聽眾達三、四千人，宋不堪其冗長，想溜出去，被警衛擋回。儘管宋和他的好友葉聖陶都不喜歡他所稱之為的「黨八股」和「人民八股」，卻又積極參加新敍述的創造，他們都成為1949年後第一批大中小學課本的撰述者。[8] 如此種種，都顯示歷史是非平面化的。

馬克·布洛赫說，各時代的統一性是如此緊密，古今之間的關係是雙向的。[9] 20世紀的中國歷史是有其延續性的，1949年新中國的成立開始了一個新紀元，但一些近代以來的重大命題依然存在：追求中國的工業化，維護中國的疆土的統一和獨立，提高人民的教育和科學水平，等等。[10] 在20世紀前半葉，國共兩黨都致力於中國的民族獨立和社會改造，兩黨的理念，方式和道路不同，所取得的結果也不同，兩黨在爭取各自目標的過程中形成的理念、方法，都延續到1949年之後，其間雖有流變，但基本方面都繼續保存，對海峽兩岸的社會發展都起到支配性的影響。因此，瞭解1949年之前的中國是研究當代史的前提。

對50年代進行歷史學的研究，應跨越1949年的間隔。所謂「間隔」，即是將20世紀的歷史截為兩段，視彼此毫無關

8　宋雲彬：《紅塵冷眼》，太原：山西人民出版社，2002，頁 125–167。

9　馬克·布洛赫：《歷史學家的技藝》，頁 25。

10　美國柯偉林教授在〈認識二十世紀中國〉一文中將「疆域統一」、「統治中國」、「工業化」等視為 20 世紀中國的基本趨勢，載香港中文大學中國文化研究所《二十一世紀》2001 年 10 月號。

聯，而實際上一些歷史性的長時段因素仍在繼續發揮作用，並沒有因1949年而中斷。應將20世紀的中國歷史置於一個長時段演進的背景下，進行各個側面的研究。馬克・布洛赫說：真正的時間是一個連續統一體，它又是不斷變化的，而歷史是持續發展的過程，不同的時代休戚相關，[11] 要研究歷史就不能人為割斷過去和現在。

在這個基本方面，以往黨史學界多認識不足，對歷史長時段因素的影響及其表現，缺少應有的敏感。在某種模式化的敍述中，只看到「變革」的一面，對「延續」的一面往往不予重視。這種模式化的認識方式不僅存在於史學界，也存在於人文和社會科學更廣泛的敍述中。胡風於1949年10月發表的《時間開始了》的長詩就表達了這種觀點，胡風是從歡呼新紀元的角度表達他對新中國成立的喜悅心情的，但他不是歷史學家，而研究歷史肯定需要觀照兩個方面：變革是從何處出發的，延續在變革中的流變及其走向。需要指出的是，在很長的時期裏，「截然分開」已相沿成習，且這類敍述不甚注重具體史實之發現與考辯，而只從政策研究着手，多為宏大敍事和文本解釋，從中很少看到基層，也看不到社會的眾生相。近20年來，一些社會學、人類學研究者越來越多的涉及當代中國的研究領域，例如社會學對「單位制」的研究，對改革前後中國農村經濟、社會狀況的研究。

台灣學者剛剛起步。1949年後兩岸長期對峙，90年代前，台灣對大陸50–60年代的敍述，除少數外，都屬於意識形態解釋學。近年來，台灣又有「去中國化」思潮之興起，目前只有陳永發教授等學者，本着中國情懷，堅守學術立場，

11　馬克・布洛赫：《歷史學家的技藝》，頁36。

關注、着手於50-60年代歷史的研究。2001年12月，台灣中研院近史所召開了「50年代海峽兩岸研討會」，旨在倡導對五十年代歷史之研究。

三

　　檢視50年代歷史，一個最重要的特徵就是在冷戰格局下，新國家、新制度的創立。由此開始了一個新的歷史進程，中國出現了新的面貌：民族獨立國家地位的新確立，工業化的展開，全社會的高度組織化，普通民眾對國家政治生活的廣泛參與，全社會共同意識、共同價值觀的建立等等。

　　新國家、新制度、新社會是中國共產革命勝利的產物，促成革命的成功因素在當代史上繼續發揮重大的影響，成為建國、治國的「依賴路徑」，有力地型塑着50年代社會的面貌：

　　1. 眾所周知，中國共產革命的成功是中共長期領導武裝鬥爭勝利的結果，而這又反映了二十世紀中國政治和社會變革的一個基本特點，這就是為了抵禦外來列強的侵略和改變國內的積貧積弱，中國重要的政治力量，都把運用軍事手段實現政治目標，擺在頭等重要的地位。從建國初開始，社會的組織化加速進行，在全社會的範圍內，軍事性的風格和精神氣質也逐漸濃厚，大大改變了世紀初以來，由受列強侵略而造成的民氣低落，精神低迷的狀態。五十年代，國家進入到建設時期，從蘇聯引進的蘇式經濟管理體制在第一個五年計劃期間幫助中國建立起初步工業化的基礎，中國的計劃管理模式事實上已具有「理性計劃經濟」的特徵，但是本土過

去革命時代的經驗仍然發揮着重要的作用，1957年後，軍事化或類軍事化的思維和管理方法在經濟建設和社會管理中全面復活，在大躍進和人民公社化運動達到高潮。烏托邦主義配之以高度的組織化和軍事化的政治措施，軍事性格，用行政命令解決一切問題的慣性，給國民經濟和人民生活造成巨大的破壞。六十年代初，軍事化動員模式在工業管理領域一度後退，但很快又捲土重來，並向其他領域全面滲透。受到意識形態全面支持的集中劃一的思維和方法成為這一時期政治文化的顯著特點，以至「唯軍事至上」在「文革」初期達到巔峰。在戰爭年代運用高度集中統一的軍事化方法達成革命目標是順理成章的，在從軍事時期到和平時期的過渡階段，繼續沿用軍事化方法和手段進行快速動員，也是可以理解的。中國歷史的經驗證明，大凡政權更替，勝利者建立新秩序，必然伴隨一場暴風驟雨般的摧枯拉朽的過程。但在進入長期和平建設階段後，遲遲未能建立起以法律為中心，體現共性和個性相協調的現代經濟和社會管理體制，培育現代公民文化就缺少了基石，這必然給國家、社會和人民的精神和物質生活帶來消極影響。

2. 1949年，在農村進行了22年武裝鬥爭的革命者進入到城市，他們面臨的一個新課題就是如何和城市融合，與知識分子結合，這是在執政的條件下建設國家，發展教育，科學，文化的關鍵。但如陸定一同志所說的，解決這個課題對於黨和知識分子來說，都是有困難的，因為以農民為主體的黨的幹部並不熟悉城市，而知識分子對革命也不瞭解。[12] 在中共奪取政權的過程中，農民是當之無愧的革命的主力軍，被

12　《陸定一文集》北京：人民出版社，1992，頁822。

廣泛動員的農民不僅構成了革命軍隊的主體，而且在建國初黨的隊伍中佔了絕大的比重。[13] 在這樣的背景下，農民的狹隘性和保守性被遮蓋了，而只是被限定在「小生產自發性」上面，這就造成一種吊詭的現象：一方面，是壁壘分明的城鄉二元結構；另一方面，在政治和思想領域，農民思維，農民習氣又受到高度推崇，被賦予了純正的無產階級革命特質，而與城市相聯繫的知識分子等階層則因其出身和所受的教育被認定是舊階級，舊思想的載體，被無休止地要求純化思想，在這種思路下，新老知識分子都受到不應有的批判和排斥，其作用在長時期內難以正常發揮。

3. 毛澤東的領導是中國革命取得勝利的關鍵因素，革命的勝利使毛獲得極高的威望，毛成為了革命象徵和革命道德的最高體現，其權威具有不受制約的至高無上性，在這種狀況下，領袖的自律和智慧成為政策糾錯的唯一條件。遺憾的是，50年代中後期後，一方面是毛的專斷性急劇發展；另一方面，他又高度自信，堅信自己已充分掌握了社會主義社會的基本規律，於是，在他的不可違逆的意志和昂揚的理想主義精神氣質面前，任何形式的政策糾錯機制都無從建立。

列寧說，靠廣大工農的熱情、衝擊和英勇精神，可以解決革命的政治任務和軍事任務，「但這個優點現在已經成為我們的最危險的缺點了。我們總是向後看，以為這同樣可以解

13　到 1949 年中共七屆二中全會召開時，中共黨員組成中，工人成份所佔比重仍極小，以工人黨員最多的東三省為例，在 90 萬產業工人中，黨員只有 16508 人，佔工人的 1.8%，到 1949 年 12 月，農民黨員 340 萬 1 千人，佔黨員比重 75.8%，文盲共 309 萬 6 千人，佔全黨黨員比重的 69%。趙暉：《中國共產黨組織史綱要》，安徽人民出版社，1987，頁 236、243。

決經濟任務。但錯誤也正在這裏，因為情況改變了……不能企圖用昨天的辦法來解決今天的任務。」[14] 1949年革命的勝利既是革命的到達點，也是建設的出發點，但「馬上得天下」並沒有很快轉化成為「下馬治天下」，這是因為對「革命」與「執政」的互動關係認識不清。「革命」一詞在近代中國有完全正面的意義，從孫中山開始，致力於改革中國現實的政治力量都自稱「革命者」或「革命黨」。革命成功後，革命者所面臨的環境和任務都變了，經濟建設為第一要務，為此需要對過去的傳統進行轉換，需要建立起以科層化為表徵的理性化的經濟和社會管理系統，培育具有相容性的公民文化。和平時期的經濟社會管理方式和戰時狀態下組織形式有着巨大的差異，需要有新思路和新方法，科層制雖然存有種種弊端，但至少可保障經濟和社會生活不受空想烏托邦的破壞。空想烏托邦主義的表現形式之一就是決策過程中的隨意性和浪漫主義，在追求理想主義的美好未來時，過去熟悉的記憶和經驗不斷被喚醒和複製，於是，迷信過去的傳統，延續過往的傳統，就成為應對現實和未來的不二法門，如此就很難在治國理念和組織形式上向現代公共管理轉變。歷史的辯證法就是如此，促成成功的因素在新的時空條件下有可能成為障礙性的因素，對此問題認識不清，必然大大增加了從革命向執政轉化的困難。而這種轉化的遲滯一定會給國家的發展和人民的生活帶來消極的影響。

指出和分析這些方面是為了更深入，更全面的觀察革命及其對社會發展所起的作用。

---

14 《列寧全集》，第 33 卷，北京：人民出版社，1965。

四

　　20世紀中國共產革命在歷史上有重大的正面價值，一切基於反抗社會壓迫的革命都是合理的。中國共產革命的出現和興起有着深刻的社會和歷史背景，它具有充分的合理性，因為此前的其他政治力量無法解決近代以來中國嚴重的政治，經濟，社會危機，中國革命就是那些基本矛盾，基本問題的反映。在肯定革命對推動社會改造所起的巨大作用時，同時需要對革命的過程及其結果進行深入的探討，否則無從解釋當代史，尤其是50年代歷史上的一些重大現象。時至今日，有些學者對「革命」及其內部機制作了更具體的分析：

　　1. 社會革命能夠導致建立新的「國家制度」，因為社會革命的基礎很廣泛，有廣大民眾和知識分子的積極參與，它的綱領確實符合近代化的主題：追求國家獨立、社會公正和解放，推動社會各項事業的進步。[15]

　　2. 社會革命也有後遺症的問題。革命要求政治有能力全面進入社會和個人的一切領域，其結果是限制了個人自由和社會自主發展，這就是國家力量無所不在，社會自主性和個人自主性受到限制並最終完全消失，[16] 最後只剩下一個強大到無所不在的國家權力，即列寧說過的所謂「兵營式的社會主義」。

　　鄒讜認為，20世紀中國革命從一開始就包含兩個互相矛盾、衝突的方面：一方面，舊制度的全面崩潰空前地釋放了無數個人的活力和創造力，產生了中國新型的知識精英、社

15　甘陽：〈編者前言〉載鄒讜：《中國革命再闡釋》，香港：牛津大學出版社，2002，頁xi、xii。

16　同注 15。

會精英和自由個人及團體；但另一方面，舊制度的全面崩潰使得中國這些新型知識精英和社會精英恰恰痛感迫切需要儘快達成「國家制度重建」。在20世紀上半葉外來侵略的巨大壓力下，「國家制度重建」的目標以「社會革命」為手段而強有力地達成，但同時卻極大地犧牲了個人自由的目標。[17]

正因為如此，國內外學術界普遍高度評介1978年後鄧小平領導的中國二十多年的改革進程，認為改革的實質就是重新調整國家與社會的關係，政治權力從社會經濟領域逐漸退出，也就是今天我們所講的「大社會、小政府」。從國家主導方面來講，這種進程實際已愈來愈深入，這就是改善領導方式、改善執政方式，用現代公共管理來取代過去的革命動員的方式，也就是從「革命」向「執政」轉變，從「馬上得天下」到「下馬治天下」。

如何評價50年代？這是一個爭議很大的問題：近年來新左派在思想界頗為活躍，他們用以支持其觀點的重要論據就是高度評價50年代毛澤東的社會主義實踐。在新左派的視野內，大躍進、人民公社乃至「文化大革命」皆有其重大的正面價值。[18] 而有些學者認為，改革開放前的中國是一種全控主義的結構和體制。[19] 我認為，似不急於在理論上進行無窮的討論，而應從基本史實研究開始，沉潛於地方和基層，在具體細密的實證研究的基礎上，再來討論理論問題。我認為對

17　同注15。

18　參見韓德強：《50年，30年和20年》載「士伯諮詢網」(http://www.pen123.net.cn/)；崔之元：〈鞍鋼憲法與後福特主義〉，載《讀書》，1996年第3期；高默波：〈書寫歷史：高家村〉，載《讀書》，2001年，第1期。

19　蕭功秦：《與政治浪漫主義告別》，武漢：湖北教育出版社，2001，頁68。

這個歷史階段的研究，應充分考慮國際冷戰格局對中國的影響，從中國的歷史背景和從中國共產革命的歷史背景出發，着眼於考察「新制度與新國家的創立及民眾對此的反映和互動」，在史觀和方法上，是一種開放式的、相容並蓄的史觀和注重多重材料平衡的新實證取向。它兼顧「革命敘事」和「現代化敘事」的合理成份，揚棄「宏大敘述」的教義化的邏輯演繹主義的空泛化，同時避免概念先行、忽視下層的缺失。具體而言，這是一種兼顧「宏觀」與「微觀」的「中觀」視野，道理不言而喻，因為「宏大敘述」經常會遮蔽社會的真貌，而過細的微觀也容易導致兩種偏差：看不到同質社會的一般性；容易陷入「一地、一村、一概念、一理論」和過份的瑣碎。[20]

歷史是否可以重構？有一種觀點認為，歷史是敘述者建構起來的。[21] 還有人認為，有關「反右」、「大躍進」、「文革」的敘述就是佔據話語霸權地位的右翼知識分子杜撰出來的。[22] 但我相信，過往歷史的物質和精神遺存是客觀存在的，不管研究者用何種視角和態度敘述它們，基本的歷史事實是無法改變的。

強調普通民眾的生活經驗與感受對我們認識過往歷史的重要性也許不是多餘的，研究者不僅要重視知識分子的感受和

20　香港中文大學中國研究服務中心熊景明教授在 2001 年 4 月、2003 年 3 月香港中文大學中國研究服務中心有關農村問題研究的午餐討論會的發言。她對社會學研究中普遍存在的過份強調建構理論的現象多次提出坦率的批評。

21　沈松橋：〈我以我血薦軒轅——黃帝神話和晚清的國族建構〉，載《台灣社會研究季刊》，1997 年總第 28 期；張世瑛：〈太原五百完人：一段國共戰爭歷史的想像與塑造〉，載《1949 年：中國的關鍵年代學術討論會論文集》，台北「國史館」2000 年，第 627–633 頁。

22　參見「中國大饑荒檔案網」(http://www.chinafamine.org/「異議論點集錦」)。

經驗，還要注重普羅大眾的生活經驗和感受。我認為研究當代史應該高度重視普通人的敘述，而這個方面是我們的研究者所忽略的。當然對那個時代，不同的人有不同的記憶和感受，也許永遠不會有統一的看法，正是在這種差異中，我們可以觀察到歷史的複雜性，這也是歷史學永恆魅力之所在。費爾巴哈説過：「經常受到世界史浪潮衝擊的，往往是那些最普通的人，而絕不是那些高官顯爵，因為他們高高在上，太顯赫了。」[23] 歷史學是一門關於人的學問，人民的生活，人民的生存狀態，應永遠在我們研究者的關懷的視野之內。也許這樣，我們才可能對過往的歷史，比過去有一個新的角度，有一個更全面的認識，因為他們組成我們社會的最大多數，他們所處的地位、環境更能便我們瞭解到歷史的多重面相。

23　費爾巴哈：《基督教的本質》，轉引自蕭功秦，《知識分子與觀念人》，天津：天津人民出版社，2002，頁 1。

大躍進運動與國家權力的擴張
—— 以江蘇省為例[1]

　　1958年由毛澤東親自發動、席捲全國的大躍進運動，是一場具有空想烏托邦性質的政治運動。今天人們憶及當年的大躍進，馬上會聯想到「高產衛星」、「全民煉鋼」、「公社食堂」等帶有荒誕色彩的景象。然而大躍進並非僅僅是一場烏托邦運動，在大躍進期間，國家權力借着這場運動的推動，以前所未有的規模急速地向社會各個領域擴張。大躍進運動使國家權威得以擴大和強化，不僅深刻地改變了中國社會的面貌，也大大加強了民眾對國家權威的認知。本文即以江蘇省為例，試圖勾勒出江蘇省在大躍進期間國家權力擴張的圖像。

一

　　國家權力，國家控制社會的能力和影響力之謂也。本文所稱的國家權力，特指中華人民共和國成立後，以國家象徵為形式、以黨的權力為主導的黨和政府的權力。1949年中國共產黨成為執政黨後，依據列寧的國家學說和蘇聯的建國模式，並參照中共革命根據地的經驗，創建了一個以黨的領導為核心的新國家體制。在這個新國家的架構內，黨和黨的

1　　原載香港中文大學《二十一世紀》，1998 年 8 月號 總第 48 期。

具體化身毛澤東位居核心地位，圍繞這個核心，有黨領導的政府和軍隊，黨領導的意識形態等系統。隨着這套新國家體制的建立，國家的力量急劇增長，並快速向社會各個方面滲透。

中共重建國家和社會的途徑、方法，與前蘇聯和東歐社會主義國家不盡相同。中國的黨和政府實現其權力的途徑不僅僅是依靠黨和國家的各級機構，中共更習慣於運用政治動員、群眾運動的方式來貫徹黨和國家的路線、方針和政策。在革命戰爭年代，中共運用政治動員、群眾運動奪取革命勝利的模式，此時已成為黨的一個新傳統，並被視為一種可以運用於不同歷史時期，且百試而不爽的成功經驗。建國後，中共領導了土改、鎮反、抗美援朝、三反、五反、肅反、反右等政治運動，這些運動不僅實現了毛澤東的預期目標，而且極大地強化了國家權力。

50年代初，隨着新秩序的鞏固，中共開始重建省一級的黨與政府的機構。1949年春，江蘇境內的國民黨政權被摧毀後，中共並沒有馬上建立省一級的黨委和行政機構。由於蘇北是老解放區，蘇南是新區，兩地的基礎與任務不同，加之南京是原國民黨政權的首都，被認為情況特別複雜，因此中共中央和毛澤東決定分設中共蘇南、蘇北兩個區委和南京市委，另成立蘇北、蘇南行政公署和南京市人民政府。1952年9月，北京決定將原中共蘇南、蘇北兩個區委和南京市委合併，組建江蘇省委；蘇北、蘇南行政區與南京市合併，組建江蘇省。1953年1月1日，省人民委員會正式成立。統一的江蘇省黨和政府機構的建立，為貫徹落實北京的精神提供了有效的保障。江蘇建省後，國家權力在各項政治運動的推

動下，借助於各級黨和政府機構，進一步向城鄉各個領域擴散。

　　在城市：在建國初開展的「城市民主改革」的基礎上，普遍建立了工會、青年團和民主婦聯等組織。1951年在江蘇省各主要城市建立了以宣傳黨和國家方針、政策為主要任務的「宣傳網」和報告員制度，在城市基層建立了居民小組和居民委員會。1951–1952年，江蘇省所有城鎮，以機關、群眾團體、工廠、企業、街道為單位，都成立了治安保衛委員會。為了改變建國初期不少城市中的居民委員會主任多由資本家或知識分子家屬擔任的狀況，1954年，江蘇各城市對居委會進行調整和充實，根據「以勞動人民及其家屬為主，以婦女團體為支柱的原則」，將原資本家家屬等清除出居委會領導崗位[2]。同年，旨在強化國家對基層社會的控制，由街道辦事處、居委會和公安派出所所組成的三位一體的城市綜合治安管理體系建成。至此，國家權力延伸到城市的每一個角落。在新國家的強大政治攻勢下，人民的生活習俗發生了根本轉變。城市居民紛紛自動交出麻將牌、參加讀報組，僅南京市玄武區居民就交出2,600多副麻將牌，有4,500多人參加讀報組，6,500多人參加夜校學習[3]。

　　在50年代中期，國家對城市經濟生活的控制也得到加強。1954年9月1日，南京、無錫、徐州、常州、蘇州、鎮江、常熟、南通、新海連(連雲港)等9個城市開始實行糧食定量供應。為了緩和統購統銷政策實施後出現的糧食短缺的矛

2　　南京市玄武區委黨史辦公室，南京市玄武檔案局編：《中國共產黨南京市玄武區歷史大事記(1949.4–1987.12)》(蘇寧出准字第 0381 號，1992)，頁 38。

3　　同注 2，頁 14。

盾，各級黨和政府把「節約用糧」當作一項經常性的工作予以強調。1954年後，江蘇各城市開展了「愛惜糧食，節約用油」的政治動員，要求城市居民在「道理懂，思想通，全家同意」的基礎上重新制訂糧油計劃。1956年，南京、無錫等6個城市開展了節約糧食運動，使糧食銷售量僅在5、6、7三個月就減少了3萬噸。1956年12月，根據南京市委統一部署，各區委又成立節糧領導小組，僅南京市玄武區就在以人定量的基礎上，每月再節糧15萬斤[4]。

在農村：廢除保甲制，實行村組制，普遍建立起黨的基層組織，把國家的權力全面延伸到鄉村社會。1953年又通過實行「統購統銷」，初步將農民納入國家控制體系。在政治層面，為了體現新國家的階級性質，對農村中的地主、富農分子建立了「定期訓誡會議制度」[5]。經過政治與經濟方面的一系列巨大變動，50年代中期，一個由國家支配的新社會已基本建成，國家已實現了對社會生活絕大部分領域的控制。

在新國家和新社會的環境中，民眾的意識也發生了根本的改變。1954年江蘇省人民廣播電台根據中央人民政府新聞總署關於建立廣播收聽網的決定，在全省272個區建立了收音站，在363個農業生產合作社和201個互助組裏建立了收聽組[6]。經過長期密集性的思想灌輸，城鄉大眾已能充分認識代表國家權力的一系列象徵符號。民眾對黨和政府的權力有

4　南京市玄武區委黨史辦公室，南京市玄武檔案局編：《中國共產黨南京市玄武區歷史大事記(1949.4–1987.12)》(蘇寧出准字第0381號，1992)，頁58。

5　中國科學院江蘇分院歷史研究所：《江蘇十年史(1949–1959)》(草稿)(南京：1959年11月)，頁165。

6　《當代中國的江蘇》編委會、江蘇省檔案局編：《江蘇省大事記(1949–1985)》(南京：江蘇人民出版社，1988)，頁90。

了十分具體生動的感性體會。「毛主席」、「黨委」、「書記」、「人事秘書」、「黨員」、「幹部」、「派出所」等詞語的含義已被群眾內化，並用來指導自己的日常思想和行為。在1958年大躍進運動之前，國家權力主要通過黨和政府的機構來體現，由政府控制的各項運動促進了國家權威向社會基層的擴張，但在全國城鄉仍有個別領域國家權威尚未完全佔領，這種情況在大躍進期間發生了重大轉變。

二

與以往歷次政治運動相比，大躍進是一場規模更大的群眾性運動，這場運動不僅促使國家權威向城鄉全面滲透，而且在社會生活所有領域都建立、鞏固和強化了國家權力。

城市雖是國家權力控制最嚴密的地區，但是在1958年以前，僅南京市就仍有5.3%的工業、5.8%的商業和5%的手工業未實現社會主義化[7]。在各城鎮仍保留有少許的私人修配攤點和私人診所，仍存在私人出租的房屋。城市的寺廟教堂雖然統屬政府宗教事務管理部門領導，寺廟教堂內也成立了民主管理委員會，但是個別廟庵僅有一兩僧人主持，以致無法落實該項制度。

雖然1958年以前江蘇的農村已全部實現社會主義化，但農民尚保留有自留地，各農業社仍可根據本地的情況決定耕種何種農作物。在政治方面，對地富分子的管制還不十分嚴密，在蘇南經濟富庶的農村地區，某些地富分子尚可自由進

7　中共南京市委黨史辦公室編：《春風七年金陵路——1949年至1956年南京黨史專題研究》(南京：東南大學出版社，1990)，頁11。

入茶館議論時事，地富子女在升學和就業方面也未受到特別限制和歧視。綜合各方面資料分析，利用發動大躍進運動佔領國家權力尚未完全控制的領域或許不是毛澤東的意圖，毛發動這場運動的主要目的是為了實現其烏托邦的理想。大幹快上、趕英超美，是毛在大躍進期間思想的主流，但是毛在1958–1959年確有不少強調國家權力方面的論述。在毛的理念世界裏，一個權力無限擴張的國家和一個「六億神州盡舜堯」的社會是有機地重迭在一起的。

根據薄一波回憶，1958年毛在談到國家職能時說，今後「國家職能只是為了對付外部敵人的侵略，對內已經不起作用了」；毛又說：「人民公社是政社合一，那裏將會逐漸沒有政權。」[8] 但是，毛又在不同場合表示他對軍事化管理方式的讚賞。在8月北戴河政治局擴大會議期間，毛強調要把「馬克思與秦始皇結合起來」[9]，並對河北省徐水縣委推行「組織軍事化，行動戰鬥化，生活集體化」表示支持和稱讚[10]。儘管毛澤東未將強化國家控制作為大躍進的重點，但是這場運動使「控制」成為不可逆的趨勢。在大躍進期間，國家意志透過強有力的政治動員和組織措施得以全力貫徹，國家權力在這個過程中急速擴張。

1958年2月12日至15日，中共江蘇省委召開三屆七次擴大會議，這次會議名曰「雙反」（「反浪費、反保守」），實際上是落實毛澤東在年初南寧會議上對「反冒進」的批評，為正

8　參見薄一波：《若干重大歷史決策與事件的回顧》，下卷(北京：中共中央黨校出版社，1993)，頁747。

9　同注8，頁706。

10　同注8，頁739。

式發起大躍進運動製造輿論準備。省委擴大會議之後，在十天之內，江蘇各地紛紛舉行黨代會和三級幹部會議，傳達北京對「反冒進」批評的精神，全省有83,000多名基層幹部集中進行了學習。

在毛澤東一再批評「反冒進」的緊鑼密鼓聲中，全面發動大躍進的中共八大二次會議於1958年5月5日在北京召開。5月8日，中共江蘇省委發出《關於學習和宣傳中共八大二次會議報告和決議的通知》，要求立即在全省範圍內大張旗鼓地開展一個學習和宣傳黨的「鼓足幹勁，力爭上游，多快好省地建設社會主義」總路線的運動。5月23日，中共八大二次會議閉幕，出席會議的江蘇省委第一書記江渭清立即返回南京，馬上部署籌備召開江蘇省委三屆八次擴大會議。這次會議實現了「三大突破」：「一是大破了農業生產不能高速度發展的迷信，肯定了農業可以『一翻再翻』；二是大破了辦工業的神秘觀念，地方工業可以自力更生大發展；三是大破了對科學技術和科學家、技術人員的迷信，地方也可以大辦科學研究和高等教育事業。」[11] 會議結束後，一場大規模的宣傳鼓動大躍進的運動迅速在江淮大地掀起。

江蘇各地各級黨組織立即召開會議，傳達部署落實省委三屆八次會議精神，南京市有20萬人參加宣傳大躍進的活動[12]。所有宣傳員、報告員全部出動，各種宣傳輿論工具積極配合，文藝、歌舞、曲藝、黑板報、壁報、標語、有線廣播、宣傳車、展覽會紛紛上陣。在大躍進運動不同的階段，

11　參見江渭清：《七十年征程──江渭清回憶錄》(南京：江蘇人民出版社，1996)，頁424。

12　南京市檔案館：《南京大事記(1949–1984)》(南京：無出版時間)，頁105。

宣傳的側重點也相應不同：大躍進初期，以鼓動落實《全國農業發展綱要》為中心，繼而宣傳「排山倒海除四害，造福子孫萬萬代」，再宣傳「全民煉鋼」和迅速實現「人民公社化」。在強有力的政治鼓動下，工農商學兵和城市街道居委會全部行動起來，基層細胞高度活躍。江蘇各個城鎮的職工、學生和居民紛紛上街，敲鑼打鼓。4月27日，南京市玄武區舉行「火炬歌唱大遊行」，數萬與會者唱着「東風壓倒西風」等三首指定必唱的歌曲，載歌載舞，表示熱烈擁護社會主義建設總路線。

為了加強對基層運動的領導，江蘇省的黨政部門根據中央的精神對原有的領導機構進行了調整。1958年4月，江蘇省委決定：今後有關全省性的方針、任務、規劃問題，由省委根據中央的指示和決定統一規劃、統一安排，並決定成立工業、農業、政法、黨群、文教五個小組，在省委統一領導下，代表省委處理有關方面的日常工作。依照此例，江蘇各地、市、縣委紛紛對原有機構進行調整。南京市玄武區區委將區機關各部門按工業、財貿、文教、肅反、政法、街道六個系統組織起來，分別成立領導小組，實行所謂「下去一把抓，上來再分家」的新工作方法[13]。此項決定的意義在於，作為組織安排全省經濟生活的各級政府的工作許可權實際上已被黨委完全取代。換言之，原先由黨和政府共同組成的國家權力象徵，今後將主要由黨來體現。

進入1958年後，要求加強黨對工農業和文教科研工作的領導，成為來自北京的不斷重複的聲音。江蘇省委將12名省

13　南京市玄武區委黨史辦公室，南京市玄武檔案局編：《中國共產黨南京市玄武區歷史大事記(1949.4–1987.12)》(蘇寧出准字第0381號，1992)，頁74。

委委員、候補委員和21名省委部長、副部長調往地方。副省長韋永義、周一峰分別調往無錫市委和南通市委任第一書記，原省委組織部部長高嘯平被調往揚州地委任第一書記。4月，南京市委又抽調六百餘名幹部分配到學校工作[14]。向知識分子集中的文教單位「摻沙子」，其實早在反右派運動後就已着手進行。1957年9月下旬，江蘇省委就已從工礦企業抽調了500名幹部派往省內的學校、醫院、報社和其他文化單位。1957年12月，江蘇省委又選調五十餘名領導骨幹，分別到省內各高校擔任黨委書記、副書記和系總支書記等領導職務。

在這期間，根據中央的指示，江蘇省委在黨政機關內部就開展第二批審幹工作作出部署。南京市玄武區對全區工業、手工業、財貿、文教、衛生、公安、中小學教員3,124人進行了審查，經初審發現有33.2%的人需要進一步弄清問題。為此，玄武區委在1958年2月成立了新的審幹辦公室，各系統成立了審幹小組[15]。3月13日，玄武區又成立審幹委員會和肅反領導小組，由區委副書記兼任主任和組長。自然，那些被認為「有問題」或「待查」的幹部是不會被派往基層擔任領導的。大躍進高潮中，從上級機關下放到地方擔任領導職務的幹部，或從工礦企業選調到文教單位的幹部，作為權力和權威的化身而受到基層單位的尊崇，他們的到來使基層單位更生動地體會到國家權力的力量。大躍進期間，國家權力通過大兵團式的興修水利工程和「全民煉鋼」也得到充分的體現和強化。在中國歷史上，較大規模的治水工程多由國家督

14　南京市檔案館：《南京大事記(1949–1984)》，頁115。

15　南京市玄武區委黨史辦公室，南京市玄武檔案局編：《中國共產黨南京市玄武區歷史大事記(1949.4–1987.12)》(蘇寧出准字第0381號，1992)，頁70。

導建造，因為重大的水利工程，只有依靠國家力量調集人力和物力才能完成。江蘇北部是歷史上水患嚴重的地區，中共在建政前，蘇北根據地地方政府在戰爭環境下就曾領導建造過一些中小型水利工程。建國後，蘇北行政公署領導修建了一系列的治水工程，在這一類的活動中，北京的水利部曾派遣過准軍事部隊水利營前往蘇北[16]，但治水的主力是當地的民工。由於民工人數眾多，當局對民工的管理帶有准軍事性質，要求實行較為嚴格的統一勞動、統一作息的制度。

大躍進運動全面展開後，省委要求實現「三年全省水利化」，「在嚴寒刺骨的風雪中，數百萬群眾穿梭般地忙碌來往」[17]，在全省各水利工地奮戰。民工往往每天勞動長達12-15個小時以上[18]。1958年3月，分淮入沂，淮水北調工程開工，這是迄至那時江蘇歷史上最大的水利工程。在准軍事化的管理下，一年共挖掉34億土石方，如果包括農田水利部分，江蘇全年共完成43億土石方，相當於1957年的13倍[19]。以軍事化或半軍事化的管理方式推動生產的突出事例是大煉鋼鐵運動。由於毛已將他的個人聲望與國家威權全寄放於實現「1,070萬噸鋼」的指針上，只許成功、不許失敗，因此大煉鋼鐵就完全成了一種國家行為。在1958年6月間，土法煉

16　參見惠浴宇口述，俞黑子記錄：《朋友人》(南京：江蘇人民出版社，1995)，頁201。

17　中國科學院江蘇分院歷史研究所：《江蘇十年史(1949–1959)》(草稿)(南京：1959年11月)，頁194。

18　《當代中國》叢書編輯委員會：《當代中國的江蘇》，上(北京：中國社會科學出版社，1989)，頁96。

19　中國科學院江蘇分院歷史研究所：《江蘇十年史(1949–1959)》(草稿)(南京：1959年11月)，頁197。

鋼、煉鐵已在南京、蘇州、常州等地出現。6月下旬，南京市玄武區在市委領導下成立了鋼鐵領導小組，各行各業已試辦小高爐。6月29日，南京大學建起第一座小高爐。1958年8月北戴河會議後，江蘇省全面展開「全民煉鋼」。為了保證鋼鐵「元帥」升帳，數百萬工人、農民、幹部、學生、軍人、城市居民日夜奮戰，大搞低溫煉鋼──炒鋼(把廢鋼鐵熔化後拌一下就作為新鋼)。10月以後，南京市玄武區辦了一個以土高爐為主的玄武鋼鐵廠和一座以「洋」高爐為主的高速鋼鐵廠，區委還出版了不定期的《高速報》以指導全區的煉鋼運動，區內迅速形成「男女老少齊上陣，家家戶戶為鐵忙」的局面。剛剛實現公社化的武進縣抽調二萬餘人大煉鋼鐵。徐州專區更抽調30%的農村勞動力用以支持鋼鐵戰線。在任務最緊張的11月，全省農民組成的煉鐵隊伍共達到500萬人。如果沒有國家威權做後盾，在短時期內是不可能讓數百萬農民自帶口糧、不分晝夜地侍候鋼鐵「元帥」升帳的。

如果說全民煉鋼體現的國家權力主要表現為以國家為後盾、動員人民追逐某種具有空想烏托邦的計劃，那麼國家法權機關的大躍進則直接強化了國家權力。大躍進期間，公安部門與其他部門一樣，也展開了大躍進運動。公安部門除了修建小高爐、搞「土法煉鋼」和為群眾做好事以外，更搞實實在在的強化管理和肅反。1958年1月，國務院通過《中華人民共和國戶口登記條例》，明確規定由公安部門主管全國公民的戶口登記工作。此條例的正式頒佈，標誌着建國後的戶口管理制度正式完成。江蘇省各級公安部門將加強戶口管理列為大躍進的重要內容，迅速在全省範圍內重新檢查、審核住戶戶口，使全省居民個個皆有戶可查。公安部門還強化

了各單位、機關、企事業單位和農林基層單位的治安保衛系統，基本達到了「無一死角」。

在熱火朝天的大躍進形勢下，北京對公安工作發出新的指示，要求把全國「每一個角落都打掃一下」[20]，其具體方法就是有計劃、有步驟地進一步展開內部肅反和社會鎮反運動[21]。在1955–1957年，全國進行了機關、企事業單位、工廠的三次肅反運動，大躍進運動展開後，遵照北京的指示，江蘇省又在全省公私合營工礦企業、手工業合作社等其他基層單位共141萬人口中進行第四次肅反。「這一次肅反任務比第一，二、三批的總和要大一倍以上」，可謂任務繁重。但是，經過批判「肅反只能慢慢搞」的右傾保守思想，「促進了肅反運動的大躍進」。在這次肅反期間，全省共收到檢舉材料四十餘萬件，對地富反壞分子普遍地開展了一次審查評議工作。1958年3月，江蘇省在鎮江、常州召開了各地、市、縣的肅反現場會議[22]。6月下旬，南京大學進行「肅反補課」。在大躍進的形勢下，第四次肅反進展尤其順利，江蘇全省「搜出各種反動證件三萬一千餘件」，給一些「翹尾巴」的地富反壞分子重新戴上帽子。在強大的國家威權的震懾下，全省有25,000名「反、壞分子」投案自首，或補充交代了問題。到了1958年11月，又在大躍進新建、擴建單位共77萬人中繼續開展肅反運動，直到1959年第三季度才結束。經過這次肅反運動，實現了「三見底」：「反革命組織見底，外來人口、

20　中國科學院江蘇分院歷史研究所：《江蘇十年史(1949–1959)》(草稿)，頁167。

21　同注20，頁166。

22　同注20，頁167。

長期外出回歸人員政治情況見底，現行破壞事故見底。」[23] 大
躍進期間，作為國家權力重要組成部分的公安力量，其地位
得到明顯的突出。1959年，為了加強對城市基層的進一步領
導，南京市各公安派出所支部與街道支部合併為街道黨委，
多數黨委書記由原派出所長擔任，公安部門與所轄地段的所
有單位建立了經常的工作聯繫，對城市社會的控制已全面滲
入到每一個角落。

三

　　在大躍進期間鋪天蓋地的宣傳攻勢下，群眾已普遍對國
家權力的象徵符號加深了認識，人人知道大躍進的含義，人
人知道議論、懷疑大躍進將會犯不可饒恕的錯誤。江蘇的大
躍進與全國其他省份一樣，都是以大批判開道，以反各種右
傾保守思想為推動力。1958年3月，根據北京的精神，江蘇省
開展了「反右傾、反保守」的「雙反運動」。大躍進運動全
面興起後，又通過所謂「鳴放辯論」，着重打擊對大躍進的
浮誇目標抱懷疑態度的「觀潮派」、「算賬派」。在這種辯
論中，上級部門選擇事實上和假想中的對立面，動員群眾以
大字報、鬥爭會的形式，理直氣壯、大張旗鼓地宣揚大躍進
的各種具有空想色彩的目標和計劃。進入6月以後，江蘇省的
大批判已開展得如火如荼，各行各業都有自己的批判靶子。
在工業部門，針對不少幹部群眾對打破生產管理秩序、違反
操作計劃的擔心和憂慮，大批「唯條件論」、「科學技術神
秘論」和所謂「先進不可超越論」。「全民煉鋼」運動掀起

23　同注 20，頁 167–168。

後，批判對象又增加一個所謂「爐前搖頭派」。

在農業領域，大躍進的「敵人」則是對密植持異議的所謂「稀植論」和「密植減產論」。江蘇省以常熟縣為推廣密植的試點地區，繼而在全省農村推開密植運動，「有的縣組織15萬人的大兵團突擊深翻」[24]。在一浪高過一浪的增產聲浪中，江蘇省又在全省三萬多個農業合作社展開一場早已定論的所謂「三麥要不要趕水稻，能不能趕水稻」的社會主義大辯論，在這場自問自答式的大辯論的推動下，全省開展了一場「踢翻老曆本」、培植三麥的突擊運動。常熟縣23個鄉黨委向全省各兄弟鄉發出倡議書，提出要大力批判「懷疑成倍翻番論」，實現「三麥趕水稻，水稻翻一番」的計劃。1958年7月下旬，江蘇省委召開各地市縣委書記會議，「號召繼續立大志，鼓大勁」。會後，組成萬人檢查團分赴各地檢查躍進指標落實情況。檢查團所到之處，「滿山遍野紅旗招展，五級幹部將近百萬人會師田頭」[25]。然而，在「一天等於二十年」的大躍進年代，產量翻一番很快就成為「右傾保守」的代名詞了。公社化運動興起後，江蘇在全國一片高產衛星紛紛上天的壓力下，不久也放出了自己的畝產2萬斤的大衛星。到了畝產幾萬斤的大衛星紛紛上天之際，各種大批判已欲罷不能，再也無法降溫。

在大躍進年代中，江蘇文教單位的大批判也虎虎有生氣，與其他戰線相比毫不遜色。儘管各高校也普遍修建了小高爐，並動員廣大師生在高爐工地日夜奮戰，但高校畢竟

24　《當代中國》叢書編輯委員會：《當代中國的江蘇》，上，頁95。

25　中國科學院江蘇分院歷史研究所：《江蘇十年史(1949–1959)》(草稿)，頁202–203。

不是生產單位，因此，高校的大躍進依然是以思想改造、思想批判為中心。高校的大躍進早由北京制訂了明確的方針，這就是「教育為無產階級政治服務，教育與生產勞動相結合」——具體落實的方法則是「拔白旗，樹紅旗」。「白旗」者——名教授、名學者和每個知識分子都具有的「輕視勞動，自私自利」的個人主義壞思想和壞作風。江蘇各高校師生不僅紛紛檢查自己的個人主義壞思想，還輕裝上陣，向被學校領導挑選出的「白旗」展開批判鬥爭。為了表示革命師生已具有全局性的「拔白旗」的雄心壯志，一些大學還主動參與批判全國性的「白旗」。1958年，尚鉞教授(著名馬克思主義歷史學家，金日成青年時代的馬列主義啟蒙老師)被認定犯了反馬克思主義的嚴重錯誤，南京某著名大學歷史系的教師們主動請戰，在很短的時間裏就編寫了一本批判尚鉞修正主義史學觀點的論集。

「拔白旗」是為了給「插紅旗」開道，高校的「插紅旗」就是大搞「教育革命」、批判「參加勞動是浪費人力論」和「教材神秘論」。1958年上半年，江蘇各高校學生平均每人勞動達300個小時左右。一些院校的中文和歷史系還取消了「訓詁學」、「中國歷史文選」等課程。為了趕上全國教育革命的新形勢，革命師生打破框框，自編教材和講義。新編教材往往一兩個月就能大功告成。隨着一本本速成教材的問世，被拔的「白旗」——教授、學者們那些所剩無幾的學術自信心也就徹底蕩然無存了。儘管知識分子已表現出對大躍進的強烈激情，但國家似乎不太相信他們的那份激情，於是又有1958年在全國知識界和民主黨派人士中普遍展開的「交心」運動。江蘇省及南京市各民主黨派成員兩千多人，

分別於3月9日和4月1日先後兩次舉行了社會主義大躍進誓師大會，表示堅決接受黨的領導，加速組織和個人的改造[26]。3月25日，南京大學的民主黨派、無黨派教師以及南京林學院全體教師聯合舉行改造促進大會，他們抬着「大紅心」的標誌上街遊行[27]。4月4日，南京市各高校師生與科研機關的民主人士共三千餘人，高舉「把心交給黨」、「把知識交給人民」的旗幟在南京市舉行大遊行。遊行後，又舉行了社會主義自我改造促進大會。4月21日，南京市工商界三千多人召開大會，宣佈「立即開展向黨交心運動」，民建中央主席黃炎培親臨會場予以支持[28]。4月22日，南京市工商界和民主黨派提出向黨「交心」要「快、透、深、真」的口號，表示要把「接受黨的領導和走社會主義道路的三心二意，躍進到一心一意」。江蘇省宗教界人士也開展了「交心」運動，天主教界通過「自選」、「自聖」主教，「使全省天主教出現了一個新的局面」[29]。在「交心」運動中，全省11個城市民主黨派和工商界人士4，106人，共交心47萬條。據當時的記載稱，這次交心「大量暴露了他們長期隱瞞的腐朽思想和反動行為」[30]。對於工商界和民主人士的「交心」，組織上規定的原則是「自梳自理，求醫會診」。先讓他們對照要求、自我批判，然後引導他們懇請黨員和領導對他們的「壞思想」有

26　南京市檔案館：《南京大事記(1949–1984)》，頁 102。

27　中國科學院江蘇分院歷史研究所：《江蘇十年史(1949–1959)》(草稿)，頁 179。

28　南京市檔案館：《南京大事記(1949–1984)》，頁 104。

29　《當代中國》叢書編輯委員會：《當代中國的江蘇》，上，頁 315。

30　中國科學院江蘇分院歷史研究所：《江蘇十年史(1949–1959)》(草稿)，頁 179。

針對性地進行批評，並鼓勵他們打破庸俗的情面觀，「比先進，比幹勁」，互相展開批評和思想鬥爭，以使「交心」落在實處，防止「交心」走過場。

根據毛澤東的一貫主張，凡展開政治批判鬥爭皆需有一個對立面，批判各種右傾思想不能僅滿足於思想教育，還需揭露出右傾思想的代表人物，這樣就可以使鬥爭有了目標，並且推動各項中心任務的實現。1958年8月，中共江蘇省委召開三屆八次擴大會議，這次會議的議題之一就是批判省委委員、南京工學院院長汪海粟(自1952年院系調整後即任南京工學院院長)和省委委員、省高級人民法院院長劉少儻(自1955年以來任此職)在整風反右鬥爭中的「錯誤」。1959年廬山會議後，江蘇各地又有一批領導幹部約兩百多人被定為「右傾機會主義分子」，給予撤銷職務的處分。另有2,500餘名幹部被公開點名和「會診」、「擦背」[31]，基層的幹部與群眾被衝擊的人數則更多。1961年10月後，江蘇省為從1958–1960年受到錯誤批判處分的生產隊長以上的幹部黨員進行了甄別。至1962年底，共甄別、平反21萬餘人，約佔受批判、處分幹部黨員總數的98%。另外，還全部平反或部分平反了受批判、處分的群眾22.9萬多人[32]。在大躍進的高潮中，對為數眾多的各級領導幹部進行公開批判和懲罰，只會進一步加強民眾對國家威權的認識和對大躍進的支持。

在火熱的大躍進的形勢下，領導機關「有破有立」，在批判和處理了有問題人員後，各級組織大量吸收公社化運動

31　中共組織史資料江蘇省編撰組編：《中共江蘇省組織發展史綱要》(南京：南京出版社，1993)，頁 167；另參見注 2，頁 117。

32　參見《中共江蘇省組織發展史綱要》(南京：南京出版社，1993)，頁 168。

中的積極分子入黨。自1958年9月以來，全省農村在4個月內就吸收了2.51萬名新黨員[33]。現實的經驗對廣大幹部和群眾是最好的教育。人們已從生活中學會如何保護自己，在大躍進的弊害已公開顯現後，由於「一手右傾帽，一手高指標」，使得絕大多數幹部和群眾都不敢言——人們似乎普遍患上了「失語症」。領導幹部也深知大躍進符號的巨大威力，許多人都口唱讚歌，生怕稍有不慎就會跌入「右傾機會主義」的深淵。在大躍進期間，廣大幹部和群眾對新符號認識的水平迅速提高——諸如「黨委決定一切」、「正確掌握九個指頭和一個指頭的關係」、「保衛總路線」、「保衛三面紅旗」已化為人們的常識，並迅速調整自己與這些新符號的關係。

在那個時代，國家威權與語言禁忌互為依靠、相互支撐。當大量農民因饑餓紛紛死亡時，在內部報告中，只是冠之以「非正常死亡」。1960年後大饑荒蔓延全國，北京號召「低標準，瓜菜代」，開發「糧食代用品」。江蘇隨後就開發出「人造肉精」和「食用小球藻」等一批「糧食代用品」，並在城鄉普遍推廣以節約用糧為目的的「新式蒸飯法」(用較多的水放在較少的米中，使米膨脹，反復蒸煮，達到有較多米飯的視覺效果)。由於有強大的國家力量作後盾，儘管大躍進造成空前的經濟危機，但國家權力不僅沒有受到削弱，反而利用大躍進得到擴張。在城市，黨的領導進一步被強化，文教更加政治化，寺觀教堂數量減少，私人出租房屋已被實行社會主義改造，戶口制已經全面鞏固，公安治保系統警惕地注視着社會的每一個角落，「四類分子」(地、富、反、壞)定

33　《當代中國的江蘇》編委會、江蘇省檔案局編：《江蘇省大事記(1949–1985)》，頁 168。

期向派出所彙報改造情況已成為一項被固定下來的制度。

　　1960年，大躍進再現高潮，儘管這時的城市人民生活已非常困難，但並未影響以國家權力為動力的各種政治運動的推行。自1959年下半年始，江蘇省城鎮糧食供應已日趨緊張，根據省委指示，為「減少糧食浪費，緩和供應矛盾」，全省各級政府設立糧食辦公室，對城鎮戶口糧食供應計劃進行全面檢查，南京市玄武區政府歷兩個月完成檢查任務，全區共減少月供應計劃41,920斤[34]。1960年4月中旬至5月上旬，城市人民公社化在糧食一片緊張的情況下形成高潮。江蘇各主要城市區一級政府紛紛掛牌宣佈成立區一級人民公社。與此同時，江蘇各城市又掀起大辦公共食堂的運動。至4月下旬，僅南京市玄武區就辦起各類食堂454個，平均每個居委會有兩三個大中型食堂、四五個院落食堂，搭夥人數達52,927人，佔應搭夥人數的72% (1961年7月玄武區的人口是242,542人)[35]。據當時的報導，城市居民熱烈擁護公共食堂這個新生事物，稱讚在食堂就餐方便了工作和生活。就在實現城市人民公社化和「節糧」呼聲一浪高過一浪的形勢下，1960年下半年為緩解城市糧食壓力，江蘇遵照北京指示開始動員城市人口下放農村落戶，並以大躍進後進入城市的「新工人」為重點。這項工作進展十分順利，南京市委要求動員10萬人下放，玄武區至10月底共動員11,898人上山下鄉，為市下達計劃的99.2%[36]，1961–1962年又動員了4,672人回到農業生產戰

<hr />

34　南京市玄武區委黨史辦公室，南京市玄武檔案局編：《中國共產黨南京市玄武區歷史大事記(1949.4–1987.12)》(蘇寧出准字第 0381 號，1992)，頁82。

35　同注 34，頁 92。

36　同注 34，頁 96。

線[37]。至1962年6月，南京市減少城鎮人口49,800多人[38]。同期，全省壓縮城鎮人口46萬[39]。下放人員胸戴大紅花，在敲鑼打鼓聲中被送往饑餓的農村。隨着經濟形勢日益惡化，1961年7月，江蘇省各城市再次壓縮城鎮人口糧食供應，僅南京市玄武區8月份銷糧就比7月份減少供應糧20萬斤，人均供應由27.11斤/月下降為26.33斤/月，全年少銷糧71.9萬斤。[40]

江蘇在大躍進期間創辦的71所大專院校，到了60年代初已難以為繼。1962年初，江蘇省對高校規模進行調整，僅保留26所高校[41]；中等專業學校從281所壓縮到37所[42]。失學青年或被動員下鄉，或被安排在城市的小型單位就業。在強大的國家威權下，失學青年都冷靜地接受了現實。大災荒下的江蘇農村也十分平靜。在實行嚴格政社合一的人民公社制度下，國家通過階級鬥爭不斷調整農村的社會關係，對地富分子的管制更加嚴格，階級出身問題開始被反復突出強調。1960年2月，遵照北京的指示，江蘇省委發出通知，決定在農村開展社會主義教育運動，進行社會主義與資本主義兩條道路的思想鬥爭。1961年11月13日，北京又發出在農村進行社會主義教育的指示。在1959年冬至1960年春，江蘇的興化、寶應、高郵、高淳、宜興等縣雖然相繼發生因缺糧而導

37　同注34，頁115。

38　南京市檔案館：《南京大事記(1949–1984)》，頁145。

39　《當代中國》叢書編輯委員會：《當代中國的江蘇》，上，頁106。

40　南京市玄武區委黨史辦公室，南京市玄武檔案局編：《中國共產黨南京市玄武區歷史大事記(1949.4–1987.12)》(蘇寧出准字第0381號，1992)，頁108。

41　《當代中國的江蘇》編委會、江蘇省檔案局編：《江蘇省大事記(1949–1985)》，頁193。

42　《當代中國的江蘇》，下(北京：中國社會科學出版社，1989)，頁22。

致的嚴重死亡事件(僅寶應縣就死亡35,391人,佔農村人口的6.2%[43],該縣因死亡、病亡、外流而喪失的勞動力就約佔農村總勞力的30%)[44],但由於江蘇省領導機關採取了救災緊急措施,農村情況迅速得到緩和。

在大躍進的大背景下,江蘇省在當時施行的各項活動和措施,只是奉命辦事。與其他省相比,江蘇只屬中等狀態,並無自己的「發明創造」,中共華東局第一書記柯慶施甚至稱「江渭清思想右」、「江蘇省委右」[45]。對北京的指示,江蘇省雖照辦不誤,但又留有餘地。江蘇沒有興辦如甘肅引洮工程那樣耗資巨大、害民傷財且毫無功效的超級水利工程,也沒有像河南、山東、安徽、廣東、甘肅、青海等省那樣,揪出省級主要領導幹部作為批判「右傾機會主義」的靶子。江蘇省放的各種「衛星」比較少、也比較小,因此在三年特大經濟困難期間,江蘇省的「非正常死亡」的數目也遠較其他省份少。江蘇省國家權力在大躍進期間的擴張只是全國類似情況的一個縮影。

大躍進雖為一場烏托邦運動,但在落實、鞏固、強化國家權力方面卻絲毫沒有浪漫主義色彩。毛澤東的空想烏托邦雖未能實現,但全國已成為一座大兵營。1960年下半年後,大躍進的狂熱已逐漸降溫,然而政治運動的快車並未減緩速度。1960年5月,新一輪「三反」運動(反貪污、反浪費、反官僚主義)又在江蘇各地掀起……在毛澤東一手創建的兵營式社

43　參見江渭清:《七十年征程——江渭清回憶錄》,頁448。

44　《當代中國的江蘇》編委會、江蘇省檔案局編:《江蘇省大事記(1949–1985)》,頁194。

45　參見江渭清:《七十年征程——江渭清回憶錄》,頁470。

會主義體制下，國家力量籠罩一切，社會已經消失得無影無蹤。只是到了20年後，鄧小平領導改革開放，中國才出現劃時代的轉變，社會逐漸掙脫國家的控制，開始成長發育，才有了另一種意義上的國家與社會。

北京政爭與地方
—— 釋讀《江渭清回憶錄》[1]

　　最近，曾在50–60年代長期擔任中共江蘇省委第一書記的江渭清出版了《七十年征程——江渭清回憶錄》一書，該書約一半篇幅敍述作者在1949年後的經歷。其中有關反右運動、1959年反右傾運動和文革前夕他捲入毛澤東與劉少奇爭執的相關敍述，是最有價值的部分，為研究者探討這些重大事件、研究50–60年代北京與地方的關係提供了重要資料。

一

　　50–60年代，華東地區的幾個省委第一書記在全國一直比較活躍，江渭清是知名度較高的一個。對於省一級「第一把手」的任用，在毛澤東的「領導學」中始終佔據中心地位。毛依據對幹部個人歷史和政治忠誠的觀察和瞭解，特別是他本人與幹部接觸的經歷，來決定他對幹部的取捨和任用。由於華東地區在全國處於最重要的地位，毛澤東對於華東地區大員的任用，相比於其他地區顯得更為重視。

　　毛澤東與華東地區的幾位省委第一書記早在紅軍時期均已相識，與主政浙江的江華等相比，江渭清雖與毛澤東淵源較淺，但是江與毛的老部下譚震林關係密切。譚震林與毛澤東

1　原載香港中文大學《二十一世紀》1998 年 4 月號 總第 46 期。

有極深的歷史淵源，數十年深受毛的信任。1952–1954年，譚震林實際主持中共中央華東局的日常工作，是華東地區最具影響力的領導人，江渭清作為譚震林的部屬，也相應得到毛澤東的信任和重用。1953年江蘇建省，次年江渭清就成了江蘇第一號人物，一直到1966年。

50年代初、中期，中共黨內除了發生「高饒事件」外，總的情況相對平靜，中央與地方關係的模式已基本形成，毛澤東等以各種文件、電報、批示具體指導地方工作，地方則以相應的文件、電報向北京請示、彙報。中央領導人還通過對各地方的視察，對地方工作加以監督和檢查。

毛澤東一向偏愛華東，50–60年代幾乎每年都來江浙。在毛澤東視察江蘇期間，江渭清與毛接觸頻繁，得到毛的賞識。江渭清主政江蘇，一向以穩健為原則，然而做事謹慎的他，在1957年的反右運動中卻差一點栽了下來。

1957年7月上旬，毛澤東不辭酷暑，來到以「火爐」聞名的南京，親自為抓右派找部分省、市委第一書記談話。在這次談話中，毛澤東雷霆震怒，對江渭清不在省委常委內部抓右派大發怒火，據江渭清回憶[2]：

> 毛主席問：「你們江蘇省委書記、常委裏頭，有沒有右派？為什麼不反？」我回答說：「主席啊！哪個人沒有幾句錯話呢？您老人家說的嘛，十句話有九句講對，就打90分；八句話講對，就打80分⋯⋯」毛主席大概沒料到我會這樣回答，頓時生氣起來。他拍着沙發邊的茶几，說：「你到底反不反右派！」

2　參見江渭清：《七十年征程——江渭清回憶錄》(南京：江蘇人民出版社，1996)，頁415。下文中凡因自該書處，皆略去引文注釋。

江渭清以當事人身份的這段描述，將毛澤東當年的神態生動地呈現在今天的世人面前，這是迄今為止，極少的近距離反映毛澤東在反右期間行為的珍貴文字。

　　毛澤東為何以「一黨之尊」和「一國之尊」的身份，直接干預一個省委內部的反右派運動？毛判斷江蘇省委常委內部有右派的依據是什麼？江渭清在他的回憶中均無交代，也沒有提供任何有關地方幹部給毛「打小報告」的線索。毛澤東的判斷究竟是源於某種理論推論，還是起於一時的興之所至，從江蘇的事例看，似乎兩者兼而有之。

　　1957年夏，就在毛澤東赴南方推動反右運動之際，北京已開始大抓黨內右派，但是在中央與國家機關的黨內正、副部級的實職高幹中，尚沒有大抓右派。這或許使毛澤東有所不滿，希望從地方領導幹部中抓一批右派，以證實自己「黨內外右派配合向黨進攻」的論斷。然而，江渭清的圓熟幫助他避開了毛澤東的進攻。據《江渭清回憶錄》記載，當時他是這樣應對毛澤東的：

　　　「要反右可以，請您老人家下令把我調開，另外派人來。因為是我先『右』嘛！您先撤了我，讓別人來反」。
　　　聽我這麼表態，毛主席倒消了氣，說：「那好嘛，你就不要反嘛！」他還帶着幽默的口吻說：「渭清啊！你是捨得一身剮，敢把皇帝拉下馬。」我回答說：「主席啊！我是捨得一身剮，要為您老人家護駕。」

　　上述的一問一答，頗真實地反映了50年代毛澤東的精神面貌。經常有意無意以「皇帝」自居的毛澤東，在特殊情況

下，也有納諫的「雅量」，但是，關鍵要看是誰進諫、進諫的態度和涉及的問題。江渭清態度恭敬，雖有口角頂撞，然而其私心只是為了保護部屬，毛對江渭清向有好感，知他絕非蓄意抗上，也就順水推舟，不再當場抓住他不放了。然而，毛的「大度」並不表明他可容忍對自己權威的任何冒犯。在主持召開了全面部署反右派的青島會議後，毛澤東派出了反右欽差大臣彭真和康生[3]，分別坐鎮南京和蘇州，具體指導江蘇的反右運動(康生指導江蘇反右運動一事，在《江渭清回憶錄》中被略去)。

彭真與康生各自負有不同的任務，彭真的使命是督導在江蘇省委內部抓右派，康生則是負責在江蘇文藝界抓右派，對於這兩位直接由毛澤東派出的中央大員，江渭清的反應也相應不同。

彭真在中共八大以後地位上升，其實際權責近似黨的副總書記。彭真在來寧前，毛澤東曾當面交代說：江渭清「右」，但是毛又要彭真個別向江渭清打招呼，表明他並非有拿下江渭清之意。

江渭清極為聰明，他請求彭真在江蘇省委常委會上講話，傳達毛澤東對自己的批評。彭真當着在座的常委不好明說，只是含混問道：「江蘇為什麼不打右派？江蘇有沒有右派？」面對彭真的指問，江渭清回答：「有右派啊！不過我還沒有發現。」

江蘇省委內部的反右運動，最後以批評幾個廳級領導幹部的「右傾」而最終「過關」。在反右運動中，江蘇省委常委

3　參見惠浴宇口述，余黑子記錄：《朋友人》(南京：江蘇人民出版社，1995)，頁 220。

和各地市縣主要領導中沒有抓一個右派，這全依仗江渭清的保護，這也說明，即使在黨內高壓氣氛濃厚的年月裏，省一級地方領導人在執行北京政策的過程中，仍有一定的彈性活動空間。對這個活動空間寬嚴尺度的掌握，往往取決於「第一把手」的個人意願和態度。與江蘇情況形成對照的是，由江華任第一書記的浙江省，把省長沙文漢和其妻陳修良(時任浙江省委宣傳部長)雙雙打成右派；由曾希聖任第一書記的安徽省，把省委書記處書記李世農也打成了右派。

需要特別指出的是，江渭清當年所要保護的僅是黨內各級領導幹部，知識分子和一般幹部則不屬這個範圍。康生坐鎮蘇州查辦右派所獲的「戰果」是「揪出」了一個名曰「探求者」的「右派集團」。「探求者」是由一些江蘇青年作家在1957年春自發組成的文學社團，僅存在18天。據長期擔任江蘇省省長的惠浴宇回憶，當時江蘇省委曾召開常委會專門研究對這批人的處理問題，儘管所有的常委「沒有一個不想保他們的」，省委宣傳部長俞名璜甚至「說着說着，眼淚汪汪」，但是最終「還是沒有保得住」[4]，這批青年作家全部被打成右派。《江渭清回憶錄》稱，江蘇省一共打了13,349名右派，佔全國右派總數的2.4%，屬於全國打右派比較低的，若從江蘇人口看，比例更低。事隔四十年後，江渭清對此承擔了自己的責任，他為此「一直內疚在心」。

毛澤東在反右運動中開啟了對地方工作直接干預的閘門，毛的干預的無序性和強制性，逐漸成為北京與地方關係中的顯著特徵，使得地方領導人對北京的依賴進一步加強，地方領導人與北京的關係更趨複雜。

4　同注3，頁220–221。

二

　　毛澤東對江蘇的又一次直接干預發生在1959年廬山會議
之後，這一次毛看準了江蘇省委書記處書記劉順元，認定他
是一個「老右傾」。

　　劉順元何許人也？他是80年代中共中央紀律檢查委員會
書記，大革命時期入黨的老黨員。然而，劉順元在黨內的命
運卻坎坷多舛。1945年秋，八路軍出兵東北，劉順元擔任
中共旅大黨委領導期間，因不滿蘇軍擾民曾提出異議，被蘇
佔領軍指名要求調離。彼時中共倚重蘇聯，劉曾因此受黨紀
處分。1953年，劉順元調入江蘇，任分管農業的書記，並
曾擔任過江蘇省委常務書記。大躍進、人民公社化運動興起
後，劉順元對浮誇風多有尖銳抨擊，他曾公開批評時下盡多
「三六九幹部」和「風馬牛」幹部。「三六九」者，指嘴上
高唱「三面紅旗」、「六億人民」、「九個指頭」(即成績為
九個指頭，缺點為一個指頭，此為毛澤東所創的名言)；「風
馬牛」者，指順風轉舵、溜鬚拍馬也。劉順元這番切中時弊
的「名言」不脛而走，竟傳到毛澤東那裏。毛在打倒彭、
黃、張、周後，一不做，二不休，正待將所有敢於表示異議
的幹部一網收盡，於是，劉順元成了撞上槍口的靶子。

　　1959年10月後，江渭清與省長惠浴宇接到中共華東局第
一書記柯慶施傳來毛澤東的指示，其意是江蘇還有一個「老
右傾」劉順元。究竟如何處理欽定的「老右傾」劉順元[5]，現
在真正成為江渭清最棘手的難題。

　　中共黨內在1949年後，毛的指示對於全黨是絕對律令，

5　　同注3，頁214。

凡被毛欽定為「壞人」的幹部，在經過一定的組織程序後，重則削籍入獄，輕則貶謫基層，除此之外，似乎再難有什麼其他的結局。反右傾運動期間，安徽省委書記處書記張愷帆就因解散了一批農村公社食堂，引致毛震怒，而被當地領導人打成「反革命」投入監獄[6]。

考驗江渭清與惠浴宇道德良知的關鍵時刻已經到來。據惠浴宇回憶(在《江渭清回憶錄》中對下述細節略去)，為了商討如何應對來自毛澤東的直接壓力，江渭清與惠浴宇相約，在南京市郊的高級招待所中山陵五號的草坪上，「搬兩把籐椅，避開閒人，從早晨直談到暮色蒼茫」。在「全黨上下噤若寒蟬」(惠浴宇語)的大氣候下，江蘇省兩位主要領導的意見完全一致：向柯慶施求援，全力保護劉順元[7]。經過江渭清的力保，柯慶施默認了江渭清的要求。此時已是1960年後，大災荒已成為明擺的現實，毛澤東似乎已無興致再抓「右傾分子」，劉順元一事也就不了了之了。

江渭清在50年代後期兩次為了保護部屬頂住來自於毛澤東的巨大壓力，事後仍然做他的省委第一書記，除了毛澤東對他一直保有基本信任外，還在於江渭清在重大政治問題上始終嚴格遵循北京的路線。1959年廬山會議後，江蘇省有個別地區自發實行包產到戶，江渭清一發現，便立即予以禁止。1959年10月13日，中共中央曾向全黨批轉江蘇省委《關於立即糾正把全部農活包到戶和包產到戶的通知》(《江渭清回憶錄》對此略去不提)。故而，即使江渭清少抓一些右派、右傾分子，也不成其為問題。

6　　同注3，頁214。

7　　同注3，頁215。

江渭清作為一個深諳中共政治生態學的地方大員，在毛時代的政治驚濤駭浪中，逐漸練就一套生存之道。1961–1962年上半年，當「包產到戶」之風從江蘇鄰省安徽刮起後，江渭清按兵不動。1962年夏，安徽省在李葆華主持下，甄別了一批1957年的右派，江渭清還是觀望。當毛澤東於1962年8月在北戴河發起反擊時，很有資格充當「堅持社會主義道路」左派角色的江渭清，卻無意去搶那頂「左派」桂冠。江渭清這種穩健、謹慎的從政性格，使他在1964–1965年新一波的政治風浪中再次站穩了腳跟。

三

　　隨着「三年自然災害」將近尾聲，中共的政治生態環境也靜悄悄地發生變化，這就是在「毛主席」之外，「劉主席」愈來愈多地出現在黨和國家的政治場合，劉少奇作為毛澤東接班人的地位已完全明確。

　　劉少奇主持中央日常工作，在對地方的指導方式上，與毛澤東有某種差別，劉少奇對地方工作一般不採取直接干預的方式。但是，隨着劉少奇在黨內影響的擴大，情況也逐漸發生變化。1964年，劉少奇為指導「四清」運動，給江渭清寫了一封信，這封信具有某種直接干預的性質，導致了極其複雜的結果，使得江渭清被捲入1964–1965年毛澤東與劉少奇爭執的旋渦中。

　　在50–60年代初，江渭清與劉少奇僅維持着一般的上下級工作關係，依照中共歷史上的「山頭」譜系，江渭清不屬於劉少奇的系統。40年代初期，劉少奇被毛澤東派往華中任中

共華中局書記和新四軍政委，江渭清雖是劉少奇的屬下，但是，江渭清在歷史上與劉少奇沒有淵源，江渭清的直接上級是他可以親切呼之為「譚老闆」的譚震林。

考之中共歷史，凡是位居中共核心層的領導人，其權威來源不外兩端：一是有賴於在黨的歷史上形成的地位，二是在工作中所取得的實績。劉少奇作為中共第二號人物，其在黨內的地位，早在中共七大就已得到正式確認；劉少奇領導白區黨的貢獻，也在《關於若干歷史問題的決議》中得到全面肯定。然而，中共七大由劉少奇參與建立的體制是領袖主宰制，在這種體制下，毛澤東與黨內同僚的關係具有雙重性質。毛與劉少奇、周恩來等人既是同事關係，毛也是其同僚們的領袖。中華人民共和國成立後，毛澤東與他的黨內高級同僚的關係，逐步從雙重性質過渡到單一性質。毛漸漸不再是領導集體中的成員之一，而是自然而然地成為劉少奇等人的領袖。歷史上因共同對付黨內留蘇派和所謂「經驗主義者」，毛、劉曾有過的親密合作關係，使得劉少奇比其他領導人多一份「特權」，即只有劉少奇可以個別向毛澤東表達和轉述對某些敏感問題的不同看法。但是，這僅是「習慣法」，而非「成文法」。它完全取決於劉少奇有無表達和轉述的意願，以及毛澤東有無傾聽的興致。因此，劉少奇雖位居中共領導人排行榜的第二位，但與排行第三的周恩來仍同處一個地位，劉少奇雖距毛澤東僅一步之遙，但兩人的地位、權力、權威則有天壤之別。

劉少奇得以身居中共第二號人物的地位，在很大程度上取決於他在清除黨內留蘇派的鬥爭中，以及在確立毛澤東在中共黨內領袖地位的過程中，曾給予毛巨大支持。作為對劉

少奇支持和合作的「回報」，毛澤東一度授予劉少奇領導黨的組織系統的權力。1944年，劉少奇的老部下彭真接替陳雲任中央組織部部長，次年，原北方局幹部安子文被調入中組部主持日常工作[8]。然而，中共幹部來自四面八方，黨內歷史上「山頭」林立，人際因素複雜交錯，毛澤東在放手劉少奇涉足中共組織工作的同時，也採取了一些制衡措施。1950年以前，由任弼時代表中央書記處指導中組部，1954年後，鄧小平又接替了任弼時原先的職責。在1956年安子文任中組部部長以前，饒漱石、鄧小平都先後執掌過中組部。張鼎丞、馬明方也曾以中組部副部長的身份相繼主持中組部的日常工作，因此劉少奇對黨的組織系統的影響力又是相對的。對於地方大員，尤其對華東地區大員的任免，起決定作用的是毛澤東而非劉少奇。

在50年代的一段時期內，劉少奇曾因在「鞏固新民主主義秩序」等問題上與毛澤東意見相左，在政治上一度陷於低谷。直至1959年，劉少奇接替毛澤東任國家主席，他在中共核心層中的地位才真正得以鞏固。劉少奇任國家主席，標誌着他在50年代初中期受挫後，開始了權力復蘇和擴張的過程。到了1962年初的「七千人大會」，劉少奇在中共黨內的威望已有逼近毛澤東之勢。也正是在「七千人大會」後，劉少奇派出了原北方局系統的李葆華主政安徽，取代了毛澤東的老部下曾希聖(曾希聖因積極推動大躍進受毛特別信用，後來因率先推行責任田而被毛拋棄)。但是李葆華入皖，並不表明劉少奇在華東地區已建立了完全的影響力，因為主政華東

8　陳野蘋、韓勁草主編：《安子文傳略》(太原：山西人民出版社，1985)，頁 108。

的中央政治局委員、華東局第一書記柯慶施，自恃有毛澤東作後台，並不買劉少奇的賬。對於這一點，劉少奇、毛澤東均心中有數。

柯慶施自1949年後長期在華東工作，與江渭清有同僚之誼。柯慶施雖對江渭清時有壓力(催促「反右傾」)，但並不具體干涉江渭清職權範圍內的工作。華東地區既已有了譚震林、柯慶施這兩道屏障，劉少奇自然對之奈何不得。但是到了「七千人大會」後，情況卻發生了微妙的變化。一方面，劉少奇的影響繼續上升；另一方面，毛澤東再度對劉少奇表示不滿。在1962年8月的北戴河會議和繼之召開的八屆十中全會上，毛澤東重提階級鬥爭，向黨內健康力量發起反擊，威逼全黨就範。劉少奇對毛澤東的反擊毫無抵抗，他隨即作了「自我批評」，緊跟着毛澤東大唱「階級鬥爭」高調，進而表現出很大的積極性和創造性。

1963年2月，中共中央決定在全國農村開展以「四清」為內容的「社會主義教育運動」，在城市開展「五反」運動。劉少奇在會上說：「總是講階級，階級鬥爭，不辦事情不好。」[9] 11月，劉少奇派出其妻王光美，化名董樸，以河北省公安廳秘書的名義，參加河北省委工作隊，前往撫寧縣王莊公社桃園大隊蹲點。王光美下鄉蹲點的成果，就是產生了轟動一時的「桃園經驗」，也就是圍繞着這個「桃園經驗」，劉少奇與江渭清發生了爭執，毛、劉之間的矛盾也隨之激化。

1964年6月底，劉少奇帶着王光美離開北京，前往十一個

9　劉少奇在中共中央工作會議上的發言，1963 年 2 月 12 日。轉引自黃崢：《劉少奇的一生》(北京：中央文獻出版社，1995)，頁 395。

省市巡視指導運動，並由王光美在各地黨政幹部大會上做介紹「桃園經驗」的報告。7月14日，劉少奇等來到南京，不住設備完善的中山陵高級招待所，而是在省委辦公大樓一間辦公室住下。

劉少奇此行來勢猛烈。據江渭清記述，當劉少奇抵達濟南時，華東局即派書記魏文伯專程前往迎接，然後陪劉少奇一行至合肥。魏文伯與江渭清是老同事，特從合肥打電話給江渭清通氣，提醒他「要小心」、「注意」，因為劉少奇一路「脾氣大得很」，「他在山東已經發了脾氣，到合肥發了大脾氣」。

劉少奇在南京「開講」了兩個下午，他在報告中強調「也許不止三分之一政權不在我們手裏」，有嚴重問題的幹部佔基層幹部的多數，並提出近一年的城鄉社教都沒有搞好。劉少奇還反復強調，領導幹部若不蹲點，就沒有資格當省委書記、地(市)委書記、縣委書記。

江渭清雖然事先有魏文伯的電話通氣，但是既有前幾年面折毛澤東的勇氣，對劉少奇也就不懼當面陳述自己的不同看法。劉少奇認為江蘇的運動打了敗仗，江渭清堅持說，不能這麼講，江蘇省開展社教的社隊，60% 打了勝仗。江渭清又說，江蘇沒有發現爛掉的社、隊領導班子。劉少奇反駁道：「你這是沒有下去，不知道實際，講的還是三年前老情況。」江渭清寸步不讓，回答：「我經常下去，對本省情況是知道的。」

就在江渭清與劉少奇這番辯駁中，江渭清忽然抬出了毛澤東，他說：「毛主席也說幹部的大多數是好的、比較好的。」劉少奇當即打斷江渭清，轉問他對王光美的報告有什

麼看法，因為江渭清沒有出席並主持江蘇省的王光美的報告大會。劉少奇逼問江渭清：「究竟贊成不贊成王光美同志的報告？」江渭清給劉少奇一個模棱兩可的回答：「從江蘇的實際出發，學習精神實質。符合江蘇情況的，就學習運用；如果不符合江蘇情況，就不照搬。」劉少奇更進一步追問：「那你們江蘇就不執行了？」江渭清回答：「不盲目執行。」

江渭清的這番回答，引致劉少奇的強烈不滿。第二天在劉少奇離開前夕，「脾氣」終於爆發。劉少奇明確告訴江渭清，他的意見「是不對的」，江渭清則堅持原來的看法，兩人發生頂撞。返京後，劉少奇主持召開修改《後十條》小型座談會，在會上抓住江蘇省漣水縣高溝公社社隊幹部打擊報復社教積極分子的事件，強調要對「高溝事件」作「現行反革命處理」。而在會議之前的7月29日，平日較為謹慎、因「桃園經驗」一時躍入政治舞台中心的王光美，竟直接打電話給江渭清，傳達劉少奇對「高溝事件」的定性：這是一起「反黨、反人民、反社會主義性質的現行反革命事件」。揭發「高溝事件」本是江蘇省委在北京壓力下為順應「大抓階級鬥爭」的形勢而加工提高的產物，現在劉少奇抓住這個事件，就是為了證明他對基層政權已爛掉的看法的正確性，並且要以此「事件」為起點，繼續挖出上面的「根子」。

劉少奇射向江渭清的另一支箭，是抓住江蘇省委辦公廳7月28日發出的一個通知，這個通知提到「要學習江渭清同志的講話」，善始善終抓好社教運動。劉少奇當面質問江渭清：「為什麼不學中央、毛主席的指示，要學江渭清的？」劉少奇這一招確實擊中了「要害」，既然江渭清可以抬出毛

澤東為自己辯護，劉少奇就可以以其人之道還治其人之身。對於劉少奇的這番追問，江渭清極為緊張，他立即向劉少奇作了解釋。這一次，即連一向對劉少奇陽奉陰違的柯慶施也發了慌。一旦劉少奇又以「護法大師」的面目出現，柯慶施則不得不退避三舍，他一連打三個電話逼江渭清非作檢討不可。

此時的劉少奇已走出1962年下半年的低谷，正走向新的權力高峰。江渭清返寧後迅速佈置傳達劉少奇的指示，並且親自下鄉蹲點。到9月8日，江渭清以個人名義給劉少奇寫了一封信，彙報全省運動進展情況，並且特別報告了根據劉的指示，正在研究處理「高溝事件」，又一次就江蘇省委辦公廳7月28日發出的通知，作出檢討。

劉少奇接到江渭清信後，於9月23日覆信給江[10]。劉少奇在這封信中首先針對江渭清信中所寫的「在任何時候任何問題上，我們都必須學習中央、毛主席及中央其他領導同志的指示，否則，將犯更大的錯誤」的一段話，表示這些話「不完全正確」。劉少奇提出「應向一切有真理的人學習」，他並舉例應學習由中央批轉的解放軍政治工作經驗、大慶油田經驗和「桃園經驗」。劉少奇解釋他之所以反對學習江渭清那篇講話，是因為江渭清的講話「空話連篇，基本上是一篇教條主義的講話」。[11]

10　《江渭清回憶錄》中稱：劉少奇給的覆信寫於 1964 年 9 月 30 日。另據《建國以來毛澤東文稿》，第十一冊(北京：中央文獻出版社，1996)〈對劉少奇給江渭清覆信的批語和修改〉篇注釋 1 所載，劉少奇給江渭清的覆信寫於 1964 年 9 月 23 日。本文取後一種日期。

11　毛澤東：〈對劉少奇給江渭清覆信的批語和修改〉，《建國以來毛澤東文稿》，第十一冊，頁 170，注釋 2。

在江渭清的回憶中省略了當年劉少奇信中有關對他的「教條主義」的批評，其實，這正是劉少奇信的要旨所在，也是導致毛澤東疑忌劉少奇的重要因素之一。劉少奇在信中說，同不能把馬克思、列寧的學說當成教條一樣，也不能把毛澤東的著作和講話當成教條。因此，劉少奇認為江渭清的那篇講話「不值得學習」。

1964年劉少奇將全副精力放在社教運動上，他試圖在毛澤東的框架內放入某種含有他個人色彩的內容，「桃園經驗」的產生即是他這種「新思維」的果實。但是，地方領導人各有其複雜背景，即使在1962年後黨內日趨惡化的政治生態環境中，各地方領導人仍存有渠道聯繫，以應對北京層出不窮的政策變化。在毛澤東的巨大光環中，任何與毛的話語稍有差異的言辭都能被地方領導人立即識辨出來，作為為自己辯解的理由。這就是為什麼劉少奇在山東、安徽和江蘇都「發了脾氣」。為了與影響正日益上升的林彪相抗衡，劉少奇作出最後一搏。他試圖以江渭清做鞭子，將對毛澤東的個人崇拜降溫。1964年10月20日，劉少奇在「文革」前最後一個強勢動作出台，中共中央發出《關於認真討論劉少奇同志答江渭清同志的一封信的指示》[12]，劉少奇還派出他的老部下，時任國家物價委員會主任的薛暮橋等來江蘇檢查和指導「四清」運動。薛暮橋等曾寫信批評江渭清和江蘇省委的檢查沒有「把認真討論少奇同志答江渭清同志的信同反右傾結合起來」，沒有「抓住省委在指導運動中的一些突出的錯誤事件進行分析和解剖」(薛暮橋近年出版的回憶錄對此段史實

12　該指示以中發(64)672號文件發至縣團級黨委，同時附有經毛澤東修改過的劉少奇給江渭清的信，及江渭清1964年9月8日給劉少奇的信。

隻字不提)。據惠浴宇回憶，這個由北京派出的「來頭很大的
工作組」在淮陰搞「四清」，執意要把「一個縣委和該縣所
屬幾十個公社領導」打成「反革命小集團」，惠浴宇在這裏
指的就是漣水縣委。該縣委的直接上級淮陰地委書記孫振華
向省委陳情，要求保護這批幹部，得到省委的支持，但孫振
華卻因此「搞壞了」與北京「某些領導人的關係」[13]，不久便
被調往安徽巢湖地委工作。此時若非形勢忽然發生轉折，針
對江渭清的動作可能還會繼續下去。

四

　　1964年12月，北京形勢丕變，毛澤東出爾反爾，一改原
先支持劉少奇的態度，轉而和劉少奇發生對立。自1963年
秋王光美蹲點桃園，劉少奇全力主持「四清」運動近一年時
間裏，毛對劉少奇指導「四清」運動的一系列做法均表示支
持。毛澤東之所以支持劉少奇，乃是劉少奇的左調均來源於
毛本人，劉少奇的若干「新語言」，也是在毛的左調基礎
上的發揮。一段時間內，毛澤東對劉少奇的工作顯得心滿意
足。

　　事實正是如此，劉少奇的言論皆有源可稽：1964年初，
王光美向毛彙報桃園大隊的一些幹部多吃多佔，毛澤東說，
根子在上面[14]。「扎根串聯」一說，最早版本也屬於毛澤東。
早在1961年1月，毛就提到要派大批幹部下鄉，深入「扎根串

13　參見惠浴宇口述，余黑子記錄：《朋友人》，頁223。

14　劉少奇在中共中央工作會議上的發言，1963年2月12日。轉引自黃崢：
　　《劉少奇的一生》(北京：中央文獻出版社，1995)，頁395。

聯」[15]。1963年5月，毛澤東又再次強調「要採取扎根串聯，依靠貧下中農這一套辦法」[16]。1964年6月，毛澤東提出全國三分之一政權不在共產黨手裏。1964年8月底，毛同意向全黨轉發王光美的「桃園經驗」。具有諷刺意味的是，毛澤東還稱讚過劉少奇給江渭清的信。1964年9月25日、10月18日，毛澤東兩次對劉少奇給江渭清的信寫下批語。毛在批語中給劉少奇寫道：「看了你這封信，覺得實在好」，「存在着的問題，正是要照你寫的那樣去解決」。毛澤東並對劉少奇的信作了親筆修改，添了一些如何正確認識客觀真理等具有毛氏特色的領袖型哲學訓示，並指出如不這麼做，「則官越大，真理越少。大官如此，小官也是如此」[17]。(《江渭清回憶錄》完全迴避毛曾參與劉少奇信一事。)

毛澤東為什麼忽然轉變對劉少奇的態度？結合1964年下半年劉少奇的一系列舉措，即可發現毛澤東對劉少奇的不滿乃是事出有因、有跡可循的。劉少奇不經意中已在好幾個問題上招引毛的忌恨：

(1)蹲點問題。劉少奇在1964年夏四處遊說，其間還曾返回北京，於8月1日向中央機關副部長以上幹部講過一次。劉少奇宣稱，若不蹲點，則無資格做中央委員、省委書記、地委書記。在這段期間，劉還反復強調，不參加「四清」，就沒有領導「四清」的發言權。劉少奇的這些話本無影射毛澤東之意，但是在極度敏感的毛那裏，劉少奇的這番話用意險

15　毛澤東在八屆九中全會上的講話，1961年1月。

16　毛澤東：〈關於社會主義教育運動等問題的指示〉，1963年5月。

17　毛澤東：〈對劉少奇給江渭清覆信的批語和修改〉，《建國以來毛澤東文稿》，第十一冊，頁169、168。另參見王首道：〈堅定地站在正確路線一邊〉，《緬懷劉少奇》(北京：中央文獻出版社，1988)，頁28–29。

惡，有逼宮之意。在中共上層人人皆知，1961年劉少奇曾在湖南寧鄉老家蹲點44天，而毛從未蹲過點。

(2)「調查會過時論」。劉少奇宣揚，深入瞭解基層的不二法門是「扎根串聯」，開調查會已不能接觸農村真實情況，因為基層幹部大多有問題。開調查會為毛澤東發明所創，如今劉少奇予以否定，被認為有貶毛之意。

(3)批江渭清的教條主義問題。劉少奇批評江渭清將毛澤東著作當作教條，矛頭直指對毛的個人崇拜潮流，明打江渭清，實攻毛和林彪。

(4)「大捧王光美」。劉少奇親自出馬，讓王光美在全黨登台亮相，使毛澤東感到劉少奇夫婦的行動對他的權威已構成威脅。毛對「桃園經驗」的態度全憑他對劉少奇好惡的增減而轉移。1964年春夏，當幾個領導人在北京人民大會堂討論「四清」問題時，有領導人提到王光美搞「四清」的經驗很好，毛澤東說，那就請王光美同志來講講嘛。劉少奇的司機當即從人民大會堂回來把王光美接去。王光美在會議上講了以後，與會者認為這個經驗可以推廣。毛澤東說，就請光美同志做「四清」的顧問吧[18]。然而一旦劉少奇果真這樣幹了，毛澤東態度很快就改變，迅速地將「桃園經驗」看成是劉少奇意欲分庭抗禮的罪證。

(5)劉少奇呼風喚雨的能量之大，使毛澤東由驚生恨。1964年夏，在劉少奇的力促下，一聲號令，全國一百五六十萬幹部參加城鄉「四清」[19]，此舉最終導致毛對劉的深刻忌

18　劉振德：《我為少奇當秘書》(北京：中央文獻出版社，1994)，頁262。

19　參見薄一波：《若干重大決策與事件的回顧》，下卷(北京：中共中央黨校出版社，1993)，頁1120。

恨。正是上述因素在毛澤東胸中日益發酵，1964年12月，毛澤東開始向劉少奇發難，對劉少奇的態度來了一個180度的大轉變。

1964年12月15日，由劉少奇主持召開中央政治局工作會議，與會者包括各大區書記和各省委第一書記。正在蹲點的江渭清沒有接到參加會議通知，原計劃由陳毅來華東時向江渭清傳達會議精神，而其他地方領導人則中斷蹲點，前往北京赴會。顯然，不讓江渭清與會可能具有某種含意，毛澤東當即注意到這一點。毛澤東在會議開始時命江渭清趕到北京參加會議，當時誰也沒料到毛澤東幾天以後會向劉少奇發起突然襲擊。

1964年12月20日，舉行了一次小範圍的政治局擴大會議。劉少奇在講話中談到當前運動中「四清」與四不清的矛盾是主要的，運動的性質就是人民內部矛盾與敵我矛盾交織在一起。毛澤東聽到這裏，忽然打斷劉少奇，當即反問：什麼性質？反社會主義就行了，還有什麼性質[20]？毛澤東隨即嚴厲指責「四清」運動中的「大兵團作戰」、「扎根串聯」等方法。

過了幾天，12月26日，毛澤東又在他的71歲生日宴會上不指名地指責劉少奇：我是沒有下去蹲點的，所以沒有什麼發言權，什麼「四清」四不清，黨內外矛盾的交叉？這是非馬克思主義的；中央有的機關搞獨立王國，黨內有產生修正主義的危險云云。[21]

江渭清在回憶中提到，就在會議期間，毛澤東找江渭清

20　參見薄一波：《若干重大決策與事件的回顧》，下卷，頁1129。

21　參見薄一波：《若干重大決策與事件的回顧》，下卷，頁1131。

面談，問到他對劉少奇的批評檢討了沒有？毛澤東話中有話地說：「沒有什麼了不起，就是這麼一回事。你感到批評對的，就檢討；不對的，就申訴；申訴還解決不了，就等歷史作結論。」也許毛澤東已覺得再沒有必要搞障眼法，乾脆把與劉少奇的矛盾在江渭清面前挑明。會議期間，毛澤東當着江渭清和劉少奇的面，直截了當地說：「少奇同志給你的一封信，是錯誤的。你的意見是對的，少奇意見是錯誤的。」

接下來的，就是毛澤東向劉少奇的連番進攻。1964年12月28日，1965年1月3日、5日，毛澤東連續攻擊劉少奇，最後以《二十三條》文件的形式將毛指責劉少奇的觀點納入進去。劉少奇在毛的進攻下，節節敗退，其威信遭到沉重打擊。

從1965年1月起，在形式上，劉少奇雖還是中共第二號人物，但是在黨內地位已日益衰弱。據其他資料透露，1965年初，劉少奇在周恩來、賀龍找他談話希望他主動向毛澤東致歉後，曾找機會向毛澤東作了「自我批評」。毛似乎寬諒了劉。在這此後的一個小型會議上，毛澤東當着一些領導人的面說：「我批評了少奇同志了，但你們今後還是要聽他的話喲！」[22]

然而，這是毛澤東故意施放出的煙幕彈，毛澤東已決定要搞掉劉少奇。1965年夏，劉少奇接班人地位將由別人取代的消息，已在極小的範圍內傳出。據王稼祥夫人朱仲麗回憶，1965年秋，周恩來奉毛澤東命去看望已賦閑幾年的王稼祥，周恩來對王稼祥說，接班人可能是林元帥和鄧總書記。[23]

22　劉少奇在中共中央工作會議上的發言，1963年2月12日。轉引自黃崢：《劉少奇的一生》(北京：中央文獻出版社，1995)，頁402。

23　朱仲麗：〈內亂之中──王稼祥在「文化革命」中的遭遇〉，載《革命史資料》，第5輯(北京：文史資料出版社，1981)，頁119。

1965年11月，毛澤東離京，開始他「僞遊雲夢」，密謀倒劉的部署。不久，中南海的劉少奇辦公室收到一份無抬頭、無署名，列印在一張白紙上的毛澤東在外地與幾位負責人的談話記錄。這份文件是哪一個地方領導人通報給劉少奇的？近年披露此則消息的是劉少奇當年的機要秘書，但他未加以說明。據這份神秘的文件記載，毛澤東在談到「四清」運動時說：「王光美在河北省搞四清，河北省領導不了，華北局也領導不了，是他(指劉少奇)親自領導的。他有他的長處，我有我的弱點。他有一股硬勁，我愛妥協。我說不行，他說行。……他是第一副主席，瞞不住他……。」[24]

　　毛澤東的這番話撲朔迷離、暗藏玄機，對王光美的不滿是明白無誤的了。「我說不行，他說行」，是指劉少奇支持「桃園經驗」，毛反對「桃園經驗」，還是別有所指，毛故意閃爍其辭；「他是第一副主席，瞞不住他」，是否暗示不要把他的話傳給劉少奇？總之，毛為搞掉劉，實際上已向地方官員「打招呼」了。

　　據《江渭清回憶錄》記載，毛澤東1965年11月16日來到南京，江渭清向毛彙報時仍說要「按照」毛主席的指示和少奇同志信的精神進一步檢查省委的工作作風，毛澤東大為驚訝，問道：「你們還要做檢討？」江渭清按照官式語言回答：「主席的指示，少奇同志對我的批評，給我教育很大，每檢討一次就有一次的收穫。」

　　江渭清在毛、劉之間四平八穩的態度，無疑使毛澤東更堅定了把劉少奇搞下台的意願。自1964年12月，毛澤東當面向江渭清表明他對劉少奇的不滿，已經過去一年，地方大員仍

24　劉振德：《我為少奇當秘書》，頁249。

將劉少奇奉為神明，依舊按照黨內的某種統一風格，在說着「老話」，這一切都令毛澤東對由他一手創造的龐大的黨機器產生出強烈的排斥。在毛想像中的世界裏，劉少奇已嚴密控制了全黨，而毛澤東的話已到了差不多沒人聽的地步。劉少奇下台後，毛澤東在歷數劉少奇「罪狀」時，曾經提到劉少奇責難江渭清一事。1966年10月24日，毛在中央工作會議期間召開的彙報會議上，指責「少奇說江渭清蠢，他自己就聰明了嗎？」[25](有關文革期間毛澤東為劉少奇給江渭清信指責劉少奇一事，在江渭清的回憶中隻字不提)。看來，圍繞劉少奇給江渭清信所發生的一系列事情，對毛刺激頗深，這也是毛澤東在扳倒劉少奇後，仍將各級領導幹部「一鍋煮」的原因之一。江渭清在回憶錄中寫道，在文革中，毛同意「點名」批判江渭清，但又不要將老幹部完全打倒，這使他感到費解。其實，毛只是要「教育」他們一番，要他們為昔日「聽少奇的話」付出代價。

在1964年末至1965年初，圍繞「四清」問題的爭論中，毛澤東與劉少奇孰是孰非？一般認為，劉少奇反對毛澤東提出的「走資本主義道路當權派」的概念，乃是為了保護幹部。然而事實上，劉少奇在1964年提出的一系列概念，其言辭之左，與1947年劉少奇主持老區土改的過左政策如出一轍。1964年在大陸各城市普遍上映的電影《奪印》，和被「四清」工作隊員視為「幹部必讀」的陳登科的小說《風雷》，均反映了劉少奇當時左的觀點。劉少奇雖沒有提出「走資派」的概念，但其左的精神與毛澤東並無二致。正是因為劉少奇的左調與毛的左調基本合拍，當時參加制訂

25　毛澤東在 10 月 24 日彙報會議上的講話，1966 年 10 月 24 日。

《二十三條》的各地負責人，對該文件中提出的「運動的重點是整黨內走資本主義道路的當權派」，並無特別的感覺。

1964年，劉少奇意欲在毛的框架下搞出新花樣，並試圖抗衡林彪。然而，在毛劃的小圈圈內做文章又談何容易！劉少奇的迂迴天地狹窄，註定跳不出毛的如來佛掌心。劉少奇本欲求神，卻把災難請下來，這也是劉少奇始料不及的。

在中共核心層領導中，劉少奇素有個性謹嚴、善於自制的名聲，其實劉少奇的謙和多表現在他受毛澤東的指責以後。1953年高崗四處游説反劉，當毛拋棄高崗後，劉少奇仍堅持要在中共七屆四中全會上做自我批評。1965–1966年文革前夕，劉少奇更是表現得特別平和、低調，他知道毛澤東對其不滿，但沒有任何「抵抗」的舉動，而是一有機會就進行檢討。1966年5月，毛澤東依例讓劉少奇主持清洗「彭、羅、陸、楊反黨集團」的政治局擴大會議，劉少奇在5月26日舉行的最後一次全體會議上，將自己從1927–1965年所犯的「缺點錯誤」事無巨細通盤鞭撻一遍[26]。劉少奇幾乎是默默忍受毛澤東對他的封鎖和打壓，而在1964年他的權力趨於高峰時，他可以從濟南、合肥到南京，一路「發脾氣」。

1966年10月，毛澤東在北京召開的中央工作會議上，躊躇滿志地在抖落他對劉少奇的怨恨。毛澤東口口聲聲説，他退居二線有意大權旁落，是為了樹立劉少奇的威信[27]，其意在表明，劉不堪造就，辜負了他的栽培。然而，毛澤東何時真正退至二線？大政方針、用人大權，毛澤東何嘗一天鬆過

26　劉少奇在中共中央工作會議上的發言，1963年2月12日。轉引自黃崢：《劉少奇的一生》(北京：中央文獻出版社，1995)，頁423。

27　毛澤東在10月24日彙報會議上的講話，1966年10月24日。

手！當毛澤東看到劉少奇積累的威望和影響力在1964年有相當發展時，毛就決定要廢黜劉少奇，什麼「形左實右」、「社會主義與資本主義矛盾」等等均是飾詞。

毛澤東惦記着江渭清。1967年2月，毛命周恩來用專機將江渭清等幾個華東地區省委第一書記接到北京的京西賓館，使江渭清擺脫了被造反派批鬥之苦。1975年，毛澤東又重新起用江渭清，任命江為江西省委第一書記。直至1982年，江渭清返回南京定居，轉任中央顧問委員會委員。

江渭清早年投身革命洪流，中年後長期身任封疆大吏，在風雲莫測的毛時代，練就了一套極為豐富、熟稔地應對北京的為官之道。在反右、反右傾的風暴中，巧妙地維護了地方的利益，又以不投機、不取巧而得以在60年代中期的毛、劉爭執中避禍與身，終於度過了「文革」的劫難。江渭清現已87歲，如今細細檢索當年舊事，雖在不少涉及敏感的地方多有避諱，但總體上仍不失客觀和真實，其回憶錄稱得上是一部頗為珍貴的中共地方政治生態學的實錄。它展現了地方與中央各種複雜的、起承轉合的關係，不僅是可供研究的樣本，亦是一部毛時代地方官員的「心靈史」。筆者讀之，眼前浮現出50年代後在江蘇大地上所發生的革命、改造、鬥爭的一幕幕景象，更生出無窮的慨歎！

歷史真實與鞍鋼憲法的「政治正確性」[1]

　　近幾年海內外某些學人似乎有一種新的研究趨向，這就是主張重新發掘毛時代的「積極價值」，再配之以其他新的思想資源，用於指導當今的中國改革。崔之元提出，「只要不用教條主義的態度來對待毛澤東思想，毛的思想中的確有許多有待發掘的積極因素」，他並認為，鞍鋼憲法即是體現了「以廣大勞動人民取代少數經濟政治精英對社會資源的操縱」的「經濟民主」的重要範例。在讀到這些論述時，我是頗為驚訝的。我對這些學人提出上述判斷的事實基礎是否確切有很大的疑問，我認為彼等將某些概念從具體的歷史事實中剝離開來，再賦予這些概念以「政治正確性」的判斷，已和當年的歷史事實大相逕庭，對鞍鋼憲法的新詮釋就是這類以理想化的態度看待過往經驗的一個突出事例。

一

　　談起鞍鋼憲法，人們自然就聯想到那個「兩參一改三結合」。從60年代初開始，鞍鋼憲法已和「兩參一改三結合」緊緊聯繫在一起，然而「兩參一改三結合」並非由鞍鋼首創，早在1958年大躍進初起階段，鞍鋼以外的其他城市的若

[1]　原載香港中文大學《二十一世紀》2000 年 4 月號 總第 58 期。本文基本資料來源於香港中文大學大學服務中心所藏中國當代史史料，謹致謝意。

干企業就已經初步「創造」出這個經驗，並於1958年12月形成「兩參一改三結合」的正式表述。1960年3月，毛澤東在一個批示中，將「兩參一改三結合」的概念賦予鞍鋼，並把鞍鋼在大躍進期間實行的以政治掛帥為核心內容的一套做法譽為「鞍鋼憲法」，這才使得鞍鋼獲得「兩參一改三結合」的發明權，從而被認為是毛澤東找到了一條中國發展社會主義工業化的正確道路。

毛澤東的批示使鞍鋼憲法聲名遠揚，但那幾個最先發明「兩參一改」的企業則早已被人們遺忘。今天研究鞍鋼憲法和中國社會主義工業化問題的海內外學者又何嘗知道，在他們的書齋，生命力持久的「兩參一改」，當年卻是由一個百餘人的公私合營的濟南小廠——成記麵粉廠最先創造出來的。當時該廠還有另外一項創造——由老工人王學銳製成的小麥脫皮機的經驗，與「兩參一改」合稱為「兩項經驗」。

由濟南成記麵粉廠最先產生的「兩參一改」，原先主要是一個精簡幹部、提高生產效率的措施。成記麵粉廠原有幹部、職工共138人，開展「兩參一改」後，取消了所有脫產幹部，全廠幹部職工人數也被精簡為119人。該廠的「兩參一改」具有十分質樸的特色，幹部參加生產僅是做生產輔助性勞動，幹部下車間勞動主要是頂替那些請病事假的工人。此舉僅是着眼於提高生產效率，並沒有被上升到「縮小腦力勞動與體力勞動差別」的高層次，更沒有人已意識到這個由他們創造的新經驗不久將被視為中國社會主義工業化的新模式。

成記麵粉廠的「兩參一改」被推出後，很快，陝西慶華工具廠的「兩參一改」經驗也問世了。與只有百餘人的濟南成

記麵粉廠不同，慶華工具廠是一個大型國營企業，該廠是在蘇聯專家的指導下建立起來的，至1958年，仍有蘇聯專家在該廠工作。慶華工具廠推出的「兩參一改」不再是成記麵粉廠的幹部頂班勞動一類低層次的「生產中心主義」，而是破除了在產品品質上的「右傾」觀點，大膽地向蘇聯專家確立的工藝流程開刀，從而煥發出「破除迷信，敢想敢幹」的時代精神，與大躍進的主旋律完全結合了起來。

陝西慶華工具廠對「兩參一改」的充實和發展，使得這個先進經驗日趨成熟。到了1958年12月，「兩參一改」已正式上升到「兩參一改三結合」的更高層次，首先貫徹這項經驗的是重慶長江電工廠。從1958年上半年開始，重慶長江電工廠就開始推行「兩參一改」，至11月，廠黨委根據放出的30,700多條建議和意見，制訂了「徹底推行兩參一改三結合的方案」。其主旨是全面落實幹部參加生產的措施，將原先佔全廠職工總數8%的幹部下降到3%。

從濟南一個百餘人的公私合營小廠孕育出的「兩參一改」，不到一年的時間就發展為具有普遍指導意義的「兩參一改三結合」，事實證明，它是毛的主觀理念強力引導和催生的產物。1958年，毛號召政治掛帥、破除迷信，兩條腿走路。同年，在毛的推動下，全國各大中企業全部廢棄一長制，改行「黨委領導下的廠長負責制」，在工廠管理方面，則是大破蘇聯專家確定的生產工藝流程，用群眾運動的方式組織生產。一個「兩參一改三結合」，一個「黨委領導下的廠長負責制」就成了毛對蘇聯模式的突破，正因為「兩參一改三結合」具有如此鮮明的毛的個性色彩，蘇聯方面立即表現出不快和排斥。

蘇聯專家對大躍進期間工人技術革新的價值極表懷疑，陝西某廠工人在短期間提出幾十萬條合理化建議，蘇聯專家無動於衷，甚至「捂起耳朵直搖頭」，他們認為中國工人的合理化建議大多是為提而提，流於形式。蘇聯專家根本不相信，中國工人自行檢驗產品可以保證產品品質，他們對中國報紙上宣傳的「提高工效幾萬倍」更是嗤之以鼻。

蘇聯專家和在華的蘇聯人對中國方面賦予「兩參一改三結合」的巨大意義也極不以為然，他們根本不認為此舉有助於消除「體力勞動與腦力勞動的差別」。針對蘇聯專家的懷疑與指責，有關部門進行了檢討，得出的結論是：專家的思想偏差和中國同志「對專家的政治工作沒有政治掛帥有關係」。饒有意味的是，大躍進時期，在鞍鋼的蘇聯專家的意見卻不多，難道鞍鋼在大躍進的高潮中置身於外？

二

在50–60年代初的中國大型企業中，鞍鋼佔據着最重要的地位(大慶油田以後取代了鞍鋼的地位)，堪稱是社會主義國營企業的龍頭老大。1949年8月，應中共中央的請求，斯大林派出數百名蘇聯專家隨秘密訪蘇的劉少奇抵達東北，其中大部分的蘇聯專家被安排在鞍鋼。

「一五」期間，是鞍鋼發展的重要階段，中共中央出於加速社會主義工業化的戰略安排，把鋼鐵等重工業列入國家經濟建設的頭等重要位置。在蘇聯專家的全面指導下，鞍鋼系統地引進了蘇式工業管理模式，成為新中國的鋼鐵生產基地。

蘇式工業管理模式的核心就是實行一長制，鞍鋼所屬各個廠礦全面落實了一長制的經驗，並相應建立起總工程師、總工藝師、總化驗師、總檢驗師、總會計師的制度。由於鞍山市的主體部分就是鞍鋼，因此，中共鞍山市委書記同時兼鞍鋼黨委書記和經理，在黨的關係上，鞍山市委和鞍鋼黨委直屬中共遼寧省委領導，但北京的國家計委、經委、建委和國務院的冶金部都對鞍鋼有十分具體的業務指導關係。

在整個50年代，鞍鋼作為社會主義工業化的一種象徵，甚至吸引了一些文藝家選擇鞍鋼作為他們的生活基地。著名女作家草明在鞍鋼落戶十年，掛職於某鋼鐵廠任黨委副書記，於1959年寫出配合政治鬥爭的長篇小說《乘風破浪》；四川作家艾蕪也長期在鞍鋼體驗生活，並寫出長篇小說《百煉成鋼》。今天的人們也許早已遺忘了這些作品，但它們卻是那個時代鞍鋼生活的某種寫照。

1958年，北京號召「以鋼為綱」，「為實現1,070萬噸鋼而奮鬥」，冶金部部長王鶴壽雄心勃勃，向毛主席立下軍令狀，鞍鋼工人也全力以赴，要為鋼鐵元帥升帳作大貢獻。但是大煉鋼鐵的基調是土法上馬，搞全面開花的小土群，而鞍鋼是特大型現代化企業，只能把工作重點放在增產、增效、厲行節約、降低消耗上面，這樣，在大躍進第一階段的1958年，鞍鋼沒有產生什麼轟動全國的「先進經驗」。

在你追我趕，每天都有先進經驗爆出的大躍進年代，產生不出先進經驗就是保守、落後、右傾。鞍鋼雖然不能搞小土群，但還是有其他潛力可挖。1958年，鞍鋼在工人中普遍開展了「獻工」、「獻點」活動——就是動員工人發揚共產主義精神，改變工時制度和休息制度，主動延長工作時間。

但這也談不上是什麼「創造」，因為大躍進期間，全國各廠礦的工人都普遍加班加點。於是鞍鋼黨委只能另闢蹊徑，創造出一套具有鞍鋼特色，既能與大躍進精神相適應，又能體現出產業工人政治覺悟的新經驗。就在這時，傳出上海求新船廠等企業「工人自動要求取消計件工資」的消息。受到這些消息的啟發，鞍鋼黨委迅速在各廠礦發起是否取消津貼的「大辯論」，不言而喻，這類大辯論是不存在對立的兩方真正爭辯的，因為所有人都明白這種大辯論的含意。在一邊倒的形勢下，任何思維健全的人都不會逆潮流，提出「應保留津貼，不應取消津貼」等一類意見。

取消津貼、取消計件工資稱得上是體現共產主義思想的新創舉，問題是，鞍鋼採取的這項改革，究竟是出自工人自發自願，還是領導強力引導的結果？

至1958年11月底，佔鞍鋼公司生產工人總數的65%，原先實行計件工資的27個廠礦，已有24個取消或準備取消計件工資。在這之前，計件工資佔鞍鋼工人工資總收入的18.83%，加上各類津貼，一共佔工資總收入的27%，最高者能佔到40%左右。取消津貼和計件工資後，相當數量的工人收入馬上減少。

當年的一項調查資料顯示：1.「同意取消」者佔工人總數的20%；2.「大勢所趨隨大流」者達50%；3.「反對取消或有抵觸情緒的」佔20%。取消津貼和計件工資後，損失最大的是技術熟練工人。統計數字顯示，佔工人總數40%的五級工以上的工人收入都不同程度地削減了收入：八級工每月減少工資21.50元；七級工每月減少工資15.50元；六級工每月減少工資12.50元；五級工每月減少工資6.50元。由於五級工以上工人收入被減少，相應的佔全公司工人總數60%的四級工以

下的工人收入得到不同程度的提高，改革的結果是收入相對高的熟練工人的工資與非熟練工人的工資的差距縮小，問題是，那些減少了收入、家庭人口眾多的熟練工人的困難誰來解決？鞍鋼的領導者想出了一條妙計：作為取消津貼和計件工資的一種補償形式，每天「向所有工人免費提供一頓大鍋飯」！不知這是否可稱為「經濟民主」？

大躍進的主旋律就是「尊重群眾的首創精神」，鞍鋼工人在這期間提出了幾十萬條有關技術革命和技術革新的「合理化建議」，但是進入1959年以後，鞍鋼的生產情況開始顯現危機，由於原材料、電力嚴重緊張，致使鞍鋼的生產時斷時續。1959年2月，鞍鋼三個軋鋼廠被迫停工，其餘幾個主要軋鋼廠也只能開兩班。更為嚴重的是，由於1958年一年高度緊張，許多工人吃住在車間，大量的獻工、獻點，使生產第一線的工人疲憊不堪，再繼續堅持下來，有難以為繼之虞。

最大的困難是當時已顯露跡象的糧食與主副食品的供應困難。計件工資和津貼取消後，已使許多工人收入減少，加之糧食和食品困難，工人體力急劇下降，造成生產事故不斷。為了減緩生產第一線工人的特殊困難，1959年5月鞍鋼為煉鋼工人調整了糧食供應的比例：每人每月供應大米10斤，高粱米10斤，白麵兩斤，小米兩斤，其餘為粗糧，但是肉類仍無法解決。

長期奮戰，供應減少，體力下降，引來了工人們的「牢騷怪話」。許多工人留戀「八小時工作制」，甚至羨慕蘇聯工人的生活，說什麼「如再苦戰，就把老人戰死了，青年人戰倒了」。更多的工人對吃粗糧有意見，認為「糧食豐收了，粗糧反而多了，真不像話」。還有工人直接否定大躍進成

績，埋怨說「小麥產量壓倒了美國，就是吃不上」，「費了好大勁，弄了一堆廢品」。甚至有人公開說(都是成份好的工人)：「社會主義好，社會主義好，社會主義就是吃不飽。」

面對上述新情況，鞍鋼領導拿起「階級分析」這個顯微鏡和望遠鏡。鞍鋼的工人階級是黨的階級基礎，但這並不意味着鞍鋼的職工就進入了「紅色保險箱」。首先，鞍鋼有大量技術人員。依照1958年的新觀點：資產階級知識分子屬於剝削階級；鞍鋼的工人來自四面八方，1958年又擴招了一批新工人，這些人家庭背景各異，有一些人是非無產階級家庭出身；即使家庭出身好的工人也有思想覺悟高低之分，例如有的工人就對將知識分子劃為剝削階級「感到接受不了」。所有這些都說明，即使對工人階級也要劃分左、中、右，階級成份固然極端重要，但僅僅是階級成份純正還不夠，政治思想是否正確才是關鍵。

根據上述不同情況，鞍鋼各級領導採取不同政策，以示區別對待：1. 批判資產階級知識分子對大躍進的懷疑和動搖；2. 在所屬各廠礦設立肅反機構，開展肅清反革命的鬥爭；3. 對一般工人根據思想和政治表現進行「排隊摸底」。一言以蔽之，就是以大批判開道，推動大躍進。在各種批判、教育中，對一般工人進行的「排隊摸底」是最有創意的。依照過去的習慣，「排隊摸底」的對象基本限於知識分子或民族工商業者以及從舊社會過來的社會知名人士，但在大躍進期間，「排隊摸底」已普遍運用於廣大產業工人。鞍鋼的方法是將工人分為三類：1. 先進層；2. 中間層；3. 落後層。區別的主要標準是對大躍進、人民公社的態度，幹勁大小，有無牢騷怪話，是否具有共產主義主人翁精神，以及是否願意

主動加班。分類結果是：先進工人多為老工人，中間工人多為青工，落後工人多為徒工。下一步就是在工人中開展「大辯論」和「拔白旗」，經常出現的情況是，開展「大辯論」後的一段時間，工人的思想覺悟和生產自覺性會有所上升，但是不久，又有牢騷怪話出現，於是，再進行一輪「大辯論」。不知這是否可稱之為與「經濟民主」相配套的「政治民主」？

三

1959年夏召開的廬山會議和八屆八中全會號召全黨全民「保衛三面紅旗」，反擊「右傾機會主義者」對三面紅旗的污衊，驟然打斷了1959年上半年工業戰線上對大躍進混亂局面的糾偏，使剛剛受到抑制的瞎指揮等又重新泛起，且更加理直氣壯、變本加厲。鞍山市委也乘着這輛反右傾的快車，將大躍進以來鞍鋼的各項經驗加以總結提高。1960年3月，終於獲得毛澤東的親筆批示，毛認定糾正了過去「反對兩參一改三結合」，而大搞政治掛帥和群眾運動的鞍鋼的一套作法就是「鞍鋼憲法」[2]，從此，「兩參一改三結合」的鞍鋼憲法就在東方地平線上升起！

在1959年1月至7月，儘管鞍鋼各級組織仍不時在工人中開展「大辯論」，但是，鞍鋼領導層也意識到前一年的躍進出了不少問題。當然，鞍鋼的領導絕不會在中央下達新精神前自行糾偏，正是由於毛澤東在兩次鄭州會議和1959年3–4月

2　《建國以來毛澤東文稿》，第9冊(北京：中央文獻出版社，1996)，頁89–90。

的上海會議上提出「降溫」問題，鞍鋼的領導才願意面對這些困難。1959年5月20日以後，鞍鋼分別召開了工人小組長以上幹部會議，「職工們對過去不說真話，弄虛作假，都作了檢查，對領導聽喜不聽憂、主觀主義、強迫命令作風也提出了批評」。在這種大背景下，鞍鋼以外的其他一些鋼鐵企業甚至對工人疾病的情況也開始着手調查，北京石景山鋼鐵廠的資料是，由於長期苦戰，患各種慢性病的工人佔工人總數的27%。

1959年上半年的糾偏逐漸觸及到1958年創造的具有重大理論意義的若干領域。在黑龍江省委工業部召開的幹部討論會上，雖然所有與會者都肯定幹部參加勞動的做法，但一涉及到工人參加企業管理，就出現了爭論。多數人指出「群眾管理太多，什麼事情都要工人管理，工人負擔重而不願幹」。大多數代表同意工人應參加一些「簡單的、帶有群眾性的管理工作」，至於複雜的工作，諸如工資計算、產品檢查、設備維修，則主張仍應由專職人員管理。個別人在糾偏空氣的鼓舞下直抒胸臆，提出目前「企業管理混亂，就是工人參加管理的結果」。及至反右傾運動興起後，所有這類言論頓時絕跡。

1959年12月至1960年2月，毛澤東開始細讀蘇聯政治經濟學教科書，第一次全面論述了「兩參一改三結合」。毛說：「對企業的管理，採取集中領導和群眾運動相結合，幹部參加勞動，工人參加管理，不斷改革不合理的規章制度，工人群眾、領導幹部和技術人員三結合。」[3] 3月，毛將「兩參

3　《毛澤東談蘇聯〈政治經濟學(教科書)談話記錄選載〉》(五)，載《黨的文獻》，1994 年第 3 期。

一改三結合」賦予「鞍鋼憲法」，大大提高了鞍山市委報告的理論層次，因為在他們給中央的報告中，竟沒有一句「兩參一改三結合」的表述。毛的指示下達後，鞍山一片歡騰，已經沉寂多時的工人「雙革」(技術革命、技術革新)建議又如雨後春筍般大量湧現，「每天都要實現數千件技術革新建議」。當時的筆桿子是這樣描述接到毛主席指示後的鞍鋼工人的心情：「過去是一長制，不敢革命，是人民幣掛帥；現在是大搞群眾運動，大鬧技術革命，是政治掛帥」，「1958年以前，腦袋上好像戴上個『緊箍咒』，不敢想，也不敢幹」，現在則是「思想大解放，右傾一掃光，革新鬧高產，心花大怒放」。更有工人在聽到傳達後思想大飛躍，馬上體悟到「鞍鋼憲法就是毛澤東思想」，他們熱情稱頌主席思想「賽過太陽萬倍強」。

儘管毛澤東的批示給鞍鋼注入了強大活力，但是大躍進的快車到了1960年還是不得不放慢了步伐。1960年4月上旬，全國鋼鐵生產出現大滑坡，4月份1–20日的平均日產量比3月份同期減少3,400噸。1960年8月，北京號召「保糧保鋼」，同時宣傳「當前大好形勢」，「糧食生產大躍進是肯定的」；但是，眼前生產下降，人民生活困難的事實又如何解釋呢？不久，群眾被告知形勢還是大好的，造成困難的原因有三：1.帝國主義封鎖；2. 氣候惡劣；3. 敵人破壞。上海工人階級在保糧保鋼運動中說：「黨中央和毛主席是對的，一個指頭的毛病是出在我們手上。」

平心而論，鞍鋼的工人階級是對得起毛主席的。1960年5月以後，鞍鋼工人再掀躍進高潮，但是躍進實在難以為繼，以致先進經驗有「越推越少」的趨勢。8月，遼寧的糧食供應

已極為困難，遼東發生大水災，鐵路交通受阻，包括鞍山在內的遼寧十個城市的糧食庫存量僅可供應八九天，北京緊急調運糧食支援遼寧，但仍無法根本扭轉糧食危機[4]。

嚴重的糧食困難已使幾個月前迎接毛主席指示的歡快氣氛不復存在，更有甚之，大量的牢騷怪話又紛紛出籠，許多人甚至公開半公開地抱怨，「大好形勢」是「形勢不好」。作為消極現象的集中反映是出現了建國後鞍鋼從未有過的現象：鞍鋼大批幹部、技術人員和工人得了營養性浮腫病。據鞍鋼衛生處在59個單位，14.2萬餘職工中做的調查，共有4,000餘名職工患浮腫病。在患病人群中，幹部、技術人員的比例最高，工人較少，享受保健待遇和高溫作業的工人得病率小於一般工人，在鞍鋼所屬26個工廠的炊事員中，僅有七人得浮腫病。到了1961年3月，距毛主席發出有關鞍鋼憲法的指示一周年，鞍山地區工人患浮腫病的比率又大幅上升。

糧食的空前緊張猶如泰山壓頂，鞍鋼的部分工人誤認為農村情況要好於城市，於是向領導提出返鄉務農的申請，第一煉鋼廠平爐工人有3%–4%要求返鄉。還有一些工人不辭而別，私自跑回家鄉去「保命」。鞍鋼工人逃跑回家並非始於1960年，早在1959年就有不少新進廠的工人因害怕苦幹和工傷事故而私自逃跑回家，只是1960年8月的農村情況遠比1959年惡劣。1960–61年，遼寧農村已普遍發生斷糧、絕糧的現象，當跑回家的鞍鋼工人發現這一點時已太遲。

鞍鋼領導再一次寄望於大抓階級鬥爭和發揮思想政治工作的效能，這其中又包含兩個層面的任務：1. 在「成份不純」

4　孫業禮、熊亮畢：《共和國經濟風雲中的陳雲》(北京：中央文獻出版社，1996)，頁194。

的單位和知識分子集中的部門進行階級排隊，例如當時的鞍鋼無縫管廠就被認為是職工隊伍嚴重不純。1961年8月前後，上級部門又以召集「神仙會」的名義，邀請鞍鋼設計院39名黨外高級知識分子開會，其目的是為了「摸底」。經過「反覆動員」和「交代政策」，終於讓那些知識分子「說出了心裏話」。這些人竟將「暫時困難」的原因稱之為「七分天災，三分人為」，批評大躍進「成績偉大，缺點不少」。更有人公開宣稱「鞍鋼憲法並不比馬鋼憲法好，實行鞍鋼憲法大搞群眾運動缺乏科學依據」，又說「大搞群眾運動，不是群眾要求，而是上邊硬貫的」。礙於當時經濟形勢的極端困難，上級部門才沒有立即對他們開展鬥爭，但已將他們的言行記錄在案，幾年後，他們都遭到了批判和清算。2. 對於一般思想認識「模糊」或有「錯誤」言論的工人，則進行具體分析：對於一般思想認識問題，對之耐心幫助，限期改正；對於屬於兩條道路鬥爭性質的錯誤，則發動群眾揭發批判，「堅決搬掉阻礙運動的絆腳石」。

根據上級的統一部署，鞍鋼針對群眾中對「大好形勢」的普遍懷疑，在1961年還開展了一場回憶對比的活動，動員群眾通過回憶舊社會的苦，激發對社會主義的愛。只是這場活動的效果十分有限，因為大多數工人都很實際，只會從眼前的糧食短缺以及百物皆無的角度來觀察「苦」和「甜」的問題。

1961年是鞍鋼最艱難的一年，雖然還在宣傳鞍鋼憲法，但「兩參一改三結合」的主體——工人群眾，早被饑餓和浮腫搞得意志消沉，再也提不出什麼「變革」建議了。在這年中，鞍鋼有些廠還宣佈停產(化工總廠)，工人群眾中的「模

糊思想」和「不正確」的議論更加突出，有人竟埋怨黨「過去對輕工業重視差，所以物資供應緊張」，更有不少工人產生「棄工務農」思想，以致到了經濟形勢開始好轉的1962年初，還有工人準備春節回家請長假，如果農村情況好就不回鞍鋼。

北京在1961年初終於對大躍進造成的嚴重困難作出反應，中央宣佈實行「調整、鞏固、充實、提高」的八字方針，緊接着又下發了《工業七十條》，一批大躍進中上馬的無效企業紛紛下馬——從表面上看，工業格局已全面向1958年前復歸，然而，完全的復歸並不可能。1961年3月，毛澤東又發出指示，在工交企業建立政治部，以加強黨對工交企業的全面領導。從一年前的「兩參一改」發展到一年後建立政治部的指示，說明毛始終沒有放棄他的理想：以思想革命化來推動中國式的社會主義，以階級鬥爭來保證他的理想的推行。現在毛已不太關心那些使他頭疼的數字了，儘管眼下的特大困難令他有些消沉，但是他並沒有後退，而是「硬着頭皮頂住」。毛終於堅持到了經濟開始恢復的1962年下半年，在北戴河會議和八屆十中全會上發起了凌厲的反擊。

1962年12月，東北局經濟委員會根據十中全會精神召開了工業企業政治工作會議，提出每個企業都要把政治工作放在第一位。會議宣佈在困難時期有錯誤言行的工人佔工人總數的17%左右。現在，鞍鋼憲法的主旨已經按毛的最新思想轉化為更加突出強調階級鬥爭，具體領導各企業進行階級鬥爭的組織就是按照毛的指示建立的政治部。

綜上所述，「兩參一改三結合」的鞍鋼憲法是毛主觀世界的產物，經由毛的強力推動，「兩參一改三結合」在1958年

後的一段時期內成為中國工業化管理的一種新方法，毛期望以此來規劃中國社會主義工業化道路。然而，遭到毛唾棄的馬鋼憲法並非資本主義的歪門邪道，它和鞍鋼憲法一樣是社會主義計劃經濟條件下向重工業傾斜的生產管理方式，只是鞍鋼憲法已用「政治中心主義」代替了「技術中心主義」而更具主觀性。

　　大躍進期間的鞍鋼工人沒有爭取「經濟民主」的思想意識，「兩參一改三結合」與「經濟民主」不搭界，所謂「經濟民主」只是當今學人理念世界的產物，與當年鞍鋼工人無涉。時下某些學人從預設的立場出發，將自己的想像附麗於歷史，以某種理想化的態度來構築過去。按照這種思想邏輯，過往的年代的許多概念都會在「後現代」閃爍出光輝，因為只要抽去這些概念產生的歷史條件和特定內涵，再將其詩化，根本無須費力去「開掘」。這樣，毛時代的許多概念馬上就會熠熠生輝。順便說，大躍進年代與鞍鋼憲法相匹配的還有農業戰線的「八字憲法」——「土肥水種密保管工」，除了那個密植的「密」有待商榷，其他哪一項不是放之四海而皆準的真理？

　　所以，今天經某些學人演繹的、被認為是體現後現代「政治正確性」的「鞍鋼憲法」，只能是一個歷史名詞，它只存在於學人的書齋裏。幸歟？悲歟？

大饑荒中的「糧食食用增量法」與代食品[1]

從1960年起的兩年多時間裏，在中國廣大地區先後開展了兩場與糧食問題有關的群眾運動：「糧食食用增量法」和代食品宣傳推廣運動。前者是在大饑荒已經蔓延，當政者仍確信糧食大豐收，由地方黨委和政府發起，並得到中央認可和支持的一場節糧運動。後者是中央已意識到大饑荒的現實性，但已無糧食用於賑災，因而主動發起的一場救災運動。對於這兩場和糧食危機有關的運動，國內外學術界在有關大饑荒的研究中均較少涉及，本文擬對這兩場運動的起因、過程和後果作出探討，以求教於方家。

1、確信糧食大豐收，「糧食食用增量法」登場

「先進燒飯法」或「糧食食用增量法」最先是由地方黨委和政府創造的。1959年5月，遼寧省黑山縣衛星公社三枱子管理區副業生產隊創造出將「玉米先蒸、後磨、再煮」的「玉米食用增量法」。報導稱，食用了用增量法製作的玉米麵後，「群眾紅光滿面，生產勁頭十足」。這個經驗經遼寧省委上報後，得到中央的肯定，並批轉全國。1960年1月，上海

1　原載香港中文大學《二十一世紀》2002 年 8 月號 總第 72 期。本文的基本資料來自於香港中文大學大學服務中心所藏當代中國史資料，在此謹表示誠摯的謝意！文中資料除特別注明者，均引自大學服務中心所藏當代中國史資料。

市川沙縣推出旨在提高「出飯率」的「先進燒飯法」，將原先粳米一斤的「出飯率」，從2斤提高到2斤8兩。同月，河南省創造出更具科學術語規範性的「糧食食用增量法」一詞。具體操作程序是，將原糧煮到六七分熟後，從湯水中撈出，再用水磨將原糧磨成糊狀，把酵母放在麵糊中，發酵後送入蒸籠蒸熟。其結果是，用傳統方法蒸饃，1斤麵只能蒸出1斤饃，最多只能蒸出2斤，採用增量法後，1斤麵可蒸出5斤饃。河南同志興奮地將這種饃命名為「躍進饃」，他們甚至創作了一首歌謠，表達對「躍進饃」的喜愛：

> 躍進饃真正好，
> 既頂饑又頂飽，
> 節約糧食營養多，
> 利國利民好處多。

川沙縣和河南省的經驗分別代表了以食米為主的南方和以食麵為主的北方的兩種不同的節糧方式。繼而，層出不窮的增量法紛紛問世，也都貼上了「營養多、易消化」的宣傳標籤。其中有：

北京市密雲縣的「燙麵」、「雙蒸」、「水磨」做飯法；

遼寧省撫順市的「油水混合」的「食油食用增量法」，其工藝特點是，「用土超聲波使油水乳化」；

湖南省的「一炒、一泡、一蒸做飯法」；

四川省邛崍縣、莆江縣的「火米(蒸穀子)增量法」、「三開一煮法」；

武漢市的「蒸米做飯法」；

重慶市的「冷水發飯法」；

蘭州市的「水發麵蒸饃法」；

西安市的「純麵增量法」和「碗蒸饃增量法」；

河南省魯山縣的「煮後乾磨燙麵增量法」；

……

各地創造出的「糧食食用增量法」五花八門。雖然在1959年廬山會議前中央曾向全國批轉過遼寧省黑山縣的經驗，但在批判彭、黃、張、周之後，這項工作就被擱置了下來，直到1960年3月，領導層才真正重視起糧食食用增量法這個新發明，開始在全國全面推廣。3月之後，湖北、河北、河南、安徽、江蘇、山東、內蒙、江西、廣西、陝西、四川、遼寧和北京、天津、上海等省市採用增量法的伙食單位已高達50%至90%。

推廣「食用增量法」是否表明領導層已經意識到全國出現嚴重的糧食危機，並準備採取相應的解救措施？檢討1960年頭幾個月領導層的政策舉措，卻無法形成上述判斷。事實是：北京認定全國糧食取得了大豐收，倉稟飽滿，不僅可供國內需求，還可用於出口換匯；同時，領導層相信節糧與豐收並不衝突，越是糧食大豐收，就越要節糧。由此，下一個問題自然就被提了出來，即領導層對1958年大躍進以來各地普遍發生的浮腫、非正常死亡、人員外流等現象，究竟有何反應？

(1)對浮腫病的反應

1958年大躍進運動興起後，各地有關浮腫病的內部通報，除了廬山會議後的幾個月，在大多數時間裏，一直保持着暢通狀態。據不完全統計，僅在1958年一年，就有河南、

四川、雲南、甘肅、山東、湖南等6個省存在着浮腫病嚴重蔓延的情況。

1959年浮腫病在更大範圍加快蔓延。據零星資料統計：

山東省荷澤地區：1959年入春以來，水腫(即浮腫)病人達72.7萬人，死亡1558人。

廣東省海南島：1959年7月，海口市與其他6個縣有浮腫病人4.3萬人。

至1960年，浮腫病已成為遍及全國城鄉的流行病症，4月中旬，僅湖北省水腫、乾瘦、婦女子宮脱落人數達35.9萬人。江蘇省浮腫人數達12.6萬人。6月，江蘇省浮腫、消瘦人數達89.2萬人。[2]

對於各地浮腫病蔓延的現象，各省及中央經過一段時間，方弄清發病原因。起先認為，是食用了不潔食物引起消化吸收障礙而導致，後認為是食鹽過多而引起浮腫，最後才判定是營養不良導致浮腫。北京要求各地解決群眾疾病問題，但一般不減免地方的糧食徵購任務。

(2)對人口外流的反應

1958年4月，山東、甘肅農民就開始大量流入內蒙河套地區。

到了1959年，大量外地農民開始流入北京、瀋陽、呼和浩特、包頭等城市。4月，流入上海的人口已達數萬。據不完全統計：

河北省：外流人口28萬；

山東省：外流人口32萬，其中青壯年10萬人。

2　中共江蘇省委黨史工作辦公室：《中共江蘇地方史》，第二卷(南京：2001)，頁365。

1960年1至4月，無票乘火車的盲流農民達17萬人次，比1959年同期增加3倍，大部分來自魯、冀、豫。前往東北的佔60%，前往西北的佔20%，其他城市佔20%。同年1至6月，流入內蒙的盲流達60萬人，同期遼寧農民外流30萬人。

對於農村人口外流，北京持明確反對的態度。1959年3月，中共中央、國務院聯合發出《關於制止農村勞動力盲目外流的緊急通知》，其後，在各個交通樞紐普遍設立收容站。對於流入北京等大城市郊區的外流農民，可免糧票供應飯食，但需進行人員登記，其後一律遣返原籍。

(3)對經濟下滑嚴重影響對港副食品供應和出口供應的反應

1958年11月後，由於農副產品供應緊張，內地供港的副食品急劇減少。北京對此的反應是，動員群眾少吃肉、蛋，1959年5月，國內城鄉市場基本已不供應豬肉、鮮蛋。在大城市，除保證特種供應外，將居民供應壓縮到最低限度，或停止供應，以全力支持出口。河南省積極回應中央的號召，提出口號：國慶節前不吃肉，不吃蛋，或少吃蛋。湖北省規定：從縣到省，除特殊需要外，一律停止供應肉食。1959年4月，武漢市將停止肉食供應的範圍擴大到餐館、合作食堂、點心鋪。偶有供應，群眾排隊如長龍。

(4)對大城市節日供應困難的反應

1959年1月至4月，上海市市民的豬肉供應減少了35.92%，家禽減少75.19%，蛋減少79.56%，雞、鴨、魚則早已停止供應，原每人每月肉供應6兩(老秤)已不能夠維持。長期銷售不旺的代乳粉、代藕粉成為暢銷品。糧店開始出售部分山芋絲、苞米粉，作為居民的定量口糧。全國首善地區北京市的節日供應也捉襟見肘。1959年春節，在各地大力支持

下，北京的食品供應仍比1958年減少。1959年端午節，馬寅初因沒買到雞、肉，只吃了幾個粽子。他說，活了78歲，第一次沒過端午節。北京大學化學系教授傅鷹在家養了50隻小雞。與大城市相比，小城市的供應更加困難。1959年山東省棗莊市黑市地瓜乾8毛錢一斤，洋槐葉5分錢一斤。

對此，各級黨委和政府的反應是，號召勤儉建國，開展新舊社會對比活動。

(5)對非正常死亡人數激增的反應

1957年12月，各地就有非正常死亡的內部通報。1958–1959年後，情況日趨嚴重，據不完全資料反映：

1959年冬至至1960至4月，江蘇省寶應縣35391人死亡，其中絕大部分為餓死，該縣縣城內拾到的棄嬰有927名，其中死嬰153名。[3]

1960年1月至2月，江蘇省高淳縣非正常死亡1171人……

對於此類非正常死亡事件，北京的基本態度是，認定事件起因是「民主革命不徹底」，要求以階級鬥爭的方式反擊階級敵人的破壞，同時責成地方妥善安置災民，處理好善後工作。

北京領導層對上述所有「消極現象」的總體判斷是：

(1)認定現在全國糧食形勢一片大好。1960年1月26日，國務院下發文件宣佈，1958、1959年糧食獲得特大豐收。當前糧食形勢好得很，國家糧食庫存在1959年6月底343億斤的基礎上，1960年6月底將達到500億斤，而1960年6月底的實際庫存僅為127億斤。

(2)認定消極現象僅是「一個指頭」的問題，其他「九個指頭」都是好的。

3　中共江蘇省委黨史工作辦公室：《中共江蘇地方史》，第二卷，頁365。

(3)堅持大辦公社食堂的政策。廬山會議後，重又沒收農民自留地；1960年3月後，統一將糧食分配到食堂(不分到農民手中)。到了4月，全國農村已有4.4億人參加了食堂。

(4)將社會各界對糧食供應方面的意見，一律視為階級鬥爭和兩條道路鬥爭的反映，把群眾對糧食供應方面的不滿定性為「鬧糧」。而「社會主義不會餓死人」則成為一條鐵律，所有現實都必須經此條鐵律的過濾。

基於以上判斷，北京對於各地糧食告急，並未予以充分重視，反而認為，造成「糧食緊張空氣」的重要原因是，農民和基層社隊「瞞產私分」。此即是1959年以來一直未間斷進行的「反瞞產鬥爭」。具體到糧食問題，北京領導層採取了四項措施：

1. 繼續出口糧食。1958年的出口量為266萬噸，1959年激增為415萬噸，僅11月，就出口糧食18.8億斤，比第三季度糧食出口總和15億斤還多了近4億斤，創下了糧食出口新紀錄。1960年則安排了272萬噸的出口計劃，實際出口265萬噸。東歐國家鑒於中國宣傳糧食大豐收，要求中國在1960年供應84.7萬噸，比1959年提高50%。

2. 繼續高徵購。1958年的徵購比例為糧食產量的29.4%，1959年上升為39.7%，1960年為35.6%。[4] 到1959年11月27日，全國徵糧1077億斤。其中，1959年10月，全國收購入庫糧食241.8億斤，比上一年同期增加153.7億斤，即增長一倍半。

4　薄一波：《若干重大決策與事件的回顧》下卷(北京：中共中央黨校出版社，1993)，頁884。

3. 減少城鄉糧食銷量。1959年7月至11月，全國農村銷售127億斤，比上一年減少40億斤；城市銷售346億斤，比上一年減少40億斤。

4. 調動宣傳工具，闡述「好日子當苦日子過」的新概念。這個思想來自最高當國者。毛澤東在廬山會議上提出，要「富日子當窮日子過，寬日子當緊日子過，計劃用糧，節約用糧，糧菜混吃，吃飽吃好」，同時要「糾正部分農民多分多留多吃糧食的想法」。

北京的這些判斷和措施與信息渠道不盡暢通有一定聯繫。根據現有資料反映，高層雖然知道部分省、區餓死人的情況，但從大躍進以來，地方報災系統部分失靈。其中又以河南省信陽地區為最。1959年冬，信陽地區已「遍地哀鴻」，但當地領導仍封鎖消息，「災荒報豐收」。[5] 一些地方領導匿災不報，致使北京高層無法瞭解到餓死人問題的普遍性。

地方領導的匿災不報又和廬山會議後反右傾的大環境有關，因為報災就意味自我否定。因此，一些地方官眼見百姓大批死亡，也不放糧(一些地方糧庫仍存有糧食)，而且鐵了心拒不報災。更重要的是，最高當國者存有忌災諱荒的心理，一些地方官對此心領神會，乾脆匿災不報。

最後，在某些當政者看來，節糧與出口糧食並不矛盾，多年來一直如此，這就是「動態平衡」或「綜合平衡」。於是，領導者就這樣沉浸在了自己構築的「意底牢結」邏輯分析中。

但是，糧食問題似乎又很嚴重。在此背景下，1960年3月，北京對各地缺糧問題正式作出反應：在堅持既定原則下

---

5 陳敏之、丁東編：《顧準日記》(北京：經濟日報社，1997)，頁57。

(沒收自留地,糧食分配到食堂,不停止出口糧食),通過「組織人民經濟生活」,推廣糧食食用增量法,以達到節糧和支持出口的目的。

2、何謂「組織人民經濟生活」?

從1960年3月開始,「組織人民經濟生活」一詞頻繁出現在中央文件和各種報刊,在當時的語境下,這個詞彙包含兩層涵義:

1. 開展多種形式的宣傳活動,向群眾解釋當前各項經濟政策的合理性和必要性,重點解釋「為什麼糧食大豐收了反而需要節糧?」
2. 通過各級黨組織具體落實增產節約、計劃用糧的措施,「打擊階級敵人的造謠破壞活動」。

「組織人民經濟生活」所面臨的最大困難是官方宣傳與人民生活水平下降之間的巨大反差。1960年後,《人民日報》等不斷宣傳1958年、1959年取得了空前大豐收,但群眾的生活卻每況愈下。群眾對「三面紅旗」的不滿,已經從城市發展到農村和邊疆。一些零星資料對此有所反映:

福建省晉江縣深瀘漁民「攻擊」糧食政策說,毛主席當主席,一頓吃四兩;劉少奇當主席,一頓吃三兩;以後再一個主席,不知吃幾兩?晉江縣華僑僑眷八九千人,「爭着要出國或跑香港」。

瀋陽「有一些壞分子揚言」,給餓飯的孩子照個像,給毛主席寄去。包頭鋼鐵公司有幾個工人甚至要把帶沙粒的小米飯送給毛主席。……

大饑荒中的「糧食食用增量法」與代食品

針對各地出現的大量不滿言論，各級黨委把加強專政和思想教育結合起來。公安部長謝富治要求各地專政機關「高舉毛澤東思想紅旗」，重點打擊五類分子的「造謠」、「誣衊」和「反動言論」。在打擊、震懾階級敵人破壞活動的同時，各級黨委重點向群眾宣講「十年偉大成就」和「今後的幸福遠景」，以澄清群眾的「模糊觀念」：

一、糧食究竟有沒有取得大豐收？正確答案是：「堅信糧食取得了大豐收，在這個問題上不能有任何動搖」。

二、為什麼糧食大豐收了，還要號召節糧？為什麼各條戰線都取得了勝利，卻買不到日用品？正確的答案是：「不是糧食少了，而是吃得人多了」，「不是東西少了，而是買得人多了」。

三、小家有小家的困難，國家有國家的困難，群眾應設身處地，站在國家的角度考慮這個問題，不應一講節糧就埋怨、發牢騷。

四、社會主義絕不會餓死人，說農民被餓死完全是階級敵人的造謠、誣衊。

上述種種充分說明，以國家權力為後盾的意識形態，在修復和具有極其強大的功能。同時，這種具有強制性質的意識形態，也有它「柔性」的一面，它能夠以「不當家不知柴米貴」這類平民化語言訴諸並調動群眾的情感，使其服從於自我克制。現實世界早已是滿目蕭蕭，但經過意識形態的過濾，就變幻為「萬紫千紅」，「滿園春色」。只是這種意識形態的遮蔽效果實在過於強大，竟也誤導了領導者的常識思維，嚴重影響了他們對形勢作出正確判斷。

1960年5月，北京領導層開始逐步知曉糧食問題的嚴重

性質。事情的起因是，遼寧工業基地和津、滬的糧食供應已難以為計，但直至此時，北京對糧食和農村危機的深度和廣度仍模糊不清，而僅將問題理解為調運糧食出現了困難。28日，中共中央向各地發出緊急調糧指示。6月6日，中共中央再度發出《關於為京、津、滬和遼寧調運糧食的緊急指示》。令人驚奇的是，即使到了這一步，一些領導幹部仍在繼續隱瞞饑荒的真相。周恩來以後回憶道，在1960年夏天召開的北戴河會議上，他本人「已經意識到糧食有問題，但大家不承認，結果把真實情況給掩蓋起來了」。[6] 周恩來所說的「大家」既有中央幹部，也有省級大員。就在這次北戴河會議期間，毛澤東召見李富春、薄一波、陳正人談話，要求全國大搞小洋群、小土群，今冬要動員7000萬人來大煉鋼鐵。[7] 毛的這個指示很快就具體化為1960年7月後興起的「保糧保鋼運動」。

「保糧保鋼」運動的核心是試圖以政治運動的方式提高鋼產量和解決農村糧食問題。雖然中央到此時對各省的糧食情況仍不摸底，[8] 但大致已知道糧食出了大問題，這才有了「全黨動員，大辦農業，大力糧食」。無庸置疑，在全國人民尤其是廣大農民饑腸轆轆的情況下，根本無法完成1860萬噸鋼生產的任務，而在繼續堅持公社食堂制度的前提下反五風，動員幹部下鄉整社，對解決大饑荒顯然也無濟於事。

就在「保糧保鋼」運動全面展開之際，農村餓死人現象已

6　宋任窮：《宋任窮回憶錄》(北京：解放軍出版社，1994)，頁369–370。

7　薄一波：《若干重大決策與事件的回顧》下卷，頁872；另參見杜虹：《20世紀中國農村問題》(北京：中國社會出版社，1998)，頁450。

8　中共中央文獻研究室編：《周恩來年譜(中卷)》(北京：中央文獻出版社，1997)，頁365。

發展到令人恐怖的程度。僅山東省章丘縣黃河公社一地,從6月初至8月15日,已死亡642人。其中8月1日至15日,死亡229人,平均每天死亡15.2人。

在非常形勢下,北京高層終於完全清醒。9月7日,中央發出《關於壓低農村和城市的口糧標準的指示》,規定除少數重體力勞動者外,城鎮居民每人每月降低2斤口糧。文件首次承認「夏收之後,浮腫病、非正常死亡和人口外流現象繼續發生」。

3、大饑荒日趨嚴重,全面掀起代食品推廣運動

糧食空前緊張,廣大農民食不裹腹,就連較為富庶的江蘇省揚州地區,也到了「天天喝粥,有粥無菜」的境地,泰興縣在1960年5月10日至8月15日的96天裏,每人口糧僅82斤。[9] 1960年底,東北三省農村人均口糧已減至232斤,比1957年減少了55%。[10] 至於豫、皖、川、魯、甘、青、桂、黔等農村部分地區,則早已是道殣相望,村室無煙。而國家的糧食庫存已到了最低警戒線——1960年7-8月糧食庫存比上年同期減少了100億斤。[11] 作為應付迫在眉睫的糧食危機的一項直接措施,北京正式向全國發出號召,要求各級黨委政府、機關、學校,全力開展徵集代食品活動。8月10日,毛澤東在北戴河中央工作會議講話中說,秋收力爭要多打糧食,無論哪一個省、哪一個縣、哪一個公社,多打糧食,多搞菜,多搞代食

9　中共江蘇省委黨史工作辦公室:《中共江蘇地方史》,第二卷,頁368。

10　宋任窮:《宋任窮回憶錄》,頁368。

11　謝春濤:《大躍進狂瀾》(鄭州:河南人民出版社,1990),頁202。

品(野生的)，總之，韓信點兵，多多益善。[12] 毛澤東雖沒問糧食為何打不出來，但他畢竟明確提出要「多搞代食品」，這樣，宣傳機構又有了新的工作目標。

從前一陣鋪天蓋地的宣傳糧食大豐收，到眼下鼓動全民大搞代食品，這個彎子實在轉得太大，竟使得意識形態機構一時還不知道如何向人民解釋這一切，只能空洞地開展「三大萬歲」(總路線、大躍進、人民公社)宣傳活動。直至1960年10月，《人民日報》在國慶社論中才對形勢作出了新的解釋。社論稱，「兩年來，全國大部分地區連續遭受嚴重的自然災害，造成糧食嚴重減產」。社論並宣稱，「人民公社已使我國農民永遠擺脫了那種每遭自然災害必然有成百萬、成千萬人饑餓、逃荒和死亡的歷史命運」。社論作者當然知道，就在這篇社論發表之時，全國各地農村正在發生大面積餓死人的情況，但事實歸事實，宣傳歸宣傳，他們選擇採取了「硬着頭皮頂住」的方針。

然而，面對各地餓死人的警報，總得想出解決問題之道。1960年11月3日，周恩來主持起草了中共中央緊急指示信(12條)，在繼續堅持公社食堂的前提下，對農民作出了一些讓步，希望通過政策調整，迅速扭轉餓死人的現象。11月14日，中共中央發出《關於立即開展大規模採集和製造代食品運動的緊急指示》，根據中國科學院的建議，向全國推薦了一批代食品。《緊急指示》決定，成立以周恩來為組長的中央瓜菜代領導小組，下設辦公室，正式提出「瓜菜代，低標準」的口號。在各省成立「除害滅病」領導小組，普遍建立「人民生活情報網」，具體落實瓜菜代的任務。

12　杜虹：《20世紀中國農村問題》，頁458。

所謂「瓜菜代」，就是以瓜果、蔬菜代替糧食作為主食。其實，在饑饉遍地的1960年的廣大農村，早已無瓜無果，百姓且已把樹皮、樹根、野菜、觀音土代替糧食吞進肚裏，所以瓜菜代小組的真正任務是動員開發代食品。

　　在現代漢語中，「代食品」一詞最初出現於1955年。在統購統銷運動中，廣西靈山縣數千人因缺糧上山採取野果、樹皮充食。這種非穀粟類之物質從此就被冠之以「代食品」之學名，開始出現在官方通報中。之所以將野菜、樹皮等名之曰「代食品」，其關鍵的考量是意識形態所要求的政治立場問題。從「無產階級政治立場」出發，舊社會勞動人民吞糠咽菜不能稱其為食用代食品，而社會主義集體化和人民公社運動中農民所食的稻秸、橛根、玉米芯一類必須稱之為「代食品」。以後相延成習，「代食品」一詞逐漸進入現代漢語語彙。

　　在統稱為「代食品」的各類物質中，大致可分為兩類：
1. 自然生產類的動植物

　　小球藻，及其他水生植物(紅萍等)；

　　各類農作物(玉米、水稻、小麥、高粱等)的秸杆；

　　各類植物(蠶豆、豌豆、洋芋等)的橛、根，土伏苓等；

　　冷樹皮；

　　各種野菜(野口頭、鵝子草、泥鰍蒿、野芹菜、野池米、毛姑、豆瓣菜等)及野生菌類；

　　各類作物枝莖(紅薯秧、豆角皮等)；

　　各類野生果實(橡子、栲櫧、芭蕉等)

　　各類昆蟲……

2.合成類(用霉地素、鏈孢素作基本原料)

人造肉精、人造肉精粉；

人造肉(又稱人造成型肉)、人造肉丸子、人造肉湯；

人造奶；

人造食用油脂……

在上述各類代食品中，小球藻得到了中央和各級領導機關的特別重視。小球藻原是一種水面浮生植物，1960年上半年，上海等地最早將其用於豬飼料的食用。由於糧食空前緊張，生豬存欄量急劇減少，嚴重影響出口和人民的副食品供應，小球藻的開發一度被認為有助於提高豬飼料的營養成份，可緩解豬飼料短缺的困難。於是這項發明在上海等地迅速得到了推廣。至1960年7月底，全國二十七年省、市、區(西藏除外)都已程度不同地開始了小球藻的培養試驗和大面積的生產。

小球藻從豬飼料的輔助食物一下跨入人類食物領域，時任中央書記處候補書記的胡喬木在其中起了關鍵性的作用。1960年10月，胡喬木呈書毛澤東，建議在全國推廣小球藻代替糧食。胡稱，推廣小球藻，既可治浮腫，又能「保證不餓死人」。毛澤東聞知此物有如此功效，遂於10月27日將胡喬木的信批轉全黨，[13] 要求全面推廣。

毛澤東的批示及胡喬木的報告下發後，全國立即掀起了群眾性大辦小球藻的熱潮。小球藻生長的關鍵要素是採集小球藻培養液。各地稀釋小球藻培養液的種類繁多，最常見的方法是：用人畜糞尿。北京、湖南的經驗是，以百分之一到

13　中共中央文獻研究室編：《建國以來毛澤東文稿》，第九冊(北京：中共文獻出版社，1996)，頁327。

百分之二的稀釋人尿為最佳配方。機關、學校、工廠、街道普遍建起了培養小球藻的水池，城市居民更是利用家中的瓶罐，培養小球藻。許多家庭讓孩子每天在餐前喝一兩勺小球藻水液，相信小球藻具有豐富的營養價值。實際上，這只是糧食極度匱乏的年代中人們的一種預期心理，與科學原理毫不相干。

在大辦小球藻的同時，北京市還發明了一項「大白菜快速生長法」，將大白菜的疙瘩、帶心芽的菜根，栽在盆子裏，據說在15度的室內氣溫下，能較快地生長成菜。

在各類代食品中，比較具有實際效用的應是「人造澱粉」。所謂人造澱粉，就是將經過整理的秸、根、葉、莖、球等磨成粉狀，通常將其混入玉米麵、高粱麵，做成饃或窩頭，食後胃腹部有某種充實感或腫脹感，而不像飲了小球藻液後那樣虛無縹緲。[14]

4、組織、意識形態與代食品推廣

代食品推廣運動是在各級組織的精心佈置下全面展開的。1960年下半年後，解決群眾吃飯問題成為各級黨委和政府的頭等大事，在堅持人民公社制度和公社食堂的大框架下，各級黨委和政府運用常規的政治動員方式，全力貫徹中央關於瓜菜代的措施。

各級黨委紛紛制定採集代食品的指標，各省都向中央彙報了採集代食品的預期數目。1961年初，青海省提出兩項承諾，農民口糧全年人均不得少於180斤；在1961年8月底生產人造肉、小球藻乾粉300萬斤，葉蛋白1500萬斤，人造精製澱

14　朱正：《小書生大時代》(北京：北京大學出版社，1999)，頁 195。

粉2億斤。1960年底，中共中央東北局對1961年1至9月的全區農民生活作出安排，力爭每人口糧達到120斤，每天2兩乾澱粉(代食品)。[15] 湖北省崇陽縣發動群眾2.5萬人上山採集野果。中科院昆蟲所在短期內搞出可食昆蟲1200多斤，並將取得的經驗向全國推廣，即，「採食昆蟲是補充營養的一種途徑。」

在各級政府的全力推動下，人造肉精的商業性生產取得很大進展。據輕工業部、商業部、化工部不完全統計，到1961年4月15日，已生產人造肉精乾粉479噸，其中輕工部第一批試點廠濟南酒精廠、瀋陽啤酒廠等十個重點廠生產了446噸。從1961年3月起，天津全市已在17個二級飯館出售人造肉炒菜。雲南省用小球藻液70噸，生產冰棒、稀飯、湯供應市場。黑龍江、吉林、遼寧十個市已供應195萬斤人造成型肉。四川省銅梁縣利用代食品生產糖果33萬斤、糕點19萬斤，還供應葉蛋白湯圓、小球藻羹湯、肉精水餃。

為了推動代食品運動向縱深方向發展，各級黨委和政府還用召開「吃飯大會」或「節糧先進集體、先進個人表彰大會」的形式宣傳代食品的優越性，消除黨內外幹部在推廣代食品運動中的「模糊認識」。

推廣代食品的關鍵是幹部，然而不少幹部在推廣代食品問題上卻表現消極。他們先是對「綠水」(群眾稱小球藻為綠水)可以代替豬飼料表示懷疑，以後更不相信可為人食用。河北省隆化縣委遵照中共中央華北局和河北省委的佈置，召開推廣代食品的「吃飯大會」，將榆樹葉、檞樹葉混入玉米麵做

15　強曉初、李力安、姬也力：《馬明方傳略》(西安：陝西人民出版社，1990)，頁86。

成窩頭，讓全縣五級幹部集體食用。地處西南的四川省納溪縣也曾召開過「吃飯大會」。縣委書記要炊事員做了十幾樣代食品，讓全縣幹部品嘗，並大聲問道，「代食品好不好？」參加吃飯大會的縣社幹部，只有少數人大聲稱「好」。[16]

在推廣代食品運動中，科研部門與宣傳部門發揮了重要作用。大躍進浮誇風重災區河南省，在宣傳代食品優越性方面走在全國前列。該省科研部門對玉米皮、紅薯秧的「營養成份」作出鑒定，其結果是：

玉米皮：含水份7.09%，蛋白質3.92%，澱粉33.36%，糖1.62%，粗脂肪0.44%

紅薯秧：含水份39%，灰粉1.84%，澱粉63.17%，

最後的結論是，玉米皮、紅薯秧品質很好，適於人體食用。

湖南省電力學院發明了用稻草粉和麵粉各半製成的饅頭，聲稱「經過醫學院的化驗，營養價值超過北京標準麵」。湖南、四川、廣西還將石灰水煮稻草再研製成粉，聲稱稻草的澱粉量達到30%至80%，並將這種澱粉起了一種學名，曰「稻草澱粉」。在1960年11月後的一段時期內，意識形態宣傳部門將代食品的「優越性」推到了極致，「甚至說得比真糧的營養價值還高」。他們說，雙蒸飯易於消化，更易於發揮食物的營養價值，是對人類膳食結構改革的重大貢獻；小球藻、精製澱粉則不含膽固醇，有益於防止心血管疾病。

儘管宣傳媒介將代食品和雙蒸飯等的優越性吹得天花亂墜，但各地不時傳來群眾誤食代食品導致中毒的消息。1960

16　鄧自力(鄧小平族弟)：《坎坷人生》(成都：四川文藝出版社，2000)，頁156。

年4月，中央衛生部發出通知，要求各地禁止宣傳蒼耳子。此前河南省蘭考縣群眾5900餘人誤食蒼耳子，致使1100餘人中毒，38人死亡。在此前後，各地農村因誤食有毒植物中毒死亡的事件接踵發生。5月，山西省3800人吃蒼耳中毒，54人死亡。各地農民還因吃了腐變的蔬菜，患了青紫病。由於中毒現象較為普遍，1960年下半年後，全國各製藥廠紛紛趕製解毒劑「60號中藥」，隨即又開展了防治青紫病的宣傳活動。

在代食品推廣運動中，同時進行防治青紫病的衛生防疫工作，顯示了意識形態在解釋現實問題上所面臨的巨大困境。這種矛盾性也充分體現在各地領導幹部的公開與私下言論中。作為黨政首長，他們在公開場合動員大搞代食品，但常識理性又使他們自己也不相信意識形態對代食品的宣傳。北京市委第二書記劉仁就指責過負責代食品生產的北京市商業局副局長：「淨出么蛾子(北京土話，指壞主意)，叫人吃這個行嗎？」他也不滿「雙蒸飯」，説「一兩糧食蒸來蒸去不還是一兩糧食嗎？」[17] 劉仁講這些話時，已是1961年。在這年年初召開的八屆九中全會上，中央重又提倡調查研究和實事求是的精神。與此相連，有關代食品優越性的宣傳開始逐漸降溫。科研部門對代食品的「營養價值」又作出了新的測定。四川省測試出40種代食品的有毒成份。中科院生理所對橡子粉、稻草的「營養成份」作出檢驗，結論是基本沒有任何營養價值。中科院有機化學研究所、生物化學研究所和中國醫學科學院的最新研究證明，稻草、玉米根、玉米芯、玉米秸營養價值很低，「不能產生熱量，不能消化吸收，不適

17　中共北京市委《劉仁傳》編寫組：《劉仁傳》(北京：北京出版社，2000)，頁 409–410。

合大量摻食」；而所謂「粗澱粉」的真正澱粉含量只有0.8%
至2.96%，蛋白質0.27%–0.6%，將其餵小白鼠，三天內體重下
降31%，解剖後發現胃擴大和胃壁變薄。

在劉仁等作出不公開批評及科研部門在內部重新對代食品
作出營養評估時，一般的普羅大眾則更直接、更明確地表達
了他們對代食品和相關政策的不滿。

學生：瀋陽醫專有學生說，「勤儉建國真正好，又吃野
菜又吃草」。太原市五中、三中、十中的幹部子弟拒絕吃野
菜，說「那是給豬吃的」。廣州大學生「發牢騷」：「形勢
好得很，為什麼天天吃無縫鋼管(通心菜)？」他們還「攻擊」
國家的援外政策是「打腫臉充胖子，瘦狗拉硬屎。」

工人：在1960年下半年降低口糧標準時，撫順發電廠工
人的主食是用杏條麵做的窩頭，工人說：「這東西餵雞，雞
都不吃，可為了裝飽肚子，不吃又怎麼辦呢？」[18] 鞍鋼有些
工人說，「過去給地主扛活還管飽不限量呢！」「舊社會不
好，魚蝦酒肉都能吃着；新社會好，什麼都買不到。還不如
從前給地主當僱工，也比不上過去的豬狗。」

農民：上海市青浦縣農民說，「蔣介石手下受苦，吃飯；
毛主席手下享福，吃粥。」安徽省宣城縣農民不滿道，「什
麼毛主席，比茅缸板還臭！害得我們飯都沒得吃。」[19] 江蘇省
海安縣農村兒童傳唱一首歌謠：「毛主席，大胖臉，社員餓
死他不管！」[20]

18　周維仁：《賈拓夫傳》(北京：中共黨史出版社，1993)，頁 197。

19　丁學良：〈革命回憶錄之五‧我最早遇到的「持不同政見者」〉，載香港《信
　　報》財經新聞，2001 年 2 月 13 日，第 24 頁。

20　王覺非：《逝者如斯》(北京：中國青年出版社，2001)，頁 426。

高級知識分子：經歷過1957年反右運動，絕大多數高知都做到了謹言慎行，但在1960–1961年，中科院仍有一些科學家，因糧食和副食品短缺，向組織上提出了出國探親的申請。

在社會各階層的普遍不滿中，城市低收入群眾的不滿最為突出。從1961年11月15日起，全國各省會城市率先執行陳雲有關大量生產高級點心和高級糖果，以回籠貨幣的指示。當天北京售出高級點心12.2萬斤，高級餅乾1.9萬斤，高級糖果12.1萬斤。高級糕點最高價格為7.6元一斤，最低3元一斤，但數量很少；高級糖果5元一斤，最高16元一斤；高級餅乾分4元一斤和5元一斤兩種。這類高級食品的購買者雖有一般市民，但大多為幹部和高級知識分子。1962年初七千人大會後，國家將1960年11月制定的優惠享受副食品供應的範圍從高級幹部、民主人士頭面人物、有突出貢獻的科學家一下擴大到17級以上中級幹部。規定：17級以上幹部每人每月補助供應糖一斤、豆一斤；13級以上高幹，每人每月增加供應肉2斤、蛋2斤。此舉雖然得到中高級幹部的普遍擁護，卻極大地挫傷了一般幹部和廣大群眾。北京市的一般幹部諷刺道，「高薪人員豬肉炒雞蛋，低薪人員一鍋菜葉熬稀飯」，「現在幹部分三等，一等是吃肉的，二等是吃糖豆的，三等是喝湯的」。一時間，各種「牢騷怪話」如潮水般湧了出來。

對17級以上高中級幹部予以副食品補助反映了中央對幹部階層的體恤關心，正式的說法是：「幹部是國家寶貴的財產」。[21] 1962年初，對幹部階層的照顧，除了供應糖豆、肉蛋等副食品，還有其他的形式。在北京，「黨中央決定舉辦

21　韶華：《說假話年代》(長春：春風文藝出版社，1999)，頁60。

17級以上黨員幹部學習班」，主要目的，一是「為了統一黨內思想」，二是為了讓幹部得到營養補充。這種學習班帶有「保養性質」，「每期兩個月」，每天的飯食有「富強麵粉的饅頭、花卷，有大米飯，還有市場上少見的豬肉、雞蛋和香腸等葷菜」，「每天的伙食標準一元錢」。[22](當時，省會城市一般家庭成員一月的最低生活標準是8–10元；在全國工資類別最高地區的上海，收入較高的紡織廠工人的月工資一般僅為40多元。[23]) 遼寧省委照顧幹部的方法是，安排他們輪流「住在賓館，看看馬列主義的書，同時改善伙食。」[24] 對農村縣社基層幹部的補助水平，則遠遜於大城市。一些省地市縣經常以開會為由，讓縣社一級幹部在縣食堂補餐，「進城開會期間，三兩天有一頓豬肉，開四五天會，可吃兩次肉……幾天不吃藥，腫就消了」，因而許多農村基層幹部「最盼的就是到縣上開會」。[25] 由於幹部進城開會，吃住在縣城，農民根本不知幹部進城開會補養身體的事。

以常理觀之，領導層用制度的方式對17級以上幹部實施照顧，是希望他們努力工作，更好地「帶領群眾抗災救災，恢復生產」。但部分地區卻更熱衷於借着「照顧17級」的東風，將這個門縫越擠越大。據有關資料反映，1962年上半年，河北省唐山、承德等七個專區，大大突破「照顧17級」

22　金鳳：《歷史的瞬間——一個新聞記者的回憶》(北京：中國文聯出版公司，1986)，頁 116。

23　熊月之主編：《上海通史·第 11 卷·當代政治》(上海：上海人民出版社，1999)，頁 170。

24　韶華：《說假話年代》，頁 61。

25　鄧自力(鄧小平族弟)：《坎坷人生》(成都：四川文藝出版社，2000)，頁 157。

的範圍，規定17級以上幹部，每人每月供應食糖1斤、大豆3斤、食油0.5–3.5斤，肉0.5–3.5斤，雞蛋0.5–2斤，紙煙2條，下水2–3斤，水產3–5斤，粉條3–5斤，豆腐3–5斤。豐南縣還別出心裁地將該縣200餘名負責幹部分割為「三等九級」。縣委書記處書記一級，平均每月吃掉雞、鴨、豬羊肉40多斤，而縣委第一書記一個月則分到了70多斤肉。

17級以上幹部雖然較群眾先吃了一步，或多吃了一些，但畢竟表明現在已經有了可吃的食物。1961年底，國家增加了城市人口的糧食定量標準。第二年初，雖然還有消極現象——僅河南商丘、開封、新鄉、安陽、信陽6個專區外流饑民就達到了32萬，但全國經濟形勢已出現好轉跡象。以浮腫病現象為例，1962年初江蘇省浮腫病人達到39.3萬人，雖比1961年底增加了8萬多人，但比上一年同期仍減少了許多。[26]伴隨經濟的逐步恢復，城市居民的副食品供應也相應得到改善，代食品逐步退出人民生活領域。

促使糧食供應好轉的關鍵因素並不是「糧食食用增量法」和代食品，而是中共中央分別於1960年11月和1961年6月作出的恢復農民自留地和解散公社食堂的決定，以及從1961年初從國外大量進口的糧食。據統計，僅1961年就從國外買進糧食500萬噸，1962年又進口300萬噸。增量法和代食品在緩解糧食危機方面也起到了一定的作用。

1962年的國慶節，全國各大城市的節日供應已明顯好轉。從9月25日至10月2日，僅北京市場就銷售了脫銷兩年多的雞鴨30萬隻。在此期間，北京市民每人供應鮮肉3兩(平時每人每月肉票限量供應2兩，多為凍肉)，全市居民共購買了

26　中共江蘇省委黨史工作辦公室：《中共江蘇地方史》，第二卷，頁 380。

160萬斤鮮肉。北京市一些冷清了多年的著名飯莊又重新紅火了起來。「沙鍋居」恢復了燒、燎、白煮等32個品種。門框胡同的爆肚腸、豆腐腦白，菜市口的羊頭肉，「金生隆」的豆腐腦、炸丸頭都恢復了供應。高收入者喜愛光顧的「月盛齋」的醬牛肉，「普天樓」的扒雞、叉燒、燒肉，「福玉樓」的醬豬肉也已敞開供應。

然而，美食雖好，卻非人人都能享用，在高收入者大快朵頤之時，北京市的一些底層群眾卻買不起節日計劃憑票供應的副食品，致使某些平時難得一見的副食品滯銷。9月25日至10月5日，北京市向市場投放了80萬隻雞鴨，可保證每戶居民購買一隻，但到了10月2日，僅銷售了30萬隻。

但不管如何，幾年特大經濟困難，終於「盡力設法混過去了」，[27] 領導層最擔心的情況總算沒有發生：幾年間，儘管「糧食少，死了一些人，可是沒有出大問題，沒有出『皇帝』」(宋任窮語)。[28] 全國城市的代食品的噩夢也在1962年上半年大致結束。

綜上所述，在大饑荒降臨之際，發起「糧食食用增量法」和代食品推廣運動實乃迫不得已之舉。中國歷代政府對於饑荒問題都有一套應對方法，到清代已建立起較為完善的報災、勘災制度，朝庭通過放糧、免徵、出貸、移民就粟、以工代賑等減輕百姓痛苦。[29] 建國後，在五十年代初中期，政府

27　韋君宜：《思痛錄》(北京：北京十月文藝出版社，1998)，頁89。

28　宋任窮：《宋任窮回憶錄》，頁385。

29　李向軍：《清代荒政研究》(北京：中國農業出版社，1995)，頁23–25；另參見袁林：《西北災荒史》(蘭州：甘肅人民出版社，1994)，頁304、307；曹幸穗等：《民國時期的農業》(南京：《江蘇文史資料》編輯部，1993)，頁295–302。

在勘災、救災方面也取得很大成績，但1958年的大躍進和接踵發動的反右傾運動破壞了報災、救災機制，造成了令人痛心的後果。

1960年下半年後，當國者逐漸面對現實，卻苦於已無糧食可用於賑災，遂運用意識形態和國家權力全面發起代食品運動，顯示出了巨大的功效。在這艱難的幾年裏，絕大多數幹部也能做到與群眾同甘共苦，只是百姓尤其是廣大農民的克制和犧牲，並沒有使最高當國者有所愧疚或改弦易轍，在其戮力堅持的「社會主義新農村」建設中，農民依然長期缺衣少食。農民的吃飯問題，一直要到1980年代初鄧小平啟動農村改革才得以真正解決，其間的教訓值得世人永遠銘記於心。

大災荒與「四清」運動的起源[1]

　　近20年來，圍繞60年代初大災荒與大躍進、人民公社的關係已出版了若干論著，但學術界卻較少注意「四清」運動與大災荒的關係。本文依據《建國以來毛澤東文稿》和其他相關資料，對這一問題作了初步研究，形成的基本看法是：「四清」運動雖然初興於1963年，但是早在大災荒趨於頂點的1961年初，「四清」的基本概念及其措施已相繼出台，毛澤東認定造成大災荒的主要原因是階級敵人破壞和民主革命不徹底，並着手部署反擊「資本主義復辟」。只是由於1961年國民經濟和人民生活已陷於極度困難，劉少奇、周恩來、鄧小平、陳雲事實上將毛澤東有關大搞階級鬥爭的指示懸置起來，才未使之演變為大規模的政治運動。1962年下半年，經濟復蘇已成定局，毛澤東重拾一年多前提出的那些概念，並迫使中央核心層接受了他的意見。在毛的全力推動下，1963年春夏之後，「四清」運動在全國迅速鋪開。

一、毛澤東對大災荒的反應

　　進入1960年，由大躍進、人民公社運動引發的國內經濟嚴重困難的局面已經全面形成，各地普遍出現糧食緊張、人

1　　原載香港中文大學《二十一世紀》2000 年 8 月號 總第 60 期。本文基本資
　　料來源於香港中文大學大學服務中心所藏中國當代史史料，謹致謝意。

員外流、浮腫蔓延和「非正常死亡」人數激增等現象。但是對於中央領導層而言，這些並非是1960年產生的新情況，早在一年前若干省份就曾向北京作出彙報[2]。毛澤東也曾就解決此類問題作過批示[3]，現在毛澤東要求全國各級黨組織注意解決此類問題，並研究了解決問題的辦法。

　　1960年3月，毛澤東針對糧食緊張的問題作出批示，要求全國一切公社推行「用植物秸、杆、根、葉大製澱粉」[4]。毛澤東對「非正常死亡」現象也作出了反應。1960年3月，毛批閱山東省六級幹部會議文件，在山東的文件中有反映該省農村已出現「非正常死亡」的內容。毛批示：「這些問題，各省、市、區都有，如不注意處理，定會脫離群眾。」毛指出，用召開六級幹部會議的方法處理此類問題較好[5]。同月，北京對甘肅通渭事件作出正式判斷——自1959年12月至1960年2月，通渭、隴西、和政三縣出現大量餓死人現象，中央批轉甘肅省委解決通渭問題的意見稱：造成事件的原因是機會主義分子與反革命分子搞在一起，「從縣到基層都混進一批

2　1959年部分省區就有餓死人的報告。1959年初，南京遠郊的句容縣寶華公社兩個大隊就有餓死人現象，高淳縣在1959年餓死1529人。見丁群：《劉順元傳》(南京：江蘇人民出版社，1999)，頁312；另有資料反映，該縣在1958年冬至次年春，「非正常死亡」人數達六千人。參見錢鋼、耿慶國主編：《二十世紀中國重災百錄》(上海：上海人民出版社，1999)，頁582。江蘇寶應縣從1959年冬到1960年4月，共死亡35391人，絕大部分為缺糧而死。1960年春，中央糧食部門和江蘇省委曾分別派工作組前往該縣調查。見《七十年征程——江渭清回憶錄》(南京：江蘇人民出版社，1996)，頁448。

3　參見錢鋼、耿慶國主編：《二十世紀中國重災百錄》，頁580。

4　《建國以來毛澤東文稿》，第9冊，(北京：中央文獻出版社，1996)，頁71。

5　《建國以來毛澤東文稿》，第9冊，頁98。

反、壞分子，幹部隊伍不純是發生問題的一個重要原因」[6]。在此前後，中央也向全國通報了寧夏自治區黨委處理中寧事件的意見，認為1959年冬到1960年春發生的中寧縣「非正常死亡」事件的原因之一在於「中寧民主革命不徹底，建黨根子不正，黨組織嚴重不純」[7]。

面對糧食緊張和「非正常死亡」等現象，毛澤東的態度是「現在形勢大好，缺點錯誤是部分的」[8]。他要求解決某些缺點和錯誤，然而毛提出的解決問題的辦法——召開六級幹部會議一類——並不能真正紓緩農村的緊張情況，因為這些會議的主題是貫徹中央反右傾、鼓幹勁的精神，諸如堅持社會主義陣地公共食堂等，在「繼續躍進」的形勢下根本無從解決餓死人的問題。

但是在毛澤東看來，所有這類消極現象都是前進中的暫時困難，不應妨礙國民經濟的繼續躍進。在毛的全力推動下，1960年1月上海政治局擴大會議號召：三年完成《農業發展綱要40條》，五年趕上英國，同時着手部署在城市大辦人民公社。到了3月，杭州會議更號召：實現「城鄉公共食堂普遍化」。

在全國經濟正急劇惡化的形勢下，毛澤東的樂觀態度客觀上助長了省一級領導的新一輪浮誇風。1960年3月，由張平化任第一書記的湖南省委向毛和中央報告：該省群眾的福利和健康普遍較好[9]。在由舒同任第一書記的山東省委給中央的報

6　引自香港中文大學大學服務中心所藏當代中國史史料。

7　李樹傑：《談「中寧事件」》，載《寧夏文史資料》，第21輯，(銀川：寧夏人民出版社)，頁110。

8　《建國以來毛澤東文稿》，第9冊，頁40。

9　《建國以來毛澤東文稿》，第9冊，頁64–65注釋1。

告中，雖然也承認該省存在水腫、餓死人現象，但卻把壞事當作好事彙報，這就是，即便有缺點，也是在正確路線上，報告認為全省「當前形勢無限好」[10]。由吳芝圃任第一書記的河南省委給中央的報告則強調該省如何「深入學習毛著，系統總結大躍進豐富經驗」[11]。吳芝圃向毛報喜訊：河南全省人口99%已入食堂，辦得好的食堂佔總數66%。毛對河南報告大為讚賞，稱其「是一個綱領性的文件和科學性的文件」[12]。1960年上半年，貴州已出現嚴重的餓死人現象，由周林任第一書記的貴州省委卻向毛彙報：全省食堂辦得好和比較好的佔總數80%。毛又予以讚揚，說貴州的經驗「是一個科學的總結」[13]。

幾個大躍進紅旗省大辦食堂的先進經驗使毛澤東大為振奮，他甚至將黑龍江省的經驗寫成通俗易記的四言詩[14]。毛表揚豫、湘、川、雲、貴、滬、皖等省市做的最好，要求全國學貴州，學河南，「一律照此辦理」。[15]

各地的這類浮誇報告是否對毛澤東構成「誤導」？筆者認為即使有些影響，也不大，因為毛可以通過各種信息渠道瞭解全部情況。重要的是，他需要這類報告和經驗總結來證明自己的觀點。1960年2月，在供省級以上領導幹部參閱的情況簡迅中又恢復了有關農村人口「盲目外流」、「浮腫蔓延」等情況的內部通報(1959年廬山會議後一度停止了類似情況的

10　《建國以來毛澤東文稿》，第9冊，頁100–101注釋2、3。
11　《建國以來毛澤東文稿》，第9冊，頁59注釋1。
12　《建國以來毛澤東文稿》，第9冊，頁58。
13　《建國以來毛澤東文稿》，第9冊，頁44、45注釋2。
14　《建國以來毛澤東文稿》，第9冊，頁68。
15　《建國以來毛澤東文稿》，第9冊，頁69。

內部通報)。更重要的是，毛需要吳芝圃一類的報告和經驗總結來證明自己的觀點。但在4月以後，毛澤東對狂熱的宣傳已略有不安。4月28日，他在一份批示中提到：在宣傳報導方面，「防止發生不切實際的浮誇風」[16]。毛的這個批示只是提到宣傳降溫的問題，並不涉及已大量出現的「非正常死亡」。

1960年6月，毛澤東似乎開始覺察到，或者是真正願意面對農村的嚴重問題，起因是陶鑄的一份報告。陶鑄認為，解決農村問題的方法是開展一場「三反運動」，即反官僚主義、鋪張浪費和形式主義。具體內容為糾正基層幹部的違法亂紀、強迫命令一類錯誤。陶鑄提供的廣東「三反」經驗將打擊矛頭針對社隊基層幹部，其主題與方法和幾年後的「四清」極為相似：運動的對象是農村基層幹部；運動的重點是清理賬目、幹部退賠；鬥爭的指導思想是以黨的階級路線來開展「三反」，即清除出身地富的「成份不好」的幹部；打擊範圍掌握在3%之內；通過運動，最後促使幹部參加勞動[17]。

陶鑄的報告既不涉及修正政策，又開出了解決問題的藥方，果然獲毛澤東賞識，他稱讚廣東「提出來的問題和對這個問題的處理辦法是正確的」[18]。

1960年6月後，毛澤東對大災荒的解釋逐步清晰，他認為問題主要是由「五風」造成(共產風、浮誇風、命令風、瞎指揮風、幹部特殊化風)。毛的上述判斷應該不錯，卻只涉及問題的現象層面，他所提出的解決問題之道仍是其一貫堅持的大搞階級鬥爭的一套。

16　《建國以來毛澤東文稿》，第 9 冊，頁 212–213。

17　《建國以來毛澤東文稿》，第 9 冊，頁 207–208 注釋 1。

18　《建國以來毛澤東文稿》，第 9 冊，頁 207。

毛澤東提出在農村立即開展整風、整社，用階級鬥爭的方法搞三反運動，同時繼續堅持農村食堂。其結果是「三反」於事無補，1960年9月的「八字方針」也不能立即緩解大災荒，形勢進一步惡化，致使部分地區餓死人的現象在1960年下半年後已發展到「慘絕人寰」的地步。1960年6月後，河南信陽地區已餓死人達100萬[19]。

　　面臨極端惡化的形勢，毛澤東終於同意加大調整政策的力度，1960年11月3日，中央下發緊急指示信(12條)，提出全面反五風，允許農民保留小額自留地，允許農民經營小規模家庭副業。在當年夏天的北戴河會議上，毛雖提到「只有大集體，沒有小自由不行」，卻沒有將其變為中央的政策，現在終於明確為具體政策。但是「緊急指示信」仍然堅持農村食堂，此項規定在相當程度上沖淡了有關自留地的精神。

　　1960年11月，毛澤東開始修正「形勢一片大好」的論斷，改口說「三分之一的地區的形勢不好」，同時毛又明確提出，調整政策後，幾個月形勢就會好轉[20]。毛要將基調先定下來，即解釋為何全國部分地區形勢不好。

　　現在毛澤東的解釋比6月份前進了一步。他說，這是因為這些地區的「民主革命尚未完成，封建勢力大大作怪，對社會主義更加仇視，破壞社會主義生產關係和生產力」[21]。可是有無領導方面的責任和缺失呢？毛爭取主動，首先承認自己有錯誤。1960年6月，毛在《十年總結》一文中第一次談自

19　徐明：〈吳芝圃與河南大躍進運動〉，《二十一世紀》(香港中文大學‧中國文化研究所)，1998年8月號，頁45–46。

20　《建國以來毛澤東文稿》，第9冊，頁349–350。

21　《建國以來毛澤東文稿》，第9冊，頁349。

己的「錯誤」，毛説，他的「錯誤」在於將過渡時期估計太快，但馬上強調：「錯誤不可能不犯」，「有一部分錯誤大概也是難免的」。毛並沒有忘記將其他人捎上，他説，「有些是和當事人一同犯的」[22]。1960年11月，毛在一份為中央代擬的文件裏，用第三人稱的方式，再次談自己的錯誤，言辭和態度都非常懇切[23]。

毛澤東已作「自我批評」，各省大員紛紛表態願承擔責任、為毛分憂。僅僅半年之前，在北戴河會議期間，各省的書記們還不肯檢討，華東局第一書記柯慶施極為焦急，他耐心啟發華東各省的書記率先作出檢討，但是書記們就是不上鈎[24]。柯慶施無奈，只能借上海工人之口説，「黨中央和毛主席是對的，一個指頭的毛病是出在我們手上」[25]。

毛澤東既已下「罪己詔」，各省檢討報告如雪片般報向中南海，所有的檢討都是一個調門：中央的政策是正確的，地方在執行正確的政策過程中出了偏差。毛澤東心領神會，對這類報告一概嘉許[26]。

1960年11月後，毛澤東焦急地等待各地報來「好消息」，地方領導也非常理解毛的這種焦灼心情，他們迅速報來的各種材料，皆是農村出現一片新氣象的內容。安徽省委的報告稱，「五級幹部大會」召開以後，全省如今「人人興高采烈，生產出現了一片嶄新氣象」[27]。黑龍江省富拉爾基重型機

22　《建國以來毛澤東文稿》，第 9 冊，頁 215。
23　《建國以來毛澤東文稿》，第 9 冊，頁 364–365。
24　《劉順元傳》，頁 329。
25　引自香港中文大學大學服務中心所藏當代中國史史料。
26　《建國以來毛澤東文稿》，第 9 冊，頁 364–365。
27　《建國以來毛澤東文稿》，第 9 冊，頁 333–335。

器廠開展「紅思想運動」，借工人之口說，「現在每月能吃大米白麵，有這麼多的糧食，真是上天堂了。今後我再也不吵糧食不夠吃了」。[28]

此時此刻，毛澤東太需要這類反映「大好形勢」的報告，毛更對「亂講」十分警惕，他同意林彪的意見，禁止軍隊同志向地方領導反映對形勢問題的看法[29]。

1960年11月，毛澤東的心情較為低落。11月29日，毛網開一面，批示免去資本家下放農村，改為下放城市企業[30]。如果沿着這條路繼續下去，加大「罪己詔」的份量，可能會加速扭轉危急局面，毛也不失為知錯即改的「賢君」。但毛澤東鬥爭了一輩子，經歷了無數風浪，他忽然對自己領袖威望變得異常敏感起來。1960年12月14日、21日，他親筆同意，將寫有「特別是領導幹部，一定要好好讀書，好好學習毛澤東同志的著作」內容的文件下發全國[31]。毛也將外國左派歌頌他的資料批轉給中央和省級負責幹部閱讀[32]。毛心細如髮，完全清楚黨內外早已怨氣衝天，如果聽之任之，極有可能會危及自己的領袖地位。他只能採取進攻的姿態，大講階級鬥爭。

1961年1月，中共中央召開八屆九中全會，毛澤東對死人事作出正式判斷，毛指出：全國三分之一的政權不在共產黨手中，出亂子的原因在於：民主革命不徹底，地富復辟，勾結壞幹部，實行和平演變。解決這些問題的方法是：在農村開展社會主義教育運動，用扎根串聯的辦法，組織階級隊伍

28　引自香港中文大學大學服務中心所藏當代中國史史料。
29　《建國以來毛澤東文稿》，第 9 冊，頁 356 及注釋 4。
30　《建國以來毛澤東文稿》，第 9 冊，頁 374。
31　《建國以來毛澤東文稿》，第 9 冊，頁 384。
32　《建國以來毛澤東文稿》，第 9 冊，頁 14，262，264。

(貧協)，開展對敵鬥爭[33]。階級鬥爭的對象有兩類：鑽進黨內的階級異己分子和社會上的地富反壞右五類分子。

然而問題還有另一面，儘管在毛澤東巨大的意志壁壘前，中央層無一人敢於站出來講話，但毛深知不滿的潛流正逐漸彙集，畢竟大量死人事是客觀存在，毛知道現在已到了鬆動閘門的時候了。

1961年1月，毛澤東在八屆九中全會上提出，1961年搞個實事求是年，他要求全黨各級負責幹部下鄉搞調查研究，毛且同意把給農民的自留地由原先佔公社土地的5%上升為7%，同時開放農村的自由市場。

八屆九中全會後，各地開始貫徹毛澤東有關反擊資本主義復辟，在農村整風、整社、整黨的社教的指示，1961年1月，保定市委書記下鄉，搞扎根串聯，組織貧下中農協會，調查的結果是：基層政權全為壞人當權，貧雇農出身的幹部全被地富收買，其根本原因在於土改不徹底。天津的經驗是：應對犯錯誤的幹部進行憶苦思甜的階級教育。河北省的經驗則認為，出現特大困難的原因之一乃是過去對地富反壞「摘帽」多了[34]。問題在於，即使全國各地普遍開展了「民主革命補課」，也無法遏止大量農民餓死的現象，殘酷的現實是：貧下中農和地富一起因絕糧而死。

1961年，全國的危急形勢已趨頂點，據不完全資料反映：1961年6月之前，福建省龍岩地區病人已達13.5萬。流入陝西的甘肅婦女，與陝西男子「非法同居」者達3萬人以上。1961年4–5月，偷渡到北朝鮮的中國東北地區的公民已達到

33　引自香港中文大學大學服務中心所藏當代中國史史料。
34　同注33。

4500餘人。1961年夏情況進一步惡化，在大躍進重災區山東省的聊城、德州、惠民三專區，6月份的「非正常死亡」人數為16700萬，9月份即上升到35600萬人，到10月，僅聊城一地外流討飯人數即高達10萬，賣兒女者985人，有夫改嫁者869人，個別基層組織已完全癱瘓[35]。

就在形勢不斷惡化的同時，一股微微的暖流已開始在中國農村大地升騰。隨着中央加速調整政策，特別是解散公社食堂，恢復農民自留地和開放集市貿易後，農村果真出現了轉機的跡象，瀕臨死亡的農民又有了一口活氣。在中央或省地調查組的默許下，不少地區的基層幹部更向前邁出一步，在自發解散公共食堂後(許多省區的農村食堂因斷糧絕糧，在中央下達指示前即自行解體)，甚至搞起了「大包乾」。1961年10月，貴州這個一年前大辦食堂的紅旗省，就有三分之二的縣實行了包產到戶。短短數月，原先死氣沉沉的農村，又有了活力。

毛澤東最先捕捉到這股經濟復蘇的跡象，現在他的精神又開始振奮起來。1961年9月，毛在廬山舉行的中央工作會議上宣佈：困難已到谷底，形勢一天天向上升[36]。

二、懸置階級鬥爭：劉、周、鄧、陳的態度

毛澤東在八屆九中全會上提出搞社教的指示，要求以階級鬥爭的精神，進行民主革命的補課，劉少奇等不正面反對毛的意見，也在各地部署貫徹毛的指示，但總的說來，是將毛

35　引自香港中文大學大學服務中心所藏當代中國史史料。
36　《建國以來毛澤東文稿》，第 9 冊，頁 555 注釋 1。

大搞階級鬥爭的指示懸置起來而把救災、調整經濟放在頭等重要的地位。

劉少奇原是大躍進和人民公社的積極支持者。在廬山會議和八屆八中全會上，劉少奇全力支持毛，雖有資料反映，劉對在全國開展反右傾運動有所保留[37]。但從廬山會議後至1960年上半年，劉在公開和私下場合都和毛澤東保持一致，進入1960年下半年，劉少奇的態度開始發生變化，劉在繼續肯定大躍進和人民公社時，原先與毛完全一致的調門，漸漸也夾雜了某種「雜音」。

劉少奇在60年代初已全面主持中央日常工作，完全知道國家已陷入嚴重危機，他也瞭解問題癥結之所在，更知道自己作為中央第二號人物對此應負的責任。因此劉在1960年極為謹慎，說話、辦事都小心翼翼，竭力照顧、遷就毛澤東。

1960年6月，劉主持各大區、各省市負責人會議，指出半年以來問題嚴重，卻將「糧食問題，浮腫病問題，非正常死亡問題，事故問題，計劃完成情況的問題」放在一起講[38]，以減緩講話的衝擊力。1960年9月，中央雖然通過「八字方針」，但在落實、貫徹方面卻顯得遲緩、無力[39]，以至數月後，仍看不出成效。劉少奇在談到「非正常死亡」時更是極為小心，他說「農民餓了一兩年飯，害了一點浮腫病，死了

37　中共中央文獻研究室編：《劉少奇年譜(1898–1969)》，下卷(北京，中央文獻出版社，1996)，頁458。另參見《胡喬木回憶毛澤東》(北京：人民出版社，1994)，頁15；鄧力群：《我為少奇同志說些話》(北京：當代中國出版社，1998)，頁103、105。

38　中共中央文獻研究室編：《劉少奇年譜(1898–1969)》，下卷，頁488。

39　孫業禮、熊亮華：《共和國經濟風雲中的陳雲》，頁232。

一些人，城市裏面的人也餓飯」[40]，盡量使語言不那麼尖銳。

　　雖然劉少奇已為毛做了不少開脱的工作，但他作為中央日常工作的主持人卻不得不每天面對各地如雪片般報來的災情報告，在這種嚴峻的形勢前，劉的心情愈益沉重。1960年6月10日，劉少奇首次針對毛的著名的「指頭論」發表了看法，他説「現在是一個指頭，將來可以慢慢擴大到兩個指頭，三個指頭」[41]。1961年3月，劉在廣州召開的中央工作會議上，一方面講「有些錯誤是不可避免的」，但在另一方面，又情不自禁地檢討起中央決策的失誤。劉説：「中央有些政策，決定前缺乏很好的調查研究，根據不夠，決定以後，又沒有檢查執行情況，發現問題，及時糾正」[42]。劉少奇這番話，帶有自我批評的含義，卻容易引起毛的疑心，因為多年來，「中央」即是毛，除了毛可自稱中央，毛以外任何人，包括劉，皆不可以中央自居。他們以中央的名義起草的各種文電，也須報毛批准後才可下發。因此，劉的這番言論，已構成對毛的「壓迫」。

　　形勢日趨困難，對劉的態度變化有決定性的影響。1961年4月，劉親赴家鄉蹲點，對形勢的嚴重性有了完全徹底的瞭解。八屆九中全會後，毛又去了南方，由劉少奇在京主持日常工作。劉少奇加大了政策調整的力度：1. 同意陳雲建議，從國外緊急進口糧食，以紓緩空前嚴重的糧食危機。2. 支持陳雲有關減少2,000萬城鎮人口的建議，以減輕國家對城市的沉重負擔。3. 主持罷免了一些「非正常死亡」現象嚴重省份

40　中共中央文獻研究室編：《劉少奇年譜(1898–1969)》，下卷，頁 525。

41　同注 40，頁 489。

42　同注 40，頁 509。

的黨委第一書記的職務。1961年，河南的吳芝圃、山東的舒同、甘肅的張仲良、青海的高峰等皆被免職，調作較次要的工作。劉甚至提出應逮捕法辦一些罪行嚴重的地、縣負責幹部。

劉少奇的上述舉措十分有力，進口糧食和罷免浮誇官員在相當程度上挽回了已被嚴重損害的共產黨的威信。劉在與毛共事的幾十年中，既有順從、畏懼毛的一面，也有提出並堅持自己看法的一面，這是劉少奇政治性格的特點。1959年4月，劉接任毛做了國家主席，1960年後，毛有所消沉，暫時做了「甩手掌櫃」，默許劉少奇等對過往政策進行適當調整，又使劉的活動空間得到進一步的擴大。

劉少奇態度的變化對核心層其他領導人具有極重要的示範作用，周恩來受到很大的鼓舞。周為國家經濟的總管，完全瞭解實情，1960年後更是為調糧、救災日夜辛勞，11月，周又擔任了中央瓜菜代領導小組負責人，但周知道此事的全部複雜性和微妙性。在那幾年，周十分注意與毛保持一致。1959年11月，周說：人民公社有缺點是難免的，是不到一個指頭的問題，而且毛主席已經糾正了[43]。1960年，安徽餓死人已經成了半公開的秘密，3月29日，周將反映安徽死人的群眾來信批轉給曾希聖：「也許確有其事，也許誇大其辭」——面對毛的這位愛將，周盡量把話說的四平八穩，但周批語的主調仍是要曾希聖加強注意，派人前往調查，並要求曾將調查結果報周[44]。

43　中共中央文獻研究室編：《周恩來年譜(1949–1976)》，中卷(北京：中央文獻出版社，1997)，頁 269。

44　同注 43，頁 299。

在這之後，毛澤東有關對農村情況的判斷已經形成，周迅速跟上毛的口徑。1960年12月6日，周帶中央草擬文電，針對山東、河南、甘肅、貴州等幾個餓死人最多的省份出現的嚴重情況，指出：「其中某些反革命的破壞行為顯然是封建勢力在地方篡奪領導，實行絕望性的、破壞性的報復」，周強調，「這是農村中階級鬥爭的最激烈表現」[45]。周對毛的認識太深，從內心深懼毛，因而周一般不會主動向毛提出任何有關涉及全局糾偏的建議。1960年8月，周對李富春提出的糾偏方針，「整頓、鞏固、提高」加以修潤，將「整頓」改為「調整」，增加「充實」一句，使其成為著名的「八字方針」。這一改動使「八字方針」顯得溫潤、委婉，照顧到了毛的情緒。

然而周恩來的現實主義畢竟佔主導，只要劉、鄧願意領頭，周馬上回應。1960年3月24日，在毛主持的常委會上，鄧發言批評報刊上對毛思想的宣傳庸俗化，周當即表示贊成鄧的意見[46]。1961年3月後，中央核心層領導紛紛下鄉調查，基本都傾向解散食堂。周在邯鄲調研一周，5月7日，親自就食堂問題向毛電話彙報，建議解散食堂。但毛卻不在周的電話彙報記錄上明確表態，只是批示轉發下去，供各地同志參考，以後由於劉少奇等強烈要求解散食堂，毛才在1961年5月–6月在北京召開的中央工作會議上正式同意，是否參加食堂，「完全由社員討論決定」。

與周恩來的小心翼翼相比，鄧小平因受毛信任而顯得敢說敢為。鄧在核心層中處於重要地位，周恩來一向對鄧小平十

45　中共中央文獻研究室編：《周恩來年譜(1949–1976)》，中卷，頁377。

46　同注45，頁296。

分尊重，不僅表現在對鄧工作上的支持，更反映在對鄧的黨
內地位的肯定和強調方面。1960年3月，周在一次談話中提到
「整理毛澤東思想……更重要的是靠少奇、小平同志這樣黨
的領導人來總結」[47]。1960年後，鄧的主要工作是主持中蘇兩
黨談判，但他仍將很大的精力放在國內工作方面，鄧深知國
內問題的嚴重性質，全力支持劉少奇，1961年鄧批評八字方
針貫徹不力，主張「退夠」。鄧雖表態支持毛搞「三反」，
同時又提出開展三反應放農閒進行，被毛接受[48]。

在毛的眼中，陳雲一直是一位「老右傾」，60年代初，
柯慶施因知毛澤東對陳雲的冷淡態度，竟也敢在華東散佈陳
雲是「老右傾」的議論[49]。1958年北戴河會議後，陳雲因遭毛
批評而告病休息，一年後，陳雲又向毛表示自己的意見，再
次受到冷遇。1959年廬山開會前，陳雲在大連休養，他已有
所預感，因而沒有參加會議，他勸正在大連休養的鄧子恢也
不要去，事後，鄧子恢十分感激陳雲的提醒[50]。1960年的調整
方針得到陳雲的全力擁護，同年底，陳雲提議，動用外匯進
口糧食，周恩來原準備進口150萬噸，陳雲要求增加進口量，
經中央同意改為進口250萬噸。在劉、周、陳、李先念的努
力下，1961年1月，從澳洲進口的第一批糧食抵達天津港。3
月，周又給毛寫信，請求批准進口500萬噸糧食。1961年8–9
月，廬山中央工作會議期間，陳雲複向毛建議，可否通過法

47　中共中央文獻研究室編：《周恩來傳》，第 4 冊(北京：中央文獻出版社，
　　1998)，頁 1537。

48　《建國以來毛澤東文稿》，第 9 冊，頁 129 注釋 1。

49　顧復生：《紅旗十月滿天飛》，孫領序，載《江蘇文史資料》，第 100 輯，
　　(南京，《江蘇文史資料》編輯部，1997)，頁 5。

50　《鄧子恢傳》編輯委員會：《鄧子恢傳》(北京：人民出版社，1996)，頁 535。

國轉口購買美國糧食，得到毛的批准。在饑饉遍地的非常時期，這些從國外進口的糧食拯救了許多普通人的生命。

在中央核心層中，朱德的政治影響力最為虛弱，朱德在1959年廬山會議上受到毛的批評。10月，毛將朱德在軍委擴大會議上的檢討批轉給全國縣團級黨委。1960年3月，朱德在其老家四川儀隴與父老同喝食堂「清薄的稀飯」，「難過得許久說不出話來」[51]。在大災荒期間，朱德在中南海挖野菜，對國內的災情憂心如焚。儘管他每年多次下基層，「對中央內部的事情卻知道甚少，他也不打聽」[52]。

朱德身為政治局常委，許多事情不知道，彭真不是常委，卻瞭解全部情況。1960年後，北京作為首善之區，也出現了極嚴重的困難局面。彭真作為北京市委第一書記兼市長，對大躍進的不滿逐漸明顯，1962年1月，甚至在小範圍內講話，徑直要求毛做檢討，他說，「如果毛主席的錯誤的1%、1‰不檢討，將給我們黨留下惡劣影響」[53]。

常委之外的政治局一班人都知道國家已進入非常時期，但他們只能聽常委的，而不能自行做任何事。陳毅對華東熟悉，華東幾省的領導人，不少是其老部下。困難時期，江浙情況尚非特別嚴重，還可接待外賓參觀南京、蘇州、杭州等少數城市，陳毅陪外賓來華東，曾私下向他的老部下詢問災情，卻無人敢於向陳毅反映真實情況[54]。

幾個中央局第一書記，宋任窮(東北局)、劉瀾濤(西北

---

51 朱敏：《我的父親朱德》(瀋陽：遼寧人民出版社，1996)，頁 304。

52 同注 51，401–402。

53 薄一波：《若干重大決策與事件的回顧》，下卷(北京：中共中央黨校出版社，1993)，頁 1026。

54 惠浴宇口述，俞黑子記錄整理：《朋友人》，頁 212–213。

局)、陶鑄(中南局)、李雪峰(華北局)直接面對基層，承受壓力很大，在那幾年，都全力救災。只有華東的柯慶施和西南的李井泉依然顧我。李井泉在大躍進期間極為活躍，與長江下游的柯慶施互相唱和，及至1960年後川北大量餓死人，四川還多運糧食支援外地[55]。柯慶施則比李井泉幸運的多，他的直接領地上海，郊縣雖有農業人口，但因依託上海，不致出現「非正常死亡」，所以柯慶施可以繼續歡唱躍進曲。

劉、周、鄧、陳為中央決策的錯誤而導致百姓無謂犧牲而感到很深的愧疚，1962年夏，劉犯忤向毛進言，要求放寬政策，劉甚至對毛直言：人相食，你我是要上史書的[56]。據鄧力群回憶，1962年春，劉在與他談話時也講到「歷史上餓死人的事是要寫到史書上去的」，其時，劉「情不自禁，憤憤地說：我當主席時，出了這種事情[57]」！劉少奇等都是務實的領導人，一旦毛澤東稍稍鬆手，他們的務實精神馬上就解放出來。劉、周、鄧、陳的態度完全表達了全黨絕大多數幹部的意願。1960年後，許多高幹目睹人民受難，心中痛苦，公安部副部長徐子榮前往信陽調查，返京後與妻抱頭痛哭[58]。安徽省委第一書記曾希聖在1960年後眼見安徽大量非正常死亡，感到無限愧疚，遂支持包產到戶。在這幾年，省、地、縣一級的幹部普遍患上了浮腫病、肝腫大，一些幹部的家屬甚至也在大災荒中餓斃。一些地委書記、專員「每每為災民號啕大哭」，「機關裏是一座座空房，全部下鄉救災了」。江蘇

55　姚錦：《姚依林百夕談》(北京：中國商業出版社，1998)，頁160。另見童小鵬：《風雨四十年》，第二部，(北京：中央文獻出版社，1996)，頁313。

56　〈劉源、何家棟談劉少奇與四清運動〉，《南方週末》，1998年11月20日。

57　鄧力群：《我為少奇同志說些話》，頁121。

58　陶駟駒主編：《徐子榮傳》(北京：群眾出版社，1997)，頁253。

省長惠浴宇為救災「心力交瘁」，自陳已成了「災官」、「賑官」[59]。

中共歷史上長期戰鬥在農村，許多高級幹部都有「民本」情結，1960–1961年對他們的刺激極深，「一想起來就膽戰心驚，夜不能寐」，因為「災區人民的淒慘，付出的犧牲，竟比戰爭年代還要多」，而他們都清楚，「這完全是無謂的犧牲啊」[60]，以至陳雲慨歎，中國人民實在好，「餓死人(也)不想起來造反」[61]。

六十年代初，劉、周、鄧、陳的一系列舉措證明，他們與那些高蹈的「理想主義者」和「革命鉅子」(魯迅語)並非一類，他們對大量百姓的「非正常死亡」常懷不忍之心，由此，劉少奇等才能從過去對毛的無條件服從中解脫出來，回歸到常識理性。劉少奇在這一階段總攬全局，地位舉足輕重，是他在建國後對國家、民族、百姓貢獻最大、出力最多的時期。然而正因為如此，毛對劉的不滿也在急劇增長。

三、重新回到階級鬥爭

毛澤東認定「12條」、「60條」、「4條」下發後，農村情況肯定好轉，從這點講，毛的判斷不錯，但是災荒太大，恢復極緩慢，與此同時，許多基層幹部的極左已積重難返，對中央糾偏政策大打折扣，使中央精神難以全面落實。毛對這些明顯估計不足。

---

59 惠浴宇口述，俞黑子記錄整理：《朋友人》，頁213。

60 同注59，頁212–213。

61 孫業禮、熊亮華：《共和國經濟風雲中的陳雲》，頁224。

從毛澤東的角度講，他已作出相當的讓步，凡所能退讓的，他都讓了。1960年後，毛在若干文件上刪去「毛澤東思想」，他也解散了過去一向堅持的公社食堂，毛甚至批准從國外進口糧食，對包產到戶，在一段時間裏，毛也沒明確表示反對。

毛知道自己闖了大禍，在1961年沒太具體過問劉等的糾偏，毛也是在這個時期停止了吃肉。但是從內心深處，毛不認為自己有何大錯。死人事固然不好，但也沒有什麼了不起。「要奮鬥就會有犧牲，死人的事是經常發生的」。在這一點上，毛的知音惟林彪數人而已。1960年春，林彪來南京，江蘇省委領導向其彙報已出現群眾餓死的嚴重情況，林彪開導他們，「我們這麼大的國家，死幾個人算什麼」[62]。可是餓死人畢竟不是好事，正是因為餓死人現象太普遍，毛避「黑暗」猶如避鬼神。在他看來，所有有關「黑暗」面的報導都像一把利劍指向自己，毛用堅強的意志為全黨定下調子，不許亂講，凡亂言餓死人事，一律以攻擊三面紅旗論處。1961年3月23日，毛親筆修改文件：「中央認為最近幾年建設成就是偉大的，證明總路線、大躍進、人民公社的方向是正確的」，只是在「具體工作」方面發生一些缺點和錯誤，造成了一些損失[63]。所以當陳毅南下時，其老部下也不敢向他直言。徐子榮雖親眼目睹信陽慘狀，只能在家痛哭，而不敢在正式場合吐露一句真言。

毛澤東認為，在嚴重的困難面前，黨內普遍已對走社會主義道路發生了「動搖」。1962年夏，毛在中南海游泳池當

62　《劉順元傳》，頁315。

63　《建國以來毛澤東文稿》，第9冊，頁458。

面叱責劉少奇，「頂不住了，看我死後你怎麼辦！」[64] 而毛相信，唯有他才能力挽狂瀾。毛的方法，概言之，就是「硬着頭皮頂住」。其具體內容有五：

1. 堅持對形勢的樂觀估計。毛告訴全黨：「在中央和毛澤東同志的領導下」，形勢正在好轉，問題正在解決[65]。1961年12月29日，毛批轉錢昌照等歌頌農村五穀豐登的詩，以說明農村出現的一片繁榮景象[66]。1961年，毛將「紙老虎」的論斷再次搬出來，以鼓舞全黨、全民戰勝困難的意志。

2. 毛知道劉等在內心中已對自己有怨言，他抓住調查研究一事，向劉等反擊。1961年3月13日，毛給劉、周、鄧、陳雲、彭真寫信，他先爭取主動，表示「我自己的毛病當然要堅決改正」，隨即批評劉等對公社內部的關係「至今還是不甚了了」。毛咄咄逼人道，「不是嗎？我說錯了嗎？」[67]

3. 毛看到劉的影響力正在不斷擴大，「一國二公」幾成定局。毛加緊批轉各類文件，以維持自己在黨機關的領導權威和影響力，1961年，毛給李井泉寫信，要求各省市第一書記「發善心」給他寫信，他許諾自己一定給他們回信[68]。

4. 關心林彪健康[69]，扶持林彪抗衡劉少奇等。

5. 強調階級鬥爭。毛從另一個角度來談自己的缺失，即

64 〈劉源、何家棟談劉少奇與四清運動〉，《南方週末》，1998 年 11 月 20 日。另見鄧力群：《我為少奇同志說些話》，頁 133。

65 《建國以來毛澤東文稿》，第 9 冊，頁 517。

66 《建國以來毛澤東文稿》，第 9 冊，頁 619 注釋 1。

67 《建國以來毛澤東文稿》，第 9 冊，頁 440–441。

68 《建國以來毛澤東文稿》，第 9 冊，頁 484。

69 《建國以來毛澤東文稿》，第 9 冊，頁 487。

自己對階級鬥爭抓的不緊——「見事遲，抓的慢。」[70]

然而全黨上下埋怨，批評的壓力太大，毛澤東在1962年初召開的七千人大會上講了幾句帶自我批評的話，他甚至在講話中稱讚陳雲搞經濟內行(正式稿中刪去)。七千人大會後，毛離京南下，對劉少奇等的不滿已越積越深。毛澤東敏銳地發現，由劉少奇主持的糾偏已愈走愈遠，不僅涉及經濟、文教、外交、統戰，甚至延伸到了公安領域，在這種大氣候下，對毛不滿的潛流已在全黨上下廣泛蔓延。

毛澤東同意調整，但不容對三面紅旗有任何涉及。毛長期以來就一直對劉少奇有怨氣，1956年中共八大通過的新黨章刪去「毛澤東思想」一詞給毛造成「極大不愉快」，劉等從而「得罪了老人家」[71]。站在毛的立場，劉舊錯未改，又添新錯，且都是錯在重大原則問題上。1961年7月17日，劉在瀋陽說，「三面紅旗可以讓人家懷疑幾年」[72]。7月19日，劉在哈爾濱又說「有人懷疑三面紅旗是可以理解的」[73]。在當時的形勢下，毛不得不同意退讓，但對劉的不滿已形之於色。1961年5月，毛就降低指標事講話，他說，降就降，「無非是外國人罵我們不行」[74]。

劉少奇等主持罷免浮誇幹部一事，也給毛造成巨大的心理壓力。1960年11月28日，毛以中央名義表示，「他是同一切願意改正錯誤的同志同命運、共呼吸的」[75]。劉少奇當然知道

70　《建國以來毛澤東文稿》，第 9 冊，頁 465。

71　姚錦：《姚依林百夕談》，頁 153。

72　中共中央文獻研究室編：《劉少奇年譜(1898–1969)》，下卷，頁 530。

73　中共中央文獻研究室編：《劉少奇年譜(1898–1969)》，下卷，頁 331。

74　孫業禮、熊亮華：《共和國經濟風雲中的陳雲》，頁 219。

75　《建國以來毛澤東文稿》，第 9 冊，頁 364。

投鼠忌器的道理，但為了整肅綱紀，還是罷免了幾個毛的愛將的職務：吳芝圃先降為河南省長，繼而轉任中南局書記處書記的閒職；舒同也調任西北局書記處書記，實際上在家賦閑。劉極注意分寸，1962年前對曾希聖毫無動作，李井泉、王任重也照做他們的原職，但還是引起了毛的不快。毛儘管同意懲處某些地、縣級幹部(柯慶施下令逮捕死人較多的江蘇寶應縣委書記)[76]，但不願對他們太動真格。1961年1月中央擬定幹部「三大紀律，八項注意」的條文，原有「保護人民安全，打人要法辦，打死人要償命」、「保護人民自由，隨便罰人、抓人、關人、搜查要法辦」等內容，被毛批評為「太複雜⋯⋯有幾條執行起來可能起反作用」，結果被改成「同勞動同食堂」，「辦事公道」等一團和氣的文字[77]。

使毛最不能容忍的是劉少奇講話中流露出的那股「算賬」的意味。劉的許多話在毛聽來，句句猶如赫魯曉夫的「黑報告」。1962年3月，劉召見公安部長謝富治等談話，要求公安部總結幾年來打死人命，傷害無辜群眾的教訓。劉說，「活人不揭，死後下一代揭」[78]。劉的這番話已涉及毛統治最敏感的部分，事後，劉覺得不妥，堅決不同意公安部黨組印發他的這番講話。他說「將來會出毛病的」[79]。1962年冬春劉少奇加大了對大躍進以來錯誤的批評，劉的態度有廣泛的黨內基礎，七千人大會精神傳達後，許多基層黨組織成員對七千人大會不承認犯了路線錯誤極為不滿，江蘇省參加省委擴大

76　《劉順元傳》，頁 321。

77　《建國以來毛澤東文稿》，第 9 冊，頁 418–419。

78　中共中央文獻研究室編：《劉少奇年譜(1898–1969)》，下卷，頁 551。

79　中共中央文獻研究室編：《劉少奇年譜(1898–1969)》，下卷，頁 552。

會議的一些代表甚至呼籲中央為彭德懷平反[80]。江蘇省常務書記劉順元也不同意所謂錯誤在於「天災」和「民主革命不徹底」[81]，劉順元放言：根本問題是出在「君臣相見」[82]。所有這些在毛眼裏都被認為是「尖銳的指向」他個人的。

　　劉少奇在1962年上半年不斷談形勢的嚴重性，也使毛愈來愈相信，劉是心懷叵測。劉在1961年5月31日的中央工作會議上第一次講「三分天災，七分人禍」。5月24日，劉試探性地提出「現在，是不是要提出反『左』的口號」[83]，劉雖然迫於毛的壓力，未能公開提出反「左」，但劉的語言愈來愈尖銳。1961年8月28日，劉在廬山會議上插話，提到「整個國家要破產、垮台，國民經濟要崩潰」[84]。劉更談到，「如果搞不好，我們要跌下台」一類的話[85]。從七千人大會到1962年上半年，劉幾乎逢會必講困難形勢，在2月的西樓會議上，竟出言不慎，自稱是「非常時期大總統」[86]。直到5月，還認為「國民經濟要崩潰」[87]。儘管劉所述的困難皆是事實：1962年初，國內情況仍極其嚴峻，僅河南省6個專區統計，外流人口就達32萬人。貴州省的斷炊戶達一萬多戶，全國23省孤兒達幾十萬人[88]。四川省直到1962年3月底，還有一千多高爐，佔用九萬

80　《劉順元傳》，頁 343。

81　《劉順元傳》，頁 335。

82　《劉順元傳》，頁 344。

83　中共中央文獻研究室編：《劉少奇年譜(1898–1969)》，下卷，頁 524。

84　中共中央文獻研究室編：《劉少奇年譜(1898–1969)》，下卷，頁 538。

85　中共中央文獻研究室編：《劉少奇年譜(1898–1969)》，下卷，頁 530。

86　姚錦：《姚依林百夕談》，頁 165；另見《劉少奇年譜(1898–1969)》，下卷，頁 549。

87　中共中央文獻研究室編：《劉少奇年譜(1898–1969)》，下卷，頁 555。

88　引自香港中文大學大學服務中心所藏當代中國史史料。

多職工[89]。但以毛的敏感觀之，則會得出另一種判斷：「非常大總統」已不安於份，無非是以講困難為由，逼毛徹底交權！

毛澤東可以接受劉少奇「形而下」的糾偏，他本人在1960年下半年後也親自做了一些調整政策的工作，但絕不容許糾偏涉及「形而上」，因為「形而上」已與毛水乳交融，稍一觸及，就有可能導向對毛權威的懷疑。1962年上半年，劉主持的糾偏，已逼近「形而上」。劉少奇在七千人大會上的口頭報告提到的「三分天災，七分人禍」，陳雲在七千人大會陝西代表團會上有關黨內缺乏民主的講話——陳雲説，這幾年黨內政治生活不正常，「逢人只説三分話，未可全抛一片心」[90]。周恩來、陳毅3月在廣州會議上對知識分子「脱帽加冕」，種種跡象表明，劉等已開始全面修正毛自1958年以來的路線。

毛澤東已看到經濟形勢全面趨向好轉，他心中有數，雖然還有「非正常死亡」，但最危急的時期已經過去。蔣介石在1962年夏叫嚷反攻大陸，但蔣的底線毛完全掌握。毛、周急電參加中美大使級會談的中方代表王炳南飛京，再返華沙向美國大使摸底，知甘迺迪政府反對蔣介石反攻大陸，所以當陳雲以對付蔣反攻為由，要求毛批准分田到戶(劉、周、鄧均同意陳雲的意見)，毛根本不能接受[91]。

因此，1962年上半年，毛開始將其態度逐漸明朗化。1.毛不同意周在廣州會議上的講話，即使周多次請毛表態，他

89 中共中央文獻研究室編：《周恩來年譜(1949–1976)》，中卷(北京：中央文獻出版社，1997)，頁468。

90 孫業禮、熊亮華：《共和國經濟風雲中的陳雲》(北京：中央文獻出版社，1996)，頁233。

91 姚錦：《姚依林百夕談》，頁165–167。

就是不答覆。毛得到政治局候補委員、副總理、中宣部部長陸定一的支持[92]。2. 毛不同意實行包產到戶，雖然劉、周、鄧、陳都傾向於支持鄧子恢的意見，但陶鑄、胡耀邦等黨內許多高幹都對包產到戶持反對意見，甚至連彭德懷也反對。3. 在毛的影響下，黨內刊物大量刊載歌頌斯大林的文字。1962年上半年，毛基本住在南方，密切注視着劉等的一舉一動，他守住底線，準備反擊。

　　1961-1962年，劉少奇因力主實事求是，正視困難，其個人威望得到大幅提高，儘管劉具事實正確，卻因毛獨享「解釋權」，而不具意識形態的「正確性」。劉在1962年春之後，同意「三自一包」，但只是私下流露而未有自己的解釋，劉只能默認地方悄悄幹，不是「光明正大」。毛卻師出有名，名正言順，因為從1961年以來，黨內的主流意見一直是批判「三自一包」和講「民主革命不徹底」，劉自己長期也是持這種觀點。1962年的「七千人大會」，其議題之一即是批評「三自一包」，會後中央明令安徽省委取消「單幹」。2月，新任安徽省委第一書記李葆華在省常委會議講話，轉達劉少奇對安徽責任田的意見，劉認為責任田「要走回頭路，這是很明確的」[93]。3月，北京已在內部批評湖南5縣「刮分田黑風」[94]。劉少奇已將自己置放於一個尷尬的境地。

　　1962年8月1日，劉少奇的《論共產黨員的修養》再版，他試圖在毛思想的大框架下，搞出自己的新解釋，但是馬上

92　《建國以來毛澤東文稿》，第 9 冊，頁 436 注釋 4。

93　劉以順：《毛澤東在安徽推廣責任田的前前後後》，載中共中央黨史研究室編：《中共黨史資料》，第 54 輯(北京：中央黨史出版社，1995)，頁 117。

94　引自香港中文大學大學服務中心所藏當代中國史史料。

遭到毛的還擊。8月6日，毛開始談「階級、矛盾、形勢」，一旦毛反擊，劉除了接受毛，別無其他選擇。在北戴河會議期間，劉少奇言語不多(姚依林稱「劉一言不發」，「周恩來則被攻擊嚴重」)[95]，毛既已開口，劉、周、鄧、陳還能說什麼呢？除非順着毛的話說，劉平靜地接受毛大搞階級鬥爭的決策，僅向毛進言，搞階級鬥爭勿影響經濟調整，得到毛的同意。

八屆十中全會後，毛澤東再次躍入前台，只有最具敏感的人才知道應激流勇退。1962年8月，陳雲告病休息，1963年胡喬木稱病，開始長期休養。同年，曾被毛欽定的「老右傾」，江蘇省委常務書記劉順元經其老友——中央委員鄭位三的點撥也主動隱退，鄭位三並意識到黨內從此將無寧日[96]。

1962年10月後，各省都已調整好姿態，紛紛按照毛澤東的新調門，向北京提供各地階級鬥爭尖銳、資本主義嚴重復辟的材料，四川、山東甚至已將困難時期出現的「反動兒歌」的資料搜集完畢[97]，下一步就是開展社會主義教育運動。1963年初，湖南零陵地委「大揭階級鬥爭蓋子」的經驗問世；4月，河北邢台經驗上報——一場大規模的階級鬥爭平地掀起，是為「四清運動」，其主調就是「資本主義復辟，民主革命不徹底」，其方法就是「扎根串聯」，只是距毛首先提出這些口號已推遲了兩年。

95　姚錦：《姚依林百夕談》，頁 167。

96　《劉順元傳》，頁 352。

97　引自香港中文大學大學服務中心所藏當代中國史史料。

在貴州「四清運動」的背後
——對一篇當代史回憶文本的解讀[1]

一、「高幹回憶文體」中的「另類」

　　中國當代史回憶錄是一種很特別又饒有意味的敘述資料，不管是昔日的軍政要人，還是文化名流，甚或是一些默默無聞的普通群眾，當他們展筆寫下回憶錄，那些距今不遠的人和事，由作者一一道來，不僅能勾起同處一個時代的讀者的回憶和聯想，也為後人留下一份私人化的記錄和思考，或多或少都給研究者提供了一些可供參考的信息和線索。

　　但是當代史回憶錄並不那麼可靠，任何時期的回憶錄都不盡然可靠，這主要是因為回憶錄寫作一般容易出現客觀性誤差(記憶模糊，張冠李戴等)和主觀性誤差(迴避某些問題，突出自我等)的問題。那些經正式出版的回憶錄還會遇到另一些問題，某些出版社的編輯會因為某些原因，執意要對作者加以「引導」，他們往往要求回憶錄的作者在敘述中強化或弱化、迴避某些問題。因此在閱讀回憶錄時需要加以鑒別。

1　本文為《在貴州四清運動的背後》的修訂本，全文 25000 餘字，原載《領導者》，2006 年 10 月，總第 12 期。日文版刊載於日本現代中國學會：《現代中國》(研究年報)，2006 年，總第 80 號。作者在香港中文大學中國文化研究所主辦的《二十一世紀》2006 年 2 月號發表的《在貴州四清運動的背後》一文是 19000 餘字的刪節本。文章發表後，原在貴州工作過的老同志向作者贈送了汪小川先生的未刊遺稿《我所目及的貴州大四清》，又就貴州的歷史問題和作者進行了討論。作者根據自己的分析，對原文個別內容做了修改，並引用了汪小川先生的未刊遺稿，謹致謝意！

和回憶錄的客觀性誤差相比，制約回憶錄作者的主觀性因素則更複雜一些，尤其是那些在新中國成立後做過黨政軍大員的高級幹部，即便離休下台，也要遵守某些寫作的「潛規則」，諸如為「聖人」和「大人」避諱，對某些敏感的人和事或模糊表述，或乾脆迴避之，這就是所謂「高幹回憶文體」。當然這裏的情況千差萬別：有些作者寫回憶錄的時候就是為了發表的，因此和「上面」的「口徑」就「對」得比較緊；也有人寫的回憶錄是準備藏之名山，留給後人的，言說就坦率直接的多；還有人寫回憶錄是要為自己所受的怨屈作申辯，對某些故去的人或事就很自然地做起了並非不合理的缺位的「審判」，而對自己的功績多有張揚，如此等等皆屬可以理解的「人性之弱點」。

筆者近來讀到的原貴州省委第一書記周林的《貴州「四清」運動鮮為人知的問題》則屬於比較「另類」的一種回憶文本，說來它只是一篇回憶文章，還不是嚴格意義上的回憶錄。周林的這篇回憶文章刊載於1999年貴州人民出版社出版的《周林紀念文集》，此書出版時周林已去世四年，依筆者的判斷，在周林的生前，這篇回憶文章沒有公開發表過，箇中原因有二：一是周林在文章中用許多篇幅點名批評了已離世多年的「老革命家」，在1964年下半年–1965年春主持貴州「四清」的原貴州省委代理第一書記李大章，這是比較罕見的，完全不合「高幹回憶文體」；二是，周林的這篇文章帶有「辯誣」的性質，涉及領導幹部之間的矛盾、分歧或「恩怨」，由於該文有上述兩個特點，雖然周林屬於「老同志」，他的這篇文章在生前也沒有地方可以發表。

貴州「四清運動」是上世紀60年代初的一個很大的事

件，在當時被認為是「第二次解放貴州」[2]，牽涉到中央最高領導間的分歧，但是在中國國內和國外，對貴州「四清」都知之甚少，有關檔案沒有開放，學界幾乎沒有任何研究，筆者在資料十分缺乏的情況下，圍繞周林的這個回憶文本，盡量擴展材料，將當年這個重大事件及其背後的北京高層的分歧勾勒出來，希望引起更多的研究者關注貴州歷史上這個重大事件以及當代史回憶文本的價值和局限性的問題。

二、周林治黔的「功」與「過」

周林和被他在文中批評的李大章都是毛時代的地方大員，但是兩人在黨內的地位相差很大：李大章是元老級的老幹部，20年代初曾和周恩來、鄧小平等同在法國勤工儉學，以後又和鄧小平等一起離法轉俄國學習，抗戰時期在太行八路軍總部工作，1949年後長期任四川省省長，是中共八大、九大、十大中央委員。李大章除了在「四清」運動期間短期代理過貴州省委第一書記，建國後長期位居李井泉之下，是四川的第二號人物。周林則是30年代中期入黨的年輕幹部，抗戰時期是陳毅的部下，建國初任上海市人民政府秘書長，因為是黔籍，1951年被調回貴州工作，1954年升任貴州省委第一書記兼省長，黨政雙肩挑，一幹就是十年。貴州省的重要性固然不能和四川省相比，可是在貴州，周林卻是說一不二的「第一把手」。但是，周林主管的是一個經濟落後、地處偏僻的省份；他甚至不是中央委員或中央候補委員(直到80年

---

2   汪小川：《我所目及的貴州大四清》(1983年6月)，未刊遺稿。

代才擔任中顧委委員），和其他重要省份的第一書記相比，周林的知名度不高。

　　周林在貴州主政十多年，有功有過，他的「功」主要在兩個方面：一是配合中央有關部門，改善了貴州交通不便的狀況，先後改建了黔桂、黔滇兩條公路，1964年，全省81個縣市都通了汽車；在鐵路建設方面，1959年，黔桂鐵路修到貴陽，結束了貴陽不通火車的歷史。第二，周林在處理民族問題上的態度較為務實。1956年，貴州發生「群眾性騷亂事件」──「麻山事件」，波及望謨、紫雲、羅佃三個縣的九個區八十九個鄉的苗族和布依族群眾，前後歷時八個月。以周林為首的貴州省委沒有採取激化矛盾的方法，而是堅持「穩慎」的方針，在冷靜分析後做出判斷，認為事件的起因主要是：「農業合作化搞得過急」、「統購統銷太緊」、「幹部違反政策」、「未照顧少數民族的特點」等。在周林和貴州省委的影響下，貴州省軍區向駐黔部隊發出指示，要求部隊堅決執行省委「和平解決」的方針，貴州省委還召開各種座談會，向群眾發放貸款，最終使事件得以平息。

　　周林治黔十多年，有一種批評意見認為，周林在幹部和組織政策方面有較為濃厚的「地籍情結」或「地域觀念」，然而這種看法沒有涉及到問題的實質。大軍南下後，貴州省和其他南方各省一樣，幹部隊伍由兩部分人組成：南下幹部和地方幹部，由於當時事實上存在着一種全局性的在幹部和組織政策方面歧視地下黨幹部的導向，南方各省大多是南下幹部當家，貴州的情況也不例外，來自於冀魯豫根據地的南下幹部大多身居要津，而原地下黨幹部擔任的多是較為次要的工作，並在建國後的歷次運動中受到較多衝擊。在貴州省，

還有一特殊情況，這就是擔任第一書記的周林是派回原籍工作的新四軍幹部，周林在年輕時代就離開家鄉投奔革命，在貴州沒有盤根錯節的人脈基礎，而貴州也沒有像古大存、馮白駒這樣的當地籍的元老幹部，更沒有一支像廣東那樣龐大的地下黨幹部群體，也許在北京看來，在貴州就不存在如同廣東那樣的「地方主義」勢力了，所以北京對周林是支持的。正是因為得到北京的信任，周林既擔任省委第一書記，又兼了省長，這種情況在毛時代是不多見的。

50年代後，受到全國大環境的影響，中央發生的重大政治鬥爭一般都會波及到地方，加之傳統上的「一把手說了算」的決策和領導體制，各省的第一書記在所在省份都享有很高的權威，與第一書記意見不和或反對第一書記的意見，輕則被批判，重則就會被打成「反黨分子」，領導機關內部的一般工作上的意見分歧很容易就被上升到所謂「思想和路線鬥爭」的高度，而中央為了穩定地方工作，一般都維護各省第一書記的權威，批准或支持各省第一書記對那些「反黨分子」或「反黨集團」的處理。

有資料顯示，周林在貴州處理幹部問題時曾表現出某種第一書記乾綱獨斷、不容冒犯的特點，而這又和當時的全國性的「黨內鬥爭」、「路線鬥爭」糾纏在一起。50年代初發生的「高饒事件」在當時是一個震動全局的事件，高、饒罪名之一，就是「極端個人主義」、「向黨伸手要權」。「高饒事件」後，周林把在省委會議上向他提出意見，希望周林卸下省長的擔子專做省委第一書記的原南下幹部，省委副書記申雲浦和省委宣傳部長劉釗打下去，把申雲浦貶到基層農場

當副場長，劉釗則被開除黨籍，貶為安順師範學校的校長。[3]
大躍進運動興起後，極左思想急速蔓延，省委副書記常頌因
分管農村工作，熟悉農民情況，他直言批評當時的政策是：
「條條鞭子打在農民身上」，在1959年廬山會議後，周林將
常頌等幾個主張「反左」，和他意見不和的省委主要領導打
成「反黨集團」（「常頌、夏德義、李庭桂反黨集團」），其時
常頌已病逝半年，全省共打了四十多個「反黨集團」，[4] 常頌
等恰又是南下幹部，這就給不少人留下周林有「地籍情結」
的看法。

周林治黔十餘年，犯下的最大的錯誤是在大躍進中頭腦
發熱，大辦「公社食堂」，大搞「反瞞產」，造成貴州眾
多民眾的「非正常死亡」。1958年8月，貴州在全國放了一
個「大衛星」，出了一個長順縣大辦公社食堂的「十大優
點」，1959年，貴州又搞了「捉鬼拿糧」（「反瞞產」），「打
擊迫害基層幹部，越是執行得堅決的地方，死人越多。」[5]
1960年上半年，貴州已出現嚴重的餓死人現象，由周林任第
一書記的貴州省委卻向毛彙報：全省食堂辦得好和比較好的
佔總數80%，受到毛的表揚，說貴州的經驗「是一個科學的
總結」。[6] 貴州省還被毛譽為「紅旗省」，號召各省向貴州

---

3 參見胡一民：《人生四部曲：一個知識分子幹部半個多世紀的人生回憶實
    錄》(貴陽：黔新出版圖書，2001)，內資准字第 002 號，頁 176–177。

4 中共中央組織部、中共中央黨史研究室、中央檔案館：《中國共產黨組織史
    資料》，第五卷(北京：中共黨史出版社，2000)，頁 706；另參見胡一民：
    《人生四部曲：一個知識分子幹部半個多世紀的人生回憶實錄》，頁 177。

5 參見胡一民：《人生四部曲：一個知識分子幹部半個多世紀的人生回憶實
    錄》，頁 202–203。

6 中共中央文獻研究室編：《建國以來毛澤東文稿》，第 9 冊，(北京：中央
    文獻出版社，1996)，頁 44。

高華｜歷史筆記｜I

學習。[7] 其實1959年冬，遵義、湄潭、金沙等縣就因嚴重缺糧出現「非正常死亡」，僅金沙縣在困難時期就「非正常死亡」5.5萬人。[8] 據人口學學者新近的研究，在困難時期，貴州全省「非正常死亡人口約174.6萬，佔災前全省總人口的10.5%。」[9] 對此，周林是負有不可推卸的責任的。

然而，周林對貴州的災情並沒有隱匿不報，但上報情況是「縮水」的。周林自陳，1960年5月初，周恩來總理到貴陽視察，周林向周彙報了貴州「非正常死亡」的情況，[10] 據知情者回憶，當時，周林領導的省委「極力向中央隱瞞真相，把大事化小」，[11] 剛剛被周林提拔的新任省委副秘書長的汪行遠，上任後的第一件事就是為貴州餓死人情況向中央寫報告，他「不能不聽第一書記的話，參與寫這樣的假報告，幫省委過了關」。[12] 1960年5月16日，貴州省委正式向中央報告了遵義、湄潭、金沙事件，並自請處分。5月21日，中央批復貴州省委報告，「免於處分」，提出要進行認真的調查研究，查清原因，吸取教訓，不要過於追究事件的責任。[13]

7　《建國以來毛澤東文稿》，第9冊，頁44–45。

8　曹樹基：《大饑荒——1959–1961年的中國人口》（香港：時代國際出版公司，2005），頁159。

9　曹樹基：《大饑荒——1959–1961年的中國人口》，頁167。

10　周林：《貴州「四清」運動鮮為人知的問題》，載中共仁懷市委員會、仁懷市人民政府編：《周林紀念文集》（貴陽：貴州人民出版社，1999），頁205。

11　胡一民：《人生四部曲：一個知識分子幹部半個多世紀的人生回憶實錄》，頁209。

12　同注11。

13　周林：《貴州「四清」運動鮮為人知的問題》，載《周林紀念文集》，頁205–206。

到了1960年的下半年，北京真正意識到全國出了大問題，並陸續調整政策。但是對造成大饑荒的原因，還是堅持過去的那套思路，1960年11月，毛澤東將大饑荒歸之於「民主革命尚未完成，封建勢力大大作怪，對社會主義更加仇視，破壞社會主義生產關係和生產力」。[14] 由於毛對農村形勢的判斷已經形成，1960年12月6日，周恩來代中央草擬文電，針對山東、河南、甘肅、貴州等幾個餓死人最多的省份出現的嚴重情況，指出：「其中某些反革命的破壞行為顯然是封建勢力在地方篡奪領導，實行絕望性的、破壞性的報復」，周強調，「這是農村中階級鬥爭的最激烈表現」。[15] 至於導致大批農民死亡的真正的禍首——公社食堂體制，則繼續堅持不動搖，一直到1961年5月，毛發話後，全國各地的公社食堂才予以解散。

1960年底至1961年冬春，大饑荒的災難已達到頂點，尤其是幾個原來的大躍進紅旗省的情況極為嚴重，貴州省自然是榜上有名。在這種情況下，就如2004年田紀雲所寫：「安徽、貴州、甘肅、河南、湖南等一些貧困地區的農民，迫於食不裹腹、衣不蔽體的窘境，悄悄地搞起「包產到戶即責任田的辦法」，[16] 安徽省委第一書記曾希聖對該省的「包產到戶」是明確支持的，可是，周林就比較隱晦，他對「包產到戶」說得很少，睜一隻眼，閉一隻眼，任下面去搞。和許多高幹一樣，大饑荒給周林很大的刺激，使其對過去幾年自己

---

14 《建國以來毛澤東文稿》，第9冊，頁356及注釋4。

15 中共中央文獻研究室編：《周恩來年譜(1949–1976)》，中卷（北京：中央文獻出版社，1997），頁296。

16 田紀雲：《回顧中國農村改革歷程》，《炎黃春秋》2004年第6期，頁4、5。

的作為作出了反省。1961年後，周林對貴州的大饑荒做了不少挽救的工作，也對「遵義、金沙、湄潭事件」做過多次檢討。在農村，他按照中央的新政策，恢復了農民的自留地，開放農村集市貿易。貴州省委還更進一步，宣佈荒山荒地誰種誰收，三年免徵公糧。對少數民族的政策更加放寬，恢復了少數民族自製傳統服飾所需的「藍靛土」、「姑娘田」、麻園等。貴州省委甚至把城鎮原屬於個人或集體所有制的小商店、小作坊，歸還給個人和集體，一時貴州省大小城鎮中，處處出現前門設店，後門設場的「夫妻老婆店」和小作坊。周林曾兩次去發生嚴重「非正常死亡」的湄潭縣。在該縣召開的四級幹部大會小組會上，當他聽説該縣「廣大幹部和農村群眾，沒有糧食，餓着肚子，也不去開倉拿糧」，很受感動，周林説：中國的農民太老實了。[17]在當時和周林有類似感受的領導幹部不在少數，據1961年陪同劉少奇視察東北林區的吳江回憶，劉少奇在和東北地方領導人談話時也曾説過：「中國農民就是好，遭受這樣大的災禍也不起來造反」。[18]貴州省委新政策推出後，形勢迅速好轉，「非正常死亡」的現象被扭轉。

三、貴州「四清」和劉少奇

周林的省委第一書記的職務在1964年的「四清運動」中被撤，公開的理由有三：貴州的建黨根子不正；鎮反、土改

17　箴元：《周林傳略》，載《周林紀念文集》，頁 62。

18　吳江：《政治滄桑六十年：冷石齋憶舊》（蘭州：蘭州大學出版社，2005），頁 102。

不徹底；肅反、審幹、「清理中內層」未把好關。又稱：
「貴州省委犯了右傾機會主義路線性質的錯誤」，「貴州城
鄉資本主義氾濫」，貴州「四清」的重點是貴陽市，中共中
央西南局認為，「貴州已爛掉了」，「貴陽市是反革命的兩
面政權」，貴陽市被宣佈是「小台灣」，[19] 進而再擴大，使
「一向沒沒無聞的貴州省，一下成為『第二台灣』、『第二
香港』在全國名噪起來」。[20]

　　「反革命的兩面政權」的概念為劉少奇所獨創，以後又
被正式使用於《後十條修正草案》。1964年9月18日，中央
正式下發《關於印發〈農村社會主義教育運動中一些具體政
策的規定〉(修正草案)》，簡稱《後十條修正草案》，此文
件經過毛的修改，提出敵人拉攏腐蝕幹部，建立反革命兩面
政權，是敵人反對我們的主要形式；認為這次運動，是比土
地改革運動更為廣泛、更為複雜、更為深刻的大規模的群眾
運動；提出了有的地區還要進行民主革命補課工作；改變了
原《後十條》草案中依靠黨的基層組織和基層幹部的規定，
強調首先要解決幹部中的問題，並規定整個運動由工作隊領
導；還提出全國完成這場運動需要五、六年或更長時間。西
北局第一書記劉瀾濤、湖北省委第一書記王任重等各地大員
都在1964年10月大作報告，動員清除「反革命兩面政權」。
在《後十條修正草案》下發後，一時全國各地都在查找「小

19　箴元：《周林傳略》，載《周林紀念文集》，頁63–64；周林：《貴州「四清」
　　運動鮮為人知的問題》，載《周林紀念文集》，頁204；另參見中共貴州省
　　委黨史研究室編：《中國共產黨貴州省歷史大事記(1929–1999)》(貴陽：貴
　　州人民出版社，2001)，頁353、360。

20　汪小川：《我所目及的貴州大四清》(1983年6月)，未刊遺稿。

台灣」，甚至連武漢大學哲學系一個小小的單位，也差點被打成「反革命兩面政權」。[21]

主持貴州「四清」的工作團是李井泉派出的，西南局常務書記兼新任貴州省委代理第一書記李大章被任命為西南局工作總團團長，在李大章背後的是中央政治局委員、西南局第一書記兼四川省委第一書記、成都軍區第一政委李井泉。中央並派出中央委員、中央監委副書記錢瑛予以協助，李大章還帶上了四川省委書記處書記陳剛。1964年10月7日，中共中央決定從中央和國家機關、4個大區和軍隊抽調2000名工作隊員，其中有100多名師局級幹部前往貴州，對全省區以上的領導實行層層奪權，[22] 外派去貴州的「四清」工作團的陣容和規模如此之大，這在全國是唯一的。

在李井泉和李大章背後的是劉少奇，劉雖然沒去貴州，但貴州的「四清」是在他的思路和「桃園經驗」的指導下進行的。1964年8月24日，劉少奇在昆明給雲、貴兩省地、市、州委書記做關於「社會主義教育運動」的報告，王光美也做了關於「桃園經驗」的報告。[23] 此時，貴陽市「氣氛相當緊張，省委領導空無一人」[24]；不僅各市、州委書記都去了昆明，連各部辦委的頭頭也都去了。當晚，李井泉和李大章向劉少奇

---

21 段啟威：《鞠躬盡瘁 鐵骨錚錚 —— 懷念余志宏主任》http://www.philosophy.whu.edu.cn/forSchoolfellow/memoir/duan。

22 周林：《貴州「四清」運動鮮為人知的問題》，載《周林紀念文集》，頁204。

23 中共中央文獻研究室編：《劉少奇年譜》，下卷（北京：中央文獻出版社，1996），頁602；周林：《貴州「四清」運動鮮為人知的問題》，載《周林紀念文集》，頁203。

24 汪小川：《我所目及的貴州大四清》(1983年6月)，未刊遺稿。

彙報貴州「四清」情況，卻有意不通知貴州省委第一書記周林參加。[25]

李大章大約在1964年9月2日或3日到達貴陽市上任，周林說，李大章向劉彙報，獲得「尚方寶劍」[26]，回貴州後就召開全省三級幹部大會，大幹了起來。用李大章自己的話說，他來貴州的使命就是：「使貴州一千七百萬各族人民重見天日」[27]。在周林的回憶中，沒有具體交待劉少奇對貴州「四清」的指示，即「尚方寶劍」的具體內容是什麼，但是從李大章的說辭中還是可以清楚看到劉少奇的意見。例如，李大章說，貴州前一階段的「四清」是失敗的，是走了「過場」，[28] 此話完全是劉少奇的口吻，1964年夏劉少奇在南京，對江蘇省委第一書記江渭清也說過同樣的話。[29] 只是江渭清比較有辦法，後台也硬些，讓劉少奇碰了一個軟釘子，江渭清也就沒有落下像周林那樣的下場和全省幹部的大換班。

西南局對貴州省委的指控不是實事求是的。1949年底，蘇振華率二野五兵團解放貴州，任省委書記和省軍區司令員兼政委，以雷霆手段肅清國民黨殘餘分子，在1951年「鎮反運動」中，前政權時代貴州的81個縣長「全部被處決」。[30] 50

25　周林：《貴州「四清」運動鮮為人知的問題》，載《周林紀念文集》，頁203。

26　周林：《貴州「四清」運動鮮為人知的問題》，載《周林紀念文集》，頁203。

27　汪小川：《我所目及的貴州大四清》(1983年6月)，未刊遺稿。

28　《中國共產黨貴州省歷史大事記(1929–1999)》，頁353、362；周林：《貴州「四清」運動鮮為人知的問題》，載《周林紀念文集》，頁203。

29　江渭清：《江渭清回憶錄》(南京：江蘇人民出版社，1997)，頁487。

30　參見袁晞：《一蓑煙雨任平生：馮蘭瑞傳》(北京：氣象出版社，1999)，頁103。馮蘭瑞的父親在國民黨統治的末期擔任過爐山縣縣長，解放軍臨近時棄城逃往貴陽，向新政權投誠，被寬大處理安排在貴陽救濟院工作，後在「鎮反運動」中被鎮壓。

年代初，貴州對地富的「管制」大面積超標。[31] 至於「包產到戶」也不是如李大章所指稱的佔全省農戶的70%，經「工作團」派大批幹部下鄉調查，1964年貴州農村的單幹戶只佔全省農戶的5%。[32] 有材料顯示，就是在「包產到戶」達到高峰的1962–1963年，貴州全省包產到戶只佔到40%，只有個別邊遠地區達到80%。[33] 在貴州，可以說建國後的15年，除了在60年代初對瀕臨餓死的農民實行過緩和的政策，從沒見過什麼時候「右」了。

然而，四清工作團對貴州一些領導幹部的指控也並非空穴來風，例如，和周林關係密切的貴陽市委某主要領導被揭發犯有「生活作風」方面的錯誤；一些幹部揭發周林等在花溪等風景區給自己安排很好的休養環境；[34] 在大饑荒時期，一些幹部欺上瞞下，打擊群眾，尤其是貴州作為「非正常死亡」人數最多的「四大名旦」(河南、安徽、甘肅、貴州)之一的省份，竟然未被處理而「滑」了過去(其實四川等省的情況也極為嚴重，但李井泉全力封鎖消息，山東大面積「非正常死亡」的情況則在1960年就暴露了)，引起許多幹部群眾的強烈不滿。在周林治黔十餘年間，地方幹部和南下的原冀魯豫幹

31　1953年貴州省紫雲縣四區的德興鄉二村共有330戶，人口1627人，卻管制了23戶(全家所有人均被管制)，共150人，佔全鄉總人口的千分之九十二強，超過了中央規定的千分之三的30倍。貴定縣都祿鄉管制面竟達到該鄉總人口的一半。獨山縣基長鄉人口總數為8361人，共管制了456人，經上級部門複查，只有11人符合管制條件。參見新華社編：《內部參考》，1953年4月13日，第83號，頁262。

32　周林：《貴州「四清」運動鮮為人知的問題》，載《周林紀念文集》，頁205。

33　《中國共產黨貴州省歷史大事記(1929–1999)》，頁378；胡一民：《人生四部曲》，頁214、225。

34　胡一民：《人生四部曲：一個知識分子幹部半個多世紀的人生回憶實錄》，頁224–225。

部，矛盾長期積累，現在利用四清全面批周林，來了一個總爆發，只是用的是「反擊資本主義復辟」的這些詞彙來做包裝，而把這深一層的矛盾掩蓋了起來。

貴州省的「四清」在全國是非常特別的，基本上是全體換班子。1964年10月，中央改組貴州省委，任命李大章代理省委第一書記、錢瑛代理第二書記、陳剛代理第三書記。周林降為省委書記處書記，省長一職也被免去。原省委書記處書記一人，候補書記一人，及四個省委常委被停職反省。去昆明開會的領導們「帶回兩大本文件」：劉少奇的講話和王光美的「桃園經驗」，「在整個大四清過程中，除反復地播放『桃園經驗』錄音之外」，就是要幹部們學習李大章的報告[35]。從10月開始，在兩個月的時間裏，在全省的省、地、州、市、縣開展了「奪權鬥爭」，「從省委到地、縣委，到所有相當於縣級的機關、單位的領導班子『一鍋端』，一律奪權」[36]。畢節、安順、銅仁等三個地委書記和遵義地委副書記均遭免職被批鬥。幾年前才從東北調往貴州工作，擔任貴州省委常委，省委宣傳部長的汪小川，雖然是老紅軍，也被鬥爭了近四十天[37]。僅晴隆縣1,875名黨員受各種處分就達430人，新劃地主、富農164戶，四類分子129人，新定「暗藏反革命分子和反動黨團骨幹分子」217人。「頃刻之間，貴州的大批幹部以各種莫須有的罪名，有的遭到停職、革職，有的遭到開除黨籍、工職，有的甚至遭到逮捕，關進監牢」[38]。

---

35 汪小川：《我所目及的貴州大四清》(1983年6月)，未刊遺稿。

36 同注35。

37 同注35。

38 周林：《貴州「四清」運動鮮為人知的問題》，載《周林紀念文集》，頁204；另參見《黔西南布依族苗族自治州志·黨派群團志》(貴陽：貴州人

貴州的特殊性在於「反革命的兩面政權」已不是一個個「爛掉」的基層單位，而是擴大到一個省會城市。事情的起因是貴州省公安廳「個別人」誣告貴陽市委書記伍嘉謨包庇貴陽市公安局貪污黃金，並咬定原貴陽市市長秦天真是「叛徒」。雖然幾經調查，上述指控都沒有事實憑據，但公安部門還是查抄了伍嘉謨的家，此時伍已被隔離審查，在伍的家裏沒有人在的情況下，據說在伍家的字紙簍的一張報紙的邊上中發現了「反動文字」——「中華民國萬歲」。伍隨即以「現行反革命」的罪名被逮捕，被開除黨籍，判刑五年。貴陽市公安局長孫登善也被逮捕。貴陽市委副書記夏頁文被戴上「修正主義」帽子，貴陽市市長紫龍被撤換、批鬥，貴陽市委宣傳部長朱厚澤被開除黨籍和公職，下放勞動。貴陽市南明區區委書記李增賢也被捕入獄。[39]

貴陽市的情況正好印證劉少奇的「反革命兩面政權」的新概念，李大章認為，「貴陽市的問題就是貴州省的縮影」，「只要伸手去摸，沒有一個地方、一個單位不是爛透了的」[40]。伍嘉謨的「現行反革命」是否符合事實並不重要，重要的是搞出了一個從上到下都「爛掉」的市委，從此可以「典型引路」，在更大的範圍內全面推廣。

劉少奇為什麼在1962年不拿下周林？而是推遲了兩年？周林和曾希聖的性質一樣，都是先期緊跟毛，後來搞了「責任田」，1962年初，劉拿曾開刀，曾希聖和河南的吳芝圃，

民出版社，2002)，頁 138。

39　周林：《貴州「四清」運動鮮為人知的問題》，載《周林紀念文集》，頁204；篛元：《周林傳略》，載《周林紀念文集》，頁 64。

40　汪小川：《我所目及的貴州大四清》(1983 年 6 月)，未刊遺稿。

還有1960年下台的山東的舒同，都先後被劉少奇拿下，轉而做不安排具體工作的各中央局的空頭書記。甘肅省原第一書記張仲良的運氣稍好些，被調到江蘇做了排名第五、第六的省委書記處書記。可是周林卻沒事，照樣做他的省委第一書記，和大躍進的急先鋒王任重和李井泉的情況相類似。可能的原因是：和曾希聖(安徽)、吳芝圃(河南)、張仲良(甘肅)、高峰(青海)、舒同(山東)等人相比，周林的錯誤還不是特別大，再者，一次拿下太多的封疆大吏也會刺激毛。

劉少奇跟隨毛的時間長了，早學來毛的一套，搞運動總要先拿幾個人開刀，以壯聲威，劉少奇事隔兩年後拿周林開刀，就是要為他的「四清」在全國開道。與此同時，劉少奇也拿江渭清的一份講話說事，又是當面批評，又是寫信批評，還把自己寫給江渭清的信批轉全黨，[41] 都是出於同一的目的。由於江渭清沒搞過「責任田」，劉不能抓他「右」的小辮子，於是就批江渭清是「教條主義」。劉少奇拿周林祭旗，借「包產到戶」之事批周林，誰都不能說一個「不」字。況且和王任重、李井泉相比，周林和毛的關係也很遠，份量最輕；李井泉、王任重都是毛的愛將，一直就左，沒有「小辮子」好抓，周林在1961年搞過「責任田」，頭上有「小辮子」，於是被劉選上。

在這個過程中，西南局起什麼作用？李大章是西南局派出的，但派李大章不可能僅由李井泉決定，這時的李井泉跟劉少奇很緊。李井泉在四川從沒「右」過，大可以不懼劉少

41　1964 年 10 月 20 日，中共中央發出《關於認真討論劉少奇同志答江渭清同志的一封信的指示》，以中發(64)672 號文件發至縣團級黨委，同時附有經毛澤東修改過的劉少奇給江渭清的信，及江渭清 1964 年 9 月 8 日給劉少奇的信。參見《江渭清回憶錄》，頁 488，494–496，497。

奇，但也得小心，就像華東局的柯慶施，1964年不也是逼江渭清向劉少奇認錯嗎？[42] 在劉少奇主持的會議上，柯慶施也是順着劉的有關「四清」意見，沒有表示異議。[43]

李大章不是一般的第二把手，他有着雄厚的革命資歷，又是西南局常務書記，其人對李井泉在大躍進時期搞的極左一直有保留看法，對李的霸道也多有不滿，李井泉對李大章不能向對其他書記那樣頤指氣使。李大章這次為什麼這麼左？這不符合他的一慣的風格，一個線索可能多少說明一些問題，李大章雖然是「老資格」，但除了在建國初短期任過西康省省委書記，直到1964年才第一次成為主持全面工作的一個省的代書記，而這是劉少奇給他的，李大章要做出成績給劉少奇看。

錢瑛起什麼作用？中央派她去貴州，一定是劉、鄧的決定。在新四軍時期，劉少奇就認識錢瑛，建國後，錢瑛和劉少奇也有較好的上下級的工作關係，錢瑛為人正派，是公認的優秀的領導幹部。在1961年底和1962年初，錢瑛在安徽做了大量的調查，回北京後向劉少奇等做了彙報，才揭開了曾希聖的「蓋子」。1962年上半年，錢瑛在安徽為正在「勞改」的兩位高級幹部：被曾希聖打成「右派」的前安徽省委書記處書記李世農，和曾希聖被打成「右傾分子」、「階級異己分子」、「反革命分子」，也在「勞改」的前安徽副省長張愷帆平了反。錢瑛還頂住壓力，「改正」了安徽「一大批」1957年的「右派」，錢瑛有如此膽略，在當時是極

---

43 逄先知、金沖及主編：《毛澤東傳(1949–1976)》(下)(北京：中央文獻出版社，2003)，頁1356。

為罕見的。[44] 錢瑛去貴州的時間要早於李大章，1964年6月左右，中央監委的工作組就已到達貴陽市，錢瑛去貴州後，「分管城市四清」，重點是在貴陽市，具體任務就是「揭開貴陽市的蓋子」[45]，從1965年8月她在一次會議上的談話看，在貴州期間，錢瑛是按照四清工作總團的部署工作的，但是到了在1965年8月，錢瑛也遵照該年初中央頒發的《二十三條》的口徑，不再説貴陽市是「反革命的兩面政權」，而是改口説：「貴陽的絕大多數幹部，是擁護革命、擁護黨中央和毛主席的」。[46]

四、在「四清運動」中高漲的劉少奇的權威

貴陽市的「四清」頗有點像上世紀30年代蘇聯「大肅反」期間偵破的那些層出不窮的「間諜破壞案」，都是由「契卡」人員率先「揭發」，然後由「契卡」部門介入，擴大偵察，再對主要領導幹部實行逮捕。和蘇聯的「肅反」不同的是，60年代貴陽的「四清」和全國各地的「四清」一樣，還穿插了一個「群眾運動」，也就是多了一個在黨委或工作隊領導下的宣講中央文件、發動群眾、檢舉揭發、交待問題、批鬥大會、成立「貧下中農協會」、「寬嚴結合」、「戴帽」、「逮捕」的過程。貴陽的「四清」帶動了全省運

44　王從吾等：《剛正無私的共產黨員錢瑛同志》，載《憶錢瑛》（北京：解放軍出版社，1986），頁 7；另參見丁群：《劉順元傳》（南京，江蘇人民出版社，1999），頁 340–342。

45　汪小川：《我所目及的貴州大四清》(1983 年 6 月)，未刊遺稿。

46　《錢瑛同志在中央局監察組長座談會上的講話(摘要)》，1965 年 8 月 21 日上午，江蘇省檔案館，全宗號：3022(省委監委)長期卷，卷宗號：206。

動,一時間,貴州到處瀰漫緊張、肅殺的氣氛。周林對貴州的「四清」很有意見,也不同意對他的指控,在1964年底,周林向中央和毛寫了申訴報告,通過省委機要室直送北京中南海。[47]

從表面看,在1964年12月前,毛是支持劉少奇有關「四清」的部署的。8月底,毛同意中央批轉「桃園經驗」,又同意劉少奇對江渭清的批評信,還親自參與了劉的批評信的修改。毛也同意劉主持的《後十條修正草案》,也對其做了修改。「民主革命補課」,「三分之一政權不在我們手裏」等,都是毛最先提出的。1964年,毛還同意在城市街道「劃階級成份」,成立「勞動人民協會」。[48]

毛的極左,是實實在在的,但他在1964年下半年對劉的「同意」,卻是表象。毛批准下發「桃園經驗」,是很勉強的。毛同意下發《後十條修正早案》,也是有保留的。毛對劉的一些看法持有異議,而劉少奇8月1日在北京舉行的幹部大會上的報告,又嚴重刺激、傷害了毛,從而導致毛、劉矛盾的激化。

劉少奇在1964年已走向權力高峰,6-8月,他帶着夫人王光美從北方走到南方,在十四個省市作巡迴報告。劉少奇返回北京後,8月1日在北京人民大會堂又對中央黨、政、軍機關和群眾團體負責幹部作了一個大報告。劉少奇在大會上說:搞運動,開調查會的方法,找人談話,已經不行了;不蹲點,就不能做領導工作。劉還在報告中用較大的篇幅批評了毛批發的《後十條》,他說,現在敵人利用這個《後十

47　周林:《貴州「四清」運動鮮為人知的問題》,載《周林紀念文集》,頁204。
48　《毛澤東傳(1949–1976)》(下),頁1342。

條》來頂工作隊,第二個十條對於強調放手發動群眾寫得不夠,「以後不要強調了」。[49]

劉的這天的報告「出軌」之處太多,本來彭真是要把劉的這次講話整理下發的,陳伯達、王力等「秀才」已遵照彭真的指示對劉的講話做了整理,把講話中明顯涉及毛的內容全部刪除,但後來,劉少奇「突然」決定不下發了。[50] 劉為什麼不同意下發他的這次報告?是事後覺得講話不妥,或乾脆就是對刪去他的講話不滿,又不便明說?這些都不得而知。

在8月1日大會上,劉少奇顯現了他的「領袖權威」正在上升的氣勢。據出席了這次大會的李新回憶,在劉沒登場之前,「台上,所有在京的政治局委員和元帥們都到了。全場鴉雀無聲⋯⋯一會兒,周總理引着劉少奇走到台中央」,「劉少奇開始講了,雖然桌上分明有擴音器,但他並未坐下來,而是背着雙手,在台上走來走去地講」。劉在講了一通幹部「蹲點」的必要性、重要性後,要求大家向王光美學習,他說:「王光美下去了,不是就發現了許多新問題嗎?她還寫出東西來了,總結了許多新經驗,很有意思。我看大家還是下去吧,趕快下去吧!說到這兒,劉看了周總理一下,然後又對大家說:誰要是不下去,就把他趕下去!他的講話到此就戛然而止」。[51]

在現場的周恩來只能對劉少奇予以配合,據李新說,周「很溫和地對大家說道:少奇同志今天的講話,雖然很簡

49 同注 48,頁 1350–1351。

50 參見王力:《王力反思錄》(下)(香港:北星出版社,2001),頁 573。

51 李新:《「四清」記》,載《回望流年:李新回憶錄續編》(北京:北京圖書館出版社,1998),頁 120–121。

短，但是很重要。我希望大家趕快下去參加四清，執行中央的決定。又説，王光美的報告中央很快即將作為正式文件下發，並轉身向劉少奇説：我看可以讓王光美到各單位去作報告嘛。然後對台下的大家説：各單位都可以請王光美同志去作報告，口頭報告比書面報告會更生動些，豐富些。隨即宣佈散會」。[52]

劉少奇這天的報告震動很大，一些幹部對劉的報告很反感，乃是因為劉在這天的報告大會上顯擺出的「氣勢」和他對王光美的「吹捧」，他的報告中對毛的不恭之詞反而沒被聽眾捕獲到。那一天北京氣溫很高，「這個會議，連頭到尾，總共不到一個鐘頭」，劉少奇畢竟還不是毛，「在這麼大熱天把這麼多高級幹部集中來訓話，人們是非常不滿意的」。劉少奇可能也沒想到自己對王光美的幾句贊詞造成的後果是如此嚴重。李新説：退出會場時，他就聽到有人議論説：「這是幹什麼？這不是『聽訓』嗎？」「走出大會堂，在下台階時，我前面有兩三個軍隊幹部在罵娘，罵得很難聽，特別是罵劉少奇不該親自出面來吹捧『臭婆娘』。當我走近時，他們都回過頭來看，原來都是熟人，彼此相視一笑。」[53] 聯想到兩年多後，1966年10月中央工作會議期間，地方大員批劉不多，軍隊將帥則集中對劉開火，這些都是事出有因的。

劉少奇在1964年夏確實不夠謹慎，他帶着夫人四處巡講「桃園經驗」，又在報告中高調宣傳王光美，已嚴重「破」了黨的高層政治生活的「潛規則」，在中共黨內，由中央領

52　李新：《「四清」記》，載《回望流年：李新回憶錄續編》，頁 120–121。
53　同注 52。

導同志和夫人一起巡迴做報告，這是第一次。鄧穎超是黨的元老，但是周恩來從來不會出面宣傳他的夫人，更不會帶着鄧穎超周遊四方，去談什麼「婦女工作的經驗」。毛支持江青是無可置疑的，但在1964年，他的公開的行動也就是出席觀看江青搞的幾個「現代革命京劇」，然而劉少奇卻完全忘記了這些。

江青沒有參加8月1日的劉少奇報告大會，但是她瞭解一切情況。據《王力反思錄》披露，江青為此事專門找到毛哭訴：斯大林死後赫魯曉夫才作秘密報告，現在你還沒死，人家就作公開報告了。[54] 從李新對這天會場氣氛的描述，軍隊幹部，包括像李新這樣的文職高幹對劉的講話都是這樣的不滿，江青有如此之反映，是完全有可能的，王力的這段敍述應是可靠的。

五、毛對貴州「四清」的干預

8月後，毛對劉的態度已有變化，但他還是對劉採「退避三舍」的策略，一是劉的勢頭太大；二是劉的不少話也是從他那兒搬來的，是以毛之「矛」，攻毛之「盾」，讓毛有苦說不出；第三，毛還要看劉走多遠。所以毛對「桃園經驗」和劉主持制定的幾件文件都批轉了。但是，毛在對劉作妥協時，對劉的不滿還是一步步表露了。

8月5日，劉少奇作為全國「四清」總指揮的角色進一步明確化了。陳伯達晚年說，是他向毛建議讓劉少奇總抓「四

54　參見王力：《王力反思錄》(下)，頁573。

清」，被毛接受的。[55] 在這一天舉行的中央書記處會議上作出決定，中央成立「四清」和「五反」指揮部，由劉少奇掛帥；又決定，由劉少奇負責《後十條》的修改工作。劉少奇一時位高權重，對毛的意見竟也置之不理了。就在劉少奇前往武漢的前一天，8月4日，預定隨同劉前往廣州修改《後十條》的田家英向毛請示對修改《後十條》還有什麼意見時，毛提到兩點：「第一，不要把基層幹部看得漆黑一團；第二，不要把大量的工作隊員集中在一個點上」。然而，當田家英在專機上向劉彙報毛的意見時，劉「緊皺眉頭，沒有說話」。[56]

劉少奇雖然知道毛對他的「四清」設想有不同意見，但並不準備按毛的意見進行修正，他反而要進一步壓毛同意他的主張。8月16日，劉在廣州給毛寫信，他把中南局和其下屬的幾個省委拉出來，來壯大自己的聲音。他在信中說，湖北、湖南省委同志都同意他的意見，中南局也贊成他的建議，並準備在中南五省推行，這就是改變原來「四清」以縣委為主的方法，而是在省委、地委領導下，集中力量先搞一個縣，此即以後在全國各地推廣的以「四清工作總團」，「四清工作分總團」取代地委和縣委的方法。[57] 顯而易見，劉的這個方法和毛的「不要把大量的工作隊員集中在一個點上」，是不一致的。

在劉少奇的壓力下，毛不得不作出退讓，他在18日給劉

55　陳伯達：《陳伯達遺稿——獄中自述及其他》(香港：天地圖書出版公司，1998)，頁 79。

56　《毛澤東傳(1949–1976)》(下)，頁 1352。

57　同注 56，頁 1352–1353。

覆信，表示「完全贊成」劉的意見。[58] 8月19日，劉又給毛寫信，這一次他拉上的是陳伯達，劉把陳伯達推到前面，説陳伯達「極力主張」把王光美的報告下發各地，劉直接要求毛批轉王光美的「桃園經驗」。劉甚至把批語也寫好，他在為中央代擬的批語中寫道：王光美的報告是有「普遍意義的」。[59] 劉少奇志在必得，舉薦「桃園經驗」的力度如此之大，連中央其他領導人也都以為，王光美報告的下發，只是時間早晚的問題，周恩來在8月1日劉少奇的報告大會上就宣稱，王光美的報告中央很快要下發，[60] 這種情況使毛不得不再次作出退讓。但是這一次，毛不願意做得那麼乾脆，他把劉的報告先壓下來，8月27日，毛就下發王光美的報告寫下了耐人尋味的幾句話：「如果大家同意，再發到全國去，我是同意陳伯達和少奇同志意見的」。[61] 而在中央批轉王光美報告的前一天，1964年的8月31日，在新華社編發的供黨內地委級以上領導幹部閲讀的《內部參考》上，已用《一場偉大革命的實踐》的題目，分十一個小標題，以三十頁的篇幅，詳細摘要發表了「桃園經驗」報告。[62]

顯然，毛對劉的「同意」不是出自本意，因而他在對劉作妥協時，非常希望從地方大員那兒聽到對劉的不同意見。1964年8月下旬，當毛瞭解到李雪峰的華北局的一些負責幹部對劉搞的《後十條修正草案》持有異議時，十分振奮，他馬

58　《建國以來毛澤東文稿》，第 11 冊，頁 132；《毛澤東傳(1949–1976)》(下)（北京：中央文獻出版社，1996），頁 1153。

59　《毛澤東傳(1949–1976)》(下)，頁 1354–1355。

60　李新：《「四清」記》，載《回望流年：李新回憶錄續編》，頁 121。

61　《建國以來毛澤東文稿文稿》，第 11 冊，頁 144。

62　新華社編：《內部參考》，1964 年 8 月 31 日，第 3655 期，頁 2–31。

上下令，暫緩下發劉的《後十條修正草案》，「立刻派飛機把大區書記找到北京開會，重議劉少奇同志的意見」。毛明確提出：「華北有不同意見」。[63] 毛有意壓一下劉少奇的氣焰，來聲援李雪峰，毛說，白區正確路線的代表是李雪峰。[64] 毛的此番話，頗似遊戲之言，確也不盡然，本來劉少奇的「白區正確路線的代表」是中共七大上確定的，那時毛對劉少奇是滿意的，現在毛對劉少奇不滿意了，改授給也曾在白區工作過的李雪峰，仍在情理之中。

8月後，毛對劉的基本策略也逐步清晰了，這就是在表面上繼續支持劉的同時，斷斷續續，似正式又非正式地表達他對劉的「四清」的保留，他通常是先說幾句肯定劉少奇的話，繞了一圈後，就對派出「四清工作團」取代縣委、「集中一萬個工作隊員在一個縣搞大兵團作戰」，表示疑問。就在毛批轉王光美報告的前兩天，在8月30日的中央局書記會議上，毛還作了一個「自我批評」，毛說，他同意少奇同志的意見，沒有先徵求華北的意見，「這是一個缺點」，[65] 毛甚至在這次講話中公開了他對王光美的不滿，向各地大員表明心跡了，他說，「王光美在河北桃園大隊實際上是少奇同志親自指揮，王光美每月彙報一次，河北省就沒一人能指揮」。可是，各路大員沒一人接他的話碴兒，劉少奇對毛的這些話，卻故作不知，依然故我。各路諸侯也都順着劉，甚至當劉主持會議，重申其意見後，李雪峰就檢討了，連當年毛的

---

63 《毛澤東傳(1949–1976)》(下)，頁 1355。

64 參見《王力反思錄》(下)，頁 574。

65 《毛澤東傳(1949–1976)》(下)，頁 1356–1357。

兩員大將李井泉、柯慶施都表示贊同劉少奇的意見。[66] 李雪峰為了不和王光美爭風頭，把他的工作重心放到了城市的「四清」，還提供了一個「城市要普遍地劃階級」的經驗。[67]

更嚴重的是，1964年下半年，劉少奇在各地視察時的講話已成為「真經」在各省市傳達，並在全國各地開始貫徹落實。北京市委抽調11695名工作隊員，「集中力量到通縣打殲滅戰」。[68] 1964年8月初，山東省委舉行工作會議，中心議題就是討論「少奇同志的指示和王光美同志蹲點經驗的介紹」。[69] 河南省委三級幹部會議「一致擁護少奇同志關於社會主義教育運動的指示」，「採取集中優勢兵力打殲滅戰的辦法開展四清運動」。[70] 1964年7月17日到8月12日，福建省委舉行省委擴大會議，專門討論劉的講話，劉的幾個核心概念：「蹲點」，「三分之一的政權不在我們手中」，「依靠群眾是團結幹部的前題」，在幹部中得到普及。在福建省委擴大會議上，與會者對照劉的講話，檢查「在運動中總是束手束腳，怕字當頭，怕幹部躺倒，怕影響生產，怕後遺症，怕平反，怕告狀」，「許多同志對運動中發生的一些缺點錯誤，那怕是一個指頭的問題，也顧慮重重」，「對目前基層單位有三分之一領導權不在我們手裏這種嚴重情況估計不足，有的甚至發生懷疑」。福建省的幹部還把問題提到一個新的高度，這就是由於他們不敢發動群眾，他們「在運動中不知不

66　《毛澤東傳(1949–1976)》，頁1356。

67　新華社編：《內部參考》，1964年9月28日，第3664期，頁2、6。

68　新華社編：《內部參考》，1964年9月22日，第3663期，頁2。

69　新華社編：《內部參考》，1964年8月7日，第3648期，頁2。

70　新華社編：《內部參考》，1964年8月28日，第3654期，頁2。

覺地做了資產階級革命家」。[71] 顯然，福建同志沒有創造這個概念的水平，它也是來自劉少奇，只是兩年後，中央政治局常委陶鑄又把這個稱號還給了劉少奇，他在1966年11月接見群眾時說，少奇同志是資產階級革命家。

地方大員沿着劉少奇掌管的黨機器的巨大慣性，全面落實劉的方針，毛一時成了局外人。1964年10月–11月，劉瀾濤、陶鑄、張平化、王任重等各地大員紛紛在黨內做報告，大談他們如何通過「學習少奇同志指示」，創造出的指導「四清運動」的「經驗」。他們所做的報告既有理論色彩，又有階級鬥爭如何尖銳激烈的生動實例。[72] 王任重在11月15日湖北省農村社教工作會議上還說：「少奇同志給江渭清同志信裏面提出的批評，對我們也完全適合」，而他本人則經過蹲點，找到了「為什麼會出現和平演變和反革命兩面政權」的原因。[73] 這種情況逼迫毛只有走到前台和劉「單挑」了。

1964年12月至1965年1月，毛對劉的不滿已在上層的小圈子裏爆發，毛開始對劉作不點名的連續性的批評，周林的申訴恰在這個時候。鄧小平是黨的總書記，又是原西南局的第一把手，他接到周林的申訴信後就批轉給所有政治局委

---

71 中宣部編：《宣教動態》1964年第63期，總第1095期，1964年9月17日編印，頁2，江蘇省檔案館藏，編號：C35.2–80。

72 《陶鑄同志關於工作隊進村後的一些體會》，載新華社編：《內部參考》，1964年10月30日，第3670期，頁2–10；《張平化同志談入隊四十天後的工作體會》，載新華社編：《內部參考》，1964年10月30日，第3670期，頁11–18；《劉瀾濤同志在西北局書記處聽取長安公社社教工作團工作彙報會議上的發言》，《陶鑄同志對當前花縣「四清」運動的意見》，載新華社編：《內部參考》，1964年11月26日，第3679期，頁1–15、16–30。

73 《王任重同志關於農村社教工作問題的講話》，載新華社編：《內部參考》，1964年12月3日，第3682期，頁3、5。

員。而賀龍的態度就非常明確，他也是西南局的老領導之一，1964年底，李大章率貴州省代表團來北京參加三屆人大會議，在李大章前去看望賀龍時，他就明確反對否定前貴州省委，他說，你們這樣做，把老西南局放在什麼地位？周恩來則是從側面批評了李大章。當周得知三屆人大會議沒有安排貴州代表發言，就向李大章訊問，得到的回答是：貴州已「爛掉了」，不必發言了。李大章的這番話受到周恩來的批評，周說：全國的形勢都大好，怎麼你們貴州就不一樣呢？大會最後還是安排了貴州省的代表發了言。[74] 周、鄧、賀都知道1964年12月至1965年1月在毛、劉之間就「四清」問題發生的爭執，在1965年1月為劉少奇開的中央層「民主生活會」上，賀龍還「批評幫助」過劉少奇。

毛對貴州的「四清」作出反映是在1965年的1月，這和他對劉少奇表示不滿，發佈《二十三條》在同一時候。周林提到的一個細節，不明就裏的讀者是看不明白的，這就是毛對陳剛的反感。1965年1月，毛找在北京參加中央工作會議的西南局幾個負責人談話，毛問李大章帶了些什麼人去貴州搞「四清」？當李大章回答說有陳剛等人時，毛當即對李井泉下令：「立即撤回中央西南局四清工作團，貴州省委周林復職」。[75] 為什麼毛一聽到陳剛的名字就有如此大的反應？周林在文中沒有一字說明，也沒有交待陳剛的背景。陳剛又名易爾士，原名劉作撫，和毛是老相識，是30年代初上海中央派往贛南蘇區的「提款委員」，「富田事變」爆發時一度被起事的部隊所抓，後被釋放回到上海中央。劉作撫於1935年去

74　周林：《貴州「四清」運動鮮為人知的問題》，載《周林紀念文集》，頁 204。
75　同注 74，頁 205。

莫斯科，抗戰爆發後回到延安，改名陳剛，長期在中央社會部工作，是康生和李克農的副手，1945年任中社部副部長，60年代初任四川省委書記處書記。[76] 毛對陳剛如此敏感，是過去歷史上的原因嗎？還是毛認為他的長期的「契卡」背景不適合擔任一個省的第三把手？這些都不得而知。可以知道的是，毛從不喜歡任用有「契卡」背景的幹部做地方的封疆大吏。建國後，毛可以任用李克農、孔原來管「契卡」系統，以後又讓楊尚昆代表中央分管「契卡」系統的工作，但絕不許「契卡」幹部染指地方黨政工作。1965年初，毛雖然沒說陳剛一句「壞話」，但討厭他的意思已很明確，李井泉、李大章心領神會，1965年2月9日，中共中央首先免去陳剛的貴州省委代理第三書記的職務，任命李井泉的老部下賈啟允任貴州省委第三書記，1965年4月26日，中央任命賈啟允做貴州省委第一書記，取代了李大章，錢瑛也被調回了北京，算是給了毛一個交代。

在毛時代，通常情況下，不管是大幹部，還是小幹部，被毛惦記都是好事，但對有些人來說，被老人家惦記就不是什麼好事了。和陳剛情況相類似，也是在1965年1月毛制定《二十三條》的時候，毛在北京突然向陳伯達問起鄧力群。毛問：鄧力群現在何處？幹什麼？毛還提起鄧力群一個曾在國民黨中任要職的哥哥的名字。毛甚至「衝着陳伯達」問，1960年他讀蘇聯的《政治經濟學教科書》時，是不是陳伯達把鄧力群拉來做記錄的？「陳伯達聞言大驚失色」，回來和康生商量後，打發鄧力群走人，將他從《紅旗》雜誌社調到

76　參見高華：《紅太陽是怎麼升起的：延安整風運動的來龍去脈》（香港中文大學出版社，2000），頁 21、31、109、513、598–599。

桂林地委任副書記，讓毛看不到他。鄧力群不解為何突然調動他的工作，「為此幾次找陳伯達和康生，但他們都迴避不見」。[77]

毛對周林則一向是關照的，1962年周林受過毛的保護，「七千人大會」期間，毛請幾個災情最嚴重，正在七千人大會上受到批評的河南、安徽、山東、甘肅、貴州等省的第一書記一桌吃飯，當周林向毛檢討時，毛説自己也有責任，對周林撫慰有加，[78]周林和李井泉、王任重等一樣，都沒因大躍進期間犯下的嚴重錯誤而受到責罰。1965年1月，毛發話，要周林立即復職，李井泉竟以「周林在貴州已被搞臭了，不宜再回去」，把毛的話擋了回去。其實李井泉所言不虛，經數月批判，周林在貴州的聲譽已嚴重受損，和周林關係密切的大批幹部也被冠以「周林的爪牙」受到批判和處理，如果周林復辟回黔，貴州再一次「翻燒餅」，該省的政局將發生嚴重動盪，西南局的威信將被嚴重損害。李井泉依照老例，把周林調回成都的西南局，和剛從上海調到成都的，也是長期賦閑的原華東局第二書記曾希聖一樣，做了西南局一個不管事的空頭書記。

六、劉少奇「四清」模式的失敗

77　吳江説，這是陳伯達親口告訴他的，參見吳江：《政治滄桑六十年：冷石齋憶舊》，頁 121–122；另據陳伯達之子陳曉農編纂的《陳伯達最後口述回憶》稱，毛説鄧力群的哥哥鄧飛黃是國民黨的中央委員，要陳伯達不要用鄧力群，陳伯達就讓鄧力群到南方去鍛煉一段時間。參見陳曉農編纂：《陳伯達最後口述回憶》，（陽光環球出版香港有限公司，2005），頁258。

78　周林：《貴州「四清」運動鮮為人知的問題》，載《周林紀念文集》，頁 206。

周林雖沒復職，但貴州「四清」的方向已被扭轉了過來。「桃園經驗」還只是「一個大隊的社會主義教育運動的經驗」，現在又來了一個省會城市貴陽的「反革命兩面政權」的典型，接下去，難保不會擴大到一個省的「反革命兩面政權」。毛適時作出反擊，幾句話，就讓劉少奇的計劃泡湯了，儘管毛沒有救下周林。

　　貴州的「四清」高潮是在1964年8到12月，起初，雷厲風行，批判、鬥爭、撤職、逮捕，10月31日，貴州省委發文，要求「堅決打擊反革命分子的現行破壞活動」，全省風聲鶴唳，一時「因捕、拘過多」，甚至「造成監所擁擠」[79]；之後，不了了之、草草收場。1965年雖然還有餘波，李大章和李井泉到3月份還壓周林承認「貴州省委犯了右傾機會主義路線性質的錯誤」，但那已是強弩之末了。周林有了《二十三條》撐腰，拒不接受二李的結論，李井泉和李大章也毫無辦法。[80] 此時劉少奇雖然還全面管事，但說到底毛才是真正的主宰，在毛發話後，李井泉調整了和周林的關係，1965年7月中旬，他告訴周林，「貴州的四清問題，小平同志說不做結論了」，李井泉又說，堅持要給貴州四清做結論，「這是大章同志搞的，他對貴州的四清運動不做結論，耿耿於懷，食不下嚥」，[81] 現在李井泉搖身一變，儼然貴州的四清和他沒有關係了。

　　劉少奇是受挫了，也可以說是失敗了。大饑荒時期貴州的

79　《中國共產黨貴州省歷史大事記(1929–1999)》，頁 359、361。

80　周林：《貴州「四清」運動鮮為人知的問題》，載《周林紀念文集》，頁 206–207。

81　周林：《貴州「四清」運動鮮為人知的問題》，載《周林紀念文集》，頁 207。

問題確實極為嚴重，大批群眾因絕糧而「非正常死亡」，幹部違法亂紀非常普遍，理應依法嚴肅處理，有資料説，死人「最嚴重的湄潭縣，後來槍斃了一個違法亂紀的副縣長」。[82] 劉少奇在治國方面，有非常務實和理性的一面，在1961–1962年，劉頂住巨大的壓力，站出來領頭，和周恩來、鄧小平、陳雲攜手，全力挽救經濟，拯救人民生命，為國家、民族和百姓作出巨大貢獻，其功績永載史冊。但是，劉又有「走偏鋒」的特點，1962年下半年後，在毛一手營造的極左大氣候下，劉不願或無力抵擋，他快步跟上毛的步調，順風扯帆，到了1964年甚至比毛還要左。在「反革命的兩面政權」的大棒下，不僅許多無辜幹部受難，已在社會底層的前國民黨時代的留用的人員也一再受到嚴厲打擊，一些被處理的幹部，特別是在城鎮工作的幹部，和大饑荒時期的違法亂紀並沒有關係，就是因為出身不好，被打成「階級異己分子」。劉在1964年的這些舉措，很難説沒有他的個人的目的，許多情況都表明，劉想藉「四清」真正樹立起他「號令天下」的權威。

由於毛對劉進行了強力干預，劉沒成功，否則貴州經驗就會在全國其他省份推廣，「反革命兩面政權」會遍於國中，全國難免不會洪水滔天，大量的，形形色色的「國民黨特務案」、「美國間諜案」、「反革命暗殺案」肯定會隨影而來。劉少奇雖沒搞一個像毛那樣的「文革」，但也差不多了。從貴州的情況看，在劉的理論的指導下，是用黨機關加上公安系統作為推動運動的動力，這可能就是劉少奇有別於毛的搞運動的基本形式，他同意派出有「契卡」背景的陳

82　胡一民：《人生四部曲：一個知識分子幹部半個多世紀的人生回憶實錄》，頁 209。

剛做貴州省委代理第三書記，不應只是一種巧合，這可能和劉少奇過去搞地下鬥爭的經歷有關。既然貴陽市已成了「小台灣」了，那就須要派「紅色特工」深入「敵營」，摸清「敵情」，去解決問題了。在更大的範圍內，劉少奇指導的四清工作隊，就像戰爭年代的「敵後武工隊」，這一百多萬工作隊員，先集中學文件「反右傾」，在工作隊中查找「壞人」，繼之「偵察敵情」，「排查線索」，再以「秘密工作」的方式進駐鄉村，大搞「扎根串聯」，難怪被毛批評為「神秘主義」！

無獨有偶，1964年6月，在劉少奇夫婦到南京開講「桃園經驗」回到北京後，劉少奇主持召開修改《後十條》小型座談會，在會上又抓住江蘇省漣水縣高溝公社社隊幹部打擊報復社教積極分子的事件，強調要對「高溝事件」作「現行反革命處理」。而在會議之前的7月29日，王光美直接打電話給江渭清，傳達劉少奇對「高溝事件」的定性：這是一起「反黨、反人民、反社會主義性質的現行反革命事件」。[83]

與此同時，由劉少奇的老部下，西北局第一書記劉瀾濤指導的陝西省「四清」，也是以抓人、捕人開道，數月間全省就逮捕了6,470人、扣留5,000多人，長安縣新劃地富4,558戶，查出所謂四類分子3,492人。該省還用「隔離審查」的名義把一批中層幹部投入變相監獄。在地區和縣一級，則用辦「集訓班」的形式，「對一批幹部進行限制人身自由的審查」。1964年11月上任的西北局第二書記兼陝西省委第一書記胡耀邦對此持有異議，剛剛着手糾偏，就遭到劉瀾濤等的嚴重打

83　《江渭清回憶錄》，頁490；另參見《在社教運動中需要注意挖上面的根子》，載新華社編：《內部參考》，1964年8月28日，第3654期，頁5–10。

擊，被扣上反對劉少奇的帽子，受到西北局和陝西省委的持續批判。[84]

由此可見，用抓「現行反革命」來推動運動，已成為1964年劉少奇領導「四清」的一個基本的工作方法。以「現行反革命」的罪名層層抓人，人人膽寒，這種方法既省事，又省力，乾脆明快，震懾力大，馬上就可以打開運動的局面，所以貴州的「四清」既可以說成是「社會主義教育運動」，也可以說它是新形式下的「肅反運動」。劉的這一套既有毛氏特色，更帶有頗為濃厚的斯大林色彩，一旦全面鋪開，不比毛策動的「群眾造反」遜色。這就是中國60年代政治的複雜性，哪是局外的書生所能理解的？海外的唐德剛教授居然說，劉少奇的《後十條》是要「修正」毛極左的《前十條》，還說，若不是劉的舉措，「一定又是數十百萬人頭落地」。[85] 唐德剛分不清《後十條》和《後十條修正草案》的區別，前者是鄧小平和譚震林主持起草的，後者才是劉少奇主持起草的，《後十條修正草案》是一個比毛的《前十條》更加極左的文件，1964年10月下發後各地發生一系列自殺、鬥死人的嚴重事件，陝西省長安、延安、西鄉三個社教試點縣共「發生自殺事件430起，死亡364人」。陝西高校在「四清」中聯繫實際批判學生中的「修正主義」思想，僅西安市就有九名大學生因此自殺。陝西省有些中小學在學生中「樹

---

84 參見林牧：《胡耀邦100天的超前改革》，載蕭克等：《我所經歷的政治運動》(北京：中央編譯出版社，1998)，頁246，1998年出版；另參見中共西安市委辦公廳編：《中國共產黨西安市委員會志》(西安：陝內資圖批字2004〔AX〕012號，2004)，頁555。

85 唐德剛：《毛澤東專政始末》(臺北：遠流出版公司，2005年)，頁171–172。

立貧下中農優勢」，「搜索和批判」所謂「小地主」、「小富農」、「小資本家」，致使一些中小學生也被逼得「自殺或逃亡」。[86] 這真的是讓許多人「人頭落地」了！唐德剛說劉少奇在1964年要糾毛的左，真不知從何說起！

七、在回憶文本後的「權勢關係」和「人情」

周林的「運氣」沒李大章好，李大章一直是「不倒翁」，雖然在對貴州四清的態度上，李大章比李井泉還要僵硬，但是毛很清楚，李大章在貴州搞極左有複雜的背景，李大章並不像李井泉那樣瞭解當時中央上層毛、劉間的分歧，而且李大章只是在1936–1937年間在北方局和劉少奇有過工作關係，不是劉少奇的人。加之，李大章對李井泉一直有意見，「文革」期間還揭發李井泉的錯誤，所以李大章在中共九大之前即復出，不管哪個人做四川的第一書記，李大章都是在四川做他的第二把手，1975年李大章調任中央統戰部部長一職，1976年5月3日，在北京逝世，終年76歲。李大章在文革中沒有受多少罪，不能歸結於他個人的聰明和機智，在毛時代的中晚期，政治鬥爭中的無序性和任意性是一普遍現象，任何人都沒有安全感，許多高幹都是在瞬間沉沒的。那是毛一個人說了算的年代，毛有亂來的時刻，但「無序」中有「有序」，「任意」中有「計算」。平心而論，毛對他所任用的地方大員還是「講原則、講淵源、講人情」的，如果在政治上和自己對着幹，毛絕對是「憎其所憎，惡其所惡」；但是

86　參見《受命於危難之際的胡耀邦》，五柳村網站http://www.taosl.net/hyb0056.htm

只要不和毛的政治對立面搞在一起，又願意「重新回到毛主席的革命路線」上來，毛就會「放他們一馬」。李大章在文革中很快復出就是這個道理。

毛對李井泉的態度就稍許複雜一些。1965年初，作為政治局委員的李井泉知道劉少奇已被毛批評，《二十三條》就是糾劉的「偏」的，可是他在指導貴州「四清」時，並沒有立即停止執行劉的政策。毛要他給周林復職，李井泉居然找理由頂着不辦。在當時，像李井泉這樣，在毛、劉之間觀雲測雨，不是個別人，1965年的11月16日，毛去南京視察工作，江蘇省委第一書記江渭清明明知道毛在他和劉少奇的爭執中，明確支持他而當面批評了劉，但是，江渭清還是一口一聲的表示要學習劉少奇批評他的信。[87] 一年後，「文革」爆發，「李政委」治川十數年，在大饑荒中欠賬太多，四川苦李久也，造反派以「劉鄧走狗」的罪名對李井泉一陣亂鬥，其妻也被整死，毛對李卻沒有像對江渭清、江華、葉飛等人那樣迅速伸出援手，而是讓李在火上「烤」了幾年。

然而毛對李井泉畢竟是知根知底的。抗戰期間，李井泉和賀龍、林楓搭檔，使晉綏邊區成了衛護延安的堅固的屏障，大軍入川後，又成為西南局老書記鄧小平的部下，在歷史上，李井泉和劉少奇一點都不沾邊，對毛一向忠心耿耿，在

87　1964 年 9 月 25 日、10 月 18 日，毛澤東兩次對劉少奇給江渭清的信寫下批語。毛在批語中給劉少奇寫道：「看了你這封信，覺得實在好」，「存在着的問題，正是要照你寫的那樣去解決」。毛澤東並對劉少奇的信作了親筆修改，參見毛澤東：《對劉少奇給江渭清覆信的批語和修改》，載《建國以來毛澤東文稿》，第 11 冊，頁 169、168。但是，隨着毛對劉少奇意見的加深，毛改變了看法，在 1964 年底舉行的中央工作會議期間，毛澤東當着江渭清和劉少奇的面，直截了當地說：「少奇同志給你的一封信，是錯誤的。你的意見是對的，少奇意見是錯誤的。」參見《江渭清回憶錄》，頁 501。

關鍵的時刻，例如1959年廬山會議時，是最早站出來反對彭德懷，旗幟鮮明支持他的幾個地方大員之一。1965年11月，彭德懷被放逐到四川後，李井泉對彭德懷更是嚴加監管，在1966年6月還親自主持對彭的小型鬥爭會，要彭交待反毛的「罪行」。[88] 在困難時期，四川省「非正常死亡」的情況極為嚴重，但李井泉非常「顧全大局」，從四川調出大量糧食支持中央。[89] 毛和一些中央領導在文革前抽的手工製作的雪茄煙，也是由李井泉在四川什邡捲煙廠秘密安排監製的。[90] 毛心裏明白，李井泉、江渭清等地方大員對劉少奇並非沒有意見，他們就是做大官做「油」了，只要毛不公開拋棄劉少奇，他們就按部就班，一切聽中央的，少奇主持中央的日常工作，他們就聽少奇的。而李井泉等都太瞭解毛出爾反爾的特點，或許一個早上，毛就改變了主意，跟着他老人家反劉的人就會被無情的拋出去，落個當年高崗下場。所以，毛講劉少奇的閒話，他們就裝聾作啞，從不插嘴幫腔，毛知道，李井泉等這樣做並非對他不敬，或是反對他。李井泉不讓周林復職，還是出於工作的考慮，李大章堅持極左觀點，也是事出有因，都不是有意和自己作對。錯來錯去，只怪自己給劉少奇的權力太大，已讓劉坐大成尾大不掉之勢！所以在

88　王春才：《元帥的最後歲月——彭德懷在三線》（成都：四川人民出版社，1991），頁 205–206；王焰主編：《彭德懷年譜》（北京：人民出版社，1998），頁 796；林傑、王乃英：《蓋世英雄彭德懷》（石家莊：河北人民出版社，2003），頁 298–299。

89　參見廖伯康（原四川省政協主席，六十年代初任中共重慶市委辦公廳副主任兼共青團重慶市委書記）：《歷史長河裏的一個漩渦——回憶四川「蕭李廖事件」(上)》，載當代四川史編輯部：《當代史資料》，2004 年第 1 期，頁 8、15、17。

90　勞爾：《為毛澤東秘製雪茄煙》，http://www.edubridge.com/erxiantang/library/mao–cigar.htm

「火燒」李井泉幾年後，毛還是「解放」了他，中共十大就讓他重新做了中央委員，1975年還做了人大常委會副委員長。

周林在「文革」後期也被重新起用，1975年任南京大學黨委書記，1977年由鄧小平指名調任北京大學黨委書記兼教育部副部長，鄧小平復出後先管教育，周林給鄧許多配合。80年代，周林轉任國務院古籍整理委員會(「古委會」)副主任，算起來只是副部長，以「文革」前的省委第一書記的身份來做這份閑差，是屬於低位安排了，但他安於其位，工作勤勤懇懇，受到許多老先生的尊敬，1995年在北京去世，終年85歲。

今日觀之，在那個時代，真不能用「好官」、「壞官」的標準來識別人，那個時代有那個時代的標準，都要聽北京的話，但總有一條，就是看在執行北京命令和保護地方百姓之間怎麼搞平衡？就是要看他對百姓的態度是怎麼樣的？以這樣的標準看，周林在1958–1960年做了非常嚴重的錯事，有愧於貴州百姓，但他在1961年後又做了許多好事，說起來是「過」和「功」相抵。苦的是貴州的百姓，被折騰不停，較之其他省份，更有過之。「四清」還沒消停下，「文革」又開始，「四清連文革」是貴州文革的一個特色，1966年5月，由賈啟允任第一書記的貴州省委，把四清時就遭批判的省委常委、省委宣傳部長汪小川主動拋出來，作為貴州文革開刀祭旗的第一個犧牲品，「四清」中被打下的幹部和群眾再一次受到殘酷打擊，[91] 直到1984年6月24日，中央才對貴州的「四清」冤案作出平反。[92]

91　胡一民：《人生四部曲：一個知識分子幹部半個多世紀的人生回憶實錄》，頁247。

92　參見周林：《貴州「四清」運動鮮為人知的問題》，載《周林紀念文集》，頁207–208。

如今，貴州「四清」的歷史差不多完全被堙沒了，周林在回憶文章中就是集中批評了李大章，對劉少奇就是點到為止，而錢瑛、陳剛都成了和貴州四清不相干的人了。周林的文章透露了一些情況，但也迴避了許多問題，他對自己比較大的過錯，如貴州大躍進的錯誤談了一些，並表示了反省的態度，但對自己其他方面的過錯，例如向北京隱瞞災情規模，就一字不談了。

　　周林對當年他的頂頭上司李井泉也有意見，因為在李大章的背後就是李井泉，可是他在回憶文章中對李井泉卻「手下留情」，乃是當毛在1965年初發話後，李井泉對李大章在貴州厲行極左「四清」，也表示了一些保留看法。在1965年2月，李井泉帶領賈啟允到貴陽上任時，對被打擊的原省委常委有一些安撫，李井泉說：「我今天把你們(指在座的原省委各常委)都解放了，你們有什麼話，可以講。」在李井泉講話後，「有的人感動得涕淚交流，有的竟放聲大哭，差不多都表示感謝李政委的高恩厚德。」[93] 到1975年，周林和李井泉在廣東從化溫泉相遇時，李井泉又當面就當年的「四清」之事向周林道了歉，周林也就原諒了李井泉。[94]

　　由此看來，期待高幹回憶錄的作者做到完全的客觀確實是一個很難企及的目標，依筆者的看法，讀當代史回憶錄，特別是政治人物的回憶錄，還得抽絲剝繭，須要下一番「考古學」、「校勘學」的功夫，把閱讀的「路線圖」查找出來。因為從那個時代走來的不少領導幹部早練就了一身本領，很知道在說寫之間，應突出什麼，遮蔽什麼。研究者肯定須要

93　汪小川：《我所目及的貴州大四清》(1983年6月)，未刊遺稿。

94　周林：《貴州「四清」運動鮮為人知的問題》，載《周林紀念文集》，頁207。

延伸和擴大閱讀，而不能僅憑一種回憶資料說話，只有同時
參照相關的其他資料，尤其是那些在觀點和內容上互相衝突
和對立的資料，才能穿越回憶錄的作者在有意或無意間給我
們設置的各種障礙，以求盡可能的去接近那個歷史真實。

階級身份和差異
—— 1949–1965年中國社會的政治分層

前言

　　中國自古以來改朝換代都是血雨腥風，人頭滾滾落地。進入二十世紀，孫中山先生領導的辛亥革命引入了民主、自由等新因素，清朝退亡，民國肇立，新政權沒有對前朝人物大開殺戒。1927年4月12日，蔣介石在上海發動反共政變上台，建立黨國體制，奉反共為基本國策，以武力鎮壓共產黨，激起中共的長期武裝反抗。毛澤東有名言：蔣介石拿起刀，我們也拿起了刀。從此國共兩黨，兵戎相見，即使在抗戰階段，雙方為共禦外侮，結成第二次合作，但彼此仍心存芥蒂，互不信任，1945年後又有三年內戰，最後中共勝利，國民黨敗退台灣，在長達22年的時間裏，國共長期武裝對抗，無數百姓被捲入，造成生命的巨大犧牲。

　　自從1949年10月1日中華人民共和國成立，在東西方陣營對峙的冷戰大格局下，中共開始了一個創設制度，重建國家和社會的過程，新制度和新秩序建立的一個重要方面，就是通過對舊政權及其人員，以及「敵對階級的社會基礎」的政治清算來展開的，其思想和實踐的背景是：馬列主義的「徹底砸碎舊的國家機器說」，無產階級專政的理論和階級鬥爭學說；另一來源就是俄國十月革命和中共革命根據地實踐的經驗。

勝利者對舊政權及其成員，以及「階級敵人」的政治清算和改造，是有計劃有步驟的一個龐大的社會工程，其具體路徑就是「劃分階級成份」。在近30年間，黨和國家對於社會成員的階級出身問題給予了高度重視，將階級出身作為檢測普遍民眾對新政權政治忠誠度的重要的識別標誌，並通過此項檢驗，鞏固和強化自己的政權基礎，由此出發，執政者在政治和社會生活的廣泛領域，根據變化的形勢，對社會成員持續不斷地進行政治身份類別的劃分排列，有差別地給予社會成員不同的政治和經濟待遇。這種對階級出身問題突出強調的思想意識和依此劃分社會成員政治類別的原則，在本文中被指稱為「階級出身論」。

　　執政黨的這套思想和組織原則在50年代初開始在全國貫徹，但其歷史淵源悠遠，1928年1月24日，毛澤東為江西第一個縣級蘇維埃政權——遂川縣工農兵政府成立大會書寫了這樣一幅對聯：「想當年，你剝削工農，好就好，利中生利；到今日，我宰殺土劣，怕不怕，刀上加刀」[1]，50年代後的實踐只是1949年之前中共根據地實踐的延伸和發展。在建國後的17年裏，「階級出身論」隨形勢的發展，歷經幾次變化，在60年代初中期成為新政治文化中的強勢意識，對國人的生活帶來嚴重的負面影響。1966年文革爆發，毛澤東提出：文化大革命是國共長期鬥爭的繼續，「階級出身論」迅速轉化為「階級血統論」，從而造成一種廣泛的社會歧視現象。1978年，黨和國家終結了這項政策，從而大大解放了社會，贏得社會各界的廣泛讚譽，也標誌着新政權以嚴刑峻法奠定

1　轉引自余伯流、夏道漢：《井岡山革命根據地研究》(南昌：江西人民出版社，1987年)，頁124。

統治基礎的歷史階段的結束，國家進入了和平建設發展的新的歷史時期。

對於「階級出身」問題和文革的關係，除了遇羅克在「文革」初期的語境下發表的《出身論》一文，在上世紀80年代，大陸思想學術界對此問題也曾有所論及，但是對此議題的反思並沒有延伸到「階級出身論」在50–60年代的表現形態，更沒有將這個問題置放於二十世紀中國共產革命的歷史背景下予以系統考察。90年代後期及近年來，在中國出現了有關這一議題的零星敍述和民間回憶錄，對於瞭解「階級出身論」在50–70年代的表現形式及其對民眾生活的廣泛影響，特別對於觀察當年中國社會的另一廣大人群及其家屬，子女的生存和生活狀態，有着重要的，不可替代的作用和價值，但令人遺憾的是，這些敍述極為零散，多數是未刊的文字。

本文試圖將「階級出身論」置放於二十世紀中國共產革命的脈絡中進行考察，從歷史的角度來梳理這一重大問題，之所以選擇1949–1965年為論述的中心，主要是基於這樣的考量：這一階段的「階級出身論」現象一向為研究者所忽略，研究者相對較關注於文革期間的「血統論」問題，而瞭解「階級出身論」的社會歷史根源，特別是剖析建國後十七年的「階級出身論」現象，則是瞭解文革「血統論」的入門，因為後一問題是前者的必然發展和內在邏輯的延伸。

本文以綜合論述的方式探討「階級出身論」的歷史背景和建國後十七年的表現，所依據的材料為四類：中共歷史文獻，香港中文大學中國研究服務中心所藏當代中國史資料，前蘇聯有關中蘇關係的部分檔案資料，以及有關當事人的回憶資料，筆者認為從學術的角度對這個議題進行客觀研究是

有意義的，並希望能通過這項研究引致後來的研究者繼續關注和探討這個重要的議題。

一、「階級出身論」的社會和歷史根源

中共以「階級出身論」作為一項重要的思想和組織原則始於1927年秋蘇維埃運動初興之際，它是中共對國民黨鎮壓政策的一個激烈反應。1927年國共分裂，中共被國民黨鎮壓，列寧主義的階級鬥爭與暴力革命思想全面進入中共，與之相隨，「階級出身論」在中共黨內迅速興起。「階級出身論」的要義為：明確誰是「敵人」、誰是「自己人」，依此邏輯，支持國民黨反共的階級、階層為「敵人」；支持、擁護中共的則為「自己人」；「自己人」的最重要部分為工農階級及其子弟。

中共是依照俄共經驗，在第三國際指導下成立的列寧主義政黨，在1921–1927年這一階段，雖然在建立黨的階級基礎和擴大革命同盟軍的組織方面，已經初步顯示出唯階級出身的傾向，但是在這個階段，中共又宣佈現階段中國革命為資產階級民權性質的反帝反封建革命，其針對目標是外國帝國主義和本國的封建軍閥，故而中共對其他階級的態度還比較溫和，更說不上對本黨黨員採取「階級出身論」的立場，中共的組織構成中，知識分子黨員也佔了較大的比重。據陳獨秀在1927年4–5月召開的中共五大所作報告稱，至1927年4月，知識分子黨員佔全黨黨員人數的19.1%，其他：工人佔50.8%，農民佔18.7%[2]。在1924–1927年大革命中，中共組

2　　趙暉：《中國共產黨組織史綱要》(安徽人民出版社，1987年)，頁52。

織獲得迅猛發展，並初步在工農運動中爭取到了領導優勢，但中共的階級意識還未充分成熟，即便在農運較為展開的湖南、江西、湖北，農民階級反抗農村舊勢力的行動只限於給土豪劣紳「戴高帽」、「遊鄉」，還未發展到對地主階級施行肉體消滅。蔣介石對中共的暴力鎮壓和國民黨大規模的「清共」，迫使中共也「拿起了刀」，開始了對國民黨的長期武裝反抗。

「階級出身論」的興起與大革命失敗後中共組織構成的最新變化也有着密切的關係。1927年後，隨着中共逐漸開闢農村各革命根據地，農民黨員在黨的構成中的比重大大上升，與此同時，知識分子黨員在中共的危難關頭大批退黨，帶來了全黨上下，尤其是黨的領導層對知識分子的深刻負面認識。這就是，在嚴酷的白色恐怖和戰爭環境下，地主資產階級家庭出身的共產黨員，極易動搖叛變，而促使他們動搖叛變的原因即是其所受的敵對階級思想影響，以及他們與舊階級千絲萬縷的聯繫。因此，中共唯一可以依靠的只能是從未受到敵對階級思想影響，且在政治和經濟利益上與地主、資產階級存在根本衝突的工農階級。1927年國民黨清黨後，茅盾創作《蝕》三部曲，被中共認為：「這是用小說寫他的思想」，「當時黨認為這就是他的退黨宣言」，「從此以後，他不找黨，黨也不找他」[3]。

「階級出身論」興起的國際背景是斯大林的「清黨」經驗對中共的影響。1927年後，中共中央選派大批工人和知識分子黨員赴蘇聯進入莫斯科中山大學(共產主義勞動者大學)

---

3   陸定一：〈大文學家茅盾〉，《陸定一文集》(北京：人民出版社，1992年)，頁867。

和其他軍政學校學習，此時正值蘇共開展清洗托洛茨基派的黨內鬥爭，中國留學生也全部捲入。在蘇共「清黨」中，實行以階級出身鑒別黨員的嚴格的政策，凡工農出身的黨員可以重新登記拿到黨證，但非工農階級出身的黨員則一般降為候補黨員，此種做法在莫斯科中山大學也被照搬，對黨員的思想影響極大[4]。隨着在蘇學習的黨員陸續返國並被派往各根據地，蘇共的這種唯階級出身的思想和組織方法迅即傳播開來，並與根據地內已經出現的「階級出身論」完全匯合。

從20年代末開始，中共黨內的「階級出身論」已滲透到黨的思想和組織工作的廣泛領域。1927年中共「八七」會議上，首次提出提拔工人幹部的主張。在1928年中共六大後，提拔、重用工人階級出身的幹部成為一種新的流行現象，一大批工人出身的黨員被任命為中央委員和政治局委員。這批人中有：向忠發(中共六大政治局主席)、羅登賢(中共六大政治局候補委員)、盧福坦(中央臨時政治局委員)、陳郁(中共六屆四中全會任命的政治局委員)、張金保(中共六大中央委員)、陳雲(中共六屆四中全會任命的中央委員，臨時政治局成員，中共六屆五中全會選出的政治局委員)、項英(中共六大中央委員，中共六屆五中全會選出的政治局委員)、鄧發(中共六大中央委員，中共六屆五中全會選出的政治候補委員)、譚余保(中共六大中央委員)、唐韻超(中共六大中央委員)、余飛(中共六大中央委員)、顧順章(中共六大政治局候補委員)、周秀珠(中共六大候補中央委員)、蘇兆徵(中共六大政治局委員)、

4　參見陳修良：〈莫斯科中山大學裏的鬥爭〉，《陳修良文集》(上海：上海社會科學院出版社，1999年)，頁251–252；另參見楊尚昆：《楊尚昆回憶錄》(北京：中央文獻出版社，2001年)，頁38–39。

徐錫根(中共六大政治局候補委員)、關向應(中共六屆五中全會中央委員)等數十人。

與提拔、重用工人幹部形成鮮明對照的是，在中共創建江西等農村革命根據地的最初歲月就已表現出對非工農出身黨員的排斥態度。在短暫的海陸豐根據地時期，工農出身的幹部開會時可坐在前排，知識分子幹部則被要求坐在後排[5]。1928年9月，中共湘贛邊界黨組織在井岡山地區首次開展了一場以清洗黨內地富出身黨員為目標的「洗黨」鬥爭[6]。在戰時氛圍下，出身地富家庭的黨員雖然經受過嚴酷的鬥爭考驗，但這並不能使根據地領導人相信，他們在未來的鬥爭中還會立場堅定、革命到底。而在紅色區域，確實也存在着個別知識分子黨員捲款潛逃或脫隊叛變的事例，這就更使得推行「階級出身論」有了理論與事實的證據。

1927年後，革命的主體已從工人階級和知識分子轉變為農民階級，中共依靠由貧苦農民組成的紅軍，建立起蘇維埃政權，在黨的意識形態義理系統中，喚起農民的「階級覺悟」，激發他們對國民黨、地主、資產階級仇恨，佔了最重要的比重。廣大農民出身的黨員作戰英勇，對敵鬥爭堅決，儘管他們對馬列理論知之甚少，但是，農民出身的黨員所具有的「樸素的階級感情」，他們對革命的忠誠，及與國民黨勢不兩立的立場與態度，成為凝聚革命隊伍的最重要的思想動力。中共相信，憑藉着這種巨大的精神力量，在敵強

5　陸定一：〈回憶海陸豐鬥爭〉(1988 年 1 月 21 日)，《陸定一文集》，頁 853–854。

6　劉克猶：〈回憶寧岡縣的黨組織〉；朱開卷：〈寧岡區鄉政權和黨的建設情況〉，載余伯流、夏道漢編：《井岡山革命根據地研究》(南昌：江西人民出版社，1987 年)，頁 308、307。

我弱的環境下，完全可以在蘇區建立起自己的階級基礎和社會基礎。

在蘇區緊張的戰爭環境下，「階級出身論」逐漸成為黨和軍隊的一種約定俗成的思維方式和組織原則，這其中除了領導機關有意識的推動之外，蘇區「軍事第一」的客觀環境也使得這一觀念漸趨制度化。在根據地的組織工作領域，除非在莫斯科受過正規的軍事訓練，在軍事鬥爭中表現英勇，取得戰功，被認為是經受過嚴峻的戰爭考驗，知識分子幹部一般多被安排在地方蘇維埃政權機構從事宣傳和文教工作。這樣的安排並非千篇一律，有時也會出現例外的情況，但大致成為組織工作中的一種傳統方法，久而久之，就在根據地幹部中造成一種印象，這就是知識分子幹部不適合做最重要的軍事工作。在軍事第一，槍桿子決定一切的年代，文職幹部在黨內的地位自然低於軍事幹部。而知識分子黨員也完全認同了「階級決戰」的口號，對加在自己身上的某些歧視性的安排，多能從黨的利益的角度予以理解。因此，「階級出身論」就成為了一種公開的思想意識。

在濃厚的唯階級出身的氛圍下，根據地內逐漸出現幾種帶普遍性的現象：其一，出身地富家庭的知識分子黨員幹部受到各種有形或無形的歧視，在鄂豫皖地區，知識分子幹部被貶稱為「白腿杆」，意即是沒有實際鬥爭能力的人，以致一些知識分子不得不故意裝成文盲。在三十年代初，仇視和亂殺知識分子最嚴重的是張國燾領導的紅四方面軍及鄂豫皖、川北根據地。1937年進入延安中央黨校的原紅四方面軍的幹部中，許多人明明識字，卻硬要偽裝成文盲，惟恐因識字而

遭清算[7]。其二，一旦發生大規模的黨內鬥爭，地富出身的知識分子幹部一般都會首當其衝成為被鬥爭對象，甚至遭到肉體消滅。

1930年初，經歷多次組合的江西地方紅軍和贛西南黨團機構在若干問題上與江西蘇區最高領導人毛澤東產生了意見分歧，由毛澤東主持的「二‧七」會議將贛西南方面的負責人扣上「富農分子」的帽子，2月16日，由毛任書記的紅四軍總前委發出《前委通告第一號》，正式宣佈開展「肅清地主富農」的鬥爭，通告指出：贛西南黨內有一嚴重的危機，即地主富農充塞黨的各級地方指導機關，黨的政策完全是機會主義的政策，若不徹底肅清，不但不能執行黨的偉大的政治任務，而且革命根本要遭失敗。聯席會議號召黨內革命同志起來，打倒機會主義的政治領導，開除地主富農出黨，使黨迅速的布林塞維克化。[8]

「打倒機會主義領導」在此前還是一個黨內鬥爭的概念，1927年「八‧七會議」前後始出現的概念，也只是宣佈改變陳獨秀的路線並中止其在中央的領導職務。在這之後，中共雖已愈益強調思想統一，但黨內還保留了若干大革命時期民主傳統的痕跡。依那時的黨道德和黨倫理，不同意見仍可在黨內爭論，中共中央或莫斯科共產國際總部則擁有最終裁判權，未聞有將持不同意見的黨內同志予以肉體消滅的事例，

7　《成仿吾傳》編寫組編：《成仿吾傳》(北京：中共中央黨校出版社，1988年)，頁111；黃火青：《一個平凡共產黨員的經歷》(北京，人民出版社，1995年)，頁126。

8　江西省檔案館、中共江西省委黨校黨史教研室編：前委通告第一號(1930年2月16日)，《中央革命根據地史料選編》(南昌：江西人民出版社，1983)，中冊，頁173。

但是到了1930年，毛卻將「打倒機會主義領導」與肉體消滅結合起來。將一個黨內鬥爭的概念轉變成一個對敵鬥爭的概念，這中間需要過渡和轉換，毛澤東輕而易舉就找到了這個中介環節。他宣佈，黨內機會主義領導本身就是地富反革命分子，從而將對敵鬥爭的口號——打倒國民黨、消滅地富反革命，與黨內鬥爭的概念「打倒機會主義領導」順利地銜接起來，一舉獲得了鎮壓的正當性，所謂鎮壓有據，消滅有理。隨後展開的紅一方面軍內部的「打AB團」極為慘烈，地富或知識分子出身的黨員幹部人人自危，朝不保夕。於11月下旬至12月中旬在一方面軍迅速發動「快速整軍」——其主要內容就是在師、團、營、連、排成立肅反組織，捕殺軍中地富出身的黨員和牢騷不滿分子。在不到一個月的時間內，在四萬多紅軍中肅出4400餘名「AB團」分子，其中有「幾十個總團長」(指「AB團」總團長)，這些人都遭處決[9]。

需要強調的是，20年代末，所有的中共革命根據地都是黨的知識分子幹部率先開創，而堅持「階級決戰」路線，在蘇區全面推行工農階級優先政策的中央核心層的絕大多數領導人也都是知識分子出身。只是他們與一般意義上的知識分子不同，博古、張聞天、周恩來、任弼時、王稼祥等基本為葛蘭西所稱的那種「有機化知識分子」，即以革命為志業的新知識分子。這批人中除了張聞天等個別人，或者沒進過大學，或者所受的大學教育為時較短，即使留學出洋，也多為勤工儉學性質，基本未受西方學校正規教育的訓練。20年代中共領導人知識背景上的另一個特點是他們都曾在蘇聯學習

9　　參見高華：〈肅AB團事件的歷史考察〉，載香港中文大學中國文化研究所編：《二十一世紀》，1999年8月號，總第54期。同見本書。

過，這種學習基本為政治理論性質的培訓教育，不管留蘇時間長短，蘇俄十月革命的基本經驗：階級鬥爭、暴力革命、鎮壓資本家和資產階級知識分子，都給他們留下了深刻的印象。在1928年中共六大，布哈林代表共產國際作報告，對陳獨秀、彭述之等「大知識分子」大加嘲諷、批判，更將疑懼知識分子的思維方式從此深埋入這批留蘇幹部的心中。這批幹部返國後大多進入黨的領導層，這就使得輕視、防範知識分子的思想意識增加了神聖化的色彩(對知識分子負面批評來自於世界革命的總司令部共產國際)，也更具有了說服力(知識分子出身的黨的領導人也需要進行不斷的思想改造才能實現真正的無產階級化)。

值得注意的是，即使是在「國際派」掌控中共中央的時期，在貫徹「階級出身論」時也是有相當彈性的。黨在白區的鬥爭策略是，一方面堅持工農階級優先的政策，積極在工人、苦力和社會底層的貧苦群眾中建立和發展黨的組織；同時，重視團結，爭取小資產階級知識分子，吸收他們中對馬克思主義和蘇聯有明確認識，對國民黨統治表現強烈不滿的一部分人，參加黨的組織。即便對於某些資產階級中上層知識分子，和舊軍官、舊政客，中共也本着爭取一切可以團結，利用力量的策略，並不在意他們的階級出身，只要這些人承認中共黨綱，願為革命工作，且有特殊貢獻，皆可被吸收為秘密黨員，如楊度、胡愈之、王昆侖等都是在二十年代末至三十年代初成為了秘密共產黨員。

在1928–1931年，毛澤東在江西蘇區，支持和推行「階級出身論」，與「國際派」難分伯仲，甚至有過之而無不及。但是在1935年毛澤東主政中共後，「階級出身論」在形式上

有較大的改變。黨的領導人已意識到不能再以「出身」問題自縛手腳，中共若繼續奉行昔日嚴格的「階級出身論」的立場，無疑是自鎖門戶，主動放棄發展的機會。更重要的是，繼續奉行舊時僵硬的「階級出身論」已有瓦解黨和軍隊的危險。儘管中央蘇區在1932年已調整肅反政策，但是肅反的核心意識──「階級出身論」並沒有得到清理，反之，由肅反運動強化的唯階級出身的傾向在三十年代中期已發展到登峰造極的地步。某些被誣指為「反革命」、「托派嫌疑」的同志，甚至是在被監視的環境下走完了兩萬五千里長征，楊尚昆的妻子李伯釗因被懷疑為「階級異己分子」和「托派嫌疑」，直到走完長征的1936年，才被吸收入黨[10]。少數社會經歷複雜的同志，例如原福建長汀福音醫院醫生傅連暲，也是在長征到達陝北後，因毛澤東宣佈非黨員經長征皆可入黨，才被吸收為黨員。

從三十年代後期始，中共雖已大規模調整革命的戰略與策略，「階級出身論」也被轉換，但其精神實質仍然保存了下來，並被改造加工為一種更精緻的原則，更趨於系統化。在延安時代，「階級出身論」的表現形式具有雙重性。一方面，中共向知識分子敞開大門；另一方面，又繼續堅持「工農階級優先」的政策。在大量吸納知識分子的同時，仍堅持用「階級出身論」的意識對知識分子進行思想改造。從邏輯上看，這二者間似乎存在矛盾，但若細加分析，則可發現它們並無任何衝突。

中共堅持工農階級優先的政策是與共產黨的性質緊密相聯的。抗戰階段中共領導人都一再重申，共產黨是工人階級

10　楊尚昆：《楊尚昆回憶錄》，頁390。

的先鋒隊，「無產階級的黨是窮人的政黨」[11]，黨的基本隊伍只能是工農階級，對於剝削階級家庭出身的人，黨雖然歡迎他們參加革命隊伍，但是中共絕不能放棄自己的階級立場，還是要「根據階級看問題，根據階級決定問題」[12]。抗戰初期任中央黨校副校長的謝覺哉更具體談到黨對非無產階級出身的黨員的要求是：「時刻記住自己是拋棄了、背叛了原來階級，轉到無產階級先鋒隊裏來了」[13]。所以，抗戰階段對「階級出身論」的調整，具有某種策略性質，並不意味着黨放棄了過去在這個問題上的基本立場。

中共在抗戰階段就是依據這樣的思想邏輯：既不以階級出身問題為由將大批知識分子拒之於門外，又創造了一系列概念，制定許多具體的政策，將「階級出身論」的基本精神保存下來並發揚光大。針對大批前來延安的非無產階級出身的青年知識分子，中共採取的是強化政治思想訓練的方法，引導他們學習馬列階級鬥爭、暴力革命的學說。然而，僅僅着眼於學習馬列理論並不能完全解決知識分子「階級立場」的轉化問題，只有結合嚴格的黨性鍛煉和經歷階級鬥爭的洗禮，才能真正轉變知識分子的立場、觀點、態度，這是一條非無產階級出身的青年知識分子邁入無產階級「門檻」的必由之路，這一步主要通過1942年開始的整風、審幹運動和1947年的土改運動來實現的。

從1942–1945年，毛澤東和劉少奇推出一系列措施，經由

11　徐特立：〈論黨的性質與社會性質〉，《徐特立文存》(廣州：廣東教育出版社，1995年)，頁187。

12　徐特立：〈論黨的性質與社會性質〉，《徐特立文存》，頁184。

13　謝覺哉：《謝覺哉日記》(上)(北京：人民出版社，1984年)，頁295。

整風、審幹、搶救運動，使全黨幹部，尤其是非無產階級出身的知識分子在立場、觀點、態度三個方面實現了徹底的轉變。在思想改造中，階級立場的轉變是一切轉變的基礎。解決階級立場的轉變問題，並不是革命概念的簡單學習和接受的問題，而是要切切實實，在一系列重大問題上堅定地站在黨的立場，例如：對鎮壓革命的敵人，你是積極參加，還是對敵人心存憐憫？對國民黨蔣介石是抱有幻想，還是敢於鬥爭？

按照毛澤東的看法，一個人的階級立場必然決定了他的觀點和態度。例如：你是不是在心裏還欣賞資產階級個性自由、個性解放的錯誤思想？你是否心悅誠服地把一切都獻給黨？你是否真正同意你所出身的剝削階級家庭是骯髒和反動的？你對沒有文化的工農群眾是滿心鄙夷，還是甘心做他們的小學生？你對黨的考驗是真心接受，還是抱冤叫屈？即便像謝覺哉這樣在20年代入黨的老黨員，也要經過黨的考驗，謝在日記中寫道：「尤其如我這樣在舊社會生長壯大起來的人，遍身沾滿了惡濁，如果不是長期黨的鍛煉，便說自己對階級、對黨是如何抱無限忠心的人，還須得黨加以考驗」[14]。

在1943–1944年的搶救運動中，知識分子幹部普遍都被懷疑為「特務」、「內奸」，而被假定為「特務」的主要依據即是出身不好。搶救運動的偏差以後雖被糾正，但是「階級出身論」卻沒有受到任何批評和清理，相反，因整風、審幹、搶救而進一步滋長。

「階級出身論」在中共黨內長期存在，更主要的是因為這種意識與原則有利於黨在廣大的農村地區聚集社會支持，

---

14 《謝覺哉日記》(上)，頁 524；另參見高華：《紅太陽是怎樣升起的：延安整風運動的來龍去脈》(香港：中文大學出版社，2000 年)，頁 423–436。

擴大黨的階級基礎，加速建成黨的基層結構。抗戰階段，中共為了適應國共合作共同抗日的形勢，在根據地內修改了江西時期打擊地、富的政策，轉而採取聯合地富抗日的統一戰線政策。但是，這個政策在抗戰階段並不是完全無差別執行的。1944年晉綏地區開展減租鬥爭，「個別地方」對地主採取掃地出門的政策[15]。抗戰結束後不久，中共面對內戰再起的形勢，迅速將原先的「減租減息」政策改變為「沒收地主階級土地」的政策，與這個政策相配合，從1947年起，在劉少奇的具體指導下，各根據地以革命暴力的形式，開展了以清除地主，平分土地為中心的土改運動。幾年後劉少奇向蘇聯駐華大使羅申提到：

> 在我黨中央做出進行土改的決定和批准土改指導文件之後，從部隊當中抽了一大批黨的同志實際貫徹這一重要措施。當開始實際工作時，除正確貫徹執行黨的土改政策外，我們黨的同志犯了許多重大的錯誤。一小部分同志，遷就地主和富農。本應沒收地主富農的生產工具和生產資料，沒收他們的財產和土地，可我們這部分同志卻憐憫起地主和富農來，給他們留下了私有財產，生產工具，有時還留下了大塊土地。其他一部分人，我們黨的大部分同志，走到了另一個極端，開始從肉體上消滅地主和富農。而且，一部分中農也同富農一起被消滅了。(當時)，「左」傾錯誤非常嚴重……一些地方，甚至把地主的頭砍

15　龔子榮(原中共晉綏分局委員)：1947年晉綏的土改整黨，《中共黨史資料》(北京：中央黨史出版社，1996年)，第58輯，頁21；另參見張鳴：《鄉村社會權力和文化結構的變遷》(南寧：廣西人民出版社，2001年)，頁238–239。

下來，用杆子挑着打着標語沿街遊行。還有的把地主的心挖出來，用棍子挑着，在村裏來回走，號召村民們殺死類似的人。被消滅的地主、富農、還有一部分中農，約有25萬人。黨中央得知這些情況以後，立即採取措施制止這種消滅人的行為，糾正了產生的錯誤[16]。

為了配合疾風暴雨式的土改，當時黨內還平行展開了一場十分激烈的「整黨」清洗運動，中共在這場鬥爭中，明確宣示黨的階級路線，將打擊矛頭對準出身地富家庭的黨員和幹部。劉少奇在1947年7月全國土地會議報告中說，土改不徹底的原因在於地主出身的幹部出來阻撓土改，「他估計，在全國各解放區，實行土改和整黨，將有數十萬黨員和幹部被群眾拋棄，或被批判鬥爭，甚至被審判」[17]。中共晉綏分局領導人在解釋「階級路線」時用了以下的比喻：「黑老鴉生的白蛋蛋，孵出來的還是黑老鴉」。在這種精神指導下，劃分農村的階級成份，一般均需追查其前兩代、三代的經濟狀況，有的甚至要從乾隆年間和同治年間所立的碑文去查證。對於那些已經破落的人也不能輕易放過，因為，「他們前兩輩子壓迫人，好活了，這輩子不給他們粘上些封建，那太便宜了他們」[18]。所謂，「粘上些封建」，就是劃為地富成份。對幹部，也採取「查三代」的方法，將那些祖輩曾是地主，

16　1950年8月26日羅申關於整風等問題與劉少奇的會談記錄，俄國檔案影
　　本存沈志華處，編號SD09855。

17　李新(原晉冀魯豫根據地河北永年縣縣委書記)：〈百里之才〉，《回望流年
　　——李新回憶錄續編》(北京：北京圖書館出版社，1998年)，頁34–36、
　　41–44、55–56。

18　龔子榮：〈1947年晉綏的土改整黨〉，《中共黨史資料》(北京：中央黨史
　　出版社，1996年)，第58輯，頁23、26。

現在已成為窮人的幹部，也視為地主的子孫加以清洗。在這次「整黨」鬥爭中，通過「三查三整」——其核心是「查階級」(階級出身)，最終將「階級出身論」深入到黨員的意識深層，並轉化為一系列的制度措施。1947年12月15日下達的《華東軍區關於全軍堅決擁護土地改革的命令》規定：出身地富和家庭為地富的幹部，應當堅決拋棄原來的階級立場，不准寫信回家或暗或明的支持地富家庭；工農幹部，則應堅決保持其階級的純潔性，隨時隨地不要忘本，不得有任何假公濟私與包庇、袒護地主的行為。1948年初，華東野戰軍領導人粟裕在動員學習土改政策的報告中強調：「土改學習是人民解放軍內部的一次革命。不僅是一般的思想改造，工作檢查，更重要的是，階級界線的明確劃分，階級成份的徹底檢查」[19]。1947年土地會議後，華北根據地部分地委的領導機構還根據幹部的階級出身進行了調整，提拔了一些文盲幹部，例如，新任四地委書記楊晴、專員崔民生都是文盲，知識分子幹部則被安排擔任副書記[20]。

延安整風運動和土改整黨運動，徹底改變了中共黨內知識分子的精神氣質，使得許多知識分子幹部甚至在待人接物和裝束方面都發生了深刻的變化。據翻譯家楊憲益回憶，1949年4月，接管南京市文化系統的幹部，在與南京知識分子談話時，故意「裝出一副不文明的樣子來」，「用手不停地抓撓他那雙骯髒的赤腳」，但其人過去卻是「大學生的知識分

---

19 轉引自傅鐘(原中央軍委總政治部常務副主任(1947–1949)：〈新式整軍運動的回顧〉，《中共黨史資料》(北京：中央黨史出版社，1993年)，第46輯，頁28–29。

20 胡開明(原晉察冀根據地四地委副書記)：〈在晉察冀的日子裏〉，《中共黨史資料》(北京：中央黨史出版社，1993年)，第46輯，頁83。

子」，而1949年「許多進步知識分子都像他那樣⋯⋯好像自己是老革命」[21]。

從中共創建新政權效果看，「階級出身論」無疑發揮了極其重要的社會動員功用，中共成功地以此精神和原則建成中共在根據地的社會結構，但在國統區內，中共則以「爭民主，反獨裁」為號召，盡量爭取社會各階層的支持。由於中國共產革命長期以農村武裝鬥爭為中心，以農民為主體，最終，「階級出身論」成為創建共產革命政權的最重要的思想與組織原則。

二、區分敵、我、友：以「政治分層」重建社會(1949–1953年)

1949年中國共產革命取得勝利，中國共產黨成為執政黨，中共的當務之急是在全國範圍內迅速建立黨的階級基礎和新政權的社會基礎。中共治理新國家的理念與方法離不開自己的背景，「階級出身論」作為革命的新傳統，被加以繼承和發展，其具體路徑就是在全國廣大人群中進行敵、我、友的區分，通過迅速組織「階級隊伍」，來重組中國社會的各階層。

執政黨依據蘇聯經驗和中共領導革命根據地的歷史經驗，對中國社會各階級、階層重新予以定位：明確工人階級為國家的領導階級，工農聯盟是國家的政治基礎，民族資產階級既是革命的盟友，也是革命的對象。知識分子則是一個中間階層，既可為新社會和革命服務，也是資產階級思想的載體，而國民黨殘餘力量、地主、反革命則是新社會的敵人。

位居新社會政治階層第一梯級的是工人階級。在1927–1949年中共22年的武裝鬥爭中，農民一直是共產革命的主

21　楊憲益：《漏船載酒憶當年》(北京：十月文藝出版社，2001)，頁161。

體，城市工人階級發揮的作用很小。在建國初中共黨員的階級構成中，農民出身的黨員佔了絕對優勢，且大多為文盲，到1949年中共七屆二中全會召開時，中共黨員組成中，工人成份所佔比重仍極小，以工人黨員最多的東三省為例，在90萬產業工人中，黨員只有16,508人，佔工人的1.8%，而到1949年12月，農民黨員有340萬1千人，佔全黨黨員人數比重的75.8%，文盲共309萬6千人，佔全黨黨員比重的69%[22]。中共黨員成份的「農民化」一直為蘇共所憂慮，此時更對中共的階級構成非常不以為然，1949年在中國工作的蘇聯專家在給國內的報告中，批評中國「黨很少依靠工人階級來壯大自己，沒有進行多少積極的工作來吸引工人加入黨的隊伍」[23]。同年10月，劉少奇在和蘇聯駐華大使羅申的談話中也承認：中國共產黨的絕大多數黨員(他們來自最貧窮的農民階層)不識字，這是搞好黨員學習的嚴重障礙。劉少奇說，就自己的階級出身來說，中國共產黨黨員中70–80%為最貧窮的農民，10%為工人，10–20%為知識分子和其他階級出身的人[24]。中共既是一個工人階級黨，蘇共也對中共的階級構成十分關心，更重要的是中共全面革命勝利在即，革命的中心即將從農村轉入城市，中共面對陌生的城市，只能找工人階級作自己的階級和社會基礎。所以毛澤東在1949年中共七屆二中全會上明確宣佈，進城後必須全心全意依靠工人階級，於是建國後，工人階級成為中國社會的「老大哥」。

22　趙暉：《中國共產黨組織史綱要》，頁236、243。

23　奧·鮑·鮑里索夫(羅滿寧)、鮑·特·科洛斯科夫：《蘇中關係，1945–1980》(北京：三聯出版社，1982年)，頁110。

24　1949年10月25日羅申與劉少奇談話備忘錄，俄國檔案影本存沈志華處，編號SD09926。

位居新社會政治階層第二梯級的是農民階級，即農民中的貧下中農。在戰爭年代，農民是當之無愧的革命的主力軍，農民對中國共產革命做出了最大貢獻和犧牲，被廣泛動員的農民不僅構成了革命軍隊的主體，而且在建國初黨的隊伍中佔了絕大的比重。因而在革命勝利前夕和建國初的一個短時間內，中共宣佈城市工人階級和農村半無產階級(貧農)是新國家的領導階級，但是，由於國家的政治和經濟中心已被確定在城市，毛澤東很快修改了農民是「半無產階級」的論斷[25]，因此，農民只能處在革命階級的第二階位。毛澤東對農民的態度具有兩重性，一方面，毛高度評價農民的革命性，給農民很高的政治榮譽，在建國後的政治和思想領域，農民思維，農民習氣一直都受到高度推崇，被賦予了純正的無產階級革命特質，而與城市相聯繫的知識分子等階層則因其出身和所受的教育被認定是舊階級，舊思想的載體，被無休止地要求純化思想；在另一方面，是壁壘分明的城鄉二元結構，毛不時批評農民的「自發資本主義傾向」，採用一切措施阻遏農民發家致富的願望，全力引導農民走集體化道路。這樣就使得1949年後中國農民的生存境遇呈現一種吊詭的狀況：政治上享有很高的地位，而在經濟和生活上長期陷於貧困。以致於50年代初，江南農民埋怨「毛主席有偏心」，「工人是親兒子，農民是乾兒子」[26]。農民經濟地位的低下，使得農村姑娘希望嫁到城裏，山西農村女青年傳唱的歌謠道：「農

25　毛澤東：〈關於改正「半工人階級也是領導階級」的提法問題的批語和修改〉(1951年11月18日，12月15日、23日)，《建國以來毛澤東文稿》(北京：中央文獻出版社，1988年)，第2冊，頁509–510，及注釋3，頁511。

26　新華通訊社編：《內部參考》，1953年5月23日，第166號，頁350。

民，不嫁，放羊的沒話」[27]。南京市郊區女青年甚至要和農民丈夫離婚，重找工人結婚。對此現象，江蘇省委副秘書長周伯蕃認為：「就階級觀念來看這個問題，工人掌握了先進的生產工具，農村婦女要找工人結婚，這是自然現象，她們羨慕先進」[28]。

由工農子弟組成的兵——人民解放軍，又稱「工農子弟兵」，這是新政權的柱石。建國初，黨和國家曾動員和吸收一些知識青年參軍，以滿足部隊急需的文化教育、醫務、外語、技術人才的需要，以後又將其中出身於剝削階級家庭，或未曾受過「抗美援朝」戰爭或政治考驗的一部分人陸續淘汰出去，使人民解放軍成為了真正的無產階級近衛軍。在軍隊內，絕不允許有「階級異己分子」和異己思想，一經發現，馬上清除。

商、學(知識分子)是面貌曖昧的階層。從總體上講，這兩個階層不是執政黨的依靠力量，但從革命策略的角度，還應盡量爭取他們對新政權的支持，辦法之一即是對這兩個階層進行政治上的「排隊」——在他們之中劃分左、中、右派，而判斷左、中、右派的標誌，不僅要看其現實對新政權的忠誠度，也要觀察他們在1949年之前是支持、同情中共，抑或是在國共之間取中立立場，或者完全站在國民黨一邊。更細緻的劃分還要看他們在1927年國共分裂後的政治表現：是曾經反共或從未反共。對於某些長期支持中共的民主人士，例如：宋慶齡、郭沫若、沈鈞儒、史良等，儘管他們不是黨員，執政黨仍將他們看作是「自己人」，給予他們很高的政

27　《內部參考》1953年4月23日，第92號，頁481。
28　《內部參考》1953年5月23日，第116號，頁351–353。

治地位和榮譽；而對某些在革命低潮時期脫離中共，以後又支持中共的民主人士；或在歷史上一度反共，抗戰後又重與中共合作的民主人士，黨雖對他們十分客氣，也吸收他們參加新政府的工作，給予他們很高的政府官位和很好的生活照顧，但卻內外有別，把他們看成是「外人」。1949年11月15日，周恩來約見蘇聯大使羅申，在談到中國新政府組成人員時說，已參加政府的沈鈞儒、史良、李德全、傅作義是中共的親密朋友；李濟深、張瀾所擔任的中央人民政府副主席，只具象徵意義，他們「僅在形式上是政府成員」；而「暫時受到我們的信任」，仍參加各種會議的羅隆基則是民主領袖中的「極右分子」[29]，劉少奇也對羅申說：李濟深「這個人過去政治上十分搖擺，對共產黨甚至有明顯的敵意」，民主人士周圍有的人甚至暗中幫助國民黨和美國人，他表示：「我們正密切地觀察他們，注意在實際中考察他們」[30]。

執政黨對民主人士，民族資產階級和知識分子的要求是：解決「立場、觀點、方法」的問題，這又是延安整風主題在新形勢、新環境下的重複。所謂「立場」，就是在政治上旗幟鮮明的擁護中共和毛澤東的領導，站在中共和新政權的一邊；反蔣、反美、擁護中蘇友好；擁護和執行中共的各項路線，方針、政策。所謂「觀點」，就是接受毛澤東的《新民主主義論》，劉少奇的《論黨》以及陳伯達、胡喬木、艾思奇等理論家的新論述，學習並初步接受「社會發展史」(「人類社會發展五階段論」)的基本概念。對於原先生活在國民黨

29 1949年11月15日羅申關於中國國內的政治和經濟狀況問題與周恩來的談話紀錄，俄國檔案影本存沈志華處，編號SD09845。

30 1951年4月25日羅申關於整風等問題與劉少奇的會談記錄，俄國檔案影本存沈志華處，編號SD09855。

統治區的人們，這些「新觀點」是一套全新而陌生的敘述，包括對一系列重要概念，重要問題的重新認識。例如新的觀點認為，在國民黨統治時代，個人操守好，做官不貪污並不表明該人在政治上就是正確的。孔子第七十代嫡系八府長孫孔令朋原任國民黨天津市政府負責物資分配的官員，掌握大量麵粉等緊缺物資，解放軍進城後，孔令朋積極配合，向新政府移交了全部物資。1949年5月，天津市軍管會糧油部部長約孔談話，針對孔令朋一再表白自己在國民黨統治期間「從不貪污」，批評孔「有罪」。部長解釋道：「國民黨貪污腐敗，盡失民心，才會失敗得那麼快，你想想看，國民黨的官都像你這麼做，革命何時才能成功，所以說，你有罪」。孔令朋說，當時聽到的這番話，「真是前所未聞，意料不到」[31]。所謂「方法」，就是學習、掌握唯物辯證法，學會自我批評。在所有新敘述中的最重要的一環就是要他們自覺認識和接受「剝削階級可恥論」。黨站在道德制高點上，通過廣泛密集的政治宣傳，將階級、階級鬥爭的觀念初步灌輸到民族資產階級和知識分子的意識之中。

鑒於斯大林對中共的建議：無論在城市還是農村，要改善同私人資本的關係[32]，中共在剛剛進入城市的1949年，出於穩定社會秩序的需要，新政權對民族資本家採取了較溫和的政策，劉少奇曾受中共中央的委託，在天津的小範圍內發表了鼓勵資本家加強經營，發展生產的「天津談話」，劉少奇在談話中甚至鼓吹「剝削越多越光榮」，但是劉的上述言

31　孔令朋：《風雨人生》(香港：天地圖書有限公司，1997年)，頁237–238。

32　1950年8月26日羅申關於整風等問題與劉少奇的會談記錄，俄國檔案影本存沈志華處，編號SD09855。

論在當時就受到天津市委書記黃克誠的懷疑，也不為毛澤東所欣賞[33]，更重要的是「新民主主義」並非是一個穩定的社會形態，隨着新秩序的建立，為了給大規模的社會改造創造必要的精神和思想條件，執政黨開始強化意識形態中的反資本主義的敍述，而這個過程是伴隨政治運動有序進行的。為了「教育」城市中的資產階級，促進他們改造「階級立場」，黨組織安排這兩個階層的「頭面人物」參加土改運動，讓他們接觸「活生生的階級鬥爭的事實」，並根據他們對「土改」、「鎮反」的態度，對其作出「進步」、「中間」、「落後」、「反動」的政治劃分。50年代初，黃炎培對蘇南地區的土改心存疑懼，為他的地主朋友「抱冤叫屈」。毛澤東雖然對黃炎培禮遇有加，黃也官拜政務院副總理的高位，但毛在黨內講話中卻稱黃是其「右派朋友」，毛並指示中共蘇南區黨委通過接待返鄉考察的黃炎培，對其進行土改必要性的教育[34]。時任《人民中國》英文版副總編輯的蕭乾對土改的態度比較積極，在參加土改後曾寫過一篇《在土地改革中學習》的文章，毛澤東予以表揚，下令為蕭乾的文章出單行本，並在全國廣播[35]。但由於蕭乾在40年代後期曾被左翼文人郭沫若點名批判，被認為是資產階級知識分子中的右翼，因此在建國後，蕭乾長時期仍得不到信任，原已安排蕭乾出

33　《黃克誠自述》(北京：人民出版社，1996 年)，頁 288。

34　顧復生：《紅旗十月滿天飛》，載《江蘇文史資料》，第 100 輯，(南京，《江蘇文史資料》編輯部，1997)，頁 175；薛建華：《毛澤東和他的「右派」朋友》(成都：四川人民出版社，1992 年)，引言頁 1。

35　毛澤東：〈給胡喬木的信〉，(1951 年 3 月 2 日)，《建國以來毛澤東文稿》，第 2 冊，頁 154。

訪英國的計劃最終還是被取消[36]。只是在50年代初期，由於實行「內外有別」的策略，民族資產階級和知識分子並不真正瞭解執政黨對他們的真實態度，他們以為只要熟讀領導人的講話和《人民日報》的社論，就是解決了「立場、觀點、方法」的問題，於是，出現了許多滿口新名詞的「愛國資本家」和「進步知識分子」，但伴隨幾個大的政治運動，特別是「土改」、「鎮反」、「抗美援朝運動」、「思想改造運動」、「三反」、「五反」、「審幹運動」(也稱「忠誠老實運動」)等，民族資產階級和知識分子才知道，即使滿口新名詞，也不會被黨組織視為是「自己人」。著名翻譯家楊憲益教授在40年代後期參加「民革」(中國國民黨革命委員會)，1949–1952年，又經常在南京市的黨報上發表擁護黨的政策的文章，1953年還作為特邀代表參加了全國政協會議，但因楊憲益在建國前與英國人關係密切，故一直得不到黨組織的信任[37]。因為領導只要從他的階級出身或歷史關係入手，就可以很容易判斷出楊憲益等的「立場」仍然「有問題」，顯而易見，黨組織有關「立場」的認識與他們的認識完全是兩回事。

金觀濤、劉青峰的研究對這種現象提供了一種有價值的解釋。金、劉認為，「無產階級的立場是通過批判、否定對立面而展開的」[38]。站在當時黨的角度，「立場」不完全是一

36　蕭乾：《風雨人生：蕭乾口述自傳》(北京：北京大學出版社，1999 年)，頁 237。

37　楊憲益：《漏船載酒憶當年》，頁 163、152–153。另參見蕭乾：《風雨人生：蕭乾口述自傳》，頁 214、233、237–239。

38　參見金觀濤、劉青峰：〈反右運動與延安整風〉，《二十一世紀》，1997 年 4 月號。

種政治姿態的展現，從嚴格的意義上說，無產階級的立場是
需要通過否定資產階級來體現的，而最簡潔的方法就是看這
個人的階級出身和他在1949年以前的政治歷史關係。因此，
階級出身和過去的歷史記錄是第一位的，現實政治態度是第
二位的。中國新聞學院教授劉乃元所回憶的建國初期他在華
北人民革命大學學習的經歷，就提供了這方面的一個典型的
例證。劉乃元畢業於上海聖約翰大學，精通英文，1949年
前曾受聘於「美國之音」中國部任記者，由於他的家庭背景
和曾受聘外國機構的經歷，劉乃元雖然渴望「進步」，但在
華北革大仍經常處於被批判的地位。劉乃元羨慕一位吃飯蹲
着的學員，這人雖然只有初小水平，卻被領導安排做了「組
長」，因為蹲着吃飯的習慣，標誌着這人的家庭出身是屬於
「窮人」，也就是「後來學習中常說的階級」，劉乃元說，
從此，他明白了一條重要的道理：階級成份比文化水平重要
得多[39]。

　　所以，給「立場」和「何為正確」下定義，是一項重要
的權力，掌握了這個權力，再把「立場」和「階級出身」結
合起來考察，就一勞永逸地掌握了改造知識分子的主動權。
1950年11月1日，中宣部部長陸定一在南京市歡迎蘇聯尤金博
士學術演講的報告會上提出新概念：「美國沒文化」，一時
在南京知識界引起強烈反響，許多人對此持有異議[40]，但當
執政黨提出「立場」問題後，他們就噤口無言了。劉乃元在
華北革大學習時不同意將人性一概視為階級的產物。他提出
的問題是，各種慈善事業、人道主義事業屬於什麼階級？美

39　劉乃元：《歷劫不悔》(鄭州：河南人民出版社，1999年)，頁46。
40　《內部參考》1950年11月23日，第276號，頁107–108。

國的人權運動屬於什麼階級？學習討論會的結論是：1. 慈善事業不過是另一種形式的階級鬥爭，它比公然的壓迫更為陰險。2. 美國是階級社會，人權運動是無產階級的運動。不久後，劉乃元就因其持有的「錯誤的觀點」受到學校領導的公開批評，但是對劉乃元的批評並沒有到此結束，因為還沒有挖掘出他「錯誤的觀點」的「階級根源」，於是在小組會上他被追問交待個人歷史問題，對劉乃元的結論是「堅持反動資產階級立場」[41]。

當執政黨還在執行「新民主主義」建國方針的時候，在思想意識方面，民族資產階級及其知識分子就已被視為對立面。只是在這個時期，在落實「階級出身論」的原則時，仍然表現出相當的彈性：各級政府都吸收了部分民主人士參政，在許多大、中城市，資本家的家屬甚至擔任了居民委員會負責人，非工農出身，「歷史清白」的知識青年，即使不是黨、團員，也可參軍、參幹。

建國後的「階級出身論」是通過50年代初的幾個大的政治運動來體現和落實的。執政黨重建社會的基本方法，就是不間斷地推進政治運動，借助於政治運動將黨深深扎根於社會生活的各個層面。對於政治運動的這種特殊功用，黨的領導人並不諱言。1954年，黨中央負責政法工作的領導人董必武、彭真都曾說過：共產黨就是靠運動吃飯[42]。

這時期的政治運動有一個重要特點，這就是在進行思想政治教育的同時，較多並直接運用革命專政或革命專政的震懾力，帶有明確的政治清算的色彩，即通過政治運動，檢

41　劉乃元：《歷劫不悔》，頁 53–54、61、65。

42　周鯨文：《風暴十年》(香港：時代批評社，1962 年)，頁 158。

查、發現敵人——歷史上有嚴重反共行為的分子、一般參與反共活動的分子、敵對階級的社會基礎——地主、「偽保甲長」等等，依據其罪行程度，分別採取鎮壓、監禁、管制等措施。1951年初，大規模的「鎮壓反革命運動」全面推開，據董必武向蘇聯大使所通報的情況：到該年7月底，「反革命力量基本上被肅清。在華中和西南、肅清了在那裏活動幾十年的匪幫。被公安機關投入監獄的有100萬人，槍斃了50萬土匪、奸細、破壞分子和惡霸。在鎮壓反革命的過程中，城市沒犯錯誤。農村出現了明顯的過火行為。許多罪行不夠死刑的犯罪分子也被槍斃了。」對於運動中的「過火」行為，毛澤東作出「糾偏」，在同年5月召開的公安會議上，「毛澤東作了在某種程度上減輕懲治政策的指示」，即在可輕判和可重判情況下給予輕判的決定，部分被判處死刑的人可被緩刑2年執行，而且在兩年期滿之後還可改判他們勞改，只槍斃那些罪大惡極的犯罪分子。死刑不再像以往那樣，由區或縣政府批准，現在要由省和其他上級機關批准[43]。

1952年開始的「三反」和「五反運動」都是重點打擊資產階級，1952年3月，劉少奇向蘇聯駐華大使詳情談了開展「三反」「五反」運動的意義和指導運動的策略，他說：

> 在研究了這個問題之後，我們得出了結論，在當前複雜的國際形勢之下，暫時我們還不能徹底同民族資產階級決裂和開始消滅它的運動。出於這一考慮，我們決定對民族資產階級的最上層，即最反動的那一部分實施打擊。作為戰

43　1951 年 7 月 25 日羅申關於鎮壓反革命問題與董必武的會談備忘錄，俄國檔案影本存沈志華處，編號SD09868

術措施，黨中央決定開展五反運動。如果説三反運動涉及的僅是國家職工和地方行政機關裏的職工，那麼五反運動是反對民族資產階級的政治運動，是對它最反動的部分實施打擊並將其消滅之。為了在實踐中檢驗這一點，我們再次選擇了北京和天津為試點。我們決定對屬於資產階級的所有工商企業進行檢查，揭露他們的活動和濫用職權的行為，當我們在這兩個城市取得經驗之後，再在其他城市開展運動。已經查明，這樣的工商企業，北京有4.9萬家，天津有5萬家。所有它們都一一受到了審查。在開展這一運動時，我們把最反動的民族資產階級上層分子同其中下階層區別開來，只對其上層進行打擊。臭名昭著的敵對分子，把我們同資產階級的合作用於卑鄙目的的，是民族資產階級中那些十分反動的分子。這些人幹盡壞事，其中包括同美英間諜和其他組織合作。在我們研究了北京和天津所有這些工商界人士的情況，認真審查了所有材料之後，我們做出了以下決定：其餘1%最大和最惡劣的民族資產階級的代表，將被我們監禁和槍決，但我們首先得讓他們交還所有的錢，迫使其交納巨額罰金[44]。

在大規模經濟建設即將全面開始的時候，對社會的全方位的改造已在有條不紊的進行，其重要的一環就是摸清全國各階級，各階層的「民情」。新政權高度重視對全國人民政治態度，階級出身的調查，尤其是城鎮人口階級成份的調查，將每個人的階級出身視為是對新政權忠誠度的識別標誌，其

44　1952年3月18日羅申與劉少奇的談話備忘錄，俄國檔案影本存沈志華處，編號SD09870

方法就是借助政治運動的巨大衝擊力和震懾力，採取一系列具體細緻的方法：動員本人交代，填寫表格，寫自傳，檢舉揭發，審幹人員外出調查等，檢查每一個社會成員的政治面貌(階級出身)，通過階級成份的確定，在社會廣大人群中排列區分出左、中、右，從此建立起可供查證的社會成員政治忠誠度的判斷識別體系。

建國初期，執政黨對農村和城市採取了不同的策略。在農村，黨組織的中心工作之一就是用極大的精力，來劃分農村的階級成份，加速建立黨在農村的基層結構，執政黨用於政治動員的思想原則和組織原則就是依靠自己人——依據階級出身尋找自己人，以此來聚集社會基礎，這主要表現在土改運動中，通過嚴厲打擊地主階級，組織以貧雇農為核心的「階級隊伍」，劃分敵、我、友，並迅速在此基礎上建黨(黨支部，黨小組)、建政(村委會)、建立民兵、婦聯、治保小組，將黨和政府的制度架構牢牢扎根在農村最底層，從而實現了中國歷史上空前未有的中央政府通過各級機構對農村基層的垂直領導。

新政權在農村對「階級敵人」實行專政的主要措施是「管制」，其基本方面就是強制規定被「管制」的對象：「只許規規矩矩，不准亂說亂動」，並隨時接受群眾的批鬥。從理論上講，「管制」是針對一小部分特定的人群，依照1950年頒佈實施的《管制反革命暫行辦法》，管制對象為：土匪、反動黨團骨幹分子、反動會道門頭子、堅持反動立場的地主等。一般地主、煙鬼、遊民、懶漢、小偷、反革命分子和地主家屬子女不屬管制範圍[45]。但在實際操作上，地方基層往

45　《內部參考》1953 年 7 月 15 日，第 163 號，頁 247。

往大大突破這項規定，在農村，一般都擴大所有「地主」及其家屬和居家的子女。因為政治大氣候一直強調要反對右傾麻痹思想，加強對敵專政，而是否符合「戴帽」和「管制」的條件，又無十分具體可供操作的標準，其解釋權多掌握在基層幹部手中。一些地區的縣、鄉領導為了表示站穩「階級立場」，習慣性地採取「寧左勿右」的方針，大面積擴大被管制人群的範圍，在50年代初還一度受到上級部門的批評。1953年貴州省紫雲縣四區的德興鄉二村共有330戶，人口1627人，卻管制了23戶(全家所有人均被管制)，共150人，佔全鄉總人口的千分之九十二強，超過了中央規定的千分之三的30倍。貴定縣都祿鄉管制面竟達到該鄉總人口的一半。獨山縣基長鄉人口總數為8361人，共管制了456人，經上級部門複查，只有11人符合管制條件[46]。四川省豐都縣七區蓮花鄉七村被管制者高達250人，而真正符合管制條件的只有3人。灌縣大觀鄉竟將繳不起公糧的農民及調皮的小孩也予以管制。「其他如管制反革命分子家屬的現象亦很普遍」[47]。甘肅省武山縣洛門區蓼陽鄉將地主50戶共340人，一律管制[48]。山東省歷城縣一區冷水溝鄉符合管制條件的只有23人，但實際管制了105人。裴家營、梁王、王會人三個鄉共有地主82戶，連同地主家屬子女共394人，也全部被管制。這些被戴「帽子」，受到「管制」的地主及其家屬，都受到公開的歧視，生存境遇十分困難，某些地區的群眾甚至公開命令地

46　《內部參考》1953 年 4 月 13 日，第 83 號，頁 262。

47　《內部參考》1953 年 5 月 13 日，第 107 號，頁 167。

48　《內部參考》1953 年 5 月 27 日，第 119 號，頁 413。

主和被遣送返鄉的舊官吏稱自己為「爹」和「爺」[49]。

　　相比較於城市，執政黨對於農村的改造，更為得心應手，因為大體上只需將在1949年以前在根據地執行的政策拿來用即可，城市的情況則較為複雜：共產黨比較不熟悉城市；在新民主主義時期，受到《共同綱領》的制約，執政黨要團結民族資產階級、小資產階級及其知識分子。但是，執政黨一定要在城市建立起自己的階級陣線，這就是一方面執行新民主主義的方針；另一方面，又要在城市居民中區分敵、我、友。執政黨的辦法是：在城市中開展較為和緩的民主改革。所謂「城市民主改革運動」，發生在1949–1953年，就是配合幾個大的政治運動，在城市各工廠、機關、學校、商店、街道，對所有人員進行「階級摸底」，重點對舊人員進行細緻的調查(家庭出身，1949年以前的職業、經歷)，包括查歷史，查社會關係，查生活。

　　50年代初，在全國範圍內的大中小城市和鄉鎮的各單位，普遍進行了「階級摸底」，這項工作在50年代的整整十年裏一直持續進行，50年代初只是這項工作的開始階段。根據統一部署，華北直屬第一工程公司在1952年底至1953年初，集中全體工作人員開展「冬訓政治學習活動」，主要內容就是進行「忠誠老實學習」。在重點學習了劉瀾濤、錢正英關於忠誠老實的講話後，經過動員，在該公司的521人中，有134人交待了政治歷史問題。僅據1953年1月15日一天的統計，就有65人交待了政治性問題，其中有：隱瞞國民黨團長身份一人；隱瞞國民黨排長身份一人；隱瞞「偽機關科長」一人；隱瞞國民黨黨員身份共14人；「國民黨地下黨員」一

49　《內部參考》1953年6月25日，第144號，頁425。

人，三青團員4人，軍統、中統特務5人，一貫道23人等等。公司領導對於上述人員，採取了「穩定情緒」的措施，一方面向他們承諾「保證不失業」，並及時和公安部門聯繫，部署對他們展開調查工作[50]。

西南財政經濟委員會所屬各中等技術學校學員的政治歷史情況，經調查也基本摸清：重慶第一土木建築學校新生班共115人，其中參加過反動黨派、反動軍隊、封建迷信組織的有46人；叛黨、政治變節分子共有26人；本人或家屬被鎮壓或勞改者有56人(有些是一人兼幾種)[51]。

1953年，位於南京市的私營江南水泥廠開展了民主改革運動，經動員，該廠1022名職工中，有987人交待了個人歷史，其中753人被認為「有問題」，佔全廠職工總數的76%強。工人中參加過三青團的有54人，參加過國民黨的有34人，參加過國民黨軍隊的268人，當過國民黨警察的有81人，曾是國民黨特務的有31人[52]。上述自我交代人員中有嚴重問題的人，經調查核實後都予以了逮捕和管制，從而使黨組織進一步摸清並掌握了城市各單位人員的「政情」。

50年代初的「城市民主改革」加速推動建立起執政黨在城市的組織基礎(黨組織、團組織、工會、婦聯)，1953年後，更建立起以戶口制為中心的，單位、街道、派出所三位一體的綜合治安保衛制度，將黨在城市中的基層結構全面建立了起來。1953年上半年西南民政局為配合人口普查，對重慶市三個派出所桂花街(商業區)、王爺石堡(居民區)、小龍坎(工

---

50 《內部參考》1953年1月27日，第21號，頁443–444。

51 《內部參考》1953年4月8日，第79號，頁171。

52 《內部參考》1953年7月21日，第168號，頁317–318。

廠區)所轄人口的政治面貌進行了調查，三個派出所共轄人口64026人，但「特種人口」高達1868人，佔人口總數的3%，佔18歲以上人口的6%。所謂「特種人口」是指被管制分子、「釋放犯」、緩刑犯、在押犯、居住在城裏的地主、登記自新未予管制者、「社會遊蕩分子」(小偷、暗娼、妓女、舞女)[53]。至此，所有城市居民的各種情況也被黨和國家全面掌握。

執政黨對於在黨內貫徹「階級路線」，表現出更加堅決的態度。這主要體現在嚴格入黨條件和在黨、軍隊、政府機關、人民團體、學校和企事業單位對幹部進行頻繁的政治審查和清理。建國之初，中共開始在產業工人中大量吸收黨員，知識分子入黨則要經過更加嚴格的挑選。在「抗美援朝」戰爭期間，執政黨在朝鮮戰場上吸收了一批參軍的知識青年入黨。但是對於和平環境下要求入黨的知識分子，則取決於他們在各項政治運動中的表現以及他們的家庭背景是否清白。如果階級出身有問題，親屬中有被殺、關、管或有海外關係者，即使在政治運動中表現十分積極，也不會被吸收入黨。

1951年，由毛澤東親自領導和部署，在全黨範圍內，開展了清理內層(黨機關)、中層(政府機關)的運動。被清洗的對象大多是「階級異己分子」，即出身於地富家庭、對地富家庭表示同情的共產黨員。1952年4月，在三反運動中，毛澤東又向全黨發出指示，命令幹部中「凡與帝國主義、國民黨和地主階級有關係者」，必須作出交代[54]。緊接着，全國各級黨政幹部向黨組織普遍交代了各自的經濟關係和社會關係[55]。在

53　《內部參考》1953年4月27日，第95號，頁538–541。

54　《建國以來毛澤東文稿》，第2冊，頁383–384。

55　《建國以來毛澤東文稿》，第2冊，頁416–417。

這類運動中，交代階級成份、本人歷史和社會關係都是中心內容。

中共在長期的戰爭環境下，從來就把清理內部，純潔組織看成是一項事關革命成敗、勝利果實能否保持的極為重要的問題，建國後，這又作為一項成功的經驗加以繼承與發展。事實上，建國後，在黨和軍隊、國家機關的清理本身都是歷次政治運動的重要內容。1952年3月，劉少奇在向蘇聯大使通報情況時説：

> 審視出現的形勢，黨中央採取了清理黨的隊伍的堅決措施。所有犯有貪污、腐化、官僚主義罪行的人，都被我們清除出黨。如果必要，我們還不就此甘休。我們把所有這些人清除出黨，用忠誠可靠的人加強黨的隊伍，用來自工人階級、貧苦農民一方的積極分子和生產突擊手補充黨的隊伍。我們把嚴重腐敗分子、貪污盜竊分子送上法庭，關入勞改營，投入監獄，而查明的罪大惡極分子則被槍斃。隨着這一運動同時還查明，解放戰爭時期投靠我們而很少經過考驗的那部分黨的工作者，在很大程度上同我們在思想上格格不入。他們當中，有的是地主、富農、商人、國民黨分子等人的子弟。這部分人在思想上同民族資產階級接近，所以他們一同民族資產階級接觸便產生了共同語言，走上了同民族資產階級完全合作的道路。[56]

另據董必武向蘇聯大使說，在清理過程中，尤其要對

56　1952 年 3 月 18 日羅申與劉少奇的談話備忘錄，俄國檔案影本存沈志華處，編號SD09870

1947年以後入黨，進入黨政機關的所有人員重點進行審查，「清理非常慎重。那些過去有不大的反革命罪行而後來參加了革命的人員仍留在原來的崗位上工作。對有懷疑的人員進行隔離審查。查明的敵人將被逮捕」[57]。

　　站在列寧主義黨的角度和立場，特別是鑒於當時兩大陣營冷戰對峙的局面，執政黨加強內部的清理是符合其革命邏輯的，但是進入50年代，國家畢竟進入了和平建設時期，繼續延用戰爭年代的思維，將不可避免導致在「對敵鬥爭」的政策和實踐上的「擴大化」。更重要的是，這種由對「敵情」過份估計而產生的極左的「純化觀」，它所造成的影響是全局性的，這尤其表現在五十年代初對各地原中共地下黨員的歧視性打擊方面。中共廣東地下黨在1947年成立的「人民解放軍粵中縱隊」，擁有一萬多人，內有大量的知識分子幹部，這支部隊為迎接解放軍南下，作了大量工作，但在建國後其成員普遍被視為是「可疑分子」。中共華南分局領導人陶鑄認為，「地方武裝不純」，「過去參加革命的人大多是地主，官僚，資本家家庭出身的人」，其結果是，原廣東地下黨中的許多人都被清除出黨，或被戴上「地主」的帽子，少數人甚至被槍斃[58]。而南方地區那些在革命勝利前夜參加迎接解放工作的原國民黨軍政人員，更被普遍視為是「投機革命」，「混入革命的反動分子」而在「鎮反」等運動中受到懲辦。1949年，湖南常寧有一支「在共產黨領導下的」，由在鄉舊軍官和士紳為首組成的「湘南遊擊隊一縱一支隊」，

57　1951年7月25日羅申關於鎮壓反革命問題與董必武的會談備忘錄，俄國檔案影本存沈志華處，編號SD09868

58　牧惠：〈松仔嶺事件真相—前言〉，五柳村網(http://www.taos1.net/dirl/muhui001.htm)

該民軍結合其他幾個進步組織，「不放一槍，未損一物」，在中共南下工作團和解放軍尚未踏進常寧土地之前，就和平解放了常寧，但解放後，除「司令」一人暫時留用，參與起義的舊軍官和士紳則基本上都被當成是「反革命」而遭到鎮壓，「直到改革開放後方被承認對革命事業的貢獻，得到平反，恢復名譽。」[59]

陸定一在80年代初回顧黨對知識分子政策時，提到「農民進城」的概念，他說：「農民幹部進城，同知識分子結合——互相推心置腹，親密無間也是有困難的」[60]，一方面是上級領導部門的極左的「純化觀」和片面強調工農出身的組織路線，另一方面是大批文盲和半文盲的幹部，兩相交集，對國家的經濟建設不可避免帶來了消極影響。建國初期，全國縣一級政權的領導幹部基本來自軍隊轉業幹部和調入的老區幹部，以及少數從當地運動中的積極分子中選拔出的幹部，這些幹部的文化水平普遍很低，儘管當地都有一些具有較高文化水平，又曾積極參加迎接解放的進步學生，但一般都不會得到政治上的信任和重用，「個別大學生和多數中學生雖然一度被縣委暫時任用，不久卻又分化調離外地，剩下的又被相繼清洗出黨政部門。許多具體工作確實還要一點筆桿子，則藉故清出黨外，內部限制使用」[61]。

挾勝利之威進城的革命者，用高昂的理想主義精神和分類排隊的方法管理社會，使得民族資產階級和知識分子的心

---

59 蕭一湘：〈幹部變遷五十年〉，載《南風窗》，2002 年 8 月號(上)，頁 26–27，總 219 期，2002 年 8 月 1 日出版。

60 《陸定一文集》，頁 822。

61 蕭一湘：〈幹部變遷五十年〉，同上，頁 26–27。

理初步受挫，造成了知識分子心理上的某種「低氣壓」，一時有「中共各級組織重用庸才」的論調，對於這種情況，毛與中共中央都很清楚，在黨內刊物中，不時有關於農村縣區幹部缺乏馬列知識的報導。1956年福建省委黨校對375名縣級幹部和區委書記進行入學考試，60分之下有304人，其中一半人成績在40分以下，有一入學考試題目為「《資本論》作者是誰？」，不少人答道：「右傾機會主義者」、「唯心主義者」、「美國人寫的」。另一題目為「事物發展原因是什麼？」有人答道：「是風吹日曬。」[62] 為了提高幹部文化素質，從50年代初開始，黨和政府在各地興辦了許多幹部速成中學，在一些大學開辦了幹部預科班，選拔了一些表現優異的工農兵和幹部作為「調幹生」進入大學學習，毛承認「許多同志胸襟狹隘」[63]，「代表了農民的狹隘思想」，但毛又強調，政治忠誠是第一的，「老實是首要條件」，其他可以學習改進[64]，不言而喻，有戰爭和革命經歷的各級領導組織部門的負責幹部都明白，在和平建設年代，「政治忠誠」和「老實」是難有具體衡量標準的，惟有依據階級出身才可予以識別和判斷。

三、強化革命專政和政治分層的細密化(1953–1956年)

1953年後，伴隨國家快速進入社會主義，「階級出身論」進一步轉化為制度層面的措施。1953年是新中國歷史

62　《內部參考》1956 年 4 月 12 日，第 82 期，頁 267–268。

63　《建國以來毛澤東文稿》，第 2 冊，頁 576。

64　《建國以來毛澤東文稿》，第 1 冊，頁 505、506–507、注釋 2、3、5。

上的一個分水嶺，在這一年，毛澤東廢止了新民主主義的路線，宣佈向社會主義過渡，在社會大環境方面，由於國家開始了大規模的經濟建設，在社會大眾尤其是青年學生和工人中間，充滿一種高昂的理想主義熱情，全國上下有一種向上攀升的精神氣氛；但是在另一方面，國家對經濟和社會生活的控制日益加強，計劃經濟體制也初步確定，在政治和意識形態領域，各類批判運動接踵而至，其高潮是1955年的「反胡風運動」和繼之在全國範圍內展開的「肅反運動」，使得社會上某種壓抑的氛圍也在逐步聚集，所有這些轉變及其批判運動，它的基本動力都是通過政治分層來實現社會動員。

新民主主義階段的終結使黨在國家政治和社會中所起的領導作用更加突出，加強黨的思想和組織建設成了重中之重，換言之，在執政黨內部實行了更為嚴格的「純化」政策，1955–1956年，全國黨政機關、軍隊和學校又開展了一場「肅反」運動，在「內層」和「中層」中又清洗出一批「異己分子」，其中包括那些在建國初期，隱瞞自己的階級出身，「混入」黨內和政府機關內的「嫌疑」人員。僅1955年一年就對機關、軍隊、企業的220萬人進行了審查。「查清了每一個人的過去，他的聯繫和情緒」，在這批人群中，有將近5%的人被視為是「不可靠分子(國民黨的偵察人員、外國間諜、反革命分子、流氓)」[65]。

在新幹部的任用提拔和選派留蘇生工作中，家庭出身問題成為首要考察條件。從工、農、解放軍中選拔優秀分子進入大專院校學習(調幹生)雖未達到像挑選留蘇生那樣極端重視家

65　1955年11月15日費德林與劉曉關於中共第六次全體會議的談話備忘錄，俄國檔案影本存沈志華處，編號SD09832

庭出身的程度，但調幹生的主體多為工農家庭出身。

　　1953年後，決策層初步形成一個基本判斷，這就是隨着加速向社會主義的轉變，敵對階級的反抗、破壞一定加劇。1955年6月，上海市公安局局長許建國在政協上海市常務委員會第二次會議上講話中提到，計劃在5年內再鎮壓若干數目的反革命分子和各種犯罪分子，由於數目驚人，引起上海市工商界、知識界人士的異議[66]。對於當時是否存在敵對階級的大規模的反抗和破壞，現有資料無從證實，但根據各種資料反映，1953年後推出的「統購統銷」、「農業合作化運動」、「反胡風運動」、「肅反運動」等，確實造成了部分城鄉人民和一部份知識界人士的強烈不滿。

　　1953年11月初，天津市實行麵粉統銷計劃，立即「遭到天津市部分資本家和反革命分子的諷刺和謾罵」，泰明鞋店資本家說「毛主席強，但全國沒有糧食吃」，「總路線一公佈，和軍事管制一樣」[67]。河北省的一些黨員幹部也為農民「抱不平」、「喊冤」，說「政府對農民太苛刻了」，「對農民又一次下手」[68]。1956年，歷史學家，全國人大代表翦伯贊回湖南省常德老家視察，家鄉的父老向他哭訴，有三分之一的人沒有飯吃，只吃樹皮、野菜、菜餅[69]。毛和領導層或許就是將這種不滿言論視為是敵對階級的反抗和破壞，所採取的反擊措施還是強化階級鬥爭，其具體方法就是將政治分層進一步細密化，把前一階段出於策略考慮而暫時未於觸動的人員也劃入敵對階級範疇。

66　《內部參考》1956 年 6 月 30 日，第 150 期，頁 504–507。

67　《內部參考》1953 年 11 月 5 日，第 259 號，頁 55。

68　《內部參考》1953 年 11 月 10 日，第 263 號，頁 129。

69　《內部參考》1956 年 6 月 19 日，第 1911 期，頁 429。

1953年後「敵對階級」範圍較前有了新的擴大，在原先的地主、反革命、反動會道門、土匪等之外，又增加了富農。1954年，江蘇省一些農村吸收富農子弟入團，被批評為「階級意識模糊」，「階級立場不穩」[70]。「反革命」的種類也有了新的增加，歷史上有一般的反共行為，和舊社會聯繫較多的人員，如中下級國民黨軍政人員、保甲長等，也被劃入「歷史反革命」之列。

此外，在知識分子人群中又劃分了新的類別：1953年後，在文教系統開始流行一種新的政治分類法，即「人民」與「國民」的區別。人民者，歷史清白者；國民者，與舊社會聯繫密切，歷史及社會關係複雜人群也[71]。但是由於這種區分過於模糊，沒能體現「階級分析」的觀點，不久就被棄置不用，而將知識分子總體歸入「舊知識分子」的範疇，所謂「舊知識分子」，具體指1949年前在國民黨統治區域的大專學校培養出的知識分子，他們被整體視為「不純」階層，其主要依據是，他們中的絕大部分人都出身於剝削階級家庭，並曾為舊社會服務。在這群人中，「歷史不清分子」和「不純分子」佔有相當的比例。

「歷史不清分子」和「不純分子」都是50年代初出現的指涉特定人群的概念，「歷史不清分子」一般指「歷史複雜」，參加過反動組織、或曾在舊政權重要機構服務，有一般的「反動」行為，或有「反動」嫌疑但查無明顯證據者，例如：原國民黨軍公教系統人員，反革命分子的家屬(簡稱為「反屬」)，被鎮壓、被管制分子的家屬等等，在階級鬥爭激

70　《內部參考》1954 年 9 月 25 日，第 218 號，頁 379–380。

71　蕭乾：〈尺規單一化〉，《這一年》(重慶：重慶出版社，1990 年)頁 147。

化的時期，這個人群被視為是「反動階級的社會基礎」。所謂「不純分子」是一個動態概念，隨不同的歷史時期而不斷擴大，在50年代有相對的穩定性，所指多為和舊社會有較多聯繫的人員，即在「革命群眾」和「敵人」之間比較靠近右邊者，例如：原國民黨一般黨員，三青團員，舊軍隊士兵(統指為「兵痞」)，資本家，有海外關係者或仍與海外有聯繫者，1949年後去過港、澳又返回的人，散佈「反動言論」的城市底層人民，例如瀋陽市南市區三輪車夫胡某期盼第三次世界大戰爆發，他說：「來個痛快，換換空氣也不錯，再不然老百姓實在沒活路了！」他被定性為「講反動話的三輪車夫」[72]，(因三輪車夫在1949年前和三教九流熟識，故也「不純」)。

在50年代社會改造的洪流中，1949年前的市場就業方式已徹底改變，黨政機關，重要的文教單位，大型國有企業都建立了嚴格的人事審查制度，在歷次運動中受衝擊，被處分的那些和舊社會有較多聯繫的人員根本無法進入，「歷史不清分子」「不純分子」只能集中在社會的一些底層行業或以出賣勞動力為主的行業謀生，這些行業計有：

城市圖書出租行業：1955年，國務院通令整頓1949年前出版的文字書籍，有關部門對天津從事個體圖書出租的從業人員展開了調查，天津市共有740個圖書出租戶，其中出租小人書的674戶，出租文字書的66戶，後者擁有的舊書共5萬3千冊，而需清理淘汰的書籍共4萬冊。天津市該行業的「不純」分子共171人，佔該行業人數總數的24%。1955年，瀋陽市從業人員共有551戶，其中有「政治歷史問題」的佔從業人口的24%[73]。

---

72 《內部參考》1955年8月22日，第191期，頁173。

73 《內部參考》1955年，第253期，頁296。

城市人力板車運輸、騾馬運輸行業：1954年，南京市搬運公司共有4000多工人，其中4%為前國民黨官兵，包括少校、連長、工兵[74]。

城市建築行業：據不完全統計，1953年廣州市建築工程系統700多幹部中，有反動會道門分子40人，國民黨員81人，三青團員23人。武漢市建築工程局980個幹部中，有400人多人有政治歷史問題。湖南省建築系統共有幹部1300餘人，但「階級異己」分子佔全部幹部總數的33%。鄭州市4300建築工人中，有1000多人有政治歷史問題[75]。

城市廢品收購行業、謄印社，和城市私人補習學校行業：這三個行業也相對集中了較多的「不純分子」，五十年代中期後，國家實現了教育資源的全部國有化管理，私人補習學校全部取消，部分人員轉入小學擔任教師或勤雜人員，或轉往城市中的煤炭店(煤球廠)砸煤基，送煤球。

由於政治分層決定了一個人及其家庭在社會上的政治地位，有「歷史問題」的人都對「階級敵人」的標籤避之不及，在這些人群中，有一部分人極力想改換自己的政治面貌。1953年為迎接第一屆全國人民代表大會的召開，各地開始選民登記工作，成都市的一些「敵對階級」分子「千方百計想爭奪選舉權」：他們中的一些「大地主」，凡是直接或間接地與黨在歷史上發生過統戰關係的，便以此一律自封為「開明人士」；中、小地主則稱自己為「小土地出租者」；曾任「偽縣長」的「地主分子」周仲青「竟無恥地偽造列寧的話說『縣長是其他職業者』」，向政府要求選舉權利；而

74　《內部參考》1954 年 10 月 6 日，第 226 號，頁 64。

75　《內部參考》1953 年 4 月 23 日，第 92 號，頁 485–486。

當過「偽省田糧處處長」的地主胡連，竟說自己「當官也是勞動」，硬要選民證[76]。

為了貫徹落實「階級路線」，「純化」社會環境，執政者在50年代中期，將幾個大城市的「不純分子」遷往西北等邊遠地區。1952年，一些華東地區的「不純分子」被遷往新疆。當年華東人民革命大學共有1161名學員被調往新疆，其中140多人為嚴重「不純分子」，這批人在一年後仍未予以安置，主要原因是新疆各機關不願接收。因為這批人中90%以上為國民黨中統、軍統特務，其中12人曾分別擔任過國民黨政府內政部次長、國防部最高委員會參事、上海財政局副局長；有9人是省參議員和國民黨集團軍黨部書記等；還有37人是薦任科長[77]。1955年10月，北京市將「不純分子」628戶，共2696人遷往寧夏自治區各縣。在這批人中，真正的「階級敵人」只有15人，其餘是「說書的」、「打花鼓的」；「舊職員」；「偽官吏及家屬」；「錢莊老闆」；「袁世凱的六姨太及孫輩」等[78]。

新政權在初建時期，高度重視對「舊知識分子」和民族資產階級的改造，在開展了一系列針對知識分子的政治運動的同時，各地還創造出一些專門針對知識分子和資本家的改造形式和新詞彙，「思想剝皮」就是1955年內蒙創造的經驗，即對知識分子和資本家的階級背景和現實表現進行更深入的調查，「對重點人逐個全面分析，具體對待」[79]。1955年，

76　《內部參考》1953年7月1日，第149號，頁9。

77　《內部參考》1953年4月22日，第91號，頁469。

78　《內部參考》1955年10月15日，第220期，頁70。

79　《內部參考》1955年8月22日，第191期，頁171。

對上海資方人員335人調查的結果是：「不純」分子佔百分之八十[80]。1954年之前，上海城市基層組織居民委員會主任一職許多是由資本家的家屬擔任，但在這之後，已基本由工人家屬擔任。在這一時期，對於1949年後在校的大學生的態度總的來說是較為寬和的，認為他們雖然多為非無產階級出身，但接受的是新社會的教育，歷史經歷清楚，經過長期的思想改造，還是有可能轉變世界觀的。但是這並不能保證在執行「階級路線」時，各地不會出現極端化的情況。如四川大學團委組織了對「反動」、「落後」學生的孤立打擊行動，從1951年3月「鎮反運動」開始，被「孤立」的學生達418人，佔全校學生總數的14%以上。這些人大都曾參加過反動黨團，社會關係和個人歷史複雜。「孤立」的方法有：不讓他們與其他同學接近，經常組織開他們的鬥爭會[81]。

對社會各階層的政治分層，在50年代中期就已獲得明顯的效應，社會上普遍對資本家、知識分子和「不純分子」產生了警覺意識和否定性評價。資本家普遍認為自己是即將被消滅的階級，言行格外小心。哈爾濱市某區在1955年4月連續發生私營企業工人「打資本家」的事情[82]。上海私營企業工人在公私合營前，「經常毆打資本家」。對資本家的稱謂，也改成了「臭資本家」。在新環境下，上海一些資本家為了表現自己的「政治覺悟」，甚至提出「應該肅反再肅反，搞第二次反動黨團登記」[83]。

80　《內部參考》1955年8月2日，第178期，頁14。

81　《內部參考》1953年3月24日，第66號，頁573–574；《內部參考》1953年4月30日，第98號，頁590–591。

82　《內部參考》1955年4月26日，第95期，頁381。

83　《內部參考》1955年6月30日，第150期，頁504。

在「越左越革命」的氛圍下，部分地區將工廠的技術人員視為「廢物利用」，技術人員大多戰戰兢兢，生怕發生技術事故，因為一出事故，將被翻出過去的歷史，被懷疑為進行「破壞」。許多技術人員自喻為「廢品」，甚至不敢與其他知識分子來往，怕被說成是「反革命小集團」[84]。有些單位甚至不讓技術人員單獨外出工作，「總派黨團員同他們一起去」[85]。高級知識分子在政治上則普遍受到懷疑，山西省有些幹部甚至列了一個簡單公式：「高級知識分子等於地主、資產階級和頑偽人員」[86]。

相比於城市，農村中的「左」的情緒更加嚴重，1953年後，農村中小學教師，尤其是小學教師，普遍得不到尊重，運動一來就成為批判鬥爭的對象。「一般幹部都認為知識分子是地主、富農和資產階級出身，歷史複雜，不可信任」[87]。一些縣區經常隨意開中小學教師的鬥爭會。江蘇省溧水縣文教科長甚至隨意下令將被鬥爭的教師「用鐐銬起來」[88]。江蘇省許多縣「寧左勿右」，給中小學教師「排隊」後發現有問題者高達教師總數的40–60%，遠遠超過中央規定的5%的比例。個別人甚至認為一個人「只要識了字就壞了」[89]。江蘇省贛榆縣個別幹部甚至斥罵：「小學教師，他們是什麼東西！」江蘇省邳縣有200多小學教師沒有選舉權。江蘇省六合縣一區委書記甚至不准小學教師進區政府大門。該省「有些

---

84 《內部參考》1955 年 10 月 19 日，第 222 期，頁 86–90。
85 《內部參考》1956 年 1 月 16 日，第 3 期，頁 38–39。
86 《內部參考》1956 年 1 月 11 日，第 3 期，頁 42。
87 《內部參考》1955 年 12 月 29 日，第 253 期，頁 285。
88 《內部參考》1955 年 12 月 29 日，第 253 期，頁 287。
89 《內部參考》1955 年 12 月 29 日，第 253 期，頁 288–289。

地方談到知識分子，先問成份，如是地主富農成份，等於罪加一等」[90]。

為了加速向社會主義過渡，實現「一化三改造」，執政黨採取的是依靠工人階級，強化階級鬥爭的方針，然而這並不表明城市中的工人一概都被視為是黨的依靠對象，對工人也得進行「階級分析」，換言之，作為個體的工人並不就是「工人階級」，在工人中也需落實「階級路線」。

50年代初中期，開展了對全國職工狀況調查，各級黨組織對所屬企業的工人的歷史狀況進行了普遍的「清理」，以「摸清」工人的政治歷史情況，具體辦法是：1. 讓工人填寫登記表；2. 由單位黨委與工人住地派出所配合，將派出所掌握的資料添入登記表；3. 由單位進行進一步審查[91]，北京石景山鋼鐵廠1952–1953年新招工人4857人，有政治歷史問題或成份複雜者582人[92]。據全國總工會1953年對上海私營工廠工人狀況的調查，「過高的生活水平已使一些工人腐化起來。大隆機器廠工人不願聽共產主義的道理；大滬製鐵廠百分之五十的工人嫖賭」，「有不少工人還討了小老婆」，「有些廠的工人還和資本家結成『統一戰線』，欺騙政府」[93]。萍鄉煤礦1萬職工中有1200人被認為「不純」，其中工人有903人[94]；1955年初，鞍山鋼鐵公司有5萬職工，其中「不純」分子有5000人，佔職工總數的10%[95]。

90　《內部參考》1955年12月29日，第253期，頁286。

91　《內部參考》1953年7月2日，第150號，頁29。

92　《內部參考》1953年7月2日，第150號，頁28。

93　《內部參考》1953年4月25日，第94號，頁508–509。

94　《內部參考》1955年1月15日，第12期，頁237。

95　《內部參考》1955年1月15日，第12期，頁237。

「排隊摸底」不僅限於調查工人中的「不純分子」，它也包括對工人的思想狀態進行分類排隊，即區分出工人中的先進層、中間層和落後層。一般而言，「先進工人」多指老工人，對老工人也要根據他的階級意識與現實表現來判斷他是否「先進」。萍鄉煤礦工人解放後娶的老婆，成份不好者達到10%以上，這樣的老工人一般就被認為是「落後」工人[96]。如果老工人注意獎金、工資一類，則會被認為是「經濟主義思想嚴重」，「思想覺悟不高」，也不會被劃入「先進」工人行列[97]。「落後工人」則指青年工人，所謂「落後」是指青年工人受到「資產階級生活方式」(怕苦怕累，追求享受)的影響。1954年，無錫市慶豐紗廠團員女青年毛某某執意要和資本家結婚，團組織加以勸阻，毛某某卻說：「大家都不和資本家結婚，資本家怎麼討到老婆呢？」她被認為是「追求享樂」，「政治覺悟很低」[98]。對於工人中的政治歷史和思想背景的差異，黨的領導層十分瞭解，鄧小平在1957年的整風報告中說，佔65%的新工人中，農民、學生、城市貧民出身佔一半以上，還有3%新工人是地、富、資產階級、偽軍警和遊民分子，他提出，這些人的剝削階級意識和壞習氣尚未得到應有的改造[99]。

政治分層造成一種新的身份制度，它與經濟收入之間並不一定存在着必然的連帶關係。1953–1957年，城市中的資本家、舊知識分子的中上層已被普遍視為是「不純」分子，但

96　《內部參考》1953年2月12日，第35號，頁54。

97　《內部參考》1953年4月7日，第78號，頁134–135。

98　《內部參考》1954年9月25日，第218期，頁377–378。

99　鄧小平：〈關於整風運動的報告〉，《人民日報》1957年10月19日。

他們的經濟狀況仍是比較優越的。但城市中的下層「不純」分子，如原國民黨低級軍政人員和中小學教師中的「不純」分子，他們的經濟狀況則相對較差。青海省有些小學教師工資低於工友[100]。江蘇省揚州中學老師的平均月工資是30元，江蘇省阜寧縣將1949年前畢業的小學老師一律降薪至80%，有的人一個月只有幾元工資。在徐州、鹽城工作的一些原籍南方的教師，因工資低缺少路費，幾年不能回家，以至於有人要求轉業到政府機關食堂當炊事員[101]。

有關資料顯示，50年代中期，全國範圍內的失業現象仍然存在，據調查，至1955年3月底為止，北京市有15萬青年沒有職業[102]。上海市失業登記人員達304977人，其中「不純」分子佔很大比重[103]。廣州市失業人數較少，僅為4萬多[104]，其中一些為「不純」分子。在集中「不純分子」較多的行業中，除建築部門的技術或重體力工種外，一般從業人員的收入都較低。毛澤東用區別對待的方式，分化敵對階級和「不純」分子，用金錢來剝奪城市資本家和知識分子的政治地位，但對底層「不純分子」，則輔之以經濟收入的限制。

正因為階級鬥爭「一抓就靈」，1955年又搞出大批反革命，加之1956年「三大改造」取得勝利，毛澤東的信心大大增強，1956年中共八大宣佈大規模的階級鬥爭已經過去。同年，對知識分子的政策作出重大調整，其中重要一環是出身非無產階級家庭的高級知識分子也可以入黨。此舉具有重大

100 《內部參考》1956 年 1 月 11 日，第 3 期，頁 50。
101 《內部參考》1955 年 10 月 15 日，第 220 期，頁 70。
102 《內部參考》1955 年 3 月 30 日，第 72 期，頁 467。
103 《內部參考》1955 年 4 月 29 日，第 98 期，頁 444–445。
104 《內部參考》1955 年 10 月 15 日，第 220 期，頁 720。

意義，由此，將具有命定論色彩的「階級出身論」打開了一個缺口。1955年12月，清華大學劉仙洲教授入黨，為建國後著名高級知識分子入黨第一人。而在這之前，黨組織的大門對高級知識分子基本是關閉的，據統計，自1949–1955年，南京市九所高校，沒有吸取一位教授入黨[105]。陝西省八所高校共308名教授、副教授中，也沒有發展一名黨員[106]，雲南大學的情況也是如此[107]。劉仙洲的入黨在知識分子中帶來很大的影響，因為現在轉變階級出身已有可能。劉仙洲入黨後，全國高級知識分子中出現了踴躍申請入黨的熱潮。四川西南師範學院某教授甚至寫了九萬字的入黨申請書，詳盡地交代了自己的歷史和思想。

概而言之，毛澤東在領導進行深刻的社會改造過程中，採取一系列措施推動「階級出身論」的制度化，但又在具體落實中注意掌握分寸，進行適時的調整，這種有張有弛，剛中有柔的情況在1957年「反右運動」後發生了徹底的改變。

四、追求全面「純化」的新世界(1957–1965年)

1957年夏全面展開的反右派運動使黨和國家的航路向極端的方向急速轉變。毛澤東以「右派向黨瘋狂進攻」為由，廢止八大路線，將階級鬥爭的烈火重新燃起，並使之越燒越旺。

反右運動的重點打擊對象是民主人士和知識分子，鬥爭的基本策略和方法仍是延續過去的經驗，這就是結合知識分

---

105 《內部參考》1956年1月16日，第3期，頁39。
106 《內部參考》1956年1月11日，第3期，頁44。
107 《內部參考》1956年1月11日，第3期，頁46。

子和民主人士的現實言論和歷史的背景，在新的階級鬥爭激化的形勢下，對他們進行新一輪的左、中、右，甚至是更深入，更細密化的「中左」、「中中」、「中右」、「極右」的政治劃分，然後依據不同情況，對其中的「右派」加以嚴厲的懲治。從此，對知識分子反復無窮的搞「排隊」，已成為組織人事、政治保衛、意識形態部門的基本工作。例如廣東省在1957年2月已對民主人士中作過一輪審查，到了7月又對該省民主人士和知識分子再次作出排隊，其結論是[108]：

	左派	(%)	中左	(%)	中中	(%)	中右	(%)	右派	(%)
在245名民主人士	69	28.2	24	9.8	79	32.3	33	13.4	40	16.3
在83名工商界人士	31	37.3	8	9.6	22	26.6	10	12.0	12	14.5
在934名大專院校	155	16.6	133	14.2	477	51.1	124	13.3	45	4.8
講師以上人士	(此項還另有大學生右派53人，職工右派6人)									
在153名文藝界人士	44	28.8	28	18.3	43	28.1	30	19.6	8	5.2
在81名科學界人士	20	24.7	19	23.5	23	28.4	14	17.3	5	6.2
在58名新聞界人士	9	15.5	9	15.5	19	32.8	9	15.5	12	20.7

在全國被打成「右派」的數十萬人群中，有一部分是工農出身的黨員幹部，包括高級幹部，這反映「階級出身論」在反右運動後已有新的發展，這就是，僅僅血統純正或革命歷史經歷雄厚，已不能適應新形勢下對革命者的新的更高的要求，「成份好」還必須和思想正確相結合，在兩者之間，前者是必要條件，而思想純正則是充分條件。因為更多的事實證明，在判定「右派」時，家庭出身和歷史背景仍起到重要的作用，許多「家庭出身不好」、歷史經歷複雜，或有「海

---

108 一聽：〈57年廣東反右運動始末〉，故鄉網(http://www.guxiang.com), 2001年7月8日。

外關係」，在歷次審幹運動中都受到懷疑而查無實據者，雖然本人在運動中沒有任何「鳴放」言論，也被一勞永逸打成「永不翻身」的「右派」，例如原甘肅省幹部石天愛，在運動中沒有一句不當言論，就因為她是軍閥，漢奸石友三的女兒，就被扣上「右派」的帽子，被遣送到甘肅酒泉夾邊溝勞改農場勞教，類似石天愛的情況在當時是十分普遍的現象[109]。

反右運動使毛澤東更加意識到「保持社會生活高度緊張」的必要性，在1958年黨的八大二次會議上，他號召全黨進一步提高政治警惕性，加強意識形態領域的工作，他指出：

> 我們必須進行認真的研究和分析，為什麼在13個省和自治區的黨組織中會出現右派分子。這對全黨來說是非常危險的信號。「樹欲靜而風不止」。我們還應該認真關注這樣一個事實，最近已經查明，在中小學教師中大約15萬人有右傾情緒和觀點。為什麼會這樣？我們為什麼會讓那些不值得信任的人來教育我們的青年？……最重要的是，要查明和揭露右傾情緒，對這些情緒進行無情的批判，向人民表明它們的危害性和危險性，在與右派分子鬥爭中提高人民的警惕性。我們不應該忽視在與右傾情緒鬥爭中出現的停頓，應該保持社會生活的高度緊張，這是查明可能生長在我們大地上的毒草的可靠保證。[110]

體現毛澤東意志的反右運動極大的加強了知識分子對毛和

109　和鳳鳴：《經歷：我的一九五七年》(蘭州：敦煌文藝出版社，2001年)，頁42，523。

110　1958年7月26日安東諾夫關於中國政治經濟形勢的報告，俄國檔案影本存沈志華處，編號SD09901

國家權威的體認，毛趁熱打鐵，1958年又用階級鬥爭和群眾運動的方式推動大躍進，「階級出身論」借助大躍進運動向社會各個角落滲透，以階級出身為基準的政治分層實現了全面的制度化。

大躍進運動期間，北京對公安工作發出新的指示，要求把全國「每一個角落都打掃一下」[111]，其具體方法就是有計劃、有步驟地進一步展開內部肅反和社會鎮反運動[112]。根據中央的指示，江蘇省委在黨政機關內部就開展第二批審幹工作作出部署。南京市玄武區對全區工業、手工業、財貿、文教、衛生、公安、中小學教員3,124人進行了審查，經初審發現有33.2%的人需要進一步弄清問題。為此，玄武區委在1958年2月成立了新的審幹辦公室，各系統成立了審幹小組[113]。3月13日，玄武區又成立審幹委員會和肅反領導小組，由區委副書記兼任主任和組長。

在1955–1957年，全國已經在機關、企事業單位、工廠進行了三次肅反運動，大躍進運動展開後，江蘇省又在全省公私合營工礦企業、手工業合作社等其他基層單位共141萬人口中進行第四次肅反。「這一次肅反任務比第一，二、三批的總和要大一倍以上」，任務非常繁重。但是，經過批判「肅反只能慢慢搞」的右傾保守思想，「促進了肅反運動的大躍進」。在這次肅反期間，全省共收到檢舉材料40餘萬件，對地富反壞分子普遍地開展了一次審查評議工作。1958年3月，

111 中國科學院江蘇分院歷史研究所：《江蘇十年史(1949–1959)》(草稿)(南京：1959年11月)，頁167。

112 同注111，頁166。

113 南京市玄武區委黨史辦公室，南京市玄武檔案局編：《中國共產黨南京市玄武區歷史大事記(1949.4–1987.12)》(蘇寧出准字第0381號，1992)，頁70。

江蘇省在鎮江、常州召開了各地、市、縣的肅反現場會議[114]。6月下旬，南京大學進行「肅反補課」。在大躍進的形勢下，第四次肅反進展尤其順利，江蘇全省「搜出各種反動證件三萬一千餘件」，給一些「翹尾巴」的地富反壞分子重新戴上帽子。在強大的國家威權的震懾下，全省有25,000名「反、壞分子」投案自首，或補充交代了問題。到了1958年11月，又在大躍進新建、擴建單位共77萬人中繼續開展肅反運動，直到1959年第三季度才結束。經過這次肅反運動，實現了「三見底」：「反革命組織見底，外來人口、長期外出回歸人員政治情況見底，現行破壞事故見底」[115]。

大躍進期間，公安部門作為國家權力重要組成部分，其地位和權威都得到明顯的加強。1959年，為了加強對城市基層的進一步領導，南京市各公安派出所的黨支部與街道支部合併為街道黨委，多數黨委書記由原派出所長擔任，街道黨委作為城市基層黨委的機關實現了「公安化」，派出所和街道黨委的一體化運作，是地方政治體制的重大改變，使得國家控制力已全面滲入到城市的每一個角落。

1958年在全國知識界和民主黨派人士中還普遍展開了「交心」運動。江蘇省及南京市各民主黨派成員兩千多人，分別於3月9日和4月1日先後兩次舉行了社會主義大躍進誓師大會，表示堅決接受黨的領導，加速組織和個人的改造[116]。3月25日，南京大學的民主黨派、無黨派教師以及南京林學院

---

114 中國科學院江蘇分院歷史研究所：《江蘇十年史(1949–1959)》(草稿)(南京：1959年11月)，頁167。

115 同上，頁167–68。

116 南京市檔案館：《南京大事記(1949–1984)》(南京：無出版時間)，頁102。

全體教師聯合舉行改造促進大會，他們抬着「大紅心」的標
誌上街遊行[117]。4月4日，南京市各高校師生與科研機關的民
主人士共三千餘人，高舉「把心交給黨」、「把知識交給人
民」的旗幟在南京市舉行大遊行，之後，又舉行了社會主義
自我改造促進大會。4月21日，南京市工商界三千多人召開
大會，宣佈「立即開展向黨交心運動」，民建中央主席黃炎
培親臨會場予以鼓勵[118]。4月22日，南京市工商界和民主黨派
提出向黨「交心」要「快、透、深、真」的口號，表示要把
「接受黨的領導和走社會主義道路的三心二意，躍進到一心
一意」。江蘇省宗教界人士也開展了「交心」運動，天主教
界通過「自選」、「自聖」主教，「使全省天主教出現了一
個新的局面」[119]。在「交心」運動中，全省11個城市民主黨
派和工商界人士4,106人，共交心47萬條。據當時的記載稱，
這次交心「大量暴露了他們長期隱瞞的腐朽思想和反動行
為」[120]。對於工商界和民主人士的「交心」，組織上規定的
原則是「自梳自理，求醫會診」。先讓他們對照要求、自我
批判，然後引導他們懇請黨員和領導對他們的「壞思想」有
針對性地進行批評，並鼓勵他們打破庸俗的情面觀，「比先
進，比幹勁」，互相展開批評和思想鬥爭，以使「交心」落
在實處，防止「交心」走過場。

---

117 中國科學院江蘇分院歷史研究所：《江蘇十年史(1949–1959)》(草稿)(南
   京：1959 年 11 月)，頁 179。

118 南京市檔案館：《南京大事記(1949–1984)》(南京：無出版時間)，頁 104。

119 《當代中國》叢書編輯委員會：《當代中國的江蘇》，上(北京：中國社會科
   學出版社，1989)，頁 315。

120 中國科學院江蘇分院歷史研究所：《江蘇十年史(1949–1959)》(草稿)(南
   京：1959 年 11 月)，頁 179。

由於有強大的國家力量作後盾，儘管大躍進造成空前的經濟危機，但國家權力不僅沒有受到削弱，反而利用大躍進得到擴張。在城市，黨的領導進一步被強化，文教更加政治化，寺觀教堂數量減少，私人出租房屋已被實行社會主義改造，戶口制已經全面鞏固，公安治保系統警惕地注視着社會的每一個角落，「四類分子」(地、富、反、壞)定期向派出所彙報改造情況已成為一項被固定下來的制度。

　　如果說全民煉鋼體現的國家權力主要表現為以國家為後盾、動員人民追逐某種空想烏托邦的計劃，那麼國家法權機關的大躍進則直接強化了國家權力。大躍進期間，公安部門與其他部門一樣，也展開了大躍進運動。公安部門除了修建小高爐、搞「土法煉鋼」和為群眾做好事以外，更搞實實在在的強化管理和肅反。1958年1月，國務院通過《中華人民共和國戶口登記條例》，明確規定由公安部門主管全國公民的戶口登記工作。此條例的正式頒佈，標誌着建國後的戶口管理制度正式完成。江蘇省各級公安部門將加強戶口管理列為大躍進的重要內容，迅速在全省範圍內重新檢查、審核住戶戶口，使全省居民個個皆有戶可查。公安部門還強化了和各機關、團體、企事業單位和農林基層單位的治安保衛系統的聯繫，基本達到了「無一死角」。

　　即便不在政治運動的高潮階段，調查「社情」始終是公安部門的一項經常性的日常工作，在1958年鋪天蓋地的大躍進運動剛過去不久，1959年，北京市東城區又從69個圖書出租商中查出歷史反革命、逃亡地主、一貫道壇主、軍統特務、右派分子等共37人，佔被查總人數的53%。而南京市對夫子廟18個圖書出租商的政治調查顯示：過去是妓女的為1人，是妓

院老闆的為2人，是煙毒販子的為1人，是舊軍官的為1人，是流氓的為1人，是舊職員的為3人，是家庭婦女的為4人，是小商業主的為5人。另據河北省唐山市調查，該市市區二十六個圖書出租商的政治情況為：地主、富農、小資本家共8人；日偽特務、國民黨軍官、偽憲兵、流氓共11人，兩者合計佔被調查總人數的73%[121]。

1959年盧山會議後，階級鬥爭進入到黨內，革命專政的對象隨之也發生了重要變化，從過去單純打擊「舊社會基礎」，演變到同時打擊革命陣營中的「壞人」。在「反右傾運動」中，各地都處理了一大批對大躍進、人民公社抱懷疑、抵觸的幹部，其中，凡出身不好者，蒙受的打擊更重。1959年盧山會議後，山東省委「揭發出」一個以泰安縣委書記、縣長為首的「反革命集團」，其成員大部分為「階級異己分子」，其罪名為「破壞公社」，「恢復單幹」[122]。凡此種種，都大大加深了幹部和普通群眾對出身問題的重視與敏感，特別嚴重的是，這種極左的出身歧視傾向已向中小學學生身上蔓延。

在大躍進和「反右傾運動」期間，一些地區的教育部門別出心裁，在出身問題上自定「土政策」，公開在中小學中鼓動歧視、打擊地富家庭出身的青少年，此時中華人民共和國已屆成立10年，在中小學就學的地富子女多是「生在新社會，長在紅旗下」，已不同於建國初期就讀的大學生的歷史背景，但是一些教育部門為了顯示「寧左勿右」，就是有意為之。1958–1959年，重慶市第一中學一個班主任提出：

121 《內部參考》1959 年 7 月 15 日，第 2822 期，頁 11。
122 《內部參考》1959 年 12 月 13 日，第 2934 期，頁 17–20。

「依靠工農子弟，團結改造非工農子弟」。雲南省有的學校提出：「依靠貧僱子弟，孤立打擊地富子弟」的口號。雲南省鹽興中學把一個班上的工農學生和地富學生分成兩個班上課，教師給地富子弟班上課講得很簡單，而給工農子弟班上課就講得很詳細。浙江省有的學校規定剝削階級家庭出身的學生(包括黨員)不允許領獎學金。上海、昆明、合肥等地有些學校把剝削階級家庭出身的共青團、少先隊幹部一律撤換[123]。上述現象以後受到了上級部門的批評。

1958年後，在全民範圍內，重視「階級出身」的意識已完全扎根，它體現在城市和農村的一切領域，刺激各地創造出各種不同形式的鬥爭經驗，例如1959年陝西省乾縣創造出一種對基層幹部的審查辦法，即審查對象為生產大隊幹部和生產小隊正、副隊長，採取「普遍摸底排隊，逐個過濾，重點審查」的辦法：「即不公開，不做動員報告，也不找幹部談話」，「背靠背」地審查幹部的政治面目，最後建全起生產大隊幹部的檔案[124]。

從1959年到1961年，因大躍進和人民公社運動，中國出現了連續三年的大饑荒，導致農村人口大量「非正常死亡」，毛澤東在部署「救災救荒」的同時，認定造成大災荒的主要原因是階級敵人破壞和「民主革命不徹底」。在1961年初召開的黨的八屆九中全會上，毛指出：全國三分之一的政權不在共產黨手中，出亂子的原因在於：民主革命不徹底，地富復辟，勾結壞幹部，實行和平演變。解決這些問題的方法是：在農村開展社會主義教育運動，用扎根串聯的辦

---

123 《內部參考》1959 年 5 月 13 日，第 2760 期，頁 13。
124 《內部參考》1959 年 12 月 31 日，第 2949 期，頁 240。

法，組織階級隊伍(貧協)，開展對敵鬥爭[125]。階級鬥爭的對象有兩類：鑽進黨內的「階級異己分子」和社會上的地富反壞右五類分子。

八屆九中全會後，各地開始貫徹毛澤東有關反擊資本主義復辟，在農村整風、整社、整黨的社教的指示，1961年1月，保定市委書記下鄉，搞扎根串聯，組織貧下中農協會，調查的結果是：基層政權全為壞人當權，貧雇農出身的幹部全被地富收買，其根本原因在於土改不徹底。天津的經驗是：應對犯錯誤的幹部進行憶苦思甜的階級教育。河北省的經驗則認為，出現特大困難的原因之一乃是過去對地富反壞「摘帽」多了[126]。問題在於，即使全國各地普遍開展了「民主革命補課」，也無法遏止大量農民「非正常死亡」的現象，殘酷的現實是：貧下中農和地富一起因絕糧而死，在這段非常時期裏，由於特大饑荒，各地領導都忙於救災，農村對地富的批鬥基本停頓了下來。

1962年是中華人民共和國歷史上又一個重要的分水嶺。年初，在劉少奇的主持下，中共中央召開了「七千人大會」，對前三年經濟建設中的盲動傾向提出了批評，會後又接着對農業，工業交通，科技，文教，以及知識分子和統戰等政策作出重大調整，在中央新政策的推動下，國民經濟狀況開始好轉，國內緊張的階級鬥爭的氣氛也得到緩和。然而，劉少奇的新方針並沒有得到黨的最高領袖毛澤東的支持，反而被毛認為是企圖「復辟資本主義」，在這年的8–9月，隨着經濟形勢趨於好轉，毛澤東在北戴河會議和黨的

125 引自香港中文大學大學服務中心所藏當代中國史史料。
126 引自香港中文大學大學服務中心所藏當代中國史史料。

八屆十中全會上，再次強調以階級鬥爭治國，由此，執行半年多的寬鬆政策正式宣告結束。國家政治大氣候的變化，直接影響到每個人的生活和生存狀態，特別是對於那些被視為是「階級敵人」的「五類分子」及其家屬子女。被打成「右派」的文史學家何滿子1961年從寧夏勞改地請假回上海治病，而到八屆十中全會召開，何滿子的感覺是「一切都完了」。他甚至想過「逃出國境到國外」，但最後考慮到家小，才打消了這個念頭[127]。

由於毛澤東重提階級鬥爭，「階級出身論」在不斷升溫的階級鬥爭火爐的烘烤下，被全面啟動，從1962年下半年始，執政黨原先在階級出身問題上的正式表述：「有成份論、不唯成份論、重在政治表現」，在實踐中已完全倒向「唯成份論」。在所有涉及人和人群的領域，從事一切工作的前提，即是區分誰是自己人，誰是敵人，從而把社會人群正式分為「成份好」與「成份壞」的兩大類別。

所謂「成份好」者，即革命血統純正之謂也。1962年後，國家政治形勢雖然變化極大，「自己人」和「敵人」經常變換位置，但大體上還維持着建國之初所形成的政治分層的類別。所謂「成份壞」者，反動階級、反動勢力之代表也。1957年後，在原有的反動勢力四大部類：地主、富農、反革命、壞分子之外，又加上了一個新部類：右派分子，通稱「五類分子」。在所謂「右派分子」中，不乏出身工農階級者，但依「階級出身論」的新發展——思想不純正，即

---

127 何滿子口述、吳仲華整理：《跋涉者：何滿子口述自傳》(北京：北京大學出版社，1999年)，頁124–126。

等同於血統不純正，所以工農出身的右派分子也一併被列入「階級敵人」的序列。

　　在60年代前期複雜的政治環境下，由於階級鬥爭的範圍大大擴展，從中央到地方、軍隊，都「揭露」出一批「反黨集團」，而依新形勢下的政治標準：血統純正還必須與思想純正相匹配，這就帶來了一個新問題：即如何對待50年代後期以來，各級黨政機關清理出的「反黨集團」成員？在當時省一級的「反黨集團」就有十三個，比較著名的有：浙江的「沙文漢、陳修良反黨集團」；河南的「潘復生反黨集團」；安徽的「張愷帆反黨集團」；山東的「趙健民反黨集團」；遼寧的「杜省衡反黨集團」；廣東的「古大存、馮白駒反黨集團」；新疆的「伊敏諾夫反黨集團」等；在中央級則有「彭、黃、張、周反黨集團」；「習仲勛、賈拓夫、劉景範反黨集團」，「譚政反黨集團」等，對這些革命資歷雄厚，但思想不純正的幹部及其家屬子女，應該採取什麼樣的策略，成為亟待解決的問題。在劉少奇主持中央工作時期，對這類人群採取了區別對待的政策：對那些被開除黨籍或投入監獄的人，明確將其定性為「階級敵人」，對其家屬子女雖不搞株連，但不予重用，例如高崗之子高毅在1939年就被送往蘇聯學習，當時年僅9歲，可謂「根正苗紅」，1952年高毅返國，後因受其父牽連，高毅「一生鬱鬱不得志」[128]；而對那些保留黨籍的人，則暫時模糊他們的政治類別(其中潘復生等人在1962年上半年得到平反，1965年秋，彭德懷、黃克誠等也被降級，暫時重新分配工作)，若階級鬥爭形勢緊張，則

128　杜魏華主編：《在蘇聯長大的紅色後代》(北京：世界知識出版社，2000年)，頁374。

將他們迅速劃入「異己分子」、「階級敵人」的行列。

依據60年代後對幹部「純化」的新的更高的要求，即使對於高級幹部也要進行思想排隊，對此當時就有高級幹部公開表示了不滿，1960年夏，江蘇省委常務書記劉順元在北戴河會議小組會上發言，針對「有人在省委書記裏排隊，要把一些省委書記劃成右傾機會主義分子的事」提出了批評，他問道：「為什麼在出生入死的戰爭年代，不排我們的隊，現在勝利了，就要排隊整我們了？」[129] 然而隨着毛澤東重提階級鬥爭和中蘇論戰的爆發，這種質疑的聲音迅速消失，其代表人物很快受到黨內批評或處理。

1963年後，中蘇兩黨關係日益緊張，中共開始全面掀起「反赫魯曉夫現代修正主義」的鬥爭，在當時的語境下，「修正主義」的內涵是：同情赫魯曉夫對斯大林個人迷信的批判，主張或支持「三自一包」和「三和一少」，反對階級鬥爭，「鼓吹戰爭恐怖」，散播「資產階級人道主義思想」等。1962年夏之後，繼中央解除或調離了部分被指責犯有「右傾」、「修正主義」錯誤的領導幹部的職務(鄧子恢因主張「三自一包」被免去中共中央農村工作部部長職務，調任名譽性的全國政協副主席；王稼祥被指責鼓吹「三和一少」，被停止中共中央對外聯絡部部長一職；中共中央統戰部部長李維漢也因在「對資產階級態度上的右傾」，被停止職務)，地方各級黨委也相應在所轄範圍內將某些被懷疑思想不純正的幹部調離原工作崗位，劉順元審時度勢，主動向江蘇省委提交要求退休返鄉的報告，得到了批准。

1963年，各級黨政機關又進行了新一輪的清洗。清洗對

129　丁群：《劉順元傳》(南京：江蘇人民出版社，1999 年)，頁 319。

象為兩類人，「家庭出身不好」的一般工作人員和黨員幹部。這兩類人都被陸續調出上級領導機關。1963年下半年後，全國黨政機構中的「肅反小組」改名為「五人領導小組」，性質和工作任務不變。而在這之前，在某些地區的領導機關內，甚至成立了「貫徹階級路線辦公室」[130]。1965年，又在全國黨政機關開展「機關革命化運動」，以精簡為名，又清洗了一批成份欠佳的幹部。在此前後，各級黨政機關、廠礦企業、文教機構普遍成立了政治部。在基層，則創立「政治指導員制度」，又清理了一批「階級異己分子」（「出身不好」的幹部)和「蛻化變質分子」（「工農出身的幹部和黨員」)，使純化的空氣更加熾烈。

以階級鬥爭為綱，給60年代前期的社會帶來嚴重的負面影響，過去在「成份好」與「成份壞」的兩大政治分層外，還存在一個較為寬闊的灰色地帶，這些人群包括：舊知識分子、原工商業者、資方代理人、高級職員、一般海外關係者、舊藝人班主、原國民黨起義人員，以及作為統戰對象的民主人士等。他們一般被認為「成份不好」或「不純」，對他們疏遠、排斥有之，但在階級鬥爭相對和緩時，尚未把這些人群明確視為「階級敵人」。對於剝削階級家庭出身的青年學生，至少在理論上還主張對他們採取「團結教育改造」的方針，然而，一旦階級鬥爭激化，他們馬上被推向右邊，1962年後，灰色地帶逐漸消失，不久就被完全溶進黑色地帶。

從1963年開始，「階級出身論」已表現在對敵對階級子女的各種歧視性的安排方面。黑色部類的子女在就業、升學、婚姻等方面處於嚴重不平等的地位，除個別情況外，入

---

130 《內部參考》1960年12月5日，第3144期，頁12。

團已不可能。黑色部類子女在1962年尚有可能考入農林、地質、師範類大專院校，但在1963年後，大學已基本停止招收黑色部類子女入學。這方面的歧視實際已發展到中小學，大城市的重點名牌中學也開始拒收黑色部類子女入學。部分農村地區甚至規定，小學生升入中學的條件是：「出身佔六十分，表現佔二十分，學習成績佔五分，其他佔十五分」[131]。

面對1962年後被主觀虛幻出的階級鬥爭激化的新形勢，領導層和各級政府忙於制定各項政策，將很大的精力投放在「組織階級隊伍」，重新「劃分敵我」的極為複雜的社會分層工程。

1962年後，在知識分子政治類別問題上曾經出現的缺口，即知識分子通過入黨就轉變為無產階級，又被翻轉過來，換言之，無論是否黨員，知識分子都被認為是屬於資產階級。這裏原先有幾個界限：出身剝削階級家庭的老知識分子，一入黨就轉變成了無產階級；1949年後培養的工農出身的知識分子，一入黨更是無產階級。但是在1962年後，他們都被整體劃入資產階級，其理由是：1. 舊知識分子即使入了黨，也是不可能真正轉變的，他們中的某些人，實際上是「老反共分子」(毛澤東對吳晗、翦伯贊等的看法，劉仙洲、梁思成皆屬此類)。在這之後，清除或勸退了某些老藝術家出黨，如在1964年開除了著名藝人小白玉霜的黨籍。2. 工農出身的知識分子黨員，只要受過系統的學校教育，就一定會受到資產階級和蘇聯修正主義思想的影響而產生蛻變。

這種認識最早在1957年反右運動後出現，自那時起，社

131　徐曉、丁東、徐友漁編：《遇羅克遺作與回憶》(北京：中國文聯出版社，1999年)，頁18注1。

會上就瀰漫一種鄙視,蔑視知識分子的濃厚的空氣,湖南常寧的農民甚至稱知識分子為「雞屎分子」[132]。1958年劉少奇在中共八大二次會議正式提出「資產階級知識分子是剝削階級」的論斷(資產階級、小資產階級在世界觀上都屬於資產階級,而資產階級就是剝削階級),首次把毛澤東對知識分子的更為苛刻的新觀點以黨的理論新概念的形式公之於眾,在當時就受到某些知識分子的質疑,復旦大學中文系主任朱東潤說,高級知識分子普遍對劉少奇的論斷「感到觸目驚心」[133],浙江省民盟有些人更是直接提出,「從意識上確定剝削階級是不妥當的」[134]。即使在工人階級中,也有人不贊成劉少奇的這個新論述,1958年天津市部分職工就「對把知識分子劃成剝削階級感到接受不了」[135]。然而這些看法根本未被考慮,相反,對知識分子的整體性的否定評價已從過去的半公開,迅速演變為社會的公開的主導性意識。雖然在1962年初,因嚴重經濟困難,劉少奇和中共中央一度調整了對知識分子和原工商業人士的政策,但在毛澤東的壓力下,1962年下半年後各項政策又全面轉向「以階級鬥爭為綱」,對知識分子的否定更上升一級,進而深入到對黨員知識分子的否定。只是在劉少奇主持中央日常工作的1962–1965年,各級黨組織對已入黨的知識分子的態度仍相對和緩,具體政策由黨委在內部掌握。

在這一階段,政治分層進一步深入到革命隊伍內部。對

---

132 蕭一湘:〈幹部變遷五十年〉,載《南風窗》,2002 年 8 月號(上),頁 26–27,總 219 期,2002 年 8 月 1 日出版。

133 《內部參考》1958 年 6 月 3 日,第 2496 期,頁 17。

134 《內部參考》1958 年 6 月 11 日,2503 期,頁第 15。

135 《內部參考》1958 年 6 月 2 日,第 2495 期,頁 22–23。

原有的幾個革命階層：革命軍人、革命幹部、工人也進行複雜的分層。與60年代初林彪在國內政治生活中的影響急速增長相適應，軍人的政治地位直線上升，在四個革命階級中，最高階層為革命軍人。在革命軍人中，工農出身的軍人、軍中政工幹部的地位又高於知識分子出身的幹部和軍中技術幹部。產生這種差別的主要原因在於毛澤東在這個階段對軍隊、對軍中政治工作的極端重視以及對主持軍隊工作的林彪的信任。毛相信軍隊幹部受到劉少奇的影響較小，工農出身的軍隊幹部在抵拒國際共運修正主義思潮的態度上也更為堅決。1959年後，江蘇省委常務書記劉順元因對大躍進態度消極，多次受到毛澤東的批評。軍人出身的江蘇省委第一書記江渭清對其部下說，劉順元「是黨內的資產階級知識分子」，「毛主席是相信我們軍隊幹部的」[136]。

隨着毛澤東對劉少奇和黨機關不滿的加劇，革命幹部在原有的政治排行榜的地位已讓位於革命軍人，而處於第二層次。在革命幹部中也劃分出不同的梯級：軍隊出身轉業到地方的幹部，在政治地位上高於知識分子出身的幹部，軍人出身的幹部一般都被安置在首腦機關和公安政法等要害部門。去過解放區的知識分子幹部又高於原地下黨幹部，這又反映了革命政權的性質與特色，即新政權的基礎來源於軍隊與農村。在革命幹部的最底層，是40年代後期地下黨出身的知識分子幹部。因為30年代的白區幹部許多人以後進入根據地工作，被認為經受過戰爭的考驗和鍛煉。40年代後期已是革命勝利的前夜，在這個時期參加中共的知識分子幹部既未經過延安整風審幹運動，又未受過殘酷的戰爭考驗，因而無法

---

136 丁群：《劉順元傳》，頁290。

與前幾類幹部並列。在單位類別上，黨委系統、公安政法部門的幹部受黨的信任度較高，政府、經濟建設部門的幹部次之，文教單位的幹部蒙受的信任度最低。

在60年代特定的時代氛圍下，伴隨着「備戰」的升溫和「大三線」的建設，在產業工人中，軍工企業的工人，無論在政治地位、經濟收入方面，都高於一般大廠的工人。因為軍工企業的職工都經過較為嚴格的「政審」，被認為政治上比較「可靠」，而民用大廠的職工，雖經多次清理，就是到了60年代前期，還是存在着「嚴重不純」的現象，例如：1960年初的鞍鋼無縫鋼管廠，共有2576名職工，但「不純分子」竟有558人，佔到職工總數的21.6%強[137]。同樣是工人，有產業工人與財貿職工的區別；有軍工企業工人與一般大廠工人的區別；有國營工廠工人和集體工廠工人的區別；有地方國營工廠工人和直屬中央大廠工人的區別等等，在「成份好」的工人與「成份不好」的工人之間，存在着很大的鴻溝。在一些工廠，「出身不好的師傅不許帶徒工，不許操作精密機床」[138]。黨組織一般較少在集體工廠、街道工廠工人中吸收黨員，概因後者多係城市貧民出身，被認為受舊社會影響較深，或社會關係複雜。即使一般工廠招工，也要找家庭成份好的[139]。

與城市相比，農村中的政治分層在60年代前期基本沒有變化。位居政治身份第一層的仍是貧下中農，而軍人家屬、烈屬，又優於一般的貧下中農。由於60年代初的大饑荒造成農

---

137 《內部參考》1960年5月24日，第3065期，頁11–12。

138 《遇羅克遺作與回憶》，頁17。

139 徐城北：《有家難回》(鄭州：河南人民出版社，1998年)，頁2。

業的巨大破壞，這幾年農村工作集中於「恢復生產」，「對敵鬥爭」得到相對緩和，這種局面持續到1963年初，隨着四清運動的推開，農村又被推入人為煽起的階級鬥爭的狂熱之中。

1963年後，被人為激化的階級鬥爭形勢推動了社會整體環境的進一步「純化」。為落實毛澤東提出的「備戰」的指示，全國各廠礦企事業單位都辦起武裝基幹民兵，選拔的標準就是「根正苗紅」。這項措施再次將人群分開。同年，在城市中實施「四類分子」定期向當地派出所彙報、接受訓話的制度。1964年，各大學依據大學生的階級出身和現實思想表現，例如：「對蘇聯現代修正主義文藝的態度」，對蕭洛霍夫的中篇小說《一個人的遭遇》、丘赫拉依的電影《士兵之歌》的看法，在大學生中排列出「反動學生」，由組織人事部門予以「內部控制」，情況嚴重者，如記有「反動日記」者，則移送公安部門。該年，全國各級黨政機關又在內部對城鄉人民中有台、港、海外關係者開展了一次調查活動[140]，使「階級陣線」更加分明。1965年，為了保證首都的「純化」，還將一批成份不好的青年動員遷往新疆生產建設兵團。在「四清」運動中，城市街道居委會第一次越過單位，開始經常組織對所轄範圍黑色部類的群眾批鬥大會。

1964年，在全國範圍內，特別在農村地區，階級鬥爭的野火已燃成一片燎原之勢。在劉少奇的指導下，全國150萬幹部下鄉開展「四清運動」，到處尋找子虛烏有的「小台灣」（「資本主義復辟」的據點）。各中央局書記、省委第一書記、國務院部長、軍隊高級將領紛紛親自「蹲點」，指導各地進

---

140 《中國共產黨南京市玄武區歷史大事記》(1949 年 4 月–1987 年 12 月)，（南京：玄武區黨史辦、玄武區檔案局，1992 年)，頁 137。

行「民主革命補課」,進行所謂「第二次土改」和重新劃分農村階級成份,將一批批「隱藏的敵人」清查出來。僅以中共中央西北局和陝西省委四清的試點單位長安縣為例,經過四清運動,共補劃地富3271戶,相當於原來的1.2倍,連同原地富戶,共有5992戶,佔全縣人口的9.2%。運動中被重新戴上四類分子帽子的有348人,新查出的四類分子有4305人,被關、管、鬥者3275人,被列入「反革命基礎」六種人的有1931人[141]。

在所有這類鬥爭中,農村中的地富及其家屬子女作為一個群體,儘管早已是「死老虎」,但都被重點打擊,成為引導運動開路,進行新一輪階級鬥爭熱身準備的犧牲品。在不斷強化的對敵鬥爭教育的作用下,對地富及其家屬子女採取了定期訓話、集體罰跪、捆打等鬥爭手段。這種現象由來已久,自土改以後,只要階級鬥爭形勢尖銳,就會出現上述情況。山東省歷城縣部分農村地區在五十年代初就採用打罵的方法對地主進行「集訓」,同時規定,不准地主看戲,不准地主同群眾講話,地主在路上遇到任何人,都要低頭讓路,鄉幹部、民兵可以隨時入地主家進行檢查[142]。如果地富子女有任何細微的不順從,都會被判定為「階級報復」,而遭到嚴厲的懲罰[143]。為了確保在地富死亡後農村階級鬥爭對象的繼續存在,農村地區普遍實行起地富身份世襲制,將一大批1949後出生的地富子女也定性為地富分子。此種做法也是有其來

---

141 張馨、高光厚:〈陝西省長安縣社會主義教育運動調查〉,《黨史通訊》,1987年第6期,頁34。

142 《內部參考》1953年6月25日,第144號,頁426–427。

143 張樂天:《告別理想:人民公社制度研究》(上海:東方出版中心,1998年),頁125–126、128。

源，即一些地區50年代土改運動後對地主全家進行管制的傳統[144]。在鋪天蓋地追求「純化」的大環境下，地富及其子女已徹底淪為新社會的賤民[145]，他們不僅毫無權力，甚至不能婚嫁，以致於地富女兒欲嫁單身老礦工，也被指責是「為反革命傳宗接代」[146]。

在60年代前期的社會分層再確定的工程中，「階級出身論」借助於意識形態傳媒的鼓動，尤其通過「四清」運動得到不斷強化，形成一種巨大的精神氛圍，最終為文革期間「血統論」的大氾濫提供了充分的思想基礎和傳播的土壤。

從1963年開始，一場「階級教育」運動在全國平地掀起。「階級教育」運動的主要內容是開展「三史教育」(家史、村史、廠史或廠史、社史、街道史)，以激發廣大幹部群眾對舊社會的仇恨和對新社會的熱愛，此即所謂「憶苦思甜」。在「階級教育」運動中，對「雷鋒精神」提出了指導性的解釋，這就是：「對待同志像春天般的溫暖，對待敵人像嚴冬般殘酷無情」。這個概念其實產生於革命戰爭年代，謝覺哉在1939年3月給中央黨校學員作報告時即提出，共產黨員「對敵人應無情」，「對敵人饒恕即是對革命的摧殘。同志間熱哄哄，對敵人冷冰冰」[147]。為了配合「階級教育」，從1963年5月起，全國各省、市、地、縣普遍舉辦階級鬥爭展覽，烘托出資本主義復辟的恐怖氣氛，其中最典型的是四川大邑縣的「收租院展覽」。在這些展覽館中，一般都收有地

---

144 同注 143，頁 124。
145 同注 143，頁 125、149。
146 《內部參考》1964 年 8 月 28 日，第 3654 期，頁 10–11。
147 《謝覺哉日記》，上冊，頁 298。

主殘害農民的刑具和地富收藏的「變天賬」。以後這類陳列大多改為永久性的展覽館，以提醒人們世世代代「不忘階級苦，牢記血淚仇」。

從1963至1965年，宣傳媒介不遺餘力地向社會各階層人民密集灌輸階級鬥爭的觀念，不斷推出一個個面目猙獰、時刻夢想復辟資本主義的「階級敵人」形象。在林林總總的新老反革命圖譜中，既有老反革命、老地主和地主婆，也有被敵人腐蝕拉攏、蛻化變質的「新生反革命分子」，更有形形色色的資本家和小業主。所有這些「敵人」都有下列的共同特點：1. 時刻準備復辟資本主義，向工農革命幹部進行階級報復；2. 時刻與革命力量爭奪下一代。60年代初中期推出的電影：《千萬不要忘記》、《奪印》、《青年一代》、《箭杆河邊》等，都具有上述類型化的特點，當時，這些電影在全國城鄉被反復上映。為調動普通群眾的階級鬥爭意識，還興起了「大講革命故事、大唱革命歌曲、大演革命現代戲」的熱潮，其目的都是為了教育群眾「站穩階級立場」，「提高階級覺悟」，「激發階級仇恨」，使得「階級出身論」的意識幾乎燃到沸點。

1964年「四清」運動全面開展後，根據毛澤東的指示，各級黨組織向包括黑色部類在內的所有社會成員宣講了幾個有關社教的中央文件(《前十條》、《後十條》、《二十三條》)，其宣講範圍甚至擴大到初中三年級以上的學生。根據階級鬥爭的觀念，為了體現「沒有區別就沒有政策」的原則，對於黑色部類也劃了不同的杠杠，做了詳細的區分：

1. 將被殺、關、管家屬與一般五類分子家屬區別開來，對前者實行更嚴厲的監督與防範。

2. 將帶戴「帽」的敵人與不戴「帽」的嫌疑人群劃分開來，對於不戴「帽」的內控對象和摘帽右派，採取相對溫和的態度，使他們獲得某種優越感，從而更嚴厲地震撼戴「帽」分子。

3. 將反革命分子與壞分子、地主與富農再區別開來，重點打擊反革命分子和地主分子。

而落實這些精神的具體途經，就是通過開展「新舊社會對比」的「憶苦思甜」的運動。一年後，各省又紛紛召開「貧下中農代表大會」，成立各級「貧下中農協會」，出席貧協會議的代表在各地進行巡迴演講，大作「憶苦思甜」的報告，以幫助人們「狠挖修正主義根子」。

在推行「階級教育」的持久運動中，1964年冬，中共中央批轉教育部報告，部署在全國中小學開展「階級鬥爭教育」，加速「培養無產階級革命事業接班人」。而成為接班人的首要條件就是「成份好」、「出身好」[148]。《中國青年報》宣稱，中小學的資產階級知識分子正在與黨爭奪接班人，工農、革命軍人、革命幹部子弟在學校遭受歧視[149]，使「階級出身論」空氣迅速瀰漫於各類學校。至此在各級學校內正式又劃出了兩類群體：「根正苗紅」的工農、革命幹部、革命軍人子弟(「自來紅」)，和身上烙有反動階級烙印的剝削階級家庭出身的子弟(「自來黑」)。伴隨着紅色血統崇拜的不斷升溫，高幹子弟作為一種新的社會群體已顯現於各類學校。

---

148 徐友漁：《形形色色的造反——紅衛兵精神素質的形成及演變》(香港：中文大學出版社，1999 年)，頁 44。

149 《遇羅克遺作與回憶》，頁 16–17。

60年代的「高幹子弟」概念，是從50年代的「幹部子弟」概念而來的，在革命戰爭年代，為了照顧在前線的軍隊領導同志，使之擺脫後顧之憂，專門設立了幹部子弟學校，建國初，這個傳統延續了下來，各地都辦有不同的幹部子弟學校。1956年，有讀者投書《人民日報》(未發表)，批評「首長子弟學校」的特殊化問題，信中說：「這些學校和托兒所的物質生活條件，大大超過了一般人民生活條件，如原來的八一小學，學生個個着呢服……首長子弟托兒所到了例假日，小汽車成隊地來回接送」[150]。幹部子弟的「特殊化」受到毛澤東的批評，以後幹部子弟學校陸續被撤銷，但在某些地區，直至60年代初中期，一些中學仍設有「幹部子弟班」[151]。在一些大城市，某些重點中學事實上具有「幹部子弟學校」的性質，例如北京市的男四中，101中學等，就集中了一大批中央和軍隊領導的子弟。50–60年代初，「幹部子弟」的分層尚未明顯，革命軍人、高級幹部、上級幹部子弟統屬「幹部子弟」的範疇。然而到了1963年後，隨着對革命血統純正性的不斷強調，中央領導幹部的子弟和軍隊領導幹部的子弟迅速從一般幹部子弟中脫穎而出。在這些高幹子弟中，中央一級領導幹部的子弟和軍隊領導幹部子弟的地位最為顯赫，因為他們父母所擔任的職務足以證明他們在血統上和思想上更為純正。這類青年一般都被視為是「革命接班人」，較早被吸收入黨，在學校擔任團支部書記和學生會主席等職務。

150 《內部參考》1956年11月26日，第2061期，頁591。

151 參見李南央：〈培養有社會主義覺悟，有文化的勞動者——憶北京第十女子中學幹部子弟班的生活〉，載李南央等著：《我有這樣一個母親》(上海：上海文藝出版社，2002年)，頁83。

60年代前期，不斷強化的階級鬥爭的攻勢，是由毛澤東和劉少奇共同領導和部署的。從1962年下半年始，毛澤東頻頻發出有關加強階級鬥爭的大量指示，對劉少奇等施加極大的精神影響，迫使他們接受、貫徹自己的各項指示。而主持中央日常工作的劉少奇等，對於毛的有關以階級鬥爭為綱的思想並無真正的抵觸，他們唯一希望的僅是將階級鬥爭的野火阻隔於黨的高層領導圈之外，而不反對在黨的中下層和社會上大搞階級鬥爭。劉少奇等也不反對在幹部人事領域突出軍人，貶抑知識分子，儘管他們不是軍人出身，但歷史上都曾長期在根據地擔負黨政軍領導工作，因而，「軍人至上」不會對他們及其家屬構成危脅。劉少奇等實際上是組織領域內「純化政策」的具體實施者。1964年9月經中共中央批轉全國的《一個大隊的社會主義教育運動的經驗》(即《桃園經驗》)，是劉少奇夫人王光美在河北省農村「蹲點」的經驗總結，該文經劉少奇多次修改，體現了劉少奇的基本思想，全篇滲透着對階級出身問題的強調，充滿濃厚的「純化」精神。劉少奇、王光美的觀點在中央領導層有廣泛的代表性，負責中央宣傳、教育工作的陸定一也有類似「純化」的觀點。60年代後，農村中的地富子弟入中學已較為困難，但中央政治局候補委員、書記處書記、中宣部部長陸定一卻先虛構出一個地富子弟「翹尾巴」的假問題，陸指示可以用「半工半讀，半農半讀這個方式來改造地富子弟」，其前提是，地富子弟應在政治上表現積極，「如果他們的尾巴翹得老高，貧下中農說我就不吸收你，你要請求，我才收，那也可以」[152]。

---

152 陸定一：〈關於半農半讀問題的報告〉，《陸定一文集》，頁680。

當空氣中已四處瀰漫階級鬥爭的火藥味，一根火柴就可燃起衝天的烈焰。就在陸定一說出那些話後不久，「四清運動」尚未結束之際，一場更大規模的，追求「純化」更高境界的政治運動——以揪鬥「地富反壞右」，「反動學術權威」，「牛鬼蛇神」，「國民黨殘渣餘孽」為先導的「文化大革命」的風暴已經到來，劉少奇、陸定一等未曾想到，自己很快也成為「階級敵人」，甚至是千夫所指的全國最大的「階級敵人」，其家屬子女也遭到株連和殘酷的迫害。

結論

「階級出身論」在新中國的興起與發展是有其深刻的社會歷史根源的，它的思想背景是馬列的階級鬥爭、暴力革命和無產階級專政的學說。但是「階級出身論」並不是一套完整系統的理論，甚至不符合原典馬克思主義，事實上它更接近於中國歷史上的「父債子還」、「株連九族」的傳統。原典馬克思主義認為，應根據人們所處的經濟地位，即佔有生產資料的多寡來考察階級關係，家庭出身和思想狀況不能成為確定階級屬性的標準。原典馬克思主義也不主張根據人們的階級出身來有差別地給予不同的政治和經濟待遇。正因為原典馬克思主義與中國革命實踐中「階級出身論」現象存在着矛盾，從瑞金—延安時代起，中共的意識形態從未正面論述過「階級出身論」的合理性問題，它只是依存在階級鬥爭理論的範疇下被宣傳和普及。在爭取中國共產革命勝利的階段，它是一種動員手段，其目的是建立共產黨的階級和社會基礎。革命成功後，執政黨又以此意識和原則對敵對階級進

行政治清算，改造和重建社會。但在和平建設時期，繼續延用甚至強化「革命」時期的這套意識與原則，遲遲未能建立起體現人道、平等、公正等普世價值的現代法律框架，這就不可避免地給社會和廣大民眾的身心造成嚴重的傷害。毛澤東之所以長期堅持這套原則和意識，除了它曾經是一種行之有效的革命新傳統，而且也與他的「純化觀」有關，因為推行這套原則及意識，可使黨內和社會保持長期緊張，有助於建成一個高度一體化的國家結構，而這種結構就是毛澤東所理想的實現了無產階級全面專政的新社會。

「階級出身論」與蘇共的關係也需具體分析，早期中共雖受到蘇共「唯工農階級至上」的影響，但中國國內的因素更為關鍵。1928年毛澤東在江西井岡山就開始了「洗黨」，當時蘇共經驗還未傳來。在選用蘇共經驗時，毛澤東一切以實用為前提。1953年後，蘇聯開始「解凍」，毛澤東反而加緊階級鬥爭，因為階級出身、政治分層有利於維護專政秩序。但毛澤東始終沒有走到柬埔寨赤棉極端主義的地步，在他那裏，所有的理論和政策都以利害關係為出發點，一旦可能危及他的政治上的戰略部署，毛澤東就會修改和調整政策。

毛澤東的「純化觀」與斯大林的「肅反」有着明顯的差異，斯大林對其認為的反對力量或潛在的反對力量全部或大多施以肉體消滅；毛澤東則主張鎮壓一批，而用「階級出身論」動員群眾，分化敵人，將敵對階級分子分散於群眾之中，以分而治之，並通過對他們的不斷打擊，把他們「作為反面教員」，來「鍛煉教育人民」。斯大林「清洗」的藉口簡單（「叛國」、「間諜」、「反動富農」），毛澤東則有較豐富的理論，在階級出身的基礎上又發展到「立場」、「思想

正確」、「過關」(革命關、土改關、社會主義關、文化大革命關等等)等一系列概念，即使血統純正，但思想不純正，也仍然會成為被鬥爭和鎮壓的對象。

以紅色恐怖形式出現的階級歧視，在「文革」初期發展到登峰造極，完全取消了「革命對象」的基本權利，造成了巨大的社會壓迫，「階級出身論」至此完成了向「階級血統論」的轉換。「階級出身論」和「階級血統論」有着共同的思想基礎，只是「階級血統論」更具暴力性和命定論的色彩。儘管如此，「階級出身論」和「階級血統論」與種性制度仍有所區別，這不僅表現為，在長達數十年間，主流意識形態始終未對此意識和原則作出正面肯定的論述，也在於每當「階級出身論」和「階級血統論」趨於沸點時，毛澤東都會予以一定的降溫，在不斷追求「純化」的大前題下，為了「團結一切可以團結的力量」，「化消極力量為積極力量」，每隔若干年，都會小幅紓緩一下由極端強調階級出身問題而造成的社會緊張，從而避免走向完全的極端主義。1966年9月後，紅衛兵在「紅八月」下旬針對「黑五類」的亂打亂殺的現象在北京市得到遏制，隨着運動方向的轉移，北京市中學高幹子弟組成的紅衛兵組織——「聯動」和「西糾」對「中央文革」執行的毛澤東「批判黨內走資派」路線產生抵觸，由此，江青、陳伯達等對「聯動」、「西糾」以及「血統論」提出了溫和的批評。在此背景下，才有出身不好者組成的群眾組織的產生。1972年後，「階級血統論」趨於緩和，毛澤東提出「可教育好的子女」的概念，其重點是改善在文革中受衝擊的幹部子女的境遇，在此政策下，一批老幹部的子女進入部隊、大學。對非革命血統家庭的子女，

雖在就業、升學、升遷等問題上繼續歧視，但比「九一三」事件前有所緩和。

70年代中後期，「階級出身論」—「階級血統論」已走到盡頭，由於文革中階級鬥爭的打擊面不斷擴大，國人很少不被直接或間接打擊，尤其是原先血統和思想都純正的領導幹部及其家屬、子女，在暗濤洶湧的「文革」中也整體沉沒，在瞬間成為了新的「階級敵人」，遭遇到和過去的地主反革命一樣的凌辱、歧視，至此，「階級出身論」和「階級血統論」的荒謬性已充分暴露。1978年中共十一屆三中全會後，黨和國家宣佈停止「階級鬥爭為綱」，實現全黨工作中心的轉移，「四化」、經濟建設已成為動員和組織原則，「階級出身論」遭到全民的厭惡，與階級鬥爭相隨相依的「階級出身論」最終走向終結。

新中國教育制度的形成和發展[1]

講三個問題,第一,來源;第二,發展的脈絡;第三,新中國教育發展的啟示。

一、來源和形成

新中國教育是在一定的基礎上形成的,它有兩個來源,1949年前國統區的教育制度和解放區的教育制度。我們分別講述。

進入二十世紀,隨着「教育救國」思潮的興起和不斷的傳播,中國在1904年確立了「癸卯學制」,其精神就是「中體西用」。作為當時中國普遍的「向日本學習」的思潮的一個重要組成部分,「癸卯學制」受到日本教育理念的很深的影響。日本明治學制體現了「社會本位」的價值觀,重視國民教育、師範教育,大力發展實業教育。同時,日本學制又是國家主義導向的。在具體方法上受德國的赫爾巴特學派的影響。

「癸卯學制」以日本為楷模,明確學堂的章程和管理辦法,以初等(蒙養院,初等小學堂,高等小學堂)、中等(中學堂又分:普通,實業,師範)、高等(高等學堂或大學預科,方言學堂)三段七級為基本學制,共長達22年,還有最高等的

---

1   2006 年 11 月 20 日於南京大學國學講堂

「通儒院」五年。「癸卯學制」學制還開始了一項影響深遠的創舉：為幫助貧寒子弟，規定師範生不交納學費。

1905年，清廷廢科舉，成立學部，新式學堂如雨後春筍，以忠君，尊孔，尚公，尚武，尚實為基本價值。另有一重要措施：在全國建半日學堂，專收貧寒子弟，不收學費。

民國初年，蔡元培先生提出「五育並舉」，即「軍國民教育」，實利教育，公民道德教育，世界觀教育，美感教育。蔡先生有名言，教育的目標乃「養成共和國民健全人格」。他說，「民國教育方針，應從受教育者本體着想」。這些思想到今天都沒有過時。

中國現代教育體制的形成的標誌是1922年學制的確立，史稱「壬戌學制」，引進美式「六三三」為基本學制，強調尊重學生的創造性、主動性。

在此前後，中國現代大學教育制度也確立了，蔡元培執掌的北大以「思想自由，相容並包」為理念。梅貽琦的清華，倡導「通才教育」，「教授治校，學術自由」，樹立了現代中國大學教育的典範。

1920年代，在反帝愛國的時代大潮的推動下，教會大學興起的「非基督教運動」——使「教育獨立」的主旨突顯出來。

五四以後，中國教育的基本訴求就是把「教育獨立」和民族復興、個性解放結合起來，以國家的力量為主導，結合社會力量興辦各類教育，以促成國家的發展和現代公民的養成。具體的路徑就是以英美教育為楷模，在國家一級，從中央到縣一級建立教育主管機構，形成學校教育為主幹，配之以社會教育和職業教育的教育網絡，後兩者，主要由社會力量來主辦。

在教育的分類上也有三種：

1. 公立教育；
2. 得到國家承認的私立教育；
3. 教會教育。

在一批傑出的教育家的努力下，應該說，1949年前的中國教育取得了重要成就：

1. 在30年代中期，中國已建成幾個具有國際影響的大學，例如：北大、清華、中央大學、浙江大學、武漢大學等，培養了一批傑出專家和學者，這批人以後前往美英等國留學歸來為國服務，在某些領域，其水平已和國際接軌。

2. 初級師範有很大的發展，惠及許多底層民眾，從中也產生了眾多共產黨人，尤其在抗戰期間，推動了社會底層的變革。

3. 在抗戰極艱苦的環境下，中國的教育也沒有中斷，高校內遷後在戰時有大發展。戰前，浙大有3個學院，16個系，到1946年發展為7個學院，27個系。教育內遷在西南，西北傳播了現代教育的思想，推動了當地教育的發展。

4. 基本實現了西方在華教育的中國化。

不足的方面：

1. 受當時的經濟社會發展的狀況的制約，高校主要集中在大城市和沿海沿江地帶。

2. 廣大內地和農村的教育非常落後，人口中文盲佔多數，教育的公平嚴重缺失。我們知道，教育的一大社會功能就是通過教育，使社會的不公平有所減緩，但

是人口中絕大多數得不到教育，這從哪個角度講，都是有嚴重問題的。而在廣大農村，是所謂鄉紳文化，私塾文化佔主導，和現代公民文化的要求相距甚遠。

3. 在學科的佈局方面也嚴重不合理，在大專學校中，文、法專業過於集中，而理、工、農、醫較為薄弱，和國家的現代化要求，存在着脫節的弊端。

4. 國民黨的黨化教育觀對教育的干預，加劇了校園內的政治和思想鬥爭，也阻礙了教育的均衡發展。

另一塊就是解放區的教育。

這是和國統區教育完全不同性質的教育，它的思想背景是：認為教育是上層建築的一部分，而教育是隨所有權走，無產階級的教育應服從於無產階級的解放鬥爭，教育要面向工農大眾。

從江西蘇區開始，中國無產階級就有了自己的教育實踐，在瑞金時代，它叫「共產主義教育」，在延安時期，叫「新民主主義教育」，政治鼓動是其主要內容，也講授一些戰爭和生產、生活的知識，在瑞金時代和延安時期，教育精神都是一致的。

解放區教育和國統區教育的最大不同是，在中國歷史上第一次把教育分為三個層次，把革命鼓動，思想政治的宣傳放在特別重要的地位：

第一層次是幹部教育；

第二層次是社會教育，例如，掃盲，鼓勵婦女放腳等；

第三個層次是國民教育。

這種分層是適合當時革命戰爭的環境需要的，它服從於革命戰爭和根據地建設，以普及為主，其成就巨大：支持了革

命戰爭，説明底層人民得到初步的文化知識。其不足方面：對長遠發展關注較少，一切以實用為考量，在突出和優先工農的同時，對知識分子的要求過於苛刻。

新中國教育就是從這兩種性質不同的傳統的基礎上起步的，首先採取了一些方法，建立起大一統集中管理的教育體制。

第一步，接收教會學校，收回教育主權，在1951年完成，收回20所高校和514所中學，小學1133所；

第二步，在1952–1956年，接辦私立學校，計1412所中學，小學8925所；

第三步，1950–1951年，停辦民間辦學。

新國家面臨一個必須面對現實，這就是在西方國家的孤立和打壓下，如何快速實現國家的工業化，到底中國教育應走什麼樣的道路，是走精英專才培養的道路，還是走全民普及文化的道路？在突出專才培養的同時，要不要兼顧非功利的文明養成和文化的發展？

當時的領導人是怎麼認識這個問題的呢？

1. 他們試圖將兩者結合起來，即專才培養和大眾文化普及相結合；

2. 他們意識到建設國家，離不開知識分子的參與；

3. 他們認為教育必須改造，知識分子應進行思想改造，否則不能適應新社會的要求，因此他們提出要大量培養無產階級知識分子。

領導同志説，我們沒有大知識分子，沒有專家，我們要建設新中國，就要虛心向一切有學問的人學習。因此，從開國開始，一批著名的教育家被政府委以重任，擔任了國家教育

部門的負責人，例如，第一任教育部長是馬敍倫，北大校長是馬寅初，南大校長是潘菽，國家對著名教授和知識分子都非常禮遇和優待，給予很好的工作和生活條件。

國家在《共同綱領》的基礎上團結知名人士，得到廣大知識分子的支持和擁護。領導同志說，國家的方向，現在是新民主主義，前途是社會主義，目標是建立一個富強的新國家。具體實現的途徑就是社會主義的工業化，教育承擔着極其繁重的任務，現有的情況和國家的要求以及工業化的目標不相適應：

1. 缺乏大量的專門人材，特別是工、國防、農、林、醫方面的人才，教育部門不能供應或充分供應。

2. 認為當時的教育的指導思想模糊，許多知識分子有「教育清高」和「教育獨立」的思想，更有不少知名學者在冷戰和兩個陣營對立的環境下，對美國的思想和科學技術文化抱有好感。

3. 認為知識分子大多數出身於剝削階級家庭，對勞動人民缺乏感情。

4. 國家的教育佈局嚴重不合理，教育資源多集中在經濟發達地區。

為此，國家在50年代初，有兩項大規模的舉措，一是針對全國知識界發起「知識分子思想改造運動」，教育界是重點。強調要進行知識分子的立場、觀點方面的全面改造。經過批判和鬥爭，確立了無產階級意識形態的指導地位和對美國為代表的西方文化的批判和排斥的立場。在這個過程中有過火的一面，1951年，在北京高校舉辦的「反動黃色書籍展覽會」上，把老作家沈從文的作品也放在裏面，沈從文隨即

被北大解聘，調到故宮博物院當講解員。

第二是專門針對高等教育，進行全國高校院系調整，具體方法就是全面學習蘇聯的教育制度和經驗，至此，新中國的教育制度得以全面確立。

二、在曲折中發展

教育向蘇聯學習是和當時全國總的形勢是一致的，毛在建國前夕就提出新中國外交的總方針是對蘇「一邊倒」，在經濟和文化教育領域，就是全面學習蘇聯的先進經驗。這是當時國際環境決定的，因為朝鮮戰爭後，西方對中國全面禁運和封鎖，中國和西方，除了和英國有代辦級關係，和西方各主要大國幾乎沒有任何聯繫，中國要發展，學蘇聯是當時的唯一選擇。

蘇聯的教育制度當然是馬克思列寧主義的，在另一方面，由於蘇聯較早提出幹部知識化的問題，蘇聯的教育在確保政治正確的前題下，比較重視正規化和知識傳授的系統化。在這背景下，蘇聯「凱洛夫教育學」全面引入中國，其主要精神是強調以教師為中心，這恰和死記硬背的中國傳統教學法形成了溝通，凱洛夫的著作在中國印了130萬冊，在中國影響很大。

在全面向蘇聯學習的1953–1957年，經過全國高校的院系調整，中國教育獲得了長足的進步，可以稱得上是新中國教育的黃金時期。

1. 建立了一大批工、農、林、等專業學院，原有211所。調整後全國有201所高校，新建31所，從原有的

綜合性大學分出專門學院23所，停辦高校49所，改為中專4所。

2. 培養了新中國第一代專業工作者，有力地支持了國家的經濟建設。

3. 將大中專畢業生納入國家幹部體制，對在校的生活困難的大中專學生給予生活補貼，對全體大中專學生實行全免學雜費。

4. 在此過程中，將所有私人大學全部改為公立。

5. 新建或搬遷了一些沿海高校到內地，推動了內地教育的發展，打破了教育資源不平衡的狀況。

但是向蘇聯學習也出現了不少問題，這就是：

1. 教條主義盛行，言必稱蘇聯，對英美的科技文化一概排斥。當時，學蘇聯有兩所樣板大學，北京的中國人民大學和哈爾濱工業大學。從1949–1960年，共有861名蘇專家在我國教育部門和各大學工作。從1952年秋季起，中國各大學一概採用蘇聯教學計劃和教學大綱，按蘇聯模式設立專業和教研室，編譯教材。從1953–1956年，出版蘇聯教材譯本1393本。從1954年起，綜合性大學改四年為五年，部分工、醫、外語、師範也延長為五年學制。蘇聯沒有專修科，中國也在1955年停辦專修科。我國從1951年開始，按蘇聯專家的要求，實行小學五年一貫制。教育部下令，從1954年起，開始從高中教俄語，規定初中一律不學外語。外語改以俄語為通用語，一直到60年代初才改教英語。1958年，劉少奇曾批評，在1954、1955年，「無產階級教條主義很嚴重」。

2. 進行了大規模的掃盲運動，但是總的說來，在財政投入上對農村教育重視不夠，教育的目標還是以城市為中心的，也是精英主義的。

3. 雖然也辦了許多工農速成班、速成中學，以及大學中的調幹生，在中小學，工農子弟都佔了絕對的優勢，1954年，在小學佔百分之八十二，在中學佔百分之六十。1953年大學招生規定，在達到錄取標準時，優先錄取工農子弟，但是，能夠接受高等教育的還多是知識分子和幹部群體的子弟。

4. 專才教育取代了通才教育，之前，全國有綜合性大學55所，調整後只剩下14所。

1957年後，中國要走自己的路，在教育方面也做出重大的改變，因為學蘇聯產生了嚴重的弊端：

1. 認為強調制度化，正規化，重視教育質量，導致取消工農速成中學；

2. 對分數的強調，把一些工農子弟排斥在外；

3. 凱洛夫模式太刻板等。

毛很討厭這些，他對教育有可能造就一個「技術官僚階層」很擔憂，對高度集中管理的教育體制，和學生負擔過重很反感，他在1957年3月就提出，不要搞統編教材，要減少課程，要方便農民子女就近上學，應當允許社辦、民辦學校，甚至允許私人辦學。1958年，全國開始「大躍進」，在教育界，就是開展「教育革命」。具體內容就是：

1. 突出強調批判資產階級知識分子，批所謂「白專道路」，嚴重打擊了知識分子的積極性；

2. 提倡青年教師和大學生一起改編教材；

3. 提出「全黨辦學」，「全民辦學」的口號，在大躍進中搞「浮誇」，新辦高校八百所，提出每個縣都辦一所大學，在各類學校也搞「煉鋼」，嚴重影響了正常的教學秩序；

4. 提倡工農兵上講台，其政治意義大於實際效果。

上述種種行為是全國性的，造成嚴重混亂，是對教育資源的極大浪費。到了1960年後，已難以為繼。1961–1962年，不得不調整，停辦了一些大躍進中新辦的學校，進入調整、恢復秩序的階段，到1963年，全國教育的局面才穩定下來。

但是這時，又出現了新的情況，也就是說，我們國家的教育是隨着國家大環境變化而變化的，這就是1962年夏，毛重提階級鬥爭，提出防止帝國主義「和平演變」，「反修防修」，「培養無產階級革命接班人」的幾個重大命題。與此同時，中蘇論戰走向高峰。1964年，美國擴大在越南的戰爭，開始轟炸北越，毛又發出「備戰、備荒、為人民」的指示。

在這樣的背景下，1964年，毛發表「春節談話」，全面批評國家的教育制度，認為學生負擔太重，學校和教師像對付敵人一樣對付學生。他提出可以上課看小說，還提出要把文科搬到農村去，不下去，就不開飯。以後，毛又和王海蓉、毛遠新談話，明確表示反對「注入式」教學法，他說，「連資產階級教育家在「五四」都提出來了，我們為什麼不反」。

隨後，全國教育領域，開始落實毛的指示：

1. 突出批判蘇修文化，反對修正主義思想，清理教育界的蘇聯影響，批判蘇聯歌曲和小說、電影。

2. 批判學術界、教育界的各種代表性的觀點，例如，全國小教界批評斯霞的「童心論」，「母愛論」，1966年初批判吳天石的「學習優秀傳統文化論」等等。

3. 「血統論」開始大流行，高幹子弟作為「無產階級革命接班人」，在學校受到特別的關懷，而在1962年後，高考政審已完全制度化，大學已不錄取所謂家庭有歷史問題的考生。

4. 在1964–1966年「四清運動」中，派出大批大學生到農村參加「四清」，計有395所高校的22萬大學生參加。

5. 各重點高校開始遵照「備戰」的統一計劃，將一部分專業遷往內地，各著名高校紛紛在中部地區開辦分校，例如，南京大學在湖南開辦了常德分校，在江蘇南部的溧陽也開辦了分校。

1958年後的中國教育仍然取得很大的成就，到「文革」前的1965年，新中國一共培養了155萬大學和大專生，內有研究生1.6萬人，另培養了中專生：295萬人。

1946年：每萬人大學生：3人。

1965年：每萬人大學生：10.3人。

1947年：全國高校：202所，在校生：15.5萬人。

1965年：全國高校：434所，在校生：67萬。

但是，這個時期中國教育制度的弊端也很明顯：

1. 專才教育過於狹窄，出現大量「專業不對口」的畢業生，例如：「發動機專業」的畢業生的適應面就很窄。

2. 學生的知識結構比較單一。

3. 「重理輕文」，「學文科危險」，「文科無用」成為流行意識，導致社會文化價值傾斜。1949年，文科學生佔31%；1953年，14.9%；1957年，9%；1962年：6.8%，在全世界高等教育中是僅有的，大多數國家在百分之二十到五十之間。

4. 一些學科因政治原因被衝擊、停止或取消。計有：社會學，政治學(1952年)，人類學，心理學等。

5. 形成了事實上的「精英教育」的取向，具體為：重大學專才，在中小學也辦重點學校，重科技，輕人文，重專才教育，輕普通教育。1952年，分；1958年，合；1963年，分；1966年，合，教育部幾次分開，又幾次合併，一直沒能解決。1953–1963年，國家對高校的投資約佔教育總投資的百分之三十，大多數國家在百分之二十。「趕超」的思想把發展高等教育放在優先地位。而辦重點學校，也有偏差，50年代有兩類重點學校，一類為幹部子弟學校，1955年毛下令取消，但還是以不同形式存在。1953年毛主持政治局會議，提出要辦重點中學，隨即全國辦了一批名校，輸送了不少大學生，但負面效果也很嚴重。到了60年代，毛多次提出批評。

到了60年代中期，國家的政治走向更加階級鬥爭化，在這個過程中，毛、劉在教育問題上都有許多重要指示，兩人都主張以階級鬥爭作為大中小學生的主課，都強調把教育的重點放到農村去，但側重點不同。

毛：主張全面清理知識分子，認為大中小學都是資產階級知識分子和國民黨在統治。

劉：認為知識分子只要入了黨，就是無產階級知識分子。劉對教學秩序比較強調，他還提出：「兩重教育制度」，認為此是「反修防修」的重要舉措。1966年3月，劉任新成立的中央教育領導小組的組長。在1965–1966年，進行教育改革試點，北京58所高校有33所參加，全國有66所農業大學，37所實行半農半讀。1965年，全國有小學168.19萬所，參加半工半讀、半耕半讀的有84.9萬所。

在這種背景下，「文革」爆發，教育界成為文革風暴的中心。

1966年，毛發出「五七指示」，提出：「學制要縮短，教育要革命」，「學工、學農、學軍、批判資產階級」，要把全國辦成「五七公社」。

「文革」期間，「教育界」的名詞消失，以「教育戰線」替代之，通過五個步驟，實現了教育的徹底政治化。

第一步，1966年6月，中央宣佈，推遲半年當年的高考，實際上是取消了高考。

第二步，發動學校的「文革」，批鬥教師，停課鬧革命。1966年6月，《人民日報》載文批判匡亞明校長重視權威，重視教學質量。

第三步，1968年在中小學「復課鬧革命」，重新編寫教材，把中學生安排學工，學農，學軍。大學生則分配到軍墾農場接受勞動鍛煉，兩年後分配工作。中學生在畢業後「上山下鄉」。

第四步，1968年後，中央部署「工農兵上講台」，佔領各類學校。毛提出，資產階級統治我們學校的現象再也不能繼續下去了。1968年，毛又提出：大學還是要辦的，我說的

是理工科大學還要辦。1968年，又根據毛的指示，在全國推廣「七二一工人大學」。1971年正式提出「十七年黑線統治教育」的判斷。1971年，全國高校從417所(本科359所)，減為309所。撤銷人大等45所。北京原有大學55所，到了1972年，只剩下18所。

第五步，從1970年起恢復大學招生，改以推薦為主要錄取形式，大學學制縮短為三年，史稱「工農兵學員」，其口號是「上大學，管大學，用毛澤東思想改造舊大學」。

對文革中教育的評判：

1. 毛的「五七」和「七二一」指示中都有合理的成份，對傳統教育理論脫離實際的批評是切中要害的，但總的說來是主觀的，也是浪漫的。
2. 「文革」造成中國教育的大倒退。
3. 嚴重破壞文化，傷害大量知識分子。
4. 「上山下鄉」客觀上幫助青年人瞭解國情，民情。
5. 在「文革」中農村教育有較大的發展，時間是1971–1976年，但師資力量極差，多是下鄉知青和回鄉青年擔任小學教員，但總是聊勝於無。

新中國教育的真正的春天是1978年中共十一屆三中全會以後，提出教育要為「四化」服務，鄧小平復出後分管教育，大刀闊斧進行改革，不久鄧又提出了教育的「三個面向」。

1978年，鄧明確指示，恢復高考，1978年一年中兩次高考，是為77屆、78屆，第一次為春天入學，政審還延續過去的條件，查家庭歷史，使不少人不能入學，但到了該年秋入學的這一次，政審條件大大簡化，使得春天不能入學的人許多都考上了大學。

落實知識分子政策，推翻「十七年黑線論」。

80年代批准自費留學，從此中國學生走向世界。

大大增加國家對教育的投入，作為國家的一項統一行動，在80年代後期到90年代，改造「筒子樓」，從總體講，教師的工作條件和生活待遇都得到很大的改善和提高。

近二十多年來，我國的教育取得很大的成就，學校種類和數量大大增加，九十年代後，高校已從精英教育向大眾教育過渡，越來越多的青年人有機會進入大學學習。但是90年代後期以來，教育又面臨了新問題，這主要是教育的產業化而引發的，貧困學生入學的費用太高，家庭難以供養。農村教育滯後，資源大多集中到城市。教育亂收費現象嚴重。學術腐敗成為一種流行現象。還有一個是教育內部的問題，就是現今的教育對人文教育重視不夠，實用技術性教育的偏差無法得到平衡。

更嚴重的是教育的行政化、官僚化的問題。中國人民大學的「張鳴事件」凸現了高校體制嚴重行政化、官僚化的弊端。所謂「行政化、官僚化」就是如張鳴所言，指行政權力全面掌控高校的資源配置，將其觸角延伸到高校的教學、研究、管理等一切領域，一切環節，成為主宰高校發展的唯一的、決定性的力量。

高校的「行政化、官僚化」是原計劃經濟體制和90年代後進入高校的商品化、金錢化互相結合的產物。中外任何高校都需設有行政管理部門，但是它的主要職能是為教師和學生服務，而不是相反。50年代初，中國的高等教育以革命戰爭年代形成的根據地教育建制和斯大林時期的蘇聯高校體制為基礎，對建國前的教育制度進行了全面的革命改造，在

長達三十年的時期內，高校的主要任務是為國家培養各類專業幹部和改造教師和學生的思想，因而高校的行政部門不單純是為教學研究等服務，而主要是統領大學一切事務的領導機關。在人們的記憶中，高校或教育，原先是作為一條「戰線」而存在的，即如「工業戰線」、「財貿戰線」、「文藝戰線」、「醫療衛生戰線」、「體育戰線」等一樣，都是具有高度行政性集中統一的性質的。改革開放以來，和工農業或其他行業、領域相比，高校對計劃經濟管理模式的改革是相對滯後的。如今在高校體制內的人都知道，現在的高校頗類似於改革前的大型國有企業，其基本結構就是充分「官本位」，最典型的例證就是全國大學已分為「副部級大學」、「正廳級大學」等。與此相聯繫，高校中校級以下的行政管理幹部，院、系、所的院長、主任、所長；校和院、系兩級的學術委員會、教學委員會等的組成人員都是由校或院、系行政部門任命。高校教師的崗位設定、薪資、提職，工作考核等等也無不與「項目」或「量化」掛鈎，從而使高校出現了實利化、官場化的濃厚氛圍，嚴重扭曲了大學作為知識傳授地和新思想發源地的屬性。

中國大學的「官本位」是一種很奇特的現象，總體上講，還是一種「新生事物」。在「文革」前的60年代，雖然大學管理是高度行政化的，基本是老幹部在大學擔任領導工作，但那時是「單一計劃經濟下的政治掛帥模式」，在「大老粗光榮」的大環境下，大學中的知識分子，不管是黨員還是非黨員都是重點被教育的對象，就是書記和校長都可能瞬間倒台，大家都要「夾着尾巴做人」，所以「官本位」的氣氛還不算濃厚。各種歷史記述都反映，當時的各大學

領導，雖然也奉命抓「階級鬥爭」，但多數人還是謙謙君子，很少「官氣」。

1968年後的「工宣隊軍代表模式」又可稱「丘八管秀才模式」，知識分子已被整體視為「臭老九」，軍代表、工宣隊極左、粗暴有之(他們中間也有不少好人)，但因工作調動頻繁，人事關係大多都在原單位，所以也談不上什麼「官本位」。

1980年代後，改變了從前那種老幹部擔任大學領導的傳統，在大學裏提拔了一些專家學者擔任領導工作，他們從「臭老九」一個筋斗翻成大學校長，無不心懷感激，奮發工作，一時間大學校園裏銳意進取蔚然成風，其間還出現了像劉道玉、江平、楊叔子那樣傑出的教育改革家。

以後就是在市場化、科層化的環境下，大學行政權力急速擴張的時期，突然冒出來無數的處、委、辦、科，還有公司等等，滿眼見到的都是官。過度行政化、官僚化的後果，一則造成大學除了聽命於政府和上級教育主管部門外，基本不受校內教職工和社會的監督；二則導致越演越烈的「官」與「學」兩棲現象，吸引一批批大學教師往仕途上奔，一些人一旦獲官，出為教授，入為官員，最充分地實現了自身利益最大化，也使得校園生態出現了「唯官是舉」的新氛圍。

在教育主管部門的「量化」和「項目至上」的指揮棒下，如今的大學校園中，權、錢之幟高張，高校的生態環境已結構化或板塊化了，整體改變的可能性很小。在這種情況下各校命運如何，全看各校的主管領導在處理行政權力和學術關係上的智慧和態度。應該說，國內大學還是有一些優秀的書記和校長的，就是在院系一級的「頭頭」中，也有不少人仍

在堅守學術理想，在做學問、做事方面都很認真。考之這些學校，在歷史上都有着優良的學術傳統，雖經歲月流逝，名校的精神傳承早已斷裂，但還是點點滴滴體現在一些普通教師和領導的身上，但他們的身上都保有可貴的「書生本色」。遇到這樣一位開明的校長和書記，那是學校和教師、學生之福；但如果不幸碰上一個官迷，也只能自認倒霉。

說到這兒，不由得想起歷史上有過的那些享有崇高社會聲望的大學校長們，蔡元培、胡適之、蔣夢麟、竺可禎、梅貽琦、張伯苓、傅斯年等等就不說了，也不說1950年代作為「民主人士」被安排擔任大學校長的馬寅初、陳垣等，因為他們也沒有「可比性」。單說建國後的那些老革命家出身的大學校長，他們絕大多數都是實權在握的「書記兼校長」，也都是一些聲望卓著的專家學者。例如：中國人民大學校長吳玉章、副校長成仿吾；先後擔任過南京大學校長和中國人民大學書記的郭影秋；先後擔任過吉林大學、南京大學校長匡亞明；中山大學校長馮乃超；華中工學院院長朱九思；杭州大學副校長林淡秋等。這些大學校長中，最特別的是郭影秋，他已擔任雲南省的省長(省人民委員會主席)，卻因對歷史的愛好和興趣，主動要求轉到大學工作，1957年來到南京大學當校長，這樣的事尤如驚鴻一瞥，早成絕響。

在那個年代，吳玉章等的空間要比今天的大學校長們小得多，掌握的資源更有限，使他們無由充分實現自己的抱負。他們受到那個時代的局限，或許也有這樣或那樣的不足，但他們都是正直的好人；都有深厚的人文底蘊；熱愛教育，重視和尊重知識分子；有理想，有責任心，更有擔當；都在極有限的空間裏為發展教育盡了最大的努力，

而不是那種對上唯唯諾諾，對下橫眉冷對的官僚。

　　林昭被打成「右派」後，吳玉章老校長把她收留在人民大學的書刊資料社，使她有一塊躲避風雨的安身之地。也是吳老，把被誣為「胡風分子嫌疑」、即將陷入絕境的何干之保護了下來。杭州大學的林淡秋副校長不避嫌疑，多方設法保護被安置在杭州大學的「大右派」陳企霞和陳學昭。郭影秋調入南京大學時正值「反右」，1957年11月，是中文系三位名教授——胡小石、陳中凡、汪辟疆的七十壽辰，此時南大的老先生們，都還驚魂未定，「郭影秋支持中文系為三老祝壽，並在自己家中設宴，親自斟酒、敬酒，感謝三位老教授潛心治學、辛勤執教，為國家培養棟樑之材」。在「大躍進」的高潮中，郭影秋強調「教學是高校的主線」，盡量減少政治運動對大學的衝擊。1963年，匡亞明調入南京大學，在不斷升高的階級鬥爭的聲浪下，他鼓勵教師要扎實研究學問，學生要好好讀書，並安排動員學校的行政後勤部門，全力為教師學生服務。及至「文革」結束，匡亞明再任南大校長，長期住在校園內的普通教工宿舍，為的是多聽教職員工的意見。今日名校華中科技大學的前身是華中工學院，1937年到延安的老院長朱九思在「文革」後期，把一些剛從勞改地釋放，誰都不敢要的有真才實學的知識分子接納到華工，奠定了學校以後發展的人材基礎。1950年代擔任北大黨委書記的江隆基也是一位好人，這位曾經留學德國的「老革命」奉命改造北大，還是盡量愛護知識分子，後因反右不力，被指責為「右傾保守」，在1959年被發配到大西北的蘭州大學擔任書記和校長，仍兢兢業業，直至「文革」之初被迫害身亡。

張鳴，這是一位在學界享有盛譽的傑出學者，對於這樣的學者，理當愛護。人民大學因有張鳴和其他一些優秀學者，才令人們刮目相看！人們發現，這所原來具有高度行政性特質的大學也實現了全面的學術轉型，有了一種真正的「大學氣象」。說來令人唏噓不已，人民大學這所曾在50–60年代為國家的經濟建設做出過重要貢獻的大學，其經歷的磨難比國內任何一所著名高校都要深重，「文革」中居然被無情的解散。按理說，這段「浴火重生」的歷史，應該使人民大學今天的目光比其他高校更深邃，胸襟更開闊，更大氣，更重視人材。

這些話說了似乎也白說，大學的過度行政化似已積重難返，只能是「明知不可為而為之」。那麼能否學一點行政化年代那些不官僚化的正面典型呢？大學的校長和官員們，其實不必再嚷嚷學什麼哈佛、耶魯、伯克利、劍橋、牛津了，中美大學校長聯席會議也不知開了多少次了，「新知」掌握也差不多了。現在大樓都已蓋起來了，規模和氣派和外邦的大學相比一點都不遜色，其他那些「軟體」，想必怎麼學一時也學不來的。既然如此，就不必捨近求遠，花大把銀子去做那些越洋考察的「無用的功課」了，還不如返躬求己，就從「本土」資源挖掘一些積極因素。吳玉章、郭影秋、匡亞明、朱九思等都是「老革命」，政治思想都正確，屬於我們優秀的「本土資源」，就請以這些老校長為榜樣，在現有校長和書記的職權範圍內，對大學的過度「行政化」和「官僚化」稍作一些改良或改進，這或許比「學哈佛」還更實際一些。

三、新中國教育發展的啟示

1. 教育是強國、強民的最重要的途徑。《大國崛起》提到，在德國沒有統一前的19世紀30年代，識字人數已達百分之九十七，十天前，我還在德國，在德國南部，在奧地利，對此都有深刻的印象。百多年來，許多中國的有識之士都重視這個問題，過去傳統讀書人就是讀四書五經，追求仕途，經世之用之學無人問津。19世紀末中國人才有所改變，但已比別人落後一大截，在這之後，中國人不斷努力，梁啟超提出「新民」說，陳獨秀提出「新青年」，還有一些理想主義者提出「少年中國」，都是為了追求一個現代中國。新中國成立後，國家對教育高度重視，做了許多努力，運用政權的力量，幫助底層人民識字，希望窮苦大眾能在知識和文化上翻身，這在中國歷史上是第一次，但是我國人口太多，負擔太重，這個問題還沒有得到徹底解決，所以我們還是任重道遠。

2. 教育是實現社會公平的有力的途徑。

3. 在強調科技重要的同時，應大力提倡人文教育。

4. 應繼承發揚我國歷史上的「尊師重教」的傳統，每個階層都有缺點，但不應以偏帶全，去激化那種反智的社會情緒，一旦那種社會情緒氾濫，那就是災難，是國家、民族、人民和文化的災難，所以應講「社會的和諧」，而不是各階層的對立和鬥爭。

5. 要開放，不要固步自封，從古今中外一切優秀文化中吸取養份。

6. 要鼓勵多種社會力量辦學，國家應給予支持和協助。近年來，「以人為本」，「和諧社會」的提出，有望對教育的健康發展起重要的推動作用，中央提出減免西部貧困地區孩子的學費，甚至提供書本，這是非常及時的，同時國家採取提供貸款和提供勤工儉學崗位的方式幫扶貧困學生完成學業，都是深獲民心的好事。如果能對教育的行政化、官僚化有所改革，那麼我們有理由相信，未來我國的教育的發展將會有一個新的面貌。

革命政治的變異和退化
——對「林彪事件」的再考察[1]

　　1971年的「九一三事件」震驚中外，中國政府不久就發佈了〈1971〉57號文件等一些相關材料，對此事件加以解釋。但是基本的檔案至今仍未開放，而多年來海內外許多學者對此事件抱有強烈的研究興趣，近年來更有一些反思性文章的問世，當年和林彪事件有涉的一些相關人員及其家屬，也以不同形式披露了若干口述材料[2]，這些文章和資料的共同特點是：修正了官方對「九一三事件」的解釋框架，對該事件提供了一些新的思考角度，其中有些文章對林彪抱有強烈的同情。對此現象可以理解，因為當年下發的官方材料，「四人幫」曾經參與其事，其基本結論在1979年後仍舊維持了下來，若干論斷確實有疑點。本文的看法是：歷史研究強調客觀公正，研究者對當年涉案人員親屬的材料要有分析和鑒別；對林彪事件需從一個縱深的角度來觀察，尤其應考察林彪事件的體制因素，以及這個事件所反映的50年代後國家發展的方向等問題。

1　　本文兩萬五千餘字，在香港中文大學中國文化研究所主辦的《二十一世紀》2006年10月號發表的同名文章，兩萬四千餘字，為本文的刪節本。

2　　主要有：王年一、何蜀、陳昭：《「九一三事件」是毛澤東逼出來的》《林彪是「文化大革命」中特殊的觀潮派、逍遙派》；張聶爾：《風雲九一三》(北京：解放軍出版社，1999)；丁凱文編：《重審林彪罪案》(紐約：明鏡出版社，2005)等。金秋：《扭曲的歷史——林彪事件的教訓》，《傾聽歷史的聲音——千秋評林彪事件》等。

一、林彪出山是完全被逼的嗎？

「文革」之初，毛選中林彪做他的「接班人」是和廢黜劉少奇同步進行的。劉少奇原是毛接班梯隊的第一號人選，1970年12月18日，毛對斯諾說，在1965年1月制定《二十三條》時，他已決定，劉少奇必須下台。從那以後，毛採取「剝筍政策」[3]，在一些重大問題上對劉封鎖消息。1965年國慶節後，毛離開北京前往南方，至1966年7月18日才返回北京，至此毛對劉少奇已下定廢黜的決心。1966年3–4月，正當劉少奇偕夫人王光美出訪阿富汗、巴基斯坦、緬甸等國，在返回昆明後接到通知，於4月20日趕往杭州出席毛臨時召開的政治局常委擴大會議，等待他的已是彭真被打倒的既成事實[4]。進入5月，遠在杭州的毛澤東又命劉少奇在京主持解決「彭、羅、陸、楊」問題的政治局擴大會議，在這次歷時二十三天的會議上，劉少奇扮演的只是一個會議召集人的角色[5]，與會的中央主要領導：劉少奇、周恩來、康生、陳伯達等都在發言中高調讚頌林彪[6]。6月1日，又是在劉少奇完全不知曉的情況下，毛澤東命令中央人民廣播電台播發了北京大

---

3 〈毛澤東在杭州和胡志明的談話（節錄）〉（1966 年 6 月 10 日），宋永毅主編：《中國文化大革命文庫》(香港中文大學中國研究服務中心，2006年)。以下簡稱《文庫》2006 版。

4 參見李雪峰：《我所知道的「文革」發動內情》；載《回首「文革」》(下)(北京：中共黨史出版社，2000)，頁 608；另參見鄧榕：《我的父親鄧小平：「文革」歲月》(北京：中央文獻出版社，2000)，頁 12。

5 參見張化：《劉少奇的悲劇和悲劇中的劉少奇》；載《回首「文革」》(下)頁847。

6 〈周恩來在中央政治局擴大會議上的講話〉（1966 年 5 月 21 日）、〈康生在中央政治局擴大會議上的講話〉(1966 年 5 月 25 日)、〈陳伯達在中央政治局擴大會議上的講話〉(1966 年 5 月 24 日)，《文庫》2006 版。

學聶元梓等七人的大字報；7月8日，毛在武漢給江青寫信，挑明他發動文革的意圖；所有這些都表明，劉下台已是時間問題。

鄧小平原先也是毛的接班梯隊的主要成員，毛多年來大力重用鄧，1954年，鄧先為中央秘書長，後為總書記，本意是制約劉少奇。毛沒料到，到60年代初，鄧和劉走到了一起。1966年6、7月間，在派遣工作隊問題上，鄧又和劉一致，毛對鄧就有了放棄的想法。

在排斥了劉、鄧後，毛出於歷史和現實的因素的考慮，將林彪推到了前台。毛發動「文革」，打掉中央一線，離不開軍隊做後盾，在歷史上的幾個關鍵時期，林彪都站在毛一邊，幾十年來，林彪對毛的意圖充份領會，又旗幟鮮明，敢於擔當。林彪在軍內有很高的威望，卻身體不好，一方面，毛鼓勵林彪振奮精神，保養身體，另一方面，由林彪代管軍隊，毛也放心。

毛要拉林彪出山，取代劉少奇，在黨內，特別是在軍內，都不存在反對的意見。建國後，毛為了穩定大局，長期採取的是壓抑軍功階層，支持、重用以劉少奇為首的黨的文職官僚的策略。在高崗事件後，軍隊將領歸順黨機關的格局已完全確定，但是軍隊將領對劉少奇、彭真等的不滿並沒有徹底消除，而是潛伏了下來。隨着60年代初以來毛對劉不滿的加劇，毛重新啟用軍功階層作為平衡劉的力量。在1962年初「七千人大會」上，林彪發表的那篇有名的為毛保駕護航的發言，在當時並沒有引起與會者的反感，相反，一些高幹認為林彪的發言：「挺身而出，講排除干擾，使我們黨有安全

感」[7]。到了文革前夕，軍隊在國家政治生活中的比重已空前增加，歷史上中共長期又是黨—軍一體的傳統，在這種形勢下，林彪出山已是順理成章，而且林彪出山還代表了更廣大的軍隊利益的擴張，能夠得到軍隊系統的支持和擁護。

林彪是為毛打天下出力最多的軍事統帥之一，又是一位寡言少語，深有韜略的軍人政治家，林彪於1942年2月8日從蘇聯回到延安，從該年底至次年7月，奉毛命去重慶，參加中共代表團與國民黨的談判，1943年10月13日，代表毛在西安和蔣介石再次見面。在延安整風運動中，林彪只是捧毛，沒有整人[8]，中共七大選舉中委時，名列第六名。在40年代後期的解放戰爭中，林彪率領的「四野」橫掃大半個中國，為中華人民共和國的創立，立下曠世功勞。林彪在「四野」享有極高的威望，「四野」有軍歌：《我們是林彪的戰士》。南下期間和建國初，林彪先後被任命為華中局、中南局第一書記、中南軍政委員會主席和中南軍區司令員，黨、政、軍一把抓，統轄河南、兩湖、兩廣、江西六省，是名副其實的「中南王」，其地位大大超過同級的彭德懷、劉伯承、賀龍、陳毅等人。

50年代初，林彪從公眾生活消失，他不去朝鮮領兵與身體不好有關、1950年10月18日，林彪在蘇聯曾和周恩來說，中央有需要，他可隨時回國[9]。建國後，林彪除了50年代初為出

7　張素華、劉建平採訪：《杜潤生對七千人大會一些問題的感受》，2002，5，20，載張素華：《變局——七千人大會始末》(北京：中國青年出版社，2006)，頁311。

8　參見高華《紅太陽是怎樣升起的：延安整風運動的來龍去脈》(香港：中文大學出版社，2000)，頁382。

9　辛子陵：《林彪正傳》(香港：利文出版社，2002)，頁407。以下簡稱：辛。

兵朝鮮，爭取蘇援和周恩來一同去過蘇聯，並在索契療養一年，一直沒有出國訪問。在一個較長的時期內，林彪恪守本份，未越逾自己的角色界限，就黨的重大問題發表看法，故而在黨內，林彪的口碑也很好。

林彪長期追隨毛，對毛的作風、心理、性格等有很深的瞭解。建國後，他對毛，既有尊崇的一面，又極擔心功高震主，對毛早有提防。由於林彪對毛抱有雙重心理，他在50年代的活動也就存在着「兩面性」。50年代初，他熟讀《黃石公三略》，深知「高鳥死良弓藏，敵國滅謀臣亡」，「班師之日，存亡之階」的道理，為避免重蹈古之韓信之覆轍，「全功保身」，主動隱退[10]。他在筆記中寫道：西漢故人以權貴不全，南陽故人以悠閒自保[11]。在近十年的時間裏，林彪因政治和身體的原因長期休養，不與任何一位中央首長來往，也包括毛澤東。

但是，林彪又不能真正做到「閑雲野鶴」，無欲無求。1953年大區撤銷，對他一時沒任何安排，當高崗來動員他時，他和高崗談得非常投機[12]，高崗被毛拋棄後，林彪再度謹慎起來。1954年，林彪出任國務院副總理，排名在陳雲之後，彭德懷之前。1955年4月，在七屆五中全會上，林彪和鄧小平一道進入政治局，中央仍然沒有具體安排林彪的工作。

在1958年5月的八屆五中全會上，林彪被毛任命為黨的副主席，成為中共核心層第六號人物，排名在鄧小平之前。

10　辛：頁408。

11　轉引自張聶爾：《風雲九一三》(北京：解放軍出版社，1999)，頁89。以下簡稱：張聶爾。

12　辛：頁423–424。

此舉和林彪無關，完全是毛的佈局，卻重燃起了林彪的政治
欲望。此時彭德懷雖然還主持軍委日常工作，但是以林代彭
的佈局已公開化了。林彪悟出毛的用意是要把他「當高崗
用」[13]，更知道毛此舉是要用他來平衡劉、周。林彪馬上以行
動向毛獻忠心邀寵，在當上中央副主席的第三天，就在軍委
擴大會議上發表講話，破題定調，既打劉伯承，又捧毛[14]。
1959年廬山會議後期，林彪被毛搬兵，一上廬山，就有力助
毛，批彭德懷的調子最高，罵彭德懷是「偽君子」，「野心
家」，「馮玉祥式的人物」[15]。在其後召開的軍委擴大會議
上，林彪下令當場扣押為彭德懷辯誣的鍾偉將軍[16]，並發表文
章，不指名尖銳批判彭德懷和捧毛[17]。

　　林彪取代彭德懷主持軍委工作後，正值全國性饑荒蔓延，
毛的威望開始下滑之際，他在1960年提出「高舉毛澤東思想
偉大紅旗」、「四個第一」、「三八作風」等口號，在全軍
發起「學毛著」，創「四好連隊」、「五好戰士」的活動，
向毛獻上忠心。1961年9月23日，毛在武漢和英國蒙哥馬利元
帥談話，明確表示，他死後，劉少奇是接班人[18]。毛向蒙哥馬

13　辛：頁 430。

14　林彪説：「有人說，只有外國的東西是科學的，這話不對」，「不要一談到
　　外國的東西就津津有味，把本國的東西看作是土包子。毛澤東同志的軍
　　事著作就是軍事科學，是馬克思列寧主義在軍事方面的創造性的發展」。
　　《林彪同志關於政治思想工作言論摘錄》，出版時間和出版地不詳，頁 2。
　　另參見辛：頁 432。

15　李銳：《廬山會議實錄》(增訂本)(鄭州：河南人民出版社，1994)，頁：185。

16　辛：頁 451。

17　林彪：《高舉黨的總路線和毛澤東軍事思想的紅旗闊步前進》，《人民日
　　報》，1959 年 9 月 30 日。

18　逄先知、金沖及主編：《毛澤東傳(1949–1976)》，下冊(北京：中央文獻出
　　版社，2003)，頁 1173。以下簡稱《毛澤東傳》。

利放話，是事先有準備的一項精心安排[19]，重點是面向國內高層，其目的是為了平穩度過當時他所面臨的難關。蒙哥馬利回國後把毛的這番話公開出來，外交部把蒙哥馬利的有關敍述專發一個簡報，發至地、師級，使林彪很受挫折[20]。但是他並沒有消沉下去，在1962年初的「七千人大會」上，別出心裁，説了一番和大會主旨完全相反的捧毛説的話，深獲毛的賞識。在毛的威信受損的困難時期，林彪為毛保駕護航，立下第一等的功勞。其後林彪因部署調兵東南防範蔣介石「反攻大陸」，身體累倒了，軍委日常工作被毛轉給賀龍代管，林彪又不出面了。他親筆提醒自己：「千萬記住」，對於對手的侮辱，應「視若無睹，置之不理」，「勿上敵箝制隊，游擊隊的當」，更警戒自己要吸取彭德懷的教訓：「廬山之彭世上之彭甚多，豈可為了區區小人、區區小事，而耽誤自己的終身大事！」[21] 在這之後的幾年，林彪捧毛更加花樣翻新：「突出政治」，「活學活用」，1964年5月，在軍隊率先發行《毛主席語錄》等等，造成崇毛的巨大的社會氛圍，使毛錯而有理，更加霸道，給中央一線造成巨大的壓力。

林彪是不是真心崇毛？答案是否定的。在中共所有領導人中，林彪私下裏對毛的批評是最尖銳的，而且直指毛的個人品質。林彪批評毛「搞權術」[22]，「言行相反(言論前後相左，如內矛)」(指毛《關於正確處理人民內部矛盾》一文

19　參見熊向暉：《毛澤東向蒙哥馬利談「繼承人」》，載熊向暉：《我的情報與外交生涯》(北京：中共黨史出版社，1999)，頁 383–388。

20　辛：頁 471–472。

21　《林彪、葉群的十八則筆記》，香港《明報月刊》，1994 年 3 月號，頁 87。

22　參見官偉勛：《我所知道的葉群》(北京：中國文學出版社，1993)，頁 214。以下簡稱：官。

講話稿和發表稿的區別)[23]，「別人搞好的東西壓住，事後歸己」。[24]「他先為你捏造一個『你的』意見，然後他來駁你的意見。並無，而捏造──老東的慣用手法，今後當注意他這一着」[25]。「他自我崇拜，自我迷信，崇拜自己，功為己，過為人」[26]。他對葉群說：「為省腦力勿讀一號(『一號』指毛)和斯(大林)」[27]，還批評毛搞的大躍進是「憑幻想胡來」[28]，稱毛是「拗相公」，「不關心國民生計」，只關心自己的「名、位、權利」[29]，林彪並且指責毛對赫魯曉夫「罵絕了(穿睡衣臭罵)」，「對(王)明鬥絕了」[30]，但是所有這些言論只限於在家裏和老婆表達。

林彪對毛雖有意見，但隱蔽極深，公開的言論都是順着、迎合毛，「堅決的左傾高姿態」，為什麼要這樣？一言以蔽之：追求自身利益的最大化。在林彪看來，不管毛是否退入二線，毛的權勢都是不可撼動，為了保全自己或更上層樓，只有緊跟「毛線」，同時也要隱匿鋒芒，減少毛的猜

---

23 1970 年 3 月 13 日，葉群記錄林彪的談話，《林彪、葉群的十八則筆記》，香港《明報月刊》，1994 年 3 月號，頁 84。

24 1970 年 3 月 13 日，葉群記錄林彪的談話，《林彪、葉群的十八則筆記》，香港《明報月刊》，1994 年 3 月號，頁 84。

25 林彪寫在一張散頁的《新華報》上，貼在《邏輯的產生和發展及其法則》的書中，轉引自少華、游胡：《林彪的這一生》(武漢：湖北人民出版社，1994)，頁 207。

26 林彪寫在 1958 年版的《學文化辭典》「個人崇拜」條目旁，轉引自少華、游胡：《林彪的這一生》，頁 207。

27 葉群在 1961–1964 年記錄的林彪談話要點，《林彪、葉群的十八則筆記》，香港《明報月刊》，1994 年 3 月號，頁 85。

28 官：頁 214，

29 1970 年 3 月 13 日，葉群記錄林彪的談話，《林彪、葉群的十八則筆記》，香港《明報月刊》，1994 年 3 月號，頁 84。

30 同注 29，頁 86。

疑心。早在60年代初，林彪就提醒自己，對毛要奉行「三不」和「三要」：「1，不干擾人之決心(免己負責)，2，不批評(免爭領導之嫌)，3，不報壞消息(去影射之嫌)」；「要回應，要表揚，要報好消息」[31]，「明知不是理，事急且相隨」[32]。葉群記錄林彪的一次談話說道：「萬般皆下品，唯有利益高」，「離開利益，一切看不清，是千條萬條中的第一條」[33]。「要把大擁、大順作為總訣，要仿恩(格斯)之於馬(克思)，斯(大林)之於列(寧)，蔣(介石)之於孫(中山)，跟着轉，乃大竅門所在。要亦步亦趨，得一人而得天下」[34]。林彪的筆記還寫道：「何為當代偉大人物？一號利益的代表者(應聲蟲)」[35]，「誰不講假話，誰就得垮台，不講假話辦不成大事」。[36] 林彪還告誡自己：勿忘「古策」——「主先臣後，切勿臣先搶先」，也就是決不先出頭，「毛主席怎麼說，我就怎麼做」。[37]

　　1966年召開八屆十一中全會，林彪在大連休養，是毛澤東讓秘書打電話並由空軍司令員吳法憲陪同，才在8月6日回到北京。從表面看，林不願出山，是毛一再要求，林才出山的。但是毛看得很清楚，林彪幾年來的行為並不是「老僧入定，四大皆空」。林彪住人民大會堂浙江廳，見毛澤東就作

31　葉群在60年代初記錄的林彪談話，《林彪、葉群的十八則筆記》，香港《明報月刊》，1994年3月號，頁85。

32　同注31，頁86。

33　同注31，頁85–86。

34　轉引自辛：頁480。

35　同注31，頁84。

36　轉引自官：頁209。

37　引自於馮建輝：《林彪與個人崇拜》，載《炎黃春秋》1999年第10期，頁39、36。

掉，托稱身體有病，不願接任新職。毛澤東大怒，罵林彪：
「你想當明世宗！」(明世宗即明朝嘉靖帝，虔信道教，不問
政事)，嚴斥林彪：「你不想介入運動是假的！」[38] 應該說，
毛的眼力是準確的。

在毛為發動文革的先期準備中，爭取林彪的支持是極為重
要的，毛為了滿足林彪的要求，在1965年12月打倒了長期忠
於他的羅瑞卿，但是，毛拋棄羅瑞卿不單是為了林彪，其中
也有他個人的考慮，這就是羅瑞卿在1962年後和劉少奇、鄧
小平及中央一線走得很近。1965年1月，羅瑞卿被劉少奇主持
的三屆人大增補為國防委員會副主席，劉少奇並向羅許諾，
如林彪身體不好，還是羅來接林的班[39]，在毛看來，這些都是
劉少奇在挖自己的牆角。所以從1965年4月起，毛、林就開始
削羅的權[40]。1965年12月1日，毛、林在杭州密談，很有可能
就是對林進行「路線交底」[41]，幾天後，12月8日，毛突然下
令在上海臨時舉行政治局常委擴大會議，迅速解決了羅的問
題。在這之後，毛馬上要林彪作出回報，命江青「請尊神」
找林彪，召開部隊文藝座談會，在《江青同志主持召開的部
隊文藝工作座談會紀要》上親筆加上「林彪同志委託」，拉
林彪上船。

對於毛發動文革的意圖，林彪不僅心領神會，而且給予
了積極的配合。為了震懾中央一線，1966年5月18日，林彪在
政治局擴大會議上發表講話，這是在「七千人大會」的四年

38　轉引自張寧：《塵劫：傳奇女子張寧自傳》(香港：明報出版社 1997)，頁
　　328–329。

39　辛：頁497。

40　辛：頁509。

41　辛：頁509。

後，林彪又一次的面對全黨作大報告，林彪在講話中發展了毛的「修正主義要搞政變」的看法，使全黨大受驚嚇，達到了「丘八嚇秀才」的目的，卻未料到毛對他的講話竟然還有一些保留，毛通過周恩來把給江青的信轉給林彪看，為毛說話卻被批評，林彪的一片「忠心」被當頭澆了一盆冷水，才有婉拒出山的反應，但最後還是接受了毛的命令。

可是，毛對林彪還是不完全放心，1966年9月，在人民大會堂叫林彪讀《三國志》中的《郭嘉傳》和《宋書》中《范曄傳》[42]，以古史對林彪加以告誡。郭嘉為曹操的謀臣，助曹操破袁紹有大功，隨曹操征戰多年，英年早逝，年僅三十八歲。范曄，南朝宋國人，《後漢書》作者。420年，劉裕代晉稱帝，國號為宋。范曄先後擔任過尚書外兵郎等職，由於性格驕慢，經常被貶官。由於劉裕弟彭城王劉義康長期執政而受到宋文帝猜忌。元嘉十七年(440年)，宋文帝以「合黨連群，陰謀潛計」的罪名誅殺、流放劉義康的親信十餘人，並貶劉義康為江州刺史。劉義康不甘失敗，多方拉攏范曄，使其最終入夥。是年十一月，造反事發，有人告密宋文帝，稱范曄是政變主謀，於是，范曄於元嘉二十二年(466年)以謀反的罪名被滿門抄斬，時年四十八歲。

毛要林彪學郭嘉，一心事主，又用范曄最後參與謀反，被滿門抄斬的歷史來警告林彪。從這可以看到兩點：第一，毛對任何人都不信任，他在提拔林彪時，對林彪還是有頗深的懷疑的。第二，毛也是坦率的，他就是以此告誡林彪，要擺

42　張雲生、張叢堃：《「文革」期間我給林彪當秘書》上冊(香港：中華兒女出版社，2003)，頁445，此書係作者《毛家灣紀實》(春秋出版社1988年出版)一書的擴充本，原書為14章，新版為20章，添加了許多內容。以下簡稱：張雲生。

正關係，這就是毛和他的關係是君臣關係。他以范曄為例，直言不諱地警告林彪，皇帝多疑，汝要謹慎從事，否則下場不好，還要禍延子孫！這兩點，是理解文革期間毛、林關係的關鍵。

二、林彪在1966-1969年是有所為，有所不為

林彪被毛欽定為接班人，在中央核心層沒有遇到任何阻力。

周恩來：60年代初，當劉、鄧一致抵制林彪對毛的過份宣傳時，周站在了劉、鄧的一邊。1960年3月24日，在天津召開的中央常委擴大會上，劉少奇首先提出：不能把馬列主義和毛澤東思想搞成兩個東西。鄧小平第二個發言：一定要使我們報刊的宣傳不要把馬列主義這幾個字丟掉了，最近的偏向就是只講毛澤東思想。周恩來第三個發言，對劉、鄧加以呼應，批評當時報刊對毛思想的宣傳：一個(是把馬列和毛思想)對立起來，還有一個(是把毛思想)庸俗起來了，(把)什麼都說成是毛澤東思想[43]。但是到了1965年，中央的情勢已發生重大變化，周已看出林彪正在上升的政治前景，在該年下半年代表毛和王稼祥打招呼，接班人可能是林元帥和鄧總書記[44]。在1966年5月政治局擴大會上，周發言，讚頌林彪「對毛澤東思想提得最早，舉得最高，發揮最多，用的最活，做得最力」。又稱讚：「1962年七千人大會，林彪的講話是最有份

43　中共中央文獻研究室編：《周恩來年譜(1949-1976)》，中卷(北京：中央文獻出版社，1997)，頁296-297。以下簡稱《周年譜》。

44　朱仲麗：《內亂之中——王稼祥在「文化革命」中的遭遇》，載《革命史資料》，第5輯(北京：文史資料出版社，1981)，頁119。

量的講話」[45]。在八屆十一中全會上，周對林的接班人地位表示積極擁戴。

鄧小平：對林彪一向抱有看法，他看得很清楚，真正淡泊的人絕不會像林彪這樣工於心計(狂熱捧毛)，出手狠辣(對彭德懷，對羅瑞卿)，所以對林並無好感。鄧也不贊成對林彪戰功的過份宣傳[46]，但是到了1966年上半年，鄧也注意調整和林的關係，彭真倒台後，鄧向中央推薦陶鑄擔任書記處常務書記，其中考慮之一，就是陶鑄曾是林彪在東北四野的部下。

劉少奇：長久就知道林彪在毛心目中的重量，在林彪升任副主席後，很少得罪林，在1959年9月9日軍委擴大會議上，劉說他「要搞林彪的個人崇拜」。60年代初，鑒於林彪對毛的過份吹捧，曾一度領頭壓抑林彪對毛的個人崇拜，但是到了1963–1966年初，劉少奇對林已無可奈何。在1966年5月政治局擴大會議上，劉少奇一面做自我批評，一面捧林，以後又批彭真、羅瑞卿反林彪[47]，以此向毛、林示好，殊不知這一切都不能挽回自己即將倒台的命運。在八屆十一中全會上，劉少奇從黨內第二號人物降為第八號，在發言中表態擁護林彪做毛的接班人。

朱德：長期受林彪羞辱，在1966年5月23的政治局擴大會

45　〈周恩來在中央政治局擴大會議上的講話〉(1966 年 5 月 21 日)，《文庫》2006 版。

46　60 年代初，鄧主持《毛選》，第四卷軍事部分的注釋工作，有三個元帥，五個大將參加，參見《毛澤東傳》，下冊，頁 1052；林彪在八屆十一中全會後的政治局擴大會議上指責鄧在《毛選》注釋中，「突出二野」，「沒有把各個野戰軍擺平」，參見《王力反思錄》，下冊(香港：北星出版社，2001)，頁 620。

47　〈劉少奇在中共中央召集的民主人士座談會上的講話〉(1966 年 6 月 27 日)，《文庫》2006 版。

議上再次受到批判，已完全沒有發言權[48]。

陶鑄：在5月政治局擴大會議後，取代了彭真成為中央書記處常務書記，以自己和林彪歷史上的淵源，捧林，來北京後，受到林彪接見，這對林彪是極罕見的[49]。

陳伯達、康生、江青：直接從毛處領命，全力捧林。

林彪一出山就出手打人：劉少奇已倒台，最大的對手就是鄧小平，八屆十一中全會上鄧以全票當選政治局常委，排名第四，仍然分工主管和各國共產黨聯絡等工作，江青和林彪聯手，向毛進言重排座次，把鄧排在第六名。在八屆十一中全會後的政治局擴大會議上，林還以「接班人」的身份，講了一番話，打擊鄧的威信，鄧小平只能在會議期間把工作移交給康生後下台。[50]

林彪上台後最初的幾次講話，8月9日接見中央文革小組成員的講話，8月10日和13日關於「罷官」問題的講話，其性質都是支持文革的動員令。八屆十一中全會後，毛直接主事，原意「中央工作由林彪主持」，林彪在主持過幾次會議後，從8月24日，就改由周恩來主持中央日常工作[51]，林彪又做了「甩手掌櫃」，除了身體不好的原因，更重要的是他看到毛早做了制約：葉劍英年初就做了軍委秘書長，毛在八屆十一中全會上提拔葉劍英、徐向前、聶榮臻等進入政治局；林彪的毛家灣住地原先是由軍委辦公廳警衛處警衛，但是在十一中全會後，加派由汪東興直接指揮的8341部隊，由中央警衛

48　〈中央政治局擴大會議批判朱德紀要〉(1966 年 5 月 23 日)，《文庫》2006 版。

49　官：頁 208。

50　《王力反思錄》，下冊，頁 620–621。

51　《周年譜》，下卷，頁 51。

團的一位副參謀長親自坐鎮[52]，由兩個單位共同警衛林彪的住所。於是，林彪萬事沒有自己意見，主動交權，一切都聽毛的。

毛完全回到一線，他又是怎麼駕駛文革這艘大船，領導國家的呢？

1. 大權獨攬，是最高或唯一的決策者，林彪、周恩來、江青等都是執行者。

2. 逐漸凍結中央日常領導機構，成立兩個班子：1966年5月成立由江青為核心的中央文革小組，陳伯達擔任組長只是給江青打掩護，大權都在江青手中，這是為日後取代中央書記處預做準備。八屆十一中全會後，書記處已名存實亡，陶鑄作為常務書記，只是一名義，書記處已不開會[53]。由江青為核心的中央文革小組從毛處領旨，具體出面指導全國文革；由周恩來領導中央日常工作班子，包括暫未打倒的政治局委員和副總理，由周具體遵旨辦事，管理國家經濟運轉。以後毛又命由周主持國務院和中央文革的「碰頭會議」，葉群代表林彪參加，處理重要的軍國大事。

3. 由林彪領導的軍隊保駕護航，但一切重大行動都由毛安排，或由毛委託周恩來具間協調。

4. 由毛本人親自、並通過江青獨掌意識形態宣傳系統，對全國人民進行意識形態鼓動和對全國形勢進行調控。

在這一階段的文革過程中，林彪的名聲極大，對林彪的宣傳鋪天蓋地，軍隊系統尤甚，在還沒有公開八屆十一中全會

52　張雲生：頁429。
53　《王力反思錄》，下冊，頁619。

中央人事機構改組的8月12日，《解放軍報》就發表社論，宣稱：確定林彪同志為毛主席的接班人，是全黨全軍和全國人民的最大幸福[54]。9月初，全軍又就林彪發表《人民戰爭勝利萬歲》一周年，開展學習宣傳活動，如此等等，既是林彪為自己造勢，也是毛、江青的一個策略，這就是拉住林彪，為文革添柴加火，引導全國軍民相信林彪大權在握，其實林彪雖有「副統帥」的名義，但他的角色並不突出。

林彪擁護毛的一切決策，「大事不干擾，小事不麻煩」，「毛主席劃圈我劃圈」[55]，對江青也不時示好。林彪從外地回京，甚至有過先不回自己的住地毛家灣，而是前去釣魚台看望江青的事例[56]。林彪對葉群捧江，也不加制止，在1967年夏，林彪甚至降尊迂貴，給毛的信也先給江青的親信戚本禹看，徵求他的意見[57]。但是，林彪還是利用文革的機會報復仇人和清除異己，他的方法是利用毛的疑心，借毛和江青的手清除異己。

林彪最恨的是陸定一夫婦，陸原是毛在延安整風運動中提拔的重要領導幹部，建國後毛對陸也基本信任，50年代後期以來，陸在對知識分子問題的看法上和毛一致，受毛欣賞，但陸定一的夫人嚴慰冰長期給林家寫匿名信，得罪了林彪，陸定一和林彪的重量不能相提並論，毛要拿到林彪的忠心，犧牲陸是小事一樁。

林彪對過去得罪過他的人，絕不容忍。1953年3月，傅連

---

54 〈偉大的劃時代的會議——紀念十一中全會〉，《解放軍報》，1966年8月12日。

55 張雲生：頁280、424。

56 楊銀祿：《我給江青當秘書》(香港：共和出版公司，2003)，頁175。

57 張雲生：頁230。

暲醫生曾奉毛的命令為林彪檢查過身體，引起林的疑心，文革初，傅連暲即遭迫害，毛知道傅是好人，而且在1934年在江西蕁都曾經救過毛的命，於1966年9月3日下旨救傅：此人非當權派，又無大罪，似應予以保護。由於毛救傅的旨意並不堅決，在回復傅的求救信中，更對傅有所指責：「對自己的一生，要有分析，不要只見優點，不見缺點」[58]，1969年2月29日，傅連暲還是被葉群、邱會作整死。

林彪在軍隊中最不放心的是賀龍，必欲除之而後快。在老帥中，朱德已垂垂老也，沒有任何威脅；劉伯承雙目幾近失明；陳毅，在軍中沒有什麼人馬，而且有歷史上反毛的事，自有毛來收拾他；徐向前，幾十年謹小慎微；聶榮臻，只是管國防科技，離權力中心很遠；葉劍英，更沒「山頭」和人馬；老帥中只有賀龍實力雄厚，在軍中有較深的人脈資源，在國內外都有較大的影響，而且在60年代初中期曾奉毛命，一度代林彪主持軍委日常工作，和羅瑞卿也關係密切。於是林彪夫婦在剛出山的1966年7至8月，就策劃誣陷賀龍。毛對賀龍原是信任的，但以後也漸起疑心：1964年11月，蘇聯國防部長馬利諾夫斯基元帥在莫斯科對賀龍策反，賀龍在當時雖表現了對毛的忠誠，毛還是難打消疑慮：蘇聯人為什麼會對賀龍策反？毛就改變了對賀的態度，同意打倒賀龍，林彪趁此機會，把賀龍系的人馬全部清洗，毛聽之任之。

但是，林彪對毛批劉少奇的絕情，私下抱有看法。60年代初，林彪很佩服劉少奇、彭真治黨的一套，他曾親筆寫下，

58　中共中央文獻研究室編：《建國以來毛澤東文稿》，第12冊，（北京：中央文獻出版社，1998），頁120。以下簡稱：《毛文稿》。

在管理幹部方面，要「學劉彭的做法」[59]。在1962年1月23日準備「七千人大會」報告時，林彪提醒自己，「講時應照顧聽眾利益，及大首腦(一號、幹部辛苦、各腦、周)利益，分別拉之」[60]。在1月29日作報告時，他的第一句話就是：少奇同志的報告講得很好，很正確，我完全同意。在文革中，林彪對劉少奇的態度，基本上是順着毛和江青的態度走。1966年8月14日，林彪將一份誣告劉少奇的信轉給江青，「並請酌轉主席閱」。1968年9月29日，林彪又在劉少奇專案組的「審查報告」上親筆批示：「劉賊少奇，五毒俱全，鐵證如山，罪大惡極，令人髮指，是特大壞蛋，最大隱患。把他挖出來，要向出色指導專案工作並取得巨大成就的江青同志致敬！」但是據給葉群講書的宮偉勳說，林彪背底下對其女兒林立衡說：「劉少奇在論事上比毛主席講得透，劉鄧都是好同志，拿掉他們沒有道理」[61]。林彪的秘書張雲生也回憶，1967年7月，紅衛兵包圍中南海，要揪出劉少奇，林彪在聽秘書講文件時脫口而出：劉少奇是副主席，剷大富反劉，就是反黨[62]。

　　林彪對陶鑄被打倒無能為力，陶鑄被打倒後給林一信，林見信後「默默無語」葉群命秘書把信趕快燒掉[63]。

　　對彭德懷也沒有特別加以打擊，揪彭和打彭是由江青親自指揮的。

59　林彪親筆，時間推斷是 60 年代初，《林彪、葉群的十八則筆記》，香港《明報月刊》，1994 年 3 月號，頁 86。

60　葉群在 1962 年 1 月 23 日記錄林彪擬在「七千人大會」上講話的準備方法和注意要點，《林彪、葉群的十八則筆記》，香港《明報月刊》，1994 年 3 月號，頁 87。

61　官：頁 215。

62　張雲生：頁 239。

63　張雲生：頁 79。

對劉伯承沒有加以迫害。

對徐向前、陳毅，看毛的眼色，在毛反擊「二月逆流」和武漢「7.20事件」後，林彪對這兩人，特別是對徐向前有嚴重打擊，但在1967年冬，林彪又對楊成武說：徐向前沒有野心[64]。

對朱德，林彪雖然多次在中央的會議上羞辱朱德，但在私下，據朱德女兒所述，自1959年盧山會議後，直到他叛逃的前一星期，「還常常登門拜訪」朱德[65]。

對周恩來，基本不妨礙，一般情況下，也尊重周的意見，在文革中和周沒有發生過正面衝突。1967年3月，為召開軍級幹部會議一事，周因直接報毛而沒報林彪，受到江青、康生、葉群的指責，毛同意軍內事應先報林彪，再報毛，為此周還親自向林彪寫檢討，表示「今後決不再犯」，林接信後頗為感動，當即叫秘書寫信給周致謝，後被葉群攔下，改以電話問候[66]。

對康生：知道康生的厲害，敬而遠之。

林彪對一些部下倒台有同情，和江青也吵過架，但林彪區分不同情況，除對極少數親信伸出援手(只救過邱會作)，其他一概不管。

林深居簡出，除了隨毛露面，很少有接見軍隊人員的行動，對「軍委辦事組」的工作「很少過問」，和黃永勝、吳法憲、李作鵬、邱會作，也很少接觸[67]。

64　張雲生：頁247。

65　朱敏：《我的父親朱德》(瀋陽：遼寧人民出版社，1996)，頁421。

66　張雲生：頁170–172。

67　張雲生：頁299–300。

林彪對「永遠健康」的祝辭也非常害怕。1967年6月16日，林與毛一起觀看上海京劇院演出的革命現代京劇《智取威虎山》，毛看到舞台的演員在齊聲祝禱「萬壽無疆」時，對身邊的林彪開玩笑說，下一個要輪到你了(指文革時期的例行套語，在祝毛「萬壽無疆」後，要「敬祝林副統帥永遠健康」)，就這麼一句話，讓林彪大為警惕，當晚回家，書寫「悠悠萬事，唯此唯大，克己復禮」，下令「林辦」人員夜間上街刷去所有祝林彪「永遠健康」的標語，並連夜寫信給周恩來和中央文革小組，要求在全國制止對「永遠健康」的宣傳[68]。

可是當機會到來時，林彪也迅速出手，這是他的一貫特點。1967年3月20日，林彪想揪「軍內走資派」，「帶槍的劉鄧路線」，毛權衡後加以制止，林退縮回去了。1967年7月20日，「武漢事件」爆發，林彪順風扯帆，跳到前台，「興奮異常」[69]，先是主持了中央文革碰頭會，7月22日，林立果以「紅尖兵」的筆名，在《人民日報》發表文章，提出「揪軍內一小撮」的口號。林彪本來沒準備參加中央文革預定在7月25日召開的群眾大會，後又向中央文革小組表示自己要出席在天安門廣場舉行的百萬人群眾大會[70]，於是，林彪第一次成為主角登上天安門。7月下旬，林彪主動接見文革小組幾位成員，說「寄希望於小將」[71]，試圖借江青之手、清除軍內非林系的力量。8月1日，《紅旗》為紀念「八一」的第十二期，果然提出「揪軍內一小撮」的口號。

68　辛：574–575。
69　張雲生：頁239。
70　辛：580。
71　張雲生，頁229。

武漢事件和林彪在7月20號以後的行為引發全國性的「反軍」高潮，各地執掌軍政大權的非林系軍隊大員，如許世友等，政治地位岌岌可危，林彪的「活躍」引起毛的高度警惕。毛在上海，當着隨行的楊成武和其他工作人員的面，對祝林彪身體「永遠健康」和「四個偉大」的提法表示不滿[72]，又對楊成武談起長征途中林彪要毛下台的舊事[73]。毛要楊速回北京，撇開林彪，向周恩來傳達他的指示：老帥出席八一建軍節招待會，由楊成武在招待會致詞[74]。毛的這些舉動，一下把林彪打縮回去了。他「又恢復少言寡語，悶悶不樂的狀態」，來了個「大撒手」[75]。8月25日，為了穩定大局，毛下令拋出王力、關鋒等，又一次要楊成武撇開林彪，向周恩來傳達他的指示，周認為不妥，要楊前往北戴河向林彪彙報[76]。此時，倒劉大局還沒有最後完成，毛只是要敲打林彪一下，並沒有「換馬」之意，9月24日，他在談到召開九大問題時說，接班人當然是林彪[77]。之後，毛又有一系列安撫林彪的動作，1967年11月25日，毛作出批示，拒絕了林彪提出的刪去對他評價太高的詞語，表示「刪去不好，也不必改寫」[78]。

1968年3月，又來機會了，江青要打倒楊成武和傅崇碧，林彪也想打擊「楊、余、傅」，因楊成武、余立金都向他封鎖毛在上海的講話，而毛也有考慮，楊成武「四面討好」，

72　《楊成武將軍自述》(瀋陽：遼寧出版社，1997)，頁 306。

73　《楊成武將軍自述》，頁 304、306。

74　《楊成武將軍自述》，頁 303。

75　張雲生：頁 239。

76　《楊成武將軍自述》，頁 303。

77　《周年譜》，下卷，頁 191。

78　《毛文稿》，第 12 冊，頁 446、448。

傅崇碧跟周恩來較緊，余立金不重要，毛就支持了林彪。1969年4月，九大期間，屬於林彪系的溫玉成突然被林廢黜，毛也接受了。這是毛對林彪的最後一次的給予。

　　1966–1968年，幾乎軍隊的所有決策需事先報釣魚台，得毛和江青同意後，才能推行，林彪的講話，也得由釣魚台事先審查[79]，軍委辦事組人員的組成，也是毛親定的。所有重大決策都來自於毛，但是當毛需要林彪的時候，也會適當滿足林彪的要求，這幾年的情況，大致如此。毛依靠軍隊，穩住了大局，又以軍隊為中心，重新建黨，恢復了秩序。

三、葉群扮演的重要角色

　　考察50年代後的林彪，不能忽略其妻葉群在林彪政治生活中所起的重要作用。葉群是抗戰爆發後奔赴延安的眾多革命女性中的一員，曾在延安中國女子大學擔任組教科長，1942年林彪從蘇聯返延安後和葉群結婚。林彪奉毛命去重慶期間，葉群在搶救運動中被整，在受審查時間，曾「往洗臉盆裏大小便」[80]，從此緊緊抱住林彪這顆大樹，在建國後的歷次黨內鬥爭和政治運動中安全度過。葉群性格外向，懂俄文，有文化，好讀書，悟性很高，在50年代，葉群陪伴丈夫一同韜晦十年，夫婦雙修宮廷學，一直督促林彪捧毛。

　　葉群和江青的共同點是：兩人都有野心，有文化，葉群本來比江青有「人情味」，對下屬和「林辦」工作人員的態度

79　張雲生：頁181–182。

80　曾志：《一個革命的倖存者——曾志回憶錄》，下冊(廣州：廣東人民出版社，1999)，頁337。

也較好，但自文革介入高層政治後，也變得和江青一樣，作風專橫，都是滿嘴意識形態大話，又有農民革命「女寨主」的派頭，江青自稱：「老娘」，葉群自稱：「姑奶奶」。和江青的不同點是：江青不能當毛的家，只是毛的工具；葉群在相當程度上可以當林彪的家，葉群雖然經常受林彪的訓斥，自尊心受到很大的傷害，對林彪有怨氣[81]，但共同的利益已把她和林彪緊緊捆綁在一起。林彪在賦閑的十年，已習慣於依賴葉群[82]，也從多年的經歷中相信了葉群判斷能力的準確性[83]，林彪身體不好，精神倦怠，需要葉群打理內外事務。

文革中葉群基本以林彪的代表的身份出現在重大場合，而實際她所扮演的角色更為重要：

1. 控制林彪接觸的信息。

2. 給林彪的意見和批示「把關」，督促林彪捧毛澤東捧江青[84]。

3. 代表林彪，指導軍中有關重要的人事事務，是軍委辦事組的「女當家」[85]。

毛在文革初期對軍隊的領導機構做了精心的佈局，1966

---

81 葉群在 1961 年 11 月 24 日的筆記中寫道，「101(指林彪)他經常表示對我的不滿、輕蔑，使我嘗到被鞭打、被刺諷的痛楚，使我在行屍走肉般的生活中清醒過來」，「幾十年的時間由人撥弄，任人歧視，這是多大的過錯呀」，《林彪、葉群的十八則筆記》，香港《明報月刊》，1994 年 3 月號，頁 88。文革初，葉在一次給工作人員打電話時，罵林「病鬼」，「嫁給他倒了八輩子霉」，又對工作人員說，作為夫妻，她和林彪的關係是「冷冰冰的」，參見張雲生，頁 440，631。

82 1971 年夏在北戴河，林彪口裏有痰，是否吐出來，也要問葉群，參見官：頁 214，

83 張雲生：頁 424–425。

84 張雲生：頁 424。

85 張雲生：頁 575。

初，毛命令葉劍英取代羅瑞卿擔任軍委秘書長，葉劍英擔任此職一直到1967年3月。此時發生全國奪權，軍隊「支左」以及「二月逆流」，軍委機構名存實亡，由各大軍區各自為政，北京只有一個由楊成武領頭的總參班子負責備戰工作。1967年夏，毛去南方，江青、林彪、葉群建議成立「軍委看守小組」，8月7日經毛批准，確定吳法憲為組長，而葉群實際上是「軍委看守小組」的靈魂人物。9月23日，毛回到北京，提名楊成武參加「看守小組」，改名為「軍委辦事組」，由楊任組長。1968年3月，「楊、余、傅事件」爆發，「軍委辦事組」改組，由黃永勝負責，葉群等為成員，葉群幾乎不參加辦事組的會議，但在其中仍起關鍵作用[86]。毛瞭解葉群在軍委辦事組的角色，葉群參加軍委辦事組是毛的意見[87]，毛對葉群攬權，沒加以制止，是把葉群當林彪的替身而看待的。

中共革命是以男性為中心的，葉群只是軍隊的一個上校，就因為是林彪的妻子，就可以參加軍隊最高領導機構的工作，這是十分反常的，然而在毛時代，特別是在文革中的1966–1971年的特殊時期，「高幹夫人」深度參與政治，卻是常見現象。因為，革命不分性別，而且出於保密的需要，首長夫人被認為政治可靠，於是從江青開始，到省級軍政領導人，擔任丈夫秘書的夫人比比皆是。

由高幹夫人擔任丈夫的秘書或辦公室主任的制度，為高幹夫人干預政治大開方便之門，其中分寸，全靠首長掌握。此制度在文革前還是局部現象(王光美一度躍入政治前台是一特

86　張雲生：頁283；304–305。

87　張雲生：頁284。

例且造成嚴重後果），有劉、鄧、彭真以黨紀加以控制，但到了文革時期，特別是在1967初實行全國軍管之後已失控，軍隊中大軍區級以上的高幹夫人參政已非個別的現象，毛為什麼不加干預？

可能的原因是：毛讓江青出山，委以重任，就不好再批評下屬讓夫人做辦公室主任，林彪身體不好是事實，只能讓葉群代林彪參加會議，而葉群善於察言觀色，很會說話，使毛對葉群一向不反感，曾被毛稱許為「八級泥瓦匠」[88]。而且女性參政是可控的，其性質都是首長的附屬物，好壞都拿丈夫是問，或雞犬升天，或一起下油鍋。

四、九大是林彪由盛而衰的轉振點

1969年4月召開中共九大，毛論功行賞，破天荒地把林彪的接班人的地位寫進黨章，在九屆一中全會上又安排林的部下黃、吳、葉、李、邱進入政治局，軍委辦事組也主要由林的幾個部下組成，周恩來、康生還以黨的元老的身份在九大發言，表態擁護林的接班人地位。

毛為什麼要把林彪的接班人地位寫進黨章？林彪對此是推辭的，在八屆十二中全會的講話中，他對新黨章草案把他的接班人地位寫進去一事，表示「很不安，很不安」[89]。而毛是在江青等人一再堅持下，「考慮了一個晚上」才同意的[90]。顯

88　張雲生：頁471–472。

89　〈林彪在中共八屆擴大的十二中全會第二次會議上的講話〉(1968年10月26日)，《文庫》2006年版。

90　張耀祠：《回憶毛澤東》(北京：中共中央黨校出版社，1996)，頁113–115。

然，毛不會是因為江青的建議，就作出如此重大決定，毛一定有其自己的考慮，欲將取之，必先予之？無法猜測，但仍有跡可尋：在九大開幕式上，毛故意提名林彪為大會主席團主席，加以試探，林彪迅即反應，高呼「毛主席當主席」[91]。4月14日，周恩來在大會發言，稱林彪是井岡山會師的「光榮代表」，林彪迅即打斷周的講話，流淚頌毛[92]。然而毛還是在九屆一中全會上，引用蘇聯人批評中國為「軍事官僚體制」的一番話[93]，來曲折表達對林彪的軍系力量膨脹的擔憂。毛把許世友、陳錫聯拉進政治局，還提拔李德生，使之也進入政治局，以圖對林彪加以制衡。毛對大軍區第一把手的任用極為用心，對這一級軍隊領導，林沒有任何用人權。

九大後，毛開始逐漸壓抑林彪的軍系勢力，手法之一就是對個人崇拜降溫，此舉直指個人崇拜的吹鼓手林彪。1969年6月，他在武漢多次批評對他個人的形式主義的吹捧，還當着工作人員的面說，「四個偉大太討厭！」[94] 以後，「毛澤東交待周恩來把人民大會堂所掛的語錄牌統統摘下來。當周照辦以後，毛還故意當着林彪的面說：這些王八蛋的東西沒有了」[95]。

毛的手法之二是刻意扶植張春橋，以牽制、刺激、打擊林

91　〈九大毛澤東主持會議錄音記錄稿(之一)〉(1969 年 4 月 1 日)，《文庫》，2006 版；另參見遲澤厚：《中共「九大」內幕瑣憶》，載《炎黃春秋》，2003 年第 3 期，頁 44。

92　〈林彪在九大上的講話〉，(1969 年 4 月 14 日)，《文庫》2006 版。

93　〈毛澤東在九屆一中全會上的講話〉(1969 年 4 月 24 日)，《文庫》2006 版；另參見《毛文稿》，第 13 冊，頁 35。

94　《毛澤東在湖北》(北京：中共黨史出版社，1993)，頁 323。

95　〈周恩來接見人民日報負責人時的談話〉(1972 年 12 月 19 日)，轉引自高文謙：《晚年周恩來》(紐約：明鏡出版社，2003)，頁 275。

彪。九大後(一說是1970年4月底)，毛曾帶着張春橋等到蘇州去看望林彪，毛澤東在談話中先是說總理年齡大了，問他對周恩來的接班人有什麼考慮，然後話鋒一轉，問林彪：我年紀大了，你身體也不好，你以後準備把班交給誰？見林彪不吭聲，毛又追問：你看小張(指張春橋)怎麼樣？[96] 至此，林彪開始擔心自己的「接班人」地位將不保。

林彪此時已知道毛有廢儲之心，卻未能避開毛的鋒芒，林彪在九大期間的重大失誤是讓葉群也進入政治局而沒有堅決加以制止。在九大後的一段時間裏，林彪開始飄飄然了，從而暴露出他政治上極其幼稚的一面：1969年10月，林彪將其子林立果在軍內搞科技發明的報告上報給毛，得到毛的嘉勉，毛還專門接見了林立果，竟使得林彪忘乎所以，趁勢把林立果隆重推出，而他明明知道毛岸英的逝世對毛造成巨大打擊，毛僅有的一個兒子身體又非常不好。1970年7月23日，林彪帶着林立果前往國防科委一軍工廠視察，林彪居中，林立果和黃永勝隨侍左右，吳法憲、李作鵬、邱會作等眾將領尾隨其後，接受軍隊的夾道歡迎[97]。7月31日，林立果又在空軍作「講用」報告，用林彪原先準備九大政治報告的材料作「底料」，從「中國一定要強盛」，講到「社會主義的政治和經濟」，大話炎炎，講了7小時，小冊子在軍內廣為流傳[98]，空軍上下都在吹捧林立果為「超天才」，林彪不加制止，反而加以鼓勵。這一切都使得毛、江青起了很深的疑心

96　王年一：《大動亂的年代》(鄭州：河南人民出版社，1988)，頁388；張聶爾：頁216，221–212。官：頁213。

97　辛：609。

98　辛：609。

和強烈不滿，毛知道後「非常不高興」[99]，在私下對江青、康生、張春橋説，我還沒死呢，林彪同志身體不好，有點迫不及待地準備自己的接班人了[100]。

毛的更大的疑心來自對林彪的「第一個號令」的警惕。1969年10月18日，林彪沒等毛做指示就通過黃永勝下發了「號令」，第二天，葉群才以「電話記錄傳閱件」報給毛、周。林彪夫婦在對毛的問題上一向謹慎，這次卻百密一疏，鑄下大錯。林彪本來對1969年中蘇衝突毫不關心[101]，後中蘇副外長北京談判，林彪擔心蘇聯會搞突然襲擊，才緊張起來，在蘇州的住地搞了幾條指示[102]，後被軍委辦事組的閻仲川加上了「林副主席指示第一個號令」的標題下發全軍[103]。毛最喜歡的是林彪不管事，一旦林彪想發號施令了，就不舒服了，毛命汪東興把林彪報給他的「第一個號令」燒掉[104]。其實這次完全是毛猜疑心作祟。有資料説，當天，消息傳回蘇州，林彪十分後悔，因為在此之前，他連調動一個連的兵力都不敢做主，都要請示毛，這次竟在毛最敏感的方面自行其事，實屬大錯。就在這一天，林彪又寫了兩幅：「悠悠萬事，唯此唯大，克己復禮」，一幅給自己，另一幅送給葉群[105]。

在林、江集團圍繞設「國家主席」的問題發生的激烈爭

99　汪東興：《毛澤東與林彪反革命集團的鬥爭》(北京：當代中國出版社，1997)，頁 23。以下簡稱：汪東興。

100　辛：610。

101　張雲生：頁 463–464，542。

102　張雲生：頁 569–570。

103　辛：頁 606–607，

104　汪東興：頁 14–15。

105　辛：頁 607。

鬥中，真正的主宰還是毛，最初誰都不知道毛的真實想法，還以為毛是在試探彼等的反應，因為在歷史上，毛就用過此計。1958年12月，八屆六中全會宣佈毛將不擔任下屆國家主席，有資料說，此消息好似「晴天霹靂」，不少工農群眾痛哭流涕，以為國之將傾。許多群眾激動地說，「這樣做不對，毛主席不能把我們丟下」，「今後我們聽誰的話呀！」「我們不是成了沒有娘的孩子了嗎？」「毛主席作共和國主席，全國人民就像有個主事人，有依靠似的，因此還是毛主席作主席好」，「主席不作共和國主席我接受不了，這樣喊萬歲怎麼喊？全國人民要求他還當怎麼辦？」南開大學教授龍吟說，「毛主席做國家主席是每個人的願望，(他)不光是中國的主席，也是全人類的主席」。更有不少人表示，任何人都沒資格取代毛主席的國家主席一職，「除了他(指毛主席)，誰也當不了」「共和國主席權力很大，如果毛主席不當，別人當會不會出問題？」[106] 毛雖卸去國家主席一職，卻充分享受了廣大群眾的熱愛，所以1970年他才會質問向他勸進的林彪等：「我在十幾年前就不當了嘛，豈不是十幾年以來都不代表人民了嗎？」[107] 而在1958–1959年，只有極個別人才能看出毛的心機，廈門一個幼稚園老師說，毛主席提出不當國家主席是為了測驗人民對他的信任程度。江蘇省民建副主委劉國鈞「對人耳語」說：「將來弄一個人作牌位，應付應付，交往交往，實際還是毛主席當家」。瀋陽市教育局副局長郭承權說，「因為黨權高於一切，大權仍在他手裏，他

106　新華社編：《內部參考》，第 2657 期，1958 年 12 月 12 日，頁 3–5；第 2658 期，1958 年 12 月 13 日，頁 3–4、9–15、18–19；第 2663 期，1958 年 12 月 19 日，頁 33；第 2664 期，1958 年 12 月 20 日，頁 30。

107　《毛澤東傳》，下冊，頁 1581，另參見汪東興，頁 46、53。

一個人說了算，連周總理還得非常謹慎」。北京市工商聯副主委王敏生更提出，「今後政府主席是不是需要，如果不需要，可以修改憲法」[108]。是故，當毛在1970年提出不設國家主席時，林彪、周恩來、康生等紛紛陳言，懇請毛擔任國家主席[109]。

然而，這次毛不願當國家主席仍然是真心的，而且因為1959年後的「一國二公」給他的刺激太深，早在八屆十一中全會剛結束時，中央就通令全國，將所有人民團體的「主席」一職，全部改為「主任」[110]。到了1970年，十一年前王敏生講的話果真應驗，現在毛主張乾脆廢了「國家主席」的建制。

林彪為什麼主張設國家主席？首先，林彪以「勸進」回答毛的試探；其次，林彪的身體絕不允許他當任此職，但是這並不影響他向毛要一個名份，中國人的根深蒂固的觀念——「名不正則言不順」，對林彪有很大的影響。在文革前至1969年，林彪給「兄弟國家」建軍節致賀電時，都是署「國務院副總理兼國防部長」，但是從1970年起，就改署「中華人民共和國國防部長」，此一細節，正說明他對名份的重視：林彪除了國防部長一職，都是副職：中央副主席、軍委副主席、國務院副總理，而「親密戰友」，「接班人」，「副統帥」都是描述性語言，連虛銜都談不上。這一次林彪想要一個代表國家名器的正職，雖說國家主席一職只是一個名譽和禮

---

108 《内部參考》，第 2663 期，1958 年 12 月 19 日，頁 36；第 2664 期，1958 年 12 月 20 日，頁 29–31。

109 《周年譜》，下卷，頁 386–387；張雲生：頁 602。

110 〈中共中央關於各人民團體「主席」改稱「主任」的通知〉(1966 年 8 月 26 日)，《文庫》2006 版。

儀的象徵，但是擔任此職至少可以鞏固自己「接班人」的地位。林彪的堅持，當然有自己的目的，被毛一眼看穿。

關於「天才論」和「三個副詞」的爭論，也是在捧毛的名目下，林彪集團向江青集團的較量。林系軍人對江青文人集團的驕橫長期忍耐，林彪等知道江青對毛有巨大的影響力，多年來敷衍江青，有時也吹捧幾句，但很有分寸，葉群則加以升溫，大捧江青。林系軍人對老幹部的下場也有兔死狐悲的感受，都使得他們對江青集團不滿，林系軍人在廬山上向張春橋挑戰就是逼毛在軍方和江青集團之間表態，毛在兩天內經過權衡，認定林要「搶班奪權」，陸續採取措施，打擊林系的勢力：

1. 拋出陳伯達。陳伯達跟隨毛幾十年，是毛思想和毛意識形態學的主要構建者，在毛發動文革的1966年，陳伯達不留退路，無保留支持毛，又給江青做擋箭牌，但到了1969年後，毛對陳的不滿已很深，陳伯達因多次受江青的羞辱，開始向林彪靠攏，而陳伯達起草的九大報告又不合毛的想法，加之這次陳伯達在廬山上跳出來，為林系打先鋒，毛通過打陳伯達，警告林彪。

2. 開展「批陳整風」。毛在沒等到林彪的「表態」後，於1970年12月，毛指示召開「華北座談會」，明批陳伯達，實打林彪，遲遲不讓黃、吳、葉、李、邱「過關」，毛還特別批評葉群：「當上了中央委員，不得了了，要上天了」[111]，毛又針對軍隊，發起「反驕破滿」運動，提出「軍隊要謹慎」，批評林彪提倡的「講用」，「突出政治」是「搞花架子」，矛頭直指林彪。

---

111 《毛文稿》，第 13 冊，頁 144。

3. 「甩石頭，摻沙子，挖牆角」，改組軍委辦事組和北京軍區，逼林彪檢討。

4. 1971年5月31日，又以中央文件的形式，向全體黨員口頭傳達經毛審閱的《毛主席會見美國友好人士斯諾的談話記要》[112]，讓人民知道，毛對林彪提出的「四個偉大」（「偉大的導師，偉大的領袖，偉大的統帥，偉大的舵手」)感到討厭。

5. 兵不厭詐，1971年6月9日，江青為林彪拍照片：《孜孜不倦》[113]，照片在1971年《人民畫報》和《解放軍畫報》7、8期合刊發表後，起到了麻痹林彪的重要的作用，林立果對親信說，現在空氣緩和了，好轉了[114]。

6. 1971年8月15日，毛開始南巡「打招呼」，其目的是為了進一步削弱林彪的地位，為即將召開的九屆三中全會做準備[115]，但此時，毛還沒有最後下定徹底倒林的決心。

五、毛、林矛盾激化導致「九一三事件」

毛的「領導學」一向成功，過去毛統馭有方，其黨內對手無不應聲倒地，束手待斃，惟有這一次受挫，毛遇到了真正的難題：跟隨他幾十年的老部下，一直受到他重用和提拔的林彪就是不願低下他那高貴的頭。

---

112 《毛文稿》，第 13 冊，頁 182。

113 楊銀祿：《我給江青當秘書》，頁 199–200。

114 參見張聶爾：頁 278–279，頁 300。

115 毛在 1971 年 9 月 10 日周恩來報毛的報告上批示：三中全會「還要補選常委」。《周年譜》，下卷，頁 480。

在毛的「領導學」中，要人做檢討是一大內容，而且口頭檢討不行，非要書面檢討才行，毛喜歡讓人做書面檢討，概因此舉好處莫大也：

1. 立此存照，從此手中有了小辮子，隨時可以「新賬老賬一起算」；
2. 根據不同情況，將檢討下發黨內，以打擊該同志的威信或肅清其影響；
3. 讓檢討人自己承認錯誤，用他們的嘴，坐實毛的指責，更具説服力，所謂「心服口服」；
4. 標準的檢討除了「認罪」和「認錯」，就是歌頌毛，這樣的檢討下發下去，會大大加強全黨和全國人民對毛的崇拜。

在毛時代，特別是在文革時期，不管是真心還是違心，寫檢討的人無所不包，從劉少奇、鄧小平、周恩來、江青，到被打倒祈求復出的黨、政、軍要員，再到毛身邊的工作人員，只有一人例外，那就是林彪，不管毛的壓力有多大，他就是不做書面檢討。

在中共領袖層中，林彪是非常具有個性色彩的一位，他生活簡樸，性格孤傲，多年來離群索居，對於林彪的個性，曾經和林彪有過近距離接觸，在1949–1950年，擔任四野新華總分社幹部，以後逃往台灣，創辦《傳記文學》的劉紹唐，在1951年出版的一本書中對他有如下評語：「林彪是一個有強烈領袖欲的個人英雄主義者」[116]。林彪戰場上的老對手，台灣的國民黨軍方在1968年刊印的一本有關林彪的內部讀物中，除了引述了劉紹唐的上述觀點外，還認為林彪：「待人

---

116 劉紹唐：《紅色中國的叛徒》(台北：中央文物供應社，1951)，頁213。

謙虛，生活簡單規律，心思細密，慮事周詳」，「極富野心而深藏不露」[117]。應該説，劉紹唐和國民黨軍方對林彪個性的觀察基本是準確的。

「個人英雄主義者」和「深藏不露」本來是互相矛盾的，但這兩點確實都是林彪個性最重要的特徵。過去，林彪能將這兩者統一起來，就是在廬山會議後的一段時期內，他也是如此。有資料説，在廬山會議之後，林彪曾一度想給毛寫封信，還讓秘書代為起草過[118]，據説是讓新調來的秘書王煥禮寫的[119]。又有説法，林的這封信不是檢討，而是和毛談條件的，其主要內容是，他和毛有共同的利益，這就是鞏固文革的成果，「他勸説毛在十年內不要對他的人不撤職，不殺頭，可保十年不亂」，葉群認為毛不可能接受這個條件，攔住沒讓發出[120]。林彪想給毛寫信，被葉群所阻這件事，毛居然也知道[121]。由於林彪的檢討遲遲未發出，這就使得他和毛的關係更趨緊張。1971年3月底，周恩來等奉毛命前往北戴河，希望林能出席中央召開的批陳整風彙報會並做表態，林以身體不好加以推辭，可也在和周等的談話中，委婉地承認自己也有「錯誤」，是個「炮筒子」，被陳伯達「利用了」[122]。林彪希望以這種口頭檢查應付毛的壓力，而不願在更大的範圍內再

---

117 (台)國防部情報參謀次長室編印：《「共匪軍酋」——談談林彪這個人》，頁 16–17，台北：1968 年 5 月。

118 辛：頁 628。

119 辛：頁 628，另參見：李文普：《林彪衛士長李文普不得不説》，載《中華兒女》，1999 年第 2 期。

120 辛：頁 628。此是孤證，錄之待考。

121 汪：頁 63，70。

122 參見高文謙：《晚年周恩來》，頁 314–315；另參見《周年譜》，下卷，頁 447。

做什麼檢查。毛對林不願配合極為惱火，就拿「四大金剛」出氣，林也就放棄了檢查的念頭。在1971年5月1日晚的天安門城樓上，當着毛的面前，耍起了「個人英雄主義者」的脾氣，他竟然不和毛打一聲招呼，也不看毛的眼色，在座位上只坐了幾分鐘就拂袖而去[123]。

林彪此舉後果極為嚴重，他的意氣用事大大激化了和毛的矛盾，也違背了他自己多年「韜晦」所奉行的應對毛的基本策略。70年代初，林彪在學范蠡和學曹操之間猶疑徘徊[124]，此時林彪的身體和精神狀態已越來越差，雖然時有心灰意冷之意[125]，但已騎虎難下，他雖以曹操「胸有大志，腹有良謀」來激勵自己，然而，林彪從骨子裏仍是一個「個人英雄主義者」，雖歷經長年的韜晦，仍然本性難改。在演出了五一節晚在天安門城樓上拂袖而去的一幕後，林彪又後悔了，在是否面見毛的問題上舉棋不定：一方面，乞求能見毛一面，甚至走江青的門路，但被毛推託[126]；另一方面，機會到來時，又犯「個人英雄主義」，1971年6月3日，毛指令林彪陪同見羅馬尼亞的齊奧塞斯庫，林先推辭不去，後在葉群的跪求下才答應前往，但是幾分鐘後，林彪就退出接見大廳，「一人枯

---

123 杜修賢：《林彪對毛澤東的「不辭而別」》，載熊華源、安建設編：《林彪反革命集團覆滅紀實》(北京：中央文獻出版社，1995)，頁 64、69。

124 《筆記》第十七則寫於 70 年代初，在「韜晦」條目下，寫有「曹操論英雄」的兩句話後，又寫了「范蠡」兩字。《林彪、葉群的十八則筆記》，香港《明報月刊》，1994 年 3 月號，頁 87。

125 張聶爾：頁 311。

126 參見李文普：《林彪衛士長李文普不得不說》，載《中華兒女》，1999 年第 2 期。官：頁 242–243，

坐在大廳的角落裏，一直到會見結束」[127]。而他本來是可以利用這次機會，在接見外賓後和毛說話的，但是這個機會被林彪自己放棄了。

毛的步步緊逼和林彪的軟磨硬抗，終於釀成了「九一三」的驚天事變。毛沒料到林立果敢於「刺秦王」，這在毛掌權後是第一次。林立果雖有心刺毛，但整個方案如同兒戲，自己又不敢動手，而在他父親一手導演的崇毛環境下，毛已成為「神」，更找不到幾個敢於為林家賣命的死士，加上毛的警惕心極高，使他幸運地躲過了刺殺。

林立果刺毛是風險極高，孤注一擲的行為，各種資料顯示，葉群是參與的，關鍵是林彪是否知情？因多年來，葉群控制林的信息，可是在這個攸關全家性命的大事上，如果沒有林彪的同意，林立果怎麼敢於拿他父親一生的名節和全家的性命去冒這個險？毛雖步步緊逼，但還沒有到命懸一發的地步，林彪一直以「每臨大事有靜氣」自勵，又對中外「政變經」素有研究，難道他不知道，在社會主義國家的最高領袖中，諸如斯大林、鐵托、霍查、金日成，還沒有哪一個被刺死的先例，幾個毛頭小伙能有勝算的可能嗎？林彪果如此的話，只能說明他心智失常，徒有「一代統帥」之名！

在使中央知曉有關情況方面，林立衡起了關鍵的作用。1971年9月1–2日，江西領導人程世清在南昌當面向毛揭發，林立衡幾次來江西，通過他的妻子向程轉話，要程世清以後少同林家來往，林立衡說，搞不好要殺頭[128]。程世清的這個重

127　杜修賢：《林彪對毛澤東的「不辭而別」》，載《林彪反革命集團覆滅紀實》，頁 72–73。

128　《毛澤東傳》，下冊，頁 1598。

要的揭發，引起毛的高度警惕。在9月12日，林立衡在北戴河又五次向駐地的8341部隊負責人彙報，葉群和林立果要劫持林彪逃跑。

林立衡為什麼會大義滅親？和其母親葉群關係長期不好應是主要原因，林立衡雖然知道九屆二中全會以後，其父的地位日益滑落，但是更對葉群攬權，長期封鎖其父林彪有很深的不滿；加之她生性善良、單純，不知政治的兇險，也不懂歷史，卻公主脾氣，自以為是，儘管受到林彪的影響，林立衡對毛有看法，但還是對毛存有很深的迷信，以為他的父親最多就是像朱德那樣，被毛冷遇[129]，上述種種，促使林立衡做出向中央告發的舉動。

從種種跡象看，林彪並沒有外逃蘇聯的準備，南逃廣州的方案也不周全，廣州方面並無接應計劃，更重要的是，「四大金剛」都不知道。林彪最後選擇北逃，應是受到妻兒的影響。1971年7月從北京去北戴河後，林彪的心情更加孤寂，灰暗，從現有資料看，他已準備聽天由命，任由毛發落[130]。只是當獲知林立果刺毛未遂，林彪才知道大禍臨頭，和毛的關係已無可挽回，而葉群和林立果又不甘坐以待斃，林彪一家才登上「256號專機」北逃蘇聯。令人費解的是，北京對林立衡的檢舉報告，先是沒有明確回答，以後又要林立衡也上飛機[131]。現在可以肯定，「256號專機」在溫都爾汗墜毀與中國方面無關，進一步的情況，就不知道了，因為飛機的「黑匣子」在蘇聯人手裏，至今也沒公佈。

129　辛：頁647。

130　張聶爾：頁311–312。

131　林立衡：《九一三後寫給中央的材料》。

六、林彪事件是革命政治的變異和退化

考之中共黨史，在林彪事件之前的黨內鬥爭，雖然也有幕後密謀，但最後總要拿到枱面，在正面交鋒後，失敗一方做公開檢討，下台走人；這一次卻是採取不照面，打暗拳的方式。如果說毛與劉少奇的矛盾還帶有路線和思想之爭的話，毛林之爭就完全是圍繞權力的一場較量，因為林彪至死也沒有公開亮出自己的觀點，所以毛林之爭無所謂「對」和「錯」，完全是塗上革命詞藻的中國古代宮廷密謀政治的現代翻版。

毛的晚年，為了奪回中央一線的權力，實現他對權力的絕對佔有和推行他的激進「再造革命」的理念，吸取和使用了包括馬克思主義、列寧－斯大林主義、民粹主義、中國傳統法家思想與君王南面之術等諸多思想資源和手段，他有兩套語言系統，一套是「官語言」：「反修防修」，「無產階級專政條件下繼續革命」一類；另一套是「潛語言」，就是「朕即天下」。他給林彪，就是一「接班人」的名義，而不給一點發號施令的權力，林彪雖貴為「接班人」，但形同擺設，和文革前劉少奇的「權力含金量」完全不能相比。在八屆十一中全會之前，中央一線雖然不時受到毛的壓力和封鎖，但政治局、書記處、國務院依各自的功能和責任，各司其職，在劉、鄧、周的領導和協調下，運作還大致正常。在八屆十一中全會毛回到一線後，情況發生巨變，毛大權獨攬，以真理的化身，凌駕於黨、軍隊、國家和億萬人民之上，政治局形同虛設，書記處完全空殼化，未幾就被「中央文革小組」所取代，決策的極端單一化，在毛之下的所有

領導人都是辦事人員，毛和其他領導人的關係，是君臣的關係，這一性質，是君臣雙方都充分認識的。作為「文革」取得全面勝利的標誌，九大所建立的是一個由毛絕對主宰的一元化超強體制。毛對權力極度敏感，翻手為雲，覆手為雨，有時甚至是疑神疑鬼，明明知道林彪身體不好，卻把林彪樹為接班人，其實樹林為接班人只是為打倒劉少奇的一個暫時過渡，或者就是把林彪作為自己大權獨攬的擋箭牌，林彪稍想管事，又欲廢之，始終跳不出中國傳統上最高權力繼承問題上的「奪嫡」、「廢立」的怪圈。

1949至1950年，林彪等開國將帥一鼓作氣把「國民黨反動派」趕下了大海，從此四海晏清，江山一統，但同時也使自己在一個超強領袖的面前，失去了生存和安全的屏障，馬上就面臨着一個自我轉型的任務。初期，林彪閉門讀書[132]，以退隱江湖來「全功保身」，但他作為一個「個人英雄主義者」，無法真正做到像劉伯承元帥、徐向前元帥那樣清靜無為，而是奈不住寂寞，1959年後，在毛的拉扯下，重躍江湖，抱「得一人而得天下」之野心，明知大躍進使國家和人民生命財產損失慘重，卻昧着良心，誣陷忠良，絞盡腦汁，攀登權力高峰，喪失了一個愛國軍人的立場。許多老同志反感林彪，主要是他在1959–1966年，毫無原則，窺測上意，逢君之惡，主動迎合，以軍隊為後盾，給中央一線以巨大壓力，把國家的航船拉向危險的方向。

---

132 九一三事件後，朱德曾對他的孫子朱和平談過對林彪的看法：他生性孤僻，工於心計。他愛讀書，能沉下心來想問題，把問題想得很深，並能表達出一套見解，有自己的語言，但他的思想方法常常是「唯意志論」的，參見朱和平：《永久的記憶：和爺爺朱德、奶奶康克清一起生活的日子》(北京：當代中國出版社，2004)，頁 241–242。

「文革」中，林彪謹小慎微，如履薄冰，又不放過任何機會，「該出手時就出手」，前景的莫測導致心情的灰暗，林彪在「文革」期間對外界的情況很少瞭解，也不想去瞭解，基本不看資料和文件，在1968年夏之後，甚至不願聽講文件，對外界興趣寡然[133]，這已不僅僅是為了避禍，也是心理有疾患。作為儲君，這種狀況在中外歷史上都是罕見的，也說明了當時接班體制的荒謬。在某種意義上，林彪本人，也是這種體制的犧牲品。海外有學者認為，從50年代後期起，林彪就被毛「玩弄於股掌之上，他在毛的掌上，有過歡笑，有過抑鬱，有過趾高氣揚，也有過憤懣哀愁，他成長在他的掌上，也死在他的掌上」[134]，這話說得不無道理，但是這並不能減輕林彪自身的責任，不管他是真心還是違心，林彪在「文革」初期都是全力支持毛的，他對「文革」的巨大災難和破壞負有不可推卸的歷史罪責，尤其是鼓吹對毛的個人崇拜，作繭自縛，惡果自嘗，在林彪的默許下，夫人擅權明目張膽，特別嚴重的是，對妻子和兒子有失察之過，終於釀成滅門大禍。

　　林彪事件把毛革命崇高的理想主義破壞殆盡，幾成碎片。毛的「文革」理論或解釋體系原先是自恰的，林彪事件將其打碎，使其從此再不能自圓其說。毛多年來玩權力平衡的遊戲，達到出神入化的境界，但是這一次的遊戲，或玩笑，開得太大了，把自己的老本都賠上去了。「九一三事件」後，毛以堅強意志撐住搖搖欲墜的「文革」大廈，但林彪那一套和他早已難解難分，只能以「文革」清除了劉、林「兩個資

133　張雲生：頁 416；547–548；571。

134　李天民：《林彪評傳》(香港：明報出版社，1978)，頁 89–90。

產階級司令部」而聊以自慰，有資料說，1974年秋，他在武漢接見軍隊領導幹部時對林彪事件做了這樣的描述：「樹倒，葉落，果掉」(「樹」指林彪，「葉」指葉群，「果」指林立果——引者注)，「林家完蛋」[135]。毛的這番話既尖利也解氣，卻把「文革」的油彩抖落殆盡，林彪一家固然葬身異國荒漠，但老人家的一世英名，幾十年「一貫正確」的神話經此事件已被打破，據當年的中央政治局委員紀登奎回憶，「九一三事件」之後，周恩來在人民大會堂得知林彪所乘坐的那架三叉戟專機在蒙古溫都爾汗墜毀的確切消息之後，悲痛莫名，為之大慟[136]。林彪事件對「文革」的「合法性」的打擊是顛覆性的，《五七一工程記要》的公開成了催化劑，刺激了中國人的思想覺醒。毛本人的身體也因林彪事件被打垮，所以毛也不是勝利者。幾年後毛去世，結束了中國歷史上一個瘋狂的時代，林彪事件則留給國人永恆的教訓。

---

135 毛說：「唐高祖李淵有四個兒子，李元霸死於戰場，李世民繼承王位，兩個親兄弟學了好多學問用在自相殘殺，結果一命歸天，共產黨裏也有人學了馬列主義卻用來反黨，我看命也不長。我說：樹倒、葉落、果掉，就是這麼回事。」(傳達文件中稱：「首長解釋道：樹倒是代表林彪，林亦木，木則是樹，樹一倒葉子落；葉是葉群，葉群這葉長在樹枝上，樹倒葉落，林彪倒葉群也必要垮；果是林立果，樹長大靠葉來吸收陽光，結出果子，果核掉在地上就長芽長新苗，長大成樹和成林。林彪把希望寄託在林立果身上，希望他為林家傳宗接代，把中國成為林家天下。啥名不取偏取立果，包藏禍心，結果果未熟，樹就倒，葉落果掉，林家就完蛋。」)，台北：《匪情月報》，第 17 卷第 12 期，1975 年 2 月，頁 78–79。這份資料未見大陸公佈，現錄之待考。《毛澤東傳》下冊稱，毛在 1974 年 7 月 17 日晚離開北京，前去武漢，第二天到達，在武漢住了近三個月，10 月 12 日離開武漢前往長沙，在時間上和這份材料相吻合，還說毛在武漢，就「解放幹部」問題，多次作出重要指示，而這份材料的標題就有「解放幹部」的字樣。

136 參見 高文謙：《晚年周恩來》，頁 358。